國家古籍整理出版專項經費資助項目

中華古籍保護計劃

ZHONG HUA GU JI BAO HU JI HUA CHENG GUO

·成果·

海外中華古籍書志書目叢刊

美國芝加哥大學圖書館藏中文古籍善本書志 史部

樊長遠　著

國家圖書館出版社

圖書在版編目（CIP）數據

美國芝加哥大學圖書館藏中文古籍善本書志·史部 / 樊長遠著 . — 北京：國家圖書館出版社，2022.3

（海外中華古籍書志書目叢刊）

ISBN 978-7-5013-6966-9

Ⅰ. ①美… Ⅱ. ①樊… Ⅲ. ①高等學校—中文—古籍—善本—圖書館目録—美國 Ⅳ. ① Z838

中國版本圖書館 CIP 數據核字（2020）第 017947 號

書　　名	美國芝加哥大學圖書館藏中文古籍善本書志·史部	
著　　者	樊長遠 著	
責任編輯	代　坤　張慧霞	
助理編輯	王若舟	
封面設計	程言工作室	

出版發行	國家圖書館出版社（北京市西城區文津街 7 號　100034）
	（原書目文獻出版社　北京圖書館出版社）
	010-66114536　63802249　nlcpress@nlc.cn（郵購）
網　　址	http://www.nlcpress.com
排　　版	北京九章文化有限公司
印　　裝	北京科信印刷有限公司
版次印次	2022 年 3 月第 1 版　2022 年 3 月第 1 次印刷

開　　本	787×1092　1/16
印　　張	29.25
字　　數	504 千字
書　　號	ISBN 978-7-5013-6966-9
定　　價	180.00 圓

遼史卷一

元中書右丞相總裁托克托等修

本紀第一

太祖上

太祖大聖大明神烈天皇帝姓耶律氏諱億字按巴堅

小字多爾濟契丹德哷勒部錫喇伊色哩鄉耶律密拉人

德祖皇帝長子母曰宣簡皇后蕭氏唐咸通十三年生

初母夢日隆懷中有娠及生室有神光異香體如三歲

兒卽能匍匐祖母簡獻皇后異之鞠爲已子常匿於別

幕塗其面不令他人見三月能行晬而能言知未然事

一

清乾隆四年至十一年（1739—1746）武英殿刻
乾隆後期剜改印本

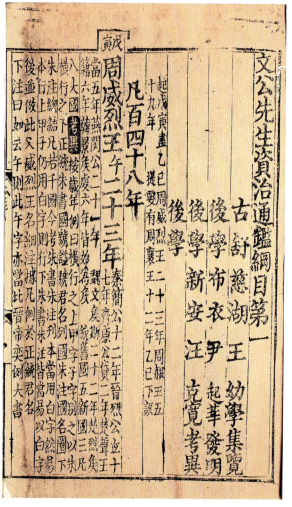

金史卷一

元中書右丞相總裁托克托等修

本紀第一

世紀

金之先出靺鞨氏靺鞨本號勿吉勿吉古肅慎地也元
魏時勿吉有七部曰粟末部曰伯咄部曰安車骨部曰
拂涅部曰號室部曰黑水部曰白山部隋稱靺鞨而七
部並同唐初有黑水靺鞨粟末靺鞨其五部無聞粟末
靺鞨始附高麗姓大氏李勣破高麗粟末靺鞨保東牟
山後為渤海稱王傳十餘世有文字禮樂官府制度有

乾隆四年校刊　　金史卷一　　本紀　　一

035　金史一百三十五卷欽定金國語解一卷

清乾隆四年至十一年（1739—1746）武英殿刻
乾隆後期剜改印本

文公先生資治通鑑綱目第一

古　舒慈湖王　幼學集覽
　　後學帝衣尹　起莘發明
　　後學新安汪　克寬考異

後學

起戊寅盡乙巳周威烈王二十三年

凡百四十八年

戊　周威烈王午二十三年

041　文公先生資治通鑑綱目五十九卷

明刻本

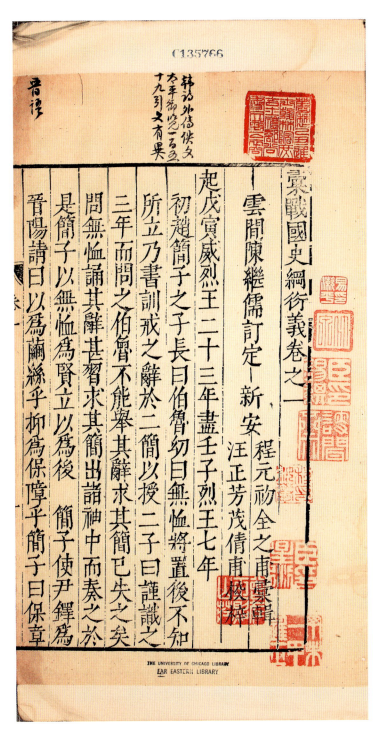

彙戰國史綱衍義卷之一

雲間陳繼儒訂定　新安　程元初全之甫彙輯

汪正芳茂倩甫校梓

起戊寅威烈王二十三年盡壬子烈王七年

初趙簡子之子長曰伯魯幼曰無恤將置後不知
所立乃書訓戒之辭於二簡以授二子曰謹識之
三年而問之伯魯不能舉其辭求其簡已失之矣
問無恤誦其辭甚習求其簡出諸袖中而奏之於
是簡子以無恤為賢立以為後　簡子使尹鐸為
晉陽請曰以為繭絲乎抑為保障乎簡子曰保障

050　彙戰國史綱衍義十二卷音釋十二卷

明萬曆汪正芳刻本

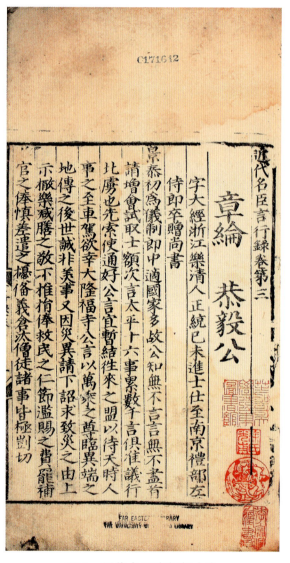

071　吳越備史四卷補遺一卷

清康熙十七年（1678）錢錫英刻本

094　近代名臣言行録十卷

明刻本

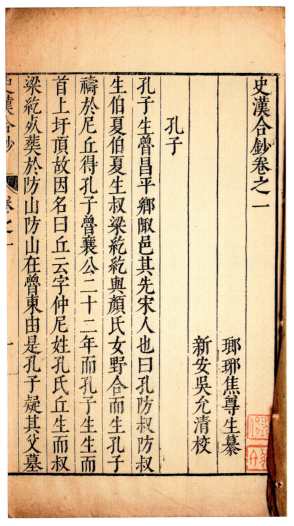

108　史漢合鈔十卷

明萬曆四十七年（1619）刻本

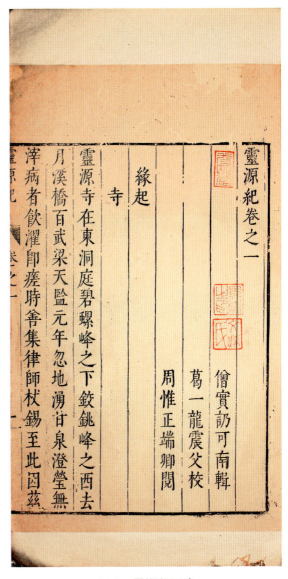

201　靈源紀四卷

明萬曆刻本

廟制考義卷之一

會稽彭山季本撰

竊惟宗廟之制議者紛紜自漢以下訖無定見大抵
惑於世儒附會之言而不本聖人制禮之意故雖英
君誼辟毅然欲定典禮亦無從而取正也何則聖人
之制廟祀有三大義焉親親也尊尊也賢賢也古之
有天下國家者皆特立四親廟以時祀高曾祖考之
親所以親親也五世之上親盡當祧而受命為天子
與始封為諸侯者則為百世不遷之祖而廟為獨尊
太祖而下嘗為君者不論世之遠近皆歲一合食於

續增

廟祀考成

祭禮之詳不可得而知今見於儀禮者惟特牲饋食
少牢饋食二篇而已特牲士禮也少牢大夫禮也大
夫士無祼鬯薦腥朝踐之事始於薦孰故其禮為饋
食而天子諸侯之禮則無傳焉今通約周禮禮記文
以次第天子時祭之禮而言之王后為主婦
祭必先立尸次立賓尸者筮於同姓中之臣屬以為
神象者也賓者擇於異姓中之臣屬以備三獻者也
而致齋散齋以至視牲視濯皆在廟期今不具舉祭

210　廟制考義二卷

明嘉靖二十五年（1546）刻嘉靖間增刻本

工部大木作則例

簷柱假簷柱垂柱每折見方尺三十二尺用 木匠一工

金柱裡金柱中柱通柱每折見方尺三十尺用 木匠一工

各項柱木做管腳榫每八個用 木匠一工

草架柱子每折見方尺六十尺用 木匠一工

方圓瓜柱長二尺以內者每四個長二尺以外者每三個俱用

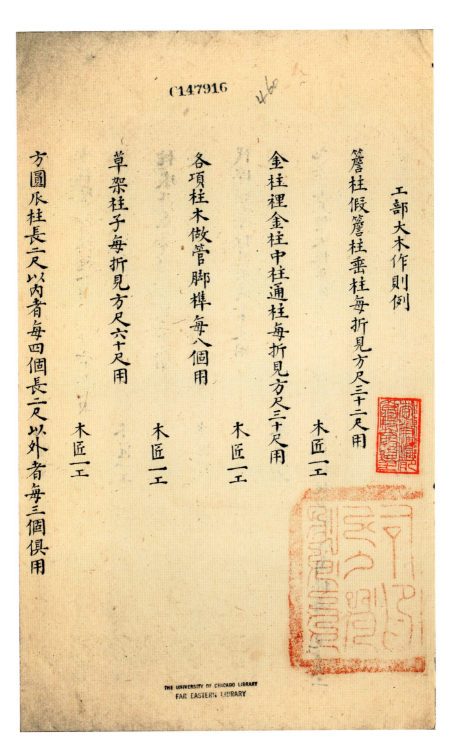

222　清代匠作則例不分卷

清抄本

應禁書籍書目錄

福建等處承宣布政使司布政使加五級紀錄十次德　為遵

札發刊事奉

巡撫部院富　憲札應禁各書節經承准

廷寄並四庫全書館及各省咨查內有一書而先後重複者亦有

應繳而未刊入者彙齊釐正發司刊頒等因合行頒發各州縣

劄切曉諭凡有書目內應禁之書務須徹底清查郎行呈繳轉

送詳請咨銷慎毋隱匿片紙隻字致于嚴譴各宜凜遵毋忽

廷寄應繳違碍書目

229　應禁書籍目録不分卷

清乾隆福建布政使司福州刻本

總　目

古籍回歸故里　功德澤被千秋（代序）

　　"史在他邦，文歸海外"，這是鄭振鐸先生面對中華古籍流失海外時的慨嘆。流傳海外的珍貴典籍，無論是文化交流、贈送、交換、販售，還是被掠奪、偷運，抑或是遭非法交易、走私等，都因其具備極高的文物價值和文獻價值，而爲海外所看重。因此，其中多珍善版本，甚而還有不少是孤本秘笈。據估算，海外中文古籍收藏數量超過三百萬册件，北美、歐洲、亞洲等許多大型圖書館、博物館和私人機構、寺廟等都收藏有中文古籍。甲骨、竹木簡、敦煌西域遺書、宋元明清善本、拓本輿圖和中國少數民族古籍等，在海外都有珍稀孤罕的藏品。

　　中華文化綿延五千年，是全世界唯一沒有中斷的古老文明，其重要載體就是留存於世的浩瀚典籍。存藏於海外的典籍，同樣是中華燦爛輝煌文化的重要見證，是釐清中華文明發展脉絡不可或缺的組成部分。要促成中華民族最重要的智慧成果歸於完璧、傳承中華文化優秀成果，就必須高度重視海外古籍回歸工作。

　　一九四九年以來，黨中央、國務院始終高度重視海外中華古籍的回歸與保護工作。一九八一年中共中央在《關於整理我國古籍的指示》中，明確指出"通過各種辦法爭取弄回來，或者複製回來，同時要有系統地翻印一批珍本、善本"。二〇〇七年，國務院辦公廳頒布《關於進一步加强古籍保護工作的意見》，指出要"加强與國際文化組織和海外圖書館、博物館的合作，對海外收藏的中華古籍進行登記、建檔"。同年"中華古籍保護計劃"正式啓動，中國國家圖書館加挂"國家古籍保護中心"牌子，負責牽頭與海外藏書機構合作，制訂計劃，有步驟地開展海外古籍調查工作，摸清各國藏書情況，建立《國家珍貴古籍名録》（海外卷）。二〇一一年文化部頒布《關於進一步加强古籍保護工作的通知》，指出"要繼續積極開展國際合作，調查中華古籍在世界各地的存藏情況，促進海外中華古籍以數字化方式回歸"。

　　按照黨中央、國務院的要求，半個世紀以來，海外中華古籍的回歸工作一直在不斷推進，并取得了一系列的重要成果。一九五五年和一九六五年，在周恩來總理親切關懷和支持下，中國國家圖書館兩度從香港購藏陳清華舊藏珍籍；二〇〇四年，又實現了第三批陳清華海外遺珍的回歸。二〇一〇年，在國際學者和學術機構的幫助下，中國國家圖書館在館網上建立了海外中文古籍專題網站，發布了"哈佛燕京圖書館藏中文善本特藏資源庫"。二〇一三年，北京大學中國古文獻研究中心團隊所承擔的《日本宮內廳書陵部所藏宋元本漢籍叢刊》由上海古籍出版社出版；二〇一三年五月、二〇一四年七月，國家圖書館出版社分別影印出版了《哈佛燕京圖書館藏〈永樂大典〉》《美國普林斯頓大學東亞圖書館藏〈永樂大典〉》；二〇一四年日本大倉汲古館藏書整體入藏北京大學圖書館。這些不同形式的海外古籍回歸，均有利於學術研究，促進了中外文化交流。但總體説來，這些僅係海外古籍中的極少部分，絕大多數仍沉眠於海外藏書機構或藏家手中，國人無緣得見。

在海外中華古籍實物回歸、數字化回歸、影印出版等幾種方式中，採取以影印出版的方式永久保存承載華夏文明的中華古籍特藏，是古籍再生性保護的重要手段，是繼絕存真、保存典籍的有效方式，也是傳本揚學、惠及士林的最佳方式，它不僅有利於珍本文獻原件的保存和保護，更有利於文獻的利用和學術研究，而且也有效地解決了古籍保護與利用之間的矛盾。與實物回歸相比較，影印出版的方式更爲快捷，規模也更大。

爲進一步做好海外中華古籍的回歸工作，二〇一四年國家古籍保護中心（中國國家圖書館）彙集相關領域專家、國外出版機構、出版工作者等多方力量，在已有工作的基礎上，整合資源、有序推進，策劃啓動了"海外中華古籍書志書目叢刊""海外中華古籍珍本叢刊"兩大海外中華古籍回歸項目。"海外中華古籍書志書目叢刊"編纂出版海外圖書館、博物館、書店等單位或個人所藏中華古籍新編書目、歷史目錄、專題書目、研究書志書目、藏書志、圖錄等；"海外中華古籍珍本叢刊"則以影印的方式，按專題或收藏機構系統整理出版海外圖書館或個人存藏的善本文獻、書籍檔案，對具有典型性、文物性、資料性和藝術性的古籍則採用仿真影印的形式出版；希望通過"海外中華古籍書志書目叢刊""海外中華古籍珍本叢刊"的持續出版，促進海外古籍的影印回歸。

"海外中華古籍書志書目叢刊""海外中華古籍珍本叢刊"編纂出版項目作爲"中華古籍保護計劃"的一部分，它的實施對保存保護中華傳統典籍、推進海外散藏文獻爲學界利用、促進學術研究深入開展均具有重要意義，也必將極大促進中外文化交流的實質性拓展。

是爲序。

國家古籍保護中心（中國國家圖書館）

二〇一五年三月

序

　　樊長遠博士所撰《美國芝加哥大學圖書館藏中文古籍善本書志·史部》就要
付印了，我的心中充滿了難以言表的喜悦！這是繼《美國芝加哥大學圖書館藏中
文古籍善本書志·集部》《美國芝加哥大學圖書館藏中文古籍善本書志·叢部》和
《美國芝加哥大學圖書館藏中文古籍善本書志·經部》之後，由中國國家圖書館出
版社出版的又一部芝大圖書館中文善本的書志。這部書志是樊長遠先生的力作，也
是芝大圖書館、芝大顧立雅中國古文字學中心（Creel Center for Chinese Paleography）
和中國國家圖書館通力合作的又一成果。

　　芝加哥大學東亞圖書館始建於 1936 年。是年，芝加哥大學校長聘請青年學者
顧立雅（Herrlee G. Creel）先生來芝加哥大學開設中國研究項目與課程，此爲東亞
研究學科（時稱遠東研究）在芝大之發軔。顧先生到芝大教書的同年即創辦了遠
東圖書館（今東亞圖書館）。

　　芝大東亞圖書館中文古籍善本的主要來源有四：一是建館之初的系統採購。顧
立雅在 1938 年從洛克菲勒基金會申請到一筆五年的購書經費，通過有專門爲海外
圖書館服務業務的北平大同書店，採購了大量中文圖書。1939—1940 年間，顧立
雅到中國訪學。期間，經大同書店協助，又一次購買了近七千册圖書。這些建館
初期的採購包括大量綫裝古籍，特别是地方志，其中不乏明代和清初的善本。二
是從芝加哥紐伯瑞圖書館（Newberry Library）收購的勞費爾二十世紀初在華考察
（expedition）期間所購圖書。貝托爾德·勞費爾（Berthold Laufer）是在美國聲名卓
著的第一代漢學家。1908—1934 年間在芝加哥菲爾德自然歷史博物館（The Field
Museum of Natural History）先後任亞洲民族學部的助理主任和亞洲人類學部的主任。
勞費爾在 1908—1910 年間去中國考察三年，爲新組建的菲爾德博物館亞洲民族
學部搜集購買藏品，同時亦受芝加哥兩所私立研究圖書館之托在中國搜求購買圖
書。其中，勞費爾當年給紐伯瑞圖書館購得的一千餘種兩萬餘册圖書中的大部在
1943—1944 年間轉售給了芝加哥大學遠東圖書館。這批含有中、日、藏、滿、蒙
古五種語言圖書中的大部分爲中文古籍，包括許多善本。三是老館長錢存訓先生主

1

持館務時期不斷採進的。錢先生是國際著名的中國圖書史、印刷史專家。1947 年受邀來芝大做中文編目。1949 年被聘爲遠東圖書館館長，主持館務一直到他 1978 年退休。據錢老回憶，二十世紀五十年代末及六十年代間，清刻本以平均每册十餘美分，明刻本也不過以每册二至四美元的價格即可從中國臺灣、香港，以及日本等地購入。四是二十世紀六十年代末收購的李宗侗先生的部分藏書。李宗侗是清末重臣李鴻藻之孫，曾任清室善後委員會顧問及故宫博物院秘書長。1948 年隨故宫文物遷臺，後爲臺灣大學歷史系教授，與錢老相識。所購李氏藏書除明清刻本外，還有一些清代稿抄本。

對館藏中文古籍的揭示，始於編目著録。芝大東亞館的這項工作從 1947 年錢存訓先生受邀來館始，多年來都在進行着，各届主持館務的前任和負責與參與中文編目的同仁們爲此貢獻良多。最初的著録是記録在一張張 3×5 英寸的標準卡片上的，上面的羅馬拼音或英文一般是由打字機打印，而中文信息則常常是手工抄録的。隨着技術的進步，二十世紀八十年代中期本館作爲研究圖書館組織（The Research Libraries Group，簡稱 RLG）的成員，開始使用該組織創製的中、日、韓文終端，軟件與鍵盤進行中文編目，并在九十年代參加了由 RLG 主持的編製中文善本國際聯合目録的項目。通過這個項目，不但實現了館藏中文善本的機讀編目，而且有效地提高了善本編目的質量。遵循該項目製定的善本機讀目録編目規則，新的著録除包括善本的書名、著者、卷數、年代、出版地等信息，還增添了對如行款、版框、版心和一些其他相關特徵的描述。

目録之學在中國源遠流長。自西漢劉向、劉歆編撰《别録》《七略》始，凡兩千餘年。而書志之體例雖較晚出，然其對所收之書描述較爲詳盡，又輔以審核考訂，故爲傳統目録學的最高形制。由樊長遠先生撰寫的《美國芝加哥大學圖書館藏中文古籍善本書志・史部》收録史部善本 244 部。樊先生不但是中文古籍和文獻學方向博士，而且多年來在中國國家圖書館從事中文古籍編目與研究，學養厚實，經驗豐富。他通過我館和中國國家圖書館的合作項目，來館訪問一年時間，便以超過平均每個工作日一種善本書志的速度完成了史部書志的初稿，反映出他扎實的學術研究功底和過人的工作效率。這樣的效率既有賴於他的異常勤奮和認真，又得益於他對中文善本、古籍文獻和各種相關目録瞭解的廣度與深度，以及他掌握各種相關資源與工具的嫻熟程度。這些資源既包括紙本的工具書、中文古籍和善本目録、相關的研究專著，也包括各類數字資源，如相關的資料庫、綫上聯合目録特别是古籍和善本目録、各主要圖書館的網上目録、中文善本和古籍的書影以及能查到的關於某古籍的相關研究成果。想起那段日子，大凡善本開館之日，樊先生必一早來館，充分利用開館時間提書閱覽，而查找、研究、比對、分析和寫作，包括有時與遠在北京的同事們商討則常常是在晚間和周末進行的。

本書志以傳統分類法爲基礎，在史部之下對所收善本依內容細分，再配以書名、著者、版本和館藏索書號索引，使之成爲揭示館藏史部善本方便而可靠的工具書。雖然此前本館善本大多已收錄在芝大圖書館的機讀目錄中，但當有讀者想要瞭解館藏中文史部善本的全貌或其中某一類在本館的收藏時則並不方便，對此這本書志提供了直截了當又全面可靠的查找方法與答案。它不僅將本館史部善本盡括其中，而且便利檢索。編撰者採傳統書志之制，又參照、汲取了近年來所出善本書志之成例，對每書均詳細描述版式及物理特徵，包括序跋、刻工及所見鈐印，又考訂作者及撰著、刊刻之緣由，版刻、印刷之年代，並對初印、後印、遞修、增補、翻刻等加以區分，還時有與其他版本異同的比對，向讀者提供了詳盡的目錄學資料。因此，本書志也可視作有助於研究者詳細瞭解本館史部每一種善本的研究指南。

史部書志所揭示的雖然祇是本館善本的一部分，但其中也有一些世所罕見的孤本、珍本，如明萬曆汪正芳刻本《彙戰國史綱衍義》、萬曆四十七年刻本《史漢合鈔》、萬曆刻本《靈源紀》及清營造司編清抄本《清代匠作則例》等。

芝大中文善本書志項目的開展與此書志的編製是有關各方通力合作的成果。這裏首先要感謝中國國家圖書館，特別是張志清副館長對此合作項目的大力支持。更要感謝芝加哥大學東亞語言文明系資深教授夏含夷（Edward L. Shaughnessy）和夏德安（Donald Harper）先生，他們不但通過顧立雅中國古文字學中心資助了這次訪學，並且是樊博士訪學的東道教員（Faculty Host）。中國國家圖書館也提供了贊助。沒有芝大顧立雅中心和中國國家圖書館的全力支持，就不可能有此項目的開展和這本書志的撰寫與完成。我的同仁錢孝文先生爲本書志精心拍攝了書影，中國國家圖書館出版社的張愛芳、代坤、張慧霞、王若舟爲書志的早日出版盡心竭力，在此一並申謝。

周原

二〇二一年初秋

凡　例

　　一、本書志收録美國芝加哥大學東亞圖書館庋藏之中文善本古籍，以清乾隆六十年（1795）以前之刻本、活字印本、稿抄校本爲主，嘉慶元年（1796）以後具有特殊文獻價值、版刻特點之刻本及稿抄本等，亦酌予收録。

　　二、本書志分經、史、子、集、叢五部，各部之下再分小類。分類及排列次序，大體依據《中國古籍善本書目》。

　　三、各條目順序編號，以完整書名爲標題，并標明本館索書號。

　　四、每一條目分爲著録、考訂、存藏三部分。著録部分旨在反映原書面貌及特徵，包括書名、卷數、著者、版本、批校題跋者、存卷、册數、版框尺寸、行款，以及卷端著者、書名葉、牌記、原書序跋、凡例、目録等。考訂部分簡述著者仕履、成書情況，記録避諱字、刻工、紙廠印記等。存藏部分概述各地藏書機構收藏情況及鈐印。各項所述，根據實際情況酌予增損。

　　五、書名依據卷端著録。如别有所據，則予以説明。

　　六、版框、行款之描述，以半葉爲單位，以卷一首葉爲據，如有殘缺、抄配等情形，則順序擇取次卷首葉。版框量取外框尺寸，框寬量至版心摺葉處。無版框者，不記尺寸。

　　七、凡魚尾爲黑色者，不再標示顏色。如爲白魚尾、花魚尾、綫魚尾等，則予以説明。

　　八、卷端之撰者、編校者，若爲多人并列，概不分主次，由右至左依序著録。

　　九、書名葉信息完整反映，以資辨别版本。無書名葉者，不再注明。

　　十、原書序跋注明撰寫時間、撰者。有標題者，録於書名號中；原無標題者，則統稱列於書前者爲序、書後者爲跋。無撰寫時間者，注明"未署年"。

　　十一、簡述著者仕履，并注明所據之史傳、方志等資料。同一著者再次出現時，標示參見某書，不再重述。

　　十二、刻工按書中出現先後排序，刻工名依原書録字。刻工名有全名、簡

1

稱之異，如可判定爲一人，則在首次出現之姓名後括注其他名稱，如"柏（劉柏）"。

十三、書名、人名、引文等處均照錄原書，以資考訂。殘字、未能釋讀之印文，以"□"標示。如原文有訛誤等情況，則隨文括注按語。原書有以"挪抬""平抬"表尊敬者，今皆以空一格標示。書中原或用小字，因排版不便，則概未標示。

十四、紙廠印記有助於版本考訂，據書中所見酌加著錄。

十五、鈐印文字依由上至下、由右至左順序釋讀。可考印主之印章，依遞藏先後著錄；不可考之印章，依在書中出現順序排列。

十六、存藏情形據知見所及，依中國（大陸、臺、港）、北美、歐洲、日本、韓國等順序，酌加概述。

十七、書末附錄書名筆畫索引、書名拼音索引、著者筆畫索引、著者拼音索引、版本索引、館藏索書號索引，附以書志中各條目所在之序號。

目　録

刻後印本

史記集解序

裴駰

班固有言曰司馬遷據左氏國語采世本戰國策述楚漢春秋接

其後事訖于天漢其言秦漢詳矣至於采經摭傳分散數家之事

甚多疏略或有抵捂亦其所涉獵者廣博貫穿經傳馳騁古今上

下數千載閒斯已勤矣又其是非頗謬於聖人論大道則先黃老

而後六經序游俠則退處士而進姦雄述貨殖則崇勢利而羞賤

貧此其所蔽也然自劉向揚雄博極群書皆稱遷有良史之才服

其善序事理辯而不華質而不俚其文直其事核不虛美不隱惡

故謂之實錄駰以為固之所言世稱其當雖時有紕繆實勤成一

家總其大較信命世之宏才也考校此書文句不同有多有少莫

辯其實而世之惑者定彼從此是非相貿真偽舛雜故中散大夫

史記集解序

裴駰

駰字龍駒河東人宋中郎外兵參軍又松之太中大夫裴松之子父名駰裴松之注三國志明言其父駰此引之非也

班固有言曰

固按漢書作司馬遷傳評其書公按固字孟堅扶風人後漢明帝時仕至中護軍和帝時坐竇氏事免官卒

一采世本戰國策

劉向別錄云戰國策或曰國策或曰國事或曰短長或曰事語或曰長書或曰修書按此皆戰國游士輔所用之國為之策謀宜為國策也此亦太史公所採之一也世本十五篇古史官所記黃帝以來訖春秋時諸侯卿大夫系諡名號凡十五篇也

述楚漢春秋

陸賈所撰記項氏與漢高初起及惠文間事也

按其後事訖于天漢

武帝年號言太史公記事訖于武帝之年號也

分散數家之事甚多疏略或有抵捂

書撮拾古今上下數千載間斯已勤矣又其是非頗謬於聖人

論大道則先黃老而後六經序游俠則退處士而進奸雄述貨殖則崇勢利而羞貧賤此其所蔽也然自劉向揚雄博極群書皆稱遷有良史之才服其善序事理辯而不華質而不俚其文直

五帝本紀第一

紀者記也本其事而記之故曰本紀又紀理也絲縷有紀而帝王書稱紀者言為後代綱紀也

小司馬氏撰

黃帝

按有土德之瑞土色黃故稱黃帝猶神農火德王而稱炎帝然也此以黃帝為五帝之首

少典之子

少典者諸侯國號非人名也

軒轅

軒轅黃帝名姓公孫居軒轅之丘故曰軒轅

世衰

斯文未之訛也

絢齊

弱而能言

曰征不享

世衰

五氣

謂春夏秋冬天之五氣也

藝五種

蓺種也樹也五種即五穀也

2

002　二十一史二十一種

明萬曆二十三年至三十四年（1595—1606）北京國子監刻崇禎六年（1633）遞修本

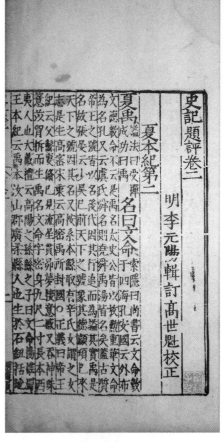

004　史記題評一百三十卷

明嘉靖十六年（1537）胡有恒、胡瑞刻本

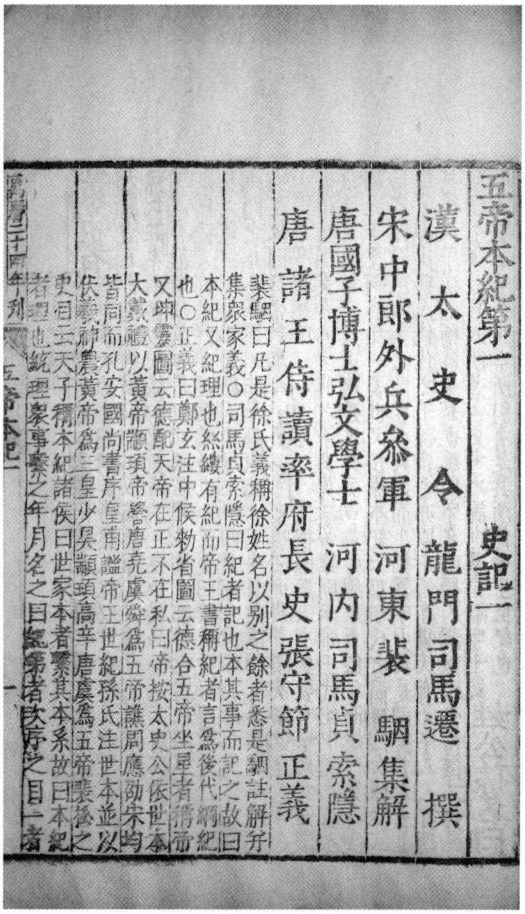
五帝本紀第一　　史記一
漢　太　史　令　龍　門　司　馬　遷　撰
宋　中　郎　外　兵　叅　軍　河　東　裴　駰　集解
唐國子博士弘文學士　河　内　司　馬　貞　索隱
唐　諸　王　侍　讀　率　府　長　史　張　守　節　正義
裴駰曰凡是徐氏義稱徐姓名以別之餘者悉是駰註解并
集衆家義○司馬貞索隱曰紀者記也本其事而記之故曰
本紀又紀理也絲縷有紀而帝王書稱紀者言爲後代綱紀
也○正義曰鄭玄注中候勑省圖云德合五帝坐星者稱帝
又坤靈圖云德配天帝在正不在私曰帝按太史公依世本
大戴禮以黃帝顓頊帝嚳唐堯虞舜爲五帝譙周應劭宋均
皆同而孔安國尚書序皇甫謐帝王世紀孫氏注世本並以
伏羲神農黃帝爲三皇少昊顓頊高辛唐虞爲五帝裴松之
史目云天子稱本紀諸侯曰世家本者繫其本系故曰本紀
者理也統理衆事繫之年月名之曰紀第者次序之目一者
萬曆二十四年刊　五帝本紀一　一

005　史記一百三十卷

明萬曆廣東張守約刻本

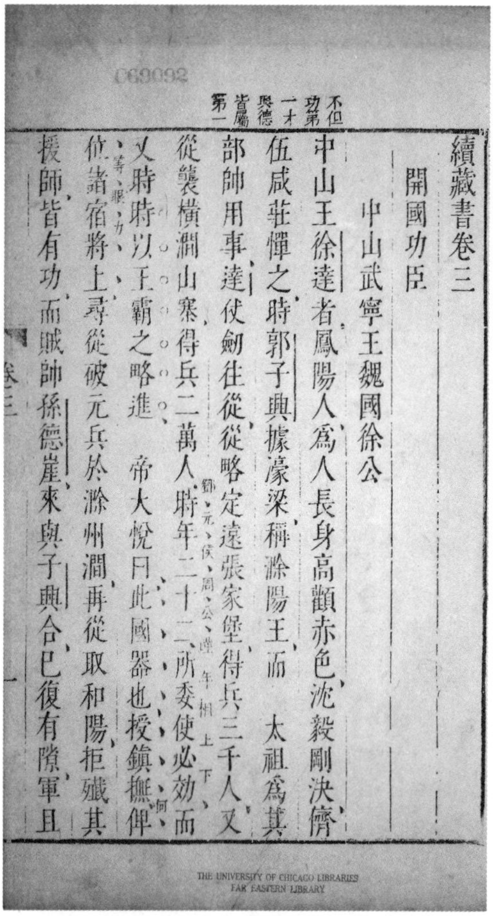

不但功第一才與德皆屬第一
續藏書卷三
開國功臣
中山武寧王魏國徐公
中山王徐達者鳳陽人爲人長身高顴赤色沈毅剛決儕
伍咸莊憚之時郭子興據濠梁稱滁陽王而　太祖爲其
部帥用事達仗劍往從從略定遠張家堡得兵三千人又
從襲橫澗山寨得兵二萬人時年二十二所委使必効而
又時時以王霸之略進　帝大悅曰此國器也授鎮撫俾
位諸宿將上尋從破元兵於滁州澗再從取和陽拒殲其
援師皆有功而賊帥孫德崖來與子興合已復有隙軍且
卷三　一

009　藏書六十八卷續藏書二十七卷

明天啓元年（1621）刻本

011　續藏書二十七卷
明刻本

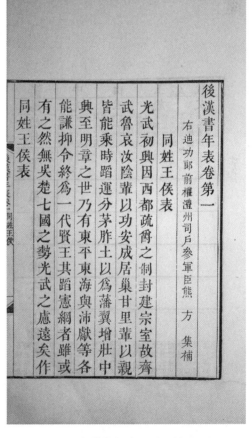

018　後漢書年表十卷附錄一卷
清乾隆四十七年（1782）歙縣鮑氏刻本

明洪武三年（1370）內府刻明嘉靖萬曆間
南京國子監遞修本

太祖

太祖法天啓運聖武皇帝諱特穆津姓却特氏蒙古部
人其十世祖勃端察爾母曰阿倫郭斡母托本默爾
根生二子長曰布圖塔吉次曰博克多薩勒濟固既
而夫亡阿倫郭斡寡居夜寢帳中夢白光自天窗中入化為金
色神人來趨卧榻阿倫郭斡驚覺遂有娠產一子即勃端察爾
也狀貌奇異沉默寡言家人謂之癡獨阿倫郭斡語

本紀第一

明翰林學士亞中大夫知制誥兼修國史宋濂等修

元史卷一

036　元史二百十卷目錄二卷

平京二十六年就藩甘州三十年令督軍屯糧過征伐以長
興侯耿炳文從建文元年乞內徙遂移蘭州橫聽百戶劉成
言罪平京衛軍成祖怒救械成等送京師永樂十七年薨子
康王瞻焰嗣宣德八年被盜為榜慕告捕者
御史言其非制罪長史楊威瞻焰又請加歲祿宣宗曰洪武
永樂間歲祿不過五百石莊王不言者以朝廷念地難轉
輸故也仁考即位加五百石矣朕守祖制不敢違正統元年
上言甘州舊邸改都司而先王墳園尚在乞禁伐近邸林木
從之天順三年上馬五百匹備邊予之天順
八年薨子簡王祿埴嗣成化十五年薨子恭王貢錝嗣嘉靖
十五年薨恭王在位久世子宜溰長孫弼桓皆早卒次孫定

敬慎堂

039　明史藁三百十卷目錄三卷史例議二卷

清雍正敬慎堂刻本

紀傳類

彙　編

001
十七史十七種

T2455　17

《史記》一百三十卷　漢司馬遷撰　唐裴駰集解；附《史記索隱》三十卷　唐司馬貞撰

《前漢書》一百卷　漢班固撰　唐顏師古注

《後漢書》九十卷　南朝宋范曄撰　唐李賢注；《志》三十卷　晉司馬彪撰　梁劉昭注

《三國志》六十五卷　晉陳壽撰　南朝宋裴松之注

《晉書》一百三十卷　唐房玄齡等撰

《宋書》一百卷　梁沈約撰

《南齊書》五十九卷　梁蕭子顯撰

《梁書》五十六卷　唐姚思廉撰

《陳書》三十六卷　唐姚思廉撰

《魏書》一百十四卷　北齊魏收撰

《北齊書》五十卷　唐李百藥撰

《周書》五十卷　唐令狐德棻撰

《隋書》八十五卷　唐魏徵、長孫無忌等撰

《南史》八十卷　唐李延壽撰

《北史》一百卷　唐李延壽撰

《唐書》二百二十五卷　宋歐陽脩、宋祁等撰；附《唐書釋音》二十五卷　宋董衝撰

《五代史記》七十四卷　宋歐陽脩撰　宋徐無黨注；附《五代史補》五卷　宋陶岳撰；《五代史闕文》一卷　宋王禹偁撰

《十七史》十七種，明毛晉編。明崇禎元年至十七年（1628—1644）常熟毛氏汲古閣刻清順治五年至十三年（1648—1656）修補本。三十二函一百六十八冊（書根及套籤記冊次至“一六四”，因《前漢書》第十五、

7

十六、十七、二十三册皆被改裝爲兩册，而書根標爲"十五上""十五下"以至"二十三上、下"，實際册數遂較書根標記多四册）。第一種《史記》版框高 22 厘米，寬 15.4 厘米。半葉十二行二十五字，小字雙行三十七字，白口，左右雙邊，單魚尾。總書名葉鐫"汲古閣十七史"。首有未署年張能鱗《十七史序》（錢謙益《牧齋有學集》卷十四有《汲古閣毛氏新刻十七史序》，係順治十三年《十七史》刻印告成後毛晉請錢氏所作，因錢氏著作在乾隆以後遭禁毀，故《十七史》印本多撤去錢序。又中國國家圖書館藏本有侯于唐《重刻十七史序》，本館藏本亦無錢、侯二序），次《汲古閣十七史總目》。總書名葉、序及《總目》爲抄配。各史目録、序及每卷首末葉版心中鐫"汲古閣""毛氏正本"，其餘葉版心中鐫書名卷次；目録及各卷首末行皆鐫"琴川毛鳳苞氏審定宋本"長方墨印一枚。

《史記》，首總目，題"司馬遷史記凡一百三十篇總一百三十卷""十二本紀一十二卷，十表一十卷，八書八卷，三十世家三十卷，七十列傳七十卷"，末署"裴駰注"。次面首行鐫"皇明崇禎十有四年歲在昭陽大荒駱陬月上日琴川毛氏開雕"條記一行。次《史記目録》。次裴駰《史記集解序》，序文畢即接"史記一"正文，正文不另起一葉。其餘各卷皆首行大題書名、次序，次行題篇名、次序，如"史記二""殷本紀第二"。《史記》共十二册，第十一、十二册爲唐司馬貞《史記索隱》，首裴駰《史記集解序》，有司馬貞注，與前序不同。卷端上題書名、卷次，如"史記索隱卷第一"，下署"小司馬氏撰"，"小司馬氏"即司馬貞。摘字作注，不録全文。卷末毛晉題識兩篇，交待版本頗有參考價值，兹録於此：

　　讀史家多尚《索隱》，宋儒尤推小司馬《史記》與小顏氏《漢書》，如日月并炤，故淳熙、咸淳間官本頗多。廣漢張介仲削去褚少孫續補諸篇，以《索隱》爲附庸，尊正史也；趙山甫病非全書，取所削者別刊一帙；澄江耿直之又病其未便流覽，以少孫所續循其卷第而附入之。雖桐川郡有三刻，惟耿本最精。余家幸藏桐川本有二，擬從張本，恐流俗染人之深，難免山甫之嫌；擬從耿本，恐列《三皇本紀》爲冠，大非太史公"象閏餘而成歲"之數，遂訂裴駰《集解》而重新焉。每讀至舛逸同異處，如"宰我未嘗從田横"之類，輒不能忘情於小司馬。幸又遇一《索隱》單行本子，凡三十卷，《自序》綴於二十八卷之尾，後二卷爲"贊述"、爲《三皇本紀》，迺北宋秘省大字刊本。晉亟正其譌謬重脱，附於裴駰《集解》之後，真讀史第一快事也。倘有問張守節《正義》者，有王震澤先生行本在。古虞毛晉識。

按汴本釋文演注與桐川郡諸刻微有不同，如"鄭德"作"鄭玄"，"劉氏"作"劉兆"，姓氏易曉其訛。如"詩含神霧"，援引書目豈得作"時含神霧"？但"樂彥"通本作"樂産"，未知何據。《高祖本紀》中"人乃以嫗爲不誠，欲笞之"，諸本皆然，《漢書》作"欲苦之"，兹本獨作"欲告之"，此類頗多，不敢妄改。至如"世家""世本"俱作"系家""系本"，避李唐諱也，後人輒爲改易，小司馬能無遺憾耶？晉又識。

"廣漢張介仲"即張杅，宋淳熙三年（1176），張杅於桐川郡齋刊集解、索隱合刻本《史記》一百三十卷；"澄江耿直之"即耿秉，淳熙八年取桐川郡齋本修補重印。"趙山甫病非全書，取所削者別刊一帙"云云，據耿秉修補本跋云："趙山甫守郡，取所削者別刊爲一帙，示不敢專，而觀者復以卷第不相入，覽究非便，置而弗印，殆成棄物。"故趙山甫別刊本後世無傳本。

徐乃昌《積學齋藏書記》續一著録蒙古中統二年（1261）刻《史記索隱》殘本一卷，存佚不詳。毛晉據"北宋秘省大字刊本"所刊此本爲今存司馬貞注唯一單行刻本。

《前漢書》，首總目，題"班固前漢書凡百篇總一百二十卷""十二帝紀一十三卷，八表一十卷，十志一十八卷，七十列傳七十九卷"。美國哈佛大學哈佛燕京圖書館藏本總目次面首行鎸"皇明崇禎十有五年歲在橫艾敦牂如月初吉琴川毛氏開雕"條記一行，次行小注："《索隱》曰：'橫艾，壬也。'《爾雅》作'玄黓'。今從《史記·曆書》。"下鎸"毛晉""子九氏"二印。本館藏本無條記、小注及印章，亦無剜改痕迹，不知何故缺此兩行。次《前漢書目録》，署"顏師古注"。《目録》題"帝紀一十二卷、年表八卷、本志一十卷、列傳七十卷"，分上下者按一卷計，故與《總目》不合。各卷首末行上題篇名、次序，下題書名、次序，如"高帝紀第一上""漢書一"，紀、表、志、傳篇次各爲起迄，書名次序則連續編爲一至一百。各卷端次行署"正議大夫行祕書少監琅邪縣開國子顏師古注"。個別葉偶有殘損處，業經抄補。是書據宋本翻雕，收録原宋代張泌校語六條，見卷三十《藝文志》、卷四十《張良傳》、卷五十七下《司馬相如傳》、卷六十五《東方朔傳》及卷八十七下《揚雄傳》之卷末。照刻宋諱字：卷八十一《匡張孔馬傳》，"匡"字缺末筆。避"桓"字較多樣：卷二十《古今人表》"燕文公桓公子"及卷八十七下《揚雄傳》"謂桓譚曰"之"桓"字缺末筆；卷十七《景武昭宣元成功臣表》"桓侯"及《古今人表》中"齊桓公小白""桓子差"等"桓"字則不諱；卷二十七中之下《五行志》"桓公殺兄弑君""師古謂欲殺桓公"，"桓"字皆不避，同卷"桓公夫人使公子彭生殺威公"，"桓"字缺筆，"威"字爲"桓"字之避諱代字；卷三十《藝文志》"桓寬鹽鐵論"，"桓"字代以"淵聖御名"四小字，有墨筆眉批云："作書者漢人，刻書者明人，何用爲宋諱耶？篇中'齊桓公'亦有作'威'者。蓋相沿宋板而然，而不知其當改也。"卷八十四《翟方進傳》"師古曰：父有作室之意，則子當築室而御名焚檩以成之"，"御名"二字當爲"構"；卷三十一《陳勝項籍傳》"夜構火狐鳴呼"，"構"字則不避。宋欽宗趙桓、高宗趙構以下"慎""惇"等諱字皆不諱。底本當爲南宋初年刻本（孫曉磊《汲古閣本〈漢書〉底本來源考》謂底本是景祐本爲首的北宋本系統中刊刻於南宋初期的本子，見《文獻》2013年第6期，唯其文統計諱字稍欠完備）。

《後漢書》，首總目，題"范曄後漢書凡九十八篇總一百三十卷""十帝紀一十二卷，唐章懷太子賢注；八志三十卷，劉昭補注；八十列傳八十八卷，唐章懷太子賢注"。次面首行鐫"皇明崇禎十有六年歲在尚章叶洽宿月上巳琴川毛氏開雕"條記一行。次《後漢書目錄》。各卷首末行上爲篇名、次序，下題書名、次序，如"光武帝紀第一上""後漢書一上"（書名上或冠"范曄"二字），紀、傳連續編次至"後漢書九十"，志單獨編次至"後漢書三十"，以此合計總卷數，故與總目、目錄不合。卷端次行紀、傳署"唐章懷太子賢注"，志署"梁劉昭注補"。

《三國志》，首南朝宋文帝元嘉六年（429）裴松之《上三國志注表》，次《晉書本傳》（陳壽）、《節錄宋書裴松之傳》，次《三國志目錄》。檢他館藏本，《三國志目錄》前有總目，題"陳壽三國志凡六十五篇總六十五卷""魏志三十卷，蜀志一十五卷，吳志二十卷"，末署"裴松之註"，此本佚；次面首行鐫"皇明崇禎十有七年歲在閼逢涒灘如月花朝琴川毛氏開雕"條記一行。各卷首末行上題三國書名、次序，如"魏書一""蜀書一""吳書一"，下題書名、次序，卷端次行題篇名，如"武帝紀第一"。

《晉書》，首總目，題"唐太宗御撰晉書凡一百三十篇總一百三十卷""帝紀十卷，志二十卷，列傳七十卷，載記三十卷"。次面首行鐫"皇明崇禎改元歲在著雍執徐陬月元宵琴川毛氏開雕"一行。次《晉書本傳》（陳壽）及《節錄宋書裴松之傳》，此二篇原屬《三國志》，誤裝於此。次《晉書載記序》，次《晉書目錄》，首行題"唐太宗文皇帝御撰"。各卷端首行題書名、次序，次行題篇名、次序，如"晉書一""帝紀第一"。文中有小字雙行鐫異文，如卷七《成帝紀》"至於君親"，"至"字下注"一本無至字"；卷九《簡文帝紀》"遣使振卹之"，"使"字下注"宋本無使字"；卷十《安帝紀》"屯中皇堂"，下注"一本作堂皇"；卷十一《天文上》"蓋萬有一千五百二十"，"有"字下注"宋本無有字"，"其北一星曰招搖"，"曰"字下注"宋本無曰字"，"則胡兵當來"，"兵"字下注"宋本無兵字"，"皆所以備非常也"，"所"字下注"宋本無所字"，等等。知是書刊刻底本并非宋本。

《宋書》，首總目，題"沈約宋書凡七十七篇總一百卷""帝紀十卷，志三十卷，列傳六十卷"。次面首行鎸"皇明崇禎七年歲在閼逢閹茂余月八日琴川毛氏開雕"條記一行。次《宋書目録》。各卷端首行題書名、卷次，次行題篇名、次序。文中有雙行小字鎸異文，如卷十《順帝本紀》"沈文秀討斬之"，"討"字下注"秀討舊作李詩"。缺字代以墨釘，卷六十七《謝靈運傳》墨釘尤多。卷四十六末有"臣穆等"按語。

《南齊書》，首《南齊書序》（據版心題），末署"臣恂、臣寶臣、臣穆、臣藻、臣洗、臣覺、臣彦若、臣鞏"（諸臣姓名參陳垣《陳垣史源學雜文》之《北宋校刊南北八史諸臣考》一文），"鞏"即曾鞏，此序爲曾鞏撰，即《元豐類稿》卷十一《南齊書目録序》。《序》第一葉次面爲抄補。次總目，題"蕭子顯南齊書凡五十六篇總五十九卷""本紀八卷，志一十一卷，列傳四十卷"。次面首行鎸"皇明崇禎十年歲在强圉赤奮若陽月望日琴川毛氏開雕"條記一行。次《南齊書目録》，其中有數葉殘損抄補處，"玄""炫""鉉"皆缺末筆，知爲清人所補。各卷端首行題書名卷次，次行題篇名、次序。文中有小字雙行鎸異文，如卷一《高帝紀上》"養女殷言"，"言"字下注"北雍本作舌"，"肆虐諸夏"，"夏"字下注"宋本作憂"；卷二《高帝紀下》"皇帝臣□"，下注"道成〇宋本諱"；卷三《武帝紀》"西昌侯□"，下注"鸞〇宋本諱"；卷二十二《豫章文獻王傳》"入爲宋從"，下注"北雍本作順，宋本諱"，"掩襲内嶷"，下注"北雍本有今字"；"不得與人爲公宜"，下注"公宜，北雍本作市諸"；卷三十五《高祖十二王傳》"曄年四歲思慕不異成人"，下注"宋本無已上八字"，"珪璧等物鏗使長史蔡約自往脩復纖毫不犯"，下注"宋本無已上十六字"等等。卷一、四、十七、二十五、四十一、五十八末有校記。卷十五《州郡志下》"新興郡廣牧"至"廣平"中間空半葉，注"原本缺"；卷三十五"十年遷太常常"至"賜尋遷左衛將軍"，中間亦空半葉，注"原本缺"；卷五十八"樂浪公建武三年"至"報功勞勤實存"中間亦空數百字。卷五十八末鎸宋治平二年（1065）崇文院校勘《七史》并送杭州開板刻書牒文一道，牒文云：

崇文院

嘉祐六年八月十一日

勑節文《宋書》《齊書》《梁書》《陳書》《後魏書》《北齊書》《後周書》見今國子監并未有印本，宜令三館秘閣見編校書籍官員精加校勘，同與管勾使臣選擇楷書，如法書寫板樣，依《唐書》例逐旋封送杭州開板。

治平二年六月　日

書中校記云"北雍本作某""宋本作某",知其底本非宋本,而其遠源則爲宋監本《七史》。卷末校記、牒文與今存所謂蜀大字本(中國國家圖書館藏宋刻宋元明初遞修本)多同,唯卷三十五《高祖十二王傳》"晬年四歲思慕不異成人",下校記云"宋本無已上八字",而蜀大字本所無者爲此十字,并非八字。

《梁書》,首總目,題"姚思廉梁書凡五十六篇五十六卷""本紀六卷,列傳五十卷"。次面首行鐫"皇明崇禎六年歲在昭陽作噩涂月望日琴川毛氏開雕"條記一行。次《目錄》。各卷端首行題書名卷次,次行題篇名、次序。

《陳書》,首總目,題"姚思廉陳書凡三十六篇三十六卷""本紀六卷,列傳三十卷"。次面首行鐫"皇明崇禎四年歲在重光協洽相月七夕琴川毛氏開雕"條記一行。次《陳書目錄》。《目錄》後爲"臣恂"等(較《南齊書》多"臣洙"一人)《陳書序》,此序即《元豐類稿》卷十一《陳書目錄序》,知爲曾鞏撰。各卷端首行題書名卷次,次行題篇名、次序。卷十六第八葉爲抄補。文中偶注異文:如卷三十三《儒林傳序》"斯則王教之典籍",下注"一作以教之典籍斯則";"唯國學乃經",下注"一本缺五字"。卷三十四、三十六末有校記,各卷校記爲曾鞏等所撰,存世宋本《陳書》卷一、三、九、十六皆有校記,可知此本所據底本有缺佚。

《魏書》,首總目,題"魏收魏書一百一十四篇一百三十卷""帝紀十二,列傳九十二,志十",個別篇分上下卷,一般按篇計總卷數,著錄爲一百十四卷。次面首行鐫"皇明崇禎九年歲在柔兆困敦皋月端午琴川毛氏開雕"條記一行。次《魏書目錄》,署"魏收撰"。後附《魏書目錄序》,末署"臣攽、臣恕、臣燾、臣祖禹"。各卷端首行題書名卷次,次行題篇名、次序。文中偶注異文:如卷一《序紀》"顧命曰必迎立□",下注"什翼犍宋本諱";卷二《太祖紀》"是歲皇子□",下注"嗣○宋本諱";卷十三《皇后列傳·孝文廢皇后馬氏》"夫嬪以下接御",下注"一作接淑,一作妾御";卷十九中《任城王傳》"居邊地險世爲山狡","山"下注"北雍本作凶";卷一百一十一《刑罰志》"二儀既判壹品生焉","壹"下注"雍本作彙"。卷三、十二、十三、十四、十五、十七、十八、十九上、二十五、三十、三十三、五十三、八十三上、八十三下、八十四、八十六、九十、九十一、一百二、一百三、一百五之三、一百六上末有校記。校記爲宋劉攽等校書時所撰。卷十六《廣平王傳》"諡曰哀王"下注"闕一板,舊誤",以下至"統卒贈涼州刺史"中間空數百字;卷一百九《樂志五》"湯武所以"至"請依京房立準"中間空半葉數百字。"恒"字偶缺末筆。

《北齊書》,首總目,題"李百藥北齊書凡五十篇總五十卷""本紀八卷,列傳四十二卷"。次面首行鐫"皇明崇禎十有一年歲在著雍攝提格夏五日琴川毛氏開雕"條記一行。次《北齊書目録》。各卷端首行題書名卷次，次行題篇名、次序。卷三末有校記。傅增湘曾得宋刊本，謂"列傳二十七、二十九、三十（卷三十五、三十七、三十八）各卷之末尚存校記三條，爲各本所佚"（《藏園群書題記·校宋刊北齊書殘本跋》），此本亦無此三條校記。

《周書》，首總目，題"令狐德棻後周書凡五十篇總五十卷""本紀八卷，列傳四十二卷"。次面首行鎸"皇明崇禎五年歲在玄默涒灘辜月冬至琴川毛氏開雕"條記一行。次《周書序》，署"臣燾、臣安國、臣希"。次《後周書目録》。各卷端首行題書名卷次，次行題篇名、次序。卷六《帝紀·武帝下》"自將輕騎走鄴是日詔曰"至"人寄喉唇之重"中間缺五行，注"以下缺"。文中偶注異文：如卷八《帝紀·靜帝》"新寧公叱長叉"，下注"一作文"；卷二十七《赫連達傳》"字朔周盛"，下注"一作成"。

以上七種（《宋書》至《周書》），除《梁書》外，皆有北宋嘉祐間秘閣校書官員進書序或卷末諸臣校記，知其源出宋監本《七史》，具體刊刻底本則待考。疑《梁書》亦同（宋監本《七史》之《梁書》當有曾鞏等校書序，《元豐類稿》卷十一有《梁書目録序》）。

《隋書》，首總目，題"魏徵隋書八十五卷""帝紀五卷，志三十卷，列傳五十卷"。次面首行鎸"皇明崇禎八年歲在旃蒙大淵獻壯月中秋琴川毛氏開雕"條記一行。次《隋書目録》。各卷端首行題書名卷次，次行題篇名、次序。書末附宋天聖二年（1024）校書跋。《帝紀》《列傳》各卷端署"特進臣魏徵上"，《志》各卷端署"太尉楊州都督監脩國史上柱國趙國公臣長孫無忌等奉敕撰"。文中注異文：如凡"晉王□"下皆注"廣〇宋本諱"；卷一《高祖上》"開渠自渭運門"，下注"一作達河"；卷六《禮儀一》"風俗凋敝"，下注"宋本作弊，後倣此"；天聖二年校書跋"王劭爲書八十卷"，"爲"字下注"雍本改纂"，"定爲篇目"下注"雍本改次"，"并闕其體"下注"雍本改序"。

《南史》，首總目，題"李延壽南史凡八十篇總八十卷""本紀十卷，列傳七十卷"。次面首行鎸"皇明崇禎十有三年歲在上章執徐十一月上弦琴川毛氏開雕"條記一行。次《南史目録》。各卷端首行題書名卷次，次行題篇名、次序。文中注異文：如卷十一《海陵王妃傳》"王妃諱昭"，下注"一作詔"；卷三十三《何承天傳》"善候伺顔色"，"伺"下注"一作何"，"質則過懦"下注"一作儒"。

《北史》，首總目，題"李延壽北史凡一百篇總一百卷""本紀一十二卷，列傳八十八卷"。次面首行鎸"皇明崇禎十有二年歲在屠維單閼玄月重九琴川毛氏開雕"條記一行。次《北史目録》。各卷端首行題書名卷次，次行題篇名、次序。

卷十四第九至十葉、卷二十第十九葉爲抄配。"恒"字偶缺末筆。

《唐書》，首總目，題"唐書凡二百五十篇總二百七十三卷""十本紀一十卷，五十志五十六卷、十五表二十二卷，一百五十列傳一百六十卷"，末署"歐陽脩、宋祁奉敕撰"。次面次行鎸"皇明崇禎二年歲在屠維大荒落陬月上日琴川毛氏開雕"條記一行。次宋嘉祐五年（1060）曾公亮《進新唐書表》。次《唐書目録》。是書一般著録爲二百二十五卷，個別篇分上下卷，以此計，實得二百四十八卷，合《唐書釋音》二十五卷爲二百七十三卷，此本缺《釋音》。各卷首末行上題篇名、次序，下題書名、次序，如"本紀第一""唐書一"。

《五代史記》，首總目，題"歐陽脩五代史記凡七十四篇總七十四卷""本紀十二卷，列傳四十五卷，司天職方考三卷，世家年譜十一卷，四夷附録三卷"，末署"徐無黨注"。次面次行鎸"皇明崇禎三年歲在尚章敦牂且月望日琴川毛氏開雕"條記一行。次《五代史目録》。卷一卷端首行題書名、次序"五代史第一"，次行下署"徐無黨注"，第三行題篇名、次序"梁本紀第一"，自卷二起不再題注者。文中注異文：如卷一《梁本紀》"出其東伏大冢間"下注"一作閒"，"荆南留後趙匡"下注"一無匡字"。夾注有宋曾三異校語。

《五代史補》首《五代史補序》，署"潯陽陶岳介立"，次目録。末有毛晉題識（鎸爲方形牌記式）云：

> 右《五代史補》五卷，潯陽陶岳撰。每代爲一卷，凡一百四條。岳，雍熙二年進士也。宋開寶中詔宰相薛居正監修《梁唐晉漢周五代史》一百五十卷，久不傳於世。六一居士病其繁猥，汰卷秩之半。潯陽陶介立復病其闕略，爲之《補》，先輩稱爲嘉史。第墮小説家習，恐難免六籍奴婢之誚焉。馬氏云："吳縝撰《纂誤》五卷、《雜録》一卷，指摘六一居士舛誤二百餘事。"當覓佳本并傳。虞山毛晉識。

《五代史闕文》署"宋翰林學士王禹偁撰進"，有小序。末有毛晉題識（鎸爲方形牌記式）云：

> 晁氏稱范質撰《五代通録》六十五卷，凡乾化壬申以後五十三年碑碣遺文捃摭略備，恨未得見。鉅野王元之採諸《實録》三百六十卷中，撰進一十七篇，所謂"少少許勝人多多許"，迺未得睿思殿寶章以尊寵其書，惜哉。元之自選生平著述三十卷，撰著得《乾》之《小畜》，遂以名集。其曾孫汾哀録遺文，凡《太宗實録》《奏議》暨是書，傳不載。虞山毛晉識。

《五代史補》《五代史闕文》存世刻本以此爲最早，之前僅以抄本流傳。

毛晉（1599—1659），原名鳳苞，字子久，後改名晉，號潛在，自稱汲古主人，江蘇常熟人。家富藏書，多宋、元舊刻，建汲古閣、目耕樓庋之。校刻《十三經》《十七史》《津逮秘書》《六十種曲》等書達六百多種，流布甚廣。又好抄録罕見秘籍，繕寫精良，世稱"毛抄"。錢謙益《牧齋有學集》卷三十一有《隱湖毛君墓誌銘》。

毛晉《重鎪十三經十七史緣起》述刻書緣起、經過甚詳，文云（本館藏本缺此《緣起》，引自他館所藏全本）：

> 毛晉艸莽之臣，檮昧之質，何敢從事於經史二大部？今斯剞劂告成，或有奬我爲功臣者，或有罪我爲僭分者，因自述重鎪始末，藏之家塾，示我子孫之能讀我書者。天啓丁卯，初入南闈，設妄想祈一夢。少選，夢登明遠樓，中蟠一龍，口吐雙珠，各隱隱籕文，唯頂光中一"山"字皎皎露出。仰見兩楹分懸紅牌，金書"十三經十七史"六字，遂寤。三場復夢，夢無異，竊心異之。鎩羽之後，此夢時時往來胸中。是年余居城南市，除夕，夢歸湖南載德堂，柱頭亦懸"十三經""十七史"二牌，焕然一新，紅光出户。元旦拜母，備告三夢如一之奇。母忻然曰："夢神不過教子讀盡經史耳。須亟還湖南舊廬，掩關謝客，雖窮通有命，庶不失爲醇儒。"遂舉曆選吉。忽憬然大悟曰：太歲戊辰，崇禎改元，龍即辰也；珠頂露山，即崇字也。奇驗至此，遂誓願自今伊始，每歲訂正經史各一部，壽之梨棗。及築箭方興，同人聞風而起。議聯天下大社，列十三人任經部，十七人任史部，更有欲益四人并合二十一部者。築舍紛紛，卒無定局，余唯閉户自課已耳。且幸天假奇緣，身無疾病，家無外侮，密邇自娱，十三年如一日。迨至庚辰除夕，十三部板斬新插架，賴鉅公淵匠，不惜玄晏，流布寰宇。不意辛巳、壬午兩歲災祲，資斧告竭，亟棄負郭田三百畝以充之。甲申春仲，史亦哀然成帙矣。豈料兵興寇發，危如纍卵。分貯板籍於湖邊岩畔茆菴草舍中，水火魚鼠，十傷二三。呼天號地，莫可誰何。猶幸數年以往，邨居稍寧，扶病引雛，收其放失，補其遺亡，一十七部連床架屋，仍復舊觀。然較之全經，其費倍蓰，奚止十年之田而不償也。回首丁卯至今三十年，卷帙從衡，丹黄紛雜，夏不知暑，冬不知寒，晝不知出户，夜不知掩扉。迄今頭顱如雪，目睛如霧，尚矻矻不休者，惟懼負吾母讀盡之一言也。而今而後，可無憾矣。竊笑棘闈假寐，猶夫牧人一夢耳。何崇禎之改元，十三年之安堵，十七年之改步，如鏡鏡相照，不爽秋毫耶。至如奬我罪我，不過夢中説夢，余又豈願人人與我同夢耶。順治丙申年丙申月丙申日丙申時題於七星橋西之汲古閣中。

從《緣起》中可知明清易代之際《十七史》書版有所散失，故順治間毛晉"收其放失，補其遺亡"。《緣起》後附《編年重鎪經史目録》，詳舉經史補刻情況，兹摘其與刻《十七史》有關者：

順治戊子（五年，1648）補緝脱簡（《晉書》）《載記》三十卷。

順治戊子補緝脱簡曾公亮《進新唐書表》《目録》四十三葉。

順治己丑（六年）補緝脱簡（《五代史》）《司天考》二卷、《職方考》一卷、《十國世家年譜》一卷、陳師錫序一葉。（按：本館藏本陳師錫序缺佚）

順治己丑補緝脱簡（《陳書》）《儒林》《文學》列傳二篇。

順治庚寅（七年）補緝脱簡（《周書》）《異域列傳》二篇。

順治庚寅補緝脱簡《梁書・皇后太子列傳》二篇。

順治辛卯（八年）補緝脱簡（《宋書》）《符瑞志》三卷、《百官志》二卷。

順治辛卯補緝脱簡（《隋書》）《志》三十卷。

順治壬辰（九年）補緝脱簡（《魏書》）《志》二十卷（原脱《天象》三、四）

順治壬辰補緝脱簡（《南齊書》）《輿服志》一篇、《高逸》《孝異》列傳二篇。

順治癸巳（十年）補緝脱簡（《北齊書》）《神武本紀》二卷、《後主幼主本紀》一卷；《列傳》散失八十八葉。

順治癸巳補緝脱簡（《北史》）《本紀》一十二卷。

順治甲午（十一年）補緝脱簡（《史記》）《周本紀》一卷、《禮、樂、律、曆書》四卷、《儒林列傳》五六七葉。

順治乙未（十二年）補緝脱簡（《漢書》）《藝文志》一卷、《文三王傳》《賈誼傳》《叙傳》四卷。

順治乙未補緝脱簡（《後漢書》）《八志》三十卷，劉昭補注。

順治丙申（十三年）補緝脱簡（《三國志》）《蜀志》二卷至七卷、《上三國志表》一篇。

汲古閣《十七史》爲清人讀正史之通行本之一，迭經重印。重印本或附清刻明邵經邦《弘簡録》二百五十四卷、清邵遠平《續弘簡録（元史類編）》四十二卷行世。嘉慶道光間古吳書業趙氏、同治十二年（1873）嶺東使署、同治光緒間五省官書局彙刻《二十四史》皆曾據以翻刻。毛晉逝世後，家道中落，汲古閣書版被毛氏子孫陸續典質以維持生計。《十七史》書版輾轉歸洞庭席啓寓琴川書屋，曾經重印若干部。乾隆間，爲啓寓同宗席紹容所得，紹容曾出所藏武英殿各史與之對勘。紹容子世臣創設掃葉山房，重印汲古閣《十七史》，并增刻《宋遼金元別史》五種（又稱“四朝別史”，包括《東都事略》一百三十卷，宋王偁撰；《南宋書》六十卷，明錢士升撰；《契丹國志》二十七卷，宋葉隆禮撰;《大金國志》四十卷,題宋宇文懋昭撰;《元史類編》四十二卷,清邵遠平撰)及《明史藁》一種,合稱"二十三史"。

此本墨色濃黑,斷版極少,無一葉刷印模糊,當爲順治間補版初印本,保存狀態極佳。書中有朱墨筆圈點、批校。

《中國古籍善本書目》史部著録。

中國國家圖書館、上海圖書館、湖北省圖書館、中國臺北"國家圖書館"、中國香港中文大學圖書館等二十餘館,美國國會圖書館,日本東京大學東洋文化研究所等有收藏。

鈐白文方印"盱台王錫元蘭生收藏經籍金石文字印""敬思堂藏書"。王錫元(1824—?),字蘭生,江蘇盱眙人。同治四年(1865)進士,曾任吏部文選司主事、淮安府里河同知,晚年寓居寶應。修纂《[光緒]盱眙縣志稿》十七卷,又有《夢影詞》六卷。

002

二十一史二十一種

T2455　21

《史記》一百三十卷　漢司馬遷撰　南朝宋裴駰集解　唐司馬貞索隱　唐張守節正義

《前漢書》一百卷　漢班固撰　唐顏師古注

《後漢書》九十卷　南朝宋范曄撰　唐李賢注;《志》三十卷　晉司馬彪撰　梁劉昭注

《三國志》六十五卷　晉陳壽撰　南朝宋裴松之注

《晉書》一百三十卷　唐房玄齡等撰;附《晉書音義》三卷　唐何超撰

《宋書》一百卷　梁沈約撰

《南齊書》五十九卷　梁蕭子顯撰

《梁書》五十六卷　唐姚思廉撰

《陳書》三十六卷　唐姚思廉撰

《魏書》一百十四卷　北齊魏收撰

《北齊書》五十卷　唐李百藥撰

《周書》五十卷　唐令狐德棻撰

《隋書》八十五卷　唐魏徵、長孫無忌等撰

《南史》八十卷　唐李延壽撰

《北史》一百卷　唐李延壽撰

《唐書》二百二十五卷　宋歐陽脩、宋祁等撰；附《唐書釋音》二十五卷　宋董衝撰

《五代史記》七十四卷　宋歐陽脩撰　宋徐無黨注

《宋史》四百九十六卷　元脫脫等撰

《遼史》一百十六卷　元脫脫等撰

《金史》一百三十五卷　元脫脫等撰

《元史》二百十卷　明宋濂、王禕等撰

《二十一史》二十一種。明萬曆二十三年至三十四年（1595—1606）北京國子監刻崇禎六年（1633）遞修本。八十函五百三十八冊。第一種《史記》版框高22.1厘米，寬15厘米。半葉十行二十一字，小字雙行同，白口，左右雙邊，單魚尾。版心上鎸版刻年代，中鎸書名、卷次及小題。各書卷端大題在上，小題在下，如"史記卷一上""三皇本紀第一上"。

《史記》，首《史記索隱序》，署"朝散大夫國子博士弘文館學士河內司馬貞"；次《史記索隱後序》；次《補史記序》，署"小司馬氏"，即司馬貞；次《史記集解序》，署"裴駰"；次《史記正義論例謚法解》，署"諸王侍讀宣議郎守右清道率府長史張守節上"；次《史記目錄》；《三皇本紀》爲"卷一上"，題"唐國子博士弘文學士河內司馬貞補撰并註"。凡本紀十二卷、年表十卷、書八卷、世家三十卷、列傳七十卷。卷一以下各卷端署"漢太史令龍門司馬遷撰，宋中郎外兵參軍河東裴駰集解，唐國子博士弘文館學士河內司馬貞索隱，唐諸王侍讀率府長史張守節正義"，目錄及卷一至八十一、八十九至一百卷端鎸"皇明朝列大夫國子監祭酒臣劉應秋、承直郎國子監司業臣楊道賓等奉敕重校刊"（卷九十三無"承直郎"三字）；卷八十二至八十八各卷端鎸"皇明朝列大夫國子監祭酒臣劉應秋、承直郎國子監司業臣楊道賓等奉敕重較刊，皇明朝列大夫國子監祭酒臣吳士元、承德郎司業仍加俸一級臣黃錦等奉旨重修"；卷一百一卷端鎸"皇明朝列大夫國子監祭酒臣方從哲、承直郎國子監司業臣□□□等奉敕重校刊"（原空三格）；卷一百二至一百三十卷端鎸"皇明朝列大夫國子監祭酒臣方從哲、承直郎國子監司業臣楊道賓等奉敕重校刊"。版心上鎸"萬曆二十六年刊"。卷三十一第一至二葉爲抄補。

《前漢書》，首《前漢書叙例》，次《景祐刊誤本》，末劉之問識語。次《前漢書目錄》。凡帝紀十二篇十三卷，表八篇十卷，志十篇十八卷，列傳七十篇七十九卷，實一百篇一百二十卷，傳統習慣按篇著錄爲一百卷。《叙例》《目錄》及卷一至七十六、八十二卷端皆署"漢蘭臺令史班固撰，唐正議大夫行秘書少監琅邪縣開國子顏師古注"，鎸"皇明朝列大夫國子監祭酒臣劉應秋、承直郎司

業臣方從哲等奉敕重校刊"；卷七十七至八十一、八十四至八十六、八十七下至九十四上、九十五至九十七下、九十九至一百下卷端鐫"皇明朝列大夫國子監祭酒臣劉應秋、司業臣楊道賓等奉敕重校刊"；卷八十三、八十七上、九十四下、九十八卷端鐫"皇明朝列大夫國子監祭酒臣劉應秋、承直郎國子監司業臣楊道賓等奉敕重校刊"。每葉版心上鐫"萬曆二十五年刊"，唯卷一上第六至七葉、卷二十四下第二葉版心上鐫"萬曆二十四年刊"。《叙例》版心下有刻工"□吉"。

《後漢書》，首宋景祐元年余靖《後漢書序》，次《後漢書目録》。目録及紀、列傳各卷端署"宋宣城太守范曄撰，唐章懷太子賢註"，志各卷端署"梁剡令劉昭注補"。目録前後皆有總目，題"帝后紀一十二、志三十、列傳八十八，共一百三十卷"，實則紀、志、列傳正文連續編卷至一百二十（分上下者按一卷計）。目録及各卷端鐫"皇明國子監祭酒臣李廷機、承直郎國子監司業臣方從哲等奉敕重校刊"。版心上鐫"萬曆二十四年刊"，唯卷七十二第七葉鐫"萬曆二十六年刊"，卷八十第十葉鐫"萬曆二十二年刊"，卷八十三第九至十葉鐫"萬曆二十三年刊"。卷七十二第十九至二十葉、卷八十二第七至八葉、卷一百八末葉爲抄配。有墨筆批校。卷二十五眉批有鈐印"石瓠居士"，卷五十二、六十四眉批鈐"橘、長"連珠方印。卷五十四、六十一、六十三、一百十二上、一百十三、一百十四末有甲午年佚名題詩、題識，鈐白文方印"番齋""雙舸齋"。卷七十四末有甲午年未署名跋，鈐白文方印"箕生父"，跋云"帝王具元化手者洪武太祖是矣"，"太祖"二字提行。卷九十三卷端鈐白文方印"范印士楫"，范士楫，字箕生，定興人。明崇禎十年（1637）進士。入清，官至吏部郎中。著有《橘洲詩集》六卷。可知范氏在明末時讀過此本。甲午當爲順治十一年（1654）。卷九十四眉批鈐白文方印"天谷山人"。

《三國志》，首《三國志目録》。版心上鐫"萬曆二十八年刊"。凡《魏志》三十卷、《蜀志》十五卷、《吳志》二十卷。各卷端首行題國名卷次，各爲起迄，如"魏志卷一""蜀志卷一""吳志卷一"。目録及各卷端次行題"晉陳壽撰"。《魏志》《蜀志》各卷端鐫"皇明嘉議大夫禮部右侍郎掌國子監祭酒事臣敖文禎、奉訓大夫右春坊諭德管國子監司業事臣蕭雲舉等奉敕重校刊"，《吳志》各卷端鐫"皇明朝議大夫國子監祭酒臣楊道賓、承德郎右春坊右中允管國子監司業事臣周如砥等奉敕重校刊"。

《晉書》，首《晉書目録》。凡帝紀十卷、志二十卷、列傳七十卷、載記三十卷。目録及各卷端署"唐太宗文皇帝御撰"，鐫"皇明承直郎國子監司業臣方從哲等奉敕重校刊"。版心上鐫"萬曆二十四年刊"。《晉書音義》首《晉書音義序》，署"弘農楊正衡撰"；次叙録，次正文，不隔流水。是書實爲房玄齡監修，唐太宗李世民撰宣帝（司馬懿）、武帝（司馬炎）二紀及陸機、王羲之二傳共四篇史論，故題"御撰"。卷三十三"人以小紙爲書者敕記室勿報"一句上有眉批云："天啓、崇禎間廠街以蒐私書爲務，長竿大牘遂絕於京師。雖欲不小紙不得矣。可咲。亦見晉時尚少禁拘，猶近古也。乙未十月十日記。"乙未當爲順治十二年（1655），此亦范士楫手筆。書中個別葉殘損，有抄補。卷一百五眉批鈐朱文方印"一字汝説"。卷一百十一末鈐白文方印"崇禎十年進士"。卷一百三十末題識"順治十二年乙未歲十一月十九日閲"。

《宋書》，首《宋書目録》。凡帝紀十卷、志三十卷、列傳六十卷。目録及各卷端署"梁沈約撰"，鐫"皇明朝列大夫國子監祭酒臣方從哲、承德郎右春坊右中允管國子監司業事臣黃汝良等奉敕重校刊"。版心上鐫"萬曆二十六年刊"，惟卷三十四第十五葉鐫"萬曆二十四年刊"，卷六十七第二十七、三十、三十二、三十四葉、卷八十第七葉鐫"萬曆二十七年刊"，卷九十七第十六葉鐫"萬曆二十五年刊"。

《南齊書》，首宋曾鞏《南齊書序》，次《南齊書目録》。凡本紀八卷、志十一卷、列傳四十卷。各卷端署"梁蕭子顯撰"，鐫"皇明朝列大夫國子監祭酒臣蕭雲舉、承德郎右春坊右中允管國子監司業事臣李騰芳等奉敕重校刊"。版心上鐫"萬曆三十三年刊"。

《梁書》，首《梁書目録》。凡本紀六卷，列傳五十卷。各卷端署"唐散騎常侍姚思廉撰"，鐫"皇明朝列大夫國子監祭酒臣蕭雲舉、承德郎右春坊右中允管國子監司業事臣李騰芳等奉敕重較刊；皇明朝列大夫國子監祭酒臣吳士元、承德郎司業仍加俸一級臣黃錦等奉旨重修"。版心上鐫"萬曆三十三年刊"。

《陳書》，首宋曾鞏《陳書序》，次《陳書目録》。凡本紀六卷，列傳三十卷。各卷端題"唐散騎常侍姚思廉撰"，鐫"皇明右春坊右諭德兼翰林院侍講署國子監事臣李騰芳奉敕重校刊"。版心上鐫"萬曆三十三年刊"。卷三十五第十四至十五葉爲抄配。

《魏書》，首《魏書目録》，題"魏收撰"；次"臣敏"等序。凡帝紀十二篇十四卷、列傳九十二篇九十六卷、志十篇二十卷。目録及卷一至九十四卷端鐫"皇明朝列大夫國子監祭酒臣李廷機、承直郎國子監司業臣方從哲等奉敕重校刊"，卷九十五至一百一、一百三、一百五至一百十四鐫"皇明朝列大夫國子監祭酒臣劉應秋、承直郎國子監司業臣方從哲等奉敕重校刊"，卷一百二、一百四鐫"皇明朝列大夫國子監祭酒臣劉應秋、承直郎國子監司業臣楊道賓等奉敕重校刊"。版心上鐫"萬曆二十四年刊"（個別葉爲"萬曆二十五年刊"）。卷十二至十四、十六、十八、五十三、八十二至八十六等卷末刻有校記。

《北齊書》，首《北齊書目録》。凡本紀八卷、列傳四十二卷。各卷端署"隋太子通事舍人李百藥撰"，鐫"皇明右春坊右諭德兼翰林院侍講署國子監事臣李騰芳奉敕重校刊"。版心上鐫"萬曆三十三年刊""萬曆三十四年刊"。

《周書》，首"臣燾"等序，次《後周書目録》。凡本紀八卷、列傳四十二卷。各卷端署"唐令狐德棻等撰"，鐫"皇明朝列大夫國子監祭酒臣蕭雲舉、承德郎右春坊右中允管國子監司業事臣李騰芳等奉敕重校刊"。版心上鐫"萬曆三十一年刊""萬曆三十二年刊"或"萬曆三十三年刊"。

《隋書》，首《隋書目録》。凡帝紀五卷、志三十卷、列傳五十卷。目録及紀、傳各卷端署"特進臣魏徵上"，志各卷端署"太尉揚州都督監脩國史上柱國趙國公臣長孫無忌等奉敕撰"。目録及卷一至七十卷端鐫"皇明朝列大夫國子監祭酒臣劉應秋、承直郎國子監司業事臣楊道賓等奉敕重校刊"，卷七十一至八十五卷端鐫"皇明朝列大夫國子監祭酒臣方從哲、承直郎國子監司業事臣楊道賓等奉敕重校刊"。版心上鐫"萬曆二十六年刊"。

《南史》，首《南史目録》。凡本紀十卷、列傳七十卷。目録及各卷端署"李延壽撰"。卷一至三卷端鐫"皇明朝議大夫國子監祭酒臣楊道賓、奉訓大夫右春坊右諭德管國子監司業事臣蕭雲舉等奉敕重較刊，皇明朝列大夫國子監祭酒臣吳士元、承德郎司業仍加俸一級臣黃錦等奉旨重修"；卷四至四十、五十四卷端鐫"皇明朝議大夫國子監祭酒臣楊道賓、奉訓大夫右春坊右諭德管國子監司業事臣蕭雲舉等奉敕重校刊"；卷四十一至五十三、五十五至八十卷端鐫"皇明朝列大夫國子監祭酒臣黃汝良、承德郎右春坊右中允管國子監司業事臣周如砥等奉敕重校刊"。版心上鐫"萬曆三十一年刊"。卷五十五第十八葉爲抄配。目録首葉有墨筆題識云："定興丙子之難，《廿一史》失《南史》第一册。今春涇易朱博野爲國子學録，請俸補之，遂成完書。（朱名賚，秦闈特拔士也）甲午莫春十六日橘洲外史記。"鈐白文方印"番齋""箕生父"。"請俸補之"謂以國子監所存書版重刷第一册。卷二十九、五十五、七十一末有順治甲午年跋。卷五十八眉批鈐朱文長方印"褐亭"，卷六十眉批鈐朱文方印"橘靈子"。

《北史》，首《北史目録》。凡本紀一十二卷、列傳八十八卷。目録及各卷端鐫"皇明朝列大夫國子監祭酒臣方從哲、承德郎右春坊右中允管國子監司業事臣黃汝良等奉敕重校刊"。版心上鐫"萬曆二十六年刊"。

《唐書》，首《進新唐書表》，末署"嘉祐五年六月　日提舉編脩推忠佐理功臣正奉大夫尚書禮部侍郎參知政事臣曾公亮上表"；次宋嘉祐五年六月二十四日進呈官銜；次宋董衝《新唐書釋音序》，署"宋將仕郎前權書學博士董衝進"；次元大德九年雲謙《唐書跋》；次《唐書目録》，署"宋推忠佐理功臣正奉大夫尚書禮部侍郎參知政事柱國廬陵郡開國公食邑二千一百户實封貳伯户賜紫金魚袋曾公亮提舉編修"。凡本紀十卷、志五十卷、表十五卷、列傳一百五十卷。《新唐書釋音序》《唐書目録》及卷一至一百六十四、一百七十二卷端鎸"皇明朝列大夫國子監祭酒臣蕭良有、承直郎司業臣葉向高等奉敕重校刊"，卷一百六十五至一百七十一卷端鎸"皇明朝列大夫國子監祭酒臣蕭良有、承直郎司業臣葉向高等奉敕重較刊，皇明朝列大夫國子監祭酒臣吴士元、承德郎司業仍加俸一級臣黄錦等奉旨重修"。卷一次行署"宋翰林學士兼龍圖閣學士朝散大夫給事中知制誥充史館脩譔判祕閣歐陽脩譔"，卷二至七十五卷端首行下署"宋歐陽脩撰"（撰或作譔），卷七十六至二百二十五卷端首行或次行下署"宋宋祁撰"（撰或作譔）。版心上鎸"萬曆二十三年刊"。卷一百八第十二至十四葉、卷一百八十六第十七至十八葉爲抄配。卷一百二十五有癸巳年眉批，鈐朱文長方印"褐亭"、白文方印"士楫"。卷一百七十三末有甲午年題識。《唐書釋音》卷一卷端署"宋將仕郎前權書博士董衝進"，鎸"皇明朝列大夫國子監祭酒臣蕭良有、承直郎司業臣葉向高等奉敕重校刊"。

《五代史記》，首《五代史記序》，署"建安陳師錫"；次《五代史目録》。凡本紀十二卷、列傳四十五卷、司天職方考三卷、世家年譜十一卷、四夷附録四卷。目録及各卷端署"宋歐陽脩"（間作修）撰，鎸"皇明詹事府少詹事兼翰林院侍讀學士暫掌國子監事臣敖文禎、承德郎右春坊右中允管國子監司業事臣黄汝良等奉敕重校刊"。版心上鎸"萬曆二十八年刊"。鈐朱文長方印"須川汪氏家藏圖書"、陰陽方印"汪氏元範"、朱文方印"衛易館""明生父"。汪元範，字明生，明諸生，山東臨清人。活動於萬曆間。博學嗜古，慕司馬遷之爲人，好游歷名山大川，足迹遍天下，與趙南星、董其昌等皆有交往。著有《梁園風雅》等。《冀縣志》卷十九有傳。

《宋史》，首《宋史目録》上中下三卷。凡本紀四十七卷、志一百六十二卷、列傳二百五十五卷。目録及各卷端署"開府儀同三司上柱國録軍國重事前中書右丞相監修國史領經筵事都總裁脱脱等修"（修或作脩）。目録及卷一至三百七十七卷端鎸"皇明朝列大夫國子監祭酒臣方從哲、承德郎右春坊右中允管國子監司業事臣黄汝良等奉敕重校刊"，卷三百七十八至四百九十六卷端鎸"皇明朝列大夫國子監祭酒臣方從哲、承德郎右春坊右中允管國子監司業事臣黄汝良等奉敕重較刊，皇明朝列大夫國子監祭酒臣吴士元、承德郎司業仍加俸一級臣黄錦等奉旨重修"。版心上鎸"萬曆二十七年刊"。有抄配葉十餘葉。

《遼史》，首《進遼史表》，末署"至正四年三月日開府儀同三司上柱國録軍國事前中書右丞相監修國史領經筵事臣脫脫上表"；次《修史官員》《遼史目錄》。凡本紀三十卷、志三十一卷、年表八卷（百官志分上下，年表實爲九卷）、列傳四十五卷、國語解一卷。各卷端署"元開府儀同三司上柱國前中書右丞相兼修國史都總裁脫脫修"，鐫"皇明奉訓大夫右春坊右諭德兼翰林院侍講署國子監事臣沈淮等奉敕重較刊，皇明朝列大夫國子監祭酒臣吳士元、承德郎司業仍加俸一級臣黃錦等奉旨重修"。版心上鐫"萬曆三十四年刊"。

《金史》，首《進金史表》，末署"至正四年十一月日開府儀同三司上柱國錄軍國重事中書右丞相監修國史領經筵事提調太醫院廣惠司臣阿魯圖上表"；次《修史官員》《金史目錄》。凡本紀十九卷、志三十九卷、表四卷、列傳七十三卷，末附《國語解》。各卷端署"元開府儀同三司上柱國前中書右丞相兼修國史都總裁脫脫修"。卷一至四十一卷端鐫"皇明奉直大夫右春坊右諭德兼翰林院侍講署國子監事臣李騰芳等奉敕重較刊，皇明朝列大夫國子監祭酒臣吳士元、承德郎司業仍加俸一級臣黃錦等奉旨重修"，卷一"奉旨重修"下多"典籍胡胤喆監修"七字；卷四十二卷端鐫"皇明奉直大夫右春坊右諭德兼翰林院侍講署國子監事臣李騰芳等奉敕重校刊"。版心上鐫"萬曆三十四年刊"。

《元史》，首《進元史表》，末署"洪武二年八月十一日銀青榮禄大夫上柱國錄軍國重事中書左丞相兼太子少師宣國公臣李善長上表"；次《纂脩元史凡例》五條；次《元史目錄》，分上下卷，下卷末有洪武二年宋濂叙録，述修史事。凡本紀四十七卷、志五十三篇五十六卷、表六篇八卷、列傳九十七卷。目錄及各卷端署"皇明翰林學士亞中大夫知制誥兼脩國史臣宋濂、翰林待制承直郎同知制誥兼國史院編脩臣王禕等奉敕脩"。目錄及卷一至五十鐫"朝議大夫國子監祭酒臣楊道賓、奉訓大夫右春坊右諭德管國子監司業事臣蕭雲舉等奉敕重校刊"，卷五十一至一百卷端鐫"朝列大夫國子監祭酒臣黃汝良、承德郎右春坊右中允管國子監司業事臣周如砥等奉敕重校刊"，卷一百一至卷一百十卷端鐫"朝列大夫國子監祭酒臣蕭雲舉、承德郎右春坊右中允管國子監司業事臣周如砥等奉敕重校刊"。版心上鐫"萬曆三十年刊"。第三十五冊鈐朱文方印"侶園主人"，印主待考。

元至正二十五年（1365）九月，朱元璋將元集慶路儒學改爲國子學，明洪武十四年（1381）在南京雞鳴山重建國子學，次年落成，改爲國子監。永樂元年（1403），明成祖設立北京國子監，遷都北京後，永樂十八年改北京國子監爲國子監，以原京師國子監爲南京國子監，太學遂有南北二監之分（又稱南雍、北雍）。據黃佐《南雍志·經籍考》之《梓刻本末》載，南京國子監藏有大量江南各地舊書版，屢經修補印行，又新刻圖書若干，世稱南監本。洪武三年南監刻《元史》。

嘉靖七年（1528），國子監祭酒張邦奇、司業江汝璧逐一考對修補監中所藏前代《十七史》舊版（宋紹興間刻《七史》及元大德間各路儒學所刻十史），又將成化十六年（1480）廣東布政司原刻《宋史》書版取入監中一體校補，《遼》《金》二史原無版者購求善本翻刻；又因《史記》《漢書》《後漢書》庫藏舊版漫漶殊甚，予以新雕，至嘉靖十四年完工。經修補、新雕，印成南監嘉靖本《二十一史》，其中有舊版新印、遞修及新雕版，故版式、行款頗混雜。萬曆二年至二十四年（1574—1596），南監又新刻《史記》《三國志》《宋書》《南齊書》《梁書》《陳書》《魏書》《北齊書》《周書》《南史》《北史》《五代史》十二史，其餘補刻舊版，合印爲南監萬曆本《二十一史》。自萬曆二十二年起，北京國子監由歷任祭酒、司業劉應秋、李廷機、方從哲、楊道賓等主持重刻《二十一史》，以南監本爲底本（《史記》、兩《漢書》及《遼史》《金史》用嘉靖版，其餘用元、明初舊版及萬曆版）重新開版，前後用十五年時間刊刻完成，版式一律，是爲北監本。至崇禎六年（1633），北監祭酒吳士元、司業黃錦奉旨修補，凡修補各卷之卷端題銜皆由單行大字剜改爲雙行小字，加入吳士元、黃錦銜名，并避明熹宗朱由校諱將"校刊"改爲"較刊"。《史記》前當有吳士元進書表文一篇，此本缺佚。清康熙二十五年（1686）亦曾修補重印。

南監本《二十一史》歷代反覆修補，不斷印行，北監本則流傳不廣，民國時張元濟曾云："至今三百年，求一全部，亦不易易。"（《涵芬樓燼餘書錄》）清丁丙《善本書室藏書志》卷六評云："雖行款較爲整齊，究不如南監之近古且少訛字。內《三國志》精校，勝於南監。兩刻并存，豈非合則雙美哉。"

《中國古籍善本書目》著錄。

中國國家圖書館、上海圖書館、山西省圖書館等十餘館，美國哈佛大學哈佛燕京圖書館，日本國立公文書館、東京大學東洋文化研究所等有收藏。

鈐朱文方印"越府圖書之寮"，"越府"待考。經明末范士楫收藏、閱讀，書中范氏朱墨筆批校頗多。

003

史漢評林二種

T2515　3427

《史記評林》一百三十卷　漢司馬遷撰　南朝宋裴駰集解　唐司馬貞索隱　唐張守節正義

《漢書評林》一百卷　漢班固撰　唐顏師古注

《史漢評林》二種，明凌稚隆輯。明萬曆四年至九年（1576—1581）凌稚隆刻本。十四函八十八册。版框高 24.5 厘米，寬 14.5 厘米。《史記》半葉十行十九字，《漢書》半葉十行二十字；小字雙行同，白口，左右雙邊，單魚尾。版心上鎸"史記""漢書"及卷次，中鎸篇名，下鎸寫、刻工。眉欄鎸評語。

《史記評林》，萬曆四年刻本（二年始刻，四年竣工，故或著録爲二至四年刻本）。首萬曆五年徐中行《史記評林序》，係抄補。次《史記評林目録》，題"漢太史令龍門司馬遷著，宋中郎外兵曹參軍裴駰集解，唐朝散大夫國子博士弘文館學士河内司馬貞索隱，唐諸王侍讀宣議郎守右清道率府長史張守節正義"。《目録》後開列"帝紀十二卷，年表十卷，八書八卷，世家三十卷，列傳七十卷"。各卷端題"吴興凌稚隆輯校"。此本目録之前部分内容缺佚，僅抄補徐中行序，檢他館藏全本，首當有未署年王世貞《史記評林序》、萬曆四年茅坤《刻史記評林序》、司馬貞《史記索隱序》《史記索隱後序》《補史記序》、張守節《史記正義序》、裴駰《史記集解序》、張守節《史記正義論例》《史記正義謚法解》《史記正義列國分野》及帝系圖、地理圖、《史記評林凡例》十八則、《史記評林姓氏》、《史記評林引用書目》、《讀史總評》、司馬貞《補史記》。

各卷端首葉下鎸寫刻工：如卷一"長洲顧檟寫同邑沈玄易刊"，卷四"長洲顧檟寫王伯才刻"，"長洲"或作"吴郡"，其餘寫工有"古吴（吴郡）錢世傑""姑蘇（或作勾吴、吴門）徐普""勾吴（或作吴門）高洪"、金應奎。其餘葉下鎸刻工：鄧欽（欽）、芦、元、錢世英（英、錢、錢英）、沈玄易、楊順之（順）、付机（傅机、傅機、机）、吴文泮（泮、文泮）、戴文（戴）、章右之、章樊之、章國華（章華）、郑玄（郑）、謝安（安）、劉礼（礼、劉守礼、刘守、劉守禮）、邵、刘子春、洪平（平）、余六、徐子、徐軒、徐二、林文、孫承愛（孫丞愛、孫承）、余世芳（余世、余芳、芳）、趙其（趙、其）、顧成（雇成）、林汝昂、沈龍、何仲仁（仲仁、何仲）、顧本仁（本仁）、趙應其、倪世荣（倪、世荣）、陳云（云）、文、嚴春（春）、徐光祖、徐文台（文台）、孫、徐一、徐、余、孫洪、戴徐、毛、陶仲（陶、仲）、張鳳（張）、志、章、袁敏孝（袁孝）、余希、孫葉（葉）、葉三（三）、王、仲大、仲、陶傑（傑）、林志（志、林）、鄧漢（漢）、鄧秦（秦、鄧）、徐朝（朝）、孫徐、孫余、孫、方、楊三、孫以德、陳子文（陳、子文）、世、朱、沈、袁宏、唐文、世清、何祥、李、顧修、刘文、付汝光（汝光、汝）、陸本、游、受、盧琢玉（盧）、汝修、温志、何文甫、遲。

《史記評林姓氏》相同版本有異文：美國哈佛大學哈佛燕京圖書館藏本"葛洪"列於宋，其後爲"鮑彪"，《四庫未收書輯刊》影印本及日本國立公文書館藏本"葛洪"仍列於宋，"鮑彪"改列於南北朝，時代顛倒；哈佛本無"劉知幾"，《輯刊》影印本有；哈佛本"李商隱"列於吕祖謙之下，《輯刊》影印本删李商隱，改爲吳師道；哈佛本"陳桱"下爲"吳鼎、謝枋得、吳師道、孫樵、陳祥道"，《輯刊》影印本則爲"黃履翁、謝枋得、林駉、陳祥道"；哈佛本"余有丁"之後爲：高岱、張之象、尤瑛、歸有光、何良俊、宗臣、陸瑞家，《輯刊》影印本則爲：薛應旂、張之象、王世貞、歸有光、何良俊、宗臣、吳鼎、尤瑛、高岱。疑《輯刊》影印本係後印本，有所修訂。惜本館藏本《史記評林姓氏》缺佚，故不詳此本印次先後。

《漢書評林》，萬曆九年刻本。首萬曆辛巳（九年）王世貞《漢書評林序》。次《漢書評林目録》，題"漢蘭臺令史班固撰，唐正議大夫行祕書少監琅邪縣開國子顏師古注"，《目録》開列"十二帝紀一十三卷，八表九卷，十志一十八卷，七十列傳七十九卷"，正文則連續編卷至第一百卷（分上下卷者按一卷計，凡帝紀十二卷，八表八卷，十志十卷，列傳七十卷）。各卷端題"吳興後學凌稚隆輯校"。美國哈佛大學哈佛燕京圖書館藏本王世貞序末署"茂苑金麟仁甫書"，與此本王序字體不同。哈佛燕京本又有未署年王宗沐《漢書評林叙》（署"句吳張峻德書"）、陳文燭《漢書評林序》、萬曆九年茅坤《刻漢書評林序》、何洛文《凌氏新刻漢書評林序》，次《漢書評林凡例》十則、顏師古《漢書叙例》，次《景祐刊誤本》《漢書評林字例》《漢書評林姓氏》《漢書評林引用書目》《漢書總評》及《漢世系傳授圖》《漢國都地理圖》《漢南北軍圖》，此本皆缺佚。

寫工：長洲顧樞、杭州（或作仁和）郁文瑞、錢塘袁君肇對、長洲（或作古吳）徐普、吳門高洪。刻工：徐禎（禎、貞）、戴文（戴）、仕、子、羅六（六）、楊元（元）、氾、巳、陶子英（英、子英）、才（子才）、陶昂（昂）、希信（希、信）、卞、黃、武、羅文、六元、士、徐、羅、顧建卿（卿）、安、明、張栢、李仁、何道甫（何、甫）、彭天恩（彭）、劉、錢国用（錢、用）、高伯玉（伯玉、玉）、顧時中（時中）、文、中、承、夏邦彦（邦、夏）、石、趙應其（應其、其）、張敖（張璈）、沈玄龍（沈）、承、陳習（習）、錢世英（世）、子良、安、黃大昱（黃）、游子明（游明）、云、章右之（右之）、漢六、晏邦（晏）、子邦、徐文台（文台、台、徐文）、六信（信）、陳子文、文希、徐信大。

凌稚隆（生卒年不詳），字以棟，號磊泉，烏程（今浙江湖州）人。萬曆時貢生，舉業不順，遂專意於古文詞。編《春秋左傳註評測義》（即《春秋左傳評林》）七十卷、《史漢異同補評》三十二卷、《五車韻瑞》一百六十卷。明王兆雲《詞林人物考》卷十二有小傳。

《史記評林》後凌稚隆題識述是書編纂過程甚悉，文云：

　　　　隆自弱冠，讀先大夫《史記抄》，旦且夕焉，而恨其未備也。嘗博搜群籍，凡發明馬《史》者輒標識於別額，積草青箱，非一日矣。乃伯兄稚哲、友人金子魯來自國門，獲所録諸名家批評總總焉，私竊艷之。而雲間張玄超持所纂《發微》者造余廬而印証也。已復負笈大方，益羅史家所珍秘者彙之而哀然成帙矣，則爲嗜古者相假貸，無寧居焉。古歙汪氏、維揚張氏咸稱好事，遂各捐貲付梓。肇於萬曆甲戌，迄於今丙子冬。編摩歲月，形勞神悴，聊以償疇昔之志。若其見聞粗狹，掛一漏萬，則以俟多識君子。金子魯名學曾，張玄超名之象，先大夫諱約言，伯兄名迪知，并書以志本始云。

又《凡例》云：

太史公《史記》批評，古今已刻者惟倪文節《史漢異同》、楊升庵《史記題評》、唐荆川《史記批選》、柯希齋《史記考異》；其抄録流傳者，何燕泉、王槐野、董潯陽、茅鹿門數家。若楊鐵崖、王守溪、陳石亭、茅見滄、田豫湯、歸震川數十家，則又蒐羅而出之，悉選録入。兹刻更閱百氏之書，如《史通》《史要》《史鉞》《史義》《唐宋確論》《史綱辨疑》、黃東發《日抄》、丘瓊山《世史正綱》、日格子《學史》之類，凡有發明《史記》者，各視本文，標揭其上。間有總論一篇大旨者，録於篇之首尾。事提其要，文鈎其玄，庶其大備爾。

《史記評林》以宋本及明嘉靖間金臺汪諒刻本爲底本，二本間有不合處，又以其他善本參校。引用三國魏陸機至明陸瑞家凡一百五十餘家之評論，引書一百五十一部。彙總散見於各家文集中之《史記》評論；《史記》原引《詩經》《尚書》《左傳》《國語》《世本》《戰國策》《吕氏春秋》《楚漢春秋》等書，撮要而不詳者，并録全文於其上；《白虎通》《越絕書》《説苑》《新序》《論衡》《韓詩外傳》等書可與《史記》相發明者，摘録於上以備考證；綱領、節目關鍵以及提點照應等諸家未評者詳注於旁。間有凌氏自撰按語。

《漢書評林》以相同體例編纂。《凡例》後有凌氏題識云：

嗣者業爲輯百家所品騭馬《史》者而剞劂之矣，間遊天都，辱學士大夫不鄙而推轂不佞并校班史，曰："亡使軒輊兩家爲也。"於是不佞遂忘其懵昧，輒復攎摭百家所爲品騭班史者而輯之，即題曰《漢書評林》，與馬《史》合而稱爲"班馬全書"云。是耤也，始字而聱之已，句讀而斷之已，按所手次諸家評而洒削用之，如此類不一，而後乃登梓。既梓矣，而復於字、於句讀、於此批評而研校之，亡慮數十過而後已。蓋目不交睫，手不停札，積三禩而工始竣，則形神俱憊，顛毛且種種矣。至於金根之謬、千歲之譌，則俟博雅君子。

《凡例》云，是書以宋本爲底本，而以"德、靖間重校監本"（明正德、嘉靖間南京國子監刊本）參校；《漢書》多古字、借讀字、同讀字，特彙總爲《字例》一篇置於卷首以便研習；注釋悉遵顏師古注，《漢書》引用《四書》文，顏氏有詳注，此則刪之；增加句讀、圈點；引用書目自漢荀悦《前漢紀》至明《田子藝集》共一百三十種，引用漢荀悦、蔡邕至明吳京、陸瑞家共一百四十餘家之評論，間下己意。

《史漢評林》彙集明萬曆以前諸家《史記》《漢書》評語，便於閱讀。有明書林余彰德、雲林積秀堂、清光緒十年（1884）湘鄉劉鴻年耕雲讀月之室等翻刻本，江户時期傳入日本，頗爲風行，三百年來翻刻不斷。

《四庫全書總目》未收，《中國古籍善本書目》史部《史》《漢》兩種分別著錄。收入《第三批國家珍貴古籍名錄》（07493 號、07523 號）。

中國國家圖書館、上海圖書館、中國臺北"國家圖書館"，美國普林斯頓大學葛思德東方圖書館，日本内閣文庫等數十家有收藏。

《史記評林》鈐朱文方印"朱麐之印""玉氏書""吳印景運"及白文方印"會新"。《漢書評林》鈐朱文方印"顧仲維家世藏""吳印景運"、白文方印"會新"、朱文長方印"張君栗寶儲"。王世貞序首葉有朱筆題記"嘉慶乙亥七月廿三日重讀"一行，當爲吳景運手筆。

通　代

004

史記題評一百三十卷

T2511　1273.32

《史記題評》一百三十卷，明楊慎、李元陽輯。明嘉靖十六年（1537）胡有恒、胡瑞刻本。《序》《目錄》《史記補》及卷一、卷五至八爲抄配，卷一百二十三缺第十二葉。六函三十六册。版框高 18.3 厘米，寬 12.8 厘米。半葉九行二十字，小字雙行，白口，四周單邊，單白魚尾。版心上鐫"史記"及卷次，中鐫篇名，下鐫刻工。眉欄鐫評。

首《史記索隱序》《補史記序》，皆署"唐朝散大夫國子博士弘文館學士河内司馬貞"；次《史記正義序》，署"唐諸王侍讀宣議郎守右清道率府長史張守節"；次《史記索隱後序》，題署同《史記索隱序》；次《史記集解叙》，署"宋中郎外兵曹參軍裴駰"；次《史記正義謚法解》《史記正義論例》《史記正義列國分野》，皆署"唐諸王侍讀宣議郎守右清道率府長史張守節上"；次《史記目錄》；

次《史記補》。《史記補》及卷一、二、五至六、十二、十五、十七、二十三、二十六、二十八、三十一、三十五、四十、四十二、六十九、九十五、一百四、一百十、一百二十一、一百二十八卷端題"明李元陽輯訂，高世魁校正"，卷九、五十五、六十一、八十一、八十七卷端題"明楊慎、李元陽輯訂，高世魁校正"，卷四十七卷端鐫"漢司馬遷著，宋裴駰集解，唐司馬貞索隱，張守節正義，明楊慎、李元陽訂刻"。

楊慎（1488—1559），字用修，號升庵，四川新都人。正德六年（1511）一甲第一名進士，授翰林院修撰，因嘉靖"大禮議"事謫戍雲南永昌衛。天啟時追諡"文憲"。著述有《滇程記》《丹鉛總錄》《丹鉛雜錄》《南詔野史》等數十種，彙編爲《丹鉛合集》。《明史》卷一百九十二有傳。

李元陽（1497—1580），字仁甫，號中谿，云南大理人。嘉靖五年（1526）進士，官至户部主事、監察御史，嘉靖十五年巡按福建。著有《中谿家傳彙稿》十卷，曾與修《雲南通志》《大理州志》。生平見明李選所撰《行狀》（《獻徵錄》卷八十九）。

高世魁，字紹甫，閩縣（今福建福州）人。正德十六年進士。

胡有恒，字貞甫，山陽（今江蘇淮安）人。嘉靖二年進士，官至廣西布政使。胡瑞，新喻（今江西新余）人。嘉靖間任福州同知。生平并見《［萬曆］福州府志》卷十五。

楊慎居雲南三十餘年，從游者甚衆，張愈光、楊士雲、王延表、胡廷禄、李元陽、唐錡等六人號稱楊門六學士，又合高世魁爲楊門七子。是書爲楊慎與其門弟子講學《史記》時所輯，李元陽、高世魁又增益校訂之以付刊。清丁丙《善本書室藏書志》卷六著録云："此本爲嘉靖十六年丁酉太和李元陽中谿按閩所刊。亦具三家注，惟《索隱·述贊》不録，而集諸家評語於書眉，其不係名氏者則中谿説也。卷前亦有不題輯校名氏者，亦有數卷。李元陽上增題楊慎者，升庵謫戍太和，惟中谿爲至交。此本蓋即升庵輯本，因增益以付雕，故題云爾。明人好尚評論，是書刻有評者蓋昉於此。凌稚隆《評林》實踵其後塵耳。"是書刊刻底本，賀次君《史記書録》考證云："《目録》之帝紀、表、書等下各繫'索隱'一條，除中統二年段子成刊本及明正德初游明翻刻中統本外，未見有此格式；且史文及注與中統、游明本多同；《司馬相如傳》'相如乃與馳歸成都'，與中統、游本同，南宋諸刻及明刻俱無'成都'二字；又'常稱病閒居'，與中統、游本同，它本均無'常'字；'猋風'，此與中統本'猋'俱訛爲'焱'，然則李元陽據中統、游本寫刻之耶？"賀氏又謂是書雖稱"題評"，實則仍爲一百三十篇之舊，於史文無所删節，十表尤少訛脱，推重史表乃此本之特長。

刻工：梁文□、許闊（許活、活）、刘福（刘福成、福、福成）、黄福英、游文、羅福勝（羅福）、吳天育（育、天育）、朱順生（順生）、施元友、陳天禄（陳添禄、天禄）、華福、余成、江茂、周四（周）、余本立、葉再生、葉寿、余員、王浩、江達、王仲元（王中元、王元）、詹第、余廣、遠一、張田、吳元生（元生）、葉遠、葉采、葉金（金）、余成廣、官福郎、江長深（長深）、謝元慶（元慶）、陳友、葉文輝（文輝）、陸八、陳友孫、黃文、周到員（周到）、江田、余海（海）、刘俊、江盛、王十、吳茂生、黃文、詹翁、余農、王景英、江仁、陳珪、文七、石六、石伯勝（石勝）、謝元林、吳二、吳長春、施化、詹八、許二。

卷一百三十末鐫“嘉靖十六年丁酉福州府知府胡有恒、同知胡瑞敦雕”，“敦”者監督之意，古籍書目著録多誤以“胡瑞敦”爲人名。

有朱墨筆眉批。

《四庫全書總目》未收，《中國古籍善本書目》著録。收入第二至三批《國家珍貴古籍名録》（第二批 03500—03503 號、第三批 07492 號）。

中國國家圖書館、北京大學圖書館等十餘館，日本國立公文書館、東京大學東方文化研究所有收藏。

鈐朱文長方印“李宗侗藏書”“風尌亭藏書”，知曾爲易培基、李宗侗收藏。易培基（1880—1937），字寅村，號鹿山，善化（今湖南長沙）人。畢業於湖南方言學堂，早年曾留學日本，加入同盟會。回國後，曾任黎元洪秘書，湖南高等師範學堂、長沙師範學校教師，湖南省立第一師範學校校長、湖南省立圖書館館長、北京政府教育總長、清室善後委員會委員等職。故宮博物院首任院長。其故居位於長沙南門外白沙井楓樹亭。獨女易漱平，爲李宗侗之妻。李宗侗（1895—1974），字玄伯，河北高陽人。清末李鴻藻之孫、張之萬外孫，畢業於法國巴黎大學，曾任北京大學、中法大學等院校教授，又任開灤礦務局督辦、故宮博物院秘書長等職，參與故宮文物南遷，後任臺灣大學教授，齋號“看雲憶弟居”，著有《中國古代社會研究》《中國史學史》等。另鈐白文方印“俞叔子記”，待考。

005

史記一百三十卷

T2511　1273I

《史記》一百三十卷，漢司馬遷撰，南朝宋裴駰集解，唐司馬貞索隱，唐張守節正義。明萬曆廣東張守約刻本。六函三十册。版框高 20.4 厘米，寬 14.5 厘米。半葉九行二十一字，白口，四周雙邊，單魚尾。版心上鐫書名及卷次（如“史記卷之第一”），中鐫篇名及卷次（如“五帝紀一”），下鐫刻工、字數。眉鐫題評。

首裴駰《史記集解序》；次《史記正義論例謚法解》，署"諸王侍讀宣議郎守右清道率府長史張守節上"；次《史記題評諸儒名氏》；次《史記補目錄》，署"唐弘文館學士河內司馬貞著"；《史記目錄》，署"漢太史令龍門司馬遷著"；次《三皇本紀》，首行下題"史記一上"，次行署"唐國子博士弘文學士河內司馬貞補撰并註"，第三行鑴"大明巡按廣東監察御史張守約重脩"。《五帝本紀》卷端署"漢太史令龍門司馬遷撰，宋中郎外兵參軍河東裴駰集解，唐國子博士弘文學士河內司馬貞索隱，唐諸王侍讀率府長史張守節正義"，鑴"大明巡按廣東監察御史張守約重脩"。各卷端首行上題篇名、次序，下題書名、次序，如"五帝本紀第一""史記一"。

張守約，廣西永福人。嘉靖四十四年（1565）進士，萬曆三年至六年（1575—1578）任巡按廣東監察御史，後謫爲永州通判。

刻工：張大經（大經）、周德裔（德裔）、余其山（其山）、詔能、余七、懋隆、詹明、用兵、蘇朝興（朝興）、春亮、承福、江文諒（文諒、江文凉、文凉）、敬、思恩、守經、洪、世明、茂伯、陳賀、廷玉、孔厚、本至、王廷升、茂聯、余六、余林、余茂恭（茂恭、余茂工）、景思、王子六、江寬、許倫（許一倫）、蔡彥教（彥教、彥）、許思鳳、許應龍（應龍）、余衢林、羅大、元操、麥惟俊（俊、惟俊）、虞觀軒、任、江尚、尚惟、士章（士）、蔡七、彥九、亮、承福、蔣倫（將侖）、一敬、惟亮、梁茂言（茂言）、徐大賢（大賢）、莫朝爵（朝爵）、任子望（子望、望）、宗孔、孔、李汝茂（汝茂）、王忠、李瑞求（瑞求）、信伯、柯林（柯）、梁君川（君川）、吳三、景安、廷佐、麥六、王生、王彥教、汝瑞、王用賓（用賓）、朱七、蔣茂賢（茂賢）、朝相、江思太（思太）、景亨（亨）、諫、余廷漢（廷漢、漢）、陳二、范文林、王体直、王軒、王子禄（王子録）、劉應科（應科）、梁元信（元信）、吳鄒、朝卿、汝治、黎宗亮（宗亮）、黃榮生（黃生）、詹文興、張汝龍、梁崑川（崑川）、紹元、秦亮、王亞保（亞保）、朝佐、觀爵、莫如爵（莫爵）、張大經（大經）、虞佐、麥惟高（高）。

是書正文鈎識句讀，眉端錄柯維騏、唐順之、茅坤等人評語。賀次君《史記書錄》云："其正文及《集解》《索隱》《正義》三家注以及歷代評論均與嘉靖十六年楊慎、李元陽《史記題評》本同。所謂重脩，即重刻之意，非於楊慎本有所修正也。明代廣東所刻《史記》，此本爲第一。"

《中國古籍善本書目》著錄。

北京市文物局圖書資料中心、上海圖書館、上海師範大學圖書館、天津圖書館、陝西歷史博物館、江蘇省鹽城師範學院圖書館、浙江圖書館有收藏。

鈐朱文長方印"李宗侗藏書"。

006

史記一百三十卷

T2511　1273

《史記》一百三十卷，漢司馬遷撰，南朝宋裴駰集解，唐司馬貞索隱，唐張守節正義。明萬曆二十四年（1596）南京國子監刻明清遞修本。《目録》末缺一葉；《鄭世家》第十三至十四葉、《太史公自序》末葉爲抄配。四函二十册。版框高 19.6 厘米，寬 14.9 厘米。半葉十行二十至二十二字不等，小字雙行二十七字，白口，左右雙邊，單魚尾。版心上鎸刊刻及遞修年，中鎸篇名、卷次。

首《史記正義序》，署“諸王侍讀宣議郎守右清道率府長史張守節上”；次《史記索隱序》，署“朝散大夫國子博士弘文館學士河内司馬貞”；次《索隱後序》；次《補史記序》，署“小司馬氏”；次《史記集解序》，署“裴駰”；次《史記正義論例謚法解列國分野》，題署與《史記正義序》同；次《史記補目録》，署“唐弘文館學士河内司馬貞著”；《史記目録》，署“漢太史令龍門司馬遷著”；目録末鎸“大明南京國子監祭酒馮夢禎校閲，司業黄汝良、監丞李之皥、博士黄全初同校”，檢日本國立公文書館藏本，“黄全初”後尚有一葉，列“劉大綸”至“典籍馬遷”等十三人姓名，爲本館藏本所缺；次《三皇本紀》，首行下題“史記補”，次行署“唐國子博士弘文學士河内司馬貞補撰并註”；《五帝本紀》卷端署“漢太史令龍門司馬遷撰，宋中郎外兵參軍河東裴駰集解，唐國子博士弘文學士河内司馬貞索隱，唐諸王侍讀率府長史張守節正義”。各卷端首行上題篇名、次序，下題書名、次序，如“五帝本紀第一”“史記一”。

馮夢禎（1548—1606），字開之，號具區，秀水（今浙江嘉興）人。萬曆五年進士，授編修。因忤張居正被免職。萬曆二十一年補廣德州判官，後遷至南京國子監祭酒。借王羲之《快雪時晴帖》意，名其堂曰“快雪”。著有《快雪堂集》六十四卷。《南雍志》卷十九有傳。

黄汝良（1562—1647），字明起，號毅庵，福建晉江人。萬曆十四年進士，授編修，歷南、北國子司業、祭酒，官至禮部尚書。著有《冰署筆談》十二卷。《［乾隆］晉江縣志》卷九有傳。

《史記》三家注之合刻始於南宋慶元中黄善夫刻本。黄佐《南雍志・經籍考》之《梓刻本末》載，嘉靖七年（1528），“錦衣衛間住千户沈麟奏准校勘史書，禮部議以祭酒張邦奇、司業江汝璧博學有聞，才猷亦裕，行文使逐一考對修補，以備傳布，於順天府收貯……制曰可。於是邦奇等奏稱：《史記》、前後《漢書》殘欠模糊，原板脆薄，剜補隨即脱落，莫若重刊”。因《史記》等三書舊版漫漶，予以重刻，國子監中遂有“《史記》大字一百三十卷，完計二千二百三十五面，嘉靖七年刊；《史記》中字七十本，存者一千六百面，缺者二百一十九面，本集慶路儒學梓，見《金陵新志》；《史記》小字七十卷，存者一千一百六十面"等不同書版。至萬曆三年，祭酒余有丁因"國學故藏《史記》久，乃漫漶不可讀"（見萬曆三年南京國子監刻本余有丁序），又予重刻。張邦奇、余有丁皆以黃善夫本爲底本開雕，但於三家注解頗有脱漏，或恣意删削，余氏刻本又厠入元、明諸家及余氏評語，錯亂舛忤，幾同坊刻《評林》本，讀者病之。馮夢禎病余氏之妄亂舊本，乃補足舊注，廢棄評騭，重加鎸刻。馮氏《南京國子監新鎸史記序》（本館藏本缺馮夢禎及下引黃汝良二序，引自他館所藏全本）云：

> 太史公學涉六家，途徑萬里，獵百代未收之聞見，創千齡未備之體裁。……自晉徐中散廣始考異同，作爲音義。引而伸之，代不乏人，至裴駰《集解》、小司馬《索隱》、張守節《正義》尤爲較著。蓋通塞互存，瑕瑜相蔽，俱史家之娣姪，信龍門之忠臣。彼有所長，世安得廢。我朝弘治君子首倡英風，近代通人嗣鳴大雅。詩與三唐方駕，文將二漢齊鑣，以故遷書與杜詩無不家傳而户誦。然競爲割裂，妄著題評。坐井闚天，詎盡高明之體；畫虎類狗，孰窮彪炳之姿。等小兒之無知，豈達人之細故。咄彼銅臭，貽兹木災。覆瓿猶寬，投焰非虐。故今校刻，一遵舊文。

黃汝良《南雍重刻史記序》云：

> （《史記》）自徐廣、裴駰、司馬貞、張守節之倫註音釋義，搜隱窮奇，彼此參詳，後先互證，然後讀是史者得繹景緯以步蒼旻，藉津筏而濟溟渤。羽翼之功，於是爲大。近時學士大夫乃增以己意，更加題評，斑窺弋獲，并列殺青，使觀者意緒斷續，精神瞀亂。夫肌骸足體，何取駢枝；渾沌無門，豈當鑿竅，以此傳彼，斯爲汰矣。監本舊有《史記》，間載題評，而於舊註多所删割。哀益之義未協厥中，兼以歲久模糊，覽者滋病。大司成檇李馮先生來蒞南雍，嘆其闕事，遂手自校讎，重加鋟梓。題評新語，雖愛而必捐；註釋舊文，雖多而必録。

馮、黃二序皆稱揚《史記》，重視三注，力斥近人删略三家注并妄加題評。此次刊刻恢復大量注文，對正文亦有所校正，錯訛脱漏雖仍不少，較之余有丁本已可稱善本。

清順治七年（1650）改南京國子監爲江寧府學，南監《二十一史》版存於江寧藩庫，至嘉慶十年（1805）被燒毀（見《［同治］上元江寧兩縣志》卷八《學校考》），明萬曆以來兩百年間屢加修補重印。此本有明崇禎七年（1634）、清順治十五年至十六年及康熙三十九年（1700）重刊葉；《孝武本紀》《漢興以來將相名臣年表》《平準書》《三王世家》末鎸"蘇州府儒學教授朱端校"；《齊太公

世家》末鎸"順治己亥年八月二十一日江寧府儒學教授朱謨閱",《魯周公世家》
《衛康叔世家》末鎸"順治戊戌年十月十六日江寧府儒學教授朱謨校",《衛康叔
世家》,《孫子吳起列傳》末鎸"順治戊戌年十二月十一日江寧府儒學教授朱謨
校",《吳王濞列傳》末鎸"順治戊戌年十一月十九日江寧府儒學教授朱謨校"。

崇禎十一年遞修葉有:《周本紀》第三十三葉,版心上鎸"東廂王、南廂周
同補",下鎸"崇禎十一年助廳韋挍刊"。

順治十五年遞修葉有:《周本紀》第五至六葉,《秦本紀》第十三至十四葉,《秦
始皇本紀》第一至二葉,《項羽本紀》第二十一至二十二葉,《孝景本紀》第五至
六葉,《秦楚之際月表》第三至四葉、二十一至二十二葉,《漢興以來諸侯年表》
第一至四、九至十葉,《建元以來侯者年表》第二十三至二十六葉,《建元以來王
子侯者年表》第七至八、二十三至二十四葉,《平準書》第七至八葉,《齊太公世家》
第十三至十四葉,《魯周公世家》第十一至十二、十六葉,《衛康叔世家》第十一葉,
《晉世家》第三十一至三十二葉,《楚世家》第二葉,《趙世家》第二十五至二十六
葉,《田敬仲完世家》第三至四葉,《梁孝王世家》第五至六葉,《五宗世家》第六
葉,《孫子吳起列傳》第七葉,《平原君列傳》第五至六葉,《范雎蔡澤列傳》第五
葉,《樂毅列傳》第七葉,《刺客列傳》第十一至十二葉,《韓王信盧綰列傳》第六
葉,《季布欒布列傳》第三至四葉,《吳王濞列傳》第十一至十三葉,《衛將軍驃騎
列傳》第一至二葉,《淮南衡山列傳》第十五至十六葉,《貨殖列傳》第三至四葉。

順治十六年遞修葉有:《史記正義序》第三至四葉,《呂后本紀》第十一至
十二葉,《十二諸侯年表》第二十五至二十八葉,《惠景間侯者年表》第五至六葉,
《曆書》第三至四葉,《齊太公世家》第二十三葉,《田敬仲完世家》第十三、
十五至十六葉,《五宗世家》第五葉,《范雎蔡澤列傳》第六葉,《廉頗藺相如列
傳》第三至四葉,《萬石張叔列傳》第三至四葉,《司馬相如列傳》第七至八、
三十七至三十八葉。

康熙三十九年遞修葉有:《三皇本紀》第一至二葉,《五帝本紀》第十七、
二十葉,《秦始皇本紀》第六葉,《高祖本紀》第二十一葉,《孝文本紀》第十三
至十四葉,《秦楚之際月表》第二十三至二十四葉,《漢興以來諸侯年表》第
二十九至三十葉,《高祖功臣侯年表》第六十二葉,《建元以來侯者年表》第
三十葉,《天官書》第七至八葉,《吳太伯世家》第一至二葉,《宋微子世家》第
十一、十五葉,《田敬仲完世家》第十四葉,《孔子世家》第二葉,《梁孝王世家》
第一至二葉,《管晏列傳》第一至二葉,《司馬穰苴列傳》第一至二葉,《伍子胥
列傳》第三、六葉,《仲尼弟子列傳》第十五葉,《魯仲連鄒陽列傳》第十三葉,
《田儋列傳》第二葉,《匈奴列傳》第二十、二十六葉。

此本無刻工名。檢他館藏本，知是書萬曆原版早印本版心下有字數、刻工，後世遞修時被全部鏟去（刻工名詳見《"國家圖書館"善本書志初稿·史部》）。

中國國家圖書館、清華大學圖書館、中國人民大學圖書館、湖南圖書館，日本國立公文書館、京都大學人文科學研究所等有收藏。

鈐朱文方印"十笏堂甘泉山人藏印""竹溪"，白文方印"黃二梧收藏書畫之印"。

此爲勞費爾購書。

007

史記評林一百三十卷

T2511　1273.33

《史記評林》一百三十卷，明凌稚隆輯校，李光縉增補。明雲林積秀堂刻本。四函三十二册。版框高 24 厘米，寬 14.4 厘米。半葉十行十九字，小字雙行同，白口，四周單邊，單魚尾。

首有未署年之黃洪憲《叙李生增補史記評林》、王世貞《史記評林序》（末署"長洲金麟仁書"）、茅坤《史記評林序》（末署"古吳張峻德書"）；次裴駰《史記集解叙》、張守節《史記正義論例》、《史記正義謚法解》；次帝系圖、地理圖；次《史記評林引用書目》、《史記評林凡例》十八則、《史記評林姓氏》、《史記評林目錄》；次《史記補》，題"吳興凌稚隆纂輯，琅琊王世貞訂正"。

卷一卷端首行下署"吳興凌稚隆輯校，溫陵李光縉增補"。

凌稚隆，見"003　史漢評林二種"介紹。

李光縉（1549—1623），字宗謙，號衷一，福建晉江人。萬曆十三年（1585）鄉試第一，次年上京赴試落第，遂絶意仕途，專心學問。著有《易經潛解》十二卷、《中庸臆説》一卷、《中庸古文臆説》二卷、《景璧集》十九卷。《［道光］晉江縣志》卷三十八《理學》有傳。

凌氏刻《史漢評林》本原有《三皇五帝譜系》《夏譜系圖》《商譜系圖》《周譜系圖》《秦譜系圖》《漢世系圖》六圖，此本增補吳、齊、魯、燕、蔡、曹、陳、杞、衛、宋、晉、楚、越、鄭、趙、魏、韓、田齊十八世家譜系圖（缺《漢世系圖》）；《引用書目》增加《王鳳洲四部稿》《李滄溟集》《焦氏類林》《焦氏筆乘》四部；《史記評林姓氏》，與《四庫未收書輯刊》影印本比較，魏删陸機，葛洪改列於晉，唐增劉知幾，宋鮑彪列於秦觀之後，增晁無咎，删鄭玉，明高岱後增葉盛、李攀龍、陳文燭、劉鳳四人。眉欄增補諸家評語，皆鐫"增"字以示區別（"增"字或加圓圈），所增有出於《史記評林姓氏》之外者，如引朱熹之説不少，而《姓氏》中無朱熹之名。

書名葉中鐫書名，左鐫"凌以棟先生輯校"，右鐫"雲林積秀堂梓行"，鈐朱文方印"蘊玉堂之印"。積秀堂爲明萬曆間金陵名肆，書坊主人名唐際雲，曾刻《漢書評林》《三國志》《性理大全》《唐詩歸》等書。

是書另有明立本堂、熊氏種德堂、明末翰墨林等刻本。日本有寬文十二年（1672）、天明九年（1789）、明治二年（1869）等翻刻本。

《中國古籍善本書目》《中國古籍總目》皆未著録此本，存世頗少見。

此爲勞費爾購書。

008

函史上編八十二卷下編二十一卷

T2511　　1218

《函史上編》八十二卷《下編》二十一卷，明鄧元錫纂。明萬曆刻本。《上編目録》、卷二十三末葉爲抄配。十二函六十册。版框高 20.1 厘米，寬 13.7 厘米。半葉十行二十一字，小字雙行同，白口，左右雙邊，單魚尾。版心上鎸書名，中鎸卷次。

《上編》首《函史上編目録》，次萬曆元年（1573）鄧元錫《函史上編序》。《下編》首《函史下編目録》，次隆慶辛未（五年，1571）鄧元錫《函史下編序》，末鎸"金陵徐智督刊"。

各卷端署"盱郡鄧元錫纂"（卷三十五作"鄧元鎴"，各卷端"纂"字或作"篹""纂""著""述"），末或鎸"秣陵王其玉校"。上編卷九有兩卷端（葉碼相連屬），較目録多《後秦志》一篇。

鄧元錫（1529—1593），字汝極，號潛谷，江西南城人。嘉靖三十四年（1555）舉人。居家著述逾三十年，學識淵博。萬曆中以翰林待詔徵，未至而卒，鄉人私諡"文統先生"。著有《五經繹》十五卷、《家禮銓補》十卷、《潛學編》十七卷。《明史》卷二百八十三有傳。

是書係仿宋鄭樵《通志》而作，欲以"考觀天人貞一之統，察古今连合之變，王路隆汙、道術善敗之故"（序），函括古今，故名"函史"。上編爲紀傳，下編爲志。紀傳分立表、志、述、謨等名目，如以古初帝王至商爲"表"，周列國以下正統謂之"紀"，偏霸列國謂之"志"，后妃謂之"内紀"，宰相謂之"謨"，儒者謂"訓述"，尊如孔子則別名曰"年表"，餘則總名曰"列傳"。列傳之中，又分大臣、貞臣、良臣、争臣、忠節、名將、循吏、獨行諸子目；又以經學、行義、文學、篤行、道學、儒學、循良各別立一傳，分附歷代之末；以隱逸、方技、貨殖、列女各合立一傳，總附全編之末。下編分爲天官書、方域志、人官考、時令記、曆數考、災祥考、土田志、賦役書、漕河志、封建志、任官考、學校志、經籍記、禮儀志、樂律考、財賦考、刑法志、兵制考、邊防書、戎狄志、異教考，共二十一門。内容皆係鈔撮正史，無所發明。各卷末有評論。

是書分門立目糅雜失當，頗遭《四庫全書總目》是書提要批評："（鄭）樵之紀傳病於因，故體例各隨舊史，不能畫一；其《二十略》病於創，故多夸大不根之論。元錫是編，則又紀傳病於太創，諸志病於太因。如紀傳分立多名……已爲糅雜。至物性一志，或歸之下編之中，尚爲有例，而綴於上編，與人并列，更屬不倫。其尤誕者，南北史中，南朝全載吳晉宋齊梁陳，而北朝但有北魏；其北齊周隋俱削其君臣不録，惟隋録王通一人；宋金遼元四史中惟録宋元，亦不涉遼金一字，而十六國乃得立志。舛謬顛倒，殆難僕數。"

是書版本據明崇禎七年（1634）鄧應瑞刻清順治重修本之應瑞序及過周屏、過周謀、涂大吕《較刻函史考證》稱有初本、京本、再摹本、三摹本之别。《下編》先成，萬曆間由王材以活字摹印，是爲念初堂初本。本館藏本署"金陵徐智督刊"，即京本，應瑞序所謂"其初摹於家者，脱稿時本也，後稍删潤，許司馬（許孚遠）、張司空（張槚）、王銀臺（王一言）三先生爲刻之金陵，視初摹本已迥異矣"。徐智，萬曆間金陵刻工，曾刻慎德書院本《莊子》《唐詩紀》《老子翼》等書。校正者王其玉暫無考。此後又有鄧元錫更定再摹本、明末南豐曾懋爵活字印本。崇禎七年鄧應瑞刻本爲三摹本，屢經修補重印，流播最廣。各本卷數不盡相同，文字亦有違異（版本源流詳參《柏克萊加州大學東亞圖書館中文古籍善本書志》第 97 頁）。

《四庫全書總目》入史部六别史類存目，《中國古籍善本書目》史部傳記類著録。

中國國家圖書館、首都圖書館、北京師範大學圖書館、上海圖書館、中國臺北"國家圖書館"等十九館，美國國會圖書館、華盛頓大學東亞圖書館，日本國立公文書館等有收藏。

鈐朱文横長方印"无竟先生獨志堂物"，知爲張其鍠舊藏。張其鍠（1877—1927），字子武，號无竟，廣西桂林人。室名獨志堂。清光緒三十年（1904）進士，官湖南零陵、芷江知縣，民國十一年（1922）任廣西省省長。著有《墨經通解》等書。

009

藏書六十八卷續藏書二十七卷

T2511　4448

《藏書》六十八卷，明李載贄撰，明陳仁錫評。明天啓元年（1621）刻本；

《續藏書》二十七卷，明李載贄撰，明柴應槐、錢萬國重訂，明萬曆刻本。十二
函四十八冊。《藏書》版框高 22.2 厘米，寬 14.6 厘米。半葉十行二十二字，白
口，四周單邊，無直欄，單魚尾。版心上鐫書名及小題，中鐫卷次，眉鐫評語，
行間鐫圈點、夾批。卷四缺第十四葉。《續藏書》版框高 21.3 厘米，寬 15 厘米，
版心上空白，中鐫卷次，卷三卷端等個別葉書眉有評語。

《藏書》首萬曆己亥（二十七年，1599）焦竑《藏書序》、劉東星《藏書序》，
未署年梅國楨《藏書序》、萬曆己亥祝世祿《藏書序》、未署年耿叔子《藏書叙》、
天啓辛酉（元年）陳仁錫《評正藏書序》；次《藏書世紀列傳總目》《藏書紀傳
總目前論》。卷三十二前有《藏書紀傳總目後論》。卷一卷端署“温陵李載贄卓
吾輯著，古吳陳仁錫明卿評正”。

《續藏書》首有未署年焦竑、李維楨《續藏書序》，次《續藏書目次》。卷一
卷端署“温陵李載贄輯著，虎林柴應槐、錢萬國重訂，梁杰校閲”。

李載贄（1527—1602），初姓林，後改姓李，字宏甫，號卓吾，又號温陵居
士、秃翁，後避明穆宗朱載垕諱，去“載”字，單名贄，通行後世。福建晉江
人。明嘉靖三十年（1551）舉人，官至雲南姚安府知府，後棄官。萬曆十六年
剃髮爲僧，三十年被劾以“敢倡亂道，惑世誣民”之罪下獄，自刎死。著述弘富，
有《史綱評要》三十六卷、《焚書》六卷、《續焚書》五卷、《初潭集》十二卷、《李
卓吾遺書》十二種二十三卷等。明何喬遠《［崇禎］閩書》卷一百五十二有傳，
近人容肇祖有《李贄年譜》，日本鈴木虎雄編有《李卓吾年譜》。

陳仁錫（1581—1636），字明卿，號芝臺，長洲（今江蘇蘇州）人。天啓二
年一甲第三名進士，授翰林院編修，官至南京國子監祭酒。卒諡“文莊”。著有
《繫辭十篇書》十卷、《易經頌》十二卷、《四書考》二十八卷《考異》一卷、《無
夢園初集》三十四卷等。

《藏書》採輯歷代人物事迹，編爲紀傳，上起戰國，下迄於元，總八百
餘人。卷一至八世紀，載帝王事迹；卷九至十二大臣傳，分因時大臣、忍辱
大臣、結主大臣、容人大臣、忠誠大臣凡五門；卷十三至三十一名臣傳，分
經世名臣、彊主名臣、富國名臣、諷諫名臣、循良名臣、才力名臣、智謀
名臣、直節名臣凡八門；卷三十二至四十六儒臣傳，分德行儒臣（又分德業、
行業二小類）、文學儒臣（又分詞學、史學、數學、經學、藝學五小類）凡
二門；卷四十七至五十六武臣傳，分大將、名將、賢將凡三門；卷五十七至
五十九賊臣傳，分盜賊、妖賊、貪賊、反賊、殘賊、逆賊、奸賊凡七門；卷
六十至六十四親臣傳，分太子、諸王（附宗室）、外戚、后妃、公主（附列女）
凡五門；卷六十五近臣傳，分宦官、嬖幸、方士凡三門；卷六十六外臣傳，

分時隱外臣、身隱外臣、心隱外臣、吏隱外臣凡四門。各類各門皆有總論。各卷端按類題爲“藏書世紀（大臣、名臣、儒臣、武臣、賊臣、親臣、近臣、外臣）卷之某”。《續藏書》輯明初以來事業較著者四百餘人，以續前書之未備，分開國名臣、開國功臣、遜國名臣、靖難名臣、内閣輔臣、勳封名臣、經濟名臣、清正名臣、理學名臣、忠節名臣、孝義名臣、文學名臣、郡縣名臣凡十三類。

焦竑《藏書序》云：“先生程量古今，獨出胸臆，無所規放，聞者或河漢其言，無足多怪……余知先生之書必當傳，久之，學者復耳熟於先生之書，且以爲衡鑑，且以爲著龜，余又知後之學者當無疑……書三種：一《藏書》，一《焚書》，一《説書》。《焚書》《説書》刻於亭州（引按：麻城，北周時名爲亭州）。今爲《藏書》，刻於金陵，凡六十八卷。”李贄《焚書》卷一《答焦漪園（焦竑）》詳述著作《藏書》之意圖。是爲萬曆二十七年金陵初刻本。李贄歿後《續藏書》始付梓。焦竑《續藏書序》云：“李宏甫《藏書》一編，余序而傳之久矣，而於國朝事未備，因取余家藏名公事迹緒正之，未就而之通州。久之，宏甫殁，遺書四出，學者爭傳誦之。其實真贋相錯，非盡出其手也。歲己酉，眉源蘇公甸宏甫之墓而訪其遺編於馬氏，於是《續藏書》始出。余鄉王君惟儼梓行之，而屬余引其簡端。”是爲萬曆三十九年王若屏（惟儼）刻本。其後，沈汝楫、金嘉謨重訂《藏書》，柴應槐、錢萬國重訂《續藏書》，皆予重刻。至天啓間，陳仁錫爲《藏書》前後二編皆加評注，又重刻行世。本館所藏係前人取萬曆、天啓兩刻配爲全帙者。此外明刻尚有稽古齋重修本、汪修能刻本。

此本無自序。《四庫全書總目》是書提要引其自序云：“前三代吾無論矣，後三代漢唐宋是也，中間千百餘年而獨無是非者，豈其人無是非哉，咸以孔子之是非爲是非，固未嘗有是非耳。然則予之是非人也，又安能已。又曰：藏書者何？言此書但可自怡，不可示人，故名曰‘藏書’也。而無奈一二好事朋友索覽不已，予又安能以已耶。但戒曰：‘覽則一任諸君覽，但無以孔夫子之定本行賞罰也則善矣’云云。”館臣以此書排擊孔子，別立褒貶，議論狂悖乖謬，故列入《四庫全書總目》別史類存目。

《四庫全書存目叢書》據北京大學圖書館藏本影印（《藏書》爲明刻本，《續藏書》爲明汪修能刻本）。

明清兩代李贄著作頗遭禁毀，《禁書總目》《違礙書目》《清代禁書知見録》著録，但是書傳本不少。《中國古籍善本書目》著録明天啓本《藏書》有中國國家圖書館、北京大學圖書館、中國人民大學圖書館等二十餘館收藏；柴、錢重訂本《續藏書》有中國人民大學圖書館、上海圖書館等十一家有收藏。又知美國國會圖書館、柏克萊加州大學東亞圖書館、華盛頓大學圖書館，日本東京大學東洋文化研究所、國立公文書館等亦有藏本。

鈐朱文方印"瓛""文□"，朱白文方印"臣瓛"等印記。

010
藏書六十八卷

T2511　4448C

《藏書》六十八卷，明李載贄撰，明陳仁錫評。明天啓元年（1621）刻本。缺二十卷：卷四十九至六十八。二函十七册。首天啓辛酉（元年）陳仁錫《評正藏書序》，次《藏書紀傳總目前論》《世紀總論》，次正文。

鈐朱文方印"真州吳氏有福讀書堂藏書""生齋臺灣行篋記"，白文方印"微雲淡河漢疏雨滴梧桐"等。

011
續藏書二十七卷

T2511　4448.2B

《續藏書》二十七卷，明李載贄撰，明柴應槐、錢萬國重訂。明刻本。一函十册。版框高 21.3 厘米，寬 14.9 厘米。半葉十行二十二字，白口，四周單邊，單魚尾。版心上鎸書名，中鎸卷次，眉鎸評語。

首有未署年焦竑、李維楨《續藏書序》，次《續藏書目次》。

卷一卷端署"温陵李載贄輯著，虎林柴應槐、錢萬國重訂，梁杰校閲"。

此本尚保留上部萬曆刻《續藏書》部分書版（卷一、二之若干葉、卷十一至十二全卷），凡版心上爲空白、書眉無評語之葉爲萬曆原版（原版僅卷三卷端等極個別葉書眉有評語），版心上鎸書名、眉鎸評語之葉爲新刻，新刻葉無直欄。新刻葉內容與原版有所不同，如《目次》卷二"韓國公李善長，附弟存義、子伸、佐、祺"，此本删去"附弟存義、子伸、佐、祺"數字一行，改爲"葉伯巨，附鄭士利，俱別見孝義名臣"。卷一"嗚呼，兵力單弱，子興非夫，眇乎小哉，何所復望於入建業、滅江州、擒士誠、混一江南而平定山東河南北也。夫以其所緣起者寡若如此，而所成就者神速至大如彼，故又曰開國諸臣緣起焉。"此本删去"非夫，眇乎小哉，何所復望於入建業、滅江州、擒士誠、混一江南而平定山東河南北也。夫以其所緣起者"兩行。

鈐朱文方印"真州吳氏有福讀書堂藏書"、白文長方印"李宗侗藏書"。

斷　代

012

前漢書一百卷

T2550　1166

《前漢書》一百卷，漢班固撰，唐顔師古注。明嘉靖八年至九年（1529—1530）南京國子監刻本。四函三十二册。版框高 22.1 厘米，寬 15.6 厘米。半葉十行二十一字，小字雙行同，黑口，四周雙邊，雙魚尾。版心上鎸刊刻年（嘉靖八年刊、嘉靖九年刊），中鎸"前漢紀（表、志、傳）"及卷次，下鎸刻工。

首《新刊前漢書叙例》，署"唐正議大夫行秘書少監琅邪縣開國子顔師古注"，前三葉爲抄配。次《景祐刊誤本》《前漢書目録》。各卷端首行上題篇名次序，下題書名次序，如"高帝紀第一上""前漢書一"，紀、表、志、傳四部分之首卷卷端第二至五行署"漢蘭臺令史班固撰，唐正議大夫行秘書少監琅邪縣開國子顔師古注，大明南京國子監祭酒臣張邦奇、司業臣江汝璧奉旨校刊"。

張邦奇（1484—1544），字常甫，號甬川、兀涯，鄞縣（今浙江寧波）人。弘治十八年（1505）進士，授翰林院檢討，正德十年（1515）出爲湖廣提學副使，嘉靖七年至九年任南京國子監祭酒。官至南京兵部尚書。《明史》卷二百一有傳。

江汝璧（1486—1558），字懋毅，號貞齋，江西貴溪人。正德十六年進士，選庶吉士，授翰林院編修，遷南京國子監司業。官至少詹事兼翰林院學士。《國朝獻徵録》卷九十八有周仕佐《少詹事兼翰林院學士江公汝璧壙誌》。

黃佐《南雍志·經籍考》之《梓刻本末》載，嘉靖七年，"錦衣衛間住千户沈麟奏准校勘史書，禮部議以祭酒張邦奇、司業江汝璧博學有聞，才猷亦裕，行文使逐一考對修補，以備傳布，於順天府收貯……制曰可。於是邦奇等奏稱：《史記》、前後《漢書》殘欠模糊，原板脆薄，剜補隨即脱落，莫若重刊"。所謂"原板"，即南京國子監所藏宋紹興及元各路儒學所刻各史舊書版，《漢書》等三種舊版漫漶，故予以重刻。以南宋慶元中建安黃善夫、劉元起刊本系統之版本爲底本新雕，於顔師古注有部分删略。北監本《漢書》又以此爲底本翻刻。

刻工：何憲、何恩、何良、何鳳、何球、方瑞、何瑞、何文、張鳳、李朝（朝、李潮、潮）、陸奎（奎）、周宣（宣）、李受（受）、袁電（袁）、章悦（悦）、吕機（機）、陸敖（敖、陸、陸鏊）、唐瓊（瓊、唐）、宗、章浩（浩）、陸鑒（鑒）、馬相（相）、羅景（景）、彭山（山）、周永日（周、永日）、唐天德（唐）、李安（安）、陸宗華、刘丙（丙）、刘拱、余甫（甫）、刘昂、黄珣、仕、黄瑢（瑢）、黄瓊、黃瑜（瑜）、黃球（求）、易林（林、易琳）、黃琢、黃銑、黃玘、黃珪（珪）、黃琯、新安黃琰（琰）、黃碧、黃瓏（新安歙人黃瓏）、黃璘、黃瑶（瑶）、人、吳成（成）、劉允、王兵（兵）、彭成（成）、吳岡（綱）、吳文（文）、劉九、段藜（藜）、劉正（劉正）、王（本）、南、清、言、溫、銓、宅、唐天祥、段方（方）、光、黃龍（龍）、棠、王程、易贊（贊、易讚、讚）、王程、劉云、劉山（山）、雇田（顧田）、葉棠（堂、棠）、葉棣（葉弟、弟）、田、雇槐、高成、徐敖、陸宣、呂奎、王本（本）、劉濟、張恩（恩）、陸先、吳鑾（鑾）、劉元、王禾、吳倫（倫）、仲、爵、黃瑾、黃琳、黃琇（秀）、黃琥、黃雲、王愷（愷）、劉仁、順、段輝、業襄、王稿、劉玘、張弼（張必）、宜、六、馬龍、劉鐸（鐸）、吳憲。

　　是書萬曆十年、崇禎二年至三年、順治十五年至十六年及康熙間皆曾補版重印。此本未見補版，刷印較早。

　　《中國古籍善本書目》未收此版本。收入《第三批國家珍貴古籍名録》（07501—07506 號）。

　　中國國家圖書館、中國臺北"國家圖書館"，日本京都大學人文科學研究所、東京大學東方文化研究所等有收藏。

013

漢書評林一百卷

T2550.1　3427

　　《漢書評林》一百卷，明凌稚隆輯。明萬曆九年（1581）凌稚隆刻後印本。三函二十四册。版框高 24.5 厘米，寬 14.5 厘米。半葉十行二十字，小字雙行同，白口，左右雙邊，單魚尾。版心鐫"漢書"及卷次，中鐫篇名，下鐫刻工。

　　首萬曆九年王世貞《漢書評林序》、王宗沐《刻漢書評林叙》（王世貞《序》字體與前 003《史漢評林》本相同，而與美國哈佛大學哈佛燕京圖書館藏本不同，王宗沐序字體亦與哈佛本不同）、何洛文《凌氏新刻漢書評林序》，次《漢書評林姓氏》《漢書評林字例》《漢書評林引用書目》，次《漢書評林凡例》十則，次《漢世系傳授圖》《漢國都地理圖》《漢南北軍圖》，次《漢書總評》《漢書評林目録》。

　　書名葉中鐫書名，右鐫"湖州原板、葑門張衙藏板"。葑門在今蘇州。蓋凌氏之後書版易手，流至蘇州，張氏不詳何人。

　　《中國古籍善本書目》著録上海圖書館有"明萬曆九年自刻剜版重印本"，哈佛燕京藏本亦經剜版。此本爲後印本，除改換書名葉外，未見其他剜改。書版已有缺損，如卷九第一葉次面眉欄評語即缺損一半。

是書又有明書林余彰德、雲林積秀堂翻刻本。

《天禄琳琅書目後編》卷十五著録。

中國國家圖書館、上海圖書館等數十館均有收藏。

此爲勞費爾購書。

014

班馬異同三十五卷

T2515　2163

《班馬異同》三十五卷，宋倪思編，宋劉辰翁評。明天啓四年（1624）楊人駒刻《宋劉須溪先生較書》本。一函四册。版框高 20.7 厘米，寬 14.2 厘米。半葉九行二十字，小字單行同，白口，四周單邊，單白魚尾。版心上鐫書名，中鐫卷次及小題，眉欄鐫評。

首明永樂壬寅（二十年，1422）楊士奇跋，次《班馬異同目録》。

卷一卷端署“宋倪思編、劉辰翁評”。

倪思（1147—1220），字正甫，號齊齋，歸安（今浙江湖州）人。宋乾道二年（1166）進士，淳熙四年（1177）任瑞州判官，纍遷至將作少監。因忤權相史彌遠，出知鎮江府，移福州。卒謚“文節”。著有《遷史删改古書異辭》十二卷，已失傳。今存《經鉏堂雜志》八卷。《宋史》卷三百九十八有傳，魏了翁《鶴山集》卷八十五有《倪公墓誌銘》。

劉辰翁（1232—1297），字會孟，號須溪，廬陵（今江西吉安）人。宋景定三年（1262）進士，歷任濂溪書院山長、臨安府學教授、參江東轉運幕，後薦入史館，除太學博士。宋亡後不仕，隱居以終。著有《須溪集》十卷、《詞》三卷。《南宋書》卷六十三、《宋史翼》卷三十五有傳。

是編大旨以班固《漢書》多因《史記》之舊而增損其文，乃考《史》《漢》字句異同以參觀得失。始於項籍，終於司馬季主。其例以《史記》本文書以大字，凡《史記》無而《漢書》所加者，則書以小字；《史記》有而《漢書》所删者，則以墨筆在字旁勾勒標出；或《漢書》移其先後者，則注曰《漢書》上連某文、下連某文；或《漢書》移入别篇者，則注曰《漢書》見某傳。二書互勘，長短較然可見。《四庫全書總目》是書提要評其於史學頗爲有功。

陳振孫《直齋書録解題》卷十四類書類著録“《馬班異辭》三十五卷”，即此書。陳氏云：“以班史仍《史記》之舊而多删改，大抵務趨簡嚴，然或删而遺其事實，或改而失其本意。因其異，則可以知其筆力之優劣，而又知作史述史之法矣。”馬端臨《文獻通考·經籍考》之二十七入史評史抄類。《四庫全書總目》

將倪思撰《班馬異同》三十五卷列入正史類，附《漢書》之後，又著録倪思撰、劉辰翁評《班馬異同評》三十五卷，入正史類存目。實則此書向來以倪撰劉評本行世，并無倪書單行專刻之本。

傅增湘《藏園訂補郘亭知見傳本書目》著録"吳槎客拜經樓有不全宋本，喬鶴儕有元大德太平路刻本，又韓敬求仲序刊本"。宋元本今不可見，所謂"韓敬求仲序刊本"即此天啓本，存世本或有明韓敬序及書名葉鑴"小築藏板"，此本并缺。各館同版或著録爲明萬曆刻本、明末刻本、明刻本，皆不準確。楊人駒字讖西，萬曆間於杭州加入方應祥之文學社團小築社。萬曆末，楊氏彙纂劉辰翁評點各書，合刻爲一編，名《宋劉須溪先生較書》，又名《合刻劉須溪點校書九種》（"較""校"字皆係避明熹宗朱由校諱），因有閻啓祥序述刻書始末，故古籍書目或著録爲閻氏刻本。閻氏亦小築社成員，楊人駒爲其甥。

是書存世最早爲明嘉靖十六年（1537）李元陽、汪佃校刊本（《四庫全書存目叢書》據江西省博物館藏本影印），與此本比勘，有不少異文。萬曆間凌稚隆撰《史漢異同補評》三十五卷，在劉辰翁評基礎上有所訂補。明孫鑛撰《補訂班馬異同》十二卷（中國臺北"國家圖書館"藏清百尺樓抄本），清周中孚撰《補班馬異同稿》六卷（中國臺北"中央研究院"傅斯年圖書館藏清抄本），皆足爲是書參考。

《中國古籍善本書目》史部正史類明刻本（434號）即此版本，叢部有明天啓刻本《合刻宋劉須溪點挍書》九種一百一卷附一種八卷，與此實爲同版。中國國家圖書館、北京大學圖書館、中國人民大學圖書館等十餘館，美國柏克萊加州大學東亞圖書館、美國哈佛大學哈佛燕京圖書館等有收藏。

鈐朱文方印"深柳讀書"，印主待考。

015

後漢書補逸二十一卷

T2555.3　4137

《後漢書補逸》二十一卷，清姚之駰輯。清康熙五十三年（1714）東皋姚之駰露滌齋刻本。一函八册。版框高 20.3 厘米，寬 14.3 厘米。半葉十行二十字，小字雙行同，白口，左右雙邊，單白魚尾。版心上鑴書名，中鑴卷次及小題。

首康熙癸巳（五十二年）姚之駰《後漢書補逸序》；次《後漢書補逸例言》七則，末署"荃園姚之駰識"；次《後漢書補逸總目》。

《總目》及各卷端署"錢唐姚之駰魯思輯"。各卷末鑴"男世守、世容校字"。

姚之駰，字魯思，一作魯斯，錢塘（今浙江杭州）人。康熙六十年進士，改翰林院庶吉士，授編修，官至陝西道監察御史。著有《類林新詠》三十六卷、《鍍空集》四卷。《清史列傳》卷七十有傳。

三國及晉代人撰寫東漢歷史者有十餘家，除范曄《後漢書》及袁宏《後漢紀》之外皆已散佚。是編搜輯後漢史書之不傳於今者八家，凡《東觀漢記》八卷、謝承《後漢書》四卷、薛瑩《後漢書》一卷、張璠《後漢記》一卷、華嶠《後漢書》一卷、謝沈《後漢書》一卷、袁山松《後漢書》一卷、司馬彪《續漢書》四卷，每種各有目錄。姚氏自序云："今試以謝、華諸史與范校，其闕者半，其同者半。且闕者可以傳一朝之文獻，其同者可以參其是非，較其優絀，於史學庶乎其小補也。爰是檢閱群書，鈔蕝成帙，考覈同異，間以臆斷，合爲八種二十一卷。"《四庫全書總目》是書提要評云："劉知幾《史通》稱范蔚宗所採，凡編年四族、紀傳五家，今袁宏書尚有傳本，故止於八也。其捃拾細瑣，用力頗勤，惟不著所出之書，使讀者無從考證，是其所短。至司馬彪書雖佚，而章懷太子嘗取其十志以補范書之遺，今《後漢書》內劉昭所著即彪之書，而之驌不究源流，謂之范志，乃別採他書之引司馬志者録之，字句相同，曾莫之悟，其謬實爲最甚。"

存世各本或有書名葉鐫"康熙甲午鐫""露滌齋藏板"，此本缺。

是書又有"栢筠書屋藏板"本，與此版刻字體不同，且"弘""琰"等字避諱缺末筆，當爲清嘉慶間翻刻本。古籍書目或著録爲清康熙五十二年柏筠書屋刻本、清康熙五十二年"錢唐姚之驌露滌齋刻"嘉慶柏筠書屋印本，皆誤。栢筠書屋本《東觀漢記序》末有"一卷"二字，此本無。

《四庫全書總目》入史部六別史類，《中國古籍善本書目》史部紀傳類著録。

首都圖書館、中國人民大學圖書館等十館，日本東洋文庫、東京大學東洋文化研究所等有收藏。

鈐朱文方印"琪園李鐸收藏圖書記""林汲山房藏書"、白文方印"傳之其人"、朱白方印"藉書園本"。李鐸（1741—?），字震文，號琪園，山東壽光人。乾隆二十八年（1763）進士，官寧武縣同知。有藏書處名"琪園""鳳凰巢"。林汲山房爲周永年藏書處，周永年（1730—1791），字書昌，山東歷城人。乾隆三十六年進士，授翰林院編修。入四庫館，任"校勘《永樂大典》纂修兼分校官"，自《永樂大典》中輯出罕見文獻十餘種。藏書數萬卷。

016

後漢書九十卷（存八十四卷）

T2555　4165C

《後漢書》九十卷，南朝宋范曄撰，唐李賢注；《志》三十卷，晉司馬彪撰，梁劉昭注。明嘉靖七年至九年（1528—1530）南京國子監刻明清遞修本。存八十四卷（卷一至十七、二十四至九十），卷二十五缺第一葉。二函二十册。版框高 22 厘米，寬 15.5 厘米。半葉十行二十一字，小字雙行同，白口，四周雙邊，單魚尾。版心上鐫刊刻及遞修年代，中鐫書名、卷次及紀傳名稱。

首《後漢書序》，次"大明萬曆十年重修後漢書"及"天啓三年重修刻"銜名表、《後漢書目錄》。

《紀》《傳》卷一卷端署"宋宣城太守范曄撰，唐章懷太子賢註"，《志》卷一卷端署"梁郯令劉昭注補"，皆鐫"大明南京國子監祭酒黃儒炳、司業葉燦修"。

黃儒炳，字士明，廣州順德人。明萬曆三十二年（1604）進士，天啓二年（1622）任南京國子監祭酒，三年升南京吏部侍郎。

葉燦，字以沖，安徽桐城人。萬曆四十一年進士，授編修，遷南京國子司業。

明嘉靖七年，南京國子監祭酒張邦奇等因監中所藏《史記》、前後《漢書》舊版模糊，奏請重刻，九年完工。《南雍志·經籍考》載新刻前後《漢書》書版共計五千二百五十二面，版存監中，明清兩代不斷遞修重印。此本各葉版心上所鐫刊刻年有："嘉靖年刊""嘉靖■年刊""嘉靖八年刊""嘉靖九年刊"；遞修年有："萬曆九年補刊""萬曆十年補刊（萬曆十刊、萬曆十年、萬曆十年刻、萬曆拾年補刊、萬曆十年補）""萬曆二十四年刊""萬曆二十六年刊""萬曆三十七年刻""天啓二年刊""天啓三年刊""崇禎三年刊東廡侯補修（西廡侯謝修、西廡侯謝補修或西廡侯倪補修）""弘光元年修""順治十五年刊""順治十六年刊""順治十七年刊""康熙五年""康熙二十年補刊""康熙二十五年刊"。《紀》卷六末鐫"順治庚子年六月二十一日江寧府學教授朱謨較閱"，卷七末鐫"順治庚子年七月十三日江寧府學教授朱謨校閱"，卷八末鐫"順治己亥閏三月念八日較閱朱謨"。《後漢書注補志序》、卷一及卷十四卷端鐫"天啓壬戌十月重修"，卷一末鐫"順治庚子六月初二日江寧府學教授朱謨閱"，卷十八末鐫"順治己亥四月初五日較朱謨"，卷二十六末鐫"順治己亥年二月十九日江寧府儒學教授朱謨校"，卷二十六卷端鐫"天啓癸亥十月重刊"，卷二十八卷端鐫"天啓癸亥二月重刊"。《傳》卷十四、十八、二十五、三十七、五十卷端鐫"天啓壬戌十月重修"，卷十六第一葉（順治十六年補刊葉）版心下鐫"李況視刊"，卷十九末鐫"順治己亥年四月初十日較閱朱謨"，卷三十九末鐫"順治庚子年七月十三日江寧府學教授朱謨校閱"，卷五十九末鐫"順治庚子年七月十六日江寧府學教授朱謨閱"，卷六十二卷端鐫"天啓癸亥三月重刊"，卷六十三卷端鐫"天啓癸亥重刊"，卷七十二版心上鐫"東廡王南廡周同補"，下鐫"崇禎十一年助廳□□刊"。康熙二十年補刊葉版心下皆鐫"江寧知府陳龍巖捐俸"。康熙二十五年補刊葉版心下皆鐫"上元學文生員何庭趨刊補"。

《傳》卷二十五第七葉（萬曆十年補刊葉）版心下鐫刻工"何秀"。

有朱墨筆圈點、批校，不詳何人所爲。

中國國家圖書館、復旦大學圖書館，日本京都大學人文科學研究所等處有收藏。

《志》卷二十一卷端鈐朱文方印"伯瀓"、白文方印"樹銘長壽"，知爲徐樹銘舊藏。徐樹銘（1824—1900），字伯瀓，號壽蘅、瀓園（一作澄園），湖南長沙人。清道光二十七年（1847）進士，選庶吉士，授編修，纍遷內閣學士、工部尚書。精於考據、書法，收藏圖書、名帖、書畫甚富。有《澄園詩集》十卷。

此爲勞費爾購書。

017

後漢書九十卷

T2555　4165B

《後漢書》九十卷，南朝宋范曄撰，唐李賢注；《志》三十卷，晉司馬彪撰，梁劉昭注。明萬曆二十四年（1596）北京國子監刻《二十一史》本。《後漢書序》缺第一葉。六函三十冊。版框高 22.6 厘米，寬 15.3 厘米。半葉十行二十一字，小字雙行同，白口，左右雙邊，單魚尾。版心上鐫"萬曆二十四年刊"，個別葉鐫"萬曆二十二年刊"（或二十三、二十六），中鐫書名、卷次及紀傳名稱。

此爲勞費爾購書。

參"002　二十一史二十一種"。

018

後漢書年表十卷附錄一卷

T2555.4　2302

《後漢書年表》十卷《附錄》一卷，宋熊方撰，清鮑廷博、盧文弨校正。清乾隆四十七年（1782）歙縣鮑氏刻本。一函三冊。版框高 19.5 厘米，寬 14.6 厘米。半葉十行十八字，表格大小寬窄不一，字數不等，黑口，左右雙邊，雙魚尾。版心中鐫書名、卷次及小題。卷九、十各分上、下卷。書名葉題"補後漢書年表"。

首《經進集補後漢書年表序》，署"右迪功郎前權澧州司戶參軍臣熊方撰"；次乾隆四十七年盧文弨《新校定熊方後漢書年表序》、熊方《進後漢書年表之表》、《又進狀》；次戊戌（乾隆四十三年）錢大昕《後漢書年表書後》、盧文弨《與錢莘楣論熊方後漢書年表書》、《與鮑以文書》；次《欽定四庫全書提要》《經進後漢書年表目録》。

卷一卷端署"右迪功郎前權澧州司户參軍臣熊方集補"。

熊方，字廣居，江西豐城人。宋靖康間，舉貢上庠，由上舍生官至右迪功郎，權澧州司户參軍。善書法。因補東漢年表，名其居曰"補史"。《[萬曆]新修南昌府志》卷十八有傳。

鮑廷博（1728—1814），字以文，號淥飲，安徽歙縣人。家富藏書，刊有《知不足齋叢書》二十七集。《清史列傳》卷二十七有傳。

盧文弨（1717—1796），字召弓，晚號弓父，世稱"抱經先生"，仁和（今浙江杭州）人。乾隆十七年（1752）進士，授翰林院編修。主講龍城等書院二十餘年。以校勘古籍知名。著有《群書拾補》三十九卷、《儀禮註疏詳校》十七卷、《鍾山札記》四卷、《龍城札記》三卷等。《清史列傳》卷六十八有傳。

司馬遷《史記》創立十表，統系歷史年代、世系、人物，班固《漢書》仿之立八表。范曄《後漢書》祇完成紀、傳，所擬十志未能完成，梁劉昭取司馬彪《續漢書志》之八志三十篇補入范書，又爲之作補注，而《後漢書》仍缺年表。熊方遂仿班固《漢書》之《兩漢人表》爲《後漢書》作集補，撰同姓侯王表二卷、異姓諸侯表六卷、百官表二卷，義例依仿《漢書》而稍加變通。《四庫全書總目》是書提要贊其"經緯周密，叙次井然，使讀者按部可稽，深爲有神於史學"。其不足之處，《總目》提要及盧文弨致錢大昕、鮑廷博書中論之甚詳。

盧文弨序稱鮑廷博得"得宋梓本，欲復開雕"。鮑氏手自讎校，請錢大昕、大昭兄弟覆校，又請盧文弨再加考訂，而後刻印行世。凡改正增删之處皆有校語繫於本文之下，允稱精善。陸心源《皕宋樓藏書志》卷十八著録"《經進後漢書年表》十卷，盧抱經手抄本"，"格闌有'抱經堂校定本'六字，卷中有'武林盧文弨寫本'朱文方印、'武林盧文弨手校'朱文長印。手書序後有'范陽'朱文方印、'弓父'朱文方印（卷十八、葉十下）"，當即盧氏校定是書後所録之清本。

《宋史·藝文志》及元馬端臨《文獻通考》皆不載，流傳稀少，自《千頃堂書目》始見著録。《天禄琳琅書目》卷四著録影宋抄本，已不存；季振宜《延令宋板書目》著録宋本二本，不詳尚存世與否；盧文弨所謂鮑廷博"宋梓本"亦未見著録。傳世多爲清抄本。《浙江採集遺書總録》著録"開萬樓寫本"，即《四庫全書》所收之本。傅增湘《藏園訂補邵亭知見傳本書目》載："《補後漢書年表》十卷，影宋精鈔本，四明盧址抱經樓藏，癸丑十二月見；《集補後漢書年表》十卷，影寫宋刊本，十行十八字。前有序及進書表，八行十六字。"皆待訪求。鮑廷博重刻後，方廣爲流傳。此外有乾隆間武英殿刻本、嘉慶間桐鄉金德輿輯《桐

《華館史翼》五種本。清代考據學發達,各史表志皆予補正。補正是書者以錢大昭《後漢書補表》八卷、諸以敦《熊氏後漢書年表校補》五卷《補遺》一卷《續補》一卷最爲著名。

"玄""曄""弘"三字避諱缺末筆。

《四庫全書總目》史部一正史類著録,《中國古籍善本書目》著録清抄本七種。

中國國家圖書館、北京大學圖書館、復旦大學圖書館、浙江大學圖書館、上虞市圖書館,美國國會圖書館有收藏。

019
季漢書六十卷正論一卷答問一卷

T2560　0471

《季漢書》六十卷《正論》一卷《答問》一卷,明謝陛撰,明臧懋循訂。明萬曆刻後印本。二函六冊。版框高20.7厘米,寬13.9厘米。半葉十行二十二字,小字雙行同,白口,四周單邊,單白魚尾。版心上鎸書名,中鎸卷次及小題,下鎸字數、刻工。

首有未署年葉向高、王圖《季漢書叙》,萬曆癸卯(三十一年,1603)陳邦瞻《謝氏季漢書序》,未署年祝世禄、于若瀛、鄒觀光、李維楨、曹學銓《季漢書序》(李序爲李維柱書,曹序爲洪寬書),萬曆壬寅(三十年)謝陛《季漢書自序》;次《季漢書正論五篇》《季漢書答問二十篇》《季漢書凡例四十四條》;次《季漢書目録》。

各卷端署"歙謝陛撰,長興臧懋循訂"。

謝陛(1547—1615),字少連(一作少廉),安徽歙縣人。明諸生,應試不利,遂棄舉業,專攻古文。長於史學,纂《[萬曆]歙志》三十卷。生平見明李維楨《大泌山房集》卷七十《謝少連家傳》。

臧懋循(1550—1620),字晉叔,號顧渚山人,浙江長興人。萬曆八年進士,官至南京國子監博士。精通戲曲、音律,編《元曲選》一百卷,校勘精良。生平見錢謙益《列朝詩集小傳·丁集》。

是書編纂東漢末獻帝至三國時期史事,遵循朱熹《通鑑綱目》義例,尊蜀漢爲正統。謝氏《自序》云:"斷自孝獻皇帝起,直繼以昭烈皇帝、後皇帝。尊漢三朝爲帝紀,以漢室諸臣爲内傳;等魏、吳二國爲世家,以魏、吳諸臣爲外傳;别袁、吕(袁紹、吕布)諸雄爲載記;以田、陳(田豐、陳宮)諸人爲雜傳。仍訂定裴松之註參傳其中。題之曰《季漢書》,蓋十餘年於兹矣。"凡本紀三卷、内傳十七卷、世家六卷(魏三卷、吳三卷)、外傳三十卷(魏十七卷、吳十三卷)、載記三卷、雜傳一卷，《正論》《答問》《凡例》冠於首，以揭一書之宗旨。

《四庫全書總目》是書提要評云："中間義例既繁，創立名目，往往失當。如晉之劉、石、苻、姚擅號稱尊，各有雄長，自當列之載記，董袁之屬既非其倫；五季更五姓十主，爲之臣者，不能定以時代，自當編爲雜傳，董袁之賓客僚屬，亦殊是例。陛乃沿襲舊名，實不免於貌同心異。又西京之祚迄於建安，續漢之基開於章武，雖緒延一綫，實事判兩朝，陛乃於帝紀中兼及山陽。其《後漢書》《晉書》已有專傳者，陛亦概取而附入之，尤爲駢拇枝指，傷於繁複。"提要又稱其改蜀爲季漢并非創例，宋李杞已改修《三國志》六十七卷，元郝經亦編《續後漢書》九十卷云云。

是書又有明末鍾人傑刻本，亦爲六十卷。《江蘇採輯遺書目録》著録之本爲五十七卷。

《四庫全書》所收清内府藏本爲五十六卷，稱"又別作兵戎始末、人物生歿二表，以括一書之經緯"，二表爲此本所無。考《千頃堂書目》卷四載"謝陛《季漢書》六十六卷，正論五篇，問答二十篇"，多出六卷疑即"兵戎始末、人物生歿"二表。疑四庫本原爲"六十六"卷，誤題爲"五十六"。

《四庫全書存目叢書》據北京大學圖書館藏明萬曆刻本影印，與此本爲同一版刻，而印刷有先後之別，此本係後印，有剜改處。例如：陳邦瞻《謝氏季漢書序》，北大本"司馬氏又曰有國者"，此本作"蓋其説曰凡有國者"；《正論・正帝系第二》，北大本"作《魏武帝紀》則云父夏侯嵩中常侍曹騰養子且云莫能審其生出本末"，此本作"作《魏武帝紀》則云中常侍曹騰養子嵩嗣官至太尉莫能審其生出本末"；《季漢書答問二十篇》，北大本第八問爲"答諸葛亮之問"，第九問爲"答漢君臣魚水之問"，此本則第八問爲"答劉宋之問"，第九問重出，分別爲"答諸葛亮之問""答漢君臣魚水之問"，多一"又九"葉；北大本第十七問爲"答吳世家之問"，第十八問爲"答國志述魏之問"，此本則在兩問之間插入第十八問"答魏世家之問"，第十九問"答吳世家之問"，多一又"二十九"葉，之後又爲第十八"答國志述魏之問"；《本紀》卷三北大本："六年春正月，丞相亮出師祁山，不克。冬十二月，復出散關，圍陳倉，糧盡，引退。魏將王雙來襲，亮與戰，大破之，斬雙，還軍漢中。七年春正月，丞相亮遣將陳式伐武都、陰平，遂克定二郡。"此本作："六年春正月，丞相亮出師伐魏，敗績街亭，上疏自貶，詔以亮爲右將軍，行丞相事。冬十二月，復出散關，圍陳倉，糧盡，引退。魏將王雙來襲，亮與戰，大破之，斬雙，還軍漢中。七年春正月，右將軍亮出師伐魏，拔武都、陰平，復拜丞相。"

刻工：吾、小、子、西、春、朱、还、西立、臣、寰、忠、宇、文、張、念、郁。

《四庫全書總目》入史部六別史類存目，《中國古籍善本書目》史部紀傳類著錄。

中國國家圖書館、首都圖書館、中國臺北"國家圖書館"近三十家圖書館，美國國會圖書館，日本國立公文書館等有收藏。各館所藏是初印抑後印本尚待檢核。

鈐朱文長方印"莫友芝圖書印""莫繩孫字仲武"，朱文方印"莫印彝孫"。莫友芝（1811—1871），字子偲，號邵亭，貴州獨山人。治金石、版本目錄學，與遵義鄭珍齊名，著有《宋元舊本書經眼錄》三卷，其子繩孫輯《邵亭知見傳本書目》十六卷。莫繩孫（1844—?　），字仲武，號省教，精於鑑藏。另鈐朱文方印"生齋臺灣行篋記"，爲李宗侗藏印。

020
晉記六十八卷首一卷

T2570　0222

《晉記》六十八卷首一卷，清郭倫撰。清乾隆五十一年（1786）郭氏有斐堂刻本。六函二十四册。版框高 20.2 厘米，寬 14.1 厘米。半葉十行二十字，白口，左右雙邊，單魚尾。版心上鐫書名，中鐫卷次及小題。

首乾隆二十一年雷鋐《晉記叙》，二十八年朱坤《晉記叙》，十九年郭倫《晉記自叙》；次《浙江採集遺書總目提要》；次《晉記總目》，末鐫"受業堉山陰朱際昌慕韓、同胞弟丙丹崖校刊"；次《晉記目錄》《校書姓氏》。

各卷端署"蕭山郭倫撰"。

郭倫，字凝初，號幼山（一作西山），浙江蕭山人。乾隆二十一年舉人。著有《幼山詩集》。《［民國］蕭山縣志稿》卷十八有傳。

郭倫之曾祖郭棟字任之，明末諸生，曾著《晉書摘謬》二卷，此《晉記》爲秉承家學之作。郭氏《自叙》稱讀《晉書·荀勗傳》至"高貴鄉公欲爲變"一語，以爲大悖於理；又謂宣、景、文及身不帝而列諸本紀，孫旃、牽秀助亂之徒乃與繆播、閻鼎同列；《賈充姚萇傳》述鬼神事竟如優俳；諸國載記不年不月，雜而無章；譙登、許弢之忠義闕而不載，潘岳諸人之文無關治亂乃皆臚之本傳；其間謀臣碩士如張華、羊祜、杜預、王濬、劉琨、祖逖、陶侃、王導、溫嶠、謝安之謨猷經略以及劉石、氐羌、鮮卑之猖狂雄武，而本傳蕪冗不足發其不可磨滅之概；至清言娓娓，乃司馬氏所以亂亡者，而縷述不衰。皆取舍失衷，是非瞀亂，因改編《晉書》爲此書。凡世系一卷、本紀三卷、内紀一卷、志八卷、列傳四十一卷、十六國録十四卷。

乾隆三十九年開四庫館，徵天下書，郭氏以是書進呈。《四庫全書總目》是書提要評云："較原本（《晉書》）頗明簡，然亦有體例未善者，如司馬懿父子改爲世系是已，至於《呂后本紀》見於《史記》，實以臨朝，范史沿流，已失編年之本義，倫改傳爲紀，於例殊乖。《平吳功臣》別立名目，史家亦無此法……《五行志》散入本紀，固足破附會之論。若删除《列女》，使因事附見於諸傳，設如陶嬰之類，黄鵠不雙，既與時事無關，又無族屬可繫者，將竟遺之乎？阮籍乃附之《阮咸傳》中，與陶潛稱晉爲一例，非至公也。桓溫雖未親篡，而跋扈不臣，至擅廢立……倫故未减之，亦爲好持異論。他如史家之難，莫過表、志，《晉書》既不立表，自宜補作；諸志漏略頗多，地理尤無端緒，亦急宜掇拾放逸，爲之葺完。乃憚於改作，竟仍其舊，是亦未免因陋就簡者矣。"

《四庫全書存目叢書》據復旦大學圖書館藏本影印。《四庫採進書目》之《浙江省第二次書目》著録本爲六十四卷。光緒二十二年（1896）山陰王氏曾翻刻。

書名葉額鐫"乾隆甲午進呈丙午校刊"，下分三欄，中鐫書名，右鐫"雷翠庭先生點定"，左鐫"有斐堂藏版"。

"泓"字等避諱缺末筆。

《四庫全書總目》入史部六別史類存目，《中國古籍善本書目》未收。

中國國家圖書館、北京大學圖書館、上海圖書館、中國臺北"中央研究院"傅斯年圖書館等有收藏。

鈐朱文方印"谿孝楊氏歗雪軒珍藏""理庵"、白文方印"臣泰亨印"、楷書朱文長方印"積學齋徐乃昌藏書"印。"楊氏"名泰亨（1824—1894），浙江慈谿人。清同治四年（1865）進士，官翰林院檢討。著《飲雪軒詩集》四卷。

021

宋書一百卷

T2582　3122

《宋書》一百卷，梁沈約撰。明萬曆二十二年（1594）南京國子監刻明清遞修本。六函二十四册。版框高 22.3 厘米，寬 16.5 厘米。半葉九行十八字，白口，四周雙邊，三魚尾。版心上鐫刊刻及遞修年，中鐫書名及卷次，下鐫刻工。

首萬曆二十二年馮夢禎《南雍新雕宋書引》、季道統《重刻宋書引》，丁酉（二十五年）姚士粦、馮夢禎《重校宋書跋》；次南京國子監重校《宋書》銜名；次《宋書目録》。

各卷端小題在上，大題在下，如"本紀第一""宋書一"，次行署"臣沈約新撰"。《本紀》卷一卷端第三至五行署"皇明南京國子監祭酒陸可教、司業馮夢禎、司業季道統校閱",《志》卷一卷端署"皇明南京國子監祭酒（下空）、司業馮夢禎、司業季道統校",《列傳》卷一卷端署"皇明南京國子監祭酒陸可教、司業馮夢禎、司業季道統全校閱"。版心上鎸刊刻年"萬曆二十二年刊"（或萬曆廿二年刊,個別葉鎸"萬曆二十年""萬曆二十一年刊"）。各卷末或鎸馮夢禎、季道統校書題識,如卷一末鎸"萬曆癸巳（二十一年）六月初二日始校《宋書》於一鑑亭,初三日完《本紀》一,是正六字,削一字。司業馮夢禎識"。卷三末鎸"初四日校正七字補一字。夢禎識"。補刊葉版心上鎸遞修年"順治十六年刊""康熙十二年刊""康熙二十年補刊""康熙三十九年刊"。《本紀》卷十末、《志》卷三十末鎸"康熙庚辰年（三十九年）江寧府儒學訓導王奕章校"。《志》卷五末鎸"順治己亥十月二十日江寧府學教授朱謨校"。康熙二十年補刊葉下鎸"江寧知府陳龍巖捐俸"。

陸可教（1547—1598）,字敬承,號葵日,浙江蘭谿人。萬曆五年進士,二十一年任南京國子監祭酒,旋改北監。官至南京禮部右侍郎。著有《陸禮部文集》十六卷。《［萬曆］蘭谿縣志》卷四有傳。

馮夢禎,見"006　史記一百三十卷"介紹。

季道統,字亦卿,陳州（今河南開封）人。萬曆十一年進士,官南京國子監司業。著有《秭陵草》二卷。《［康熙］續修陳州志》卷三有傳。

姚士粦（1559—1644）,字叔祥,浙江海鹽人。鄉試不第,不復求仕。萬曆二十五年入南京國子監,曾助馮夢禎校刻諸史,助胡震亨刻《秘册彙函》,助屠喬孫輯《十六國春秋》。著有《陸氏易解》一卷、《後梁春秋》二卷。事迹散見《［崇禎］嘉興縣志》。

明萬曆間,南京國子監所藏各史舊書版年久模糊,不堪刷印,於是重新開版。馮夢禎《南雍新雕宋書引》述刻始末云:"《宋書》海內惟有南監舊板,而刓脱模糊者十之七,不便印摹。余與陸敬承在事,奮欲新之而不逮,賴少司成中原季君始獲舉其功。自夏迄秋,不半歲而畢。"季道統《重刻宋書引》云:"監本刻於弘治之初,歲久散軼,固無怪。乃其存者亦多譌,而文字離於古,抑又堙滅,幾不可辯識。儒者或失傳,而一代之史恐遂以廢。司成陸、馮兩先生惟其廢之爲拳拳也,於是乎有重刻之役。蓋役未竣而兩先生後先相繼遷矣。則遂猥以録録踵校讎之末而竣事於余。"萬曆二十五年姚士粦、馮夢禎重校,馮氏《重校宋書跋》云:"休文《宋書》畢工三年矣,余初閱數篇,猶有錯誤。會友人布衣姚叔祥自檇李見訪。叔祥故博雅,即以委之。乃手對舊本,參以《南》《北史》《通典》《通志》等諸書,矻矻三月始得竣事。凡補舊闕七十字,增一百九十餘字,

正一千一百餘字，餘點畫差訛而改正者約數千字。已余又從叔祥所更定處覆加
校勘而所爲是正者尚多有之。"清順治、康熙間迭經補版重刷，此本最晚修補年
爲康熙三十九年。

版心下萬曆原版原有刻工，大多被鏟去，個別葉有保留：胡榮、谷、監生
汪雲鵬、松、黃十、潘文孝、王朋、胡宣、戴召、郭孝、楊守、黃宗。

中國國家圖書館、中國人民大學圖書館、華東師範大學圖書館、四川大學
圖書館、中國臺北"國家圖書館"，日本京都大學人文科學研究所、東京大學東
方文化研究所等有收藏。

鈐白文方印"易印漱平"、朱文方印"生齋臺灣行篋記"。知曾爲李宗侗、
易漱平夫婦收藏。

022
南齊書五十九卷

T2584　4216

《南齊書》五十九卷，梁蕭子顯撰。明萬曆十六年至十七年（1588—1589）
南京國子監刻本。一函八冊。版框高20.8厘米，寬15厘米。半葉九行十八字，
小字雙行同，細黑口，四周雙邊，雙魚尾。版心上鐫"萬曆十六年刊""萬曆
十七年刊"，中鐫篇名、卷次，下鐫寫工及刻工。

首宋曾鞏《南齊書序》；次萬曆庚寅（十八年）張一桂《重刻南齊書題辭》，
題辭末爲校正人員名單；次《南齊書目錄》。

各卷端首行上題篇名，下題書名，如"本紀第一""南齊書一"，次行署"臣
蕭子顯撰"。《本紀》卷一第三、四行署"大明南京國子監祭酒趙用賢、司業張
一桂同校"。

趙用賢（1535—1596），字汝師，號定宇，江蘇常熟人。隆慶五年（1571）
進士，授檢討，萬曆十五年任南京國子監祭酒，官至吏部侍郎。卒諡"文毅"。
著有《松石齋集》三十六卷。以藏書知名，據家藏編有《趙定宇書目》。《明史》
卷二百二十九有傳。

張一桂（1540—1602），字稚圭，祥符（今河南開封）人。隆慶二年進士，
授編修，萬曆十七年以南京國子監司業升祭酒，官至禮部左侍郎。《［順治］祥
符縣志》卷五有傳。

張一桂《題辭》述刻書始末云："定宇趙先生視監事，修舉廢墜，而尤留心
於藝文。於是《陳》《周》《北齊書》相繼就梓已。謂《南齊書》漫漶蹐訛尤甚，
乃躬任讎校，而不佞亦執管窺一斑。刻甫竣，先生遷去。少司成兗陽劉公來，

益加刊訂，間闕文無從搜補者，姑仍其舊，不敢以意增損也……茲編之在今日獨監本耳，若非及時脩緝，不益將殘缺無徵哉。《詩》云：‘采葑采菲，無以下體。’此先生所爲重刻意也，因書以識。”

寫刻工：吳郡徐普寫、郭文、鄧欽、王應尨、薛京（京）、刘月、戴序（序）、王才（才）、刘仕、陳邦（邦）、刘仁、秦、刘寿（寿）、戴孝（孝）、刘茂（茂）、黃里（里）、刘中、大、鄧漢（漢）、彭元（元）、术、魯宥（宥）、刘卞（卞）、刘岳、毛有時、黃幹（幹）、焦芳、刘恭、毛榮、刘位、黃武、黃迂（迂）、黃明（明）、叚佑（佑、叚祐）、胡宣、彭中、吳文興（吳興、興）、王孝、王朋、張瑚、胡孝、胡祖、奉、童鑾（鑾、童、童鸞）、裴魁、張羨、王才、郭文、吳科（科）、裴龍、黃一林（林）、楊育（育）、甘科、楊懃（懃、楊勤）、余、刘鈗、大式（式）、子洪、李琛、叚祖、張美、毛有光、叚孝、毛、俞允、刘欽、郭孝、子洪、戴谷（谷）、楊佑、王應文、晏述、張文孝、吳廷（廷）、黃春、郭才、戴式、李方、志達、朱明（朱、明）、刘繼尨、余共、朱共、黃翰、付机、大孝、同文、刘受、朱月（月）、刘月、羅相（相）、毛有、潘懷、陳貞、周天袍（周天包、周袍）、陳祥（祥）、大切、刘敬、楊元、端明源、毛有倫（倫）、刘祖、羅欽、張文、魏浩、張行、孝施、孝詩、端文、毛詩、應聘、戴聘、李淮、周裯、張時、張行、徐容、臣刊、刘隆、先、端約、端明海、何隆、何華、肖孝（肖）、付汝明、胡宗。

是書明萬曆至清康熙間屢次修補重印，此本爲初印本，無補版葉。

《中國古籍善本書目》未收此版本。

中國國家圖書館、北京師範大學圖書館、華東師範大學圖書館、南京大學圖書館、中國香港中文大學圖書館（遞修本）、中國臺北“國家圖書館”，日本京都大學人文科學研究所，澳大利亞國立大學圖書館等有收藏。

023

陳書三十六卷

T2588　4160

《陳書》三十六卷，唐姚思廉撰。明萬曆十六年（1588）南京國子監刻本。一函六冊。版框高 20.5 厘米，寬 15.1 厘米。半葉九行十八字，細黑口，四周雙邊，單魚尾。版心上鎸“萬曆十六年刊”（個別葉鎸“萬曆十年刊”“萬曆丁亥年刊”“萬曆六十年刊”，“六十”當係誤刻），中鎸書名及卷次，下鎸字數、刻工。

首萬曆十六年趙用賢《陳書序》，附覆校博士張廷相等銜名；次《陳書目錄》、宋曾鞏《陳書目錄序》。

《紀》卷一卷端署“唐散騎常侍姚思廉撰，大明南京國子監祭酒趙用賢校正、司業余孟麟同校”。

趙用賢，見“022　南齊書五十九卷”介紹。

余孟麟，字幼舉，一字伯祥，安徽祁門人。萬曆二年一甲第二名進士，授翰林院編修，萬曆二十年任南京國子監祭酒。《［乾隆］上元縣志》卷十六有傳。

明南京國子監藏前代《十七史》舊版及嘉靖間新雕各史書版，歲久模糊，至萬曆間陸續重刻各史，自《陳書》始。趙用賢序述刻書始末云：“《陳書》刻遺自國初，再修於嘉靖十年，歲既久，雖數經補綴，然漫漶滋甚，至脱漏不可句讀。余至南雍逾數月，乃加檢閲。諸史中獨《周》《陳》二部最弊，思欲重託之梓而剞劂之，費苦無所資。會侍御陳君邦科、營繕郎崔君斗瞻、榷税龍江首捐少府稍入金來助，因爲籌計工用，獨《陳書》差易舉，始付繕寫。而大京兆石君應岳、許公孚遠、臺使彭君而珩、孫君鳴治各舉所部鍰金相屬，遂得授工鋟刻。更遍索古本，校定譌舛，續補闕失者幾數千言。閲三月而工迄，余爲識其端，用記歲月，亦以明諸君之嚮意文事，得成美舉如此云。”（此序又見趙用賢《松石齋集》卷十一）

刻工：易正文（易文）、晏述、張瑚（瑚）、叚佑、劉科（刘科、科）、裴龍（龍）、吴昇、陳文（文）、黄幹（幹）、刘下、洪改（改）、戴谷（谷）、仁、彭、付机（付、傅机）、陳邦（邦）、胡祖（祖）、何華、戴序（序）、黄明、胡李、俞允順（俞允、俞）、彭尊、鄧欽、裴龙、鄧秦、張榮、胡宗、孫可權、張美、邢、陳千、裴魁、童銮、潘鳳、里、羅相、京、楊育（育）、戴密（密）、王慶、榧、林時、郭、李珎、潘高、淮、王李、廷。

是書明萬曆至清康熙間屢次修補重印，此本爲初印本，無補版葉。

中國國家圖書館、北京大學圖書館、華東師範大學圖書館、武漢大學圖書館、中國臺北“國家圖書館”，美國哈佛大學哈佛燕京圖書館（遞修本）、柏克萊加州大學東亞圖書館（遞修本），日本京都大學人文科學研究所（遞修本）等有收藏。

024

魏書一百十四卷

T2591　2124

《魏書》一百十四卷，北齊魏收撰。明萬曆二十四年（1596）南京國子監刻明清遞修本。四函十六册。版框高 20 厘米，寬 15 厘米。半葉十行二十一字，白口，左右雙邊，單魚尾。版心上鎸刊刻及遞修年，中鎸書名，小題及卷次。

首萬曆丁酉（二十五年）馮夢禎《序重雕魏書》、黃汝良《重刻魏書序》，次"臣欽"等《魏書上表》（據版心題）；次《魏書目錄》，署"魏收撰"；次校閱人員名單，題"大明萬曆二十四年歲在丙申南京國子監鏤板"。版心上鐫刊刻"萬曆二十四年刊"，遞修年"萬曆三十七年刊""天啓二年刊""崇禎十年南廡刊""順治十六年刊""康熙二十年補刊""康熙三十九年刊"。各卷末或有馮夢禎等校書題識，如卷十三末"萬曆丙申歲五月廿八日校，夢禎"，卷十四末"雲間袁之熊校"。卷十二、一百四、一百十四末鐫"康熙庚辰年江寧府儒學訓導王奕章校"，卷一百五末鐫"順治己亥歲六月初六日校，朱謨"。康熙二十年補刊葉下鐫"江寧知府陳龍巖捐俸"。

馮夢禎序述刻書始末云："南監所藏唐以前諸史，獨此書刓敝甚，議更新之，工始丙申七月，歲盡而畢。然苦無善本校讐，無論魯魚帝虎，不能盡刊，至斷篇脫字，所在而有。剞劂又不能精良，姑以存一代之史云爾。"黃汝良序云："南雍舊有《二十一史》藏板，歲久多所缺飴。前輩在事諸公虞其日湮，稍稍次第新之。不佞從大司成馮公來蒞斯任，始重刻陳壽《國志》，繼馬遷《史記》，遂及是書。"參與校訂者有監丞李之郋、博士黃全初及姚士奫等。明末至清順治、康熙間迭經補版重刷，此本最晚修補年爲康熙三十九年（1700）。

版心下原有刻工，被鏟去，鏟之未盡者有：朱賓、羅、端、右、希、萬中。

中國國家圖書館、清華大學圖書館、中國人民大學圖書館、武漢大學圖書館、廈門大學圖書館、中國香港中文大學圖書館，日本京都大學人文科學研究所，澳大利亞國立大學圖書館等有收藏。

025

魏書一百十四卷（存一百十三卷）

T2591　2124B

《魏書》一百十四卷，北齊魏收撰。清乾隆四年（1739）武英殿刻《二十一史》本。存一百十三卷（卷一至九十四，九十六至一百十四）。四函三十冊。版框高22.3厘米，寬15.2厘米。半葉十行二十一字，白口，左右雙邊，單魚尾。版心上鐫"乾隆四年校刊"，中鐫書名、卷次及紀傳類目。目錄及各卷後附考證。

首《魏書目錄》，次《魏書目錄序》。《目錄》及各卷端署"齊魏收撰"。

明南京國子監所藏各史舊書版自明萬曆至清乾隆初近一百五十年間不斷修補刷印，已版面模糊，難以繼續使用，監中遂有重刻之議。乾隆三年，國子監上奏，請重刻《十三經注疏》《二十一史》并《舊唐書》，據《清實錄·高宗純皇帝實錄》卷七十六載：乾隆三年九月，"大學士等議覆：國子監奏稱，太學所貯《十三經注疏》《廿一史》板片模糊，難以修補，請重加校刻，以垂久遠。應如所請。令國子監購覓原本各一部，分派編檢等官校閱，交武英殿繕寫刊刻。即將板片交國子監存貯，以備刷印。再國子監奏有寫本《舊唐書》一部，亦請刊刻，以廣流傳。得旨：板片不必國子監查辦，著交與莊親王，於武英殿御書處等處查辦。"經大學士兼管翰林院事張廷玉奏成立經史館，乾隆四年任命方苞爲經史館總裁，方苞擬定《校刊經史程式》。乾隆四年五月方苞因事去職，陳大受、張照相繼任總裁，主持《十三經注疏》《二十一史》之校勘及次第刊刻事宜。《二十一史》以明萬曆二十三年至三十四年（1595—1606）北京國子監刻本爲底本，以宋元本等舊本參校。至乾隆十一年底，全部經史校刻告竣（詳參張學謙《武英殿本〈二十四史〉校刊始末考》，《文史》2014年第1期，中華書局）。各書每卷末皆附《考證》（即校勘記），學術價值頗高。

書末有孫人龍識語述本書校勘始末云："編修臣孫人龍謹言：《魏書》一百三十卷（引案《魏書》共一百十四篇，卷四、七等分上下卷，上下各按一卷計，則共爲一百三十卷），國子監舊板歷久漫漶，奉敕校刊。臣謹與同事臣陳浩、臣齊召南等各就聞見，共錄爲《考證》如干條。魏收書貽譏穢史，宋以前亡逸不完者三十餘卷，後之人取《北史》等書以補之。明所刻《二十一史》中此書又最爲刊斂。宋劉恕、明馮夢禎等論之綦詳。今欲摘謬辯譌，不留遺憾，此實難矣。惟參校各本，悉心檢覈，信則徵信，疑則傳疑云爾。臣人龍謹識。"

中國國家圖書館、故宮博物院、華東師範大學圖書館、遼寧省圖書館、中國臺北"國家圖書館"，美國普林斯頓大學東亞圖書館，日本東洋文庫等有收藏。

此爲勞費爾購書。

026

北齊書五十卷

T2597　4414

《北齊書》五十卷，唐李百藥撰。明崇禎十一年（1638）常熟毛氏汲古閣刻《十七史》後印本。一函六冊。版框高21.3厘米，寬15.4厘米。半葉十二行二十五字，白口，左右雙邊，單魚尾。各卷首末葉版心中鎸"汲古閣""毛氏正本"，其他葉鎸書名。

首總目，題"李百藥北齊書凡五十篇總五十卷""本紀八卷，列傳四十二卷"。次面首行鎸"皇明崇禎十有一年歲在著雍攝提格夏五日琴川毛氏開雕"條記一行。次《北齊書目録》。斷版、版面模糊葉較多。

此爲勞費爾購書。

參 "001　十七史十七種"。

027

周書五十卷

T2599　8424

《周書》五十卷，唐令狐德棻等撰。明萬曆三十一年至三十三年（1603—1605）北京國子監刻《二十一史》崇禎六年（1633）遞修本。一函十册。版框高 23.2 厘米，寬 15.2 厘米。半葉十行二十一字，白口，左右雙邊，單魚尾。版心上鐫刊刻年（"萬曆三十一年刊""萬曆三十二年刊""萬曆三十三年刊"），中鐫書名、卷數及小題。

首 "臣燾" 等序（缺第一葉），次《後周書目録》。

各卷端署 "唐令狐德棻等撰"（唯卷一之 "唐" 字誤被挖去），鐫 "皇明朝列大夫國子監祭酒臣蕭雲舉、承德郎右春坊右中允管司業事臣李騰芳等奉敕重校刊""皇明朝列大夫國子監祭酒臣吳士元、承德郎司業仍加俸一級臣黃錦等奉旨重修"。

鈐白文方印 "篁菴氏"。

此爲勞費爾購書。

參 "002　二十一史二十一種"。

028

隋書八十五卷

T2605　2124

《隋書》八十五卷，唐魏徵、長孫無忌等撰。明萬曆二十二年至二十三年（1594—1595）南京國子監刻明清遞修本。四函二十册。版框高 20.3 厘米，寬 14.9 厘米。半葉九行十八字，細黑口，四周雙邊，雙魚尾。版心上鐫刊刻年（"萬曆二十二年刊""萬曆二十三年刊"）及遞修年，中鐫書名、紀傳名稱及卷次。

首南京國子監校閱《隋書》姓氏，次《隋書目録》。卷八十五末爲宋天聖二年（1024）刻書牒文。《目録》及《紀》《列傳》各卷端署 "特進臣魏徵上"，《志》各卷署 "太尉揚州都督監修國史上柱國趙國公臣長孫無忌等奉敕撰"。《紀》《志》《列傳》之首卷卷端第三、四兩行合并鐫 "大明南京國子監司業季道統校閱"。版心上遞修年有："（版心上）東廡王、南廡周同補，（版心下）崇禎十一年助廳韋挍刊”“順治十五年刊”“順治十六年刊”“康熙二十五年”“康熙三十九年刊”。康熙二十五年遞修葉版心下鎸“上元學訓導陸襛捐俸補刊”。卷三十五、刻書牒文末鎸“康熙庚辰年（三十九年，1700）江寧府儒學訓導王奕章校”。版心下原有校閱監生陳其謨等及刻工姓名，皆被鏟去。

季道統，見“021 宋書一百卷”介紹。

明南京國子監藏元大德間集慶路儒學刻《隋書》舊版，據《南雍志・經籍考》載，“存者一千六百九十四面，缺三十七面”，迭經弘治、嘉靖、萬曆年間不斷修補印刷，版面模糊，至萬曆二十二年乃有重刻之舉，由祭酒季道統主持。重刻本版存南雍，明崇禎、清順治、康熙間亦曾修補。

中國國家圖書館、華東師範大學圖書館、武漢大學圖書館、浙江省博物館、寧波市天一閣博物院、中國臺北“國家圖書館”，日本東洋文庫、東京大學東洋文化研究所，澳大利亞國立大學圖書館等有收藏。

029
唐書二百二十五卷釋音二十五卷

T2620　7872

《唐書》二百二十五卷，宋歐陽脩、宋祁等撰；《釋音》二十五卷，宋董衝撰。元大德十一年（1307）建康路儒學刻明清遞修本。目錄第一至三十八葉、卷六十八至六十九爲抄配，其他各卷中偶有抄配葉。六函五十冊。版框高 22.4 厘米，寬 15.6 厘米。半葉十行二十二字，白口，四周雙邊，雙魚尾。版心上鎸遞修年，中鎸書名、紀傳名稱及卷次。

首《唐書目錄》，署“推忠佐理功臣正奉大夫尚書禮部侍郎參知政事柱國廬陵郡開國公食邑二千一百户實封貳伯户賜紫金魚袋曾公亮奉敕提舉編脩”。《本紀》《志》《表》卷一署“翰林學士兼龍圖閣學士朝散大夫給事中知制誥充史館脩撰判祕閣臣歐陽脩奉敕撰”，其他各卷署“歐陽脩奉敕撰”；《列傳》卷一署“端明殿學士兼翰林侍讀學士龍圖閣學士朝請大夫守尚書史部侍郎充集賢脩撰祁奉敕撰”，其他各卷署“宋祁奉敕撰”。《釋音》首《新唐書釋音序》，序及卷一卷端署“將仕郎前權書學博士董衝上進”。

元大德九年至十一年，江東建康道肅政廉訪司命令所轄九路各儒學分別刊刻《史記》至《五代史記》共十種正史，各史版式統一，字體相近。其中《漢書》《後漢書》《三國志》《南史》《唐書》書末有跋語。《唐書》末有大德九年雲謙跋云：

> 江東憲副伯都公乃榮祿大夫平章上柱國武穆王之中子，天資穎悟，識
> 見過人，綽有廊廟器，好賢樂士，所到之處，慨然以宣明教化、勉勵學校

爲第一義，暇日語謙曰："經史爲學之本，不可一日無之。板籍散在四方，學者病焉。浙西十一經已有全板，獨《十七史》則未也。職居風憲，所當勉勵。今文移有司董其役，庶幾有成。江東學院分刊一樣全史，垂惠學者，少副聖朝崇重斯文之美意。"謙應之曰："此盛舉也。真足以爲後學無窮之惠。"宛陵郡學分刊《後漢書》，自大德乙巳孟夏并工刻梓，至仲冬書成，板計二千二百四十有奇，字計一二十餘萬，以學帑餘刊半帙，外則士君子欣然協助，郡侯謹齋夏公力贊其事，克成厥功。謙備員教職，行將瓜代，得附名於左，預有榮焉。大德九年歲次乙巳十一月望日河南後學雲謙再拜謹跋。

此跋所述非關《唐書》，乃寧國路刊刻《後漢書》始末，誤裝於此（檢他館藏本，大多誤裝此跋。尾崎康《正史宋元版之研究》謂明初以後印本，卷首多附有此跋）。今寄存中國臺北故宮博物院之原國立北平圖書館甲庫舊藏本有戚明瑞序云："大德丙午（十年），拜都侍御持節江東，嘗欲部下各路分刊十七史。昇所錄者《唐書》，■建康路推官呂承務提其綱，前甘州路教授趙伯升日涖四學監造者，且敦儒尋友纚緝毫聯自一校至三校，用心亦勤。時僕鼓篋，昇序命述其事……大德丁未（十一年）元正十一月五雲山戚明瑞書。"（轉引自《正史宋元版之研究》第646頁）據此可知《唐書》刊刻在大德十一年。

元大德九路本正史版本曾彙集到集慶路儒學刷印（《〔至正〕金陵新志》卷九《路學》載集慶路儒學所藏書版係"於諸路裒集及捐學計續刊、設職收掌所買"。又按《元史》卷六十二《地理志》，元文宗天曆二年〔1329〕改建康路爲集慶路，集慶路儒學爲江南諸道行御史臺治所，轄有江東建康道肅政廉訪司，而大德九路皆在江東建康道肅政廉訪司轄內，故大德九路本十史可彙集到集慶路儒學刷印，亦可統稱爲"集慶路儒學梓"），明太祖朱元璋初定金陵，以集慶路儒學建爲國子學，書版遂爲國子學所有。《南雍志·經籍考》下篇《梓刻本末》云："《金陵新志》所載集慶路儒學史書梓數正與今同，則本監所藏諸梓多自國子學而來明矣。"洪武十四年（1381）在雞鳴山建國子監，書版乃遷入監中。《南雍志·經籍考》著錄："《唐書》二百十五卷《釋音》二十五卷，存者四千七百九十六面，失八十五面，集慶路儒學梓，見《金陵新志》。"各史書版迭經明清歷朝補版刷印。此本最晚補版年爲康熙二十年（1681），據初版時已歷經三百年，各卷元刻原版僅有一二葉，其餘大多爲不同年代之補版遞修葉。版心上遞修年有："成化十八年""弘治三年""嘉靖八年補刊（或嘉靖八年刊）""嘉靖九年補刊""嘉靖十年刊（或嘉靖十年補刊）""嘉靖戊午年""萬曆四年督察院補刊""萬曆四年""萬曆十年刊""萬曆丁亥年""萬曆十六年""萬曆十七

年""萬曆二十六年刊（或補刊）""萬曆三十七年刊（或萬曆三十七年刻）""萬
曆三十九年刊""萬曆四十四年刊""萬曆四十五年刊""萬曆四十九年刊""崇禎
元年八月""崇禎元年南廡文補修""崇禎三年刊兩廡侯（或兩廡侯倪）補修""崇
禎七年刊""崇禎十年刊""崇禎十年南廡刊""（版心上）東廡王、南廡周同補，
（版心下）崇禎十一年助廳韋校刊""天啓二年刊""順治十五年刊""順治十六
年刊""康熙二十年補刊"。遞修葉下或鐫校刊監生姓名，如嘉靖戊午年：鮑孝友、
梁治、彭應登、湯以相；成化十八年：俞廷桔等；萬曆十六年：翟羽擢、施鳴廷、
秦應奎、陳時見、靳觀明、婁大箸（著）等；崇禎三年：程日堯；萬曆三十七年
遞修葉下或鐫"博士高校"；康熙二十年遞修葉下鐫"江寧知府陳龍巖捐俸"。

補刊刻工有：

成化十八年：廖晉（廖縉）。

嘉靖十年：黃日。

萬曆四年：李坤、吳普、郭奇、易文、刘見、戴谷、李準、王文、刘仕、戴訓、
王武。

萬曆十六年：戴密、洪謀、彭中、秦、胡祖、王朋、禎、鄧和、戴序（序）、
谷、邦、刘卞、王孝（孝）、彭中、幹、子洪、楊育（育）、同文、叚佑、裴魁、
焦芳、陳、六式、洪某、敬、王應尨、王才、刘仁、薛京、刘寿、刘欽、張榮、
張玉、楊玉、李琜、大式、刘岳、陳山、楊佑、郭文、張美、林時、彭元、胡宗、
洪改、陳山、王慶。

萬曆十七年：刘月、吾、晏述。

萬曆二十六年：刘貴、王應科。

萬曆四十五年：尨。

《中國古籍善本書目》著録。

中國國家圖書館、北京大學圖書館、中國人民大學圖書館、浙江圖書館、
浙江大學圖書館、寧波市天一閣博物院、中國臺北"國家圖書館"，美國柏克萊
加州大學東亞圖書館、加州大學洛杉磯分校圖書館，日本國立公文書館等有收
藏，各館藏本補版年代不一。

030

南唐書十八卷家世舊聞一卷齋居紀事一卷南唐書音釋一卷

《南唐書》十八卷《家世舊聞》一卷《齋居紀事》一卷，宋陸游撰；《南唐
書音釋》一卷，元戚光撰。明崇禎常熟毛氏汲古閣刻《陸放翁全集》清康熙重

修本。一函六册。版框高 18.5 厘米，寬 14.4 厘米。半葉八行十八字，白口，左右雙邊。版心上鐫書名，中鐫卷次，下鐫"汲古閣"。

首《南唐書目録》。卷十八及《家世舊聞》末有未署年毛晉題識，《齋居紀事》末有未署年毛扆題識。

《南唐書》《家世舊聞》卷端署"宋陸游務觀"，《齋居紀事》署"山陰陸游務觀"。

陸游（1125—1210），字務觀，號放翁，山陰（今浙江紹興）人。初以蔭補登仕郎，宋孝宗隆興初賜進士出身，寧宗嘉泰初官至寶謨閣待制（《宋史》本傳誤作"寶章閣"）。《宋史》卷三百九十五有傳。

戚光，生平不詳，曾纂《金陵續志》《集慶路續志》。

明崇禎間，汲古閣主人毛晉搜集陸游著作，彙刊爲《陸放翁全集》，凡《渭南文集》五十卷、《放翁逸稿》二卷、《劍南詩稿》八十五卷、《南唐書》十八卷附《音釋》一卷、《家世舊聞》一卷、《齋居紀事》一卷。此其後三種。宋代撰《南唐書》者三家，胡恢、馬令及陸游，胡恢書不傳，陸書係因馬令之書未能盡善而重新編撰，成於淳熙十一年（1184）以前。凡《本紀》三卷、《列傳》十五卷，連續編爲十八卷。《四庫全書總目》是書提要贊其敘述簡核有法。《家世舊聞》記述其高祖陸軫、祖父陸佃、叔祖陸傳、父陸宰及外家唐氏之逸聞軼事。《齋居紀事》爲陸游閑居時所作筆記數則。

是書宋時已有傳本，《直齋書録解題》卷五載："《新修南唐書》十五卷，寶謨閣待制山陰陸游務觀撰，采獲諸書頗有史瀘。"《宋史》卷二百四藝文志載："《南唐書》十五卷，不知作者。"疑即陸書。王士禎《古夫于亭雜録》卷二云："大名門人成文昭，字周卜，相國曾孫也，寄陸務觀《南唐書》，宋槧本也，凡十五卷，與今刻十八卷編次小異。"元天曆初，金陵戚光爲之作《音釋》。書前當有趙世延序，此本佚去。檢他館藏本，趙序云："天曆改元，余待罪中執法，監察御史王主敬謂余曰：'公向在南臺，蓋嘗命郡士戚光纂輯《金陵志》，始訪得《南唐書》，其於文獻遺闕大有所攷證，裨助良多，且爲之《音釋》焉。'因屬博士程熟等就加校訂鋟板，與諸史并行之。越明年，余得告還金陵，書適就，光來請序……宋承五季周統，目爲僭僞，故其國亡而史録散佚不彰，然則馬元康、胡恢等迭有所述，今復罕見。至山陰陸游著成此書，最號有法，傳者亦寡，後世有能秉《春秋》直筆，究明綱目統緒之旨者，或有所攷而辯之。"戚光音釋本爲今存陸書各版本之祖本。《千頃堂書目》卷五著録戚光《南唐書音釋》一卷，可知《音釋》與正文曾各自單行。

毛晉題識云："是書凡馬令、胡恢、陸游三本，先輩云馬、胡詮次識力相似，而陸獨遒邁，得史遷家法。今馬本盛行，胡本不傳，放翁書一十八卷，僅見於鹽官胡孝轅《秘冊函》中，又半燼於武林之火。庚午夏仲購其焚餘板一百有奇，斷蝕不能讀，因檢家藏抄本訂正，附梓於《全集·逸稿》之末。至若與馬玄康異同繁簡，已詳見胡、沈兩公跋語云。”“胡孝轅”即胡震亨（1569—1645），字孝轅，浙江海鹽人。明末藏書家。毛晉得到胡氏《秘冊彙函》殘餘版片，又自刻若干種，彙爲《津逮秘書》。《南唐書》係以《秘冊彙函》焚餘版及毛氏家藏抄本重新校訂付梓，存世各本有初印、重修、翻刻之不同，此本爲重修本。書前當有“胡、沈兩公跋語”，即胡震亨、沈士龍題辭，此本佚去。中國國家圖書館藏有初印本，有清陸貽典、黃丕烈校并跋。陸貽典跋云：“遵王抄本校一過，甲寅（1674）九月七日，覿庵記。”校出初印本誤字二百四十餘處，其中大部分於重修本中已改正（初印本、陸校、重修本之文字異同詳見陳先行《柏克萊加州大學東亞圖書館中文古籍善本書志》第53頁，汲古閣原刻與翻刻本之別見郭立暄《中國古籍原刻翻刻與初印後印研究·圖版編（實例）》第247頁）。

是書宋本已不可見，《四庫全書總目》是書提要引錢曾《讀書敏求記》（卷二上）稱舊本遵《史》《漢》體，首行書某紀某傳卷第幾，而注“南唐書”於下；清瞿鏞《鐵琴銅劍樓藏書目錄》卷三著錄校宋本，詳載宋本與汲古閣本之異文；陸心源《儀顧堂題跋》卷四有《影宋本陸氏南唐書跋》，謂皕宋樓所藏影宋本與錢曾所見宋本合。今存世最早爲中國國家圖書館藏明嘉靖四十三年（1564）錢穀抄本（索書號：07425，《四部叢刊續編》曾據以影印），有王穀祥跋云：“余嘗閱宋馬令《南唐書》，未及見陸放翁書也。聞陸子虛家藏宋刻本，借而讀之。夏日課農田舍，攜之篋笥，因手録一帙。”錢穀即從王氏手録本過録。錢抄本《本紀》《列傳》分別編卷，涉及宋室用字如“太祖”“國朝”等均空格，猶沿宋本之舊，但與錢曾所述宋本不同；鈐“毛氏子晉”“汲古主人”各印，爲毛氏汲古閣舊藏，然與汲古閣刻本比較，彼此文字頗有不同，知非毛晉題識所云之“家藏抄本”。抄、刻之文字異同詳見《四部叢刊續編》影印本所附之校勘記。此外又有天啓三年（1623）鮑山刻本。

汲古閣《陸放翁全集》書版後爲虞山詩禮堂張氏所得，曾改換書名葉重印行世。

明末清初，多有合刻馬、陸二書者，如明李清《南唐書合訂》二十五卷及清康熙間蔣國祥、蔣國祚輯《南唐書合刻》二種。注本則有周在濬《南唐書箋注》十八卷，清乾隆間吳氏拜經樓抄本；湯運泰《南唐書注》十八卷，清道光二年（1822）湯氏綠簽山房刻本；近人劉承幹《南唐書補注》十八卷，嘉業堂叢書本。《四庫全書》所收爲汲古閣本。

有朱筆圈點批校，卷九末題識云："壬子九月病起讀一過，時新葺斗室，將脩縣志。采寒。"采寒，不詳何人。

《四庫全書總目》入史部二十二載記類，《中國古籍善本書目》史部正史類著錄。

中國國家圖書館、北京大學圖書館、南開大學圖書館、中國臺北"國家圖書館"，美國柏克萊加州大學東亞圖書館、美國哈佛大學哈佛燕京圖書館，德國柏林國家圖書館，日本國立公文書館、東京大學東洋文化研究所等有收藏。

鈐白文方印"易印漱平"、朱文長方印"李宗侗藏書"。

031

宋史四百九十六卷目録三卷（存四百八十二卷目録三卷）

T2665　7171

《宋史》四百九十六卷《目録》三卷，元脱脱等修。明成化七年至十六年（1471—1480）廣東朱英刻明嘉靖萬曆間南京國子監遞修本。存四百八十二卷（卷一至二百四十一，卷二百五十六至四百九十六）目録三卷，各卷中偶有缺葉，共缺三十葉。十二函一百册。版框高 21.1 厘米，寬 15.1 厘米。半葉十行二十字，黑口，四周雙邊，雙魚尾。版心上鐫遞修年，中鐫書名、紀傳名稱及卷次，下鐫監生、博士、助教等校刊者姓名及字數、刻工。版心上遞修年有嘉靖丙辰（三十五年，1556）、丁巳（三十六年），萬曆六年、丁亥（十五年）、二十五年、二十六年、二十七年、二十八年。

首成化十六年（1480）朱英《新刊宋史序》，次元阿魯圖《進宋史表》、《修史官員》，至正六年（1346）浙江等處刻書咨文、《宋史目録》上中下卷。末成化十六年袁禎《宋史後序》。

各卷端署"開府儀同三司上柱國録軍國重事前中書右丞相監脩國史領經筵事都總裁臣脱脱等奉敕修"。

朱英（1417—1485），字時傑（一作世傑），號澹菴、誠庵、任真子，湖南桂陽人。正統十年（1445）進士，授浙江道監察御史，歷官至兩廣總督，屢立戰功，晉封太子太保、榮禄大夫。正德中追謚"恭簡"。《明史》卷一百七十八有傳。

《宋史》與《遼史》《金史》同時纂修，《元史》卷四十一《順帝紀》記載詔修三史始末云：至正三年二月，"詔修遼、金、宋三史，以中書右丞相脱脱爲都總裁官，中書平章政事鐵木兒塔識、中書右丞太平、御史中丞張起巖、翰林學士歐陽玄、侍御史吕思誠、翰林侍講學士揭傒斯爲總裁官"，"五年十月辛未，

《遼》《金》《宋》三史成，右丞相阿魯圖進之”。合參本書《修史官員》，知《元史》由丞相脱脱與阿魯圖先後主持修撰，鐵木兒塔識、賀惟一、張起巖、歐陽玄等七人任總裁官，至正五年成書，次年由江浙等處行中書省刊印，凡本紀四十七卷、志一百六十二卷、表三十二卷、列傳二百五十五卷，共四百九十六卷，世稱“至正本”。

此本爲朱英總督兩廣時所刻，爲是書第二次開版。朱英序述刻書始末甚詳，文云：

> 《宋史》一書雖已成於元儒之手，當時藏之書府，殆今百年，尚在秘閣，世或有得而録之者，珍藏過於拱璧，不輕假人。而凡志學之士願見而不可得者，殆饑渴之於飲食也。雖幸陳子經《通鑑續編》之作，人或見之，然亦杯酌之間耳，能飽人所欲而快人之心哉？昔予在閩藩，嘗假僚友之誼，得録於漳浦陳布政所藏抄本於家，惜奔走東西，未遑一展。比來兩廣，邊務暇日，欲取而正之，以圖梓行，適參政劉昌嘗與御史江泝謀，始繕刻成十之一，屬江已代去，劉亦内艱回。得僉事趙瑢來任其責，不遠千里，購得漳浦舊本，内多殘缺訛謬，乃命教諭李元、訓導廖簡蒐磨訂正，使魯魚亥豕不謬其間，因揀義官彭章鄒鳳以典繕寫工直之費。時得按察使嚴泲來任，忻然樂於贊畫，相與市材募楷書者日録。甫成，又遭回禄之厄，故所録者多爲煨燼，幸漳浦本獨存，若有神明護之者。時趙因公過浙，聞之，再購得名家所藏善本以寄。嚴得而喜，躬事督責，期於必成。令再更互參攷，謬者正之，缺者補之，書垂成而工費不繼，嚴又升湖廣布政去，得左布政使彭韶、按察使閔珪快然爲經畫計以助其成。蓋經始於成化辛卯十月，刻成於庚子四月。

可知至正本刻印後并未廣泛流通，世間難覓，故朱英予以重刊，刊刻過程頗爲周折。所用參校各本爲朱英傳録漳浦陳布政所藏抄本、漳浦舊本、趙瑢所購浙中名家所藏善本。黄佐《南雍志・經籍考》之《梓刻本末》載，嘉靖七年，“錦衣衛閒住千户沈麟奏准校勘史書，禮部議以（南京國子監）祭酒張邦奇、司業江汝璧博學有聞，才猷亦裕，行文使逐一考對修補，以備傳布，於順天府收貯……其廣東布政司原刻《宋史》差人取付該監一體校補……制曰可。”是書版片遂爲南京國子監收存，從此不斷修補刷印，流布極廣，後來翻刻大都以南監本爲底本。

此本成化原版僅存約十分之一，大部分爲嘉靖、萬曆間歷次補刻葉。

成化原版寫工：李俊、區以仁、周貴、梁賀、麥正、陳寧、勞莘（勞辛）、李祐、甘真、趙緯新、黎浩、湯惠、朱浚、趙維辛（趙維新）、刘京、曹寧；

刻工：李正、王林、嚴正、秀、王栱、祥、王栱、沛、王富榮、信、黃名、侯得、侯得全、呈蔭、吳惠、公遂、伯序、李京、利全、王富、王三道、徐昌、梁保、羅善、卜文秀、朱名、徐福、呈軍、貴才、徐富、羅文定、王祖、江富、呈祖。

嘉靖三十五年補版刻工：付橫、刘琦、尚文显、吳升、丘裳、胡桂、宋堂、吳溥、王乾、吳晉、吳介、吳會、易鎬、吳淵、吳方。

嘉靖三十六年補版刻工：王乾、易光、易先、段銳、段光、段帛、劉儀、段蓁、陶承奉、陶奉、黃星、傅橫、易贊、易鉉、易諫、吳介、吳昇、黃相、黃星、胡桂、宋堂、吳溥、易見。

萬曆十五年補版刻工：裴魁、裴龍（龍）、李明。

萬曆二十五年補版刻工：蔣昂（昂）、何鯨、戴惟孝（孝）、何化、洪忠（忠）、晏承、端立、易正文（正文）、羅、正、端慧、陶仲、王志、張仁（張）、珍、洪以仁、萬里、希、包礼、戴序、王朋、戴聘、吳賓（吳）、張禄（禄）、吳楊、萬中、許可久（可久）、端繼武（繼武）、黃礼、付貞、倪忠、葛二、羅二、翁正（翁）、林遇時（林、遇時、林時）、談、戴密、時清、戴純、王應龙、吳廷、黃幹、王科、吳有仁、付佳、付竹、王加、付榮、付忠、舒、張守、王加訓、付明、施光、胡孝、井文、付亮、張全（全）、潘湘、洪以忠（以忠）、潘于、鄭士、姜、王卩、董明、郭、胡宗、郭孝、陳見、黃洪。

萬曆二十七年補版刻工：江夏楊才、董明。

卷三百六十四有朱筆圈點、眉批。

《中國古籍善本書目》史部著録。收入《第三批國家珍貴古籍名録》（07556—07559號）。

中國國家圖書館、北京大學圖書館、上海圖書館、中國臺北“國家圖書館”、中國臺灣大學圖書館等十餘館，日本東洋文庫、東京大學東洋文化研究所等有收藏。各館藏本皆爲明清遞修本，成化原版初印本極少。

032

宋史新編二百卷

T2665　4227

《宋史新編》二百卷，明柯維騏撰。明嘉靖刻本。卷六十一第十五至二十五葉爲抄配。十函六十册。版框高 18.8 厘米，寬 13.3 厘米。半葉十行二十一字，小字雙行同，白口，四周單邊，無魚尾。版心上鎸書名及卷次，下鎸刻工。

首嘉靖三十四年（1555）黃佐《宋史新編序》，次《宋史新編凡例》十五則、

《宋史新編目録》。末嘉靖三十六年康大和《宋史新編後序》。另附録有嘉靖壬子（三十一年）鄭應旂所作《頌》一篇。

各卷端署"明南京户部主事莆田柯維騏編"。

柯維騏（1497—1574），字奇純，福建莆田人。嘉靖二年進士，授南京户部主事，引病告歸。時大學士張璁當權，規定京朝官病滿三年者一概罷免，柯氏正在罷免之列，於是絶意仕進，潛心著述。著有《史記考要》十卷、《柯子答問》六卷。《明史》卷二百八十七有傳。

元至正間，丞相脱脱與阿魯圖先後監修，編成《宋史》《遼史》《金史》三部前朝史書，柯氏認爲其義例欠精，編次失當，以宋、遼、金并列尤失《春秋》之義，於是發憤重編。黄佐序稱："會通三史，以宋爲正，删其繁猥，釐其錯亂，復參諸家紀載可傳信者，補其闕遺，歷二十寒暑始克成書，合二百卷，而三百二十年行事粲然悉備。名之曰《宋史新編》，示不沿舊也。本紀則正大綱而存孤危，志、表則略細務而舉要領，列傳則崇勳德而誅亂賊，先道學而後吏治。遼、金與夏皆列《外國傳》，等諸四裔焉，於是《春秋》大義始昭著於萬世。"凡本紀十四卷，志四十卷，表四卷，列傳一百四十二卷。合三史爲一，尊宋爲正統，將宋末二王"帝㬎""帝昺"列入本紀，而以遼、金二朝歸入外國，與西夏、高麗并列；類傳仿孔門四科安排，以道學居首，次儒林，次循吏，次文苑；謂《公主傳》及《宗室年表》無關勸戒而删去，公主、宗室有大事者則附載於各傳；《本紀》中補載重要詔令，有保存史料之功。糾謬補遺、考訂舊史之處不少。

是書於明代曾數次開版，行款均相同。一爲嘉靖間原刊本，版心上記書名卷第，中記葉次，下記字數、刻工，刻工有數十人之多（中國臺北"國家圖書館"、寧波市天一閣博物院等有藏本。刻工名詳見《"國家圖書館"善本書志初稿・史部》第83—84頁）；一爲嘉靖四十三年杜晴江翻刻本，《續修四庫全書》據上海圖書館藏本影印；一爲杜晴江本之覆刻本，中國臺北"國家圖書館"藏，《"國家圖書館"善本書志初稿・史部》亦著録爲"明嘉靖間原刊本"；一即此本，《四庫全書存目叢書》據中國科學院文獻情報中心藏相同版本影印。前三種卷端皆題"明南京户部主事莆田柯維騏著"，與此本題"編"不同。

版心原有刻工，大部分被鏟去，殘存者有：葉再興、章高、生、江二、旺、鄭五、王良、江定、陸奇（奇）、江齊、張四、六旺、蔣羽、許妳明（許）、葉寿、張五、吴、余堅、張興、毛、劉宏（宏）、郭、徐、張運魁、余清（清）、蔡、李張、章、周九、余五、汀、化、曾、熊四、余天賜、成、伯、夫、朝、丁洪、詹劉、葉四。

偶有漫漶處，皆用紅筆添補。添補處常有誤，如卷二第二葉"遂幸玉津園"，

"園"字模糊，誤書爲"國"字；第十一葉"五月辛酉"，"酉"字模糊，誤書爲
"酉"，"冬十月詔罷遊獵"，"詔罷"二字模糊，誤書爲"初旬"；第十四葉"爲
兩川招安使"，"川"字模糊，誤書爲"浙"，"趙保忠爲趙保吉所襲"，上"趙"
字模糊，誤書爲"馬"。蓋無善本爲據，以意添補。

《四庫全書總目》入史部別史類存目，《中國古籍善本書目》史部著録。收
入《第一批國家珍貴古籍名録》（01477、01478 號）。

中國國家圖書館、南京圖書館等二十館，美國國會圖書館、美國哈佛大學
哈佛燕京圖書館有收藏。

鈐朱文橢圓印"静脩齋"，印主不詳。

033

遼史一百十六卷

T2685　7171

《遼史》一百十六卷，元脱脱等修。明嘉靖八年（1529）南京國子監刻明清
遞修本。《進遼史表》至卷五、卷四十六爲抄配（本書卷五原有，抄配重複此卷）。
一函八册。版框高21.5厘米，寬16厘米。半葉十行二十二字，細黑口，左右雙邊，
雙魚尾。版心上鐫刊刻年（"嘉靖八年刊"）及遞修年，中鐫"遼紀""遼傳""遼
志"及卷次。

首至正四年（1344）脱脱《進遼史表》，次《修史官員》《遼史目録》。各卷
端署"元開府儀同三司上柱國前中書右丞相監修國史都總裁臣脱脱修"；紀、傳、
表、志之首卷卷端鐫"大明南京國子監祭酒臣張邦奇、司業臣江汝璧奉旨校刊"，
唯卷三十二卷端鐫"南京國子監祭酒胡尚英、司業王錫衮全修"（此爲崇禎七年
遞修葉）。遞修年分别爲：崇禎七年、順治十六年（或鐫"順治拾陸年刊"）、康
熙二十年、康熙三十九年、乾隆十六年。康熙二十年遞修葉版心下鐫"江寧知
府陳龍巖捐俸"。卷三十末鐫"康熙庚辰年（三十九年）江寧府儒學教授荆子邁
校"。卷四十七以下無遞修葉。

《遼史》與《宋史》《金史》同時纂修，纂修過程見脱脱《進遼史表》，《表》云：
"命臣脱脱以中書右丞相都總裁，中書平章政事臣鐵睦爾達世、中書右丞今平章
政事臣賀惟一、御史中丞今翰林學士承旨臣張起巖、翰林學士臣歐陽玄、侍御
史今集賢侍講學士兼國子祭酒臣吕思誠、翰林侍講學士臣揭傒斯奉命爲總裁官，
中書遴選儒臣宗文太監今兵部尚書臣廉惠山海牙、翰林直學士臣王沂、秘書著
作佐侍郎臣徐昺、國史院編修官臣陳繹曾分撰《遼史》。起至正三年四月，迄四
年三月。發故府之檔藏，集遐方之匭獻，蒐羅剔抉，删潤研劘紀、志、表、傳，

備成一代之書。"此次纂修以遼耶律儼《遼實錄》、金陳大任《遼史》爲基礎（此二書今已不存世），參考《資治通鑑》《契丹國志》及各史《契丹傳》等稍加修訂編排，凡本紀三十卷，志三十二卷，表八卷，列傳四十五卷，《國語解》一卷，共一百十六卷。

是書於至正五年（1345）由江浙、江西行省雕印，初印祇一百部，已失傳。明初曾翻刻，今存殘本及遞修本。《南雍志・經籍考》下篇《梓刻本末》載："嘉靖七年，錦衣衛閒住千户沈麟奏准校勘史書，禮部議以祭酒張邦奇、司業江汝璧博學有聞，才猷亦裕，行文使逐一考對修補，以備傳布，於順天府收貯。《遼》《金》二史原無板者，購求善本翻刻，以成全史。完日通印進呈，以驗勞績。制曰可。"此本即張邦奇等所刻，版存南京國子監，迭經明清各代補版重印。《南雍志・經籍考》又載："《遼史》一百十五卷，完計一千零三十五面，失者三面。本紀三十卷，志三十一卷，表八卷，列傳四十六卷，元丞相脱脱等撰，首有脱脱《進史表》。嘉靖七年刊。"所載與今本略不同，因《百官志》上下兩卷以一卷計，《國語解》計入列傳；嘉靖七年動議校勘，實則八年刻成。

《中國古籍善本書目》著錄。收入《第三批國家珍貴古籍名錄》（07561—07570 號）。

中國國家圖書館、北京師範大學圖書館、復旦大學圖書館、中山大學圖書館、中國臺北"國家圖書館"，日本京都大學人文科學研究所、東京都立中央圖書館等有收藏。

此爲勞費爾購書。

034

遼史一百十六卷

T2685　7171B

《遼史》一百十六卷，元脱脱等修。清乾隆四年至十一年（1739—1746）武英殿刻乾隆後期剜改印本。一函八册。版框高 21.2 厘米，寬 15.3 厘米。半葉十行二十一字，白口，左右雙邊，單魚尾。版心上鐫"乾隆四年校刊"，中鐫書名、卷次及小題。

首元至正四年（1344）脱脱《進遼史表》，次《遼史目錄》。《目錄》及各卷端署"元中書右丞相總裁托克托等修"。托克托即脱脱。各卷後附考證。

是書據明萬曆二十三年至三十四年（1595—1606）北京國子監刻《二十一史》本翻刻（乾隆武英殿重刻《二十一史》事參見"025　魏書一百十四卷"）。書末有清陳浩跋語，述本書校勘始末云："原任詹事臣浩謹言：昔元順帝至正三年四月命中書右丞相托克托等分撰《遼史》，明年三月書成，而叙次簡直，條理通貫。惟是遼之建國起於唐末，歷五代至宋而金代之。稽諸四史所載，類多異同。司馬光《資治通鑑》、薛應旂《宋元通鑑》、王宗沐《續資治通鑑》，其編輯參差不一。臣等奉敕校勘，謹就數書中見確有證佐者徵引若干條，附於卷末，以備參考云。"

其後，清高宗認爲《遼》《金》《元》三史中人、地、官、物等譯名不雅馴，下旨改譯。改譯工作始於乾隆十二年改譯《金國語解》，三十三至三十四年擴大到重編三史《國語解》，正文所有譯名全部改譯，三十六年十二月新《金國語解》完成，四十六年十月《遼史》《元史》改譯完成，三史全部告竣。隨即以新譯名修訂三史版片。

乾隆四十六年十月和珅等《軍機大臣和珅等奏遼金元三史辦理全竣摺》（見《纂修四庫全書檔案》第八一八則）奏三史修版事宜云："三史內改譯字樣，或一篇僅有數字者，仍交武英殿剜改，其纍牘連篇，原板難以剜改者，請交武英殿查明，另行刊刻。"又云：

> 竊臣等奉命改譯遼金元三史人、地、官名，輪卯進呈，節次進過《金史》一百三十五卷、《元史》二百十卷，又續進過《遼史·本紀傳志》一百零七卷，此次將《遼史》表八卷改對校正，繕寫裝潢進呈，所有遼金元三史現在全行告竣……應請將《欽定遼金元三史國語解》重行編次，分刊於原史之前，并恭請御製序文，冠於卷首……其舊史內原有之《國語解》概行撤去。

新編《欽定遼金元三史語解》共四十六卷，含《欽定遼史語解》十卷、《欽定金史語解》十二卷、《欽定元史語解》二十四卷，遲至道光間方修訂付刊。道光二年（1822）十二月，三史校竣，因乾隆原版模糊脱落、糟爛之處及譯名剜改之處甚多，遂予重刻。重刻本版心上鎸"道光四年校刊"，正文皆改用新譯名。

此本目録、正文皆已按新譯名剜改。與乾隆四年原版相校，重刻之葉頗多；内容亦有校改，考證有所增加，如卷一末之考證原有五條，此本爲十二條。然《國語解》尚爲原版，并未撤換爲新譯本。當即乾隆四十六年之後剜改重印本。

武漢大學圖書館有收藏。

035
金史一百三十五卷欽定金國語解一卷

T2690　7171

《金史》一百三十五卷，元脱脱等修；《欽定金國語解》一卷。清乾隆四年

至十一年（1739—1746）武英殿刻乾隆後期剜改印本。三函二十四冊。版框高
21.3 厘米，寬 15.3 厘米。半葉十行二十一字，白口，左右雙邊，單魚尾。版心
上鎸 "乾隆四年校刊"，中鎸書名、卷次及小題。《欽定金國語解》版心上鎸 "乾
隆十二年校刊"。

首元至正四年阿嚕圖《進金史表》；次元代《修金史官員》職名、清代
校刊官員職名；次《欽定金國語解》，前附乾隆十二年上諭；次《金史目錄》。
目錄及各卷端署 "元中書右丞相總裁托克托等修"。各卷後附考證。

《遼史》與《宋史》《金史》同時纂修，纂修過程見阿魯圖《進遼史表》，
文云：

> 申命臣阿嚕圖以中書右丞相、臣伯勒齊爾布哈以中書左丞相領三史事，
> 臣托克托以前中書右丞相仍都總裁，臣御史大夫特穆爾達實、臣中書平章
> 政事賀惟一、臣翰林學士承旨張起巖、臣翰林學士歐陽玄、臣治書侍御史
> 李好文、臣禮部尚書王沂、臣崇文太監楊宗瑞爲總裁官，臣江西湖東道肅
> 政廉訪使實喇卜臣、江西湖東道肅政廉訪副使王理、臣翰林待制巴延、臣
> 國子博士費著、臣祕書監著作郎趙時敏、臣太常博士商企翁爲史官，集衆
> 技以責成書。

是書依據金代實錄、中統間王鶚所作《金史》、劉祁《歸潛志》及元好問
《壬辰雜編》等史料加工整理而成。凡本紀十九卷、志三十九卷、表四卷、列傳
七十三卷，詳述上起金太祖收國元年（1115），下至金哀宗天興三年（1234）蒙
古滅金之間一百二十年間之歷史。元至正間，江浙、江西等處行中書省開板，
明初及明嘉靖、萬曆間皆有重刻。乾隆四年至十一年，武英殿翻刻萬曆二十三
年至三十四年（1595—1606）北京國子監刻本《二十一史》，各卷後附考證（即
校勘記），文獻價值甚高。王會汾跋語述《金史》校勘始末云：

> 兵部右侍郎臣王會汾謹言：昔元順帝至正三年命中書右丞相脫脫等分
> 撰《金史》，大抵仍劉祁、元好問原本而稍爲增益，其間豈無重見而涉於繁
> 者，然體裁猶稱簡嚴。惟是金源建國百年，承遼、鄰宋、開元，稽諸三史，
> 頗有異同。薛應旂《宋元通鑑》、王宗沐《續資治通鑑》、明成化《綱目》
> 編輯復屬參差不一。臣等奉敕校勘，謹就數書中見有確證佐者，徵引若干
> 條，附於卷末，以備參考云。臣謹識。

其後，清高宗認爲《遼》《金》《元》三史中人、地、官、物等譯名不雅馴，
下旨改譯。改譯工作自《金國語解》始。本書前附乾隆十二年上諭云：

> 近因校閱《金史》，見所附《國語解》一篇，其中訛舛甚多。金源即滿
> 洲也，其官制、其人名用本朝語譯之，歷歷可見。但大金全盛時，索倫、

蒙古亦皆所服屬，幅員遼廣，語音本各不同，而當時惟以國語爲重，於漢文音義未嘗校正畫一。其元臣纂修又不過沿襲紀載舊文，無暇一一校正。訛以傳訛，有自來矣。即如所解之中，有聲相近而字未恰合，或語似是而文有增損，至於姓氏惟當對音，而竟有譯爲漢姓者。今既灼見其謬，豈可置之不論。爰命大學士訥親、張廷玉、尚書阿克敦、侍郎舒赫德，用國朝校定切音，詳爲辯正。令讀史者咸知金時本音本義，訛謬爲之一洗。并註清文，以便考證。即用校正之本，易去其舊。其坊間原本，聽其去留。庶考古信今，傳世行遠，均有裨焉。

改譯本删去原《金國語解》之小序，就原有官稱、人事、物象、物類、姓氏等五項各條下加注漢文新譯名及滿文，少數條目有簡短考證。之後印本即以《欽定金國語解》替換原《金國語解》，而正文一仍北監本之舊（臺北藝文印書館《二十五史》本之《金史》即如此）。至清乾隆三十三年，高宗又下旨將《遼》《金》《元》三史正文所有譯名全部改譯，重編新定《國語解》。乾隆三十六年十二月新《金國語解》完成，方略館即受命據新譯名改定《金史》正文。乾隆四十六年十月《遼史》《元史》改譯完成，三史全部告竣。道光二年（1822）十二月，三史校竣，因乾隆原版模糊脫落、糟爛之處及譯名剜改之處甚多，遂予重刻。新刻本版心上鎸“道光四年校刊”，《金史》將乾隆十二年改譯之《欽定金國語解》及乾隆後期重編之《欽定金史語解》兩種文本一并刊入。

此本目録、正文大多已按新譯名剜改。有剜改未盡處，如王會汾跋語中仍作“脫脫”。與乾隆四年原版相校，重刻之葉頗多；内容亦有校改，考證有所增加，如卷一末之考證原有兩條，此本爲三條。其刊印當在乾隆四十六和珅等奏三史修版事宜之後。

此本存世稀見，未見他館著録。

此爲勞費爾購書。

036
元史二百十卷目録二卷

T2700　3933B

《元史》二百十卷《目録》二卷，明宋濂等修。明洪武三年（1370）内府刻明嘉靖萬曆間南京國子監遞修本。斷版、殘葉較多，中偶有缺葉。六函三十六册。版框高 25.5 厘米，寬 17.5 厘米。半葉十行二十字，黑口，四周雙邊，雙魚尾。版心上間鎸遞修年（“嘉靖八年補刊”“嘉靖九年刊”“嘉靖十年刊”“萬曆二十六年刊”），中鎸書名、紀傳名稱及卷次，下鎸刻工。

首洪武二年李善長《進元史表》，次《纂脩元史凡例》五則、《元史目録》上下二卷，次洪武三年宋濂《目録》後記。

卷端署"翰林學士亞中大夫知制誥兼修國史臣宋濂、翰林待制承直郎兼國史院編修官臣王禕等奉敕修"。

明洪武元年，明朝建立，太祖朱元璋詔修元史，次年，以李善長爲監修，宋濂、王禕爲總裁，趙壎等十六人爲纂修，開局編寫。李善長《進元史表》云：

> 命翰林學士臣宋濂、待制臣王禕協恭刊裁，儒士臣汪克寬、臣胡翰、臣宋僖、臣陶凱、臣陳基、臣趙壎、臣曾魯、臣趙汸、臣張文海、臣徐尊生、臣黃篪、臣傅恕、臣王錡、臣傅著、臣謝徽、臣高啟分科修纂。上自太祖，下迄寧宗，據十三朝實録之文，成百餘卷粗完之史。若自元統以後，則其載籍靡存。已遣使而旁求，俟續編而上送。愧其才識之有限，弗稱三長；兼以紀述之未周，殊無寸補。臣善長忝司鈞軸，幸覩成書。信傳信而疑傳疑，僅克編摩於歲月；筆則筆而削則削，敢言褒貶於《春秋》。仰塵乙夜之觀，期作千秋之鑑。所譔《元史》，本紀三十七卷，志五十三卷，表六卷，傳六十三卷，目録二卷，通計一百六十一卷，凡一百三十萬六千餘字，謹繕寫裝潢成一百二十冊，隨表上進以聞。

此次所纂，尚缺元順帝一朝。歐陽佑等十二人奉命四出搜集元順帝朝史料，於洪武三年重開史局續修，以宋濂、王禕爲總裁，趙壎等十五人參加編寫。宋濂"目録後記"云：

> 洪武元年秋八月，上既平定朔方，九州攸同，而金匱之書，悉入於祕府。冬十有二月，乃詔儒臣，發其所藏，纂修《元史》，以成一代之典，而臣濂、臣禕實爲之總裁。明年春二月丙寅開局，至秋八月癸酉書成，紀凡三十有七卷，志五十有三卷，表六卷，傳六十有三卷。丞相、宣國公臣善長率同列表上，已經御覽。至若順帝之時，史官職廢，皆無實録可徵，因未得爲完書。上復詔儀曹遣使行天下，其涉於史事者，令郡縣上之。又明年春二月乙丑開局，至秋七月丁亥書成，又復上進，以卷計者，紀十，志五，表二，傳三十又六。凡前書有所未備，頗補完之。其時與編摩者，則臣趙壎、臣朱右、臣貝瓊、臣朱世濂、臣王廉、臣王彝、臣張孟兼、臣高遜志、臣李懋、臣李汶、臣張宣、臣張簡、臣杜寅、臣俞寅、臣殷弼，而總其事者，仍臣濂與臣禕焉。合前後二書，復釐分而附麗之，共成二百一十卷。舊所纂録之士，其名見於表中者，或仕或隱，皆散之四方，獨壎能終始其事云……今鏤板迄功，謹繫歲月次第於目録之左，庶幾博雅君子相與刊定焉。

《四庫全書總目》是書提要亦載："洪武二年得元十三朝實録，命修《元史》。以濂及王禕爲總裁，二月開局天寧寺，八月書成，而順帝一朝，史猶未備。乃命儒士歐陽佑等往北平採其遺事，明年二月，詔重開史局，閲六月書成。"

洪武三年七月書成即開版，十月鏤版竣工，版存南京國子監。《南雍志·經籍考》載"《元史》二百二卷（引按：此處計卷有誤），完計四千四百七十五面。"嘉靖初年，南京國子監編刊《二十一史》，其中《元史》用洪武舊版修補重刷，之後不斷遞修。此本最晚遞修年爲萬曆二十六年（1598）。

原版刻工多被鏟去，殘存者有：茅公甫、章志錫、顧恭、蘇仲達、孫成、章茂、張繼道、朱祥卿、王元亨、貝公亮、趙良魁、芦豕良、徐中、季明善、高張、張伯上、張仲剛、楊仲參（易中參）、周伯明、何宗大、□伯山、王景章、毛公甫、高显、王浩卿、章彦德（彦德）、倪谷賓、芦中亨、周鼎、徐仲明、徐官、夏景初、王德明、朱仁卿、呂茂、東山、徐官興、陶士中、張周士、王彌高、趙仁山、胡拱之、茅文、張友仁、繼邁、繼成、沈中民、高長、吳仲明、王景威、徐孟賢。

嘉靖十年（1531）補版刻工：黃琢、彪、琥。

《中國古籍善本書目》史部著録。

洪武原版全本存世不多，北京大學圖書館、浙江圖書館有收藏；存世多爲明嘉靖、萬曆或下至明天啓、清康熙間遞修本，中國國家圖書館、上海圖書館、中國臺北"國家圖書館"、中國臺北"中央研究院"傅斯年圖書館等十餘館，美國哈佛大學哈佛燕京圖書館，日本東洋文庫、東京大學東洋文化研究所等有收藏。

此爲勞費爾購書。

037

元史二百十卷目録二卷

T2700　　3933

《元史》二百十卷《目録》二卷，明宋濂等修。清乾隆四年至十一年（1739—1746）武英殿刻乾隆後期剜改印本。卷一考證缺第二葉。五函五十册。版框高22厘米，寬15.5厘米。半葉十行二十一字，白口，左右雙邊，單魚尾。版心上鐫"乾隆四年校刊"，中鐫書名、卷次及小題。

首《元史目録》上下二卷。《目録》及各卷端署"明翰林學士亞中大夫知制誥兼修國史宋濂等修"。

是書據明萬曆二十三年至三十四年（1595—1606）北京國子監刻本翻刻。各卷後附考證，即校勘記。首當有洪武二年（1369）李善長《進元史表》《纂脩元史凡例》五則及洪武三年宋濂《目録》後記，末當有清王祖庚校勘跋語，此本皆缺佚。檢他館所藏全本王祖庚跋云：

> 臣祖庚謹言：昔明太祖詔廷臣曰："元雖亡，國事當紀載，況史紀成敗，示懲勸，不可廢也。"遂以所得十三朝實録命中書左丞相李善長爲監修，前起居注宋濂、漳州通判王禕爲總裁，徵山東遺逸之士汪克寬等十六人，於洪武二年二月開局編纂。詔先成者進，闕者俟續采補。八月書成，復遣歐陽佑等往北平等處採訪故《元一統》及至正事迹。佑等還，詔續修之。三年二月開局，七月成書。論者謂爲期太促，不無率略也。臣等奉命校勘，深愧學識淺陋，不能搜採靡遺。此書舊刻自南北二本外，別無他本可據。而諸家文集所載非確有證佐者，亦不敢濫爲徵引。謹録考證如干條，附諸卷末，俾覽者有所取資焉。臣謹識。原任詹事臣陳浩、洗馬臣陸宗惜、編修臣孫人龍、臣韓彦曾、臣李龍官、候補直隸州知州臣王祖庚、拔貢生臣郭世燦等奉敕恭校刊。

武英殿翻刻北監本時，并非忠實照刻，因嫌原書人、物等名不雅馴，多所改譯。乾隆十二年改譯《金國語解》，三十三至三十四年擴大到重編三史《國語解》，正文所有譯名全部改譯，三十六年十二月新《金國語解》完成，四十六年十月《遼史》《元史》改譯完成，三史全部告竣。隨即以新譯名修訂三史版片。此本即修訂本，譯名多經剜改。故《元史》之譯名有北監本、乾隆初刻本、修訂本三種之不同。如卷一《太祖本紀》，北監本"阿蘭果火"，乾隆初刻本作"阿倫果斡"，此本作"阿掄郭斡"；北監本"脱端火兒真"，乾隆初刻本作"托多呼爾察"，此本作"托端和拉展"，等等。道光四年武英殿重刊，皆用新譯名，與此本同。

《四庫全書總目》史部二正史類著録内府刊本，《中國古籍善本書目》著録故宫博物院藏内府抄本。

存世有清乾隆四年至四十九年武英殿刻《二十四史》本，中國國家圖書館及其他多館有收藏。此剜改印本則未見他館著録。

此爲勞費爾購書。

038

名山藏一百九卷（存九卷）

T2720　2223B

《名山藏》一百九卷，明何喬遠輯。明崇禎十三年（1640）沈猶龍等福建刻本。存九卷（《河漕記》一卷、《漕運記》一卷、《臣林記》七卷［洪武臣二至熙宣二朝臣〕）。一函四册。版框高 21.5，寬 14.9 厘米。半葉十行二十字，小字雙行同，黑口，四周單邊，單魚尾。版心上鎸書名，中鎸卷次及卷名。

此本爲殘本。檢他館所藏全本，首當有崇禎十三年錢謙益《名山藏序》、未署年李建泰、王邵沐二序，次《較刻名山藏姓氏》《名山藏目録》。

《典謨記》各卷端署"臣何喬遠恭輯"，其餘各卷署"晉江何喬遠譔"。

何喬遠（1558—1632），字樨孝，號匪莪，曾隱居鏡山，人稱"鏡山先生"，福建晉江人。萬曆十四年（1586）進士，授刑部雲南司主事，崇禎二年（1629）官至南京工部右侍郎，卒贈工部尚書。博覽群書，著有《皇明文徵》七十四卷、《何鏡山先生全集》七十二卷等數十種。《〔道光〕晉江縣志》卷三十八有傳。

何喬遠自少年時即留意於國家典故，慨國史之不成，運用明代歷朝實録等資料，歷時二十餘年，編成是書。是書分類敘述明太祖至穆宗朝歷史，凡《典謨記》二十九卷、《坤則記》三卷，記明世宗以前帝后；《開聖記》二卷、《繼體記》一卷、《分藩記》五卷、《勳封記》二卷，分述明太祖祖先及明史上特殊人物；《天因記》一卷、《天敺記》二卷，記建立明朝相關人物；《輿地記》二卷，記以北京、南京爲中心之各地人物；《典禮記》《樂舞記》未刻；《刑法記》一卷、《河漕記》一卷、《漕運記》一卷、《錢法記》一卷、《兵制記》一卷、《馬政記》一卷、《茶馬記》一卷、《鹽法記》一卷，相當於正史諸志；《臣林記》二十六卷、《臣林外記》一卷、《開柝記》一卷、《儒林記》二卷、《文苑記》一卷、《俘賢記》一卷、《宦者記》一卷、《列女記》二卷、《臣林雜記》四卷、《宦者雜記》一卷、《高道記》一卷、《本士記》一卷、《本行記》二卷、《藝妙記》一卷、《貨殖記》一卷、《方技記》一卷、《方外記》二卷，記述各類人物事迹；《王享記》五卷，記民族及外國。凡三十七記，每記編卷自爲起迄，總一百零九卷。

何氏殁後，其子九雲及門人李建泰等爲之校正遺稿，福建巡撫沈猶龍等捐資刻梓。李建泰序云："一時大觀察爲峽江曾公（曾櫻）講性命學，爲八閩所宗，而大中丞則雲間沈公（沈猶龍），直指使則曲周路公（路振飛），悉同心齊德，一道生風，知是書足不朽，相與捐俸而剞劂之，欲藏之名山者，倏忽懸之國門矣。"《較刻名山藏姓氏》列捐資官員、門人後學及子孫二十餘人，以巡撫福建右僉都御史華亭沈猶龍爲首。諸家書目著録刊刻者或取沈猶龍，或取曾櫻。所列子孫姓名存世各本有不同：《四庫禁燬書叢刊》影印北京大學圖書館藏本及《續修四庫全書》影印山西省祁縣圖書館藏本爲"不肖男九雲、九説、九禄、九户、孫希慎謹録"；中國臺北"國家圖書館"藏本（索書號：01648）此葉爲抄配，"希慎"作"崇仁"；美國哈佛大學哈佛燕京圖書館藏本爲"不肖男九雲、九説、九禄、九户、孫宗泌謹録";日本國立公文書館藏本作"不肖男九雲、九説、九禄、九户、孫崇仁、從孫運亮、芳騰、從曾孫曆颺謹録";1971年臺北成文出版社影印本（底本藏地不詳）作"不肖男九雲、九説、九禄、九户、孫崇仁、從孫運亮、芳騰、從曾孫曆颺、龍文謹録"。蓋各本有刷印先後之不同，有不同何氏子孫參與其間。各本文字有無差異尚待核對。

明黄虞稷《千頃堂書目》卷四、羅振常《善本書所見録》卷二著録爲一百卷，疑皆脱"九"字；《明史・藝文志二》著録爲三十七卷，蓋誤"類"爲"卷"。入清遭禁毀，《禁書總目》《違礙書目》《清代禁書知見録》皆著録。《清代禁燬書目・補遺一》云："查《名山藏》，明何喬遠撰。喬遠名列《天鑒録》，乃天啓中閹黨，其人本不足道。其書乃明代野史，亦多摭拾舊文，不足以備考證。内《王享記》第五卷内有悖犯之處，應請銷燬。"

《中國古籍善本書目》著録。

中國國家圖書館、北京大學圖書館、北京師範大學圖書館、中國臺北"國家圖書館"等二十一館，美國哈佛大學哈佛燕京圖書館、普林斯頓大學葛思德東方圖書館，日本國立公文書館、東京大學東洋文化研究所等有收藏。

鈐朱文長方印"掃葉山房藏書"、朱文方印"陸軍士官學校圖書印"。書衣業經日本收藏者改裝。

039

明史藁三百十卷目録三卷史例議二卷

《明史藁》三百十卷《目録》三卷《史例議》二卷，清王鴻緒撰。清雍正敬慎堂刻本。《目録下》第十一葉爲抄配。十一函一百册。版框高19.9厘米，寬14.6厘米。半葉十一行二十三字，小字雙行同，白口，左右雙邊，單魚尾。版心中鐫"橫雲山人集"及小題"史藁本紀、史藁列傳"等，下鐫"敬慎堂"。

首清康熙三十六年（1697）敕諭（朱印）；次康熙五十三年王鴻緒奏進"明史列傳全藁"奏疏，雍正元年（1723）進《明史藁》全書奏疏；次《明史藁目録》上中下三卷、《史例議》上下二卷。

目録及各卷端署"光禄大夫經筵講官明史總裁户部尚書加七級臣王鴻緒奉敕編撰"。

王鴻緒（1645—1723），初名度心，中進士後改名鴻緒，字季友，號儼齋，又號橫雲山人，華亭（今上海松江）人。康熙十二年一甲第二名進士，授翰林院編修，官至户部尚書。堂號“敬愼堂”。著有《橫雲山人集》三十卷。《清史稿》卷二百七十一有傳。

是書凡本紀十九卷，志七十七卷，表九卷，列傳二百五卷，合計三百十卷。

清修明史，始於順治二年（1645），未能完成。康熙十七年開博學鴻儒科，網羅遺逸，次年破格授予彭孫遹等五十鴻博翰林院官職，任命爲明史纂修官，以徐元文爲監修，再次開館纂修。自是前後四次開館，屢次更換總裁、監修官。初步編成《明史藁》四百十六卷。史學家萬斯同以布衣入館，出力最多，今尚有萬氏稿本、抄本存世（天一閣博物院藏《明史藁》12 册，皆爲列傳，其中六册爲稿本，六册爲抄本；中國國家圖書館藏《明史》四百十六卷目録三卷，《明史紀傳》三百十三卷 [存三百九卷，卷十七下至十九、二百九十二至三百三、三百八至三百九據《欽定明史》抄補]，《明史列傳稿》二百六十七卷，皆係抄本）。王鴻緒自康熙十八年入館，二十一年受命爲總裁之一，後因親喪及被劾回籍。三十三年，得王熙、張玉書合薦，以特旨起用，重任總裁，續修明史。此次續修，由陳廷敬任本紀，張玉書任志書，王鴻緒任列傳，在萬斯同初稿基礎上修改加工。王鴻緒延萬斯同、錢名世於家，參與修訂。四十八年，王氏休致回籍，將全部列傳史稿攜歸，再作修訂考校，删改爲《明史列傳稿》二百八卷目録三卷，自刊行世，五十三年進呈。五十四年，王鴻緒再次奉特詔回朝，公務之餘，審核修訂《明史》全稿，將紀表志傳彙爲一編，於雍正元年四月進呈，是年八月王鴻緒卒。

此本爲雍正間王氏敬愼堂所刊。乾隆四年（1739）張廷玉所進定本《明史》即以此爲藍本改編而成。同治十年（1871）、日本嘉永六年（1853）皆曾翻刻。

此本初印精湛，無一斷版、模糊葉。書版流傳，難免殘損，後印本有補刻葉，如美國哈佛大學哈佛燕京圖書館藏本即後印本，列傳四第三十一葉爲補刻，與此字體不同。

“胤”字、從“真”之字（愼、闐、鎮等）皆避諱缺末筆。

《四庫全書總目》未收，《中國古籍善本書目》史部著録。

中國國家圖書館、上海圖書館、中國科學院文獻情報中心、中國人民大學圖書館、中國香港中文大學圖書館、中國臺灣師範大學圖書館，日本國立國會圖書館、東京大學東洋文化研究所、京都大學人文科學研究所等有收藏。

鈐朱文方印“厲氏家藏”“如詩不成罰依金谷酒數”。

040

明史三百三十二卷目録四卷

T2720　1311

《明史》三百三十二卷《目録》四卷，清張廷玉等撰。清乾隆四年（1739）武英殿刻本。各卷中偶有抄配葉，計二十九葉。十二函一百十二册。版框高 22 厘米，寬 15.4 厘米。半葉十行二十一字，白口，左右雙邊，單魚尾。版心中鐫書名、卷次及小題。

首乾隆四年張廷玉等《進表》，次"乾隆四年七月二十五日奉旨開列在事諸臣職名"，次《明史目録》四卷。各卷端署"總裁官總理事務經筵講官少保兼太子太保保和殿大學士兼管吏部户部尚書事加六級張廷玉等奉敕修"。

張廷玉（1672—1755），字衡臣，號研齋，安徽桐城人。康熙三十九年（1700）進士，歷官禮部、户部、吏部尚書、保和殿大學士、軍機大臣。卒謚"文和"，配享太廟。《清史稿》卷二百八十八有傳。

是書凡本紀二十四卷、志七十五卷、表十三卷、列傳二百二十卷，合目録共計三百三十六卷。以王鴻緒《明史藁》爲基礎增損成帙，《四庫全書總目》是書提要述增損之處甚詳，云：

> 其間諸志，一從舊例，而稍變其例者二：曆志增以圖，以曆生於數，數生算，算法之句股面線今密於古，非圖則分刌不明；藝文志惟載明人著述，而前史著録者不載，其例始於宋孝王《關中風俗傳》，劉知幾《史通》又反覆申明，於義爲允，唐以來弗能用，今用之也。表從舊例者四：曰諸王、曰功臣、曰外戚、曰宰輔。創新例者一：曰七卿。蓋明廢左右丞相，而分其政於六部，而都察院糾核百司，爲任亦重，故合而七也。列傳從舊例者十三，創新例者三：曰閹黨，曰流賊，曰土司。蓋貂璫之禍，雖漢唐以下皆有，而士大夫趨勢附膻，則惟明人爲最夥，其流毒天下亦至酷，別爲一傳，所以著亂亡之源，不但示斧鉞之誅也；闖、獻二寇，至於亡明，剿撫之失，足爲炯鑒，非他小醜之比，亦非割據群雄之比，故別立之；至於土司，古謂羈縻州也，不内不外，釁隙易萌，大抵多建置於元，而滋蔓於明，控馭之道，與牧民殊，與禦敵國又殊，故自爲一類焉。若夫甲申以後，仍續載福王之號，乙酉以後，仍兼載唐王、桂王諸臣，則頒行以後，宣示綸綍，特命改增。

《清實録·高宗純皇帝實録》卷九載，雍正十三年（1735）十二月："纂修《明史》總裁大學士張廷玉等奏，纂修《明史》告成。得旨，《明史》纂修多年，稿本今得告竣，但卷帙繁多，恐其中尚有舛訛之處，著展半年之期，該總裁率同纂修官再加校閱，有應改正者，即行改正，交武英殿刊刻，陸續進呈。"乾隆四年刻成表進，版心上無校刊年，與武英殿翻刻北監本《二十一史》做法不同。乾隆三十六年，《欽定遼金元三史語解》成書，四十年，清高宗念《明史》"内於元時人、地名對音訛舛，譯字鄙俚，尚沿舊時陋習，如圖作爲兔之類，既於字義無當，而垂之史册，殊不雅馴"，特命館臣照遼、金、元三史之例查覈改正。四十二年，敕英廉、劉墉等將《明史·本紀》二十四卷逐一考覈添修，重刊頒行。（《高宗純皇帝實錄》卷九八三）《四庫全書》本《明史·本紀》據修改本繕錄，而未經修改之殿本通行坊間，迭經翻刻。

"弘"字避諱缺末筆，"曆"作"曆"。

《四庫全書總目》史部二正史類、陶湘《清代殿板書目》著錄。《中國古籍善本書目》未收。

中國國家圖書館、上海圖書館、浙江圖書館、中國臺北"國家圖書館"，美國普林斯頓大學葛思德東方圖書館、美國哈佛大學哈佛燕京圖書館，日本尊經閣文庫、東京大學東洋文化研究所等有收藏。

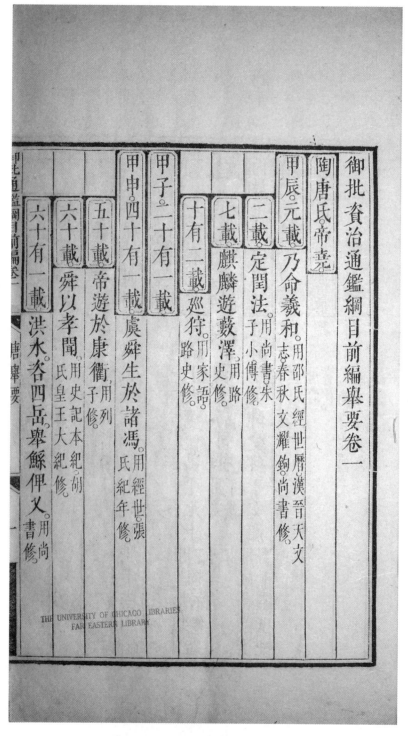

御批資治通鑑綱目前編舉要卷一

陶唐氏帝堯

甲辰元載。乃命羲和。用邵氏經世曆。漢晉天文志春秋文燿鉤。尚書修。

二載。定閏法。用尚書朱子小傳修。

七載。麒麟遊藪澤。用路史修。

十有二載。巡狩。用家語。路史修。

甲子二十有一載。

甲申四十有一載。虞舜生於諸馮。用經世。張氏紀年修。

五十載。帝遊於康衢。用列子修。

六十載。舜以孝聞。用史記本紀。胡氏皇王大紀修。

六十有一載。洪水咨四岳舉鯀俾乂。用尚書修。

御批資治通鑑綱目前編卷一　　唐舉要　　一

042　御批資治通鑑綱目全書一百九卷
清康熙四十六年（1707）內府刻本

046　新刻校正古本歷史大方通鑑二十卷
首一卷新刻九我李太史校正古本
歷史大方通鑑二十一卷

明萬曆周時泰刻本

047　新刊翰林攷正綱目通鑑玉臺
青史二十八卷

明萬曆瀛洲館刻本

83

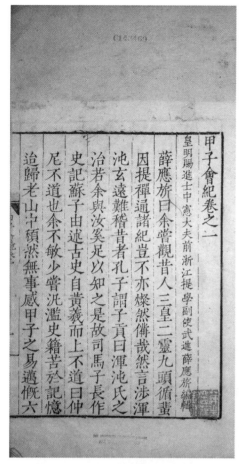

049　甲子會紀五卷

明嘉靖三十七年（1558）玄津草堂刻

四十二年增刻本

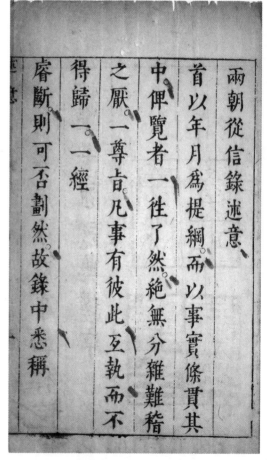

057　兩朝從信錄三十五卷（存二十四卷）

明崇禎沈氏大來堂刻本

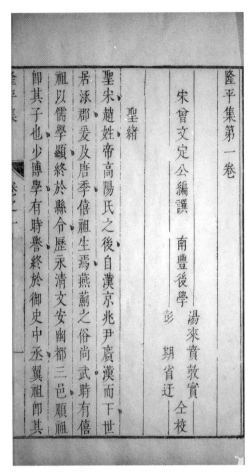

072　隆平集二十卷

清康熙四十年（1701）彭期七業堂刻
四十八年補刻本

073　隆平集二十卷

清康熙四十年（1701）彭期七業堂刻
四十八年補刻後印本

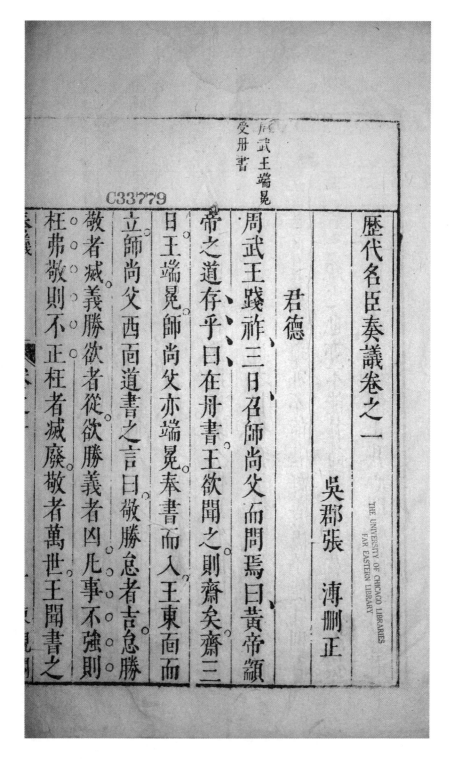

歷代名臣奏議卷之一

吳郡張溥刪正

君德

周武王踐祚三日召師尚父而問焉曰黃帝顓帝之道存乎曰在丹書王欲聞之則齋矣齋三日王端晃師尚父亦端晃奉書而入王東面而立師尚父西面道書之言曰敬勝怠者吉怠勝敬者滅義勝欲者從欲勝義者凶凡事不強則枉弗敬則不正枉者滅廢敬者萬世王聞書之

079　歷代名臣奏議三百五十卷

明崇禎八年（1635）東觀閣刻本

編年類

通　代

041

文公先生資治通鑑綱目五十九卷

T2512　2942

《文公先生資治通鑑綱目》五十九卷，宋朱熹撰，宋尹起莘發明，元王幼學集覽，元汪克寬考異。明刻本。六函一百册。版框高 21.5 厘米，寬 13.7 厘米。半葉十二行十八字，小字雙行二十二字，細黑口，四周雙邊，雙魚尾。版心中鎸“綱目”及卷數。

首宋乾道壬辰（八年，1172）朱熹《資治通鑑綱目序》，次目録。

各卷端署“古舒慈湖王幼學集覽、後學布衣尹起莘發明、後學新安汪克寬考異、後學（下空）”。“後學（下空）”一行唯卷十四、卷四十三題爲“後學盱江張光啓纂輯”。卷二十二至二十五、三十一、三十四、三十五、三十七、四十一、四十五、四十六卷端不題著者。

朱熹（1130—1200），字元晦，號晦庵、考亭，晚稱晦翁，又稱紫陽先生，徽州婺源（今屬江西）人，生於福建尤溪。官至直寶文閣待制兼秘閣修撰。卒謚“文”，世稱“朱文公”。著有《四書章句集注》等，後人集其著述編爲《晦庵先生朱文公集》。《宋史》卷四百二十九有傳。

尹起莘，字耕道，號堯庵，約南宋嘉定前後浙江遂昌人。隱居柘溪不仕。學問該洽，有感於古今治亂興亡之變，疏通《資治通鑑綱目》義旨，著《通鑑綱目發明》五十九卷行世。《明一統志》卷四十四有傳。

王幼學（1275—1368），字行卿，號慈湖。安徽望江人。以二十年之功爲《資治通鑑綱目》引喻釋義，元仁宗延祐五年（1318）編成《通鑑綱目集覽》五十九卷。《［嘉靖］安慶府志》卷二十七有傳。

汪克寬（1304—1372），字德輔，一作仲裕，安徽祁門人。元泰定三年（1326）舉人。講學於宣州、歙州。致力於經學研究，著有《經禮補逸》九卷、《春秋胡氏傳纂疏》三十卷、《環谷集》八卷。《［嘉靖］徽州府志》卷十五有傳。

張光啓，盱江（今江西南城）人。永樂間進士。宣德四年（1429）任建陽知縣。編著有《通鑑節要續編》。《［嘉靖］建陽府志》卷十四有傳。

是書各卷末有“集覽正誤”，爲陳濟所作，而卷端未著其名。陳濟（1363—1424），字伯載，江蘇武進人。以布衣任《永樂大典》都總裁，發凡起例，區分鈎考，秩然有法。著有《通鑑綱目集覽正誤》二卷。《明史》卷一百五十二有傳。

是書係朱熹依據司馬光《資治通鑑》《通鑑目録》《通鑑舉要曆》及胡安國《資治通鑑舉要補遺》，旁採他書，於宋孝宗乾道八年編撰而成。起三家分晉，迄趙宋代周，記叙一千三百餘年史事。紀事仍編年爲序，以大字提要爲“綱”，小字分注爲“目”，“綱”仿《春秋》，“目”效《左傳》，綱簡目詳，便於查閱，世稱“綱目體”。宋嘉定十二年（1219）真德秀初刻於温陵（即泉州），其後翻刻不斷，有尹起莘、王幼學、汪克寬、陳濟等人著書疏通其義旨。明宣德四年楊士奇《集覽正誤序》（見《御批資治通鑑綱目全書》）云：“建陽尹盱江張光啓氏既以尹氏《發明》、徐氏《考證》（徐昭文《通鑑綱目考證》）及《集覽》《考異》纂集於《綱目》書中，而屬書林劉寬繡梓，復請是編刊於卷末，以備全美，其用心亦勤矣。”今存世有明建安劉寬裕刻本《文公先生資治通鑑綱目》五十九卷，卷端題“古舒慈湖王幼學集覽、後學布衣尹起莘發明、後學新安汪克寬考異、後學毘陵陳濟正誤、建安京兆劉寬裕桼行”，楊士奇序當脱“裕”字。書中有《發明》《考異》《集覽》《正誤》而無《考證》，亦與楊序所云不同。蓋宣德間張光啓任建陽知縣時始將諸家所著纂爲一編，付劉寬裕書坊刻印行世。

王重民《中國善本書提要·資治通鑑綱目》明景泰刻本及慎獨齋刻本條云：“按《集覽》原爲單本，元、明以來刻本甚多，其散入《綱目》之内，似始於劉剡。”“宣德正統間，有劉剡者，纂《少微》《宋元》二《鑑》，又纂尹氏《發明》以下數家入《綱目》（楊士奇《集覽正誤序》謂爲張光啓所輯，蓋以光啓交於士奇，故士奇不舉剡名而稱光啓），劉寬刻之。寬與剡殆爲同族兄弟行。”此説待考。“劉寬”當作“劉寬裕”。

此本蓋仿劉寬裕本重刻，版式、行款相同，字體亦極相似，當亦建陽書坊所刊。其編排方法是：將《考異》散附“綱”“目”各條之下；《集覽》散附“目”各條之下；《發明》散附“目”各條之後，另起一行低一格書；《集覽正誤》附各卷之末。

鈐朱文方印“世守奇珍”。

此爲勞費爾購書。

042

御批資治通鑑綱目全書一百九卷

T2512　2943

《御批資治通鑑綱目前編》十八卷《舉要》三卷《外紀卷首》一卷　宋金履祥撰

《御批資治通鑑綱目》五十九卷首一卷　宋朱熹撰

《御批續資治通鑑綱目》二十七卷　明商輅等撰

《御批資治通鑑綱目全書》一百九卷，清康熙四十六年（1707）內府刻本。十函五十二冊。版框高 18.7 厘米，寬 13.4 厘米。半葉十一行二十二字，小字雙行同，下黑口，四周雙邊，雙魚尾。版心上鐫“御批通鑑綱目”及卷次，中鐫小題，眉鐫批語。

首康熙四十六年《御製資治通鑑綱目全書叙》、康熙四十六年《御製資治通鑑綱目全書後叙》。各卷末鐫“吏部尚書加二級臣宋犖謹奉敕校刊”。《御批資治通鑑綱目》五十九卷爲“正編”，卷首包括《朱子序例》、《總目錄》、《凡例》（元至正二年［1342］《倪士毅凡例序》《凡例目錄》、宋咸淳元年［1265］王柏《凡例後語》、未署年文天祐《凡例識語》），又《朱子手書》、宋嘉定十二年（1219）《李方子後序》、未署年《尹起莘發明序》、元至順三年（1332）《賀善書法序》、元天曆二年（1329）《揭傒斯書法序》及《劉友益書法凡例》（元後至元二年［1336］《劉槃書法凡例後跋》）、《考異凡例》（元至正三年《汪克寬考異凡例序》）、元泰定元年（1324）《王幼學集覽序例》、元至正十九年己亥《徐昭文考證序》、明永樂二十年（1422）《陳濟集覽正誤序》、宣德四年（1429）《楊士奇集覽正誤序》、成化元年（1465）《馮智舒質實序》、弘治九年（1496）《黃仲昭合注後序》、劉繼善《編集諸儒姓氏》。《御批續資治通鑑綱目》二十七卷爲“續編”，首爲明成化十二年《成化御製原序》，次《凡例》《總目錄》。

金履祥（1232—1303），字吉父，號仁山，浙江蘭谿人。從學於王柏。德祐初以史官編修召，不赴。入元後隱居教授以終，卒諡“文安”。著有《尚書注》十二卷。《元史》卷一百八十九有傳。

商輅（1414—1486），字弘載，號素庵，浙江淳安人。宣德十年（1435）鄉試第一，正統十年（1445）會試、殿試皆第一，授翰林院修撰，官至內閣首輔。卒贈太傅，諡“文毅”。《明史》卷一百七十六有傳。

宋犖（1634—1714），字牧仲，號漫堂、西陂，河南商丘人。順治四年（1647）以大臣子列侍衛，康熙三年授黃州通判，纍擢江蘇布政使、吏部尚書。著有《綿津山人詩集》二十二卷、《西陂類稿》五十卷。《清史稿》卷二百七十四有傳。

宋孝宗乾道八年（1172），朱熹編撰《資治通鑑綱目》，創立綱目體史書，之後發明其義者甚眾。《四庫全書總目》是書提要云："朱子因司馬光《資治通鑑》以作《綱目》，惟《凡例》一卷出於手定，其綱皆門人依《凡例》而修，其目則全以付趙師淵。後疏通其義旨者，有遂昌尹起莘之《發明》、永新劉友益之《書法》；箋釋其名物者，有望江王幼學之《集覽》、上虞徐昭文之《考證》、武進陳濟之《集覽正誤》、建安馮智舒之《質實辨正》；其傳寫差互者，有祁門汪克寬之《考異》。明弘治中，莆田黃仲昭取諸家之書散入各條之下，是爲今本。皆尊崇朱子者也。"仿綱目體繼作者則有宋元間金履祥、明成化間商輅二家。金氏《通鑑前編》，記事上起唐堯，下接《資治通鑑》；商輅等《續資治通鑑綱目》係奉敕撰，記事上起宋太祖建隆元年，下至元順帝至正二十七年。明末刻書，多以朱熹、金履祥、商輅三家合刻，合刻本以陳仁錫評閱本最爲流行。清聖祖時常翻閱此三書，命儒臣宋犖重校出版。《四庫全書總目》是書提要述編校始末云：

> 我聖祖仁皇帝睿鑒高深，獨契尼山筆削之旨，因陳仁錫刊本，親加評定。權衡至當，袞鉞斯昭，乃釐正羣言，折衷歸一。又金履祥因劉恕《通鑑外紀》失之嗜博好奇，乃蒐採經傳，上起帝堯，下逮周威烈王，作《通鑑前編》；又括全書綱領，撰爲《舉要》，殿於末；復摭上古軼聞，撰爲《外紀》，冠於首。陳仁錫稍變其體例，改題曰《通鑑綱目前編》，與《綱目》合刊，以補朱子所未及。亦因其舊本，御筆品題。至商輅等《通鑑綱目續編》，因朱子凡例，紀宋元兩代之事，頗多舛漏。六合之戰，誤稱明太祖兵爲賊兵，尤貽笑千秋。後有周禮爲作《發明》，張時泰爲作《廣義》，附於條下，其中謬妄，更不一而足。因陳仁錫綴刊《綱目》之末，亦得同邀乙覽，并示別裁。

可知是書係以陳仁錫編刻本爲底本重刊。宋犖自撰《漫堂年譜》卷四康熙四十四年乙酉條云："（三月十八日）奏事存柱等傳旨：'朕有編輯《資治通鑑綱目》一書，是朕親閱過六次者，巡撫有力量刊刻麼？朕叫李煦幫你。'臣奏云：'臣蒙聖恩優渥，無可報效。此書情願獨刻。'"四十六年丁亥條云："五月，校刻《御批資治通鑑綱目》告成，具摺恭進。"康熙四十四年宋犖任江蘇巡撫，故徑以"巡撫"呼之，時李煦任蘇州織造。是書當刻於蘇州。同年十一月二十四日，宋犖升補吏部尚書，刻書工作仍在蘇州進行，四十六年五月刻成。因係奉旨刻書，故亦稱內府刻本（陶湘《清代殿板書始末記》謂各地奉敕刻本均可稱爲殿版，即內府本）。《清代內府刻書目錄解題》著錄是書爲"清康熙四十六年至四十九年揚州詩局刻本"，宋犖、李煦與主持揚州詩局的曹寅雖關係密切，但著録爲揚州詩局刻，似乏確據。潘天禎《揚州詩局雜考》備考揚州詩局刻本，亦無此書（見《潘天禎文集》）。康熙四十九年，李煦又分兩次奉旨刷印共一千六百部進呈。

"玄""胤"字避諱缺末筆。

《四庫全書總目》史部四十四史評類著録，題名作《御批通鑑綱目》。《中國古籍善本書目》史部編年類著録，陶湘《清代殿板書目·康熙朝》及《清代内府刻書目録解題》亦予著録。

中國國家圖書館、清華大學圖書館、故宫博物院等十餘館，美國哈佛大學哈佛燕京圖書館、普林斯頓大學葛思德東方圖書館、日本國立公文書館、静嘉堂文庫、東京大學東洋文化研究所等有收藏。

043
通鑑綱目釋地糾謬六卷

T2512　2943.1

《通鑑綱目釋地糾謬》六卷，清張庚撰，清杭世駿等參訂。清乾隆十八年（1753）强恕齋刻本。一函一册。版框高 18.4 厘米，寬 13.4 厘米。半葉十行二十一字，黑口，四周單邊，單魚尾。版心中鎸"綱目釋地糾謬"及卷次。

首乾隆十八年符大紀《序》、乾隆庚午（十五年）張庚《自序》、未署年張雲錦《後序》。各卷末鎸校字、覆校人員姓名。

卷一卷端署"秀水張庚浦山著，錢塘杭世駿菫圃參訂"，卷二至六參訂人分別爲"嘉興錢陳羣香樹""平湖弟逢年怡亭""吳江王樑絸庭""嘉興錢學淹景范學洙魯淵""平湖何廷鏞半村"。

張庚（1685—1760），原名燾，字溥三，後改名庚，字浦山，號瓜田逸史，秀水（今浙江嘉興）人。乾隆元年以布衣舉博學鴻詞。長於古文詞，精鑒別、繪畫。著有《國朝畫徵録》三卷《續録》二卷、《强恕齋詩鈔》四卷《文鈔》五卷。《清史列傳》卷七十一有傳。

是書因王幼學《通鑑綱目集覽》、馮智舒《通鑑綱目質實》每於《通鑑綱目》地名不加詳考，任意引注，謬誤不少，乃參考胡三省《通鑑音注》、顧祖禹《讀史方輿紀要》及輿圖等書糾正其失。《自序》述編例云："或大書與分註有傳訛者，仍按史改正；或史文誤者，則就文理酌改；有圖所未及者，則據事勢情形以定；至所未詳者、不註者，一一補之；惟封爵之地多掛空名，似無關係，有不補也……又雍正、乾隆間所改、所分郡邑尚未盡詳，則恭俟《一統志》頒行改正。"《大清一統志》於乾隆四十九年方完成，知是書所注今地名當止於康熙朝。《自序》謂成《糾謬》《補注》兩種，此本佚《補注》六卷。《四庫全書總目》是書提要評云："用力頗爲勤摯，然《集覽》《質實》之荒陋，本不足與辨。今既與之辨矣，則宜元元本本，詳引諸書，使沿革分合，言言有據，庶幾以有證之文，破無根之論。而所糾所補，乃皆不著出典，則終不能關其口也。"

書名葉鐫"强恕齋藏板"，"强恕齋"爲張庚書齋名。符大紀《序》云："敬可著書而爲有力者所得，不克以其名自表見（引按：徐善字敬可，著《春秋地名考》）。余懼浦山之書有起而奪之者，緣梓而行之。"故古籍書目或著録爲符大紀刻本（如《中國科學院圖書館藏中文古籍善本書目》叢部自著類著録《强恕齋三種》，其中《通鑑綱目釋地糾謬》六卷《補注》六卷著録爲"清乾隆十八年符大紀刻本"）。乾隆間與《古詩十九首解》一卷、《國朝畫徵録》三卷首一卷《附録》一卷《續録》二卷彙印爲《强恕齋三種》。傳世有書名葉鐫"濟美堂藏板"者，實與此爲同一版刻而重刷之本，更換書名葉而已（北京大學圖書館、浙江圖書館等館藏有清乾隆濟美堂刻本）。

清光緒十六年（1890）新會劉氏刻《藏修堂叢書》、民國間南海黃氏輯《芋園叢書》等皆曾翻刻。《四庫全書存目叢書》據湖北省圖書館藏本影印，多蔣蔚序一篇。

《四庫全書總目》入史部四編年類存目，《中國古籍善本書目》未收。

中國國家圖書館、北京大學圖書館、中國人民大學圖書館，美國哈佛大學哈佛燕京圖書館、哥倫比亞大學東亞圖書館，日本國立公文書館等有收藏。

044

通鑑韻書三十二卷

T2512　3192

《通鑑韻書》三十二卷，清沈尚仁編。清康熙四十四年（1705）玉極堂刻本。卷二十九缺第一至十八葉。一函十册。書名據版心題。版框高 18.2 厘米，寬 14.1 厘米。半葉十行二十字，小字雙行同，白口，左右雙邊，單魚尾。版心上鐫"通鑑韻書"，中鐫卷次及類名，下鐫"玉極堂"。

首康熙著雍敦牂（戊午，十七年，1678）郁有章、孫自式《通鑑韻書序》二序，次《凡例》九則、《通鑑韻書參閲門人姓氏》、《歷史通鑑韻書目録》。

目録卷端署"浙昌安沈尚仁陶之編註（原注：原名舉，一字文泉），弟仁敷寧之、仁緯方之、男恒道康成、婿何天衢子安、門人郁有章青南參校"。各卷端署"昌安沈尚仁陶之編纂（或'編註'），男沈恒道康成（或無'沈'字，或爲'弟沈仁敷寧之'）、門人郁有章青南參校"。

沈尚仁，字陶之，一字文泉，順天府籍紹興人。康熙間進士，康熙十四年任崇明知縣，十七年被劾去任，没於崇明。《〔康熙〕重修崇明縣志》卷八有傳。

是書因《通鑑》編年紀事卷帙浩繁難讀，受清初王仕雲（字望如）《鑑略四字書》（又名《四字鑑略》）啓發，將《通鑑》撮要編爲七言韻書，"代爲一紀，其事一以鳳洲先生《通鑑》（王世貞《鳳洲綱鑑會纂》）所輯爲叙"（凡例），各句之下附以注釋，以便蒙學。卷一彈詞，附《歷代帝王歌》《通鑑改元記》《通鑑修短記纂》；卷二至二十九以每代爲一紀，起自盤古至舜，迄於明；卷三十《歷朝捷覽歌》，卷三十一王望如《鑑略四字書》，卷三十二《歷代國號歌》《歷代群英歌》《歷代亂略歌》《總斷歌》。其撰著及刊刻過程見凡例云："《韻書》於乙巳（康熙四年）除夕纂編始，丙午之三月而東漢告成，即以食貧，奔走長途，刻無寧晷。丁未，客上谷邸中，成後漢一編。辛亥，攜長兒芝玉應童子考於順義，方得自曹魏而下，五閱月而成書。後讀楊用脩先生彈詞十段，輯其大要，次於卷首，繼以《通鑑歷代之歌》，類以《修短》《改元》之記，又一載而訂定成帙。""復取涑水、考亭二編以及《二十一史》細心考訂，從《韻書》各句之下補入注釋，簡而不漏，詳而不蕪。經始於乙卯秋分試南闈之後，卒業於丁巳歲季夏初秋之間。適余門人太倉郁子名有章字青南負笈過署，籌燈共事，實得贊襄之力，遂付剞劂，以公海内。"

書名葉額鐫"康熙四十四年新鐫"，下框内右鐫"太史孫樹峰、施長六兩先生同訂"，中鐫"歷朝通鑑韻書"，左鐫"正編盤古至明，附録彈詞總論"，并鈐朱文長方印"李氏山房藏書記"、朱文方印"姑蘇閶門内官廳左間壁緑蔭堂書坊發兌圖章記"兩印。

《四庫未收書輯刊》據中國科學院文獻情報中心藏本影印。《中國古籍善本書目》未收。

上海圖書館、復旦大學圖書館、南京圖書館，美國普林斯頓大學東亞圖書館有收藏。

此爲勞費爾購書。

045

宋元通鑑一百五十七卷

T2512　4400

《宋元通鑑》一百五十七卷，明薛應旂撰。明嘉靖四十五年（1566）自刻本。四函二十四册。版框高 20.1 厘米，寬 14.4 厘米。半葉十行二十字，白口，四周單邊，單魚尾。版心中鐫書名、卷次，下鐫寫、刻工。

首嘉靖丙寅（四十五年）薛應旂《宋元通鑑序》，次《宋元通鑑義例》《宋元通鑑目録》。

卷一卷端署"明賜進士前中憲大夫浙江按察司提學副使兩京吏禮郎中武進薛應旂編集，明賜進士太中大夫陝西布政使參政前湖廣副使整飭蘇松常鎮兵備陽曲王道行，明賜進士中憲大夫陝西按察司副使前知常州府事蘄水朱衿校正"，自卷二起各卷端署"武進薛應旂編集"。

薛應旂（1500—1575），字仲常，江蘇武進人。嘉靖十四年進士，歷官至浙江提學副使、陝西按察司副使。初學於王守仁，講陸九淵之學，晚乃研窮洛、閩之旨，兼取朱子。輯著有《四書人物考》四十卷、《甲子會紀》五卷、《憲章録》四十六卷等，其後人彙爲《方山薛先生全集》。事迹詳《五牧薛氏宗譜》。

是書以編年體叙述宋元兩代歷史，起自宋太祖建隆元年，迄於元順帝至正二十七年。自序謂欲刪述宋以下之記載，以接續司馬光《資治通鑑》，"研精竭慮，熟復四史（《宋》《遼》《金》《元》四史），於凡宋元名人文籍、家記、野史，罔不抉摘幽隱，究悉顛末"，費十餘年之力始著成書。《四庫全書總目》是書提要引朱彝尊《静志居詩話》譏其"孤陋寡聞，如王偁、李燾、楊仲良、徐夢莘、劉時舉、彭百川、李心傳、葉紹翁、陳均、徐自明諸家之書，多未寓目，并遼、金二史亦削而不書，唯道學宗派特詳爾"，又批評其書："大抵以商輅等《通鑑綱目續編》爲藍本，而稍摭他書附益之。於《宋》《元》二史未嘗參考其表、志，故於元豐之更官制、至元之定賦法一切制度，語多闇略；於本紀、列傳亦未條貫，凡一人兩傳、一事互見者，異同詳略，無所考證，往往文繁而事複……重沓竄易之誤不可枚舉；所紀元事尤爲疏漏。惟所載道學諸人，頗能採據諸家文集，多出於正史之外。"

此本係薛應旂任浙江按察司提學副使時所刻。中國臺北《"國家圖書館"善本書志初稿・史部》著録爲"明王道行等校刊本"，實與此爲同一版刻。至天啓間，陳仁錫評閱重刊，爲陳氏輯刻《通鑑全書》六種之一，日本萬延元年至元治元年（1860—1864）江户玉巖堂曾據陳評本翻刻。

寫、刻工："江陰繆淵寫""無錫張本刻"、何礼、邵埴、何鑰、何昇（昇）、才、吳祥（祥）、何化、余庭（余、庭、余廷）、何堅、何貞（貞）、張棟、吳川（川）、俞、良、松、又軒、何又、立、何亨、王誥（王告）、云、信、何倫（侖）、陳堅、迅、器、林、王龍（龍）、袁宸（宸、袁）、文、何成德（成）、郭、夏文憲（文憲、憲）、刘啓元、金南（南）、章相、章宣、章慶、章時、業、夏文祥、崖。

《四庫全書存目叢書》據山東省圖書館藏本影印，缺卷用北京大學圖書館藏本補配。

《四庫全書總目》入史部四編年類存目，《中國古籍善本書目》著録。收入第一至三批《國家珍貴古籍名録》（第一批 01501 號、第二批 03720—03730 號、第三批 07671—07672 號）。

中國國家圖書館、北京大學圖書館、上海圖書館、復旦大學圖書館、山東省圖書館、中國香港中文大學圖書館、中國臺北“國家圖書館”等館，日本前田育德會等有收藏。

此爲勞費爾購書。

046

新刻校正古本歷史大方通鑑二十卷首一卷新刻九我李太史校正古本歷史大方通鑑二十一卷

T2512　4914

《新刻校正古本歷史大方通鑑》二十卷首一卷，題明李廷機、葉向高校正。明萬曆周時泰刻本。版框高 23.3 厘米，寬 14.1 厘米。半葉十一行二十四字，小字雙行同，白口，四周單邊，單魚尾。版心上鐫“歷史大方通鑑”，中鐫小題及卷數，眉欄鐫評語。

首嘉靖三十八年（1559）樊獻科《重刻通鑑全編序》，次目録、《歷代國號之圖》《通鑑總論》。卷首、卷一及卷三卷端署“明太史晉江九我李廷機、福清臺山葉向高校正、太學繡谷敬竹周時泰刊行”。

《新刻九我李太史校正古本歷史大方通鑑》二十一卷，題明李廷機、申時行校正。明萬曆三十二年（1604）建邑書林余氏刻本。版框高 22.9 厘米，寬 14.4 厘米。半葉十一行二十四字，小字雙行同，白口，四周雙邊，無直欄，單魚尾。版心上鐫“歷史大方通鑑”，中鐫小題及卷數，眉欄鐫評語。

首目録，目録止於卷二十，而正文中順宗實爲卷二十一，目録無卷二十一，將順宗列於卷二十。次“宋元帝系圖”（擬題）。目録前當有凡例九則，此本佚。卷一卷端署“吏部左侍郎李廷機校正，内閣大學士申時行仝校，閩建邑書林余氏刊行”。卷二十一末有牌記鐫“萬曆甲辰孟春書林余氏仝梓”。

此二書前者起自周威烈王二十三年至後周世宗顯德六年（卷首爲三皇五帝夏商周），後者起自宋太祖建隆元年至元順帝至正二十八年，合卷首共四十二卷，二函二十四册（各十二册）。

周時泰，字敬竹，嘉靖、萬曆間刻書家，於金陵設博古堂書肆，曾刻《皇明大政記》《新刻搜集群書記載大千生鑑》《轂城山館詩文集》等書。

“書林余氏”爲余象斗（約 1550—1637），字仰止，號文台，自稱三台山人，建安（今福建建甌）人。邵武縣儒學諸生，出身於刻書世家，棄儒從商，爲萬曆間著名書商，曾刻《列國志傳》《全漢志傳》《三國志傳》《東西晉演義》等書數十種。

明代中後期盛行《通鑑》類歷史通俗讀物，是書爲其中之一，據司馬光《資治通鑑》、劉恕《通鑑外紀》、金履祥《通鑑前編》、劉時舉《續資治通鑑》及陳涇《通鑑續編》等書簡編而成。王重民《中國善本書提要》中《鼎鍥趙田了凡袁先生編纂古本大方通鑑補》條謂是書乃假托李廷機等人之名，又稱凡有三刻，一刻托名李廷機，二刻改從吉澄校刻本分卷（有在第一刻之前之可能），第三刻爲《鼎鍥趙田了凡袁先生編纂古本大方通鑑補》三十九卷首一卷，全翻第一刻，而又改托袁黃，“余象斗自萬曆二十八年至三十八年，十年之間，三刻是書，三次更換名目，無非欺騙讀者，冀多銷售耳”。檢各館藏本，余象斗托名李廷機之本不止開版一次，卷端有“閩建邑書林余象斗刊行”“閩建邑書林文台余象斗刊行”“閩建邑書林余氏刊行”等不同題署；《中國古籍善本書目》著錄有三十九卷本、四十一卷本，三十九卷本有兩種版本：“明萬曆二十八年余文台雙峰堂刻本”“明萬曆建邑書林余象斗刻本”，四十一卷本爲“明萬曆三十二年書林余氏刻本”。可見是書於明末頗爲流行。

周時泰、余象斗兩家刻本之先後待考。本館藏本係用周刻前半部分與余刻後半部分拼合而成全帙。余刻部分當即《中國古籍善本書目》所著錄之四十一卷本。周刻本亦見《中國古籍善本書目》著錄。《四庫全書總目》未收。周刻本收入《第一批國家珍貴古籍名錄》（01507 號）。

北京師範大學圖書館、故宮博物院、復旦大學圖書館、青海民族大學圖書館、鎮江市博物館、美國普林斯頓大學東亞圖書館藏有周刻本全帙，中國臺北“國家圖書館”藏有周刻本後半部分。余刻本則新疆大學圖書館、鎮江市圖書館、日本廣島市立中央圖書館、宮城縣圖書館有全帙，美國哈佛大學哈佛燕京圖書館有前半部分。

此爲勞費爾購書。

047

新刊翰林攷正綱目通鑑玉臺青史二十八卷

T2512　3161

《新刊翰林攷正綱目通鑑玉臺青史》二十八卷，明汪旦輯。明萬曆瀛洲館刻本。二函十册。版框高 21 厘米，寬 13 厘米。半葉十二行二十五字，小字雙行同，白口，四周單邊，單魚尾。版心上鑴小題，中鑴卷次，下鑴“瀛洲館”及寫、刻工，眉欄鑴評。

首有未署年王錫爵《玉臺綱鑑序》（湯焕書），次《玉臺綱鑑目録》、歷朝帝王圖、《玉臺通鑑綱目凡例目録》、《讀通鑑要法》、《玉臺綱鑑總論》。末未署年黄鳳翔《玉臺青史後序》。各卷首末或題"新刊翰林攷正經典綱目通鑑玉臺青史""新刊翰林攷正經史綱目通鑑玉臺青史"（"刊"字或作"刻"）。

卷一卷端署"周魯史官濟陽左丘明叙事、漢太史令龍門司馬遷撰文、前宋中郎外兵參軍河東裴駰集解、大唐國子監博士弘文學士河内司馬貞索隱、大唐諸王侍讀率府長史清河張守節正義、大宋温國公諡文正涑水司馬光編輯、大宋焕章閣（侍）［待］制侍講新安朱熹修正、皇明誠意伯文成公青田劉基纂集、皇明文淵閣大學士文毅公淳安商輅編續、皇明後學天都汪旦校正"，卷三卷端署"西漢少宗伯太史令兼掌修曆正官龍門司馬遷史記、東漢掌蘭臺令史官詔脩前朝國史茂陵班固漢書、西晉史官太子令中庶子敕脩國史巴西陳壽志書、前宋太子詹事東宮講官命修前史順陽范曄漢書、大唐太尉上柱國楊州都督趙國公洛陽長孫無忌紀傳、大宋端明殿學士上柱國開國温公涑水司馬光資治、大宋焕章閣（侍）［待］制經筵官徽國文公新安朱熹綱目、皇明開國翊運誠意伯柱國文成公青田劉基修正、皇明建極殿大學士少師諡文毅公淳安商輅纂輯、皇明後學新都汪旦校閱"，卷四卷端署"西漢少宗伯司天監曆正脩國史太史令龍門司馬遷史記、西漢天禄閣校書宗人正纂脩王國玉牒彭城劉向説苑、西漢博士官超遷大中大夫相梁國太傅洛陽賈誼論疏、東漢白虎觀五經博士掌蘭臺令脩牒文茂陵班固漢書、西晉洛陽尹鎮南刺史都督荆襄諸軍事西安杜預音義、大唐章懷皇太子前奉敕特進建國雍王成紀李賢註釋、大宋端明殿大學士上柱國左僕射温公涑水司馬光資治、大宋寶謨閣直學士侍講經筵徽國文公新安朱熹綱目、皇明武英殿大學士少保贈太傅文莊公瓊山丘濬衍義、皇明後學鄌郡汪旦校正"，卷六卷端署"東漢白虎觀五經博士掌蘭臺令修史牒茂陵班固漢書、東漢白虎觀太常博士會議五經校書郎平陵賈逵博義、東漢侍中大夫前蘭臺令奉詔纂修國史潁川荀悦漢紀、西晉太子令中庶子敕修前朝實録史官巴西陳壽志書、前宋太子詹事東宮講官詔纂前朝國史順陽范曄漢書、大唐章懷皇太子前奉敕特進建國雍王成紀李賢注釋、大宋端明殿學士上柱國封温國文正公涑水司馬光資治、大宋寶謨閣直學士侍講經筵徽國文公新安朱熹綱目、皇明文淵閣學士禮部尚書太傅文忠公寧晉曹鼐編輯、皇明後學新安汪旦校正"，卷九卷端署"西晉太子令兼中庶子詔脩國史平陽侯巴西陳壽國志、前宋東宮侍從太子詹事敕脩前朝國史順陽范曄漢書、南齊侍中大夫太子家令奉敕監脩史官武康沈約史編、大唐正議大夫秘書少監琅琊縣開國子臨沂顔籀詳註、大唐刑部侍郎京兆尹刺史昌黎伯文公南陽韓愈實録、大宋端明殿大學士平章左僕射文正公涑水司馬光資治、大宋寶謨閣直學士侍講經筵徽國文公新安朱熹綱目、皇明文淵閣學士少師禮部尚書文穆公吉水胡廣編輯、皇明奉天翊運上柱國封新建伯文成公餘姚王守仁脩正、皇明後學新安汪旦校正",卷十卷端署"前宋東宮侍從太子詹事敕脩晉朝國史順陽范曄史録、前宋中秘書監臨川内史奉敕脩撰國史會稽謝靈運晉史、南齊侍中大夫太子家令詔纂脩晉史官武康沈約史編、北魏光禄大夫大司徒兼秘監總理史戢武成崔浩晉書、大唐太尉特進上柱國太師鄭國文貞公鉅鹿魏徵紀傳、大宋端明殿大學士平章左僕射溫國公涑水司馬光資治、大宋寶謨閣直學士侍講經筵徽國文公新安朱熹綱目、皇明華蓋殿大學士少師贈太師文正公茶陵李東陽編纂、皇明建極殿大學士少傅贈太保文穆公新安許國脩輯、皇明後學新安汪旦校閱",卷十二卷端署"南齊侍中大夫太子宗令奉敕纂修前史武康沈約史編、前梁册立東宮廟謚昭明仁孝文皇太子蘭陵蕭統文選、隋太子通事中書舍人知制誥綜理史職博陵李百藥全編、大唐太尉特進上柱國太師鄭國文貞公鉅鹿魏徵紀傳、大唐都督揚州太尉進上柱國趙國公洛陽長孫無忌志書、大宋端明殿大學士平章左僕射文正公涑水司馬光資治、大宋寶謨閣直學士侍講經筵徽國文公新安朱熹綱目、皇明弘文館學士贈太師誠意伯柱國文成公青田劉基編輯、皇明武英殿大學士少傅贈太傅文正公餘姚謝遷修正、皇明後學新都汪旦校閱",卷十三卷端署"前梁侍中大夫太子家令詔脩本朝國史武康沈約史編、隋太子通事中書舍人掌知制誥脩史官博陵李百藥全編、大唐太尉特進上柱國太師鄭國文貞公鉅鹿魏徵紀傳、大唐都督揚州太尉進上柱國趙國公洛陽長孫無忌志書、大唐崇賢館學士兼中秘書監綜理史職魏郡李延壽南史、大宋端明殿大學士平章左僕射文正公涑水司馬光資治、大宋寶謨閣直學士經筵侍從徽國文公新安朱熹綱目、皇明建極殿大學士少師贈太傅文毅公淳安商輅脩正、皇明武英殿大學士少師贈太傅文恪公姑蘇王鏊編輯、皇明後學天都汪旦校閱",卷十四卷端署"唐崇賢館學士兼中秘書監丞綜理史職魏郡李延壽政典、唐吏部侍郎京兆尹前刺史文公昌黎伯南陽韓愈實録、宋大司徒平章事開府韓國太尉文忠公河南富弼纂疏、宋翰林院學士兼侍講經筵右諫議大夫華陽范祖禹史論、宋觀文殿學士參知政事上柱國文忠公廬陵歐陽脩監脩、宋端明殿大學士平章軍國溫國文正公涑水司馬光資治、宋寶謨閣直學士侍講經筵徽國謚文公新安朱熹綱目、皇明弘文館學士開國翊運太師文成公青田劉基編輯、皇明東閣大學士掌翰林院右春坊侍讀吉水解縉脩註、皇明後學新安汪旦校閱",卷十七卷端署"唐太尉左僕射同平章事敕賜爵衛國公贊皇李德裕攷註、宋崇政殿學士平章軍國右僕射宣靖公溫陵曾公亮序録、宋觀文殿學士參知政事上柱國文忠公廬陵歐陽脩同修、宋端明殿大學士左僕射平章事文正公涑水司馬光資治、宋寶謨閣直學士經筵侍講徽國謚文公新安朱熹綱目、皇明弘文閣大學士開國翊運謚文成公青田劉基纂輯、皇明武英殿大學士太子太師禮部尚書金谿吳宗伯編輯、皇明武英殿大學士太子太保謐文憲公鉛山費宏修正、皇明翰林院侍讀學士兼右春坊右庶子新都唐皋修輯、皇明後學新都汪旦校正”，卷二十卷端鎸“宋端明殿侍制掌翰林學士監修國史官燕山竇儀監修、宋觀文殿宰相平章軍國重事尚書僕射肥鄉李沆監修、宋觀文殿學士平章賜紫金魚袋文忠公廬陵歐陽脩同修、宋龍圖閣學士賜紫金魚袋常山郡國公雍丘宋祁同修、宋端明殿大學士同平章左僕射文正公涑水司馬光資治、宋焕章閣侍制經筵講官贈徽國謐文公新安朱熹綱目、皇明禮部侍郎兼翰林院侍讀學士史官貴池許觀纂集、皇明建極殿大學士少師贈太傅文毅公淳安商輅編輯、皇明建極殿大學士少傅贈太保文穆公新安許國修正、皇明後學新安汪旦校正”，卷二十一卷端署“宋龍圖閣學士上柱國常山郡國公賜紫金魚袋雍丘宋祁監修、宋龍圖學士安樂郡國文忠公賜紫金魚袋廬陵歐陽脩同修、宋端明殿學士上柱國河內開國溫國公涑水司馬光資治、宋焕章閣大學士侍制經筵講官封徽國文公新安朱熹綱目、皇明開國翊運誠意伯太師上柱國謐文成公青田劉基修正、皇明東閣學士五經國師兼翰林院經筵侍講婺州宋濂編輯、皇明少師兼太子太師建極殿大學士文毅公淳安商輅編次、皇明少傅兼太子太傅建極殿大學士文穆公新安許國修集、皇明後學新安汪旦校正”，卷二十五卷端署“宋寶謨閣大學士經筵侍講徽國謐文公新安朱熹綱目、宋資政殿大學士提舉萬壽宮贈浦城伯浦邑真德秀衍義、宋樞密院右丞相贈少保封信國忠烈公廬陵文天祥博義、皇明上柱國開國翊運左丞相封韓國公定遠李善長序疏、皇明上柱國開國翊運誠意伯謐（原誤作“謚”）文成公青田劉基監修、皇明東閣學士知制誥翰林院修國史官婺州宋濂監修、皇明翰林院修撰詔纂修前朝實録史官金華王禕同修、皇明翰林院待詔奉敕同修前朝國史官新安汪克寬編輯、皇明文淵閣大學士禮部尚書謐文穆公吉水胡廣修正、皇明後學新安汪旦校正”。

汪旦，新安（今安徽歙縣）人。生平不詳。

明代中期，坊間盛行將歷代《通鑑》《綱目》類史書合鈔，以“綱鑑”爲名，編爲史書通行讀本。嘉靖間興起，至萬曆間盛行一時，明張鼐在《綱鑑白眉》（明萬曆刻本）之凡例中稱“歷代綱鑑之刻，近纂修者不啻百種”。是書亦其中之一。紀事起自三皇，迄於元至正二十七年。卷一三皇紀、五帝紀，卷二夏紀、商紀、周紀，卷三列國紀、後秦紀，卷四之六漢紀，卷七至八東漢紀，卷九後漢紀（按即三國，以蜀漢爲正統），卷十至十一晉紀，卷十二至十三南北朝紀（以南朝宋至隋爲正統，附以北朝），卷十四至十九唐紀，卷二十五代（以後梁至後周爲正統，附以契丹、遼），卷二十一至二十四宋紀（附遼、金、夏），卷二十五至二十七南宋紀（附金、西遼、夏），卷二十八元紀。書中頗重義例筆法、華夷之辨。

寫、刻工："武林趙大化寫""金陵楊時寫""金陵陳文翰寫""會稽蔡卿寫""會稽蔡龍源寫""蕭山曹奎垣寫""虎林夏尚官刊""金陵張峰刊""金陵馮志刻""金陵馮文刊""會稽曹惠卿刊""會稽徐汝茂刊""固陵張思槐刊""蕭山曹勉吾刊""新安黃一柱刊"。

《中國古籍善本書目》著錄。

此書存世稀見，中國國家圖書館、北京師範大學圖書館（著錄十七卷，疑不全）有收藏。

鈐白文方印"陽湖惲叔璵經眼"。惲叔璵名積勳，字叔璵（一作叔畬），號笏葊，陽湖（今江蘇武進）人。近代收藏家，室名"桐蔭山館"。曾參與創辦《譯書公會報》。

此爲勞費爾購書。

048

綱鑑會編九十八卷歷代郡國考略三卷歷代統系表略三卷歷代官制考略二卷（存一百三卷）

T2512　4933

《綱鑑會編》九十八卷《歷代郡國考略》三卷《歷代統系表略》三卷《歷代官制考略》二卷，清葉澐輯。清康熙刻本。存一百三卷（缺《歷代統系表略》三卷），卷六缺第三葉。七函二十七冊。版框高 20.1 厘米，寬 15.1 厘米。半葉十一行二十三字，小字雙行同，下黑口，左右雙邊，單魚尾。版心上鐫書名，中鐫帝號及年號，下鐫刻工。

前當有康熙四十一年（1702）徐秉義序、四十二年宋犖序、三十八年劉德芳序、《凡例》十四則及目錄，此本佚。首《歷代郡國考略引》，末署"松川葉澐識"，分上中下三卷，各卷端署"崑山葉澐編次"。次《歷代官制考略引》，末署"松川葉澐識"，分上下二卷，各卷端署"崑山葉澐編次"。正文各卷端署"文安劉德芳訂正，崑山葉澐輯錄"。

葉澐，字蕃九（一作蕃久），號松川，江蘇崑山人。少濡染家學，長入北雍，遍歷燕、晉、兩楚、齊、魯、趙、魏之墟，凡興圖厄塞、土風人物莫不鈎稽默識。於古今典憲尤爲綜貫，嘗編輯《崑山人物續考》，纂《〔康熙〕商丘縣志》。《〔道光〕蘇州府志》卷一百一有傳。

是書以朱熹《資治通鑑綱目》爲主，會合司馬光《資治通鑑》爲一編。《凡例》稱："是編以朱子《綱目》大書爲綱，而以分書爲目。目者，詳載綱中所書之事也。而又曰鑑者，鑑亦與目同。目取於朱氏，鑑取於司馬氏，兩書會合而成，此是編之所由名也。而一綱之下，或目或鑑，止取一條，更不兩見；如綱文事義已盡，亦不復載目與鑑；或綱文事義未盡，而其説甚簡者，則分注數字以見大意，俾閲者瞭然。”紀事起自盤古，下逮元末。因康熙間官修《明史》編纂未竣，故不輯述明代。《凡例》又云：“余著有《歷代統系表》一書，尚未行世，今鈔撮其略，分爲三卷，列於卷首，益之以輿圖、官制，相輔而行，皆讀史者所必有事也。”所謂“輿圖、官制”即《歷代郡國考略》與《歷代官制考略》，三部分内容皆函括明代。

是書康熙間付刻，存世各本有印刷先後之不同。《四庫未收書輯刊》據中國科學院文獻情報中心藏本影印，書名葉爲：額鎸“文安劉悔菴先生訂定”，下框内左鎸“貴德里南陽藏板”，鈐長方戳記“《州郡》《官制》《統系》三考刻完即出”，書中無《郡國》《官制》二略。美國哈佛大學哈佛燕京圖書館藏本書名葉額鎸“新增讀史三略”，下與中科院本同；中國香港中文大學圖書館藏本書名葉則爲左鎸“新增讀史三略本衙藏板翻刻必究”。

《四庫未收書輯刊》定爲“清康熙劉德芳刻本”，《中國科學院圖書館藏中文古籍善本書目》則詳著爲康熙三十八年劉德芳刻本，版本年係據劉德芳序而定，而書中亦有徐秉義、宋犖二序，時間晚於劉序。中科院本劉德芳序言刻書事云：“我友松川子經奇汲古，尤邃於史學。余承乏淮南，間曹多暇，因倩之商定涑水、紫陽二書以逮陳氏之《外紀》、南氏之《前編》、宋元二代之續編，萃而成帙，上自盤古，下逮有元，得卷凡九十有八，隨付剞劂。”沈津《美國哈佛大學哈佛燕京圖書館藏中文善本書志》著録爲清康熙刻本，劉序此數句則爲：“我友松川子經奇汲古，尤邃於史學。嘗偕余在淮南讀書時峙雲亭中，間取涑水、紫陽二書以逮陳氏之《外紀》、南氏之《前編》、宋元二代之續編，删訂成帙，上自盤古，下逮有元，會爲一編，得卷凡百，出示余。”哈佛本當爲後印，因新增讀史三略，故序改爲“得卷凡百”。中科院本徐秉義序云：“觀察公經國偉人，所至有聲，實政事之暇，究心墳典，特梓是編，以惠後學。”落款“康熙壬午長至日賜進士及第通議大夫經筵講官詹事府詹事兼翰林院侍講學士前吏部右侍郎東海徐秉義譔”，哈佛本爲：“觀察公經國偉人，所至有聲，實政事之暇，究心墳典，助刊是編，以資後學。”落款“康熙壬午長至日東海徐秉義譔”，康熙壬午年徐秉義告老還鄉，疑因此後印本遂删去其官名。中科院本宋犖序云：“是編雖輯於松川，而文安劉觀察訂正刊布之功不小。”哈佛本則爲：“文安劉觀察（劉德芳）與（葉氏）爲莫逆交，資之剞劂以行世。是編之得以流播海内而傳示來兹者，觀察之功居多。”各館藏本又有據徐、宋序著録爲康熙四十一或四十二年刻本者，疑是書爲康熙三十八年初刻，後印時增刻徐、宋二序并陸續新增《州郡》《官制》《統系》三略（中科院本），再後印時則序文將劉氏“特梓”之功皆改爲“助刊”（哈佛本）。

此本有《郡國》《官制》二略，印次當與哈佛本同，而版面狀態優於哈佛本。

刻工：志行、子重、維伯（惟伯）、甘明、達三、子英、九上、邝珍、邝生、周生、德先（惪先）、九野（九埜）、邝采、方三、玉章、邝臣、巨甫、倫采、伸伯、志伯、憲生、仲士、洪甫、格生、君侯、邝廷、甘世、世明、邝九、甘宜、公化、邝榮、齐マ、山夫、魯珍、漢榮、甘伯、楊廷、子美、晉占、公一、芃生、显思、云文、士元、玉舟、志遠、廷芳（廷方）、本立、九來。

"玄"字避諱缺末筆。

有朱墨筆批校。

《中國古籍善本書目》著録爲清康熙刻本。

中國人民大學圖書館、中國科學院文獻情報中心、中國社會科學院近代史研究所、上海圖書館、復旦大學圖書館、湖北省圖書館、蘇州大學圖書館、中山大學圖書館、中國香港中文大學圖書館，美國國會圖書館、美國哈佛大學哈佛燕京圖書館，日本東京大學東洋文化研究所、前田育德會有收藏。

鈐朱文方印"孫印華卿"。

049

甲子會紀五卷

T2512　　4400.1

《甲子會紀》五卷，明薛應旂編。明嘉靖三十七年（1558）玄津草堂刻四十二年增刻本。卷四缺第三十三葉。一函四冊。版框高18.1厘米，寬13.2厘米。半葉九行十八字，小字雙行，白口，四周單邊，單魚尾。版心中鐫書名、卷次，下偶鐫刻工姓名。卷五末鐫"嘉靖戊午秋刻於玄津草堂"條記一行。

首嘉靖戊午（三十七年）許穀《甲子會紀序》。

卷一卷端署"皇明賜進士中憲大夫前浙江提學副使武進薛應旂編輯"，卷二至五署"明武進薛應旂編輯"。

薛應旂，見"045　宋元通鑑一百五十七卷"介紹。

是書前四卷以六十甲子紀年，上自黃帝八年，下至嘉靖四十二年，爲七十一甲子。每年之下略紀大事，以備檢閱。第五卷略述邵雍《皇極經世》"以元經會"之説，使觀化者知所究竟，附"邵子觀化詩"及"盤古諸紀并歷代國都"。卷四末葉多出嘉靖三十八至四十二年內容，當係增刻。

《四庫全書存目叢書》據天津圖書館藏"明嘉靖三十七年（1558）玄津草堂刻本"影印。此本與天圖本比對，卷四第三十五葉"仁宗昭皇帝"起，此本僅三葉，內容極簡略，天圖本則大大詳於此本，較此增多二十葉；末葉"右甲子七十一，弘治二年，正德十六年"下，天圖本多"嘉靖四十二年"六字。天圖所藏係增訂後印本。

是書又有明天啓間陳仁錫評閱本，爲陳氏輯刻《通鑑全書》六種之一，卷四內容與此本同，唯末多"嘉靖四十二年"六字。陳氏評閱本之許轂序爲嘉靖己未（三十八年），較此晚一年，不詳何故。

《四庫全書總目》入史部四編年類存目，《中國古籍善本書目》編年類著錄。收入第二至三批《國家珍貴古籍名錄》（第二批03754號，第三批07683、07684號），《名錄》定爲"嘉靖三十八年刻本"，不詳何據。

刻工：何昇（何）、俞汝霆（俞汝廷、俞）、張邦（張）、李。

北京大學圖書館、上海圖書館、上海辭書出版社圖書館、吉林大學圖書館、天津圖書館、保定市圖書館，日本宮城縣圖書館有收藏。

鈐白文方印"古潭州袁臥雪廬收藏""易印漱平"、朱文長方印"風尌亭藏書記"。知曾經袁芳瑛、易培基及李宗侗夫婦收藏。

斷　代

050
彙戰國史綱衍義十二卷音釋十二卷

T2527　7922

《彙戰國史綱衍義》十二卷《音釋》十二卷，明陳繼儒訂定，明程元初彙輯。明萬曆汪正芳刻本。二函十二冊。版框高21.1厘米，寬12.9厘米。半葉十行二十字，白口，四周單邊，單魚尾。版心中鎸卷次，卷十第二十五、二十六葉版心下鎸"西爽堂藏板"。

首有未署年吳用先《戰國史綱編年衍義叙》。

各卷端署"雲間陳繼儒訂定，新安程元初全之甫彙輯、汪正芳茂倩甫校梓"。

陳繼儒（1558—1639），字仲醇，號眉公（一作麋公）、白石山樵。華亭（今上海松江）人。隱居崑山之南，絕意仕進，杜門著述。博文強識，經史諸子、術伎稗官與釋道家言無所不通。編刊書甚多。著有《眉公全集》《晚香堂小品》等。《明史》卷二百九十八有傳。

程元初（？—1621），字全之，新安（今安徽歙縣）人。游歷四方，立志著書立説，以垂後世。聞遼東形勢危急，徒步趕到遼陽，與當地居民共同守衛要塞，遼陽城陷被殺。著有《律古詞曲賦吐韻》十二卷。生平見錢謙益《牧齋初學集》卷二十五《徽士錄》。

　　是書仿《左傳》傳《春秋》及朱熹《通鑑綱目》之法纂述戰國史事，以紀年叙事爲綱，博採史籍而注釋之，爲衍義（低一格書）。起周威烈王二十三年（前403），迄於秦二世元年（前209）。

　　程氏曾纂《歷年二十一傳》一書，將二十一史各編年爲傳，“自季周以至金元，分爲各代”（《歷年二十一傳凡例》），僅有卷一至十一《季周傳》、卷十二《嬴秦傳》傳世，《四庫全書總目》史部四編年類存目《歷代二十一傳殘本》（“代”爲“年”字之誤）提要謂“其爲刊刻未竟抑傳本闕佚，均不可知”，所存十二卷內容與《彙戰國史綱衍義》完全相同。《四庫全書存目叢書》據無錫市圖書館藏明萬曆刻《歷年二十一傳》本影印，彼本有萬曆三十二年（1604）陳邦瞻《歷年二十一傳序》、三十一年程元初自序、《叙傳源流義例總綱》及《凡例》九則，卷一至十一題“歷年季周傳”，卷十二題“歷年嬴秦傳全十二卷”，次行均題“新安程元初全之甫彙輯、江起鵬羽健甫編次”（《四庫存目標注》誤爲“江超鵬”，見史部第526頁）。《歷年二十一傳》自序云：“逖觀往昔纂述，二十一史具在，表疏有《歷代奏議》，朱夫子有《綱目》，司馬公有《通鑑》，有《紀》，有《記》《通典》《會通》諸書，類皆大纂述、大筆力，宜童而習之，至老不忍釋手，庶於經綸康濟有所資藉。乃書盈於充棟，學嘆於望洋，有志者惜之。竊不自揆，纂輯前書，旁收博採，以補未備。每代各爲一傳，紀年叙事，必有總綱，因朱夫子本文，唯晉及南北朝因文中子《元經》，其傳注依仿《左氏》義例。故實與辭令共貫，病症與醫方并列，即未經義斷而補其詳，稍涉奇衺而紀其變，亦期於屬厭而止。其叙述欲其敷演條暢，始終具備，如小說諸傳，令讀者厭飫雋永。第皆採輯先賢叙述成言，補綴成章，不敢僭綴一語。”

　　此書當係據《歷年二十一傳》殘本翻刻，因僅存戰國部分內容，遂將標題改爲《彙戰國史綱衍義》，以充完書。吳用先序云：“（汪正芳）出其所匯《國策》相際，固程山人（程元初）編摩之力，而茂倩益加集訂校讐，愈見苦心。”汪正芳生平不詳。

　　《中國古籍總目》著錄上海圖書館藏明刻本《彙戰國策補》十二卷，明程元初輯，明江起鵬次編，疑爲《歷年二十一傳》另一翻刻本，日本前田育德會亦有是書。

　　《千頃堂書目》卷五、《明史》卷一百三十四、《澹生堂藏書目》皆著錄“程元初《季周傳》十二卷”，又“《戰國策編年輯遺》十二卷，六冊，程元初”，疑後者爲“彙戰國史綱衍義”之別名。

　　《中國古籍善本書目》未收。

　　此書未見他館有收藏。

鈐白文方印"孫星衍伯胹氏""臣印星衍"。孫星衍（1753—1818），字淵如，號伯淵，陽湖（今江蘇武進）人。乾隆五十二年（1787）一甲第二名進士，授翰林院編修，官至山東布政使。博通經史，精於藏書，曾輯刊《平津館叢書》《岱南閣叢書》等，《清史稿》卷二百五十一有傳。白文方印"謏聞齋""臣印錫祺"、朱文方印"竹泉"，顧錫祺，字敦淳，號竹泉，婁縣人，僑寓上海。家富藏書，藏書處名謏聞齋，有宋槧不下百種。白文方印"磊闇所見"，爲張祖翼印，張祖翼（1849—1917），字逖先，號磊盦、濠廬，安徽桐城人。寓居無錫，工書法，精金石、篆刻。又白文方印"易印漱平"、朱文方印"生齋臺灣行篋記"等，知又經李宗侗夫婦收藏。另有朱文方印"萬曆己丑進士翰林院庶吉士禮部尚書文敏公後裔""程印汝攀"、白文方印"檻泉""曾在玉照山莊"，待考。

051

兩漢紀六十卷兩漢紀字句異同考一卷

T2545　4291

《兩漢紀》六十卷，宋王銍輯；《兩漢紀字句異同考》一卷，清蔣國祚撰。清康熙三十五年（1696）蔣氏刻清光緒五年（1879）補刻本。二函十六冊。版框高 17.8 厘米，寬 14.1 厘米。半葉十一行二十一字，黑口，左右雙邊，單魚尾。版心中鐫書名及卷次，下鐫刻工。

《前漢紀》三十卷，漢荀悦撰。首康熙丙子（三十五年）蔣毓英《重刻前後漢紀序》、紹興十二年（1142）王銍《兩漢紀後序》、未署年蔣景祁《兩漢紀後序》、康熙丙子宋犖序、邵長蘅序，次《前漢紀目録（并序）》，次《後漢書》荀悦本傳，次《兩漢紀字句異同考》。《前漢紀目録》署"漢祕書監侍中荀悦譔，襄平蔣國祥、蔣國祚同校"。

《後漢紀》三十卷，晉袁宏撰。首康熙丙子毛奇齡序、康熙辛卯（五十年）郎廷極序，次《後漢紀目録（并序）》，次《晉書》袁宏本傳。《後漢紀目録》署"晉東陽太守袁宏譔，襄平蔣國祥、蔣國祚同校"。末光緒五年蔡學蘇跋。

蔣國祚（？—1716），字梅中，漢軍鑲藍旗人，世居遼寧瀋陽。貢生，康熙四十一年任婺源知縣，有德政，五十五年卒於官。《［民國］重修婺源縣志》卷十三有傳。

《後漢書》荀悦本傳稱漢獻帝雅好典籍，以班固《漢書》文繁難省，命荀悦依《左傳》體著《漢紀》三十篇，言約事詳，論辨多美；晉末袁宏仿荀書體例，參考謝承、司馬彪、張璠諸家數百卷史料，撰集後漢史事爲《後漢紀》三十篇。荀、袁二《紀》并行於世，合稱《兩漢紀》，與班固、范曄二書相爲表裏，頗受學者重視。

此本爲康熙間蔣國祚、國祥兄弟校刻，世稱精本，其校刻始末宋犖序述之甚悉，文云："（《兩漢紀》）洎宋祥符中鏤板於錢唐，版尋廢，紹興中再鏤版浙東，語具王銍序。又案巽巖李氏（李燾）云某家印本，乃天聖間益州市所摹刻者，衍文助語，亂布錯置，往往不可句讀，而近歲江浙印本號爲曾經校讎，其實與天聖市刻相似。又云傳録歲久，卒難得其真，可爲太息。蓋是書在宋時已殘脱如此。明成、弘間信陽何景明得《荀紀》鈔本，涇野吕柟又加是正刊行，然《袁紀》迄未見也。嘉靖間五嶽山人黄省曾偶從雲間朱氏購得宋版舊本，其子姬水刻之吴門，二書於是復完。距今蓋一百五十年矣，版又廢，而學士大夫家藏弄之者亦少。蔣子篤志嗜古，慨然幸是書之存而惜其傳之不廣也，間謁予吴閶署齋，見架上有黄氏鋟本，遽攜之去。黄本故多譌字，烏焉亥豕，展卷有之，亦有複誤至數行者，蔣子重購得萬曆間監本，差善，乃相對校讎，旁參班、范兩書，正其字之灼然譌者，而疑其句義之牴牾脱誤者，授之厥氏。別爲《字句異同考》一卷繫其後，其用心抑可謂厪矣。"毛奇齡序云："至其所讎校，則初購善本於吴門宋開府署，得明嘉靖間姬水黄氏所勒本，續得宋版《前紀》於項侍郎宅，又續得明南監本《後紀》於吴宫允宅，互相參對，補其漏而更其譌，疑即闕之，不妄填一字。起自乙亥冬十一月，迄於丙子夏六月。"蔣氏以諸本互校，故較舊本完善，《四庫全書》本即據蔣刻校録。

蔣刻書版流傳，輾轉歸於郎廷極，郎氏序云："蔣氏板後歸於年中丞家，予復得之年氏，乃爲言以著於簡端。"年中丞即年羹堯，時任四川巡撫。其後版歸蔡氏五峰閣。歷年既久，殘損已多，光緒間蔡學蘇費五年之功補版重印之。

刻工：邛臣、子重、士玉、齊厶、子珍、子佩、邛文、甘明、聖文、穎涵、劉三吉、志遠、穎湮、世明、齊心、公佩、邛卿、洪甫、玉禾、大生、文式、邛倫采、王元。

《四庫全書總目》史部三編年類著録，《中國古籍善本書目》未收。

中國國家圖書館、故宫博物院、湖南圖書館，美國哈佛大學哈佛燕京圖書館、華盛頓大學圖書館，日本京都大學人文科學研究所等均有收藏。

鈐朱文方印"正雅堂雲煙過眼圖書之章"，印主待考。

052

重鎸朱青巖先生擬編明紀輯畧十六卷

T2720　2914

《重鎸朱青巖先生擬編明紀輯畧》十六卷，清朱璘撰。清康熙刻本。二函十六册。版框高 23.3 厘米，寬 14.8 厘米。半葉十行二十字，小字雙行同，白口，四周單邊，單魚尾。版心上鐫"明紀輯畧"，中鐫卷次及小題，眉欄鐫評。

首康熙三十五年（1696）張英《明紀輯畧序》，次《新鐫朱青巖擬編明紀輯畧目次》。

朱璘，字青巖，江蘇常熟人。由貢監官武昌府同知，署湖北驛鹽道。康熙二十九年隨軍平夏逢龍之叛，以軍功擢南陽府知府。著有《東湖文集》三卷，編《歷朝綱鑑輯畧》五十六卷、《南陽府志》六卷。《［光緒］上虞縣志》卷十一有傳。

是書編年輯録有明近三百年史事，起明太祖洪武元年，迄於南明福、唐、桂三王之亡。卷一至二太祖，卷三建文帝，卷四成祖、仁宗、宣宗，卷五英宗、景帝，卷六憲宗、孝宗，卷七武宗、世宗，卷八世宗、穆宗，卷九至十一神宗，卷十二神宗、光宗，卷十三熹宗，卷十四熹宗、莊烈帝，卷十五莊烈帝，卷十六（南明）三王。張英序云："青巖守南陽，首葺書院，延師教郡人子弟，從游者數百人，爲選刻古今人文字遍給諸生，復手定《綱鑑輯畧》一書，追蹤《綱目》，芟繁就簡，學者稱便。又慮明季以來事多湮没，爰廣搜文獻，記載詳核，顏曰《明紀全載》，附諸篇末。"知是書編撰於朱氏任職南陽府期間，又名《明紀全載》，原附於《綱鑑輯畧》之後。康熙三十五年刻"萬卷堂藏板"本《歷朝綱鑑輯畧》，《明紀》部分爲卷四十一至五十六（中國臺北"國家圖書館"有藏本［索書號：25061］。朱璘輯刻《諸葛丞相集》爲康熙三十七年萬卷堂刻本，疑萬卷堂即朱氏齋堂號）；康熙間武林蔣氏別刊《明紀》部分，題名《通鑑明紀全載輯畧》，編卷則爲卷四〇至五十五（北京大學圖書館有藏本[典藏號：SB/916.0915/2519]，據序定爲康熙三十五年刻。沈津謂蔣刻本係"別行刊出，其卷數仍依《綱鑑輯畧》本，標作四〇至五五，後來刊本方改爲一至十六"，見《美國哈佛大學哈佛燕京圖書館藏中文善本書志·清乾隆刻本明紀全載》條）。

此爲單刊別行之本，故標明"新鐫""重鐫"。書名葉右鐫"朱青巖先生輯畧"，中鐫"明紀全編"，左鐫"清畏堂藏板"。具體刊刻時間不詳，各館或著録爲康熙三十五年刻，所據唯張英序而已，實非確據，序中并未提及刻書事。北京師範大學圖書館、遼寧大學圖書館等館有康熙刻"聚錦堂藏板"本，但與此字體不同，并非同一版刻。

是書因附有南明三王紀年事迹，曾被浙江巡撫楊廷璋奏請銷毀，清高宗謂"閱其體例，非不尊崇本朝，且無犯諱字迹，徒以附紀明末三王，自不宜在概禁之列"，"命有司弛其禁"（《清實録·高宗純皇帝實録》卷九九五）。《四庫禁燬書叢刊·補編》影印北京大學圖書館藏康熙刻"博古堂藏板"本《明紀全載》，已是修訂本，卷十五、十六爲"懷宗端皇帝（即康熙本之莊烈帝）"，紀事至崇禎十七年止，三王事迹被削去，僅於卷十六末附"明末前後死節諸臣"而已。

《四庫全書總目》《中國古籍善本書目》皆未收。

中國國家圖書館、中國人民大學圖書館、浙江圖書館、浙江大學圖書館，美國國會圖書館等有收藏。

此爲勞費爾購書。

053

皇明通紀前編二十七卷續編十八卷

T2720 7914

《皇明通紀前編》二十七卷《續編》十八卷，明陳建撰，明董其昌訂。明崇禎十一年（1638）刻本。四函二十八册。版框高 21.2 厘米，寬 14.5 厘米。半葉十行二十二字，小字雙行同，白口，四周單邊，單魚尾。版心上鎸書名，中鎸卷次，眉鎸評語。

首崇禎十一年陳繼儒《皇明通紀全書序》；次未署年《皇明通紀前編序》，署"東莞臣陳建撰"；次《皇明通紀凡例》七條、《正編採據書目》、《皇明通紀前編目録》、《皇明通紀續編目録》。

《前編》各卷端署"東莞陳建輯，史臣董其昌訂"，《後編》各卷端署"史臣董其昌輯"。

陳建（1497—1567），字廷肇，號清瀾，廣東東莞人。嘉靖七年（1528）舉人，授福建侯官縣學教諭，升江西臨江府學教授、河南信陽縣令。後以母老辭歸，專心著述。著有《學蔀通辨》十二卷、《皇明啓運録》八卷。《〔萬曆〕粵大記》卷二十四有傳。

董其昌（1555—1636），字玄宰，號思白、思翁，別號香光居士，華亭（今上海松江）人。萬曆十七年（1589）進士，官至南京禮部尚書。卒謚"文敏"。精於書法、繪畫。著有《畫禪室隨筆》四卷、《容臺文集》十卷《詩集》四卷《別集》六卷。《明史》卷二百八十八有傳。

是書爲明代編年體通史，前編起自元順帝至正十二年，迄於明正德十六年；後編起自嘉靖元年，迄於天啓七年。《凡例》謂"此《紀》仿《資治通鑑》而作，凡群書所載，必有資於治者方采録之，細故煩文無資於治者弗録"，又謂"紀事多首舉其綱，後乃詳其事目，聯書之，仿張光啓《通鑑續編》例也，不敢顯擬朱子也"。陳建先有《皇明啓運録》一書，述明太祖事迹，其後續寫至正德朝，撰爲《皇明歷朝資治通紀》（省稱《皇明通紀》）。《前編序》云："臣建往爲《皇明啓運錄》，述我太祖高皇帝俊德成功，始終次第之詳矣。宮端泰泉黃先生（黃佐）見之論，又曰：'昔漢中葉有司馬遷《史記》，有班固《漢書》，有荀悦《漢紀》，宋中葉有李燾《長編》，皆蒐載當時纍朝致治之迹，以昭示天下。我朝自太祖開基，聖子神孫重光繼炤垂二百禩矣，而未有紀者。子纂述是志，盍并圖之，以成昭代不刊之典也。'……我朝洪武開國四十餘年之事，無非所謂創業垂統焉，《啓運》一錄備矣。繼自永樂下迨正德，凡八朝一百二十四年之事，無非所謂持盈守成也，則今《通紀》具焉。《紀》成所梓，非敢自謂昭代成史，乃爲後之秉筆君子屬稿云爾。《啓運錄》舊已梓完，難於再編改刻，然二之又不是，故今并冠以《通紀》之名，而版刻姑仍舊，合前後共爲一書云。"今《啓運錄》與《歷朝資治通紀》合刊本尚有嘉靖間東莞陳氏家刻本存世（中國臺北"國家圖書館"有收藏。中國國家圖書館、寧波市天一閣博物院有翻刻本，皆爲殘本）。

《明穆宗實錄》卷六十一載隆慶五年（1571）九月，工科給事中李貴和上疏言："我朝列聖《實錄》，皆經儒臣奉旨纂修，藏在秘府。建以草莽之臣越職僭擬，已犯自用自專之罪矣。況時更二百年，地隔萬餘里，乃欲以一人聞見，臧否時賢，熒惑衆聽。若不早加禁絶，恐將來訛以傳訛，爲國是之累非淺淺也。"於是"下禮部覆議，請焚毀原版，仍諭史館毋得采用"。雖明令禁毀，但流傳不斷，"板行已久，向來俗儒淺學多剟其略以誇博洽，至是始命焚毀，而海內之傳誦如故也。近日復有重刻行世者，其精工數倍於前"（明沈德符《萬曆野獲編》卷二十五《焚通紀》條），重刻者將《啓運錄》與《歷朝資治通紀》統編爲《皇明通紀》，有十卷、十一卷、十四卷、二十卷、三十卷等不同版本。仿寫、續補、刪改之作甚多，謝國楨云："明代史學，自陳氏《通紀》流傳宇內，人各操觚，遂成一時風氣。其自作一書者，若薛應旂《憲章錄》、鄭曉《吾學編》、朱國禎《皇明史概》、涂山《明政統宗》、王世貞《史料》之類，不可悉舉。其續《通紀》之作者尤繁，若繡水卜世昌《皇明通紀述遺》十二卷，起洪武至隆慶，多補陳氏之未備；《皇明十六朝廣彙紀》，則補嘉靖至天啓三朝，於遼事尤詳；陳仁錫《皇明實紀》，亦效陳氏之法，而稍增加其事實；張嘉和《通紀直解》，則類補注《通紀》之實；至鍾惺《通紀集略》，則抄襲成文，毫無體例，或爲坊間所僞托，竟類村塾之課蒙。"（《增訂晚明史籍考》第38頁）此外支大綸、沈國元、高汝栻等皆有續作。

陳繼儒序述董其昌續書事云："《皇明通紀》者，昔東莞陳氏建仿宋司馬溫公《通鑑》例，而輯朝家故典自洪、永至正德以前之書也。其稱'全書'者何？董大宗伯其昌嘗預修神、光二廟實錄，得盡窺金匱玉室之藏，因上自嘉、隆，下迄天啓，抄纂五朝遺事而續之。蓋爲經世憲章，以媲美於皇王云。"陳、董二書合編，遂成爲有明一代除崇禎朝外之全史。

書名葉額鐫“洪武起至天啓”，下分三欄，中鐫“皇明通紀全書”，右鐫“董太史訂補”，左鐫書肆廣告語：“東莞陳氏《通紀》一書向稱善本，然踵刻者往往以己意删纂，事實不無遺漏。兹董太史所訂全本更考索群書，改訛詳註，續以五朝盛事，誠玫政之金鏡，後場之武庫也”。鈐朱文方印“寶晉齋”。

入清遭禁毀，《軍機處奏准全燬書目》著録。《四庫禁燬書叢刊・補編》據北京師範大學圖書館藏本影印。

《四庫全書總目》未收，《中國古籍善本書目》著録。

此書存世甚稀，他館僅見北京師範大學圖書館有收藏。

054

通紀會纂四卷

T2720.2　8191

《通紀會纂》四卷，題明鍾惺定，清王汝南補。清初刻本。一函一冊。版框高 20.9 厘米，寬 11.9 厘米。半葉九行二十四字，白口，左右雙邊，無直欄。版心上鐫書名，中鐫卷次及廟號，眉欄鐫注。

首《通紀會纂目録》。無序跋。

各卷端署“督學臣鍾惺謹定”。

鍾惺（1574—1624），字伯敬，號退谷、退庵，別號晚知居士，湖廣竟陵（今湖北天門）人。萬曆三十八年（1610）進士，官至福建提學僉事，以父憂歸，卒於家。詩文與譚元春齊名，號“竟陵體”。著有《隱秀軒集》三十三卷。《明史》卷二百八十八有傳。譚元春爲其撰《退谷先生墓誌銘》，見《譚友夏合集》卷十二。

王汝南，字季雍，生平不詳。

是書以編年體編述明代史事，起自朱元璋之生，迄於清定鼎後諡崇禎帝爲懷宗端皇帝、周皇后爲烈皇后。卷一明太祖、惠宗，卷二成祖至英宗，卷三憲宗至光宗，卷四熹宗、懷宗。段落末偶有陳建或鍾惺之評語。

著者署鍾惺，而鍾惺卒於天啓四年（1624），不應預知崇禎朝及明亡事。考是書又名《明紀編年》，有清順治間刊十二卷本（《四庫禁燬書叢刊》據中國科學院文獻情報中心藏本影印），前十卷内容與此完全相同，惟多卷十一“赧皇帝（福王）”、卷十二“隆武（唐王）”兩部分南明事，有王汝南序云：“明之有紀，自陳東莞（陳建）、鄭端簡（鄭曉）而下代有著述，然皆繁蕪不儆惕人心，惟鍾竟陵（鍾惺）《編年》爲簡要，獨惜其僅及熹廟而止，而興亡之際反後先不及。南不自揣，每欲續成全書，而苦搜輯不廣，日抱闕略以俟。今幸邸録未盡亡，野求漸出，而懷宗十七年之鴻猷大烈，臚若日星，因取而卒業。又得鄒流綺《明季遺聞》，載弘光、隆武事甚詳，復擇其確有可據、言而尤雅循者詮次之。"可知鍾惺原編至熹廟（天啓）而止，其下係王汝南增補而成。《違礙書目》載："《續明紀編年》，王汝南編。"則增補部分似曾單行。謝國楨跋《明紀編年》云："是書卷一至八，題鍾惺謹定；卷九至十二，記崇禎以迄隆武及魯監國事，題王汝南補定。汝南字季雍，與鍾惺同邑，嘗輯《明詩歸》，僞托惺名，此書似亦出汝南手。恐惺不應見及天啓以後事，故分題二人之名。然惺卒於天啓五年（引按："五年"誤，據《退谷先生墓誌銘》，鍾惺'以天啓四年六月二十一日葬'），今以天啓六、七兩年事亦題惺撰，適以彰其作僞之迹。"（《增訂晚明史籍考》第42頁）王重民亦云："汝南字季雍，與鍾惺同邑里，曾輯《明詩歸》，托之於惺，《提要》已辨之。原書蓋爲建陽坊刻，當在鍾惺督學福建時或稍後，故托惺名。或全書均出汝南手，若全托之鍾惺，又恐惺不應紀崇禎以後事，因題兩人之名，以明斷限；但未慮及鍾惺卒於天啓四年，汝南竟將天啓六、七兩年事亦題惺撰，仍是一破綻也。"（《中國善本書提要》第109頁《明季編年》條）是書又名《通紀纂》，有清初刻十卷本（《四庫禁燬書叢刊》據中國國家圖書館藏本影印），各卷端亦皆題"督學臣鍾惺謹定"，無王汝南名。疑各本原皆有王汝南序，或流傳中佚失；無南明史事者，恐係涉清廷忌諱而翻刻時削去。

是書另有清初刻本《新刻明朝通紀會纂》七卷（《四庫禁燬書叢刊》據山東省圖書館藏本影印），有王汝南序（據《明紀編年》序而有刪改），卷端題"太倉王世貞鳳洲會纂、景陵鍾惺伯敬謹定、雲間陳繼儒眉公批點、中山王政敏符躬訂正"，題王世貞亦屬僞托（《中國古籍善本書目》著録："《新刻明朝通紀會纂》七卷，題明王世貞會纂、王政敏訂正、清王汝南補定"）。

傳世又有順治刻本《新刻陳眉公訂正通紀會纂》四卷及《新刻集要》二十八卷合刻，《通鑑集要》爲嘉靖間諸燮編，上起三皇，下至明初，《通紀會纂》與之内容相接，故陳繼儒（眉公）將兩書合爲一編。《新刻陳眉公訂正通紀會纂》卷端題"餘姚理齋諸燮纂輯，景陵伯敬鍾惺謹定，華亭眉公陳繼儒訂正"，諸燮名係涉《通鑑集要》而誤題。《中國古籍善本書目》著録："《通紀會纂》四卷，明諸燮撰、鍾惺定；《新刻陳眉公訂正通紀會纂》四卷，明諸燮纂輯、鍾惺定、陳繼儒訂正。"皆不確，諸燮之名應删去。

入清遭禁燬。《軍機處奏准全燬書目》載《明紀編年》，又有《明通紀纂》，皆題鍾惺撰，實爲同書異名。《清代禁燬書目補遺》載："《明紀編年》四本，查《明紀編年》十二卷，前八卷題明鍾惺撰，後四卷則王汝南所續，係坊間野

史，所紀率略淺鄙，殊不成書，内稱明福王爲赧皇帝，語句亦有干礙，應請銷
燬。"又載："《明紀會纂》六本，查《明紀會纂》即鍾惺等之《明紀編年》，係
坊間改易書名，應請一并銷燬。"

中國國家圖書館、中國臺北"中央研究院"傅斯年圖書館有收藏。

此本曾經日本人收藏，行間有訓點，書衣、釘綫皆爲日本風格。鈐朱文長
方印"二木氏圖書記"，當爲日本收藏者印記，不詳何人。

055
通紀直解十四卷續二卷

T2720　1342

《通紀直解》十四卷《續》二卷，明張嘉和撰。明崇禎刻清初續刻本。一函
十冊。版框高 20.7 厘米，寬 14.3 厘米。半葉八行十八字，小字雙行同，白口，
四周單邊，無直欄。版心上鐫書名及卷次，中鐫"皇明"二字，眉鐫評語。

首有未署年張嘉和《叙》，次《皇明通紀直解凡例》四則、《通紀直解目次》。
卷端無題署，著者據叙題。續二卷與前十四卷連續編至卷十六。目錄之卷十五
前題"續通紀直解目錄"。卷十六卷端題"續通紀直解"。

張嘉和，生平不詳。《叙》末署"古吴莘溪野史張嘉和輯"，有"克明父"印，
知其字克明。莘溪今屬蘇州。

是書卷一至十四爲正編，載明初至天啓間名臣事迹；卷十五、十六續載崇
禎朝及甲申殉主忠臣事迹。每一帝皆有紀，其後爲名臣之傳。張氏《叙》述著
書宗旨云："自江陵（張居正）當國，廣廈細旃之上，輔養君德，啓沃聖明，朝
夕勸講，進呈有《五經四書直解》，以往聖先賢爲治平標準；又有《歷朝通鑑直
解》，以陳善閉邪爲致君法程。况神聖迭作於前，英哲類應於後，炳焕人文，興
起事功，邁千載而獨盛，靡不以敬天法祖爲心，則我朝《實錄》《通紀》等書，
尤宜有《直解》以續《通鑑》。故於太祖高皇帝暨諸宗則紀之，如何創業垂統，
如何繼體守文；於公卿大夫則傳之，或論道經邦，或戡亂偃武，或承流宣化，
或靖節成仁。史臣所記，事迹所垂，每朝不啻百卷，而約之數卷。"又云："以
紀傳爲鴻綱，註解爲條目……謂《直解》爲紀傳之未逮可，謂《直解》爲實錄
之纂要亦可。"《通紀》即明陳建所撰《皇明通紀》。知是書係接續《歷朝通鑑直
解》、注解《皇明通紀》而作，故名"通紀"。

崇禎間付刊，《續》二卷當撰刊於清初。他館藏本或有天啓辛酉（元年，
1621）鍾惺《通鑑直解序》，此本缺。入清遭禁毀，《軍機處奏准全燬書目》等
著錄，謂其"原屬坊刻陋本，中多悖犯之語，應請銷燬"。

書名葉右鎸 "鍾伯敬補釋重訂"，中鎸書名，左鎸 "聖雨齋發行"。中國臺北
"國家圖書館" 和美國哈佛大學哈佛燕京圖書館皆收藏有相同版刻，書名葉爲 "豹
變齋發行"，豹變齋爲明末書肆，蓋書版易手重刷，但不知印本孰先孰後。中國
臺北《"國家圖書館" 善本書志初稿·史部》著録爲 "南明刊本"，不知何據。《四
庫禁燬書叢刊》據北京師範大學圖書館藏本影印（原底本目録止於卷十四，卷
十五、十六據清華大學圖書館藏本配補），卷一、二卷端題 "通鑑直解"，字體拙
劣，遠遜於此，當爲翻刻本。美國柏克萊加州大學東亞圖書館藏本 "卷端有題'通
鑑直解'者，有題'通紀直解'者"（《柏克萊加州大學東亞圖書館中文古籍善本
書志》第60頁），華盛頓大學東亞圖書館藏本亦同，疑皆與北師大藏本同版。

從内容看，此書實非編年體，以入紀傳類爲宜，而歷來古籍書目皆入編年
類，兹亦從之。《四庫全書總目》未收，《中國古籍善本書目》著録。

中國國家圖書館、北京大學圖書館、中國人民大學圖書館等二十餘館，美
國耶魯大學圖書館，日本國立公文書館、京都大學人文科學研究所、東京大學
東洋文化研究所等有收藏，其中當有翻刻本，尚待區分。

此爲勞費爾購書。

056

御撰資治通鑑綱目三編二十卷

T2512　2943

《御撰資治通鑑綱目三編》二十卷，清張廷玉等奉敕撰。清乾隆十一年
（1746）武英殿刻本。一函四册。版框高18.9厘米，寬13.3厘米。半葉十一行
二十二字，下黑口，四周雙邊，雙魚尾。版心上鎸書名及卷次，中鎸紀年。

首乾隆十一年《御撰通鑑綱目三編序》，次張廷玉等進書表、乾隆四年諭旨、
《御撰資治通鑑綱目三編總目録》。

張廷玉，見 "040　明史三百三十二卷目録四卷" 介紹。

乾隆四年，《明史》纂修告成，清高宗諭令編纂《明紀綱目》，與《明史》
相爲表裏。上諭有云："編年紀事之體，昉自《春秋》。宋司馬光彙前代諸史
爲《資治通鑑》，年經月緯，事實詳明；朱子因之成《通鑑綱目》，書法謹嚴，
得聖人褒貶是非之義；後人續修《宋元綱目》，上繼紫陽，與正史紀傳相爲
表裏，便於檢閲，洵不可少之書也。今武英殿刊刻《明史》將次告竣，應仿
朱子義例編纂《明紀綱目》，傳示來兹。著開列滿漢大臣職名，候朕酌派總
裁官董率其事。其慎簡儒臣以任分修及開館編輯事宜，大學士詳議具奏。特
諭。"乾隆十一年閏三月書成，付武英殿刊刻，五月，武英殿咨内閣，報告

"《明史綱目》館奏准交來《御撰資治通鑑綱目三編》一部貳拾卷，已經刊刻告竣，謹裝潢樣本一部，恭呈御覽。"（《"中央研究院"歷史語言研究所現存清代內閣大庫原藏明清檔案》，檔149-7）於是頒發通行。書名定爲《御撰資治通鑑綱目三編》，示此書爲廣續朱熹《資治通鑑綱目》與商輅等《續資治通鑑綱目》而作。起自元順帝至正二十八年、明太祖洪武元年，迄於崇禎二十七年五月。

至乾隆四十年五月，清高宗發現其中史實有失及譯語不當等問題，又命改纂此書，與新修《御批歷代通鑑輯覽》及《遼金元三史國語解》畫一，書名改爲《御定資治通鑑綱目三編》，內容擴充至四十卷。《四庫全書》所收即改纂本。

是書其他版本有：（1）乾隆十一年內府刻《欽定古香齋袖珍書十種》本，同治光緒間南海孔氏嶽雪樓據以翻刻。（2）乾隆十一年蘇州詩局刻本。《清代內府刻書目錄解題》云："據檔案記載，此書於乾隆十一年交蘇州詩局依《御批綱目全書》式刊刻，四十八年奉旨將書版交武英殿。"《清代內府刻書圖錄》收有蘇州詩局本書影，與武英殿刻本對比，內容頗有不同：開卷第一條"元順帝至正二十八年○是歲閏七月元帝出奔以後爲明太祖高皇帝洪武元年"，殿本作"元順帝至正二十八年○明太祖高皇帝洪武元年○是歲閏七月元帝出奔"；"春正月吳相國李善長等奉吳王朱元璋爲皇帝國號明"，殿本"奉"作"尊"；小注朱元璋生平內容與殿本頗不同，且多數十字。四十卷改纂本與殿本同，疑蘇州詩局係據初稿刻，武英殿本爲定稿。（3）乾隆二十七年江蘇巡撫陳弘謀刻本，內容與殿本同，殿本原仿《通鑑綱目》式爲"大書以提要，分注以備言"（御製序），陳刻本將分注亦改爲大字單行，唯低一格書而已。道光三十年（1850）刻本、咸豐五年（1855）刻本及《尺木堂綱鑑易知錄》本等皆從此本出。

"曆"字諱作"歷"。

此本與前《御批資治通鑑綱目全書》經收藏者合裝爲一部書。

陶湘《清代殿板書目》著錄。《四庫全書總目》史部三編年類及《中國古籍善本書目》著錄者皆爲改纂本。

中國國家圖書館、上海圖書館，加拿大多倫多大學東亞圖書館等有收藏。

057

兩朝從信録三十五卷（存二十四卷）

《兩朝從信録》三十五卷，明沈國元撰。明崇禎沈氏大來堂刻本。存二十四卷（卷一至四、九至十一、十四至三十）。二函八册。版框高 21.8 厘米，寬

14.5 厘米。半葉十行二十二字，小字雙行同，白口，四周單邊，單魚尾。版心上鐫書名，中鐫卷次，下鐫干支紀年及月份，眉鐫評語。

首有未署年陳懿典《兩朝從信録序》、沈國元《兩朝從信録述意》，次"較訂姓氏"、《兩朝從信録卷次目録》。

各卷端署"秀水沈國元述"。

沈國元，字飛仲，秀水（今浙江嘉興）人。明末諸生。勤於史學，著有《流寇陷巢記》一卷、《甲申大事記》六卷、《二十一史論贊》三十六卷等，又輯《二十一史文鈔》五十八卷、訂補《皇明從信録》四十卷。約卒於清順治年間。

是書記叙明末泰昌、天啓兩朝史事，起泰昌元年（1620）八月至天啓七年（1627）八月。以年月爲綱，凡諭、誥、敕制及臣工章奏或全文照抄，或擇要摘録，述而不作，故名曰"從信録"。

此本與美國哈佛大學哈佛燕京圖書館藏本爲同一版刻，哈佛本有書名葉題"兩朝通紀從信録"，鐫大來堂題識三行。大來堂爲沈氏堂名，曾刻沈氏所著《二十一史論贊》《二十一史文鈔》。但此本之《序》《述意》及《目録》中個別葉之版刻字體與哈佛本略有差異，正文則全同，此本當爲後印本，有若干補刻葉。

入清遭禁毀，《清代禁燬書目·補遺一》載："專紀泰昌、天啓兩朝事迹，草野傳聞，事皆失實，且中多犯悖之語，應請銷燬。"又見《軍機處奏准全燬書目》《應繳違礙書籍各種名目》等著録。

《續修四庫全書》據上海圖書館藏本、《四庫禁燬書叢刊》據北京大學圖書館藏本影印。《四庫禁燬書叢刊》注"明末刻本"，《北京大學圖書館藏古籍善本書目》則定爲"明崇禎刻本"（索書號：NC4662.7/3161），實與本館藏本皆係同版。

《千頃堂書目》卷四著録。《明史》卷九十七《藝文志二》著録"沈國元《天啓從信録》三十五卷"，當即此書。《中國古籍善本書目》著録爲明崇禎刻本。

有墨筆圈點、批校。

中國國家圖書館、上海圖書館、南京圖書館、中國臺北"國家圖書館"等二十館，日本内閣文庫、京都大學人文科學研究所等有收藏。

鈐朱文方印"生齋臺灣行篋記"。

058

皇清開國方畧三十二卷首一卷

T2750　3203

《皇清開國方畧》三十二卷首一卷，清阿桂等輯。清乾隆五十一年（1786）武英殿刻本。二函十六册。版框高 28.1 厘米，寬 20.3 厘米。半葉八行二十一字，白口，四周雙邊，單魚尾。版心上鎸書名，中鎸卷次。

首乾隆丙午（五十一年）清高宗《開國方畧序》，次阿桂等進表、諸臣職名，次卷首《發祥世紀》《皇清開國方畧書成聯句》。末未署年阿桂、梁國治、和珅跋。

阿桂（1717—1797），字廣庭，章佳氏。初爲滿洲正藍旗人，以平回部駐伊犁治事有勞，改隸正白旗。乾隆三年舉人，以父蔭授大理寺丞，纍遷至武英殿大學士兼首席軍機大臣。卒謚“文成”。《清史稿》卷三百十八有傳。

是書叙清朝建國史事，始於天命紀元前癸未年（明萬曆十一年，1583）清太祖努爾哈赤起兵討尼堪外關克圖倫城，迄於順治元年（1644）十月清世祖福臨在北京即位，共計六十二年。卷一至八記“太祖高皇帝”朝事迹，卷九至三十一記“太宗文皇帝（清太宗皇太極）”朝事迹，卷三十二記“世祖章皇帝”嗣位、入關、定都北京事迹。卷首《發祥世紀》記努爾哈赤前史。

《四庫全書總目》是書提要謂是書爲乾隆三十八年敕撰，《簡明目錄》等因之。而《皇清開國方畧書成聯句》“爰成《方畧》識青緗”句清高宗自注云：“乾隆三十九年，予念祖宗功德熾盛，開創艱難，所以克承天眷者，雖事具《實錄》而尊藏史戉，莫由仰覩，乃命輯《開國方畧》一書，俾子孫臣庶咸仰謨烈，越十三年告成，謹製序刊布。”則當爲三十九年始撰。所採史料以《實錄》爲主，《聯句》“錄本內廷鋪景鑠”句注云：“編纂《方畧》，皆本於《開國實錄》。蓋崇德元年所輯，文直事核，足資垂信。《開國實錄》係以滿洲、蒙古、漢字三體恭繕，舊藏盛京翊鳳樓，後貯內庫，皇上命於頤和殿之後建敬典閣，移奉太祖以下歷朝《實錄》，永世尊藏。兹《方畧》成錄一分亦貯此閣。”“書參勝國証精詳”句注云：“明臣紀載我朝事迹，如黃道周《博物典彙》之類，命館臣擇其書中有可採可闢者，節取辨證，附識《方畧》各卷之末，以徵信實。”又據《清實錄》載，乾隆四十三年十月“庚申，諭國史館恭輯《開國方略》，著大學士公阿桂同辦”，四十五年十一月“癸未，又諭纂辦《開國方略》，著添派尚書梁國治與大學士公阿桂同辦”，四十八年正月“乙卯，又諭曰，和珅與阿桂、梁國治同辦《開國方畧》”，同年八月“壬戌，諭《開國方畧》書成後，著交武英殿刊刻，并寫入《四庫全書》”（《清實錄・高宗純皇帝實錄》卷一〇六八、一一一八、一一七三、一一八六）。乾隆五十一年書成付刻。

《四庫全書總目》史部三編年類著錄。陶湘《清代殿板書目》著錄題名爲《皇朝開國方略》，乾隆五十四年刻。《中國古籍善本書目》未收。

中國國家圖書館、首都圖書館、故宮博物院、遼寧省圖書館、吉林大學圖書館、中國香港中文大學圖書館、中國臺北“國家圖書館”等二十餘館，美國哈佛大學哈佛燕京圖書館，日本東京大學東洋文化研究所等有收藏。

此爲勞費爾購書。

紀事本末類

通　代

059

繹史一百六十卷（存一百三十六卷）

T2520　7272

《繹史》一百六十卷，清馬驌撰。清康熙九年（1670）刻後印本。存一百三十六卷（卷二十五至一百六十，另卷二十四存子卷五至六）。五函四十冊。版框高19.3厘米，寬14.3厘米。半葉十一行二十四字，小字雙行三十六字，白口，左右雙邊。版心上鐫書名，中鐫卷次。

檢他館所藏全本，首當有康熙九年李清序、目録、《徵言》，此本佚。目録卷端署“鄒平馬驌宛斯撰”。

馬驌（1621—1673），字宛斯，號聰御，山東鄒平人。順治十六年（1659）進士，任江南淮安府推官，平反多起冤獄，號稱廉能。後改任甘肅靈璧知縣。博學好古，致力於先秦史，人稱“馬三代”。著有《左傳事緯》二十卷。《清史稿》卷四百八十一、《清史列傳》卷八十六有傳。

是書仿袁樞《通鑑紀事本末》體纂録上古至秦末史事。分爲五部：一爲上古時代，曰“太古”，自“開闢原始”至“有虞紀”計十卷；二爲夏、商、西周，曰“三代”，自“禹平水土”至“周室東遷”，計二十卷；三爲春秋十二公事，曰“春秋”，自“魯隱公攝位”至“春秋遺事”，計七十卷；四爲春秋以後至秦亡，曰“戰國”，自“三卿分晉”至“秦亡”，計五十卷；五爲“外録”，記天官、律目通考、月令、地志、名物、制度等，計十卷。附《世系圖》。每事各立標題，詳其始末，條下加以疏證，篇末附以論斷。《徵言》云：“紀事則詳其顛末，紀人則備其始終，十有二代之間，君臣之迹、理亂之由、名法儒墨之殊途、縱橫分合之異勢、瞭然具焉。”採摭先秦兩漢古書極多（去取標準詳見《徵言》），條理清晰，便於翻檢。《四庫全書總目》是書提要評云：“其事迹皆博引古籍，排比先後，各冠本書之名。其相類之事，則隨文附註。或有異同訛舛以及依託附會者，并於條下疏通辨證。與朱彝尊《日下舊聞》義例相同……雖其疎漏牴牾間亦不免，而蒐羅繁富，詞必有徵，實非羅泌《路史》、胡宏《皇王大紀》所可及。且史例六家，古無此式，與袁樞所撰均可謂卓然特創，自爲一家之體者矣。”

是書康熙刻本有初印、剜改後印之別：“如原刻本卷八首葉第四行‘自玄囂與橋極皆不得於位’句，剜改後印本‘橋’改作‘蟜’，翻刻本亦作‘蟜’。卷一首葉第十一行‘太初，氣之始也，生於酉仲，清濁未分也’，原刻本諸字大小一致，翻刻本‘仲’字較諸字略大，頗顯突兀。”（《柏克萊加州大學東亞圖書館中文古籍善本書志》第 61 頁）此本係剜改後印本。卷二十四第五首葉第七行原刻本“命曰孝子某”，此本剜改爲“命曰孝孫某”。王士禛《分甘餘話》卷一載：“康熙四十四年，聖駕南巡至蘇州。一日，垂問故靈璧知縣馬驌所著《繹史》，命大學士張玉書物色原版。明年四月，令人賫白金二百兩至本籍鄒平縣購版，進入内府，人間無從見之矣。”原版入内府，亦被視爲殿版，陶湘《清代殿板書目》收錄，云有“欽定印行”本。坊間有同治七年（1868）姑蘇亦西齋、光緒十五年（1889）金匱浦氏、光緒三十年浙江書局等數種翻刻本。光緒二十三年武林尚友齋曾據康熙刻本石印。

“玄”字避諱缺末筆。

《四庫全書總目》史部五紀事本末類、《中國古籍善本書目》著錄。

中國國家圖書館、中國人民大學圖書館、上海圖書館、中國臺北“國家圖書館”等十餘館，美國普林斯頓大學東亞圖書館、柏克萊加州大學東亞圖書館，日本國立國會圖書館、東洋文庫等有收藏。

斷　代

060

宋史紀事本末二十八卷

T2665　　3217

《宋史紀事本末》二十八卷，明馮琦原編，明陳邦瞻纂輯。明萬曆三十三年（1605）劉曰梧、徐申刻本。二函十二册。版框高 22.3 厘米，寬 14.5 厘米。半葉十行二十字，白口，左右雙邊，單魚尾。版心上鐫書名，中鐫卷次。

首萬曆乙巳（三十三年）陳邦瞻《宋史紀事本末叙》、萬曆三十三年劉曰梧《刻宋史紀事本末序》，次《宋史紀事本末總目》。末萬曆乙巳徐申《宋史紀事本末後序》。

各卷端署“明北海馮琦原編，高安陳邦瞻纂輯，句吳徐申、豫章劉曰梧校正，秣陵沈朝陽繙閲”。

馮琦（1558—1603），字用韞，號琢庵，山東臨朐人。萬曆五年（1577）進士，改庶吉士，任翰林院編修，歷官至禮部右侍郎、禮部尚書。卒贈太子少保，謚"文敏"。著有《宗伯集》八十一卷、《北海集》四十六卷，編《經濟類編》百卷。《明史》卷二百一十六有傳。

陳邦瞻（？—1623），字德遠，江西高安人。萬曆二十六年進士，任南京吏部稽勳司郎中，官至兵部左侍郎。著有《荷華山房詩稿》二十六卷。《明史》卷二百四十二有傳。

是書仿宋袁樞《通鑑紀事本末》體例編次宋代三百餘年史事，始自"太祖代周"，至"文謝之死"，凡立一百零九目。馮琦撰初稿未就，陳邦瞻續成之。陳氏序云："《宋史紀事本末》者，論次宋事而比之，以續袁氏《通鑑》之編者也。先是，宗伯馮公（馮琦）欲爲是書而未就，侍御斗陽劉先生（劉曰梧）得其遺稿若干帙，以視京兆徐公（徐申）。徐公授門下沈生（沈朝陽），俾讐正之，因共屬不佞續成焉。凡不佞所增輯幾十七，大都則侍御之指而宗伯之志也。"劉曰梧序云："（士欲修宋事，務爲袁氏後勁）余師臨朐馮先生蓋嘗慨然於斯，稍爲編次，凡例初具，天復不予。及余行部舊京，從京兆徐公所得故沈侍御（沈越）所輯《事紀》於其子朝陽，義例適與馮先生合，而刪潤未備，條貫稍遺。會余鄉司勳陳公德遠博觀二酉之藏，能以其精神疏觀古人……蓋經三公之手而書始成。"可知是書乃陳邦瞻將馮琦草稿、沈越《事紀》二書加以增訂，合爲一編而成。

書成，即由劉曰梧、徐申校訂刊行。此後，徐申又勳議陳邦瞻續編《元史紀事本末》六卷（臧懋循訂補）。萬曆三十四年，監察御史黃吉士巡撫淮南，將陳氏宋、元二書與袁樞《通鑑紀事本末》合刻，并將《宋史紀事本末》略加合并，改爲十卷，《元史紀事本末》改爲四卷。明崇禎間，太倉人張溥就《通鑑紀事本末》各篇寫成史論若干篇，并取陳氏二書逐目加以論正，附於各篇之後，改成以篇爲卷，或書一〇九卷。此書遂有二十八卷本、十卷本、一〇九卷本三種不同版本（十卷本行款爲：半葉十行二十字，白口，左右雙邊；一〇九卷本行款爲：半葉九行二十一字，白口，左右雙邊，眉鐫評語）。清代以一〇九卷本流傳較廣，翻刻最多。《中國古籍善本書目》以十卷本爲萬曆三十三年劉、徐刻，以二十八卷本爲萬曆間刻，實屬顛倒，各館著録多誤從之。

《四庫全書總目》史部五著録，誤爲二十六卷。《中國古籍善本書目》著録。

北京大學圖書館、遼寧省圖書館、南京大學圖書館等十餘館，日本國立公文書館、東京大學東洋文化研究所等有收藏。

此爲勞費爾購書。

061

元史紀事本末四卷

《元史紀事本末》四卷，明陳邦瞻撰，明臧懋循補。明萬曆三十五年（1607）黃吉士刻本。一函四册。版框高 21.2 厘米，寬 15.2 厘米。半葉十一行二十二字，白口，四周單邊，單魚尾。版心上鐫書名，中鐫卷次。

首萬曆丙午（三十四年）徐申《元史紀事本末叙》、陳邦瞻《元史紀事本末序》，次《元史紀事本末凡例》二則、《元史紀事本末目録》、《諸帝紀年》。

卷一卷端題"高安陳邦瞻編，吳興臧懋循補，句吳徐申、豫章劉曰梧校"。

陳邦瞻，見"060　宋史紀事本末二十八卷"介紹。

臧懋循（1550—1620），字晉叔，號顧渚，浙江長興人。萬曆八年進士，任南京國子監博士，十三年被罷官，隱居顧渚山中。精於戲曲，家藏雜劇多秘本，編有《元曲選》十集一百卷。生平見錢謙益《列朝詩集小傳》丁集。

是書繼《宋史紀事本末》編次元代史事，凡立二十七目，其中《律令之定》一篇爲臧懋循補撰。所採史料不出《元史》及商輅《續資治通鑑綱目》二書之外，不能旁徵博採，兼以將宋亡之前之元代史事歸入《宋史紀事本末》，明朝建立之後事迹歸入明史範圍，以致叙事簡略，遭到《四庫全書總目》是書提要批評，謂"一代興廢之大綱，皆没而不著，揆以史例，未見其然"。叙事亦有失實之處。提要又謂："特是元代推步之法、科舉學校之制以及漕運河渠諸大政，措置極詳。邦瞻於此數端紀載頗爲明晰，其他治亂之迹，亦尚能撮舉大概。攬其指要，固未嘗不可以資考鏡也。"

原編爲六卷，萬曆三十四年徐申、劉曰梧照《宋史紀事本末》版式刊行，其後多以二書合刻。此爲黃吉士重刻本，合并爲四卷，與《宋史紀事本末》合刊。《中國古籍善本書目》誤以四卷本爲徐、劉刻，以六卷本爲萬曆間刻，實誤。崇禎間張溥附加史論於各篇之後，分爲二十七卷。清代以來，重刻者多用張溥本，以同治年間江西書局校刻《五種紀事本末》本最爲通行。

《四庫全書總目》史部五、《中國古籍善本書目》著録。

中國國家圖書館、北京大學圖書館、中國臺北故宮博物院等館，美國國會圖書館，日本東京大學東洋文化研究所有收藏。

各册書衣鈐朱文長方印"銖積寸纍"，印主待考。

此爲勞費爾購書。

062

皇明大事記五十卷

T2720　2964

　　《皇明大事記》五十卷，明朱國禎輯。明崇禎刻《皇明史概》本。卷十二至十五、四十三、四十五、四十八嗣刻。六函三十六册。版框高 21.8 厘米，寬 14.8 厘米。半葉十行二十一字，小字雙行同，白口，左右雙邊。版心上鎸"大事記"，中鎸卷次。

　　首有未署年葉向高《皇明史概序》，次目録（缺第一葉）。

　　卷一卷端署"少師建極殿大學士臣朱國禎謹輯"，卷二以下各卷端署"臣朱國禎輯"（或無"臣"字）。

　　朱國禎（1557—1632），字文寧，號虬庵、平涵居士，烏程（今浙江湖州）人。萬曆十七年（1589）進士，官國子監祭酒，纍晉户部尚書、武英殿大學士，位至内閣首輔。卒贈太傅，謚"文肅"。著有《皇明史概》一百二十一卷、《湧幢小品》三十二卷、《朱文肅公集》不分卷。《明史》卷二百四十有傳。

　　是書爲朱氏所輯《皇明史概》五種之一，記朱元璋淮右起兵至崇禎初年明朝政經軍事、典章制度及邊疆外國等重要史事，分一百二十餘個專題（附題數十），詳述各事件始末。《史概》又含《大政記》三十六卷，載明太祖洪武元年起兵至隆慶六年間朝廷大政；《大訓記》十六卷（參"078　皇明大訓記十六卷"條），載明洪武、建文、永樂、洪熙、宣德諸帝之訓諭；《開國臣傳》十三卷，載明初人物；《遜國臣傳》五卷首一卷（參"096　皇明遜國臣傳五卷首一卷"條），記建文朝死難諸臣、義士。據《史概自序》，朱氏曾參與修撰本朝國史，得以"參黄扉，窺金匱石室之藏"，又參考"陳、鄭、雷、薛（陳建、鄭曉、雷禮、薛應旂）卓卓名家"之著作及各種家乘野記，前後耗時三十餘年撰成此書。

　　《史概》五種於天啓、崇禎間陸續付刻，各種亦以單行本行世。此本《目録》卷十二至十五皆注"嗣出"字樣，美國哈佛大學哈佛燕京圖書館藏本則不注"嗣出"，正文已有卷十二至十五，可知此本刷印早於哈佛本。《四庫禁燬書叢刊》據北京大學圖書館藏明刻本影印，實與此爲同版；《續修四庫全書》、中國臺北文海出版社影印《皇明史概》全本（底本館藏地皆不詳），三種影印本《大事記》均有卷十二至十五，與哈佛本同；王重民《中國善本書提要》著録北京圖書館（今中國國家圖書館）藏明崇禎刻本《皇明史概》，"《大事記》原闕卷七至九，又第四十三、四十五、四十八，凡六卷"（此本今寄存中國臺北故宫博物院）。《續修四庫全書》、文海影印本《皇明史概》皆有書名葉，鎸"大學士朱文肅公輯、潯溪朱府藏版"，蓋朱氏後人所刻。

入清遭禁毁，《禁書總目》著録，《清代禁書知見録》云"崇禎五年尋溪朱氏刊"。

《史概》著録於《千頃堂書目》卷四、《明史・藝文志二》，皆入正史類。《四庫全書總目》未收。《中國古籍善本書目》入雜史類，而未收五種之單行本。

首都圖書館、北京大學圖書館、北京師範大學圖書館等館、中國澳門中央圖書館、中國臺北"國家圖書館"，美國哈佛大學哈佛燕京圖書館、哥倫比亞大學東亞圖書館，日本國立公文書館等有收藏。

鈐白文方印"易印漱平"、朱文方印"生齋臺灣行篋記"。

063

親征平定朔漠方略四十八卷御製親征朔漠紀略一卷

T2785　3133

《親征平定朔漠方略》四十八卷，清温達等撰；《御製親征朔漠紀略》一卷，清聖祖玄燁撰。清康熙四十七年（1708）内府刻本。卷四十八末葉爲抄配。四函二十四册。版框高 24.6 厘米，寬 16.7 厘米。半葉七行二十字，黑口，四周雙邊，雙魚尾。版心中鎸書名及卷次。

首康熙四十七年《御製親征平定朔漠方略序》，次温達等《進方略表》，表末附纂修官員銜名，次《親征平定朔漠方略目録》及《御製親征朔漠紀略》。

温達（？—1715），費莫氏，滿洲鑲黄旗人。初爲筆帖式，歷官至吏部尚書、文華殿大學士。卒謚"文簡"。曾爲《大清一統志》《明史》總裁官。《清史稿》卷二百六十七有傳。

是書記康熙間清廷用兵厄魯特蒙古平定準噶爾部首領噶爾丹叛亂事，始於康熙十六年六月厄魯特噶爾丹奉表入貢及賜敕諭令與喀爾喀修好之事，迄於三十七年十月策妄阿拉布坦獻噶爾丹之尸。康熙二十九年、三十五年、三十六年清聖祖三次領兵親征，大敗噶爾丹軍，《紀略》爲其自記三十五年親征事，《方略》則詳細記述清廷與準噶爾、喀爾喀之關係及歷次用兵始末。

康熙三十五年噶爾丹被擊潰，是年七月"戊午，（清聖祖）命内閣、翰林院修《平定朔漠方略》"，三十六年六月"丁丑，命大學士伊桑阿、阿蘭泰、王熙、張玉書、李天馥，尚書熊賜履、張英爲纂修《平定朔漠方略》總裁官，内閣學士覺羅三寶、羅察、喀拜、韓菼、顧藻，禮部侍郎翰林院掌院學士阿山，刑部右侍郎管詹事府事尹泰爲副總裁官"。四十七年七月書成，有滿、漢文兩種形式。四十八年四月丁卯，"禮部題纂緝《平定朔漠方略》告成，應發部刊刻，頒行中外，昭示臣民，從之"（《清實録・聖祖仁皇帝實録》卷一七四、一八四、二三七）。總裁官李光地《榕村集》卷二十五有《擬平定朔漠方略告成刊布謝表》，張玉書《張文貞集》卷二有《請修平定朔漠方略疏》述刻書事。中國國家圖書館尚存是書稿本三卷（卷十三至十五）。

中華書局影印浙本《四庫全書總目》史部五紀事本末類著録爲"《親征朔漠方略》四十卷"，脱"八"字，殿本《總目》、文溯閣提要及文津閣、文淵閣書均不誤。陶湘《清代殿板書目》及《中國古籍善本書目》《清代内府刻書目録解題》著録。

中國國家圖書館、首都圖書館、北京大學圖書館、故宮博物院等十餘館，美國國會圖書館、柏克萊加州大學東亞圖書館，日本静嘉堂文庫、東洋文庫等有收藏。

064

欽定剿捕臨清逆匪紀略十六卷

T2826　8242

《欽定剿捕臨清逆匪紀略》十六卷，清舒赫德等纂。清乾隆四十六年（1781）武英殿刻本。一函八册。版框高 22.1 厘米，寬 16.5 厘米。半葉七行二十字，白口，四周雙邊，單魚尾。版心上鎸書名，中鎸卷次。

首《總裁提調收掌纂修諸臣職名》。無序跋。

舒赫德（1710—1777），字伯容，舒穆禄氏，滿洲正白旗人。自筆帖式授内閣中書，纍遷御史，充軍機處章京。官至領侍衛内大臣，加太子太保，授武英殿大學士、軍機大臣。卒謚"文襄"。《清史稿》卷三百十三有傳。

是書記平定王倫叛亂事。乾隆三十九年，山東壽張縣王倫利用清水教讖言，組織教徒起事，攻陷城池，清廷派舒赫德前往平定之，此書即述其始末。《清實録》載：乾隆三十九年十二月甲申，"命纂《剿捕臨清逆賊紀略》。諭：今秋山東壽張縣逆匪王倫，以邪教煽誘愚頑、滋擾不法一案，奸民敢作不靖，自取滅亡，原屬不成事體。然非簡派八旗勁旅，并命大學士舒赫德等前往統率董理，豈能未逾月而蔵事。其間運籌決勝、指示機宜及斟酌勸懲之要，皆有非臣下所能窺及者。此事雖不過如内地擒緝巨盗，非邊徼用兵成功者可比，固無方略之足言。而自始及終辦理此案原委，亦不可不詳悉宣示，俾衆共曉。著交軍機大臣輯成《剿捕臨清逆賊紀略》一編，進呈閲定，刊刻頒行。至原任山東學政李中簡，前在東省，見聞自屬真切，亦著派爲纂修，令其隨同編校"（《清實録·高宗純皇帝實録》卷九七二）。四十二年書成奏進，四十六年付刊。

《四庫全書總目》史部五紀事本末類著録爲《欽定臨清紀略》，云"乾隆四十二年大學士于敏中等恭撰奏進”。陶湘《清代殿板書目》及《中國古籍善本書目》著録。

中國國家圖書館、清華大學圖書館、故宫博物院、上海圖書館，日本東京大學東洋文化研究所、東洋文庫等有收藏。

此爲勞費爾購書。

雜史類

065

重訂路史全本四十七卷（存七卷）

T2520　6133B

《重訂路史全本》四十七卷，宋羅泌撰，明吳弘基訂。明末刻本。存七卷（《國名紀》卷三、五至八，《發揮》卷一至二）。一函六冊。版框高 18.4 厘米，寬 12.6 厘米。半葉八行二十字，白口，左右雙邊。版心上鐫“路史”，中鐫篇目、卷次，《發揮》眉上鐫注。

各卷皆有目次，署“宋廬陵羅泌著，明仁和吳弘基訂”。各卷端校閱者不同：《國名紀》卷三署“廬陵羅泌輯，楚中王臣縉閱，仁和吳弘基、邵明善全訂”，卷五署“廬陵羅泌輯，雲間陳子龍閱，仁和吳弘基、高貽穀全訂”，卷六署“廬陵羅泌輯，雲間吳培昌閱，仁和吳弘基、汪任士全訂”，卷七署“廬陵羅泌輯，鵝湖胡夢泰閱，仁和吳弘基、武林謝錫祺全訂”，卷八署“廬陵羅泌輯，西湖金堡閱，仁和吳弘基、馮渶全訂”，《發揮》卷一署“廬陵羅泌輯，西湖金堡閱，仁和吳弘基、郎斗金全訂”，卷二署“廬陵羅泌輯，雲間陳子龍閱，仁和吳弘基、武林張士亮全訂”。

羅泌（1131—1189），字長源，號歸愚，廬陵（今江西吉安）人。無意於仕途，好游歷。力學工詩文。著有《易説》《三江詳證》《九江詳證》等。生平見宋胡銓《澹庵集》卷十六《羅泌字序》。

是書記上古以來歷史、地理、風俗、氏族等傳説史事。自序稱“皇甫謐之《世紀》、譙周之《史攷》、張愔之《系譜》、馬總之《通歷》、諸葛耽之《帝録》、姚恭年之《歷帝紀》、小司馬之《補史》、劉恕之《通鑑外紀》”“其學淺狹不足取信”，蘇轍《古史》唯發明《索隱》之舊，未爲全書，因著是編。《爾雅》訓“路”爲“大”，故名《路史》，取“大史”之意。分《前紀》《後紀》《國名紀》《發揮》《餘論》五部分，各自編卷。《前紀》述三皇至陰康無懷之事，《後紀》述太昊至夏履癸之事，《國名紀》述上古至三代諸國姓氏地理，下逮兩漢之末，《餘論》及《發揮》皆辨難考證之文。是書雖多採緯書及道家依托之言，不免龐雜之譏，但以引據浩博、文采瑰麗爲人稱道。考證辨難，亦多精核之語。

中國國家圖書館藏有宋刻殘本。明代數次重刊，有嘉靖間洪梗刻本、萬曆三十一年（1603）張鼎思刻本（僅刻前後二《紀》），萬曆三十九年喬可傳寄寄齋以舊本爲基礎參以張、洪二本校刻，崇禎間吳弘基化玉齋重訂。喬、吳二刻在明末及清代被屢次翻雕，影響最大。

此本即明末翻吳弘基刻本之一，點畫頗與原版相似，惜祇殘存數卷。

《四庫全書總目》史部六別史類、《中國古籍善本書目》雜史類著録。

鈐朱文方印"中原世家""祖父珍藏子孫是教鬻及借人兹爲不孝"、白文方印"讀書破萬卷下筆如有神"。

066
國語二十一卷

T2526　4566D

《國語》二十一卷，三國吳韋昭注，宋宋庠補音，明穆文熙輯評。明萬曆劉懷恕刻《春秋戰國評苑》本。一函八冊。版框高 23.8 厘米，寬 14.5 厘米。半葉九行二十字，小字雙行同，白口，四周雙邊，單魚尾。版心中鐫書名，下鐫刻工。眉欄鐫小字注。

首韋昭《國語解叙》、宋庠《國語補音叙録》，次《校補國語凡例》七條。

卷一、三、六、九、十三、十七卷端署"吳高陵亭侯韋昭解，宋鄭國公宋庠補音，明吏部考功員外穆文熙編纂，兵部左侍郎石星校閲，河南道監察御史劉懷恕、江西道監察御史沈權校"（或作河南道監察御史劉懷恕參校、江西道監察御史沈權同校）。

穆文熙（1528—1590），字敬甫，山東東明人。嘉靖四十一年（1562）進士，官至廣東副使。以史文評點著稱，編著有《七雄策纂》八卷、《四史鴻裁》四十卷、《閱古隨筆》二卷、《逍遥園集》二十卷。《明分省人物考》卷一有傳。

劉懷恕，字士行，山東東明人。萬曆五年（1577）進士，六年知長洲縣，十一年召爲御史。《［乾隆］長洲縣志》卷二十一有傳。

穆氏曾輯著《國語鈔評》八卷，萬曆十二年傅光宅、曾鳳儀刻，撮録柳宗元（取自柳宗元《非國語》）、孫應鰲、穆文熙、石星等評點於書眉，但不録《國語》全文，注文也往往省略。其同鄉劉懷恕遂用萬曆間張一鯤所刻《國語》爲底本，移録《國語鈔評》之諸家評語於眉欄，重刻出版，爲《春秋戰國評苑》之一。考石星於萬曆十四年爲兵部左侍郎，穆文熙卒於萬曆十八年，是書之刊刻當在此期間（參《國家博物館藏〈國語〉三種明刻本考釋》，《收藏家》2016 年第 2 期）。萬曆二十年鄭以厚光裕堂（釐爲六卷）、日本江户時期林信勝（1583—1657，號道春）皆曾據以翻刻。

刻工：彭元、肖奎、蕭椿（肖春）、彭中、刘荣、付李、付机、吴洪、玉朱、杭涂、陳潘、魏用、明源（明）、吴文週（吴文周）、吴文、徐、志、彭心、潘淮、良、李方、礼、李机、尊王、朱玉、楊韓、密、洪仁、李元、陶順、林桂（林）、志、江潮（江朝）、張江、祥邦、吕、林時、王才、端約、韓彦、徐經、趙應選（選）、吴孝、余海、周文、端約（約）、林玉。

鈐白文方印“文肅公四世孫文簡公孫”“文宦鄉賢之後”。“文肅公”謂王安國（1694—1757），字春圃，雍正二年（1724）會試第一，殿試一甲二名進士，歷官至吏部尚書。卒謚“文肅”。“文簡公”謂王引之（1766—1834），字伯申，號曼卿，嘉慶四年（1799）進士，由翰林院編修歷官至禮部尚書，改工部尚書。卒謚“文簡”。與父念孫并稱“高郵二王”，以精於考據學著稱。《清史稿》皆有傳。此二印當爲王引之孫輩某人所有。

《四庫全書總目》子部四十四雜家類存目著錄作《左傳國語國策評苑》，凡《左傳》三十卷、《國語》二十一卷、《戰國策》十卷，《四庫全書存目叢書》用復旦大學圖書館、東北師範大學圖書館藏光裕堂本配合影印。三《評苑》多單行本，《中國古籍善本書目》史部雜史類《國語評苑》《戰國策評苑》分別著錄。

北京師範大學圖書館、中國科學院文獻情報中心、華東師範大學圖書館、復旦大學圖書館、中國臺北“國家圖書館”等有收藏。

067
國語二十一卷

T2526　4566E

《國語》二十一卷，三國吳韋昭注，宋宋庠補音。明萬曆刻本。二函十一册。版框高 21 厘米，寬 14.6 厘米。半葉九行二十字，小字雙行同，白口，左右雙邊，單魚尾。版心中鎸書名及卷次。

首有未署年張一鯤《刻國語序》、韋昭《國語解叙》、宋庠《國語補音叙錄》，次《校補國語凡例》七則。

卷端署“吳高陵亭侯韋昭解，宋鄭國公宋庠補音，明侍御史蜀張一鯤、楚李時成閲，虞部郎豫章郭子章、選部郎東粵周光鎬校”。

明代《國語》出版頗爲繁榮，明弘治、正德、嘉靖、隆慶、萬曆各朝皆有刻本問世，其中以萬曆間張一鯤所刻影響最大。張一鯤（1523—1611），字伯大，一字鵬化，號翼海，四川定遠人。隆慶五年（1571）進士，曾任江西道監察御史。刊刻有《戰國策》十卷、曾省吾《重刻確庵先生西蜀平蠻全錄》十五卷、張獻翼《讀易紀聞》六卷、《皇明奏疏類鈔》六十卷。張氏《刻國語序》云：“先是，同年李惟中刻《内傳》於督學署中。不佞與郭相奎取《外傳》各分四國訂之，註仍韋氏，益以宋氏《補音》條註其下。字畫剞劂，壹放《内傳》，庶幾稱《左氏》完書云。"李惟中即卷端所題之"李時成"。李時成，字惟中，湖廣蘄水（今屬湖北）人。隆慶五年進士。曾刻《左傳》（《内傳》），張一鯤仿其版式校刻《國語》（《外傳》）。刊刻時間當在萬曆五年至十三年之間（參《張一鯤刻本〈國語〉及其系統考述》，《海岱學刊》2016 年第 2 期）。其特點是將《補音》散入《國語》正文及韋注相關内容之下，以便省覽。

張一鯤刻本行世，後世翻刻甚多，此本亦翻刻本之一，無其他序跋牌記，翻刻者不詳，與中國國家圖書館所藏周叔弢舊藏明刻本爲同一版刻（見《自莊嚴堪善本書影》第 236 頁）。

有朱筆眉批、夾批。

鈐白文方印"易印漱平"、朱文長方印"李宗侗藏書"。

068

越絕十五卷

T2528　4303D

《越絕》十五卷，明王業恂、王資治校閱。明末武林何允中刻《廣漢魏叢書》本。一函四册。版框高 18.9 厘米，寬 14.1 厘米。半葉九行二十字，白口，左右雙邊，單白魚尾。版心上鎸書名，中鎸卷次。

首嘉靖壬子（三十一年，1552）張佳胤序（缺首葉），次《越絕目録》《外傳本事》。《外傳本事》題"越絕書"。

卷一卷端題"越絕"，署"山陰王業恂、王資治仝校閱"。

是書雜記春秋末期吳、越兩國爭霸事迹，記事下及秦漢。原書無撰人名氏，《外傳本事》自云"或以爲子貢所作""一説蓋是子胥所作"，後世於著者衆説紛紜。《漢書·藝文志》不載（顧實《漢書藝文志講疏》懷疑《漢志》雜家類之《伍子胥》八篇即《越絕書》），《隋書·經籍志》及兩《唐志》依傳聞著録爲子貢。宋陳振孫《直齋書録解題》卷五云："《越絕書》十六卷，無撰人名氏，相傳以爲子貢者，非也。其書雜記吳、越事，下及秦、漢，直至建武二十八年，蓋戰國後人所爲，而漢人又附益之耳。"明正德、嘉靖間，楊慎據卷十五《叙外傳記》末所載隱語推測爲漢末會稽袁康作、同郡吳平定（見《升菴集》卷十《跋越絕》），其説多爲明清學者認可。余嘉錫先生《四庫提要辨證》詳考此書非一時一人之作，謂宜從陳振孫之説。

王業恂、王資治二人生平皆不詳。

　　是書版本情況，張宗祥云："此書刻本，最早爲宋嘉定庚辰東徐丁黼刻於夔州，次爲嘉定壬申汪綱刻於紹興，又次爲元大德丙午紹興路刊本。此二宋一元，今皆不見著録。所見者均明刊本。繙宋者，有明正德己巳本，半頁八行，行十六字；繙元者，有雙栢堂本，張佳胤本，萬曆時刊本，皆半頁八行，行十七字。其餘嘉靖二十四年孔文谷刊本，嘉靖丁未陳塏刊本，吳琯《古今逸史》本，程榮、何鏜《漢魏叢書》本，多不勝舉。然皆行款不同，字句略有小異，編目分卷不一，如此而已，非有大出入也。"（《越絶書校注・前言》）按"雙栢堂本"即"張佳胤本"，嘉靖三十三年刻；"程榮、何鏜《漢魏叢書》本"當爲何允中《廣漢魏叢書》本，是書收於《廣漢魏叢書》之別史類。

　　此本即《廣漢魏叢書》之零種，有張佳胤序，知自張本出，改易其行款重刊（張嘉胤本爲半葉九行十六字）。序文内容與張本同，惟落款原爲嘉靖三十三年（甲寅），此本則改爲嘉靖壬子，不知何故。序云"黎陽盧少梗出孟汝再家藏舊本於予，頗爲完善，二子好古博文，雅會斯志，爰挍刻焉"，"挍"字係避明熹宗朱由校諱，蓋此本刻於天啓、崇禎間。浙江圖書館藏本（索書號：G002898）削去卷端第二行"山陰王業恂、王資治仝校閲"十一字題署，此行爲空白，不知何故。

　　《四庫全書總目》史部二十二載記類、《中國古籍善本書目》雜史類著録。

　　鈐朱文長方印"風尌亭藏書記"。

069

十六國春秋一百卷

T2578　2132

　　《十六國春秋》一百卷，題北魏崔鴻撰，清汪日桂重訂。清乾隆三十九年（1774）汪日桂欣託山房刻四十六年印本。十二册。版框高 20.6 厘米，寬 14.6 厘米。半葉九行十八字，白口，左右雙邊，單魚尾。版心上鎸書名，中鎸卷次。

　　首乾隆四十六年汪日桂《重刊十六國春秋序》；次《崔鴻本傳》，署"北齊中書令兼著作郎魏收奉詔撰"；次《十六國春秋總目》，署"仁和汪日桂一之重訂"；次十六國各國詳細目録。各卷端首行上題某國，下題春秋卷第幾，如"前趙録一""春秋卷第一"，次行署"魏散騎常侍崔鴻撰"。

　　汪日桂，字一之（一作一枝），仁和（今浙江杭州）人。貢生，生平不詳。取陶詩"衆鳥欣有託，吾亦愛吾廬"意，名藏書處曰"欣託齋"，又稱"欣託山房"，積書至二十多萬卷，補脱正訛，鑑別精審。杭世駿爲其撰《欣託齋藏書記》（見《道古堂集》卷十九）。

西晉八王之亂後，士族南渡，中原地區遂有匈奴族劉淵、羯族石勒、鮮卑族慕容廆、氐族苻堅等先後建立割據政權，計有成漢、前趙、後趙、前燕、前秦、前涼、後秦、後燕、南燕、北燕、後涼、南涼、西涼、北涼、西秦、夏，史稱十六國。自永興元年（304）李雄及劉淵分別建立成漢、漢（後改稱趙，史稱前趙）起，至元嘉十六年（439）北魏太武帝滅北涼止，歷一百三十餘年。

《魏書》崔鴻本傳稱十六國各有本國史書，而體例不同，詳略各異，不相統一，崔鴻據舊有記載加以增損褒貶，撰成《十六國春秋》一百二卷（含《序例》一卷、《年表》一卷）。傳至北宋，已殘缺不全。《四庫全書總目》是書提要云："鴻作《十六國春秋》一百二卷，見《魏書》本傳。《隋志》《唐志》皆著錄，宋初李昉等作《太平御覽》猶引之，《崇文總目》始佚其名，晁、陳諸家書目亦皆不載，是亡於北宋也。"尤袤《遂初堂書目》僞史類著錄，可知是書南宋初尚存，其亡佚當在南宋。明萬曆間，嘉興屠喬孫、項琳編刊百卷本，實以《晉書・載記》及《藝文類聚》《太平御覽》《資治通鑑》等涉及十六國史事者補綴而成，非崔鴻原書。《四庫全書總目》是書提要謂係屠、項二人僞作，"然其文皆聯綴古書，非由杜撰，考十六國之事者，固宜以是編爲總匯焉"。《增訂四庫簡明目錄標注》則云："此書《四庫目》以爲即屠、項二君所僞作，然《汲古閣秘書目》有精抄本二十冊二套，稱係從宋板抄出，在刻本之前。屠、項刻此書於萬曆中，而毛氏家藏已有抄本，即使僞託，亦前人所爲，決非二君自作自刻也。"可備一説。

屠喬孫、項琳所編有萬曆三十七年（1609）屠氏蘭暉堂刻本，乾隆三十九年汪日桂據以校訂重刊，四十一年復刪改序文重印。此本爲四十六年重印本，序文用四十一年舊版，末題剜改爲"乾隆四十六年歲次辛丑孟冬之吉仁和汪日桂序"，序中"迄今又百餘年矣"剜改爲"迄今幾二百年矣"。"卷三十八卷端題，初印本、四十一年印本依照屠氏蘭暉堂刻本作'前秦錄七'，此四十六年印本改'七'爲'八'。卷三十九卷端，初印本、四十一年印本作'前秦錄八'，此本改'八'爲'七'。卷四十之端，初印本、四十一年印本作'前秦錄九'，此本改'九'爲'八'。"（《柏克萊加州大學東亞圖書館中文古籍善本書錄》第66頁）

"玄""弘""泓"字避諱缺末筆。

《四庫全書總目》史部二十二載記類著錄。《中國古籍善本書目》收萬曆刻本。

中國國家圖書館、北京大學圖書館、華東師範大學圖書館、浙江師範大學圖書館、中國臺北"國家圖書館"，日本京都大學人文科學研究所等有收藏。

鈐白文方印"易印漱平"、朱文長方印"李宗侗藏書"。

070

十國春秋一百十四卷拾遺一卷備考一卷

T2650 2327

《十國春秋》一百十四卷，清吳任臣撰；《拾遺》一卷《備考》一卷，清周昂輯。清乾隆五十八年（1793）周昂此宜閣刻本。卷二第二十葉爲抄配。三函十六冊。版框高20.9厘米，寬13.8厘米。半葉十行二十一字，白口，左右雙邊，單魚尾。版心上鎸書名，中鎸卷次及國名。

首康熙十一年（1672）魏禧《十國春秋序》，署"寧都魏禧冰叔撰"；次康熙八年吳任臣《十國春秋序》、康熙丁巳（十六年）吳農祥題辭；次《凡例》九條，末吳任臣識語；次乾隆五十三年周昂跋、《十國春秋目錄》。

各卷端署"仁和吳任臣志伊氏譔，鄞城牛奐潛子氏閱（或署真定梁允植冶湄氏閱、武進陳玉璂椒峯氏閱、遂安毛際可會侯氏閱等），昭文周昂少霞重校刊"。《拾遺》《備考》分别續爲卷一百十五、一百十六，卷端分别署"海虞周昂少霞氏輯"，卷一百十五首有周昂《十國春秋拾遺備攷序》。

吳任臣（1628—1689），字志伊，一字爾器，號託園，祖籍福建莆田，早年隨父至仁和（今浙江杭州）。康熙十八年舉博學鴻詞，授翰林院檢討，承修《明史·曆志》。著有《字彙補》十二集附《拾遺》一卷、《山海經廣注》十八卷、《託園詩文集》等。《清史稿》卷四百八十四有傳。

周昂（1732—1801），字千若，號少霞，江蘇常熟人。乾隆三十五年舉人，授寧國府訓導。六次應考不第，遂絕意科舉，醉心戲曲，創作《玉環緣》《西江瑞》《兕觥記》《兩孝記》等傳奇，有詩集《少霞詩鈔》十五卷。

唐朝亡後，中原地區相繼有五個朝代（後梁、後唐、後晉、後漢、後周）更迭，西蜀、江南、嶺南及河東等地則有十個割據政權（前蜀、後蜀、吳、南唐、吳越、閩、楚、南漢、南平、北漢），史稱"五代十國"。吳任臣自序謂歐陽脩作《五代史記》，附《十國世家》，於十國史事略而不詳，乃據司馬光《資治通鑑》及薛、歐二史，博採五代、兩宋時各種雜史、野史、地志、筆記等文獻資料，編成是書，以補歐史之遺漏，"爲本紀二十，世家二十二，列傳千二百八十二，人以國分，事以類屬"。凡吳十四卷，南唐二十卷，前蜀十三卷，後蜀十卷，南漢九卷，楚十卷，吳越十三卷，閩十卷，荆南四卷，北漢五卷，十國紀元世系表合一卷，地理志二卷，藩鎮表一卷，百官表一卷。於諸傳本文之下自爲之注，載別史之可存者；於舊説虛誣，多所辨證；五表考訂尤精。搜羅廣泛，以淹貫著稱於世。

書成於康熙八年，無力授梓，八年後始由曹溶、徐乾學等出資，付彙賢齋刊刻。乾隆間，海虞周昂因彙賢齋本校勘粗疏，重爲校刻，并撰隨筆札記約三百條爲《拾遺》一卷，又考證史事互異及端委未明者爲《備考》一卷，附詩、詞、賦及宋明人之考證。至嘉慶四年（1799）周氏重印時，又補刊《拾遺備考補》一卷。其後海虞陳氏、戴氏漱石山房、顧氏小石山房皆有重印本。各館藏本或佚去書名葉，遂據周氏跋著録爲乾隆五十三年刻本，不確。

此本爲乾隆五十八年刻初印本，美國哈佛大學哈佛燕京圖書館藏有相同版本，刷印後於此本，且於行間加刻夾注校記，計有數十條之多。如魏禧序“鋌而走儉”，哈佛本夾注“儉當險”；目録南唐五“岐懷獻王仲宣”，哈佛本夾注“原本仲字下有宣字”；目録前蜀六“張勛”，哈佛本夾注“勛原本作劼”；卷一第二葉“追兵入援廬江人袁襲説行密曰”，哈佛本夾注“追兵入援，原本同，追字應是徵字，見後《袁襲傳》”；第十九葉“武寧軍節使朱延壽”，哈佛本夾注“節使，原本同，應脱一度字”；卷三第二葉“順義二年月（空二格）命官”，哈佛本改作“順義二年（空二格）月命官”。可知乾隆間刻印之後，嘉慶四年補刊之前，周氏已曾校訂重印。

書名葉額鎸“乾隆癸丑年鎸”，下中鎸書名，右鎸“昭文周少霞校刊”，左鎸“此宜閣藏板”。

《四庫全書總目》史部二十二載記類著録。《中國古籍善本書目》入史部雜史類，著録康熙彙賢齋本。

中國國家圖書館、北京大學圖書館、浙江圖書館、中國臺灣大學圖書館等館，美國柏克萊加州大學東亞圖書館、普林斯頓大學東亞圖書館，日本國立國會圖書館、静嘉堂文庫等有收藏。

071

吳越備史四卷補遺一卷

T2654　4242

《吳越備史》四卷，題宋范坰、林禹撰；《補遺》一卷。清康熙十七年（1678）錢錫英刻本。一函四册。版框高 20.7 厘米，寬 15 厘米。半葉八行二十字，白口，左右雙邊，單魚尾。版心上鎸書名，中鎸卷次。

首目録，次輿地圖、世系圖、《吳越州考》。末未署年錢肅潤《吳越備史後序》，康熙戊午（十七年）錢錫英《吳越備史後序》，未署年錢奎光、錢斗光《書吳越備史後》。目録卷四載“後序四篇”，其中當有錢特簡《重刻吳越備史序》，此本缺佚。

各卷端署“武勝軍節度使書記范坰、武勝軍節度使巡官林禹同撰，武肅十九世孫德洪、二十世孫文爵、二十一世孫諮訂正，武肅二十三世孫玉藻、二十四世孫五瑞同校閱，武肅二十四世孫錫英、二十五世孫奎光、斗光重校刊，武肅二十六世孫肅潤重訂”，“六”“肅潤”三字墨色淺淡，係後添，卷三此三字爲空格。《補遺》撰者不詳。

　　是書記載五代十國時吳越錢氏政權三世五王事迹。卷一武肅王，卷二文穆王，卷三忠獻王附忠遜王，卷四大元帥吳越國王，另《補遺》一卷。宋陳振孫《直齋書録解題》卷五僞史類著録：“《吳越備史》九卷，吳越掌書記范坰、巡官林禹撰。按《中興書目》，其初十二卷，盡開寶三年，後又增三卷，至雍熙四年。今書止石晉開運，比初本尚闕三卷。”知初本爲十五卷。又載：“《吳越備史遺事》五卷，全州觀察使錢儼撰。俶之弟也。其序言《備史》亦其所作，託名林、范，而遺名墜迹、殊聞異見闕漏未盡者，復爲是編。時皇宋平南海之二年，吳興西齋序，蓋開寶五年也。儼以三年代其兄俶刺湖州。”《宋史·藝文志三》據以著録爲：“《吳越備史》十五卷，吳越錢儼託名范坰、林禹撰。”《宋史》卷四百八十《錢儼傳》列其著作有“《吳越備史》十五卷、《備史遺事》五卷。”《四庫全書總目》是書提要云：“今是書四卷之末有跋二首，一題嘉祐元年四代孫中孚，一題紹興二年七代孫休浹。如據書中所記而言，則當從錢鏐起算，不當從錢俶起算。所稱四代、七代，顯據作書者而言，則振孫以《備史》爲儼撰，似得其實。”後世刻本遂有將著者直接題爲錢儼者（如清道光二年 [1822] 席氏掃葉山房刻本）。

　　明嘉靖間錢德洪重刊本僅五卷，已非完帙。明末錢曾《讀書敏求記》卷二之上載：“今本《吳越備史》，武肅十九世孫德洪所刊，序稱忠懿事止於戊辰，因命門人馬蓋臣續第六卷爲《補遺》。予暇日以家藏舊本校閱之，知其刻之非也……蓋德洪當日所見乃零斷殘本，實非完書。”今存最早刻本爲明萬曆二十七年錢達道刻本，凡五卷又《補遺》一卷、《雜考》一卷（《雜考》爲明錢受徵輯），卷端題“越中十九世孫德洪、吳中二十四世孫受徵、二十五世孫達道校梓”。此本卷端不題錢受徵、達道姓名，當非翻自萬曆本。

　　錢肅潤《後序》云：“舊本武肅王分二卷，文穆王一卷，忠獻王一卷，忠遜王附之，大元帥吳越國王一卷，補遺一卷。今但以武肅王二卷合爲一卷，餘悉遵舊，不敢同異。”所謂舊本當即嘉靖錢德洪本。《中華再造善本續編》據中國國家圖書館藏明萬曆刻本影印，可與此對照。此本與萬曆本皆源出嘉靖本。萬曆本武肅王仍分二卷，卷五至六爲大元帥吳越國王，《雜考》一卷則爲此本所無。兩本内容亦多有差異，如：開卷第一葉，萬曆本“祖諱宙，纍贈太尉”，此本作“祖諱宙，高尚不仕，纍贈太尉、彭城侯”；萬曆本卷三第十葉“應援指揮

使”至“尋授衢州刺史”共六十四字注，此本無；等等。此本有後印本，卷端“錢
蕭潤”一行剜改爲“武蕭二十六、九世孫蕭潤、道生重訂”，末增未署年錢道生
撰《吳越備史後序》。

　　書名葉分三欄，中鐫書名，右鐫“錫山後裔重訂”，左鐫“燕喜堂藏板、梁
溪何復生鐫”。

　　《四庫全書總目》入二十二史部載記類。《中國古籍善本書目》著録萬曆本。

　　“玄”字避諱缺末筆。

　　上海圖書館、寧波市天一閣博物院、溫州市圖書館有收藏。

072

隆平集二十卷

T2665　7112

　　《隆平集》二十卷，宋曾鞏撰，清彭期訂。清康熙四十年（1701）彭期七
業堂刻四十八年補刻本。一函四册。版框高 20.3 厘米，寬 13 厘米。半葉九行
二十字，白口，左右雙邊，單魚尾。版心上鐫書名，中鐫卷次，書眉、行間鐫
評語、校記。

　　首宋紹興十二年趙伯衛《隆平集序》、康熙四十年彭期《校刻隆平集序》，
次《凡例》五則、《宋曾文定公隆平集目録》。末康熙四十七年曾鴻麟《讀隆平
集叙後》（末署“康熙四十七年歲次戊寅十月”，案康熙四十七年當爲戊子）。

　　各卷端署“宋曾文定公編譔，南豐後學湯來賁敦實、彭期省迁仝校”，卷二
校訂人爲“六安楊友敬希洛、張亮乾熙載重校，南豐後學彭期訂”，卷三以下爲
“南豐後學彭期訂”。

　　曾鞏（1019—1083），字子固，江西南豐人。嘉祐二年（1057）進士，元豐
五年（1082）拜中書舍人。宋理宗時追諡“文定”。曾參與整理校勘《梁書》《陳
書》《南齊書》《列女傳》《戰國策》《説苑》諸書。著有《元豐類稿》五十卷。《宋
史》卷三百十九有傳。

　　彭期，字彥遠，一字省迁，江西南豐人。康熙六年進士，入國史院，以繼
母病告歸。校刊《小學四書集注》《曾文定公全集》《歐陽文忠集》等行世。年
八十九卒。《［乾隆］建昌府志》卷四十六有傳。

　　是書紀宋太祖至英宗五朝史事。卷一至三分聖緒、符應、都城、官名、官司、
館閣（文籍附）、郡縣、學舍、寺觀、宮掖、行幸、取士、招隱逸、却貢獻、慎
名器、革弊、節儉、宰執、祠祭（封爵附）、刑罰、燕樂、愛民（方藥附）、典
故、河渠、户口、雜録二十六門，每門分若干條，似隨筆劄記之體。卷四以下

爲列傳二百八十四篇，分爲宰臣、參知政事、樞密、宣徽使、王後、僞國、侍從、儒學行義、武臣、夷狄、妖寇十一類。

是書《宋史·藝文志》《通志·藝文略》《直齋書録解題》等皆不著録，僅見於晁公武《郡齋讀書志》卷六。晁氏云："《隆平集》二十卷，記五朝君臣事迹，其間記事多誤，如以《太平御覽》與《總類》爲兩書之類。或疑非鞏書。"《四庫全書總目》是書提要因此推斷是書出於依托，著録爲"舊本題宋曾鞏撰"。余嘉錫《四庫提要辨證》已詳考之，其爲曾鞏所撰無疑。

趙伯衛序云："南豐曾鞏子固爲左史日，嘗撰《隆平集》以進，自太祖至於英宗五朝聖君賢臣、盛德大業、文明憲度、更張治具之體，文武廢置、軍政大小之務，郡縣、户口、風俗、貢職之目，柴燎、祠祀、學校、科選之設，宰相、百官、降王、外彝之事，分門列傳，凡一百六年，爲書二十卷，當時號爲審訂，頒付史館，副存於家。雖非正史，亦草創注記之流也。"頒付史館後是否付刊刻已不可考。南宋除趙伯衛序刊本外，又有參知政事姚憲重校本，今皆不傳。明代則有嘉靖間董氏萬卷堂刻本、萬曆間曾氏裔孫曾敏賢刻本，并存於世。

此本於康熙四十年開版，彭期刻書序云："惜此書傳布頗少，恐漸湮没，雖吾豐舊本亦訛脱不可讀。友人劉子二至始爲點次，余與湯子敦實又屢加讎校，頗殫心力。"據《凡例》"是集梓於前明萬曆間，脱落訛舛，意莫能通，讀不可句"，知所謂"吾豐舊本"爲萬曆曾敏賢刻本。《凡例》又云："舊本第九卷原落第七葉，缺《弭德超傳》尾，《楊守一傳》《張遜傳》全缺，《曹彬傳》缺前段，又誤於《弭德超傳》缺處錯補入神宗時王安石事，今於本卷内註明削去，亦從萬卷堂上續補。"又卷三"祠祭"門第三葉有校記云："原本第三卷欠一葉，自'帝三十'字起，至'玉有'字止。又第九卷《弭德超傳》闕尾，《楊守一》《張遜》二傳全闕，《曹彬傳》闕首段，而謬附以王荆公事，舛錯失倫。初刻注爲闕文，不免遺憾。兹己丑季春，忽得六安州楊君希洛千里貽緘，從董氏萬卷堂善本録示，遂補刻以成全書。隔地同心，誠快事也。"可知彭氏曾參校萬卷堂本以補缺校訛。"己丑"爲康熙四十八年。據卷中校記可知其參校本又有《宋史》《宋史新編》等書。是書曾與康熙三十二年彭期所刻《曾文定公全集》合印行世。

《文獻通考·經籍考》二十三著録入史部傳記類，《四庫全書總目》入史部六别史類，《郡齋讀書志》及《中國古籍善本書目》皆入雜史類。

書名葉額鐫"康熙辛巳年新鐫"，下中鐫"宋曾文定公隆平集"，左鐫"七業堂校"。

"玄"字避諱缺末筆。

中國國家圖書館、中國人民大學圖書館、清華大學圖書館、寧波市天一閣博物院、中國臺北"國家圖書館"等館，日本東京大學東洋文化研究所有收藏。

073

隆平集二十卷

T2665　7112（2）

《隆平集》二十卷，宋曾鞏撰，清彭期訂。清康熙四十年（1701）彭期七業堂刻四十八年補刻後印本。一函六册。

首《宋曾文定公隆平集目録》、宋紹興十二年趙伯衛《隆平集序》、康熙四十年彭期《校刻隆平集序》，次《凡例》五則、康熙四十七年曾鴻麟《讀隆平集叙後》。

此本與上部爲同一版刻，斷版處較上部爲多，係剜改後印本，卷一題署剜改爲"宋曾文定公編譔，南豐後學湯來賈、彭期參訂，男立齊、永、袞、亮、章、育校"，卷二第一葉係重刻，題署改爲"宋曾文定公編譔，南豐後學彭期訂"，删去楊友敬、張亮乾二人姓名。内容亦有改動，如卷二第一葉"行幸"條："是年九月，李重進叛。十月，車駕幸軍前。十一月，重進自焚。十二月，車駕還京。重進，太原人，周祖之甥，在周爲平盧軍節度使，判揚州，至是以揚州叛。"此本改爲："是年九月，李重進叛。重進，太原人，周祖之甥，在周爲平盧軍節度使，判揚州，至是以揚州叛。十月，車駕幸軍前。十一月，重進自焚。十二月，車駕還京。"當即彭期之子立齊等所校改。

存世同版又有"劉氏藏板""茹古齋藏板"各本，皆係書版易手後之重印本。

書名葉額鐫"康熙辛巳年新鐫"，下中鐫"宋曾文定公隆平集"，左鐫"七業堂校"。

北京大學圖書館、復旦大學圖書館、浙江圖書館，美國哈佛大學哈佛燕京圖書館等有收藏。

074

靖康傳信録三卷

T2675　4422

《靖康傳信録》三卷，宋李綱撰。清乾隆四十七年（1782）李調元刻《函海》本。一函二册。版框高 18.9 厘米，寬 14.8 厘米。半葉十行二十字，白口，四周雙邊，單魚尾。版心上鐫書名，中鐫卷次。

首有李綱（未署名）《原序》。分上中下三卷，各卷端署"宋李綱撰，綿州李調元校"。

李綱（1083—1140），字伯紀，號梁谿居士，祖籍福建邵武，生於江蘇無錫。宋徽宗政和二年（1112）進士，官至太常少卿。欽宗時授兵部侍郎、尚書右丞。南渡後拜尚書右僕射兼中書侍郎，爲御史所劾，罷爲觀文殿大學士。淳熙十六年（1189）追謚“忠定”。著有《梁谿集》一百八十卷《附録》六卷。《宋史》卷三百五十八有傳。

自宋徽宗宣和七年（1125）冬至欽宗靖康二年（1127）春，金軍兩次南下，李綱力主戰守，反致罷斥，乃取所藏自欽宗即位以來御筆内批及表札章奏等編而次之，并叙其本末大概，以成此書，收入所著《梁谿集》中。《直齋書録解題》卷五著録：“《靖康傳信録》一卷，丞相李綱伯紀撰。丁未二月。”宋趙希弁《讀書附志》卷上著録：“《靖康傳信録》三卷，右李忠定公綱爲尚書右丞、充親征行營使及以知樞密院事，爲河北、河東路宣撫使時事也。”可知亦曾析出别行。

是書宋刻單行本已不存世。《梁谿集》有宋刻殘本藏上海圖書館，其中亦缺此書。現存較早刻本有明鄭鄤輯崇禎元年（1628）大觀堂刻《宋三大臣彙志》本及崇禎間李氏後人刻《宋李忠定公集選》本。清乾隆間李調元收入《函海》中，所用底本不詳。其後《海山仙館叢書》《邵武徐氏叢書》皆予收録。

《中國古籍善本書目》著録中國國家圖書館藏傅增湘校跋本。

075
吾學編六十九卷

T2720　8261

《皇明大政記》十卷

《建文遜國記》一卷

《皇明同姓諸王表》二卷《皇明同姓諸王傳》三卷，附《異姓三王傳》《孔氏世家》

《皇明異姓諸侯表》一卷《皇明異姓諸侯傳》二卷

《皇明直文淵閣諸臣表》一卷

《皇明兩京典銓尚書表》一卷

《皇明名臣記》三十卷

《建文遜國臣記》八卷

《皇明天文述》一卷

《皇明地理述》二卷

《皇明三禮述》二卷

《皇明百官述》二卷

《皇明四夷考》二卷

《皇明北虜考》一卷

《吾學編》十四篇六十九卷，明鄭曉撰。明萬曆二十七年（1599）鄭心材刻本。有十餘葉係抄配。六函三十二冊。版框高 18.1 厘米，寬 13.7 厘米。半葉十行十九字，白口，左右雙邊，單魚尾（《皇明北虜考》爲白魚尾）。版心上鎸子目名，中鎸卷次，下鎸刻工。

首明隆慶元年（1567）雷禮《吾學編序》（末葉爲抄補）、萬曆己亥（二十七年）李當泰《重刻吾學編跋》；次《序略》，末署“不肖鄭履淳謹識，孫鄭心材重校”；次《鄭端簡公吾學編引》，末署“不肖鄭履準謹書”；次《吾學編篇目》，末署“孫心材重校”；末萬曆戊戌（二十六年）鄭心材《鄭端簡公吾學編後序》、萬曆己亥鄭心材《吾學編重刻後語》。

各卷端題“臣海鹽鄭曉”或“海鹽鄭曉”，末鎸“子履準校、孫心材重校”。

鄭曉（1499—1566），字窒甫，號淡泉翁，浙江海鹽人。嘉靖二年（1523）進士，歷官至刑部尚書。卒贈太子少保，謚“端簡”。史稱其諳熟掌故，博洽多聞，兼資文武，所在著效，不愧名臣。著述彙爲《鄭端簡公全集》。《明史》卷一百九十九有傳。

是書輯録明洪武至正德間史事遺文及朝章掌故（《地理述》內容增至萬曆間）。雷禮序云：“太子少保澹泉鄭端簡公崛起鹽官，以博洽伏宇內，心切識之。及徼天幸，與公同在銓司，每政暇，彼此輒以所撰述相質，見公所編《吾學》總目，敘自戊申年太祖混一區夏，握符御極，改元洪武，歷永樂、洪熙、宣德、正統、景泰、天順、成化、弘治、正德，凡關係大政者，仿朱子《綱目》，以歲係月，各爲一記。建文四年雖革除殘缺，亦搜集遺文，拆爲《遜國記》。至於同姓諸王分封列藩，及開國、靖難、禦胡、剿寇并戚畹、佞幸、列爵三等者，各爲表傳，別功罪，爲萬世勸懲。又表內閣以崇政本，表太宰以重銓衡，紀文武名臣以垂景範，紀遜國諸臣以獎忠義，述天文地理以嚴修省、辨經略，述三禮百官以秩祀典、別職掌，考四夷北虜以通正朔、飭邊備，俱原本始、核事情，於予心若相契者。時全書未成，期日後彼此攷訂，以竟初志。及公任大司寇南歸，予猶久掌邦土，無緣質公於鹽官故里。迺公忽先予逝，囑子履淳、履準、履洵以成書付梓。”據鄭履淳《序略》，嘉靖三十五年，浙江巡撫李天寵被趙文華誣劾論死，鄭曉懼以言殺身，欲焚成書，履淳竊藏殘稿，其後鄭曉據以補輯，陸續付梓，至隆慶元年方刻畢，時鄭曉已逝（鄭履淳刻本《續修四庫全書》據中國國家圖書館藏本影印）。

此本係鄭曉之孫心材依履淳本重校翻刻。《中華再造善本續編》據中國國家圖書館藏本影印，與此爲同版。《四庫禁燬書叢刊》據上海圖書館藏本影印，與此本略有差異：《叢刊》影印本各卷端"臣海鹽鄭曉"之"臣"字爲小字，此本爲大字，與正文同；卷二第十一葉兩本字體不同，第一行"十一月亦力把力歪思弒其主"，影印本脫"亦"字，末行"安遠侯"，影印本作"安遠矦"。蓋此本爲後印本，有所修正。又影印本卷五第九、十兩葉係據北京大學圖書館藏本配補，字體亦與此不同，且此本第十葉末第三行"皇明大政記第五卷子履準校"、第四行"孫心材重校"，影印本在最末行，作"皇明大政記第五卷終子履準校正"。疑北大本爲翻刻本。

入清遭抽毀。《軍機處奏准抽燬書目》云："查此書係明鄭曉撰。曉長於史學，此書乃述明九朝事迹，略仿正史之體，分記、表、述、考，凡十四篇，六十九卷，當時頗稱其簡當。其所載皆在嘉靖以前，尚無干礙。惟《四夷考》內《女直傳》一篇有誣罔失實之處，其餘紀載間有偏謬，俱應刪節抽燬外，其全書應請毋庸銷燬。"同時遭抽毀者有《吾學編餘》一種，係鄭曉之隨手札錄，鄭心材掇拾殘稿，重加排次，以補《吾學編》之缺。

刻工："金陵劉登刻"（劉）、陳元（陳）、魏浩、戴洪（戴）、陶思（陶）、張岐（張）、李文（李、文）、魏秀、鍾宇（鍾、中宇）、陳甫、陳於、李承（承）、夏云（夏、云）、戴洪宇、端明、端坤、楊。

《四庫全書總目》屢引此書而未明著於目。《中國善本書提要》入史部紀傳類。《中國古籍善本書目》入雜史類。

中國國家圖書館、上海圖書館、北京大學圖書館、中國臺北"國家圖書館"等二十餘館，美國國會圖書館、柏克萊加州大學東亞圖書館，日本國立國會圖書館、蓬左文庫、東洋文庫等有收藏。

鈐朱文長方印"臣杭"、朱文方印"杭印"、白文方印"趙起杭印"。

076

弇山堂別集一百卷

T2720　1142

《弇山堂別集》一百卷，明王世貞撰。明萬曆金陵刻本。六函二十四冊。版框高 19.5 厘米，寬 13.3 厘米。半葉十行二十字，白口，四周單邊（個別葉爲左右雙邊），雙魚尾。版心上鐫書名。

首有未署年王世貞《弇山堂別集小序》、萬曆庚寅（十八年，1590）陳文燭《弇山堂別集序》，次《弇山堂別集目錄》。

各卷端署"吳郡王世貞元美著（或作編）"。

王世貞（1526—1590），字元美，號鳳洲、弇州山人，江蘇太倉人。嘉靖二十六年（1547）進士，初任刑部主事，纍遷南京刑部尚書。倡導文學復古運動，爲當時詩壇領袖。著有《弇州山人四部稿》一百七十四卷、《藝苑卮言》十二卷。《明史》卷二百八十七有傳。

是書爲王世貞所編史料集，小序云："名之別集者何？内之無當於經術政體，即雕蟲之技亦弗與焉，故曰別集也。"陳文燭序謂："元美詩文有《弇山堂正集》，而此則國朝典故，比一代實録云。"卷一至五皇明盛事述，記諸帝事迹；卷六至十五皇明異典述，記典章制度；卷十六至十九皇明奇事述，記稗史異聞；卷二十至三十史乘考誤，考史糾謬；卷三十一至六十四爲帝系、王公、百官等職官表，分六十七目；卷六十五至一百爲親征、命將、謚法諸考，分十六目。材料廣泛，史源駁雜。《四庫全書總目》是書提要贊其"皆能辨析精覈，有裨考證"，又謂："世貞承世家文獻，熟悉朝章，復能博覽群書，多識於前言往行，故其所述，頗爲詳洽。雖徵事既多不無小誤，又所爲各表不依旁行斜上之體，所失正與雷禮同；其盛事、奇事諸述，頗涉談諧，亦非史體。然大端可信，此固不足以爲病矣。"

萬曆十八年翁良瑜雨金堂初刊（《中華再造善本續編》據中國國家圖書館藏本影印），校刻不精，誤字較多，其後又曾剜改重印。此本係依翁刻剜改本重刻，内容亦有修訂，書末所鎸牌記"大明萬曆庚寅孟冬穀旦金陵鎸行"，疑係僞托，確切刊行年不詳，《中國古籍善本書目》等據牌記著録爲萬曆十八年金陵刻，恐不確（參呂浩《〈弇山堂別集〉成書與版本考》，《文獻》2016年第5期）。此本通行於後世，《四庫全書》本、光緒間廣雅書局本皆從此本出。

序首葉版心下鎸"蔡朝光刊"。

入清後一度曾遭禁毀，《清代禁書知見録》著録。《四庫全書總目》入史部七雜史類。

中國國家圖書館、首都圖書館、北京大學圖書館、中國臺北"國家圖書館"等二十餘館，美國國會圖書館、美國哈佛大學哈佛燕京圖書館、普林斯頓葛思德東方圖書館，日本内閣文庫、静嘉堂文庫等有收藏。

鈐朱文方印"觀古堂"、白文方印"葉氏德輝鑒藏"。

077

弇州史料前集三十卷後集七十卷

T2720　1143

《弇州史料前集》三十卷《後集》七十卷，明王世貞撰，明董復表編。明萬曆四十二年（1614）楊鶴刻本。各卷計有十六葉係抄配。十二函六十冊。版框高 21.6 厘米，寬 15 厘米。半葉九行十八字，白口，四周單邊，單魚尾。版心上鐫書名，中鐫卷次及"前集"或"後集"，下鐫字數、刻工。

《前集》首萬曆甲寅（四十二年）陳繼儒《弇州史料叙》（楊汝成書）、未署年李維楨《史料序》（董孝初書，第一、二葉爲抄配），次校刊官員銜名、《弇州史料前集目録》。《前集》當有董復表《纂弇州史料引》，此本缺。他館藏本或有未署年楊鶴序，此本亦缺。《後集》首董復表《纂弇州史料後集意》，次《弇州史料後集目録》。

各卷端署"瑯琊王世貞纂撰，華亭後學董復表彙次"。

王世貞，見"076 弇山堂別集一百卷"介紹。

董復表，字章甫，華亭（今上海松江）人。王世貞門人。

王世貞曾有意撰著《明史》，因故未成。董復表以當時史學之富無逾弇州，而不及成史，一二梓行之者，漫置詩文集中，卒爲詩文集所掩，其他傳録，又以避忌秘之，因揭而出之，採掇王世貞文集、説部中有關朝野記載者裒合以成此書。《明史》卷九十七藝文二著録"王世貞《弇山堂別集》一百卷、《識小録》二十卷、《少陽叢談》二十卷、《明野史彙》一百卷"，下注云："萬曆中，董復表彙纂諸集爲《弇州史料》，凡一百卷。"《前集》凡表序二卷、考志十六卷、世家四卷、傳八卷，《後集》凡傳八卷、志狀碑表故實十三卷、序記一卷、吳往哲像贊四卷、碑版雜紀一卷、劄記題跋一卷、章疏議策二卷、國朝叢記六卷、筆記二卷、觚不觚録一卷、序説一卷、皇明三述二十卷、史乘攷誤十卷，總一百卷。

是書之刊刻見陳繼儒序云："鹽臺侍御楊公（楊鶴）性好異書，而尤好搜朝家典故，遂採陳子言，屬郡司理吳公（松江府推官吳之甲）、邑侯鄭公（華亭縣知縣鄭元昭）督梓之。"校刊官員銜名開列"命梓：巡按浙直監察御史楊鶴"并以下同閱、督校、同校、分校、覆校共四十二人。

刻工：孫士、顧循、施仲、于華、顧彦、洪文、周亭、何仁、顧文、吳夾、吳末、張湖、王祖、曹山、夏昆、沈实、蕭良（肖良）、潘垣、羅山、丁、王成、張華、李元（元）、秦山、錢禹、孫右、施美、顧憲、張祖、朱山、孫訥、葉天、陳荣、顧脩、雇成、陸本、葉天、考、朱道（道）、何憲、顧宇、朱行、徐玉、潘文、井文、潘省、潘云、顧信、陶文、徐中、史、仕、曹山、王善、林、徐垢、六宝、徐以、王村、王本、徐高、史溪、王中、陳美、孫國正、戴仕、王仁、徐全、怡、丑、栢、思、許。

《四庫全書總目》僅著録《前集》三十卷，入史部十八傳記類存目，提要謂："無所考正，非集非史，《四庫》中無類可歸，約略近似，姑存其目於傳記中。

實則古無此例也。"《續修四庫全書總目提要》入別史類，批評《總目》云："蓋其所收，衹《前集》而無《後集》，如援著録《通志》之例，則當入之別史；如援《弇山堂別集》之例，則當入之雜史。何謂無類可歸？殆未見全書，爲此臆斷之辭，不足信也。"《千頃堂書目》卷五別史類、《中國古籍善本書目》史部雜史類著録，《中國善本書提要》入傳記類。

《四庫全書存目叢書》據中國人民大學圖書館藏本影印，僅《前集》三十卷。

明末有翻刻本，版心下無字數、刻工。入清後，曾因有偏駁語而被列入《抽燬書目》。《四庫禁燬書叢刊》據北京大學圖書館藏本影印，注明萬曆四十二年刻本，實爲翻刻本。

中國國家圖書館、首都圖書館、上海圖書館、中國臺北"國家圖書館"、中國臺北"中央研究院"傅斯年圖書館等二十餘館，美國國會圖書館，日本京都大學人文科學研究所等有收藏。

詔令奏議類

詔　令

078

皇明大訓記十六卷（存十二卷）

T4661.7　2963

《皇明大訓記》十六卷，明朱國禎輯。明崇禎刻《皇明史概》本。存十二卷（卷一至十二）。二函十二册。版框高 21.3 厘米，寬 14.7 厘米。半葉十行二十一字，白口，左右雙邊，單魚尾。版心上鎸"大訓記"，中鎸卷次。

無序跋。首《皇明大訓記目録》，卷十二以下數行被剜去，僞裝成全書足本爲十二卷。

各卷端署"臣朱國禎輯"。

朱國禎，見"062　皇明大事記五十卷"介紹。

是書爲朱氏所輯《皇明史概》五種之一（參 062　皇明大事記五十卷"），輯録明太祖至宣宗諸帝言論、詔告、訓諭。卷一爲明太祖御製文十八篇，卷二至十六始明太祖起兵之第五年（約 1356）至明宣宗宣德九年（1434）。此本至永樂二十二年（1424）爲止，缺以下部分。

《清代禁書知見録》著録，云"崇禎五年尋溪朱氏刊"。《中國善本書提要》入編年類。

《四庫禁燬書叢刊·補編》據北京大學圖書館藏本影印。

鈐朱文方印"徐浩之印""徐邨藏書"、白文方印"徐邨"。

奏　議

079

歷代名臣奏議三百五十卷

T4664　4244

《歷代名臣奏議》三百五十卷，明黄淮、楊士奇輯，明張溥删正。明崇禎八年（1635）東觀閣刻本。十函六十四册。版框高 20.6 厘米，寬 14.3 厘米。半葉九行十八字，白口，左右雙邊，單魚尾。版心上鎸"奏議"，中鎸卷次，目録首二葉及卷一首二葉版心下鎸"東觀閣"，眉欄鎸評。

首崇禎八年張溥《歷代名臣奏議序》，次《奏議刪例》《總目》《歷代名臣奏議目録》。

《目録》卷端署"吳郡張溥編次"，正文各卷端署"吳郡張溥刪正"。

黄淮（1367—1449），字宗豫，號介庵，浙江永嘉人。洪武二十九年（1396）進士，授中書舍人，歷官至户部尚書兼武英殿大學士。卒諡"文簡"。著有《黄文簡公介庵集》十一卷。《明史》卷一百四十七有傳。

楊士奇（1364—1444），名寓，字士奇，以字行，號東里，江西泰和人。建文初，以薦入翰林，後改編修，歷官至兵部尚書兼華蓋殿大學士。卒諡"文貞"。《明史》卷一百四十八有傳。

張溥（1602—1641），字天如，號西銘，江蘇太倉人。崇禎四年進士，授庶吉士。曾與郡中名士結爲復社，評議時政。與同邑張采齊名，時稱"婁東二張"。著作、編述宏富，著《七録齋詩文合集》十六卷，輯有《漢魏六朝百三家集》等。《明史》卷二百八十八有傳。

是書爲永樂十四年（1416）黄淮、楊士奇等奉敕編纂。《千頃堂書目》卷三十載："初，帝諭翰林儒臣黄淮、楊士奇等採古名臣如張良對漢高、鄧禹對光武、諸葛亮對昭烈及董、賈、劉向、谷永、陸贄奏疏之類，彙集以便觀覽。永樂十四年十二月書成進覽，帝嘉之，命刊印，賜皇太子、皇太孫及諸大臣。"所採自商周以迄宋元，分六十四門，凡君德五卷、聖學四卷、孝親三卷、敬天一卷、郊廟九卷、治道四十六卷、法祖二卷、儲嗣三卷、内治二卷、宗室二卷、經國二十四卷、守成一卷、都邑一卷、封建一卷、仁民五卷、務農二卷、田制一卷、學較三卷、風俗二卷、禮樂十一卷、用人二十四卷、求賢一卷、知人五卷、建官四卷、選舉八卷、考課二卷、去邪十四卷、賞罰三卷、勤政一卷、節儉二卷、戒佚欲三卷、慎微一卷、謹名器二卷、求言二卷、聽言七卷、法令七卷、慎刑三卷、赦宥一卷、兵制六卷、宿衛一卷、征伐十卷、任將六卷、馬政一卷、荒政六卷、水利五卷、賦役六卷、屯田一卷、漕運一卷、理財十二卷、崇儒一卷、經籍一卷（附圖讖一卷）、國史二卷、律曆三卷、謚號二卷、褒贈二卷、禮臣二卷、巡幸一卷、外戚二卷、寵倖一卷、近習三卷、封禪一卷、災祥二十卷、營繕二卷、弭盜三卷、禦邊二十卷、夷狄十一卷。採摭賅備，爲古今奏議之淵海，其中宋人奏議尤有文獻價值。

永樂間書成，内府刊印（向輝先生考證所謂永樂内府本實係成化間刊刻，見《采采榮木——中國古典書目與現代版本之學》第三章）。《四庫全書總目》是書提要云："當時書成刊印，僅數百本，頒諸學宫，而藏版禁中，世頗希有。

崇禎間，太倉張溥始刻一節錄之本。其序自言生長三十年，未嘗一見其書，最後乃得太原藏本，爲刪節重刊，卷目均依其舊。所不同者，此本有'慎刑'一門，張本無之；張本有'漕運'一門，此本無之。不知爲溥所改移、爲傳本互異。然溥所去取，頗乏鑒裁，至唐宋以後之文，盡遭割裂，幾於續鳧斷鶴，全失其真。"所謂"當時書成刊印，僅數百本，頒諸學宮，而藏版禁中，世頗希有"并非實情，張溥偶得書不易而云云，提要誤從之。檢《中國古籍善本書目》，著錄有二十一家圖書館有收藏。茲以美國哈佛大學哈佛燕京圖書館藏明永樂內府本與張本對照，兩本均有"漕運"門；張本目錄未列"慎刑"門，而正文實有之。

此本崇禎八年由東觀閣初刊，稍後印本剜去卷一首葉版心下"東觀閣"三字，之後又有正雅堂印本。清初張溥繼子永錫等補版重印，卷端題署剜改爲"吳郡張溥刪正，子永錫、孫玉衡、玉璇重較"，版心亦無"東觀閣"。書版流傳後世，不斷易手重印，聚英堂、文德堂、菁華樓印本，將張溥序落款篡改爲"崇禎八年孟夏陳明卿氏（陳仁錫）謹序"，卷端改爲"吳郡（空二格，無"張溥"二字）刪正，子永錫、孫玉衡、玉璇重較"；其他印本或將卷端剜改爲"吳郡（空四格），子永錫、孫玉衡、玉璇重較"；亦有書估作僞，將卷端改爲"無錫邵寶撰，子永錫、孫玉衡、玉璇重較"，僞充他人著述；晚至光緒十二年（1886）清河寶樹堂仍在補刻重印。

美國柏克萊加州大學東亞圖書館藏本卷一首葉未刻"東觀閣"字樣，陳先行《柏克萊加州大學東亞圖書館中文善本書志》謂"尚屬初印，上海圖書館藏本與此同版，版心鎸'東觀閣'，爲後印本"。疑非，志此備考。

"校"諱作"較"，"檢"諱作"撿"。

《四庫全書總目》史部十一詔令奏議類著錄永樂內府本。《中國古籍善本書目》著錄"明崇禎刻本""明崇禎八年東觀閣刻本"兩種，實當爲同一書版先後刷印。

中國國家圖書館、北京大學圖書館、北京師範大學圖書館、上海圖書館等二十餘館，美國柏克萊加州大學東亞圖書館、普林斯頓大學葛思德東方圖書館，日本京都大學人文科學研究所等有收藏。

080
荆川先生右編四十卷

T4664　　0623

《荆川先生右編》四十卷，明唐順之編纂，明劉曰寧補遺。明萬曆三十三年（1605）南京國子監刻本。各卷偶有缺葉及抄配葉。八函四十冊。版框高 22.2 厘米，寬 14.4 厘米。半葉十行二十字，小字雙行同，白口，左右雙邊，單白魚尾。版心上鎸"右編"，中鎸卷次，下鎸刻工及字數，書眉、行間鎸評。

首有未署年唐順之《右編序》、葉向高《荆川先生右編序》、焦竑《荆川先生右編序》、朱國禎《右編序》（缺末葉），萬曆乙巳（三十三年）劉曰寧《刻右編叙》；次《右編總目》《荆川先生右編目録》。各卷皆有細目。

各卷端署"都察院僉都御史毗陵唐順之編纂，南京國子監祭酒豫章劉曰寧補遺，司業吳興朱國禎校定"。

唐順之（1507—1560），字應德，一字義修，號荆川，江蘇武進人。嘉靖八年（1529）進士，選庶吉士，官至右僉都御史。通兵法，曉武術，曾破倭寇於浙江。崇禎中追謚"襄文"。爲學推崇唐宋古文，著有《荆川集》十二卷。《明史》卷二百五有傳。

劉曰寧（？—1612），字幼安，江西南昌人。萬曆十七年（1589）進士，選庶吉士，授翰林院編修，纍遷南京國子監祭酒。卒贈禮部尚書，天啓初追謚"文簡"。《明史》卷二百十六有傳。

唐順之曾纂集歷代正史所載君臣事迹成《史纂左編》一百二十四卷，又選自周至元歷代名臣經世論事之奏牘，編爲是書，取"右史紀言"之義，故名"右編"。凡分二十一門九十子目：卷一至四治總，卷五至七君（修德、務學、任賢、求言、建都），卷八相（相道、任相），卷九將（爲將、用將），卷十后（立廢、權寵），卷十一儲（建立、諭教），卷十二宗（封國、賢宗、强宗），卷十三主（公主、駙馬），卷十四戚（后族、諸姻），卷十五宦，卷十六倖（寵倖、佞倖），卷十七至十八姦（權惡、朋黨），卷十九至二十亂（逆惡、盜賊），卷二十一至二十三鎮（唐鎮總、涇原、魏博、淮蔡、宋鎮總、江淮、荆襄、川廣、陝西、兩河、幽燕），卷二十四至二十八夷（東夷、南蠻、西戎、西夏、北虜、遼、金虜、胡元），卷二十九至三十吏（官總、內職、外職、除授、薦舉、辭免、考課、吏役），卷三十一至三十三戶（田賦、稅課、賑恤、榷貨、內帑、財用），卷三十四至三十六禮（郊廟、籍田、喪葬、封號、樂律、祥異、貢舉、學校、藝術、方外），卷三十七至三十八兵（兵總、宿衛、鄉兵、養兵、屯戎、兵器、用兵、兵食、賞功），卷三十九刑（法令、慎刑、訟獄、赦宥），卷四十工（營建、屯田、河工）。古來崇論宏議切於事情、可資法戒者，菁華略備。

是書未及定稿而唐順之去世，萬曆中，焦竑得其殘本，南京國子監祭酒劉曰寧與司業朱國禎仿《左編》義例校補殘本，由監中付之梓。劉曰寧序云："余遊南雍之一年，從太史焦公（焦竑）得抄本讀之，知爲毗陵未竟之業。會太史居在秣陵，而少司成朱公（朱國禎）適來，因略仿先生《左編》義例，部勒銓補，爲四十卷。其例起治道而君相，而宮闈，而方國，而四夷，而六官政事，無不備載，蓋宇宙一大機局也。"

刻工：刘中、吴廷、黃一龍（黄一龙、黄龙）、井立、楊桂、李朝（朝）、尚榮、彭高、許明、吳應明、孫良相、刘祥、陳鳴、叚惠、王四、楊三、郭榜、王世貴、王貴、吳陽、張牽、宗瑞、潘相、宗袞（宗滾）、孫後、孫付、張崔鳴、左祥、林桂、楊世龙、邹明、陳應時、刘卞、黄一林、鄧志、鄧忠、鄧宗、方啓賢（方其賢）、戴作、刘應洲、洪仁、熊朋（熊鵬）、孫可權（可權）、沈儒（儒）、吳景、郭、萬志（万志）、徐堆、潘橄、尚文、周堂、楊世龙、馬仁、余荣、陳時、易兹、鄧奉、刘德、沈一科、雇運、張順、張洪、周蘭、陳孝、盛文、叚志、余榮、董天右（天右）、胡宗、何華、何禄、何六、祖祥、戴化、吳景先、桂成、曹尚仁、唐龙、尚希圣、何科、陳尚用、茹龙、徐丘（徐垀）、俞允、刘洲（刘州）、李光、李升、張承業、焦二、徐棟、張承祖、湯淮、沈光祖、伊在進、吳賓、王世、林村、張崔、伊在、王龍、毛翔、李明光、李大、湯甫、朱本、李遇春、徐東、蔣榮、方啓夬（方夬）、左祥、祁臣、曹仁、張業、戴惟孝、吳春。

《四庫全書總目》入史部十二詔令奏議類存目，題《右編》。《中國古籍善本書目》著録。《四庫全書存目叢書》據吉林省圖書館藏本、《續修四庫全書》據復旦大學圖書館藏本影印。

中國國家圖書館、北京大學圖書館、上海圖書館、中國臺北“國家圖書館”等三十餘館，美國國會圖書館、普林斯頓大學東亞圖書館，法國法蘭西學院漢學研究所，日本國立公文書館、東京大學東洋文化研究所有收藏。

鈐朱文長方印“李宗侗藏書”、白文方印“易印漱平”。

081

秦漢書疏十八卷

T5238.2　5935

《秦漢書疏》十八卷。明隆慶六年（1572）桂天祥山西刻本。一函十册。版框高 21 厘米，寬 14.9 厘米。半葉十行二十字，白口，四周單邊，單白魚尾。版心上鎸“秦書疏”“西漢疏”“東漢疏”，中鎸卷次。

首隆慶壬申（六年）史直臣《秦漢書疏後序》、嘉靖戊午（三十七年，1558）聶豹《刻秦漢書疏序》。凡《秦書疏》三卷、《西漢書疏》六卷、《東漢書疏》九卷，各有目録。《秦書疏》末重出史直臣後序。各卷端第二行著者位置或爲空行，或爲墨釘未刻。

是書爲先秦兩漢名臣奏疏彙編，共收名文四百七篇。編者不詳，明焦竑《國史經籍志》卷五、清丁丙《八千卷樓書目》卷二徑題爲徐紳撰。徐紳字思行，號五臺，池州建德人。嘉靖二十年進士，官至都御史。按聶豹序云：“監察徐君

（徐紳）獲是本於三泉林監察之所，傳讀而悦之，謂是傳宜廣，以不負博我之教。"
知編者并非徐氏。聶序謂徐氏曾訂正是書，委托聶豹校刻，時吳國倫爲南康推
官兼主白鹿洞書院，擔任校訂之役，由黃國卿刻版，版藏白鹿洞學，是爲嘉靖
三十七年吳國倫刻本。

史直臣序云："徐五臺氏輯而刻之，以垂憲章。顧僻在白鹿洞學，四方學士
罕覯也。侍御桂公（桂天祥）攬轡山右，秉憲飭紀，吏治蒸蒸，晉人艾安，而
尤鄉意文學，不純以柱後惠文抨治之。橐中《秦漢書疏》數卷，雅所誦法，而
思與天下共焉，間出眎藩臬諸司曰：'美者其傳乎，蔡中郎秘《論衡》，何弗廣
也？' 余受命等梓。"可知此本係據吳國倫本翻刻。桂天祥字子興，江西臨川人。
嘉靖間進士，由祁門知縣擢御史，出按山西，後任順德知府，考績天下第一，
卒於任，時年四十五。生平見《［雍正］江西通志》卷八十二。

《四庫全書總目》未收，《中國古籍善本書目》著録。

中國國家圖書館、首都圖書館、遼寧大學圖書館、山東省圖書館、浙江圖
書館、中國臺北"國家圖書館"，日本東京大學東洋文化研究所有收藏。

此爲勞費爾購書。

082

于山奏牘七卷詩詞合選一卷（存七卷）

T4662.8　1450

《于山奏牘》七卷《詩詞合選》一卷，清于成龍撰。清康熙二十二年（1683）
刻本。存七卷（《于山奏牘》卷一至七）。一函七册。版框高20厘米，寬14.4厘米。
半葉九行二十二字，白口，左右雙邊，單魚尾。版心上鎸書名，中鎸卷次。

首康熙二十二年李中素序、鄭先慶序（李序缺第二至九葉，鄭序缺第一葉），
次《于山奏牘目次》。《詩詞合選》末當有康熙二十二年劉鼎跋。

各卷端署"晉西河于成龍北溟父著"。

于成龍（1617—1684），字北溟，號于山，永寧（今山西離石）人。明拔貢
生，順治十八年（1661）起出仕，歷任廣西羅城縣知縣、福建按察使、直隸巡撫，
官至兩江總督。以廉能著稱。卒諡"清端"。《清史稿》卷二百七十七有傳。

是書爲于氏歷官所上奏疏及詳文、牌示并一時同官往來書牘，近兩百篇（附
來書若干），内容多與地方施政有關。詩詞若干首及制藝一篇合爲一卷，編爲卷
八，卷端題"于山詩詞合選"，版心上鎸"于山詩詞"。作序跋者李中素、鄭先
慶、劉鼎皆于氏門人，李序云："發（于氏）所攜圖書，得公自令羅城以來諸奏
牘、詩文稿……乃次第諸稿，片楮隻字皆公親筆細書，歲久黴蠹霑蝕，半就脱

落，彙其可識者爲若干卷。”《四庫全書總目》著録即此本，入史部十二詔令奏議類存目，云：“其後《政書》之刻，即因此本而增損之，此編蓋猶其初稿。至於詩詞本非所長，制藝一首尤不入格，亦不如《政書》之刊除潔净也。”《政書》謂于成龍之孫于準所刻《于清端公政書》八卷，係以是書爲基礎重編。存世于氏奏牘另有《撫直奏稿》不分卷，康熙二十六年刻，僅中國國家圖書館有收藏。

　　《四庫全書存目叢書》據天津圖書館藏本影印。

　　《中國古籍善本書目》未收。

　　中國國家圖書館、北京大學圖書館、上海圖書館等館、中國臺北“中央研究院”傅斯年圖書館、中國臺灣大學圖書館，美國國會圖書館、美國哈佛大學哈佛燕京圖書館等有收藏。

　　鈐朱文方印“生齋臺灣行篋記”。

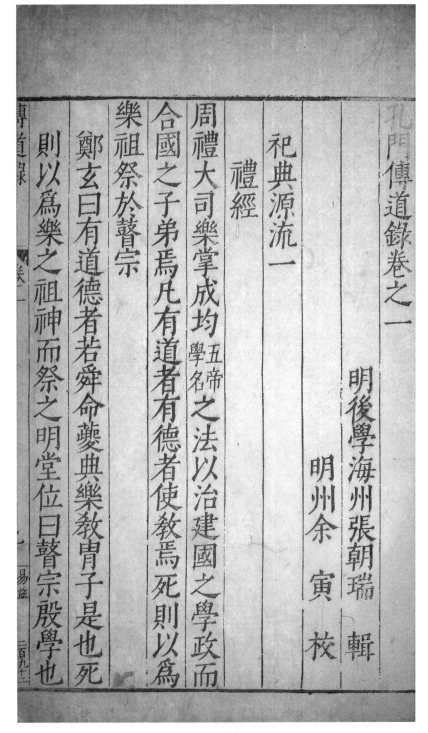

孔門傳道錄卷之一

明後學海州張朝瑞　輯
明州余　寅　校

祀典源流一

禮經

周禮大司樂掌成均（五帝學名）之法以治建國之學政而合國之子弟焉凡有道者有德者使教焉死則以爲樂祖祭於瞽宗

鄭玄曰有道德者若舜命夔典樂教冑子是也死則以爲樂之祖神而祭之明堂位曰瞽宗殷學也

傳道錄　　卷一　　　　　　二百九十二

083　孔門傳道錄十六卷

明萬曆二十六年（1598）姚履旋、顧端祥刻本

150

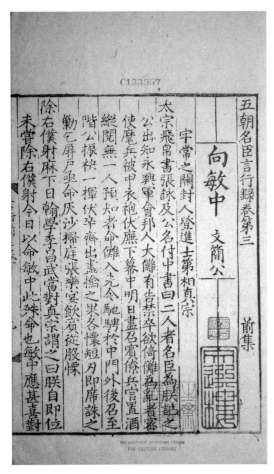

089　五朝名臣言行録前集十卷（存八卷）

明張鰲山刻《宋名臣言行録》本

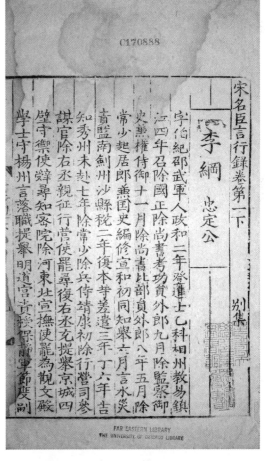

091　宋名臣言行録別集十三卷

明張鰲山刻《宋名臣言行録》本

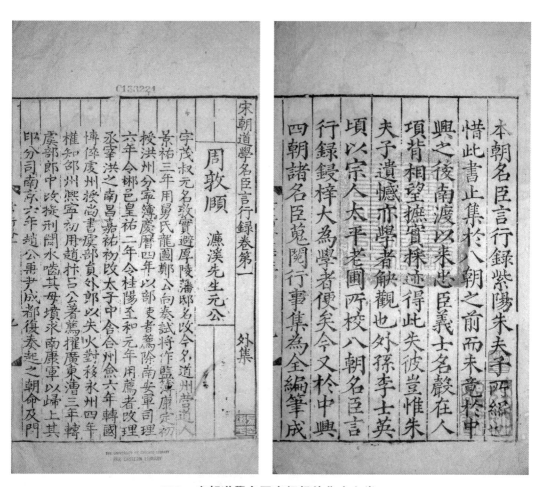

本朝名臣言行錄紫陽朱夫子所編也
惜此書止集於八朝之前而未竟於中
興之後南渡以來忠臣義士名藏在人
項背相望撫實採迹得此失彼豈惟朱
夫子遺憾亦學者所觖觀也外孫李士英
項以宗人太平老圃所校八朝名臣言
行錄鋟梓大為學者便矣今又於中興
四朝諸名臣蒐閱行事集為全編筆成

宋朝道學名臣言行錄卷第一　外集

周敦頤　濂溪先生元公

字茂叔元名敦實遊厚陵藩邸名改令名道州營道人
景祐三年用舅氏龍圖鄭公向奏試將作臨淮廉定初
授洪州分寧簿慶曆四年以部吏者蕭除南安軍司理
六年令郴邑皇祐二年令桂陽至和元年令改理
丞寧洪之南昌嘉祐初改太子中舍合州僉六年轉國
博倅慶州授尚書虞部員外郎以失火對移永州四年
權知郴州熙寧初用趙抃呂公著薦為擢廣東漕三年轉
虞部郎中改撫刑閜水嗜其母壙永南康軍以歸上其
即分司南京六年趙公弗尹成都復奏起之朝命及門

092　宋朝道學名臣言行錄外集十七卷

明張鰲山刻《宋名臣言行錄》本

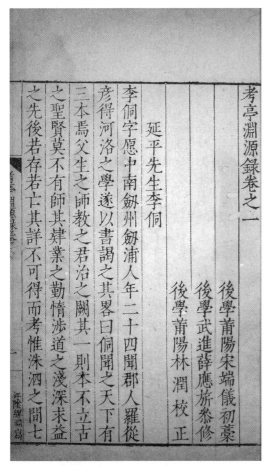

093　考亭淵源録二十四卷

明隆慶三年（1569）刻本

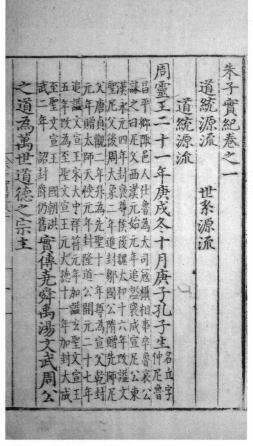

101　朱子實紀十二卷

明正德八年（1513）歙縣鮑雄刻本

153

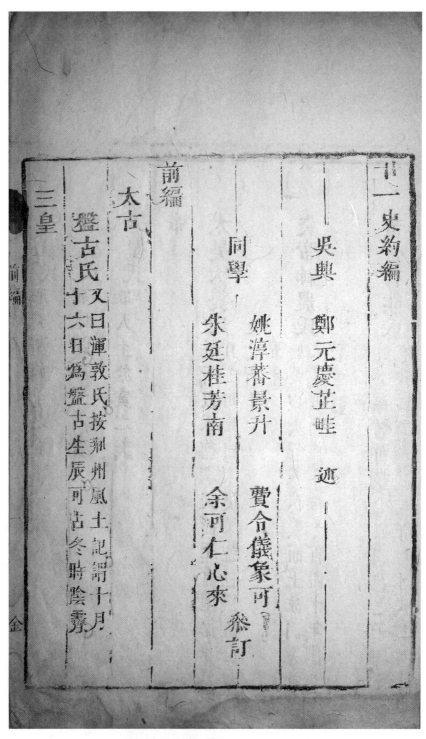

廿一史約編

吳興　鄭元慶芷畦　述

同學
姚淳蕃景升　費合儀象可
朱廷桂芳南　余可仁心來　參訂

前編

太古

三皇

盤古氏　又曰渾敦氏按荊州風土記謂十月
十六日為盤古生辰可古冬時陰霧

107　廿一史約編八卷首一卷

清康熙三十六年（1697）魚計亭刻本

傳記類

總　傳

083

孔門傳道録十六卷

T2261.12　1341

《孔門傳道録》十六卷，明張朝瑞輯。明萬曆二十六年（1598）姚履旋、顧端祥刻本。二函十册。版框高 22.6 厘米，寬 15.3 厘米。半葉十行二十字，白口，左右雙邊，單魚尾。版心上鎸“傳道録”，中鎸卷次，下鎸字數、刻工。

首萬曆甲午（二十二年）沈一貫《孔門傳道録序》，次《孔門傳道録凡例》十三則、《孔門傳道録目録》。當有萬曆乙未（二十三年）余寅序、萬曆戊戌（二十六年）張朝瑞自序，此本佚失。

各卷端署“明後學海州張朝瑞輯，明州余寅校”。

張朝瑞（1536—1603），字子禎，海州（今江蘇連雲港）人。隆慶二年（1568）進士，官至南京鴻臚寺卿。著有《忠節録》六卷、《皇明貢舉考》九卷、《南國賢書》六卷。生平見明焦竑《中憲大夫南京鴻臚寺卿張公朝瑞墓表》（《澹園集》卷二十三）。

是書輯録孔子及其弟子後學、諸賢諸儒之言行事迹。卷一至四祀典源流，考記歷代崇奉孔子典制；卷五世家，記孔子事迹；卷六至十五列傳，記四配、十哲、先賢、先儒及附祀啓聖祠諸人事迹；卷十六改祀、罷祀，記嘉靖中改祀林放等七人及罷祀公伯寮等十五人事迹。萬曆十二年詔以王守仁、陳獻章、胡居仁從祀孔廟，朝瑞於守仁深致不滿，故著是録，於守仁多微詞。

張氏自序末有“應天府儒學生員姚履旋、顧端祥校刊”條記一行，一般據此著録爲“萬曆二十六年姚履旋、顧端祥刻本”。卷十六末鎸“應天府知事新安績邑程棟督工”條記一行，日本國立國會圖書館據以著録爲“萬曆二十六年應天府程棟刊本”，實則均爲同一版刻。

刻工：吴廷、付礼、易玆、吴楊（吴暘）、顧成、孫辛、朱錦、陳文、萬其（万其、万其自）、于必、丘正、許恩、涣仁、姜伯、朱經、付忠（付中）、付明、羅、洪謀、付先、付亮、易選、付賢、幹、黄礼、本、恩、付奌、付本。

書中有佚名墨筆批注、題識。

《四庫全書總目》未收,明黃虞稷《千頃堂書目》卷三、《中國古籍善本書目》著錄。

中國國家圖書館、北京師範大學圖書館、清華大學圖書館、故宮博物院、山西省文史研究館、南京圖書館、中國臺北"國家圖書館"、中國臺灣大學圖書館、日本國立國會圖書館、國立公文書館、蓬左文庫、京都大學人文科學研究所有收藏。

084

聖門志六卷

T1786　6618

《聖門志》六卷,明呂元善纂輯。明崇禎刻本。卷五缺第二十六葉。一函八冊。版框高 19.5 厘米,寬 14.5 厘米。半葉十行十九字,白口,左右雙邊,單魚尾。版心上鐫書名,中鐫卷次。

首崇禎己巳(二年,1629)衍聖公孔胤植《聖門志序》,明萬曆癸丑(四十一年,1613)趙煥《聖門志序》、顏胤祚《聖門志序》,明天啓甲子(四年,1624)顧起元《聖門志序》、樊維城《聖門志序》,崇禎元年馮明玠《聖門志序》,未署年姚思仁《聖門志序》,天啓乙丑(五年)賀萬祚《聖門志序》,未署年項夢原《聖門志序》,天啓甲子胡震亨《聖門志序》,天啓丁卯(七年)呂濬《聖門志序》;次《聖門志目錄》;末附崇禎二年山東請祀呂元善之舉呈、公移、關押等案牘及孔胤植《呂公墓誌銘》、孔貞叢《呂季可先生墓表》、賀萬祚《呂公行狀》。

卷一上卷端署"海鹽呂元善纂輯,上海杜士全、江寧顧起鳳參考,兄呂元美、侄呂濬編次,男呂兆祥、孫呂逢時訂閱",卷一中署"海鹽呂元善纂輯,無錫高攀龍、金壇段鑨參考,兄呂元美、侄呂維祺編次,男呂兆祥、侄孫呂陽訂閱",卷一下署"海鹽呂元善纂輯,同郡朱國祚、江陰繆昌期參考,兄呂元美、侄呂一經編次,男呂兆祥、曾孫呂學孔訂閱",卷二上署"海鹽呂元善纂輯,同郡岳元聲、應山楊漣參考,兄呂元美、侄呂化舜編次,男呂兆祥、曾孫呂學曾訂閱",卷二中署"海鹽呂元善纂輯,同邑吳中偉、同郡魏大中參考,兄呂元美、侄呂奇策編次,男呂兆祥、孫呂逢時訂閱",卷二下署"海鹽呂元善纂輯,禹城劉士驥、吳江周順昌參考,兄呂元美、侄呂濬編次,男呂兆祥、侄孫呂陽訂閱",卷三上署"海鹽呂元善纂輯,海澄周起元、淄川張至發參考,兄呂元美、侄呂維祺編次,男呂兆祥、曾孫呂學孔訂閱",卷三中署"海鹽呂元善纂輯,桐城左光斗、新城王象春參考,兄呂元美、侄呂一經編次,男呂兆祥、曾孫呂學曾訂閱",卷三下署"海鹽呂元善纂輯,武定袁化中、高陽李國譜參考,兄呂元美、侄呂化舜編次，男吕兆祥、孫吕逢時訂閲"，卷四署"海鹽吕元善纂輯，西安方應祥、同邑吴麟瑞參考，兄吕元美、侄吕奇策編次，男吕兆祥、侄孫吕陽訂閲"，卷五署"海鹽吕元善纂輯，同郡黄承昊、沂州宋鳴梧參考，兄吕元美、侄吕濬編次，男吕兆祥、曾孫吕學孔訂閲"，卷六署"海鹽吕元善纂輯，萊陽宋兆祥、句容張榜參考，兄吕元美、侄吕維祺編次，男吕兆祥、曾孫吕學曾訂閲"。

吕元善（1569—1619），字季可，號冠洋，浙江海鹽人。監生，曾任山東布政司理問，以襄賑勞病卒於官。與修《山東通志》，著有《三遷志》五卷。生平見本書末所附孔胤植等所撰傳記。

是書輯録孔門及歷代聖賢傳記資料。卷一聖賢表傳（孔子年表、謚號、廟宇、書院、林墓及四配、十哲、先賢列傳），卷二從祀列傳（歷朝先儒、啓聖祠、孔廟改祀、孔廟罷祀、孔廟擬祀、孟廟擬配、孟廟擬祀、曾廟配享從祀、孟廟配享從祀、分省姓氏、魁名内閣），卷三四氏封典（孔氏姓譜、顔氏姓譜、曾氏姓譜、北宗博士、南宗博士、孟氏姓譜、曲阜知縣、四氏學録、尼山學録、洙泗學録、孔庭族長、林廟舉事、歷朝甲科、歷朝鄉科、國朝歲貢、國朝監生、孔氏聞達、顔氏聞達、曾氏聞達、孟氏聞達、孔子流裔），卷四禮樂（祀典、章服、祭期、禮器、樂器、樂章），卷五聖賢遺迹（地里、山、水、城、堂、亭、臺、閣、樓、館、宫、室、祠、書院、墓、樹、廟、林），卷六二氏世系（東野氏、仲氏），凡分六十五子目。趙焕序云："吕君，鹽官名家子，端遠贍洽，意欿結撰，適參《東省志》（即《山東通志》），與筆會，乃原本闕、充通志，兼搜四氏諸賢譜系，暨外方記乘雜纂，門萃條輯，都爲六卷：一之卷爲聖門表傳，尊統宗也；二之卷爲從祀列傳，衍道脈也；三之卷爲四氏封典，昭恩數也；四之卷爲禮樂，隆明禋也；五之卷爲古迹，地以人重也；六之卷爲周公東野、仲子路二氏世系，不獨幸二胤有傳，抑且著衰夢不見、惡言不入之思也。"《四庫全書總目》是書提要批評其"如'魁名内閣'無關道統，而詳悉臚列，别次於從祀諸儒之末，殊爲不倫；又以諸儒未入祀典者别載擬祀三十五人，中如岳飛之精忠，不在乎闡明理學，錢唐之直諫，亦未聞其銓釋聖經，乃欲例諸歷代儒林，擬議亦爲失當……末附崇禎初曲阜祠祀元善及四氏子孫等給匾案牘，冗雜尤甚"。

書成未梓，其子兆祥重加校訂，天啓三年，海鹽令樊維城將其刻入《鹽邑志林》中。據孔胤植序，是書凡三刻：天啓三年樊氏刻《鹽邑志林》本；天啓四年甲子，"秣陵顧太史（顧起元）索見賞重，爲增科目'閣臣'一款，刻之南都"；崇禎元年戊辰又刻之曲阜。

此本與美國哈佛大學哈佛燕京圖書館藏本（索書號：T1786.2　6618B）内容全同，彼本亦著録爲明崇禎刻本（見《美國哈佛大學哈佛燕京圖書館藏中文善本書志》第 462 頁）。但兩本版刻字體雖極相似，却并不相同，乃是兩次開版。卷一上第二十二葉之下一葉，哈佛本爲“又二十二”，其後爲二十三至三十；此本則二十二葉之後葉碼爲二十三至三十一。哈佛本當爲崇禎第三刻，蓋付梓於崇禎元年，次年藏事，係據顧起元南都本重刊。此本則爲改正葉碼後之新翻刻本，觀版刻風格，當在哈佛本之後不久。《四庫全書存目叢書》影印所據爲江西省博物館藏本，與此本爲同一版刻，《四庫存目標注》謂江西本爲崇禎二年之第三刻，實非。卷三下第十四葉江西本係重刻，孔貞時、孔貞運之間增“曾棟”一人，次葉爲“又十四”葉，孔聞籍後增顏胤紹、曾亨應、孔胤圭、孔尚則四人，記事至崇禎庚辰（十三年）；第十九葉江西本亦爲重刻，孔貞時、孔貞運之間增“曾棟”一人；次葉，孔開檀、孔貞綏、孔聞籍之字此本爲墨釘，江西本刻爲“孔開檀字知穀”“孔貞綏字象臺”“孔聞籍字義繩”；第十九葉後增“又十九葉”，孔聞謙之後增曾亨應、顏胤紹、顏伯靴、孔貞璠、孔貞珩、孔貞煥、孔興巖七人，記事至崇禎己卯（十二年）。此本記事至崇禎二年，知江西本係增補後印本。

《四庫全書總目》入史部十五傳記類存目。《中國古籍善本書目》著録。

書中有朱筆校字，改正數處錯誤。如卷一上第十六葉，小注“古者三十五家爲里”，改“三”爲“二”；第二十葉“陳恒弑其君亡於舒州”，改“亡”爲“壬”；卷一中第六葉“相射而立”，改“射”爲“對”；卷二下第十九葉“吳宗伯”，勾乙“宗伯”二字，等等。

上海圖書館、四川省圖書館、江西省圖書館，美國國會圖書館，日本内閣文庫等有收藏。

鈐白文方印“葛印學禮”。

085

聖賢像贊三卷

T1786　1722

《聖賢像贊》三卷，明呂元善輯。明崇禎刻本。一函四册。版框高 19.2 厘米，寬 14.2 厘米。半葉十行十九字，小字雙行同，白口，左右雙邊，單魚尾。版心上分別鎸“聖賢像贊”“先儒像贊”“先賢像贊”等。

首崇禎壬申（五年，1632）呂維祺《聖賢像贊序》，次《聖賢像贊目録》。書名據目録題。

卷端無題署，呂維祺序云：“或問：‘冠洋子著闕里諸志，亦既有儀有物矣，而又象列焉，得毋夸乎？’余曰：‘象本也，法也。’”又云：“吾冠洋子列象於書，令學者揭而見孔子儼然在上，又見顏、孟諸子及歷代配祀諸先生森然在傍，惕惕有羨墻寤寐之思，將流者歸、雜者一、遷者還，真天地之法、吉凶之本於是焉在。"可知是書係冠洋子輯，冠洋子即吕元善，吕維祺係其族姪。

吕元善，見"084　聖門志六卷"介紹。《中國古籍善本書目》據序著録爲吕維祺輯，誤。

是書繼吕氏所撰"闕里諸志"（即《聖門志》《三遷志》）而作，繪刻歷代聖賢圖像，每人附小傳、歷代御製贊及名人題贊。所收人物始於"至聖先師孔子"，終於"先儒王子（王守仁）"。卷一孔子、四配、十哲及啓聖祠先賢、先儒，卷二從祀兩廡先賢六十二人、改祀於鄉先賢二人，卷三從祀兩廡先儒三十二人。

中國臺北"國家圖書館"藏本（索書號：02537）與此爲同一版刻，而"玄""弘"字皆避諱缺末筆，當爲清代剜改後印本。其餘剜改處如：卷一孔子，宋高宗紹興十四年御製贊"志則春秋"，臺北本作"志在春秋"；復聖顏子，宋理宗紹定三年御製贊"德行首科"，臺北本作"德行科首"；宗聖曾子至先儒林放數十人之"宋理宗紹定三年御製贊"，臺北本皆改爲"宋高宗紹興十四年御製贊"。

有光緒四年（1878）曲阜會文堂翻刻本。

首都圖書館、北京大學圖書館、清華大學圖書館、上海圖書館等十餘館有收藏。

此爲勞費爾購書。

086

大成通志十八卷首二卷

T1042　　4204

《大成通志》十八卷首二卷，清楊慶輯。清康熙八年（1669）刻康熙雍正間增修本。二函二十册。版框高20.4厘米，寬14厘米。半葉九行二十四字，白口，四周雙邊。版心上鎸書名、卷次，中鎸卷名，下鎸"理齋"。

首康熙八年劉斗《大成通志序》、羅森《大成通志叙》、孫際昌《大成通志叙》，康熙丁未（六年）徐明弼《大成通志序》，康熙九年程憲《大成通志序》，康熙戊申（七年）許重華《大成通志叙》，康熙八年白輝《大成通志序》，康熙五年林煇章《大成通志序》，未署年胡獻瑶《大成通志序》，康熙八年戴時顯《大成通志序》，未署年許玭《大成通志序》，康熙八年顧其言《大成通志序》、康熙己酉（八年）陳禋祉《大成通志序》，康熙辛亥（十年）郭毓秀《大成通志叙》（以上卷首上）；次康熙八年楊純臣《大成通志序》，康熙丁未謝賢《大成通志後序》，康熙己酉高璇《大成通志序》，康熙戊申孟家棟《大成通志序》，未署年王予望《叙》、未署年任經邦《大成通志序》、未署年楊恒仲序，康熙八年郭弘業《大成通志後序》，康熙十一年華善《大成通志序》，康熙己亥（五十八年）逢泰

《大成通志序》，康熙八年楊慶《大成通志自序》（缺第一至三葉）；次"鑑衡文宗"（即訂閱官員銜名）；次《大成通志總目》，含總目、"康熙己酉大臺捐助刊刻"姓名及銀兩數目、俟刊遺稿及俟刊諸稿目錄；次康熙八年楊慶《輯著大成通志始末次言》（與《自序》內容相同，惟《自序》爲小字，此爲大字，且屢有提行）、楊慶《大成通志釋略》；次《大成通志發凡》三十六則（以上卷首下）。卷末康熙八年楊逢春《大成通志跋》。

各卷端署"金臺羅森約齋甫訂証（卷一脱'約'字），上谷劉斗耀微甫鑒定（卷一脱'微'字），瀛海孫際昌名卿甫參閱，古成紀楊慶有慶甫輯著"。

楊慶（1612—1704），字憲伯，號理齋，繼號潛齋，甘肅隴西人。明崇禎諸生，摒棄舉業，一生以著書爲務。《[乾隆]隴西縣志》卷八有傳。

是書輯錄孔子及孔門相關資料。卷一至二諸紀，記歷代崇祀孔子、褒封孔氏後裔及孔林之事；卷三至四禮疏，卷五律疏，卷六至七樂疏，卷八歌舞疏，卷九學校集略，爲歷代崇祀制度；卷十先聖年表，卷十一至十二先聖世家，卷十三至十四啓聖列傳、先賢列傳，卷十五至十六先儒列傳，爲歷代聖賢傳記資料；卷十七《理齋説要》，卷十八《理齋節要》，係楊慶講學之書，實爲獨立著作。每卷各有細目。《理齋説要》前有康熙丁未（六年）寇慎、康熙五年蔣熏、康熙己酉王曆《理齋説要節要序》三序及順治三年（1646）楊慶識語，《理齋節要》末有康熙丁未田遇龍《理齋説要節要跋》（《四庫存目標注》史部誤作康熙五十六年丁酉，第894頁）、順治丁酉（十四年）汪憲淑《理齋説要節要後序》。楊氏自序述編纂之旨云："慶嘗走諸郡邑，謁孔子廟，見殿庭木主，每多憾焉。迨臨奠獻其禮樂諸器、歌奏諸人，不無非儀非度，抱憾愈深，況聲容歌舞之不作者，比比然也。由是志文廟之禮樂爲禮疏、律疏、樂疏、歌舞疏，而採歷來帝王褒崇祀饗諸制與孔子堂第器用之遺迹紀於首，以學校集略爲禮樂之歸，總數篇於前，而輯孔子年表、世家、諸賢、諸儒列傳於後，以《理齋説要》《節要》收之，附有議解、辯論諸説於各卷中，得名曰《大成通志》。夫'大成'，孟氏所以尊孔子也，慶謂尊孔子而有志，故以誌爲志，臚列一十三篇，分一十八卷，前集帝王崇學之事，後集聖賢爲學之事，故以志爲通，目列四百五十有六，圖一百四十六，譜一十有一，附錄五百一十有四，附論三百三十有二。"《四庫全書總目》是書提要譏其將《理齋説要》《節要》講學之書綴於聖賢之後而總名《大成通志》，於義未安。

作者歷經三十餘年，凡三易其稿而成書，書成之後，無力付梓，至康熙八年經甘寧巡撫劉斗邀集同事各捐俸襄助，始得以出版。今書中有康熙十年、十一年、五十八年序，卷一第十四葉增刻"大清康熙九年詔賜程伯淳、程正叔後裔世襲弘文院博士各一員以奉祀事"二行（末注"補"字），卷十三前冠以雍正元年加封孔子先祖諭旨一道，卷十四末有康熙五十一年優崇朱子諭旨一道，據逢泰序，知康熙末年楊慶之子楊會貞續刻其父遺書，曾廣求序記增補此書。

《四庫全書存目叢書》據福建師範大學圖書館藏本影印，序文僅楊純臣、高璇、孟家棟、王予望、任經邦、楊恒六篇，他篇闕如。彼本卷一卷端不脱"約""微"二字，爲剜改後印本。

書名葉額鐫"康熙己酉歲捐俸刊"。

《四庫全書總目》入史部十九傳記類存目，《中國古籍善本書目》史部傳記類著録。《中國古籍總目》史部傳記類、子部儒家類重出。

中國國家圖書館、北京大學圖書館、上海辭書出版社、復旦大學圖書館、陝西省韓城縣文化館、寧夏回族自治區圖書館、曲阜師範大學圖書館、福建師範大學圖書館、廣東省立中山圖書館，日本前田育德會等有收藏。

087

歷代名賢列女氏姓譜一百五十七卷

T2261.5　　4283

《歷代名賢列女氏姓譜》一百五十七卷，清蕭智漢輯。清乾隆五十七年（1792）聽濤山房刻清嘉慶二十年（1815）印本。卷九十五第三十葉、卷一百十第一至四葉爲抄配。二十函一百册。版框高 20.1 厘米，寬 12.7 厘米。半葉十三行二十二字，白口，四周雙邊，無直欄，單魚尾。版心上鐫"氏姓譜"，中鐫卷次及小題。

首嘉慶二十年翟聲焕《序》、疆圉大荒落（嘉慶二年丁巳）張博《叙》、乾隆五十八年蕭智漢《叙》，次《氏姓譜凡例》二十九則、《引書目録》。卷一爲全書目録。

各卷端署"湘鄉蕭智漢雲澤氏纂輯，男秉信明甫氏校"。

蕭智漢，字雲澤，號五江，湖南湘鄉人。生平不詳，嘉慶、道光間在世。著有《月日紀古》十二卷、《藝林類編》二卷、《山居閒談》五卷。

是書博綜群籍，按姓氏輯録歷代名賢、列女，共收録姓氏 3435 個，其中單姓 2294 個，複姓 1058 個，代北（北魏）三字姓 81 個，四字姓 2 個。每姓先遵照宋鄭樵《通志·氏族略》分三十二類之説述起源及地望所在，再羅列該姓之名賢、列女事迹。先單姓，次複姓，次代北複姓、關西複姓、諸方複姓，次代北三字姓，次代北四字姓，皆按四聲編排。起自先秦，止於明代，載録近三萬人。

書名葉額鐫"乾隆壬子歲鐫"，下鐫"歷代名賢列女氏姓譜、聽濤山房藏板"。

避諱“弘”作“宏”，“曆”作“歷”。

《中國古籍善本書目》未收。

中國國家圖書館、北京大學圖書館、山東大學圖書館、南京大學圖書館等二十餘館，美國普林斯頓大學東亞圖書館、美國哈佛大學哈佛燕京圖書館，日本静嘉堂文庫、東洋文庫等有收藏。

088

漢名臣言行録十二卷

T2259.2　1434

《漢名臣言行録》十二卷，清夏之芳輯。清乾隆十七年（1752）積翠軒刻本。一函六册。版框高 17.6 厘米，寬 13.2 厘米。半葉十行二十一字，白口，左右雙邊，單魚尾。版心上鎸書名，中鎸卷次，下鎸漢臣名。

首乾隆辛未（十六年）恒德《漢名臣言行録序》，次《漢名臣言行録凡例》十五則、《漢名臣言行録總目》。

各卷端署“高郵夏之芳筠莊甫輯”。

夏之芳（1689—1746），字筠莊，號荔園，江蘇高郵人。清雍正元年（1723）進士，以御史身份巡視臺灣兼理學政。乾隆元年官至掌河南道監察御史。著《禹貢彙覽》四卷，《東寧雜詠》《臺陽紀遊百韻》《西遊小稿》各一卷，《奏疏稿略》一卷及《海天玉尺編》一卷。《［嘉慶］揚州府志》卷十有傳。

宋朱熹輯《五朝名臣言行録》，後世屢有仿作。《千頃堂書目》卷十載明姜綱《漢名臣言行録》八卷，今不傳。夏氏此書亦仿朱書體例，輯録漢代（兩漢及三國蜀）名臣言行、事迹。凡開國十三人，中興十六人，經濟八十七人（前漢三十四人，後漢四十二人，蜀漢十一人），節烈六十三人（前漢十五人，後漢四十人，蜀漢八人），儒林四十九人（前漢二十五人，後漢二十三人，蜀漢一人），共五類二百二十八人。所輯名臣首重德行，若名節有虧即不選入，寓有勸勉世人之意。去取標準、編次方法等詳見《凡例》。所採史料以《前漢書》《後漢書》《三國志》三史爲宗，旁搜《史記》《東觀漢紀》及謝承《後漢書》等作參補。

是書爲夏氏殁後其子綺亭及門人恒德所刊。恒德序云：“先生於公事暇，傍搜博採，删定無間時，兩易寒暑而《漢名臣言行録》適成。遂進德而示之曰：‘是書也，竊取文公（朱熹）成意。然録其美必遺其惡，所以示效法；取其文必擇其人，所以誌勸勉。區區之心，實在於是。以視前人之瑕瑜錯出、賢否混淆，較爲擇而精焉。《書》曰進厥良以率其或不良，此之謂也。’”後世未見有翻刻本。《［嘉慶］揚州府志》卷六十二《藝文》載：“《漢名臣言行録》十二卷、《六朝名臣言行録》《唐名臣言行録》，夏之蓉撰。”夏之蓉爲之芳弟，“蓉”當爲“芳”之誤。《六朝名臣言行録》《唐名臣言行録》兩書未見傳本。

書名葉中鎸書名，右鎸“乾隆壬申年鎸”，左鎸“積翠軒藏板”。

《中國古籍善本書目》未收。

中國國家圖書館、中國科學院文獻情報中心、南京圖書館、中國臺北“國家圖書館”，美國哥倫比亞大學東亞圖書館，日本東洋文庫等有收藏。

089
五朝名臣言行録前集十卷（存八卷）

T2259.5　2943B

《五朝名臣言行録前集》十卷，宋朱熹輯。明張鰲山刻《宋名臣言行録》本。存八卷（卷三至十）。一函三册。版框高 18.3 厘米，寬 13.7 厘米。半葉十二行二十三字，白口，四周單邊，雙魚尾。版心中鎸“言行前集”及卷次。卷端大題“五朝名臣言行録卷第幾”，下題“前集”。人名標題大字占雙行。

據他館藏足本知書前有朱熹序，次爲《宋名臣言行録總目》。《總目》首葉題“晦庵先生朱熹纂集，太平老圃李衡校正，後學安福張鰲山校正重刊”。

朱熹，見“041　文公先生資治通鑑綱目五十九卷”介紹。

李衡（1100—1178），字彦平。登進士第，由吳江主簿歷官秘閣修撰，致仕後定居崑山，聚書萬卷，號曰“樂庵”。《宋史》卷三百九十有傳。

張鰲山，字汝立，一字仁弼，號石磐，江西安福人。明正德六年（1511）進士，選翰林院庶吉士，拜監察御史，督學南畿。從王陽明平宸濠之亂，因奏語觸權要而罷歸。著有《南松堂稿》七卷。刻印過邵寶《容春堂前集》二十卷、李東陽《懷麓堂詩續稿》八卷《文續稿》十二卷《補遺》一卷。事跡散見《明史》，又見《堯山堂外紀》卷九十五。

是書輯録宋太祖、太宗、真宗、仁宗及英宗五朝名臣之言行、事跡，共五十五人。計有：趙普、曹彬、范質、竇儀、李昉、呂蒙正、張齊賢、呂端、錢若水、李沆、王旦、向敏中、陳恕、張詠、馬知節、曹瑋、畢士安、寇準、高瓊、楊億、王曙、王曾、李迪、魯宗道、薛奎、蔡齊、呂夷簡、陳堯佐、晏殊、宋庠、韓億、程琳、杜衍、范仲淹、种世衡、龐籍、狄青、吳育、王堯臣、包拯、王德用、田錫、王禹偁、孫奭、李及、孔道輔、尹洙、余靖、王質、孫甫、陳搏（附穆修、种放、魏野、李之才、林逋）、胡瑗、孫復、石介、蘇洵。此本缺趙普至王旦共十一人。其後朱熹續輯宋神宗、哲宗及徽宗三朝名臣之言行、事跡，共四十二人，合編爲《八朝名臣言行録》。

《八朝名臣言行録序》云："予讀近代文集及記事之書，觀其所載國朝名臣言行之迹，多有補於世教者。然以其散出而無統也，既莫究其始終表裏之全，而又汨於虛浮怪誕之説，予常病之。於是掇取其要，聚爲此録，以便記覽。尚恨書籍不備，多所遺闕，嗣有所得，當續書之。"（《晦庵先生朱文公文集》卷七十五）所引北宋官私著作，皆於篇末注明原始出處，體例嚴謹，計有國史實録、別史雜録、文集筆記等百餘種，碑志行狀等又百餘種，文獻價值頗高。清王懋竑撰《朱子年譜》，將《八朝名臣言行録》之成書係於南宋乾道八年（1172）。

呂祖謙《東萊集・別集》卷八載其與朱熹尺牘云："近麻沙印一書，曰《五朝名臣言行録》，板樣子頗與《精義》（引按：即《論孟精義》）相似，或傳吾丈所編定，果否？蓋其間頗多合考訂商量處。若信然，則續次往求教；或出於它人，則雜録行於世者固多，有所不暇辨也。"朱熹《晦庵集》卷三十三有答書云："《言行》二書，亦當時草草爲之。其間自知尚多謬誤，編次亦無法，初不成文字。因看得爲訂正示及爲幸。"可知朱熹生前《五朝》《三朝》兩種《言行録》已在福建麻沙地區次第刊行。其後二書曾經李衡校勘、刪改。南宋末李幼武依朱熹之例續輯《皇朝名臣言行續録》《四朝名臣言行録》《皇朝道學名臣言行録》，景定間以李衡刪改本《五朝》《三朝》爲前集、後集，自輯三種爲續、別、外集，彙刻爲《皇朝名臣言行録》五集，爲世所通行。李幼武彙刻本於元明時期遞有翻刻（改題爲"宋名臣言行録"），今存世最早爲元刻本，明刻則有正德十三年建陽書肆刻本、崇禎六年（1633）應天府學刊小字本及崇禎十一年張采、宋學顯等刻本。清道光元年（1821）歙縣洪瑩績學堂訪得宋槧，請顧千里校正重刊，爲世佳本。

張鰲山刻本無序跋，不詳所據底本及具體刊刻時間。從張鰲山生活年代及本書版刻風格判斷，當在明正德、嘉靖間開版。明萬曆三十五年（1607）黃吉士等刻本、三十七年朱崇沐刻本、明林雲銘等刻本皆從張本出。

自彙刻本行世後，朱熹所編單行本遂罕傳，中國國家圖書館藏宋淳熙間江西刻本一部，《五朝名臣言行録》十卷并《三朝名臣言行録》十四卷，《中華再造善本》據以影印。宋本半葉十行十七字，白口，四周雙邊。張鰲山刻本源出李衡刪改本，故與宋本差異頗大。諸臣小傳業經大加刪削，原宋本小注文字或混同爲正文，正文事迹各條或被整條刪去，或有節録、刪改（個別內容有增加），其他異文亦極多（參鄭騫《朱熹八朝名臣言行録的原本與刪節本》，《"國立中央圖書館"館刊》1967年第1卷第2期）。兹舉一例以見宋本與此本之異同，如卷七"范仲淹"一節：

宋本：

晏丞相殊留守南京，范公遭母憂，寓居城下。晏公請掌府學。范公常宿學中，訓督學者，皆有法度，勤勞恭謹，以身先之。夜課諸生讀書，寢食皆立時刻，往往潛至齋舍訊之，見有先寢者，詰之，其人紿云：“適疲倦，暫就枕耳。”問：“未寢之時觀何書？”其人亦妄對。則取書問之，其人不能對，乃罰之。出題使諸生作賦，必先自爲之，欲知其難易及所當用意，亦使學者準以爲法。由是四方從學者輻湊。其後宋人以文學有聲名於場屋、朝廷者，多其所教也。(《記聞》)

張刻本：

晏殊留守南京，公遭母憂，晏公請掌府學。公常宿學中，訓督學者。夜課諸生讀書，寢食皆立時刻，往往潛至齋舍訊之，見先寢者，詰之，其人紿云：“適疲倦，暫就枕耳。”問：“未寢時觀何書？”其人亦妄對。則取書問之，其人不能對，乃罰之。出題使諸生作賦，必先自爲之，欲知其難易及所當用意，亦使學者准以爲法。由是後學者輻湊。(引按：此條刪去出處，合并入下一條，下條注出處云：“并《記聞》”)

張刻《宋名臣言行錄》書版流傳至萬曆間，已殘缺不完，縉雲鄭汝璧曾爲之修版補刻，傳世有鄭氏修補本。原本頗稀見，據《中國古籍善本書目》史部傳記類著錄，僅北京大學圖書館、北京師範大學圖書館、曲阜師範大學圖書館、南京圖書館、安徽博物院、湖南師範大學圖書館等館有收藏。浙江圖書館、杭州圖書館、上虞市圖書館有鄭汝璧修補本。

鈐朱文長方印“文選樓”、白文方印“巽先珍藏”、朱文方印“朱庵審定”、白文方印“易印漱平”、朱文方印“生齋臺灣行篋記”。“文選樓”爲清阮元藏書處。

090

宋名臣言行錄續集八卷

T2259.5　　4424.1

《宋名臣言行錄續集》八卷，宋李幼武纂。明張鰲山刻《宋名臣言行錄》本。目錄首頁爲抄補。一函四冊。版框高 18.6 厘米，寬 13.7 厘米。半葉十二行二十三字，白口，四周單邊，雙魚尾。版心中鐫“言行續”及卷次。

首《宋名臣言行錄總目》，鐫“朋溪李幼武士英纂集，太平老圃李衡校正，後學安福張鰲山校正重刊”。卷端首行大題“宋名臣言行錄”(卷二卷端題“宋名臣言行續錄”，卷五、卷七卷端及卷六末題“宋朝名臣言行錄”)，下題“續集”。人名標題大字占雙行。

李幼武，字士英，號朋溪，廬陵(今江西吉安)人。宋理宗時人，生平不詳。是書“黃庭堅”一節提及“(李)詢字仲同，幼武之先世也，居廬陵之朋川"云云。

　　是書依朱熹《五朝名臣言行録》《三朝名臣言行録》之例續輯北宋後期至南宋初期名臣,計:黄庭堅、任伯雨、江公望、豐稷、陳過庭、陳師錫、吳敏、曹輔、孫傅、許份、錢即、种師道、傅察、劉韐、程振、李若水、歐陽珣、宇文虛中、洪皓、張邵、朱弁、張叔夜、張克戩、鄭驤、向子諲、孫昭遠、郭永、楊邦乂、呂祉,凡二十九人。朱熹所作二種引書甚多,詳注史料來源,極具文獻價值。李幼武所續則甚少注出處,遠不如朱熹原書體例之善。

　　是書較早版本今存有元刻《宋名臣言行録》本、明初刻本。清道光元年(1821)歙縣洪瑩績學堂所謂仿宋刻本較佳。績學堂本題"皇朝名臣言行續録"。試以"黄庭堅"節與此本對校:"一日聚飯行令",此本"飯"作"飲","飯"字當誤;"嘗嘲一俗濁者人",此本"者"作"老","者"字當誤;"强諫爭於廷",此本"廷"作"庭";"因發於呻吟",此本"呻"作"伸";"終歲藺然",此本"藺"作"荒";"春潮帶雨晚來急",此本"潮"作"朝"。異文不多,知此本校勘亦非草草。

　　鈐白文方印"易印漱平"。

091
宋名臣言行録別集十三卷

T2259.5　4424.2

　　《宋名臣言行録別集》十三卷,宋李幼武纂。明張鰲山刻《宋名臣言行録》本。一函四册。版框高 18.5 厘米,寬 13.5 厘米。半葉十二行二十三字,白口,四周單邊,雙魚尾。版心中鐫"言行別"及卷次。

　　首《宋名臣言行録總目》,鐫"朋溪李幼武纂集,後學安福張鰲山校正重刊"。卷端首行大題"宋名臣言行録卷第幾下",下題"別集"。卷三、卷五卷端、卷六至七首末、卷四末題"皇朝名臣言行録",卷四卷端題"四朝名臣言行録"。人名標題大字占雙行。

　　是書接續《宋名臣言行録續集》,輯録宋室南渡後高、孝、光、寧四朝名臣言行事迹,稱爲"別集",分上下兩部分,各十三卷,上爲"李邴"至"魏勝"共四十八人,下爲"李綱"至"胡銓"十七人,此本僅存下,計:李綱、呂頤浩、朱勝非、張浚、趙鼎、宗澤、楊沂中、韓世忠、劉光世、張俊、岳飛、張九成、晏敦復、劉錡、李顯忠、劉子羽、胡銓。體例與《續集》同。

　　清道光元年(1821)歙縣洪瑩績學堂據宋槧重刊,爲世佳本。績學堂本各卷端題"四朝名臣言行別録",而以"李綱"至"胡銓"爲上,"李邴"至"魏勝"爲下,與此相反。兩本相校,有若干異文。

中國臺北故宮博物院藏有宋刊本《四朝名臣言行録》一部，不題纂集者名氏，殘存三十一卷（《正録》卷九至十一，《續集》卷一至八、十三至十六，《別集》卷一至十六），收七十六人，有三十九人見於李幼武續、別、外各集，其餘李本未録。昌彼得謂："李幼武本顯然即據此本重編，而異同尤多也……此本所輯言行資料，多採自行述、行狀、奏議及雜説筆記等，率據原文，并於其下註明出處。李幼武本則頗有刪削裁并，故不載明出處。自著作之體而論，此本輯録稍濫，補入李幼武本之略具剪裁；而自史料之價值言之，李本則不及此本之高也。"（《故宫善本書志·四朝名臣言行録》條，見《故宫圖書季刊》第一卷第二期）

卷十三末有墨筆題識云："崇禎庚辰（十三年，1640）冬得自崑山書鋪，歸重釘，共五本。十二月朔日，名山藏主人收藏記。""名山藏主人"待考。今則爲四本而不缺卷，蓋流傳時又經後人重裝。

鈐白文方印"易印漱平"、朱文長方印"李宗侗藏書"。

092

宋朝道學名臣言行録外集十七卷

T2259.5　4424

《宋朝道學名臣言行録外集》十七卷，宋李幼武纂。明張鰲山刻《宋名臣言行録》本。一函六册。版框高 18.8 厘米，寬 13.7 厘米。半葉十二行二十三字，白口，四周單邊，雙魚尾。版心中鎸"言行外"及卷次。

首宋景定辛酉（二年，1261）趙崇砂序；次《宋名臣諸老先生道學統宗總目》，鎸"後學李幼武士英纂集，後學張鰲山校正重刊"；次"道統傳授之圖"、道學名臣像（程頤、司馬光、尹焞、楊時、李侗、朱熹、張栻、吕祖謙）。卷一題"宋朝道學名臣言行録"，卷二至十二題"宋道學名臣言行録"，卷十三題"皇朝道學名臣言行外録"，卷十四至十七題"皇朝名臣言行録"。各卷端首行上題書名，下題"外集"。人名標題大字占雙行。

趙崇砂序云："本朝《名臣言行録》，紫陽朱夫子所編也。惜此書止集於八朝之前，而未竟於中興之後。南渡以來，忠臣義士名聲在人，項背相望，擴實採迹，得此失彼，豈惟朱夫子遺憾，亦學者觖觀也。外孫李士英頃以宗人太平老圃所校《八朝名臣言行録》鋟梓，大爲學者便矣。今又於中興四朝諸名臣蒐閲行事，集爲全編。筆成示余，一覽在目，不汎不略，似欲希紫陽者也。然紫陽豈易希哉。希之者非僭則妄。余惟惜此書未竟於前時，而幸此編稍全於今日，故爲識之。""外孫李士英"即李幼武。據此序可略知李幼武編刊《宋名臣言行録》各集始末。

"道學"謂宋代諸儒所講仁與心性及格物窮理之學，又稱"理學"。是書輯録有宋道學名臣言行事迹，計：周敦頤、程顥、程頤、張載（附張戩）、邵雍、呂希哲、朱光庭、劉絢、李籲、呂大鈞、呂大臨（附呂大忠）、蘇昞、謝良佐、游酢、楊時、劉安節、尹焞（附張繹）、馬伸（附孟厚、侯仲良、周行己）、王蘋、李郁、胡安國、胡宏、胡憲、劉子翬、劉勉之、李侗、朱松、朱熹、呂祖謙、張栻、魏挺之、劉清之、陸九齡、陸九淵、陳亮、蔡元定、蔡沈，共三十七人又附六人。《總目》中"呂希哲"後列"范祖禹"，正文實無；《總目》"張栻"列在"呂祖謙"之前。

清道光元年（1821）歙縣洪瑩績學堂仿宋重刊本與此本目録及書中次序相同，亦列"范祖禹"名而無其文。績學堂本總目題"新刊諸老先生道學統宗"，各卷端題"皇朝道學名臣言行外録"或"皇朝名臣言行録外集""皇朝名臣言行外録"。兩本相校，有若干文字異同。卷九"尹焞"一節，此本有數處墨釘（下劃綫者），可據績學堂本補：

又曰：先生晚歲，片紙手書聖賢所示治氣養心之要，粘之屋壁以自警戒。熹竊念前賢進修不倦，死而後已，其心炯炯，猶若可識，捧讀終編，恍然自失，因以自詔云。

或問朱子以和靖立朝議論。曰：和靖不觀他書，祇是持守得好。他《語録》中説涵養持守處分外親切，有些朝廷文字多是門人代作。

鈐朱文長方印"文選樓"、白文方印"易印漱平"、朱文方印"生齋臺灣行篋記"。

093

考亭淵源録二十四卷

T1022　3902

《考亭淵源録》二十四卷，明宋端儀撰，明薛應旂輯，明林潤校正。明隆慶三年（1569）刻本。二函十二册。版框高20厘米，寬14.2厘米。半葉十行二十字，白口，四周單邊，單魚尾。版心中鎸書名、卷次，下鎸刻工。

首隆慶戊辰（二年）薛應旂《重編考亭淵源録序》，次《重編考亭淵源録目録》。《目録》後有隆慶己巳（三年）薛應旂《書考亭淵源録後》。

卷一卷端署"後學莆陽宋端儀初藁，後學武進薛應旂參修，後學莆陽林潤校正"。

宋端儀（1447—1501），字孔時，福建莆田人。成化十七年（1481）進士，任廣東提學僉事，卒於官。雜採明人碑誌故事，編《立齋閒録》四卷。有慨於建文朝忠臣湮没，乃搜輯遺事，撰《革除録》，建文忠臣之有録，自端儀始。《革除録》今不存。《明史》卷一百六十一有傳。

薛應旂，見“045　宋元通鑑一百五十七卷”介紹。

林潤（1530—1569），字若雨，號念堂，福建莆田人。嘉靖三十五年（1556）進士，初授臨川知縣，隆慶元年以右僉都御史巡撫應天諸府，持政寬平，卒於官。《明史》卷二百十有傳。

朱熹晚年卜居建陽考亭，築滄洲精舍，宋理宗淳祐四年（1244）賜名考亭書院，以表章朱熹之學，後因以“考亭”稱朱熹。是書仿朱熹《伊洛淵源録》體例，記述朱熹學派人物事迹。首列延平李侗、籍溪胡憲、屏山劉子翬、白水劉勉之四人，以溯師承之所自；次載“考亭先生朱熹”始末；次及同時友人南軒先生張栻、東萊先生吕祖謙等以下七人；次則備列考亭門人，自黄榦以下共二百九十三人；卷二十三爲“考亭門人無記述文字者八十八人”，但列其名而已；末卷爲“考亭叛徒”，趙師雍、傅伯壽、胡紘三人。

薛應旂序述成書過程云：“前廣東提學僉事莆陽宋公端儀嘗編《考亭淵源録》，以未及詳定，自題曰‘初藁’，無何而公卒矣。今御史中丞念堂林公（林潤）與公同邑，謂是編關繫匪輕，而一時草創，尚未竟公之志，乃出以示旂删潤，且屬予序諸簡端……旂受兹重委，不敢遜避，謹以宋公初稿稽諸往籍所載，質以平日所聞，反覆思惟，參互考訂，删其繁冗，增其未備，而一得之愚亦不敢不盡。”知是書係受林潤委託所著，故古籍編目或著録爲林潤刻本。序又稱“初稿自廣漢（張栻）、金華（吕祖謙）之外咸未之録，余悉爲之增入”，故增列朱熹師友等人。《四庫全書總目》是書提要批評其“以陸九淵兄弟三人列《考亭淵源録》中，名實未免乖舛”。

宋端儀“初藁”未見有刻本行世。今中國臺北“國家圖書館”藏舊抄本《考亭淵源録初稿》一部，《“國家圖書館”善本書名初稿·史部》著録：“存十二卷。每半葉九行，行二十四字。註文小字雙行，字數不一。版心花口，上方記卷第（如‘卷三’），中間記篇名（如‘張南軒’），下方記葉次。缺卷一、卷二。卷三首行頂格題‘考亭淵源録卷之三’。卷首有目録，次有宋端儀自序。正文中有朱筆點校墨筆批校。”南京大學圖書館亦收藏《考亭淵源録初稿》十四卷抄本一部。取兩抄本與此本相校，當可見薛應旂增補删潤之迹。

中國臺北“國家圖書館”所藏同版刻本及日本國立公文書館藏江户寫本卷首皆有隆慶己巳徐鍇序，爲此本所缺。

版心下鎸寫、刻工及字數，寫工鎸“江陰繆淵寫”，刻工爲“張邦敬刊”或“無錫張邦敬刊”“何鎡刻”以及何昇、俞庭（俞廷）、張敬、何釗、王經、何罟（何罢）、何貞、何啓（何啟）、邵埴、何志、何序、馮志、方仕、何成、馮道、王忠、王京、張。

鑴刻精雅，賞心悦目。《續修四庫全書》《四庫全書存目叢書》皆曾影印。流傳後世，僅見有日本天保九年（1838）翻刻本。

《四庫全書總目》入史部十七傳記類存目。《中國古籍善本書目》著錄九家收藏。中國香港大學馮平山圖書館、中國臺北"國家圖書館"，美國哈佛大學哈佛燕京圖書館亦有藏本。

鈐有朱文方印"璜川吴氏收藏圖書"。

此爲勞費爾購書。

094

近代名臣言行録十卷

T2259.7   1133

《近代名臣言行録》十卷，明徐咸撰。明刻本。卷一缺第五葉，第十五葉被錯裝至卷二末；卷九缺第十一葉。一函二册。版框高 19.1 厘米，寬 14.4 厘米。半葉十二行二十三字，黑口，四周單邊，雙魚尾。版心中鑴"言行録"及卷次。書簽題"皇明名臣言行録"。

徐咸（1481—1570），字子正，號東濱，浙江海鹽人。正德六年（1511）進士，知沔陽縣，升南京兵部侍郎，官至襄陽知府。著有《東濱稿》。清傅維麟《明書列傳》卷一百三十九有傳。

是書輯錄明代英宗、憲宗、孝宗、武宗四朝（正統至正德）名臣言行事迹，共四十八人，計：卷一，章綸、林聰、項忠、程信、商輅；卷二，王恕、岳正、夏寅、郭登、陳俊；卷三，馬文升、高明、王信、秦紘；卷四，丘濬、何喬新、耿裕、鄧廷瓚、楊瑄、張寧；卷五，彭韶、周經、張悦、黃孔昭、張元禎；卷六，劉大夏；卷七，倪岳、張敷華、戴珊、林瀚、謝鐸、許進；卷八，章懋、韓文、吴寬、蔡清、王雲鳳、王鴻儒、鄒智；卷九，孫燧、陳茂烈、黃翬、許逵；卷十，陳獻章、莊昶、賀欽、陳真晟、胡居仁。人名標題大字占雙行。仿朱熹《五朝名臣言行録》體例，先名臣小傳，次言行、事迹，引墓誌碑記、年譜傳狀、筆記雜史及文集等皆注出處。

此本缺序及總目，亦無後跋。考是書有嘉靖十一年（1532）濠梁崔氏刻本，書前有《近代名臣言行録小序》云：

我皇明名臣昉於莆田彭公鳳儀《録贊》，後泰和尹公正言有《通録》，豐城楊公方震有《言行録》，莆田林公從學有《補贊》，述作多矣。而近代名臣固未有録之者。咸不自揆，通加搜訪，共得四十有八人，亦爲《言行錄》，是皆我英、憲、孝、武四朝之所培植者。雖其事功所就不無大小之差，然志行風節，才猷學識，充養磨礪，卓爾不群，皆足爲士君子立身立朝之法程也。載籍既寡，識見復庸，僭妄漏略之罪知不可逭。錄未盡者尚有竢於續考云。嘉靖辛卯六月既望後學海鹽東濱徐咸書。

此序交待明人纂輯名臣言行錄一類書籍之歷史及撰著目的甚悉。"莆田彭公鳳儀《錄贊》"即彭韶《皇朝名臣錄贊》一卷，"泰和尹公正言有《通錄》"即尹直《皇朝名臣言行通錄》十二卷，"豐城楊公方震有《言行錄》"即楊廉《新刊皇明名臣言行錄》四卷、《皇明理學名臣言行錄》二卷，"莆田林公從學有《補贊》"即林塾《名臣錄補贊》。楊廉《新刊皇明名臣言行錄》輯徐達至余子俊共五十五人，徐咸所纂爲接續楊書而作。嘉靖二十年餘姚魏有本官河南巡撫時曾合刻楊、徐二書，以楊書爲卷一至二，徐書爲卷三至四。徐書單行本則有嘉靖十一年濠梁崔氏刻本、萬曆十六年張程刻本，皆爲十卷。徐咸致仕歸里之後，病前書未備，重爲纂輯，於楊錄增十六人，於己所錄者增二十五人，分爲前後二集，各十二卷，有嘉靖二十八年施漸刻本。其後又有《續集》，有明嘉靖三十九年侯東萊、何思刻本。

此本與日本東洋文化研究所藏嘉靖十一年崔氏刻本比對，字體不同，并非同版；與張程刻本行款不同（張程刻本爲半葉九行十九字，白口，四周單邊），亦非一刻。當爲嘉靖崔氏本之翻刻本。與崔氏、魏有本二本相校，有個別文字異同。刷印較後，版片狀態不佳，不少模糊、殘缺處，可據二本補。卷端卷次原卷一至十被改墨筆爲卷三至十二，疑係書估取之與楊書搭配使用所爲。

此版本未見著錄。

鈐白文方印"徐氏光甫"、朱文長方印"李宗侗藏書"及圓肖形印一枚。徐光甫待考。

095

明名臣言行錄九十五卷

T2259.7　2972

《明名臣言行錄》九十五卷，清徐開任輯。清康熙二十年（1681）刻本。各卷中偶有缺葉。卷四十第四葉後加一葉（版心題"又四"），該葉及第五至六葉爲抄配。卷八十八版心葉碼三十四至三十七誤刻爲三十五至三十八。四函二十冊。版框高 19.9 厘米，寬 14.2 厘米。半葉十行二十一字，黑口，左右雙邊，單魚尾。版心中鐫書名、卷次。

前當有未署年彭士望、黃宗羲《明名臣言行錄序》，又康熙辛酉徐開任《明名臣言行録自序》，皆佚。首《凡例》，首行小字注"凡十五則"，實爲十七則；次《明名臣言行録總目》。

卷端題"崑山後學徐開任季重編輯"。

徐開任（1600—1684），字季重，江蘇崑山人。明諸生。入清後隱居，杜門著述以終，年八十五（《［道光］蘇州府志》卷一百四及《［道光］崑新兩縣志》卷三十八小傳皆謂"年八十五"，鄧之誠《清詩紀事初編》卷一徐開任條云："撰《愚谷詩稿》六卷，載詩迄康熙九年，當即其時所刻，開任年已七十有一矣，卒年俟考。"知徐開任生於萬曆二十八年［1600］。《柏克萊加州大學東亞圖書館中文古籍善本書志》謂徐氏卒年七十二，未知所據）。風節爲鄉邦所推重。著有《愚谷詩稿》六卷。

是書輯録有明一代名臣嘉言懿行，以砥礪名節品行爲宗旨。據《凡例》，"斷自前朝開國年起，迄南都末造"，始於徐達，終於黃道周，凡七百十六人，附十一人。不加分類，大致以時代先後爲次，"節行、經濟、理學、忠烈、循良、文學，濟濟皇皇爲世景仰者仍從類編，以便觀覽"；雖題曰"名臣"，所録却不止於有官爵者，"是編止論品行，不論官爵，如品行卓有可觀，即一命小吏、窮鄉布衣皆在所録"，如卷十六之郎中、舟工、道士、補鍋匠等。所採名公志傳"賴姪健菴（徐乾學）、果亭（徐秉義）、立齋（徐元文）兄弟史官搆求抄録"。文中皆不注明出處，不詳具體史源。

美國哈佛大學哈佛燕京圖書館藏本與此爲同一版刻，而有刷印先後之不同。哈佛本《凡例》下注"凡十七則"，與内容合；第十七則，此本"至若校讐磨對，則姪孚若、孫世濂、甥支亮臣效力居多"，哈佛本作"至若校讐磨對，則姪孚若、孫世濂、甥支守默、甯埰效力居多"。卷一第三十五葉"平蜀功■一廖次旌之文"，哈佛本■作"傅"；"還軍■北平"，哈佛本■作"鎮"。卷四十二此本目録列"副都御史曹公鳳"，此本正文缺，哈佛本補刻之。卷八十八版心葉碼"三十三"，此本誤爲"三十四"，哈佛本已改正。卷九十三，"新樂侯劉忠壯公文炳"篇，哈佛本較此本内容大改，增加數百字；哈佛本刪"太監王忠愍公承恩"一篇（目録仍有）；"靖南侯黃忠烈公得功"版心葉碼此本爲五、六，哈佛本因前面内容增加，此處相應改爲七、八。卷九十四目録列"通政侯公峒曾""進士黃公淳耀"，此本正文無此二篇，哈佛本補刻黃淳耀一篇，仍缺侯峒曾篇。卷九十五"少保黃忠烈公道周"篇後哈佛本增刻"侍讀徐公汧"一篇（目録亦增）。知哈佛所藏爲後印本，有不少改動。

《續修四庫全書》據天津圖書館藏本影印，與哈佛本同。

書名葉中鐫書名，右鐫"徐愚谷先生編輯"，左鐫"采山堂藏板"。額鐫"尚友古人"四字，朱印；"采山堂藏板"五字上鈐"翻印必究"朱文戳記。哈佛本書名葉無"尚友古人"及"翻印必究"字樣。

"玄"字避諱缺末筆，"鉉"字不諱。

《四庫全書總目》未收，《中國古籍善本書目》史部傳記類著錄。

中國國家圖書館、上海圖書館、南京圖書館、福建省圖書館等館，美國哥倫比亞大學東亞圖書館，日本京都大學人文科學研究所有收藏。唯各館所藏是否初印本似須檢核。美國哈佛大學哈佛燕京圖書館、柏克萊加州大學東亞圖書館，日本國立公文書館有後印本。

鈐朱文長方印"陽湖陶氏涉園所有書籍之記"，知爲近代藏書家陶湘舊藏。陶湘（1871—1940），字蘭泉，號涉園，陽湖（今江蘇武進）人。民國十八年（1929）任故宮博物院專門委員。藏書多明套印本、汲古閣本及清內府精刻本。晚年寓居上海，盡售藏書以維持生計。

096
皇明遜國臣傳五卷首一卷

T2259.7　2964

《皇明遜國臣傳》五卷首一卷，明朱國禎輯。明崇禎刻《皇明史概》本。卷五缺第三十三至四十三葉"遜野諸公"部分。一函四冊。版框高 21.7 厘米，寬 14.9 厘米。半葉十行二十一字，白口，四周單邊，單魚尾。版心上鐫"遜國臣傳"，中鐫卷次。

無序跋。首《皇明遜國臣傳目錄》，缺末第六葉。

卷首署"朱國禎輯"，卷一署"少師大學士湖上朱國禎輯"，其餘各卷署"臣朱國禎輯"（或無"臣"字）。

朱國禎，見"062　皇明大事記五十卷"介紹。

是書爲朱氏所輯《皇明史概》五種之一（參"062　皇明大事記五十卷"），係建文朝死難諸臣、義士之傳記集。首卷收魏國公徐輝祖、開國公常昇二人傳，卷一至五爲方孝孺至遜野諸公（包括川中補鍋匠、東湖樵夫等）近一百七十人傳記。

鈐白文方印"易印漱平"、朱文方印"生齋臺灣行篋記"。

097
東林列傳二十四卷末二卷

T2259.7　7921

《東林列傳》二十四卷末二卷，清陳鼎編。清康熙五十年（1711）鐵肩書屋刻售山山壽堂後印本。二函八册。版框高 17 厘米，寬 13.8 厘米。半葉九行二十字，白口，左右雙邊，單魚尾。版心上鎸書名，中鎸卷次。卷末分爲上、下二卷。

首有未署年陳鼎《東林列傳自序》，次凡例十一則、《逆璫魏忠賢東林黨人榜》《東林列傳目録》。

凡例、目録卷端署“江陰陳鼎定九編”，正文各卷端署“江陰陳鼎定九輯，門人沈霱載陽、蔡世英偉人仝校，弟鼎泰時霖參訂”。

陳鼎（1650—？），字定九，一字子重、九符，號鶴沙，晚號鐵肩道人，江蘇江陰人。少隨叔父宦居雲南，壯年游歷四方，留心史事。著有《留溪外傳》十八卷、《滇黔紀遊》一卷、《滇黔土司婚禮記》一卷。

是書仿宋龔頤正《元祐黨籍傳》之例，爲明末東林黨人及相關人物立傳。所謂“東林黨人”，《四庫全書總目》是書提要總結云：“明萬曆間，無錫顧憲成與高攀龍重修宋楊時東林書院，與同志講學其中。聲氣蔓延，趨附者幾遍天下。互相標榜，自立門户，流品亦遂糅雜。迨魏忠賢亂政之初，諸人力與撑拄，未始非謀國之忠，而同類之中，賢姦先混，使小人得伺隙而中之，於是黨禍大興，一時誅斥殆盡，籍其名頒示天下。至崇禎初，權閹既殄，公論始明。而餘孽尚存，競思翻案，議論益糾紛不定。其間姦黠之徒，見東林復盛，競假借以張其鋒，水火交争，彼此報復。君子博虛名以釀實禍，小人託公論以快私讎，卒至國是日非，迄明亡而後已。”陳氏自序述著書始末云：“前朝梁溪諸君子講學東林垂五十年，天下靡然從之，皆尚氣節、重名義。及國亡，帝后殉社稷，公卿百職以及士庶人、百工技藝、婦人女子皆知捐軀效節，殺身成仁，講學之功效，在五十餘年之後，亡國有光，於明爲烈。余懼史之失傳也，乃囊筆奔走海内，舟車所通，足迹皆至，計二十餘年，廉訪死難、死事、忠臣、義士，得四千六百餘人，節婦烈女在外，摭其事實，作《忠烈傳》六十餘卷，稿成，欲上之史館，攜詣京師，寓崇文門，夜爲偷兒胠去，僅存《姓名録》五卷，蓋目録也……寓梁溪惠山倪高士祠，繹行笈亂稿，得若干人，皆東林諸賢也，因窮愁羈旅中編《東林列傳》二十四卷。”

是編所録凡一百八十三人，附傳二十人（目録與正文人物次序不完全一致）。卷一爲宋代楊時、羅從彥、喻樗、尤袤、李祥、蔣重珍、胡理七人，卷二明邵寶、顧憲成（附弟允成）、高攀龍（附華允誠）。據《凡例》稱，因宋政和間楊時與諸賢在無錫城東弓河上東林書院講學，明正德、嘉靖間，邵寶於城南別建東林書院，祀楊時及諸賢於内，與門人華雲等講學於中，故首列楊時及其從游者六人，次列邵寶，以其爲東林發軔之賢。萬曆中，顧憲成兄弟與高攀龍在弓河故址復興東林書院，四方學者始集，故首列顧、高二人。卷三以下爲東林諸人，起於萬曆，終於崇禎。所錄人物採自魏忠賢黨所編"東林七錄（《天鑒》《雷平》《同志》《薙裰》《點將》《蠅蚋》《蝗蝻》）"及《東林黨人榜》并《熹宗實錄》。末二卷爲《熹宗本紀》。

康熙初年付梓，初刻本傳世甚稀。此本爲翻刻本，較初刻本有不少增删改動（詳參《關於〈東林列傳〉及其影印本有關問題》，《東南文化》1999年03期，又參《增訂晚明史籍考》第206頁）。書名葉額鐫"康熙辛卯新鐫"，下右鐫"江陰陳定九輯"，中鐫書名，左鐫"售山山壽堂藏板"。傳世又有"鐵肩書屋藏板"本，與此實爲同一版刻。陳鼎號鐵肩道人，則鐵肩書屋本當爲初印。此本較鐵肩書屋本内容有增改處。鐵肩書屋本各卷端第五行無"弟鼎泰時霖參訂"七字，此行爲空格，惟卷二十四卷端第二行有"弟景留懷揚"五字，此本則無之。目錄卷二十二，此本最後一人爲"陳仁錫"，鐵肩書屋本"陳仁錫"後多"方有度"，而正文中兩本皆無方有度傳文字，當係初印本誤列。卷二十四目錄，鐵肩書屋本爲"馮元颺、黃宗昌、劉同升、章正宸、喬可聘、華允誰"，此本則爲"馮元颺、黃宗昌、劉同升、章正宸、章正宸、喬可聘、華允誰、姜埰（弟垓）"，"章正宸"重複，增"姜埰"二人（"姜埰弟垓"四字爲戳印，并非剜改），按《凡例》第八則云："如熊開元、姜埰、方以智輩，本清流人物也，及其老而爲僧，故不入。"此本"姜埰"二字被墨塊塗去，鐵肩書屋本則未塗。讀姜埰傳，知其并未出家爲僧，故增補之；正文中，姜埰傳次於章正宸之前，爲葉十六至十九，共四葉，原章正宸傳版心下葉碼"十六、十七、十八至十九（二葉合一葉）"上皆加"又"字，兩傳葉次交叉排列，裝訂有誤。此本較初印本所作增改當係陳鼎泰所爲。

避諱不謹嚴，從"玄"之字或避或不避。

卷四李應昇傳後有徐渭仁墨筆題識。徐渭仁（1788—1855），字文臺，號紫珊（一作子山）、不寐居士，上海人。藏書家，工金石、書畫。

《四庫全書總目》史部十四傳記類著錄。《中國古籍善本書目》僅著錄"清康熙刻本"。

中國國家圖書館、北京大學圖書館、南開大學圖書館、武漢大學圖書館、中國臺灣師範大學圖書館等館，日本東京大學東洋文化研究所有收藏。

鈐朱文長方印"曾爲徐紫珊所藏"。

098

八旗滿洲氏族通譜八十卷目錄二卷

T2252.8　6095

《八旗滿洲氏族通譜》八十卷《目錄》二卷，清鄂爾泰等纂修。清乾隆九年

（1744）武英殿刻本。四函二十四册。版框高 20.2 厘米，寬 14.3 厘米。半葉十行二十字，白口，四周雙邊，單魚尾。版心上鐫書名，中鐫卷次。

首乾隆九年《御製八旗滿洲氏族通譜序》（第二、四葉爲抄補）、雍正十三年（1735）十二月清高宗敕纂修諭旨，次纂修官員職名、《八旗滿洲氏族通譜凡例》二十四則、《八旗滿洲氏族通譜目録》上下二卷。每卷各有細目。

鄂爾泰（1677—1745），字毅庵，西林覺羅氏，滿洲鑲藍旗人。官至保和殿大學士兼軍機大臣。《清史稿》卷二百八十八有傳。

是書爲滿洲八旗氏族譜牒，清高宗敕編，諭旨云："八旗滿洲姓氏衆多，向無彙載之書，難於稽考。著將八旗姓氏詳細查明，并從前何時歸順情由詳記備載，纂成卷帙，候朕覽定，刊刻以垂永久。著滿洲大學士會同福敏、徐元夢遵照辦理。"書中收録除愛新覺羅氏外一千一百十四個滿洲姓氏，并記載各姓氏得姓緣由、歸附滿洲之時間、世居地、家系事迹及封爵等情況。每個姓氏以建立功勳最顯赫者爲首，立傳者二千二百四十人，建有業績者之子孫附載其後，無事迹可表者列於所有傳記人物之後，共記載乾隆以前八旗人物兩萬餘人。

乾隆九年纂修完成，付武英殿刊刻。《四庫全書總目》是書提要據成書之年著録爲"乾隆九年奉敕撰"。稿本尚存兩部，藏中國國家圖書館。

《四庫全書總目》史部十四傳記類、陶湘《清代殿板書目》及《中國古籍善本書目》《清代内府刻書目録解題》著録。

中國國家圖書館、北京大學圖書館、故宮博物院、吉林大學圖書館、遼寧大學圖書館等館，美國哈佛大學哈佛燕京圖書館、華盛頓大學東亞圖書館，日本東京大學東洋文化研究所等有收藏。

有朱文長方滿漢大印"督理山海關稅户部分司關防"（此印係從他處剪來粘貼於此），鈐朱文方印"納哈塔氏""孤鴻和尚"、朱文長方印"吟秋山館"、朱文橢圓印"納哈塔裕壽"、朱文仿瓦當形圓印"鰥夫裕壽"。裕壽（1883—1930後），别號松亭（一作頌廷、憶霆）、孤鴻和尚，納哈塔氏，滿洲鑲黄旗人。室名吟秋山館。好鼓曲，藏戲曲本子甚多。早期集郵家。

099

宗室王公功績表傳五卷世表一卷

T2259.8　2133

《宗室王公功績表傳》五卷《世表》一卷，清允祕纂修。清乾隆三十年（1765）武英殿刻本。一函七册。版框高 24.2 厘米，寬 16.8 厘米。半葉八行二十字，白口，四周雙邊，雙魚尾。版心上鐫書名，中鐫卷次。

第一册爲《世表》。第二册首乾隆二十九年上諭，次《凡例》二十四則、《宗室王公功績表傳奉旨開載諸臣職名》、《目錄》。

允祕（1716—1773），清聖祖第二十四子。雍正十一年（1733）封誠親王。卒謚"恪"。生平見《清史稿》卷二百二十列傳七諸王六《聖祖諸子》。

乾隆二十九年，清高宗命大學士會同宗人府考覈宗室王公之軍功勳績，編成此書。《世表》列顯祖、太祖、太宗之子孫世系，按世系各記封爵情況；列傳五卷，第一、二卷爲親王，第三卷爲郡王，第四卷爲貝勒、貝子、鎮國公、輔國公，與《世表》各表首人相同，共三十一人，詳述傳主及其子孫事迹，第五卷爲"原封王貝勒以罪黜宗室"而舊有勳勞者，自多爾袞以下共二十一人。

上諭云："乾隆二十九年九月二十六日，上諭，宗室中封授王公顯爵者，或有伊等先世建立豐功，是以寵列勳階，世襲罔替；或有分屬天潢本支，誼當出就外府，錫之崇秩，俾備屏藩；而其中惟著有軍功之王公等，當國家開基定鼎時，宣猷效績，載在宗盟，若不爲之追闡成勞，昭示來許，將傳世滋久，不惟伊等功績莫彰，無以使奕世子孫觀感奮發，競知鼓勵，甚至支派遠近，漸亦難於稽考。即如顯親王、康親王、簡親王、信郡王、順承郡王、平郡王及軍功所封公等，其酬庸世及中外，固所共知，然受封本末事具《實錄》《國史》《簡牒》，尊藏祕府，未便輕事披檢，重以紀載體例不越因事繫年，難免後先參互，於一王一公之事迹未經裒彙成編。其令大學士會同宗人府於《實錄》《國史》內如顯親王以下各王公等凡立功之端委、傳派之親疏，一一悉心採訂分繕成帙，進呈以備觀覽。"

《四庫全書總目》是書提要云："於乾隆三十年六月告成，嗣以所述簡親王喇布、順承郡王勒爾錦、貝勒洞鄂事實皆不詳悉，又順承郡王傳中生有神力之語，亦涉不經，乃詔國史館，恭檢實錄紅本，重爲改撰。前表後傳，體例如舊，立傳人數亦如舊而事必具其始末。語必求其徵信，則視舊詳且核焉。"即付武英殿刻印。

乾隆四十三年正月、三月及四十六年，高宗又以是書所纂未備，命阿桂等加以增補，有嘉慶二年（1797）武英殿刊十二卷本。

"弘"字避諱缺末筆。

《四庫全書總目》史部十四傳記類著錄，《中國古籍善本書目》入史部紀傳類。

中國國家圖書館、首都圖書館、北京大學圖書館、清華大學圖書館、故宮博物院、遼寧省圖書館，美國國會圖書館、德國柏林國家圖書館、英國牛津大學圖書館等有收藏。

此爲勞費爾購書。

別　傳

100

岳鄂王金陀稡編十八卷首一卷續編十八卷

T2265　7211.8B

《岳鄂王金陀稡編》十八卷首一卷《續編》十八卷，宋岳珂輯，清岳士景重訂。清乾隆元年（1736）岳士景刻本。一函八册。版框高 21.3 厘米，寬 13.7 厘米。半葉九行二十一字，白口，四周雙邊，無直欄，單魚尾。版心上鐫"金陀編"，中鐫卷次。

首清康熙五十九年（1720）王思訓《重訂岳忠武王金陀編序》、清雍正元年（1723）宋如辰《重訂岳氏金陀編序》、未署年趙知希《重訂金陀編序》、乾隆元年甘汝來《續訂岳氏金陀編序》，次元至順壬申（三年，1332）岳柱《嗣刻金陀編序》、宋嘉定著雍攝提格（十一年戊寅，1218）《鄂國金陀稡編原序》，次《新增續忠侯通城伯行實（平章公附）》（末岳士景跋），次《重訂凡例》十則、《岳鄂王金陀稡編目錄》、嘉泰四年（1204）《經進金陀稡編表》。《續編》末有乾隆元年岳士景《重訂金陀編跋》。

目錄及各卷端署"王嫡孫珂編進，七世孫柱嗣刻，廿一世孫士景重訂"。

岳珂（1183—1243），字肅之，號亦齋、東几，晚號倦翁，河南湯陰人。岳飛之孫，岳霖第三子。開禧元年（1205）進士，官至權户部尚書、八路制置茶鹽使，晉鄴侯。著有《桯史》十五卷、《愧郯錄》十五卷、《棠湖詩稿》一卷。生平見王瑞來《岳珂生平事迹考述》（《文史》第 23 輯，中華書局）。

岳士景，字瞻泰，號松亭，江西奉新人。雍正十三年貢生。年八十一，選授瀘溪教諭，未任而卒。《［同治］奉新縣志》卷十有傳。

是書爲辨岳飛之冤而作，因岳珂有別業在嘉興金陀坊，故取以名書。《稡編》卷一至三《宋高宗宸翰》，卷四至九《鄂王行實編年》，卷十至十二《鄂王家集》，卷十三至十八《籲天辨誣》；《續編》卷一至二《絲綸傳信錄》，卷三至五《天定錄》，卷六至八《百氏昭忠錄》。《四庫全書總目》是書提要云："《籲天辨誣》者，記秦檜等之鍛鍊誣陷，每事引當時記載之文，如熊克《中興小歷》、王明清《揮麈錄》之類，而珂各繫辨證；《天定錄》者，則飛經昭雪之後，朝廷復爵褒封謚議諸事也"；"《絲綸傳信錄》者，飛受官制劄及三省文移劄付；《天定別錄》者，岳雲、岳雷、岳霖、岳甫、岳琛等辨誣復官告制劄及給還田宅諸制；《百氏昭忠錄》者，飛歷陣戰功及歷官政績，經綸於國史及宋人劉光祖等所作碑刻行實、黃元振等所編事迹，以次彙叙者也"。《續編》卷九至十六《續百氏昭忠錄》、卷十七至十八《姓名考略》皆岳士景所增補。凡宋高宗御劄、朝廷命令、公牘、劄子，岳飛表奏、戰報、詩文、作者及時人所述岳飛事迹等有關岳飛功績及其冤獄昭雪等史料，莫不詳録備載。

據岳珂各序跋，知是書於宋代曾三次編刻：嘉泰三年，岳珂編《鄂王行實編年》及《籲天辨誣》，并輯《岳武穆文集》（刻入《稡編》後改題爲《鄂王家集》），分爲兩書，各自單行；其後又編《高宗皇帝宸翰》，并撰《天定録》，於嘉定十一年刻於檇李，合五編爲一，名之曰《金陀稡編》；紹定元年又成書四種，續刻於南徐，與檇李舊刻同爲一編；端平元年，又重刻此正、續二編，藏於廟塾。宋本歲久散佚，今皆不傳，傅增湘曾得見宋刊殘本（見《藏園群書題記》）。存世早期版本一爲元至正本，至正二十三年（1363）江浙行中書省吳陵張公命吳郡朱元祐重刻，版藏西湖書院，明代曾修補印行；一爲明嘉靖本，嘉靖二十一年（1542）兩浙鹽運使洪富刻（三十七年黃日敬校補重修）。題名皆作“鄂國金佗稡編”。

此本係據嘉靖本重刻。岳士景跋述刻書事云：“是書也，亦齋公（岳珂）手經三刻，兩在浙，一在鄞，有元中葉止所公（岳柱）以王七世孫平章江右，再爲梓行，而豫章始有書，猶曰作述僅出一家也。先叔祖五來掄貢太學，遍游京畿南北，嘗於金陵見一坊本，則明嘉靖時侍御唐龍池所刻也。前乎此者浙江平章張吳陵氏已刻於元季矣，爰録其序以歸。慨然曰：‘此家乘也，當途士大夫咸惓惓加意闡揚若此，爲子孫者當何如哉。’康熙己亥王永齋學使索書進閱，書爲平章公時所遺之本，年逾四百，板朽字殘，命景重加校訂，缺者補之，疑者參之，繁複者間節去之。其《昭忠録》則增而入之……不揣固陋，敬授剞劂。”嘉靖本《稡編》二十八卷、《續編》三十卷，此本校訂合并爲各十八卷。

乾隆四年，清高宗撰《岳武穆論》，岳士景遂以是書進呈，將《皇上聖製岳武穆論》弁於卷首（各館藏本或朱印，或墨印），并輯《增訂忠武王年譜》一卷、《新增鄂侯行實略》一篇，又請李紱等作序，於次年合印行世。進呈本編次與此初印不同，改爲《稡編》二十卷（卷一至三《宋高宗宸翰》，卷四至九《鄂王行實編年》，卷十至十四《鄂王家集》，卷十五至二十《籲天辨誣》），《續編》八卷（卷一至二《絲綸傳信録》，卷三至五《天定録》，卷六至八《百氏昭忠録》），岳士景新輯之十卷則改爲拾遺二卷。進呈本有書名葉額鐫“奉詔進呈”，下右鐫“王嫡孫珂亦齋原編”，中鐫“宋岳忠武王金陀全編”，左鐫“本家藏板”；浙江圖書館藏本書名葉額鐫“乾隆丙辰冬鐫”（索書號：普 925.14/7212.2/2）。

《四庫全書總目》史部十三傳記類著録。

中國科學院文獻情報中心、上海圖書館、南京圖書館有收藏。中國國家圖書館、中國人民大學圖書館、天津圖書館、浙江圖書館、浙江省博物館、溫州市圖書館，加拿大多倫多大學東亞圖書館藏本皆爲後印本。

鈐朱文長方印"惜陰館珍藏書畫之印"。

此爲勞費爾購書。

101

朱子實紀十二卷

T2265　2943.4

《朱子實紀》十二卷，明戴銑輯。明正德八年（1513）歙縣鮑雄刻本。二函八冊。版框高 19.2 厘米，寬 13.5 厘米。半葉十行二十字，小字雙行同，白口，四周單邊，單白魚尾。版心中鐫書名、卷次。

首正德八年李夢陽《刻朱子實紀序》、正德丙寅（元年）戴銑《朱子實紀序》、未署年魏了翁《朱文公先生年譜序》、明洪武二十七年（1394）汪仲魯《文公先生年譜序》、正德六年孫原貞《文公先生年譜重刻序》，次朱文公像、贊，次《朱子實紀凡例》八則、《朱子實紀目錄》。末未署年汪愈《刻朱子實紀後序》。

戴銑（？—1506），字寶之，號鼎峰，徽州婺源（今屬江西）人。明弘治九年（1496）進士，改庶吉士，授兵科給事中，後調南京戶科。正德元年（1506）因疏彈太監高鳳下獄，廷杖創甚而卒。《明史》卷一百八十八有傳。

是書詳述朱子生平始末及今昔尊崇之實。首曰道統源流、世系源流，次年譜，次行狀，次《宋史》本傳，次廟宅（附祠、書院、墓、坊、亭），次朱子門人，次褒典，次讚述（祝詞、銘贊、事實、識跋、祭文），次紀題（碑記、序、上梁文、疏、表、跋、詩詞）。朱熹逝世後，門人李方子（果齋）撰《紫陽年譜》，蔡沈（九峰）撰《文公年譜事實》，蔡模撰《文公年譜大略》，後來作年譜者多本於此三人之書。戴氏此編係以李果齋書爲基礎，取《朱子語類》《大全集》《行狀》《本傳》、李心傳編《道命錄》、都璋編《年譜節略》等書參互考訂，補充而成。書名"實紀"者，自序云："謂之年譜則紹乎前彰乎後者不足以該，必曰'實紀'，然後并包而無遺，亦猶史家有世表、年表，總謂之實錄也。"汪愈後序云："正德丙寅編成，自爲序。越二年而先生卒。又五年，乃今正德癸酉，歙鮑雄以道氏始板行焉。"鐫刻精雅。

《續修四庫全書》《四庫全書存目叢書》皆據北京大學圖書館藏本影印。

日本寬文十二年（1672）曾翻刻。

《四庫全書總目》入史部十六傳記類存目，《中國古籍善本書目》著錄。收入第一、二、四批《國家珍貴古籍名録》（第一批 01593 號，第二批 03962、03963 號，第四批 10270 號）。

中國國家圖書館、北京大學圖書館、上海圖書館、遼寧省圖書館、寧波市天一閣博物院、廈門大學圖書館、廣東省立中山圖書館、中國臺北"國家圖書館"，日本國立公文書館有收藏。

年 譜

102

至聖先師孔子年譜三卷首一卷附録一卷

T2261.11　4206

《至聖先師孔子年譜》三卷首一卷《附録》一卷，清楊方晃編。清雍正十三年至乾隆二年（1735—1737）磁州楊氏存存齋刻後印本。一函六册。版框高 19.6 厘米，寬 13.8 厘米。半葉九行二十二字，白口，四周單邊，單魚尾。版心上鐫"聖師年譜"，中鐫卷次，下鐫"存存齋"。

首有未署年俞鴻馨《序》、李光型《序》、孔興甲《序》、孔傳心《序》、孔傳鈞《序》，雍正十二年楊方晃《至聖先師孔子年譜序》；次《聖師年譜目録》。卷末有乾隆二年邵日新跋、《聖師年譜捐刻姓氏》。卷首之《御製過闕里詩》《御製闕里文廟碑贊》《聖諭避孔子諱》《聖諭孔子魯論之功》《御製表序》爲朱印。

各卷端署"磁州楊方晃編釋，太史鹽官俞鴻馨尹思先生鑒定，磁學聖裔孔興耀介融氏、瀋陽馬恒世健菴氏訂正，同邑孫濂、寧陵孔毓彬、同邑張塽仝校，同邑邵日新敬書"。

楊方晃（1669—1744），字東陽，號鶴巢，磁州（今河北磁縣）人。性耽經史，究心宋儒理學諸書。乾隆元年舉孝廉方正。編《磁人詩》五卷。生平見門人張坦《孝廉方正楊公傳》（《［同治］磁州續志》卷六）。

卷首除御製詩文、聖諭外，有《宣聖像》《麟吐玉書圖》及《歷聘紀年》、孔廟碑志、《闕里諸圖》等資料。附録一卷爲孔子身後事迹及廟林詩、聯、祀典。正文爲孔子年譜，分天、地、人三卷，楊氏自序稱："爰匯諸書，勉爲編註，以《左傳》《史·世家》《綱鑑》《歷聘紀年》爲經，以《禮記》《家語》《祖庭廣記》、諸子百家爲緯，補其缺略，叙其失次，辨其誣誕。"費十五年，更稿六七次而成書。《四庫全書總目》是書提要評云："中間於《史記·世家》《歷聘紀年》《闕里舊志》諸書頗有糾正，然注太冗瑣，又參以評語，皆乖體例。

至卷首本《祖庭廣記》作《麟吐玉書圖》，殊未能免俗。卷尾泛引雜史爲身後異迹，如魯人泛海見先聖七十子遊於海上及唐韓滉爲子路轉生諸事，連篇語怪，尤屬不經矣。”

正文各卷末鎸刻工名“邑曹克謙、張忠、曹克明、曹璋梓”，《附録》末鎸“張忠梓”。

書名葉分三欄，右鎸“雍正乙卯年鎸、乾隆丁巳年竣”，中鎸“聖師年譜”，左鎸“存存齋藏板”。

《四庫全書存目叢書》據遼寧省圖書館藏本影印，與此係同一版刻，但缺目録及《附録》部分，内容亦略有小異。卷首《年譜原本》第五葉末“庶幾後之慕聖迹者知取衷焉”，遼圖本下有雙行小注“磁鶴巢老人楊方晃識”，此本無；《孔子師老聃辨》後，遼圖本有楊方晃撰《廣明世宗議正·孔子祀典説》一篇，此本無，目録亦無此篇。此當爲後印本，較遼圖本有修訂。

“玄”“鉉”字避諱缺末筆。

《四庫全書總目》著録爲《孔子年譜》五卷（合首末計卷），入史部十五傳記類存目。《中國古籍善本書目》未收，《中國歷代人物年譜考録》著録。

中國國家圖書館、華東師範大學圖書館、遼寧省圖書館、中國臺北“國家圖書館”有收藏。首都圖書館、中國臺北“國家圖書館”有抄本。

103

至聖編年世紀二十四卷

T2261.11　4492

《至聖編年世紀》二十四卷，清李灼、黃晟輯。清乾隆十六年（1751）黃晟亦政堂刻本。二函十二册。版框高20.5厘米，寬14厘米。半葉九行二十字，白口，左右雙邊，單魚尾。版心上鎸書名，中鎸卷次。

首乾隆十三年孔昭焕《至聖編年世紀序》，十六年李灼《後序》、黃晟《後序》；次《孔子生日説》《孔門出妻辨》《增祀孔璇論》（三篇皆李灼撰）；次《至聖編年世紀凡例》六則、《至聖編年世紀總目録》。每兩卷有細目。

卷一、二、五、十一、十二、二十二卷端署“婁東嘉定李灼松亭、新安古歙黃晟曉峰仝輯，男李肯堂德紹、思堡守臣、男黃爲焱筠圃仝校”，其餘卷校者各不同：卷三、四、七、八、十三、十四、十七、十八爲“男李肯堂德紹、男黃爲焱筠圃、爲蒶芳谷仝校”，卷六、十五、十六爲“男李肯堂德紹、思堡守臣、男黃爲萱介堂仝校”，卷九、十、十九、二十爲“男李思堡守臣、男黃爲蒶芳谷、爲萱介堂仝校”，卷二十一爲“男李肯堂德紹、思堡守臣、男黃爲焱筠圃仝校”，卷二十三、二十四爲“男黃爲茨筠圃、孫李鑑元衡、銓季衡仝校”。

李灼（1683—？），字松亭，江蘇嘉定（今屬上海）人。序落款“六十九齡”，據知生年。生平不詳。《江蘇採輯遺書目録》著録爲“清生員內廷行走嘉定李灼著”。

黃晟，字東曙，一字曉峰、退庵，潭渡（今安徽歙縣）人，居揚州。兄弟四人以經營鹽業致富。好刻書，書齋名槐蔭草堂、亦政堂，曾輯刻《三才圖會》一百六卷、《三古圖》四十二卷、《太平廣記》五百卷等數十種。《［民國］歙縣志》卷十六有傳。

是書輯録孔子事迹，卷一至十六爲孔子年譜，卷十七至二十四爲歷代尊崇之典。《凡例》云：“是書仿朱子《綱目》之體，事有年月可紀者，用編年，立書法於前，次以經、史，詳録於後。及身者以天王之年號、干支與聖庚爲綱，而以《左》《史》、兩《語》諸書爲目；身後者以歷代帝王之年月恩典爲綱，而以諸書之事爲目，無則缺之。有一年而一事者，有一年而數事者，俱列於綱中。有一事而止見一書者，有一事而分見各書者，則列經、史於前，以子、集參録於後，以四部爲序。有不分者，以事之先後爲次。庶一事之始末展卷可知。”每節末注見某書，以詳出處。

《四庫全書總目》入之史部十五傳記類存目，提要批評李灼所撰《孔子生日説》《孔門出妻辨》《增祀孔璇論》三篇穿鑿附會。

《四庫全書存目叢書》據清華大學圖書館藏本影印，彼本有書名葉鐫“乾隆辛未年鐫”“亦政堂藏板”，缺李灼所撰三篇考辨。

“玄”“弘”字避諱缺末筆，“曆”作“厤”。

《中國古籍善本書目》著録。《中國歷代人物年譜考録》著録，題作“至聖年譜”。

中國國家圖書館、北京師範大學圖書館、上海圖書館、華東師範大學圖書館、復旦大學圖書館、南開大學圖書館、南京大學圖書館、武漢大學圖書館等館，日本國立公文書館、東京大學東洋文化研究所有收藏。

鈐朱文方印“古曏醉蟬室珍藏書畫印”。

104

朱子年譜四卷考異四卷附録二卷

T2275　2943.1

《朱子年譜》四卷《考異》四卷《附録》二卷，清王懋竑編。清乾隆十七年（1752）寶應王氏白田草堂刻清末浙江書局、民國十八年（1929）補刻本。一函四册。版框高 17.6 厘米，寬 13.8 厘米。半葉八行二十字，白口，左右雙邊，單魚尾。版心上鐫書名，中鐫卷次，下鐫"白田草堂"，間鐫"浙江書局補刊"或"民國十八年補刊"。

首乾隆壬申（十七年）王安國《朱子年譜序》，次魏了翁《朱子年譜原序》附汪仲魯《朱文公年譜序》、戴銑《朱子實紀序》、李默《紫陽文公先生年譜序》、朱凌《徽國文公年譜序》、洪璟《朱子年譜序》，次《例義》十則、《朱子年譜目錄》。《年譜》末有乾隆己卯（二十四年）門人喬汲跋。

目錄署"寶應王懋竑予中甫纂訂"，正文各卷端署"王懋竑纂訂"。

王懋竑（1668—1741），字予中，號白田，江蘇寶應人。康熙五十七年（1718）進士，授安慶府學教授。雍正元年（1723）特召入直內廷，改翰林院編修。精研朱熹之學。著有《南北史識疑》四卷、《白田雜著》八卷、《讀書記疑》十六卷、《白田草堂存稿》二十四卷。《清史稿》卷四百八十有傳。

是編據明李默、清洪去蕪等所輯《朱子年譜》，參稽《朱子語類》《文集》《行狀》，訂補舊譜之舛漏，歷二十餘年，凡四易稿而成。《四庫全書總目》是書提要云："初李方子作《朱子年譜》三卷，其本不傳。明洪武甲戌，朱子裔孫境別刊一本，汪仲魯爲之序，已非方子之舊。正德丙寅，婺源戴銑又刊《朱子實紀》十二卷，惟主於鋪張褒贈以誇講學之榮，殊不足道。至嘉靖壬子，建陽李默重編《年譜》五卷，自序謂猥冗虛謬、不合載者，悉以法削之，視舊本存者十七。然默之學源出姚江，陰主朱陸始異終同之說，多所竄亂，彌失其真。國朝康熙庚辰，有婺源洪氏續本，有建寧朱氏新本及武進鄒氏正訛本，或詳或略，均未爲精確。懋竑於朱子遺書研思最久，因取李本、洪本互相參考，根據《語錄》《文集》訂補舛漏，勒爲四卷。又備列其去取之故，仿朱子校正韓集之例，爲《考異》四卷，并採掇論學要語爲《附錄》二卷，綴之於末。其大旨在辨別爲學次序，以攻姚江《晚年定論》之說，故於學問特詳，於政事頗略……於朱子平生求端致力之方，考異審同之辨，元元本本，條理分明，無程曈、陳建之浮囂，而金谿紫陽之門徑開卷瞭然。是於年譜體例，雖未盡合，以作朱子之學譜，則勝諸家所輯多矣。"

目錄後有乾隆十六年懋竑子箴傳識語述刻書事云："歲辛酉秋，書成，先君子棄世，不肖等謹藏篋中。今年春，孫氏甥全轍、全敞亟請付梓。竊惟先君子此書非一人一家之言，事體重大，而廣其流傳，以質當世，誠子孫之責，宜祗承者。兩孫惓惓行遠之意，甚可嘉尚。因出其書，與共校寫鋟於板。"乾隆二十四年懋竑門人喬汲重印。書版流傳至光緒間，浙江書局予以補版重刷，民國十八年（1929）又有補刻重印。道光三年（1823）唐鑑四砭齋、咸豐三年

（1853）南海伍氏《粵雅堂叢書》、同治九年（1870）永康應氏、光緒九年（1883）武昌書局皆曾翻刻。

《朱子年譜考異》四卷稿本尚存，藏北京大學圖書館。

書名葉右鐫"寶應王予中先生纂訂"，中鐫書名，左鐫"白田草堂藏板"。白田草堂爲王懋竑室名。

《四庫全書總目》入史部十三傳記類，《中國歷代人物年譜考録》著録。

中國國家圖書館、北京大學圖書館、北京師範大學圖書館、華東師範大學圖書館、中國香港中文大學圖書館、中國臺北"國家圖書館"等館，美國國會圖書館，日本京都大學人文科學研究所等有收藏。

宗　譜

105

［河南商邱］商邱宋氏家乘二十卷

T2252.8　3995

［河南商邱］《商邱宋氏家乘》二十卷，清宋筠等修。清乾隆宋氏刻本。三函十册。版框高 18.3 厘米，寬 14.1 厘米。半葉十行十九字，白口，四周單邊，單魚尾。版心上鐫書名，中鐫卷次及篇名。

首有未署年惠士奇《商邱宋氏續修家乘序》、乾隆己未（四年，1739）宋筠《續修家乘序》、宋聖猷《商邱宋氏續修家乘後序》、未署年朱彝尊《舊序》、康熙乙酉（四十四年，1705）宋犖《舊序》二篇、康熙丁巳（十六年）宋炘《舊序》、劉榛《原商邱宋氏家乘跋》，次宋犖《商邱宋氏家乘凡例》九則、宋筠《續修例言》八則、《商邱宋氏家乘目録》。

《目録》卷端署"八世孫筠敬率闔族重修"。

宋筠（1681—1760），字蘭揮，號晉齋，河南商丘人。江蘇巡撫宋犖之子。康熙四十八年進士，授檢討，官至奉天府尹。著有《緑波園詩集》八卷。生平見錢儀吉《碑傳集》卷六十九沈德潛《奉天府尹商邱宋公筠墓誌銘》。

宋氏始遷祖貴，原籍商邱，後移居山西洪洞，明洪武間又遷回商邱。

是書之纂修見宋筠序云："我宋氏家乘始創於曾祖福山公，文康公承之，少師公一再修之，可謂彬彬盛也。迄今三十餘年，子姓繁矣，祖宗之徽美散見而無統紀者亦多矣。筠懼其渙而罔所感也，爰率族人加訂焉。""少師公"即宋犖，曾於康熙十六年、四十四年一再續纂家譜，在舊譜基礎上發凡起例，增補完善，編《商邱宋氏家乘》十四卷。宋筠此譜謹遵其父體例，增補家族資料。卷一至三宸章，卷四至六譜系，卷七至八家傳，卷九外傳，卷十至十二載籍，卷十三奏疏，卷十四至十八文翰，卷十九雜錄，卷二十享祀。"首尊王言，教忠也；次詳譜系，明孝也；忠孝承家之本，見諸行事，前人遺徽，後人楷模也，故家傳次之；陽剛陰柔，內和外理，家道允資坤德，故外傳次之；載籍是徵，以昭忠信也；奏疏有紀，以崇勳也；廣以文翰、雜錄，庶善行之無遺也；尊祖敬宗，蒸嘗勿替，報功德於無窮，以享祀終焉。"（凡例）記事至乾隆六年。

"弘"字避諱缺末筆；"曆"字所從之"日"被剜去作"厤"，或刻作"曆"。《中國家譜總目》著錄。

中國國家圖書館、中國人民大學圖書館、中國科學院文獻情報中心、上海圖書館，美國哥倫比亞大學東亞圖書館，日本東洋文庫有收藏。《中國家譜總目》著錄美國猶他家譜學會亦有收藏，實爲膠捲，攝自哥倫比亞大學藏本。

雜　錄

106

詞科掌錄十七卷詞科餘話七卷

《詞科掌錄》十七卷《詞科餘話》七卷，清杭世駿輯。清乾隆仁和杭氏道古堂刻後印本。三函十六冊。版框高 16.6 厘米，寬 11.9 厘米。半葉十一行二十一字，黑口，左右雙邊，單魚尾。版心中鐫書名、卷次。

首雍正十一年至乾隆元年（1733—1736）《上諭》四道，次《詞科掌錄舉目》。

卷一卷端署"仁和杭世駿編輯"。

杭世駿（1696—1773），字大宗，號堇浦，仁和（今浙江杭州）人。乾隆元年舉博學鴻詞，授翰林院編修。入三禮館，纂修《三禮義疏》。乾隆八年因上時務策而罷歸。晚年主講廣東粵秀書院、揚州安定書院。工書法，有詩名，長於經史、小學。著有《續禮記集說》一百卷、《訂訛類編》八卷《續補》四卷、《道古堂文集》四十六卷《詩集》二十六卷。《清史列傳》卷七十一有傳。

清代曾兩次開設博學鴻詞科，第一次在康熙十八年己未（1679），第二次在乾隆元年丙辰（次年有補試）。丙辰詞科共舉薦二百六十七人，重薦者六人，是書輯錄其中一百四十餘名徵士之生平資料，每人先述其生平、舉薦人，次摘錄其詩文。無序跋，不詳其採錄標準及編排體例。《續修四庫全書總目提要》著錄云："書中於同時所徵仕履、撰著攄摭積尺，稱胡天游才名爲詞科第一，馬曰璐藏書甲於大江南北，萬經《禮記集說》在衛、陳兩家之間，沈炳震《合鈔新舊唐書》最爲明備，方觀承有用世之才，沈彤潛心經學、長於古文。沖懷樂善，品騭精當。惟隨手鈔纂，多所遺漏。李富孫病其略而不詳，於選入詞館與放還田里既不分曉，其取者十餘人，未取者八十餘人，行事均不見於録；於舉薦人數以舉主爲分别，不能知其中選不中選，有爲部所駁及病不就試，亦未詳；又祇據舉薦時出身，未及詳後日之科目、官爵以及著作，殆未成之書。”

是書乾隆間杭氏自刻，存世本有初印、後印之别。《四庫未收書輯刊》據中國科學院文獻情報中心藏本影印，與此比對，如卷一第十四葉“靈支西擘”，科圖本“西”作“而”；卷二第十二葉“白水浮天闊”，科圖本“闊”作“聞”；卷二第十四葉“慧眼夜常開”，科圖本“開”作“閒”；卷四第七葉“閲歷而馳驅者乎”，科圖本“乎”作“子”；卷四第十四葉“陳文正氣推强敵”，科圖本“推”作“權”；卷五第十二葉“獵火當年照地來”，科圖本“火”作“吹”；等等，皆屬科圖本誤，此本改正。可知此本係剜改後印本。

書名葉鐫“道古堂藏板”，道古堂係杭世駿堂號。

《中國古籍善本書目》未收。

中國國家圖書館、中國人民大學圖書館、北京師範大學圖書館、復旦大學圖書館等館，美國國會圖書館，日本國立國會圖書館、東京大學東洋文化研究所等有收藏。

史鈔類

107

廿一史約編八卷首一卷

T2516　8246

《廿一史約編》八卷首一卷，清鄭元慶編。清康熙三十六年（1697）魚計亭刻本。一函八冊。版框高 18.2 厘米，寬 14.1 厘米。半葉九行二十一字，小字雙行同，白口，四周單邊。版心上鎸小題。

首有未署年鄭開極序，次《例言》十一則，次未署年陳一夔序、康熙丙子（三十五年）鄭元慶《自序》，次《總目》。他館藏本或有康熙三十六年鄭氏後記及徐起麟跋，此本佚。分金、石、絲、竹、匏、土、革、木八部分，各部皆有詳目。

金部卷端署"吳興鄭元慶芷畦述，同學姚淳蕃景升、費令儀象可、朱廷桂芳南、余可仁心來參訂"，其餘各部參訂人不同，分別爲：石部"同學潘美發彥徽、臧夢錫荆南、潘發英彥昭、費孔昭賓音"，絲部"同學葛敏魯傅、韓錫爵書升、陳曼量公、徐元禧非云"，竹部"同學金延陸介先、沈文煒貞嘉、吳逢吉人藹、沈寅曾畏齋"，匏部"同學吳以選青臣、吳鳴鶴孚九、沈端學既爲、陳洙選孚宣"，土部"同學范穀天民、歸爾瑜上珍、潘麟喜曾、潘乘六時御"，革部"同學潘德發彥昭、汪令煜麗中、趙景襄蓉洲、趙秉彝民若"，木部"同學費金星長白、沈觀民大觀、徐綸揆載璜、金寧基鳳宥"。

鄭元慶（1660—約1740），字芷畦，一字子餘，歸安（今浙江湖州）人。奔走四方游幕以糊口。通史傳及金石文字之學。著書處名魚計亭，著有《家禮經典參同》不分卷、《石柱記箋釋》五卷、《湖録經籍志》六卷。《清史稿》卷四百八十四有傳。

鄭氏因歷代正史卷帙繁而難閱，乃以己意摘録，隳括成章，"以授二子，作讀史之津筏"（自序）。卷首冠以上古考略、歷代圖歌、曆數、道統系、象緯圖、輿地圖、歷朝方域、禮樂、律吕、經籍、食貨、官制、兵、刑、釋老十五門，爲通論性一般知識。金部爲前編，撮叙太古至秦代史事；石部至革部，逐一介紹《史記》至《元史》等二十一史大略；木部據《吾學編》《明史紀事本末》及《皇明通紀》等書撮述明代史事。共計一百三十九篇。

書名葉右鐫"吳興鄭芷畦述",中鐫書名,左鐫"魚計亭藏板"。

康熙三十五年(1696)鄭氏魚計亭自刻,次年竣工。存世著録爲"魚計亭"刻本者,或將總目卷端改爲"閩中陳瞿石先生鑒定,吳興鄭元慶芷畦述",各部卷端題署改爲"吳興鄭元慶芷畦述,男惟鞠恃何、徐秋蔓蘭仲編次",參訂人皆有改動,此類版本實爲魚計亭本之翻刻本。是書作爲家塾課本,頗便初學,廣受歡迎,清末漁古山房、上洋江左書林、善成堂、文運堂、石經樓、紫文閣、大文堂、愛日堂、聚錦堂、聚瀛堂、得月樓等書坊皆曾翻刻。

《四庫全書總目》《中國古籍善本書目》皆未收。《清史稿》卷一百四十六《藝文二》著録爲十卷,恐誤。

中國國家圖書館、北京大學圖書館、上海圖書館、復旦大學圖書館等館,美國華盛頓大學圖書館有收藏。

108

史漢合鈔十卷

T2515　2303

《史漢合鈔》十卷,明焦尊生纂,明吳允清校。明萬曆四十七年(1619)刻本。三函十二冊。版框高21厘米,寬14.4厘米。半葉九行二十字,白口,四周單邊,單魚尾。版心上鐫書名,中鐫卷次。

首萬曆己未(四十七年)焦竑《史漢合鈔序》,次《史漢合鈔目録》。

卷一至卷十上卷端署"瑯琊焦尊生纂,新安吳允清校",卷十下卷端署"瑯琊焦尊生纂,新安吳光先、方文瑾仝校,吳允清、吳允齡校梓"。

焦尊生(? —1609),字茂直,南直隸應天府(今江蘇南京)人。萬曆二十五年貢生,焦竑長子。工書法,有詩名。生平散見焦竑《澹園集》。

是書選鈔《史記》《漢書》之文爲一編,焦竑序謂:"漢興,去古未遠,班馬氏各抒其長("班"字原誤刻作"斑"),以備一代之典章,并璧聯鑣,照耀古今,爲叙事考文者之鵠第,其中同異詳略互殊……二書尤生平所手而唯恐韋之絶者,於其精蘊稍有所窺,哀其各爲一家言者共成一家言,令兒輩躬鈔之……余恒聚徒講習,冀得與於斯文……吳生允清從余游,質有其文,中行之屬也,因以兒輩所鈔者鈔之,俾無私於蔡帳。"可知此爲焦竑課徒之書。

所鈔文章大多爲列傳,主於叙事。卷十除列傳外,又鈔有《封禪》《平準》《河渠》三書及《太史公自序》《班固叙傳》。

各家書目皆未著録,此爲世間孤本。

109

東萊先生史記詳節二十卷首一卷

T2511　1273H

《東萊先生史記詳節》二十卷首一卷，舊題宋呂祖謙輯。明正德十一年（1516）建陽劉弘毅慎獨齋刻《十七史詳節》本。一函五册。版框高 19 厘米，寬 11.8 厘米。半葉十三行二十六字，細黑口，四周雙邊，雙魚尾。版心上鎸"史記詳節"及卷次，中鎸小題。

首正德丙子（十一年）劉弘毅《十七史序後》、正德戊寅（十三年）李堅《重刊十七史詳節序》。次"東萊先生史記詳節卷之首"，題"南宋中郎外兵曹參軍聞喜裴駰集解，唐諸王侍讀率府長史高要張守節正義，唐朝散大夫弘文館學士河内司馬貞索隱，宋翰林學士門下侍郎眉山蘇轍古史，宋祕書丞集賢院學士高安劉恕外紀，皇明正德丙子冬十月京兆劉弘毅刊行"，有小標題"司馬蘇劉增革皇帝紀"。次《東萊先生史記詳節序》，題"建陽木石山人劉弘毅刊行"。次世系、疆域圖（《三皇五帝譜系》《夏譜系圖》《商譜系圖》《周譜系圖》《秦譜系圖》《五帝國都地理圖》《夏商國都地理圖》《周國都地理圖》《秦六國都地理圖》）。次《東萊先生史記詳節目録》。

呂祖謙（1137—1181），字伯恭，婺州（今浙江金華）人。祖籍山東東萊，世稱"東萊先生"。初以蔭補入官，隆興元年（1163）登進士第，歷官至著作郎兼國史院編修官。卒諡"成"，後改諡"忠亮"，追封開封伯。景定二年（1261）配享孔廟。理學名家，與朱熹、張栻齊名。淹貫群籍，著述宏富，有《呂氏家塾讀書記》《左氏博議》《歷代制度詳説》等，并與朱熹合著《近思録》。《宋史》卷四百三十四有傳。

劉弘毅（1444—?　），名洪，字弘毅，號木石山人，明正德間福建建陽書坊慎獨齋主人。《十七史序後》自署"七十三翁"，卒年不詳。所刻書以大部頭史籍爲主，《十七史詳節》外，又刻《資治通鑑綱目》五十九卷、《山堂群書考索前集》六十六卷《後集》六十五卷《别集》二十五卷、《資治通鑑節要》二十卷、《西漢文鑑》二十一卷、《東漢文鑑》十九卷。

劉弘毅《十七史序後》述刻書始末甚悉，文云：

> 秦滅先王之典，遺制莫存。至漢武帝始置太史公，命司馬談爲之，以掌其職。談卒，其子遷又爲太史令，嗣成其志，由是《史記》作焉。其後班固作《前漢書》，范曄作《後漢書》，陳壽作《三國志》，唐太宗作兩《晉書》，裴子野作《南宋書》，蕭子顯作《南齊書》，姚思廉作《南梁書》，李德林作《北齊書》，令狐德棻作《後周書》，李延壽作《南北史》，魏徵作

《隋書》，歐陽脩、宋祁作《唐書》及《五代史》，然後歷代之史皆具焉。宋紹興間，東萊呂成公顧其簡牘浩瀚，未易究竟，乃於暇日遍將諸史節其繁文，取其要語，合成一書，特名之曰《十七史詳節》，以便觀覽。當時好事者請刻諸棗，以廣其傳，誠萬世之盛典也。迨至我朝永樂間，其版厄於回祿。歷今□餘年，欲求是書者，不可得也。正德七載春，侍郎李公如圭巡按至建陽，首以是書謀之於縣尹金華戚君雄。雄囑弘毅捐貲刊梓，固辭不獲，即命子姪輩鈔謄成書，鳩工刊之。肇於本年癸酉，竣於今歲丙子。

劉氏謂呂祖謙以歷代正史卷帙浩繁，閱讀非易，乃取歷代正史刪繁節要，編爲此書，實則是書乃南宋坊賈所編史書通俗讀本，托名呂祖謙以增重而已。清瞿鏞《鐵琴銅劍樓藏書目錄》卷十著録元刊本，辨之甚詳，云：

> 世傳呂氏輯録，而公弟監倉子約（呂祖儉）所撰《年譜》不載；又樓宣獻《祠堂記》（《東萊呂太史祠堂記》）詳言公所著，亦不及此書。其說實誤於明建陽慎獨齋劉宏毅刻本概題爲“東萊先生某史詳節”。此本於《史記》則曰“東萊先生增入正義音注史記詳節”；於《漢書》則曰“參附漢書（引按：當作“參附群書”）三劉互注西漢詳節”，又曰“諸儒校正西漢詳節”；於《後漢書》則曰“諸儒校正東漢詳節”；餘皆曰“東萊校正某書詳節”。其爲書賈假名以增重可知。且《漢書》中雜附致堂胡氏之論，即《讀史管見》中語。考致堂猶子大壯跋《管見》，謂書成刻於嘉定十一年，成公安得預見其書而采之耶？又書中有互注及每種前有《世系》《紀年》《地理之圖》，乃宋末時書肆所行纂圖互注之本，其非公所作明矣。

王鳴盛《十七史商榷》卷九十九亦云：“《十七史詳節》疑亦出於南渡書肆嫁名祖謙，而其爲宋時人筆則無疑。”葉德輝《書林清話》卷二《書節鈔本之始》云：“至刻本書之節鈔者，宋坊行有《十七史詳節》，托名於呂祖謙，然未有及於他書者。”張元濟《涵芬樓燼餘書録》著録宋元遞刊本，亦謂“其所稱東萊先生，亦書估托名增重之習”。今檢索呂祖謙著述，并無一字提及《詳節》。劉弘毅謂永樂間《十七史詳節》書版“厄於回祿”，即毀於火，故予重刻。宋刻本各史詳節今尚存個別零種，元刻本有整套存世，密行小字，皆坊肆所刊。宋本存於今者，其題名則爲“東萊先生增入正義音註史記詳節”“諸儒校正西漢詳節”“東萊先生標註三國志詳節”“名公增修標註南史詳節”“名公增修標註隋書詳節”“京本增修五代史詳節”“名公增修標注晉書詳節”（各宋本分別收藏於中國國家圖書館、華東師範大學圖書館、中國臺北故宮博物院、上海圖書館、南京大學圖書館、重慶圖書館，日本國立公文書館）；《東漢詳節》《三國志詳節》《北史詳節》三種無宋刻本，元本題名爲“呂大著增注點校三劉東漢詳節”“諸儒先生標注三國志詳節""東萊先生校正北史詳節"。并無一種於卷端題吕祖謙之名，偶有題署，皆僅題諸史原撰、注者而已。至劉弘毅慎獨齋刻本始整齊各史題名，一概題爲"東萊先生某某詳節"，一若皆出吕氏之手。而慎獨齋本《西漢詳節》卷首之《諸家註釋名氏》最末四人爲"致堂先生胡氏（原注：名寅，字明仲，著《兩漢讀史管見》）、東萊先生吕氏（原注：名祖謙，字伯恭，議論兩《漢書》）、永嘉陳氏（原注：傅良，字君舉，議論兩《漢書》）、説齋唐氏（原注：字仲友，著《兩漢精義》）"，若果爲吕氏所著，不得自列己名。此實爲宋元坊肆（以建陽、麻沙爲代表）刊行經史子等通俗讀物假托名人之射利手段。《十七史詳節》於宋元書目中皆不載（如晁公武《郡齋讀書志》、陳振孫《直齋書録解題》、鄭樵《玉海・藝文》、馬端臨《文獻通考》及《宋史・藝文志》），其見於著録始自明代（如焦竑《國史經籍志》、祁承㸁《澹生堂藏書目》、朱睦㮮《萬卷堂書目》及《文淵閣書目》等）。吕祖謙夙以史學著稱，慎獨齋本又流通廣泛，故明清書目多信從之，著録爲吕祖謙編著。《四庫全書總目》著録建陽書坊刻本，亦輕採劉弘毅之説，以吕氏爲著者，至今《中國古籍善本書目》等皆相沿未改。吕祖謙於《十七史詳節》之内容究竟有多少貢獻，尚待詳考。

《史記詳節》爲《十七史詳節》第一種，删節《史記》原文，主要保留紀傳内容，以便閱讀；注釋則保留《史記》三家注及皇甫謐、譙周等古注，段中及篇末引蘇轍《古史》或劉恕《通鑑外紀》評論之語，每篇末亦保留太史公論贊及《索隱述贊》，間附其他按語。

中國國家圖書館藏有《史記詳節》宋刻殘本一部（索書號：17830），存卷一至二；2001年中國嘉德秋季拍賣會曾上拍宋刻殘本一册，存卷九至十二；日本宫内廳書陵部有宋末元初建刊麻沙本一部（函架番號：500・66）。今以中國國家圖書館殘宋本與此慎獨齋本相校：宋本題名爲"東萊先生增入正義音註史記詳節"，半葉十三行二十四字，小字雙行二十四字，左右雙邊，耳鐫篇名葉數，眉鐫提點；注釋"某某曰"皆爲陰文，較此本爲醒目；《司馬蘇劉增革皇帝紀》一篇爲"卷一之上"，不稱卷首。有若干異文，如《小司馬索隱補三皇紀》，宋本"朱須氏"，此本作"卷須氏"；《劉祕丞集庖犧以來紀》，宋本兩處"包義"，此本作"庖犧"，"孔子未嘗道"，此本作"孔子未作道"。卷一"黄帝"節，宋本"本紀""五帝"各一行，此本作"五帝紀"；"本紀"下注"後代"，此本作"後人"；"日月朔望未來而推之"，此本"推"作"用"；"天下豈有生風名后者哉"，此本"生"作"姓"；"占斗剛所建"，此本"剛"作"綱"；"阮偷之陰"，此本作"阮隃之陰"。異文互有正誤，皆係坊刻，難免校對不精。

書中有朱、墨筆圈點批校，間有眉批，不知出自何人之手。

《十七史詳節》著録於《四庫全書總目》史部二十一史鈔類存目。《中國古籍善本書目》著録。收入《第三批國家珍貴古籍名録》（07916—07921 號）。

中國國家圖書館、清華大學圖書館等十餘館有收藏。

鈐朱文長方印"曾藏汪閬源家"、白文方印"易印漱平"、朱文方印"生齋臺灣行篋記"。知曾經清汪士鍾、民國間李宗侗夫婦收藏。汪氏印鈐於卷十九卷端，不知何故。

110

東萊先生西漢詳節三十卷首一卷

T2550　1166.1

《東萊先生西漢詳節》三十卷首一卷，舊題宋吕祖謙輯。明正德十五年（1520）建陽劉弘毅慎獨齋刻《十七史詳節》本。卷二第二十一至二十四葉、卷六第十三至十四葉爲複印配入者，卷二十缺第三至四葉，卷三十缺第十二葉。三函十册。版框高 18.8 厘米，寬 11.7 厘米。半葉十三行二十六字，小字雙行同，細黑口，四周雙邊，雙魚尾。版心上鎸"西漢書"及卷次，中鎸小題。

首《西漢綱領》《唐庚叙録》，次《西漢國都地理之圖》《世系傳授之圖》《漢南北軍之圖》，次《諸家注釋名氏》、目録（目録首葉誤裝訂於卷九《樊噲傳》中）。

卷端鎸"京兆木石山人刊行"，或"京兆慎獨齋刊行""京兆慎獨齋七十三翁刊行""正德丙子年刊行""京兆慎獨齋新刊"，"木石山人"爲劉弘毅號。

是書節録班固《漢書》紀、傳、表、志之文爲讀本，中間插入諸家議論（"司馬温公曰""致堂胡氏曰"），班固"叙傳"之辭移至每篇之末，保留論贊之語，增附"互註"（即其他篇記載相同事件之段落），以便閱讀。

是書現存有宋刻本，存二十八卷（卷一至二十三、二十六至三十），華東師範大學圖書館收藏，題《諸儒校正西漢詳節》，《中華再造善本》據以影印，與此本對校，頗有異同。如卷一《高帝紀》，此本："（沛公）遂西入咸陽，欲止宮休舍。樊噲、張良諫，乃封秦重寶、財物、府庫，還軍霸上。（注：張良從沛公入秦宮室，帷帳、狗馬、重寶、婦女以千數，欲以留居之。樊噲諫，不聽。張良曰：'夫秦爲無道，故沛公得至此。夫爲天下除殘去賊，宜縞素爲資。今始入秦，即安其樂，此謂助桀爲虐。且忠言逆耳利於行，毒藥苦口利於病，願聽噲言。'乃還軍霸上。）蕭何盡收秦丞相府圖籍文書。（注：《蕭何傳》'沛公至咸陽，諸將皆争走金帛財物之府分之，何獨先入收秦丞相、御史律令圖書藏之。沛公具知天下阨塞、户口多少、彊弱處、民所疾苦者，以何得秦圖書也。'走音奏。）"宋本則無此兩段注釋，宋本"圖籍文書"下注引"《管見》李斯獻策"

云云，引用《致堂讀史管見》之議論數百字，皆此本所無。是書元刻本卷一卷端題名爲"參附群書三劉互注西漢詳節"。

中國國家圖書館、北京大學圖書館，日本東京大學東洋文化研究所等有收藏。

鈐白文方印"易印漱平"、朱文長方印"李宗侗藏書"、朱文方印"生齋臺灣行篋記"。

111

東萊先生東漢詳節三十卷首一卷

T2555　4165.2

《東萊先生東漢詳節》三十卷首一卷，舊題宋呂祖謙輯。明正德十五年（1520）建陽劉弘毅慎獨齋刻《十七史詳節》本。二函十册。版框高 17.9 厘米，寬 11.7 厘米。半葉十三行二十六字，小字雙行同，細黑口，四周雙邊，雙魚尾。版心上鎸"東漢書"及卷次，中鎸小題。

首《東漢傳世之圖》《漢南北軍之圖》，次目録。

卷端題"范曄""章懷太子"。

是書節取南朝宋范曄《後漢書》紀、傳及晉司馬彪《續漢書志》之文章爲讀本。保留原論贊文字。末附"互註"。

是書今存元刻本，《四庫全書存目叢書》據上海圖書館藏本影印，各卷端題"諸儒校正東漢詳節"，卷一卷端題"范曄""章懷太子賢"。中國國家圖書館藏元刻本題"呂大著增注點校三劉東漢詳節"。

書中有朱筆圈點，不詳何人所爲。

鈐白文方印"易印漱平"、朱文方印"生齋臺灣行篋記"。

112

東萊先生三國志詳節二十卷首一卷

T2560　7944

《東萊先生三國志詳節》二十卷首一卷，舊題宋呂祖謙輯。明正德十五年（1520）建陽劉弘毅慎獨齋刻《十七史詳節》本。一函六册。版框高 18.2 厘米，寬 11.8 厘米。半葉十三行二十六字，小字雙行同，細黑口，四周雙邊，雙魚尾。版心上鎸"三國志"及卷次，中鎸小題。

首《三國疆理之圖》《三國世系之圖》《三國紀年之圖》，次裴松之《上三國志註表》、目録。目録缺首葉，卷十七缺第五葉。卷一卷端鎸"建陽慎獨齋劉弘毅刊行"。

是書節取晉陳壽《三國志》及裴松之注之紀、傳文章爲讀本，每篇中及末引用原裝注中所引孫盛、《魏略》、傅子、干寶等及裴松之之議論，篇末保留原陳壽評語。議論及評語文字皆低一格書。

是書今存宋末元初刻本，題"東萊先生標註三國志詳節"，日本國立公文書館及其他多館有收藏；元刻《十七史詳節》本題爲"諸儒先生標註三國志詳節"，北京師範大學圖書館及其他多館有收藏。宋元本篇中議論文字皆作雙行夾注。

書中有朱筆圈點，不詳何人所爲。

鈐白文方印"易印漱平"、朱文長方印"李宗侗藏書"。

113

東萊先生晉書詳節三十卷首一卷

T2570　3222

《東萊先生晉書詳節》三十卷首一卷，舊題宋呂祖謙輯。明正德十五年（1520）建陽劉弘毅慎獨齋刻《十七史詳節》本。一函六册。版框高 18.8 厘米，寬 11.7 厘米。半葉十三行二十六字，細黑口，四周雙邊，雙魚尾。版心上鐫"晉書詳節"及卷次，中鐫小題。

首《兩晉世系之圖》《兩晉地理之圖》，次目録。卷一卷端鐫"建陽慎獨齋刊"。

是書節取唐房玄齡等修《晉書》紀、傳文章爲讀本。每篇末保留原史臣論、贊文字。

是書今存宋刻本，藏上海圖書館，《中華再造善本》據以影印。宋本目録題"名公增修標註晉書詳節"，卷端題"名公增修晉書詳節"。與此本相校，偶有異文。

書中有朱筆圈點，不詳何人所爲。

鈐白文方印"易印漱平"、朱文長方印"李宗侗藏書"。

114

東萊先生北史詳節二十八卷首一卷（存二十四卷）

T2590　4414

《東萊先生北史詳節》二十八卷首一卷，舊題宋呂祖謙輯。明正德十五年（1520）建陽劉弘毅慎獨齋刻《十七史詳節》本。存二十四卷（卷首、卷一至十二、十八至二十八），卷七缺第四葉。一函五册。版框高 18.4 厘米，寬 11.8 厘米。半葉十三行二十六字，細黑口，四周雙邊，雙魚尾。版心上鐫"北史詳節"及卷數，中鐫小題。

首《後魏世系圖》《北齊世系圖》，次目録。卷三卷端鐫"京兆慎獨齋劉弘毅刊行",卷四卷端鎸"京兆慎獨齋刊行"。

是書節録唐李延壽修《北史》紀、傳文章爲讀本。篇末保留史臣論贊文字。書中遇帝號、年代皆圈出,"論曰""贊曰"等字用方框框出。

鈐白文方印"易印漱平"、朱文方印"生齋臺灣行篋記"。

115
歐陽文忠公新唐書抄二卷

T2620　7872.1

《歐陽文忠公新唐書抄》二卷,宋歐陽脩撰,明茅坤批評。明萬曆七年(1579)茅一桂刻本。一函一册。版框高 19.7 厘米,寬 13.4 厘米。半葉九行十九字,白口,左右雙邊,單白魚尾。版心上鎸"唐",中鎸"歐陽史抄"及卷次,行間鎸評點及批語。

首目録,次正文,分上下二卷。

各卷端署"歸安鹿門茅坤批評"。

茅坤(1512—1601),字順甫,號鹿門,歸安(今浙江湖州)人。嘉靖十七年(1538)進士,官至大名兵備副使。著有《茅鹿門先生文集》三十六卷。《明史》卷二百八十七有傳。

是書選抄歐陽脩《新唐書》文章九篇:上卷《兵志》《刑法志》,下卷《禮樂志論》《曆志論》《五行志論》《地理志論》《食貨志論》《百官志論》《藝文志論》。

《明史》本傳稱:"坤善古文,最心折唐順之。順之喜唐、宋諸大家文,所著《文編》,唐、宋人自韓、柳、歐、三蘇、曾、王八家外,無所取,故坤選《八大家文抄》。其書盛行海内,鄉里小生無不知茅鹿門者。"茅坤所輯《唐宋八大家文抄》凡韓愈文十六卷、柳宗元文十二卷、歐陽脩文三十二卷、王安石文十六卷、曾鞏文十卷、蘇洵文十卷、蘇軾文二十八卷、蘇轍文二十卷,每家各爲之撰引語,刊行之後,爲世所傳習,影響深遠。唐宋古文之外,茅坤又有史書評點之作,如《史記抄》九十一卷、《漢書抄》九十三卷及《五代史抄》二十卷等。

《唐宋八大家文抄 · 歐陽公史抄》卷首有引語云:

> 或問余於歐陽公復有《史抄》,何也?歐陽公他文多本韓昌黎,而其序次國家之大及謀臣戰將得失處,余竊謂獨得太史公之遺。其爲《唐書》,則天子詔史官與宋庠輩共爲分局視草,故僅得其志論十餘首。而《五代史》則出於公之所自勒者,故梁、唐帝紀及諸名臣戰功處,往往點次如畫,風神燁然。惜也五代兵戈之世,文字崩缺,公於其時,特本野史與勢家鉅室家乘所傳者而爲之耳。假令如太史公所本《左傳》《國語》《戰國策》《楚漢

春秋》，又如班掾所得劉向《東觀漢書》及《西京雜記》等書爲本，揚摧古今，詮次當世，豈遽出其下哉？余録若干首，稍爲品次而別傳之，以質世之有識者。

萬曆七年茅坤之侄茅一桂刻《唐宋八大家文抄》，《新唐書抄》與《五代史抄》同時付梓，合稱"歐陽史抄"。《茅鹿門文集》卷四《與唐凝菴禮部書》云："偶因族子遣家僮囊近刻韓柳以下八大家諸書過售金陵，道出毘陵，特令祗候……別有歐陽公《唐書》《五代史抄》二十餘卷，茲則集中之所不能載，而僕又竊以太史公没上下千餘年間，所得太史公序事之文之髓者，惟歐陽子也，予故不忍遺，特爲裒而出之。"所述即刻《新唐書抄》《五代史抄》事。崇禎元年（1628）方應祥重刻《唐宋八大家文抄》，始將兩書附於《歐陽文忠公文抄》之後，并行於世。《四庫全書總目》集部四十二《唐宋八大家文鈔》提要云："萬曆中坤之孫著復爲訂正而重刊之，始以坤所批《五代史》附入歐文之後。今所行者，皆著重訂本也。"王重民《中國善本書提要》謂"崇禎四年坤之孫著重刻《文抄》，始附入《五代史抄》二十卷於歐文之後，《提要》以爲萬曆間事，余已辨其誤。"皆不確。

刻工：陶、張、余。

《中國古籍善本書目》著録。

中國國家圖書館、清華大學圖書館、中國社會科學院民族學與人類學研究所、上海圖書館、華東師範大學圖書館等館，日本東洋文庫、蓬左文庫有收藏。

116

歐陽文忠公五代史抄二十卷

T2640　7872.113B

《歐陽文忠公五代史抄》二十卷，宋歐陽脩撰，明茅坤批評。明萬曆七年（1579）茅一桂刻本。序、目録及卷一至二爲抄配。一函九册。版框高 19.7 厘米，寬 13.4 厘米。半葉九行十九字，白口，左右雙邊，單白魚尾。版心中鎸"歐陽史抄"及卷次，下鎸刻工，行間鎸評點及批語。

首《歐陽公史抄引》，次《歐陽文忠公五代史抄目録》。

各卷端署"歸安鹿門茅坤批評"。

是書抄録歐陽脩《五代史記》文七十四篇，凡本紀三篇，家人傳六篇，梁臣傳七篇，唐臣傳十二篇，唐晉周臣傳六篇，死節傳、死事傳、一行傳、唐六臣傳、姜兒傳、伶官傳、宦者傳各一篇，雜傳二十五篇，論二篇，世家五篇，四夷附録一篇。每篇前有評語。

與《新唐書抄》同時付刻，詳見“115　歐陽文忠公新唐書抄二卷”。

是書另有明吴興閔氏刻朱墨套印本、明末李兆刻本及清康熙間翻刻本。

刻工：盛、陶子英（子英、陶）、余朝、付、成、吴、卞、自、張、贇、册、鄒、鄧。

鈐朱文長方印“風謣亭藏書記”、朱文方印“生齋臺灣行篋記”。

117

歐陽文忠公五代史抄二十卷

T2640　7872.1

《歐陽文忠公五代史抄》二十卷，宋歐陽脩撰，明茅坤批評。清康熙金陵三多齋刻本。一函四册。版框高 19.8 厘米，寬 14.3 厘米。半葉十行二十四字，白口，四周單邊，單白魚尾。版心上鎸“歐陽史抄”，中鎸卷次，書眉及行間鎸批點、評語。

首崇禎四年（1631）茅著《文抄跋》，次《歐陽文忠公五代史抄目録》（缺末葉）。

各卷端署“歸安鹿門茅坤批評，孫男闇叔著重訂”（卷三、二十無“孫男闇叔著重訂”七字）。

茅坤所輯《唐宋八大家文抄》於萬曆七年（1579）初刻，崇禎元年（1628）方應祥修訂重刻，附入《新唐書抄》《五代史抄》，崇禎四年茅坤之孫茅著據方刻本再次修訂重刻。崇禎之後，茅著本流傳最廣，成爲《文抄》之通行本。

此本即金陵三多齋書坊據茅著本翻刻者。書名葉鎸額“茅鹿門先生評選”，下分三欄，右鎸“何屺瞻先生手校”，中鎸“歐陽文忠公五代史鈔”，左鎸“金陵三多齋梓”，鈐“文盛堂發兑”戳記。

“玄”字避諱缺末筆，“弘”“曆”字皆不諱，當刻於乾隆之前。

紹興圖書館、温州市圖書館等有收藏。

此爲勞費爾購書。

118

東萊先生五代史詳節十卷首一卷

T2640　7872.2

《東萊先生五代史詳節》十卷首一卷，舊題宋吕祖謙輯。明正德十一年（1516）建陽劉弘毅慎獨齋刻《十七史詳節》本。一函三册。版框高 18.3 厘米，寬 11.7 厘米。半葉十三行二十六字，小字雙行同，細黑口，四周雙邊，雙魚尾。

版心上鎸"五代史"及卷次，中鎸小題。

首有未署年陳師錫《五代史記序》，次《五代分據地理之圖》、五代十國世系圖、目録。卷一卷端題"建陽慎獨齋劉弘毅刊行"。卷十末有牌記鎸"皇明正德丙子慎獨齋新刊行"。

是書節録宋歐陽脩《五代史記》紀、傳文章爲讀本。篇末保留論贊文字。書中遇帝號、年代皆圈出，篇末"論曰"二字用方框框出。有朱筆圈點，不詳何人所爲。

是書今存宋刻本，藏上海圖書館，《中華再造善本》據以影印。宋本題"京本增修五代史詳節"，署"歐陽脩撰，徐無黨註"。與宋本相校，此本於各卷小標題中之國號"梁""唐""晉""漢""周"字上皆加"後"字；《後周本紀》小標題"太祖"下宋本注"諱感"（按當做"威"，此宋刻誤字），正文云"太祖姓郭氏，邢州堯山人也"，此本則直接在正文中作"太祖姓郭氏，諱威，邢州堯山人也"；此本第十一葉末《後周本紀》"仁浦勸威反"，接下葉"月無日（小注：舊史云）"，中間缺"太祖""世宗""恭帝"等大段内容，而葉碼連續相接；卷二小標題"文惠皇后王氏"，宋本"王氏"誤作"王后"。其他異文尚多，不具録，宋本及此本互有正誤，可見坊刻之疏陋。

鈐白文方印"易印漱平"。

時令類

119

古今類傳四卷

T9301　4144

《古今類傳》四卷，清董穀士、董炳文輯。清康熙三十一年（1692）刻本。一函四冊。版框高 20.9 厘米，寬 14.6 厘米。半葉十一行二十八字，小字雙行同，白口，左右雙邊，單魚尾。版心上鎸書名，中鎸卷次及"歲時"二字，下鎸時令、月份及"天部"二字。

首康熙壬申（三十一年）潘耒《序》，次《歲時類總目》。《總目》前當有康熙三十一年董穀士《自序》及《歲時類凡例》七條，此本佚。

各卷端署"吳興董穀士農山、董炳文霞山同輯，松陵金協仍雲濟、晟溪閩南仲耐庵、沮水潘之藻文水、梅林董香齡星池同校"（卷二校者：松陵金梅次苕、晟溪凌應揆端臣、嘐關張滋莪士、梅林董萩登嘉五；卷三校者：若下華應昌晴山、竹溪沈三階允升、戍水夏驪宛來、梅林董秦彥西侯；卷四校者：松陵金筠靜宜、吳趨申稼西疇、戍上周雲杼緗雯、梅林董雍和宮在）。

董穀士，烏程（今浙江湖州）人。生平不詳。

董炳文，字耿光，號霞山，烏程（今浙江湖州）人。工花鳥，擅書畫。生平見《［同治］湖州府志》卷八十。

潘耒《序》稱董氏兄弟共撰類書，分天、地、人、物爲四部，名曰《古今類傳》，先以歲時日次一編見示，乃天部中之一種。全書未成，僅刻"歲時"部分，故古籍書目著録或題名爲《古今類傳歲時部》。首爲歲序總類，次爲春夏秋冬四時類。每一時一月先爲總類，後以一月分三十日，逐日纂輯典故詩文（取材於正史稗官、山經地志、九流百氏之書、古今名人之集），略注所出，而以通用麗句附於末（通用麗句不注出處）。《四庫全書總目》是書提要云："蒐採頗爲繁富。然隸事在其意義，不在其字句。是書所摭，往往乖其本旨，如王羲之'春蚓秋蛇'本論書法，乃以'春秋'二字入之歲序類中，是可爲得古人之意哉。"

《四庫全書總目》入史部二十三歲時類存目，《中國古籍善本書目》未收。

《四庫全書存目叢書》據武漢大學圖書館藏本影印，彼本封面有"未學齋藏板”五字（參《四庫存目標注》史部第 1933 號）。臺北藝文印書館《歲時習俗資料彙編》亦曾影印。

中國國家圖書館、北京大學圖書館、清華大學圖書館、首都圖書館、上海圖書館、大連圖書館、山東省圖書館、中國臺北“國家圖書館”等館，美國國會圖書館、普林斯頓大學東亞圖書館，日本國立公文書館、東京大學東洋文化研究所等有收藏。

鈐白文方印“戎幕書生”、白文長方印“平原”、朱文方印“敦禮堂印”等印。

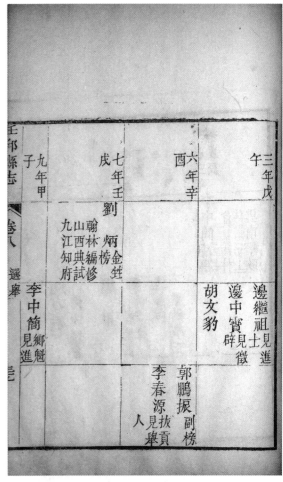

大伯顏山　鑲黃旗牧廠境內昂古立濼東北十餘里
金切孜北征前錄過沙城西北海子度數山岡有大
山上指謂幼孜曰此大伯顏山其西北小伯顏山從
此東北路通開平

小伯顏山　鑲黃旗牧廠境內
案今無此二山名疑即皇輿圖所載阿哈拉古及蘇
門哈達諸山是也

大烏鴉山　[一統志張家口東北太僕寺馬廠南三十
里土人名伊克克勒山其西南有巴顏克勒山卽小
烏鴉山也

122　［乾隆］口北三廳志十六卷首一卷
清乾隆二十三年（1758）刻本

125　［乾隆］任邱縣志十二卷首一卷
清乾隆二十七年（1762）刻後印本

202

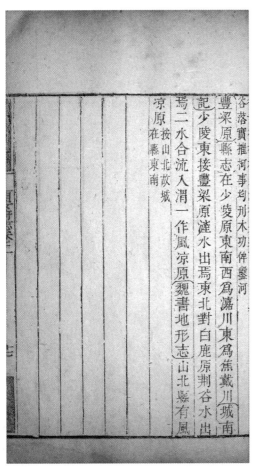

167　[乾隆] 西安府志八十卷首一卷

清乾隆四十四年（1779）刻本

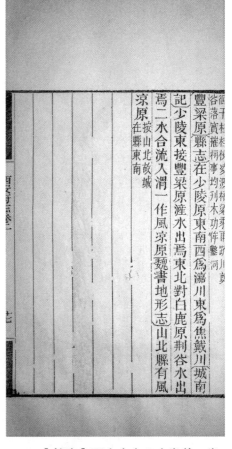

168　[乾隆] 西安府志八十卷首一卷

清乾隆四十四年（1779）刻後印本

203

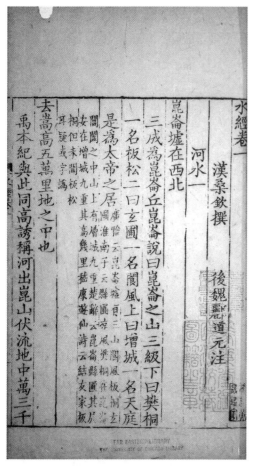

186 水經注箋四十卷

清乾隆十八年（1753）黄晟槐蔭草堂刻

清同治二年（1863）余氏明辨齋重修本

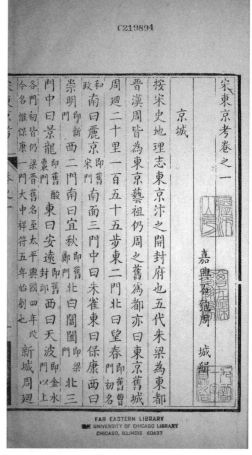

194 宋東京考二十卷

清乾隆三年（1738）六有堂刻本

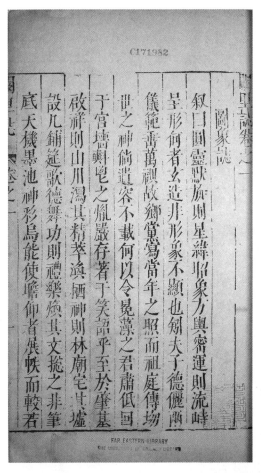

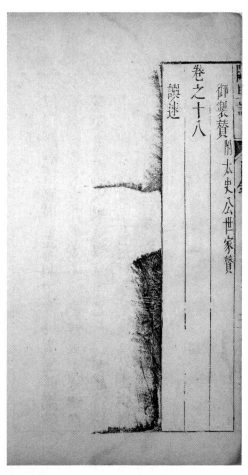

196　闕里誌十八卷

明崇禎刻清康熙重修本

幸魯盛典卷一

御製

至聖先師孔子廟碑

朕惟道原於天弘之者聖自庖犧氏觀圖畫象闡乾坤
之秘堯舜理析危微厥中允執禹親受其傳湯與文武
周公遞承其統靡不奉若天道建極綏猷貪乎尚矣孔
子生周之季韋布以老非若伏羲堯舜之聖焉而帝禹
湯文武之聖焉而王周公之聖焉而相也歸然以師道
作則與及門賢哲紹明絕業教思所及陶成萬世伏羲
堯舜禹湯文武周公之統惟孔子繼續而光大之矣間

214　幸魯盛典四十卷
清康熙五十年（1711）曲阜刻本

206

地理類

總　志

120

大明一統志九十卷

T3027　4478

《大明一統志》九十卷，明李賢、萬安等纂修。明天順五年（1461）內府刻本。七函三十冊。版框高26.7厘米，寬17.9厘米。半葉十行十二字，小字雙行同，黑口，四周雙邊，雙魚尾。版心上鎸書名及卷次。

首天順五年《御製大明一統志序》，次天順五年李賢等《進大明一統志表》，次《奉敕脩大明一統志官員職名》《大明一統志目録》。

李賢（1408—1466），字原德，河南鄧州人。宣德八年（1433）進士，歷官至華蓋殿大學士、內閣首輔，進少保。卒諡“文達”。《明史》卷一百七十六有傳。

有明一代，先後數次纂修全國地理總志。《四庫全書總目》是書提要引明沈文《聖君初政記》謂，洪武三年（1370），儒臣魏俊民等六人受命編類天下郡縣地理形勢，按元《大元一統志》體例，纂成《大明志書》，今其書不傳。其後明成祖遣使遍採天下郡縣圖經，命儒臣大加修纂，輯爲一書，未及成而中輟。土木之變以後，景帝當政，命陳循等纂《寰宇通志》一百十九卷，景泰七年（1456）成書。至英宗復辟後，命李賢等重編，天順二年始修，五年四月書成奏進。賜名《大明一統志》，御製序文冠其首，鋟版頒行。（《四庫全書總目》史部二十四，提要“初政記”誤作“初政志”，“魏俊民”誤作“魏俊”。）

是書沿襲《大元一統志》體例，在《寰宇通志》基礎上重編。以當時兩京、十三布政司爲綱，諸府州爲目，下設城池、建置沿革、郡名、形勝、風俗、山川、土産、藩封、公署、學校、書院、宮室、關梁、寺觀、祠廟、陵墓、古迹、名宦、人物、列女、仙釋等數十個門目。卷一至五京師，卷六至十八南京，卷十九至二十一山西布政司，卷二十二至二十五山東布政司，卷二十六至三十一河南布政司，卷三十二至三十七陝西布政司，卷三十八至四十八浙江布政司，卷四十九至五十八江西布政司，卷五十九至六十六湖廣布政司，卷六十七至七十三四川布政司，卷七十四至七十八福建布政司，卷七十九至八十二廣東布政司，卷八十三至八十五廣西布政司，卷八十六至八十七雲南布政司，卷八十八貴州布政司，卷八十九至九十外夷。京師卷前有《大明一統之圖》《京師畿内地理之圖》并叙，南京卷前有《南京畿内地理之圖》，十三布政司卷前各附本省地理圖一幅。

成書倉促，舛錯牴牾之處不少。顧祖禹批評其"對於古今戰守攻取之要，類皆不詳，於山川條列又復割裂失倫"（《讀史方輿紀要・總叙》），顧炎武批評其"舛謬特甚，引古事舛戾最多"（《日知録》卷三十一《大明一統志》條）。

弘治、萬曆年間曾增修，加入嘉靖、隆慶兩朝以後建置相關内容。此本係初刻，無增補。

内府原版外，明刻本另有弘治十八年（1505）慎獨書齋刻本、嘉靖三十八年（1559）書林楊氏歸仁齋刻本、萬曆十六年（1588）楊刊歸仁齋刊本、天啓五年（1625）刻大字本、萬壽堂刻本等。入清後，書名"大明"二字或被剜改爲"天下"（鄭振鐸《劫中得書記》第四十六則）。

《四庫全書總目》史部二十四地理類、《中國古籍善本書目》著録。收入第一至三批《國家珍貴古籍名録》（第一批 01649—01651 號、第二批 04105—04115 號、第三批 07940—07945 號）。

中國國家圖書館、北京大學圖書館、南京圖書館、中國臺北"國家圖書館"等二十餘館，美國國會圖書館、美國哈佛大學哈佛燕京圖書館，日本東京大學東洋文化研究所等有收藏。

鈐朱文長方印"婁東海濱天性異人晴槎散仙馬儒席珍""不出户知天下"、朱文方印"栲溪退叟"、白文方印"尹定鐳印"。

121

彙輯輿圖備攷全書十八卷（存十四卷）

T3080　3693

《彙輯輿圖備攷全書》十八卷，明潘光祖彙輯，明李雲翔參訂。明崇禎六年（1633）傅昌辰版築居刻本。存十四卷（卷一至十四），另缺卷二第六十四葉至卷三第三葉。二函九册。版框高 20.2 厘米，寬 14 厘米。半葉十行二十字，四周雙邊，白口，單魚尾。版心上鎸"輿圖備考"，中鎸卷次及卷名，下鎸"版築居"。

首崇禎六年李長庚、宗敦一、李雲翔《輿圖備攷全書序》三序，次《彙輯輿圖備攷全書目録》（附採録諸書目），次《彙輯輿圖備攷全書凡例》十四則。

各卷端署"明關中潘光祖海虞父彙輯，邗江李雲翔爲霖父參訂，繡谷傅昌辰少山父較梓"。

潘光祖，字義繩，號海虞，又號介園，甘肅臨洮人。明天啟五年（1625）進士，官至山西參議道按察副使。督軍防守李自成，因剛正遭嫉，被巡撫以“招降縱賊”爲名誣陷下獄，怨憤服藥而死。《［乾隆］狄州道志》卷八有傳。

李雲翔，字爲霖，江蘇江都人。諸生。生平不詳。

是書潘光祖初編，李雲翔續完。李雲翔《序》述續書事云：“古有《職方記》《地圖志》，我明有《大一統志》，嗣是有《廣輿圖》諸紀述，莫不梨然備矣。然僅載都省郡邑之會、山川風俗、華夷人物已耳，至於阨塞要害、戶口錢穀有裨國事者漫弗及焉。予於操弧之暇一遐想之，莫不以此爲憾，而有志未逮。適監兄傅少山以潘大參海虞先生未竟之《備攷全書》示予，觀其略，不止記山川名勝，資紙上臥遊，實有關經濟者。予不愧續貂，從《一統志》而損益之，詳以諸紀述及予之耳目所見聞者，自神京以及各省至邊陲要害、海運、漕河、鹺政、關隘、錢穀有裨戰守者，古今人物忠臣孝子、義夫節婦有關風化者，悉編入帙，如指諸掌……越三寒暑，五脫稿，茲冬月之初始告厥成。”卷一爲《天下纏度四大部州圖》等輿圖十幅，卷二爲《方輿原始》等圖說考證十七篇，卷三至十七分述北直隸至貴州省地理，卷十八爲四夷。內容豐富，實已具備《一統志》之體。

李長庚《序》云：“其書經始於海虞潘公，考其成則爲霖氏，而梓之則傅氏少山也。”傅少山名昌辰，家有版築居書坊，爲明末南京名肆，以出版套印本知名，曾刻印《易經抉微》四卷、《書經主義金丹》六卷、《毛詩正變指南圖》一卷等（《中國古籍版刻辭典》第 546 頁）。

此書版片後歸三吳大業堂，順治七年（1650）剜改重印。“一改李長庚序崇禎六年爲順治七年，七字上半猶是六字原字頭。次則每卷削去‘繡谷傅昌辰少山父較梓’一行，但仍空原格。其下書口‘版築居’三字則均削去，但尚有存而未削者。”（《中國善本書提要》第 188 頁）

清乾隆間以“內《女直考》語多觸礙”（《清代禁燬書目·補遺二》）而列爲禁書。

《四庫禁燬書叢刊》據北京師範大學圖書館藏清順治重印本影印。

中國社會科學院民族學與人類學研究所、山西省祁縣圖書館、遼寧省圖書館、大連圖書館、煙臺市圖書館、南京圖書館等館、中國臺北“中央研究院”傅斯年圖書館，美國國會圖書館，日本國立公文書館等有收藏。

鈐白文長方印“棗香書屋收藏”、白文方印“易印漱平”、朱文方印“生齋臺灣行篋記”。

方 志

122

［乾隆］口北三廳志十六卷首一卷

T3269　6011.83

　　《［乾隆］口北三廳志》十六卷首一卷，清金志章修，清黃可潤增校。清乾隆二十三年（1758）刻本。一函六冊。版框高 17.6 厘米，寬 15 厘米。半葉十行二十二字，小字雙行同，白口，左右單邊，單魚尾。版心上鎸書名，中鎸卷次及小題。

　　首乾隆二十三年（1758）宣化縣令黃可潤《序》，次《口北三廳全圖》、目録。

　　分十九門，卷首制敕志，卷一地輿志（疆域附），卷二山川志，卷三古迹志，卷四職官志（封建附）、官署志（倉庫、營房附）、壇廟志（寺觀附），卷五經費志（官俸、役食附）、地糧志、村窯户口志、風俗物産志，卷六臺站志、考牧志，卷七蕃衛志，卷八人物志、列女志，卷九至十一世紀志（“史書所著事迹可見者”，即大事紀年），卷十二至十五藝文志（册文、疏、奏、劄、書、議、論、説、序、記、傳、碑、誌銘、銘、頌、賦、詩），卷十六雜志。

　　《清史稿·地理志》載：“口北三廳：（隸口北道）直宣化府，張、獨二口北（明季，轄羈諸部駐牧地）。康熙十四年，徙義州察哈爾部宣、大邊外，壩内農田，壩外牧廠（順治初置，在張、獨者六，其一奉天彰武臺），及察哈爾東翼四旗、西翼半旗。雍正中，先後置三理事同知廳。光緒七年，并改撫民同知。廣六百里，袤六百五十里。”張家口廳，明初興和守禦千户所，雍正二年（1724）置理事廳，治張家口下堡，“轄官地，及察哈爾東翼鑲黃一旗、西翼正黃半旗，并口内蔚、保安二州，宣化、萬全、懷安、西寧四縣旗民”，光緒七年（1881）徙治興和城，民國二年（1913）改爲張北縣，今屬河北省張家口市。獨石口廳，明初爲開平衛，雍正十二年置理事廳，“轄官地，及察哈爾東翼正藍、鑲白、正白、鑲黃四旗，并口内延慶一州，赤城、龍門、懷來三縣旗民”，民國二年改爲獨石縣，四年改沽源縣，今屬張家口市。多倫諾爾廳，明開平衛地，雍正十年置理事廳，“轄察哈爾東翼正藍、鑲白、正黃、鑲黃四旗，及蒙古内札薩克與喀爾喀旗民”，民國二年改爲多倫縣，今屬内蒙古自治區錫林郭勒盟。

　　金志章（約 1691—1761），初名士奇，字繪卣，號江聲，錢塘（今浙江杭州）人。雍正元年（1723）舉人，由内閣中書遷侍讀，乾隆四年任直隸口北道兼按察司僉事，七年離任。工詩，與杭世駿、厲鶚齊名。著有《江聲草堂詩集》。

　　黃可潤（1708—1764），字澤夫，號壺溪，福建龍溪人。乾隆四年進士，歷任直隸滿城、無極、大城知縣，乾隆二十年任宣化知縣，二十八年升易州知府。著有《畿輔見聞錄》一卷、《壺溪文集》八卷，纂《〔乾隆〕無極縣志》十一卷，參與編修《〔乾隆〕宣化府志》四十二卷。

黃可潤序云：“本朝受命，奄有北國，張家口、獨石口及開平之多倫諾爾設理事廳三，以聽蒙古民人交涉之事。張家、獨石二口，壩內治其土田，職其糧賦；多倫諾爾商賈薈萃之所，平市價，榷物稅。咸置兵設郵，立倉庫，固監獄，體制漸與內郡同。可潤來尹宣邑，適郡志燼於火，因續刊之。三廳毗於宣，其事通，宮保制府桐城方公（直隸總督方觀承）發前口北道錢唐金副使所創《三廳志》，畀增校而梓以傳焉。”“錢唐金副使”即金志章，《〔乾隆〕宣化府志》卷二十四《宣化府續修志·宦迹志下》有金氏小傳云：“（金志章）以張家口、獨石口、多倫諾爾三處各設廳員，為本朝遊牧重地，未經立志，乃創《口北三廳志》十六卷，未及梓。後口北道良卿、知府張志奇、知縣黃可潤乃增校付剞劂，與《宣郡志》并傳。”又《宣化府志》良卿序云：“金君三廳之《志》未刻，聞家遭回禄，藁亦燼……會金君賢嗣文淳君於津門查家簏中得抄本，呈於宮保制府桐城公，出畀之黃君（按：即黃可潤），因得考訂而補輯之。其凡例如郡志而各自為書，又共得十六卷。”知此志係金志章所創，黃可潤以之為基礎增校印行。《中國地方志聯合目錄》作“黃可潤撰”，不確。

是書未見翻刻，存世各本有初印、後印之不同。此本係初印，“玄”字缺末筆，“曆”字作“曆”，後印本凡“玄”字皆剜改為“元”，“曆”字剜改為“歷”，“夷”字剜改為“彝”，“狄”字剜改為“部”。凡引金幼孜《北征錄》《北征前錄》及《職方地圖》《職方圖考》之語，後印本皆削去，改為空格，如卷二“封王陀”“大伯顏山”“凌霄峰”“駱駝山”“楊嶺”“崗噶泊”“白濼”、卷三“開平故城”“白城”各條。卷二“虞臺嶺”條注引《元史·阿沙不花傳》“詔嶺中徙邑民百户居之”，後印本刪“詔”字；“紅羅山”條注：“《明史本紀》洪武三年李文忠敗元兵於駱駝山進克紅羅山。”後印本刪“進克紅羅山”五字。後印本刪“方山”“寬山”“榆木山”“牛心山”各條。其餘改動尚多，不詳舉。乾隆後期，文網嚴密，故後印本將犯忌語句悉加剜改，較初印本已面目大改。

民國十一年（1922）排印收入日本內藤虎次郎所編《滿蒙叢書》，內藤氏撰解題。又曾收入《中國地方志叢書》。

《中國地方志聯合目錄》著錄。

中國國家圖書館、中國科學院文獻情報中心、中國臺北“國家圖書館”等四十餘館，美國國會圖書館，日本東洋文庫等有收藏，各館所藏是否初印尚待檢核。

123

［乾隆］宣化府志四十二卷首一卷

《［乾隆］宣化府志》四十二卷首一卷，清王者輔等修，清吳廷華纂，清張志奇續修，清黃可潤續纂。清乾隆八年（1743）刻二十二年續修本。四函十六册。版框高18.4厘米，寬15厘米。半葉十行二十二字，小字雙行同，白口，左右雙邊，單魚尾。版心上鎸書名，中鎸卷次及小題。

首乾隆九年方觀承《序》，乾隆八年王芥園《宣化府志序》，乾隆二十二年良卿《叙》，乾隆八年王晼《序》，未署年張志奇《序》；次《凡例》二十八則；次《姓氏》，即纂修者銜名；次《宣化府志全圖》、目録。末乾隆癸亥吳廷華《後叙》。

分二十六門：卷一紀恩志（天章、巡幸附），卷二地理志，卷三星土志（灾祥附），卷四形勢疆域志，卷五至六山川志（水利附），卷七古迹志，卷八城堡志（關隘、橋梁、坊表、墩汛附），卷九公署志（倉庫及養濟院等附），卷十鄉都户口志，卷十一天賦志，卷十二學校志（書院、義學附），卷十三典祀志（寺觀附），卷十四塞垣志，卷十五至十六兵志，卷十七驛站志（鋪司附），卷十八至二十二封建、職官志，卷二十三至二十四宦迹志，卷二十五至二十六選舉志，卷二十七至二十九人物志（寓賢、遷謫附），卷三十至三十一列女志（宮閨附），卷三十二風俗物產，卷三十三至三十四世紀志，卷三十五至四十藝文志（表、疏、序、論、議、説、考、辨、傳、狀、碑、誌銘、箴、銘、贊、賦、詩），卷四十一雜志，卷四十二訂誤、後序。

宣化府，秦漢屬上谷郡，唐置武州，文德元年（888）設文德縣，始建宣化城。遼改武州爲歸化州，金改爲宣德州，蒙古中統四年（1263）置宣德府。明洪武三年（1370）改爲宣府，二十八年皇子橞封谷王，就藩宣府，爲邊防重地。《清史稿・地理志》載："宣化府：（隸口北道，明宣府鎮）。順治八年，裁宣府巡撫。十年，并衛所官。領宣府等十縣。降延慶、保安屬之。康熙三年，改懷隆道爲口北道，與總兵并駐此。四年，隸山西，尋復。七年，裁萬全都司。三十二年爲府。巡撫郭世隆疏改，置縣八。後割山西蔚州來隸。光緒三十年，復割承德之圍場廳來隸。東南距省治七百里。廣四百四十里，袤三百二十里。領廳一，州三，縣七。宣化、赤城、萬全、龍門、懷來、蔚州、西寧、懷安、延慶州、保安州、圍場廳。"

王者輔，字觀顏，號惺齋，江南天長（今安徽滁州）人。廩生，乾隆五年任宣化府知府。

吳廷華，字中林，號東壁，仁和（今浙江杭州）人。康熙五十三年（1714）

舉人，雍正三年（1725）由中書舍人任海防同知，旋通判興化。乾隆初開三禮館，由全祖望推薦，入京修三禮。著有《儀禮章句》十七卷。

張志奇，山東利津人。雍正八年（1730）進士，乾隆十八年任宣化知府。

宣化之有志，創自明嘉靖蔚人尹耕始《兩鎮三關志》，雖不專爲一郡之書，而宣郡之建置因革、形勢險阻、兵事儲胥大略具備。其後嘉靖三十九年（1560）孫世芳修專志爲《［嘉靖］宣府鎮志》。至乾隆間，王者輔、王芥園、王畹先後任宣化知府，相繼組織編纂而成是書。十餘年後，知府張志奇又予增修。良卿《叙》言修志及續纂事甚悉。凡續纂內容皆另起一卷，題作“宣化府續修志卷之幾”（編卷與所續之卷相同）。

“玄”“弘”避諱字缺末筆，“胤”字缺首筆，“曆”作“歷”。

《中國地方志聯合目録》著録。

中國國家圖書館、中國科學院文獻情報中心等三十餘館，美國哈佛大學哈佛燕京圖書館、耶魯大學圖書館、華盛頓大學東亞圖書館，日本國立國會圖書館、東洋文庫等有收藏。

124

［乾隆］直隸易州志十八卷首一卷

T3133　6232.83

《［乾隆］直隸易州志》十八卷首一卷，清楊芊纂修，清張登高等續纂修。清乾隆十二年（1747）刻本。一函八册。版框高 18.5 厘米，寬 14.7 厘米。半葉九行二十一字，小字雙行同，白口，四周雙邊，單魚尾。版心上鐫“易州志”，中鐫卷次及小題。

首乾隆十二年公元《序》、張登高《續修直隸易州志序》，乾隆九年楊芊《直隸易州志序》，未署年王治《序》、王化南《序》、胡作柄《序》、吳慎《序》、王元爔《序》；次明謝遷等《州志舊序》；次纂修銜名、《凡例》十三則、《直隸易州志目録》。卷首爲“五王園寢”“泰陵圖”、《（陵寢）統制》及《欽定萬年鞏固章程疏》。

分十七門二十二目：卷一星野祥異、郡邑各圖；卷二建置沿革（附疆域、山川、形勝、城池、關隘、墩塞）；卷三公署（附街坊、橋場、倉庫）；卷四村社；卷五學校；卷六丁役（附鹽課、稅務）；卷七田賦（附經制、郵政）；卷八祀戎（附寺觀）；卷九古迹（附墳墓）；卷十風俗（附土產）；卷十一政事（附雜記）；卷十二職官；卷十三宦迹（附流寓）；卷十四科目（附徵辟、封廕、武途）；卷十五人物；卷十六至十八藝文（附詩）。

易州因州南十三里有易水而得名。《清史稿·地理志》載："易州直隸州：隸清河道。明屬保定，領縣一。雍正十一年，升直隸州（割山西大同之廣昌來隸）。南距省治百四十里。廣二百六十里，袤二百二十里。領縣二：淶水、廣昌。"今爲河北省保定市易縣。

楊芊，湖北鍾祥人。曾任冀縣、臨清縣令，乾隆六年任易州知州。

張登高，字見遠，江西鄱陽人。由監生依例銓選，乾隆九年任易州知州，後升任安徽廬州府知府。

張登高序述纂修過程云："高自承乏兹土以來，批閱舊志，知始修有羅公綺，繼修有戴公敏、陳公濂、朱公懋文、韓公文煜，固各具體裁，獨出手眼。但世遠年湮，不惟魚魯莫辨，豕亥難分，且自兹以往六十餘年文獻幾於無徵矣。高非不心存編輯，多方採訪，奈事迹紛繁，每嘆博洽之難，欲不舌喬而筆閣，不能矣。幸前任楊公諱芊者先有同心，匯集易、淶、廣志書與足迹所周、咨詢所獲，延賓考稽，功將垂成，升任去，事遂終寢。余於甲子秋任事，次年聞紳士言，因郵請其稿，約八本，展讀之下，條目井井，自龍蟠虎踞之佳城、山川之形勝以及政治之興廢、人物之傑出、風土之遷移變易，靡不令人一目了然……因與同知州事曾公，判州事林公，儒學劉公，淶、廣吴、王兩大尹暨州之孝廉、明經、博士諸君採訪事實，共襄厥事，務期簡不至略，繁不至蕪，適於正當而止。乃首繪《泰陵圖》并所設府部鎮營，咸一一載之……斯志也，仍乎原稿者什之七八，而續之者什之二三。楊公與余先後共事六七年之久而稿始成。"序中所提及的易州舊志今存有明弘治十五年（1502）戴敏修、戴銑纂《［弘治］易州志》二十卷、清順治二年（1645）朱懋文等纂修《［順治］易水志》三卷、康熙十九年（1680）韓文煜纂修《［康熙］易水續志》一卷，乾隆之後未見續修。

"玄""弘"避諱缺末筆，"曆"作"厯"，"胤"字不諱。

卷十八《詩》有朱筆圈點，書眉録《易州弔古》一首。

《中國地方志聯合目録》著録。

中國國家圖書館、首都圖書館等四十餘館，美國哈佛大學哈佛燕京圖書館，日本京都大學人文科學研究所等有收藏。

125

［乾隆］任邱縣志十二卷首一卷

T3134　2172.83

《［乾隆］任邱縣志》十二卷首一卷，清劉統修，清劉炳等纂。清乾隆二十七年（1762）刻後印本。二函十册。版框高 18.4 厘米，寬 14.4 厘米。半葉十行二十字，白口，左右雙邊，單魚尾。版心上鐫書名，中鐫卷次。

首乾隆二十八年達明《序》、乾隆二十七年劉統《叙》，次康熙庚申（十九年，1680）姚原澐《原序》，次《歷修任邱縣志姓氏》《重修任邱縣志姓氏》，次《凡例》十四則。卷首爲“宸章（附諸臣恭和恭紀詩）”及“行宮全圖”。

分十二門八十一目：卷一地輿志（沿革、疆域、星野、形勝、山川、古迹、墓塚）；卷二建置志（城池、廨署、學校［書籍、書院附］、武廟、壇壝［祠廟附（目録爲附祠廟，正文作附古寺）］、倉庾、驛傳［鋪舍附（目録爲附鋪舍，正文作附堡鋪）］、街市、坊表、里舍、橋梁［閘附（目録爲附閘，正文作附閘座）］、邮政）；卷三食貨志（田賦、房屋、起運、存支、户口、課税、養廉、蠲賑、物産）；卷四禮樂志（慶典、迎春、耕耤、賓興、入學、祭典、祭儀、祭器、祭文、樂器、舞器、樂章、佾舞［數序附］、鄉飲［儀注、位向圖附］、風俗、鄉儀、節序）；卷五武備志（營制、軍器、墩臺、保甲）；卷六封建志（封爵、爵帙、恩命［廕襲附］）；卷七官師志（州鎮、縣職、師儒、宦迹、戎秩）；卷八選舉志（徵辟、科名、武科）；卷九人物志（儒林、鄉獻［高義附］、政事、文學、仕進、武功、孝友、善行、義烈、列女、耆壽、方技、仙釋、流寓）；卷十五行志；卷十一藝文志（撰著、奏議、史傳、序、記、墓文、雜著［附桂巖書院學約八則］、賦、詩）；卷十二緒言志（徵典、餘録）。

任邱，原作“任丘”，雍正二年（1724）詔避孔子諱，改“丘”爲“邱”。古冀州、幽州之地，戰國時爲燕趙之鄚邑，漢平帝元始二年（2）巡海使中郎將任丘於此築城，名任丘城。西漢置鄚縣，屬涿郡，東漢屬河間國，北齊皇建元年（560）始置任丘縣，與鄚縣同屬河間郡。隋代兩度省入高陽縣，唐初復置。唐景雲二年（711）改“鄚”爲“莫”，北宋莫縣省入任丘爲鎮，莫州遷治任丘。元莫州治莫亭縣，任丘縣屬之。明洪武七年（1374）廢莫州、莫亭縣，任丘縣改屬河間府。清因之。今屬河北省滄州市。

各卷端署“武威劉統重修”。劉統，字漢良，甘肅武威人。乾隆六年拔貢，曾任易州通判、雄縣知縣。乾隆二十四年任任邱知縣。

劉炳，乾隆七年進士，曾任翰林院編修、九江府知府。

《凡例》云：“任邱邑志初修於新蔡王公齊，繼修於武昌顧公問，至本朝重修者爲江夏吳公琮、東萊胥公琬、古絳劉公日光、浙江姚公原澐。姚公之修在康熙庚申，去今已八十餘年。兹復博採舊文，旁搜遺事，編纂成書，爲綱十二，爲目八十一，凡以繼往開來，庶俾後人有所承藉云爾。”纂修過程詳見劉統序。

此本爲後印本，有補版葉若干：卷一第二十、三十八至三十九葉，卷二第二、二十一、三十七葉，卷六第七、二十二葉，卷八第三十九葉，卷九上第二十三、三十葉、中第四十三、五十葉，卷十一上第十三至十四、三十九、中第三十一、三十七葉、下第三十九至四十、五十一至五十二葉，卷十二第五葉。其中卷十一《藝文上》之郭乾《議還把漢那吉》一篇、《藝文下》之龍膺《開府田公湟中破虜》一篇、張問仁《田開府湟中破虜曲六首》一篇，因內容犯忌，初印本皆缺，全爲空白，此本皆予補足，實爲難得。

卷八選舉志之"科名表"，第三十八葉乾隆元年丙辰"王應鯨（五經），福鼎知縣"，初印本無"福鼎知縣"四字；第三十九至又四十一葉全部改版，人物及介紹多所修訂。如乾隆三年戊午，"邊繼祖（見進士），邊中寶（見徵辟）"，初印本作"邊繼祖（見徵辟，現遵化州學正）"，無"邊中寶"；九年甲子，邊方泰"長沙知府"，初印本作"現江南河工試用"；十二年丁卯，邊漢"祁州學正"，初印本無"祁州學正"四字；十三年戊辰，邊繼祖"翰林侍講學士内廷供奉廣東湖北學政（内廷提行）"，初印本作"現翰林侍讀内廷供奉典試貴州（内廷不提行）"；十六年辛未，劉伯壎"成都知縣以軍功加知州銜"，初印本作"現奉賢知縣"；十七年壬申，高質敬"番禺知縣"，初印本作"現澄城知縣"等等。第五十六至六十一葉，"武科表"之雍正元年至乾隆二十六年以及附錄内容亦皆重刻，内容多有修訂。

《中國地方志聯合目錄》著錄是書有清道光十七年（1837）重印本，不知與此本有無異同。

現存任邱舊志有明萬曆六年（1578）顧問纂《任丘志集》八卷、清康熙十九年（1680）姚原濩纂《重修任丘縣志》四卷。道光十七年鮑承燾等纂《任邱縣志續編》二卷，之後未見續纂。

從"玄"之字及"禎""弘"字缺末筆；"曆"作"歷"（補板作"歴"）。

中國國家圖書館、首都圖書館、中國臺北"國家圖書館"、中國臺北"中央研究院"傅斯年圖書館等數十餘館，美國國會圖書館、美國哈佛大學哈佛燕京圖書館，日本京都大學人文科學研究所等有收藏。

126

[乾隆] 河間府新志二十卷首一卷

《［乾隆］河間府新志》二十卷首一卷，清杜甲等修，清黃文蓮等纂。清乾隆二十五年（1760）刻後印本。二函二十冊。版框高 17.8 厘米，寬 14.4 厘米。半葉十行二十字，白口，四周雙邊，單魚尾。版心上鎸"河間府志"，中鎸卷次。

首《河間府地輿圖》、卷首（宸章），次乾隆二十五年達明《河間府新志序》、杜甲《河間府志序》、周嘉霧《叙》,次嘉靖十九年邸相至康熙十六年秦泜等《河間府志舊序》,次《歷修府志姓氏》及《重修河間府新志凡例》二十二則、《河間府新志目錄》。

分四門四十二目:卷一至四輿地志(分野 [按:目錄爲分野,正文作星野]、地表、沿革、備説、形勝、疆域、山川 [古川河、故瀆、堤渠、塘泊、淀口,州縣新浚、瀝水、諸河附]、風俗、古迹 [陵墓、物産附]);卷五至九官政志(城池 [關隘、津梁附]、祠祀 [寺觀附]、公署、倉庾 [郵驛附]、學校 [社學、義學附]、書院、田賦、鹽政、兵衛、職官表、宦迹、崇祀名宦、選舉表);卷十至十六人物志(人物、孝友、忠節、吏師、文學、高行、隱逸、伎術、仙釋、寓賢、列女);卷十七至二十典文志(述德、外紀、記事、識餘、瑣録、撰著、考辨、藝文)。

河間府,戰國時趙地,漢置河間國,魏初爲河間郡,北魏太和年間分置瀛州。隋唐廢郡爲州,或復爲郡,或仍爲瀛州。宋時屬北平承宣布政使司。元置河間路總管府。明爲河間府,清因之。領州一,縣十:河間、獻、阜城、肅寧、任丘、交河、寧津、景州、吳橋、東光、故城。

杜甲,字補堂,江蘇江都人。乾隆十八年自杭州知府特任河間知府,二十四年冬致仕。著有《越蔭録》一卷、《傳芳録》一卷、《宦遊存稿》一卷。

黃文蓮,字芳亭,號星槎,上海人。乾隆十五年舉人,授安徽歙縣教諭。歷任歙縣、唐縣、泌陽縣知縣。著有《書傳鹽梅》二十卷、《老子道德經訂注》二卷、《聽雨樓集》二卷。

達明序云:"(河間)考其志由來久矣,興廢之端不可悉數。近則自前代萬曆乙卯郡守黃岡杜公應芳一修之,我朝康熙十六年武進徐公可先又修之,至前守江都杜公甲鋭意採輯,復成新志,義例咸邕,增減各宜,庶亦可傳可徵者矣。"又杜甲序云:"志故修於康熙丁巳,越若干年,前太守王公檢延、胡君致威增修之。方始事而予抵任,數月書脱稿,未就刊也。去年乃屬黃君重爲釐訂補綴,將就刊而予罷去。"《千頃堂書目》卷六載賈忠修《河間府志》二十卷,爲天順間所修,今已不存。今河間舊志存世者有明嘉靖十九年(1540)邸相、樊深纂修《[嘉靖]河間府志》二十八卷、萬曆四十三年(1615)杜應芳、陳士彥纂修《[萬曆]河間府志》十五卷。

此爲後印本,"弘"字初印本缺末筆,此本剜改爲"宏"(改之未盡)。

"玄""鉉"等字避諱缺末筆,"曆"作"歷"。

《中國地方志聯合目録》著録。

中國國家圖書館、北京大學圖書館等二十餘館,美國哈佛大學哈佛燕京圖書館、哥倫比亞大學東亞圖書館等有收藏。

217

127

［乾隆］河間縣志六卷

T3134　3272.83

《［乾隆］河間縣志》六卷，清吳山鳳修，清黃文蓮、梁志恪纂。清乾隆二十五年（1760）刻本。二函十二册。版框高 17.3 厘米，寬 13.8 厘米。半葉十行二十字，白口，左右雙邊，單魚尾。版心上鎸書名，中鎸卷次及小題。

首宸章數篇；次乾隆二十四年吳山鳳《重脩河間縣志叙》，乾隆二十五年達明《叙》、那親阿《序》、喬光烈《序》、三寶《河間縣新志叙》；次袁元等《原序》；次《凡例》二十則、《河間縣志書圖》、《河間縣志目録》、《歷修縣志姓氏》。卷末爲《鳩工紳士姓名》。

分十門五十七目：卷一地輿志（分野、沿革、疆域［形勝附］、河渠［堤埝附］、古迹、里甲、集市、紀事）；卷二建置志（城池、官署、學宮［書籍、學田附］、義學、壇廟［寺觀附］、倉庾、驛傳、武備、橋梁、坊表［塚墓附］、義田）；賦役志（丁、田、賦［課税附］、經費［養廉附］）；典禮志（公式、秩祀、鄉飲、賓興）；卷三風土志（風俗、時序、物産）；官職志（藩封、縣職、教職、武職）；宦迹志（歷代各官政績、崇祀名宦）；卷四選舉志（薦辟、進士、舉人、貢生、武科、援納［附行伍］、封贈）；卷四至五人物志（鄉獻、寓賢、忠節、孝義、高行、文學、武功、藝術、列女、雜傳，附補遺）；卷六藝文志（撰著、文、詩）。

河間縣，戰國時趙地，西漢置河間國，後改爲郡，三國魏移武垣縣於此，屬河間郡，北魏太和年間分置瀛州，隋開皇三年（583）遷武垣縣至州治，十六年更名爲河間縣，屬瀛州。北宋大觀二年（1108）瀛州升爲河間府，河間縣爲府治，元爲河間路治，明清爲河間府治。

吳山鳳，號翥堂，湖北漢陽人。監生，乾隆二十一年由獲鹿縣知縣調任河間縣知縣。

黃文蓮，見“126 ［乾隆］河間府新志二十卷首一卷”介紹。

梁志恪，字敬修，順天宛平（今北京）人。雍正十年（1732）舉人，乾隆二十一年任河間縣儒學教諭。

吳山鳳序云：“余以丙子自獲鹿移河間，檢邑志，見其缺略弗備，又書成在康熙癸丑之歲，歷今八十餘年矣。邱文莊云，國無百年不修之史，言敓文徵獻久則失之也。蹙然欲踵而脩之，而簿書期會鞅掌，未有暇日。今年春，上海黃孝廉芳亭來客於此，才美文鉅，爰以兹事相屬。又得學博士梁君敬修爲之佐。余不揣爾時參固陋輿，五閱月脱稿，爲卷六，目五十有七，增省并分，於前志較備矣。”

河間縣志創修於明萬曆十九年（1591），知縣趙完璧纂《［萬曆］河間乘史》，今殘存四卷并《附録》一卷，中國國家圖書館藏。清康熙十三年（1674）袁元、楊九有纂修《［康熙］河間縣志》十二卷。後有同治十一年（1872）游杏邨纂《［同治］續修河間縣志稿》，僅存稿本，藏保定市圖書館。

"弘"避諱作"宏"，"曆"作"歷"。

《中國地方志聯合目録》著録。

中國國家圖書館、北京大學圖書館、中國臺北故宮博物院，美國國會圖書館、美國哈佛大學哈佛燕京圖書館，日本國立國會圖書館、東洋文庫等有收藏。

128

［乾隆］衡水縣志十四卷

T3134　2213.83

《［乾隆］衡水縣志》十四卷，清陶淑纂修。清乾隆三十二年（1767）李學穎刻本。一函六册。版框高 16.2 厘米，寬 14.2 厘米。半葉十行二十字，白口，四周單邊，單魚尾。版心上鎸書名，中鎸卷次及篇名。

首乾隆三十二年陶淑《重脩衡水縣志序》（缺末葉）、德保序，未署年方觀承《衡水縣志序》，次《凡例》十二則、《衡水縣志歷修姓氏》、《衡水縣志目録》。

分十一門九十四目：卷一圖考志（縣境、縣城、公署、學宮、書院），卷二地理志（分野、沿革、疆域、河渠、村社、鋪遞、街坊、古迹、邱墓），卷三建置志（城池、公署、學制、義學、壇廟、寺觀、橋梁、堤閘、表坊、倉敖、養濟院、留養局、墩臺，軍器附），卷四田賦志（地糧、支銷、夫馬、户口、市集、鹽課、雜税、物產），卷五典禮志（慶典、迎春、祀典、祝文、賓興、鄉飲、起送、風俗），卷六學校志（綸音、廟祀、書籍、入學、貢法），卷七官師志（封爵、文職、武職、宦迹），卷八選舉志（徵聘、進士、舉人、貢生、武科、武職、雜職、封典、恩蔭、鄉賓），卷九至十人物志（先哲、名臣、政事、武功、孝友、儒行、義行、流寓、仙釋、列女），卷十一事紀志（德音、機祥、故事），卷十二至十四藝文志（詔、令、制、疏、記、序、傳、論、碑、誌、文、考、辨、議、跋、箋、賦、詩）。

衡水，古冀州地。隋開皇十六年（596）析信都、下博、武邑三縣地新置衡水縣，治今桃城區舊城村，屬信都郡。唐屬冀州，宋、金因之，元改屬深州，明因之。清初屬正定府，雍正二年（1724）改屬冀州。今爲河北省衡水市。

陶淑，字韋蒼，江西南城人。乾隆二十二年進士，二十八年任衡水知縣。

衡水邑志由知縣周子文創修於萬曆十年（1582），歷經清順治二年（1645）張恒、十四年任宏孝、康熙七年王萬方、康熙十九年蕭鳴鳳幾次重修，今僅存蕭鳴鳳所修《［康熙］衡水縣志》六卷。陶淑上任五年後續纂，補苴史實，重分類目，編爲今志。

《歷修姓氏》載校梓人爲：縣丞借補典史李學穎。

"崇禎"避諱作"崇正"，"弘"字諱作"宏"，"曆"作"歷"。

《中國地方志聯合目錄》著錄。

中國國家圖書館、故宮博物院、中國臺北"國家圖書館"等三十餘館，美國哈佛大學哈佛燕京圖書館、哥倫比亞大學東亞圖書館，日本國立國會圖書館、東洋文庫等有收藏。

129

［乾隆］饒陽縣志二卷首一卷末一卷

T3134　8172.83

《［乾隆］饒陽縣志》二卷首一卷末一卷，清單作哲纂修。清乾隆十四年（1749）刻清道光遞修本。一函四冊。版框高18厘米，寬15厘米。半葉十行二十字，小字雙行同，白口，四周雙邊，單魚尾。版心上鎸書名，中鎸卷次及篇名。

首乾隆十四年單作哲《重修饒陽縣志序》，次《饒陽縣志目錄》。卷首圖六幅：縣境全圖、縣城之圖、縣署之圖、文廟之圖、義倉總圖、義倉分圖。卷末前志原序、後志原序及校修姓氏。

分上下二卷，凡三十四門：卷上沿革、星野、方域、建置、地征、官田、戶口、課程、經制、積貯、溝洫、土宜、學校、典祀、禮儀、武備、風俗、封爵、恩榮、雜稽，卷下官師、選舉、名宦、循良、鄉賢、仕績、儒學、文苑、孝友、忠義、善行、貞烈、事紀、文紀。

饒陽，戰國時趙地。西漢屬幽州涿郡，以縣南有饒水，故名饒陽。東漢至後周屬博陵郡，唐至金皆屬深州，元明屬晉州，清雍正二年升深州爲直隸州，饒陽隸之。今屬河北省衡水市。

單作哲，字子明，山東高密人。乾隆九年任饒陽知縣。

饒陽邑志創修於明萬曆二十九年，知縣翟燿纂修，清順治三年（1646）劉世祚再修。是志在前志基礎上增補重修，乾隆十一年書成，十四年付梓。道光年間遞修，於《文紀》增入《濟寧趙維翰雙奇傳文》《饒陽縣重新文廟記》等十餘篇。

書名葉右鎸"乾隆己巳重修"，中鎸"饒陽縣志"。

《中國地方志聯合目錄》著錄。

中國國家圖書館、首都圖書館等三十餘館，美國哈佛大學哈佛燕京圖書館、哥倫比亞大學東亞圖書館，日本國立國會圖書館、東洋文庫等有收藏。

130

[乾隆]武安縣志二十卷圖一卷

T3145　1434.83

《[乾隆]武安縣志》二十卷《圖》一卷，清蔣光祖修，清夏兆豐纂。清乾隆四年（1739）刻本。二函八册。版框高 19.4 厘米，寬 13.5 厘米。半葉九行二十字，白口，四周雙邊，單魚尾。版心上鎸書名，中鎸卷次及小題。

首乾隆三年尹會一《武安縣志序》、范璨《彰德府武安縣志序》、張受長《武安縣志序》、滿雲鸇序，乾隆四年蔣光祖《重修武安縣志叙》，次《縣治輿圖》十五幅（邑人胡祥繪），次《修志姓氏》《武安縣志凡例》十六則、《武安縣志目録》。書後有《武安縣志舊序》六則（順治十六年 [1659] 王國璉序、白芬序、康熙三十二年 [1693] 陳灝序、王可大序、康熙四十九年李喆序、順治十七年賈國鉉跋）。

分十八門：卷一星野，卷二沿革，卷三疆域（抵界、里社、集鎮 [附形勝]），卷四山川（附古迹、陵墓），卷五城池，卷六建置（署舍、倉廒、郵鋪、橋梁、義井、坊表），卷七學校（學宫、祭儀、學租、會田、鄉飲 [附義學]），卷八祠祀（壇壝、祠廟 [附寺觀]），卷九賦役（户口、地畝、税糧、鹽課、雜税），卷十風俗，卷十一土産，卷十二職官（知縣、縣丞、主簿、典史、巡檢、教諭、訓導、防汛），卷十三選舉（進士、舉人、貢生、武科、薦辟、例監、封贈、恩蔭、將材、胥材），卷十四宦迹，卷十五人物（列傳、忠節、孝行、義行、流寓、烈女），卷十六至十八藝文（制誥、奏議、碑記、序跋、墓碣、雜文、賦詠），卷十九祥異，卷二十雜記（拾遺、辯誤、備考）。

武安，戰國時趙武安邑。秦置武安縣，屬邯鄲郡。漢屬魏郡。三國魏、晉屬廣平郡。北齊屬司州。北周屬洺州。隋屬武安郡。唐先後屬洺州、磁州。五代、宋、金屬磁州。元至元二年（1265）并入邯鄲，後復置，仍屬磁州，磁州隸廣平路總管府。明洪武二年（1369）磁州改屬彰德府。清雍正四年（1726）磁州改屬直隸廣平府，武安仍屬彰德府。今屬河北省邯鄲市。

蔣光祖，字振裘，號南邨，江蘇泰興人。拔貢。乾隆元年任武安知縣，歷任虞城知縣、鄧州知州。輯著有《周易本義輯要》三卷、《南邨文集》一卷，主修《[乾隆]鄧州志》二十四卷。

夏兆豐，字大田，號雨笠，會稽（今浙江紹興）人。雍正二年舉人。著有《雨笠集》。

武安志書現存最早爲明唐交修、陳瑋纂《[嘉靖]武安縣志》十四卷，嘉靖二十六年刻。其次爲清黄之孝修、李喆纂《[康熙]武安縣志》十八卷，康熙五十年刻。蔣光祖此志爲第三修。蔣氏序云："邑志始於明嘉靖年學博陳公瑋，成於萬曆年邑令李公椿茂，嗣後纂修者屢焉。我朝康熙三十二年奉檄重修雕板，至康熙四十九年復就舊刻而續修之，距今又垂三十年矣……光祖履任兩載，刻以纂修爲念。歲之初夏，合謀紳士，遴其有學行者，以採訪任之。會稽夏君雨笠，蓋舊識也，夙抱史才，以禮延致，館於城南，得於簿書之隙，相與過從，商榷而筆削之。閱三月書成，凡二十卷。鈔呈上憲，裁鑒既定，乃鳩工剞刻，於春月告竣。"

"崇禎"避諱作"崇貞"，"弘"字缺末筆，"曆"作"歷"。

刷印較晚，模糊葉不少。卷十六藝文之《改修魁樓碑記》全文爲空白，不知何故。

《中國地方志聯合目録》著録。

中國國家圖書館、中國科學院文獻情報中心、中國臺北"中央研究院"傅斯年圖書館、中國臺北故宮博物院等三十餘館，美國國會圖書館、美國哈佛大學哈佛燕京圖書館，日本東洋文庫、京都大學人文科學研究所等有收藏。

131

［雍正］澤州府志五十二卷

T3149　3432.82

《［雍正］澤州府志》五十二卷，清朱樟修，清田嘉穀補輯。清雍正十三年（1735）刻本。四函十六冊。版框高20.3厘米，寬14.6厘米。半葉十二行二十三字，白口，四周雙邊，單魚尾。版心上鎸書名，中鎸卷次及小題。

首雍正十三年朱樟《澤州府志序》，次舊纂修姓氏、舊序八則（李維禎序、傅淑訓序、周盤序、陳廷敬序、陶自悦序、王珏序、許日熾序、陶宗正序），次《發凡》十八則、纂修銜名、《澤州府志目録》。

分八門七十一目：卷一星野志（星野、星占、圖考、諸星占屬、總論），卷二至十五方輿志（建置表、沿革始末略、五縣分置［考同附］、疆域道里記［地表附］、山川、關隘、津梁、驛堠［墩臺、鋪遞、晉豫交界附］、形勝、風俗［風土歲時記附］、物産、古迹攷［原證附］、陵墓、圖攷［圖説附］），卷十六至二十一營建志（城池、學校、公署、兵制［弁員附］、壇廟、祠祀［寺觀附］），卷二十二至二十五貢賦志（田賦［丁徭、屯田、税課、鹽法附］、土貢、里甲、耕籍、老農、蠲免、賑卹、養老、囷量、匠價均攤），卷二十六至三十二選舉志（封爵、薦辟、科目、官階、鄉貢、武科［武勳、戚畹附］、誥錫、恩貢、任子、祭葬、鄉飲賓），卷三十三至三十五秩官志（宦迹、守牧、倅貳、縣令、師儒、縣尉），卷三十六至四十人物志（節行、孝義、文苑、隱逸、列女、寓賢、技術、方外），卷四十一至五十二藝文志（御製、文告、經籍目、金石録、文、雜著、賦、詩［詩餘附〕、紀事〔兵燹附〕、祥異、雜誌、叢譚）。

澤州，秦漢上黨郡地，十六國西燕慕容永析上黨郡置建興郡，北魏永安年間改爲建州，北齊、北周因之。隋開皇初改爲澤州，大業初改爲長平郡。唐武德元年（618）改爲澤州。宋屬河東路。金天會六年（1128）改南澤州，天德三年（1151）復爲澤州。元屬晉寧路。明洪武元年（1368）以晉城省入澤州，隸平陽府，九年改直隸州，屬冀南道，隸山西省布政使司。清雍正六年升爲澤州府，州治鳳臺縣。領縣五：鳳臺、高平、陽城、陵川、沁縣。

朱樟，字鹿田，號慕巢，晚號灌畦叟，錢塘（今浙江杭州）人。康熙三十八年（1699）舉人，雍正十二年任澤州府知府。著有《觀樹堂詩集》十四卷、《里居雜詩》一卷。卒年八十。

田嘉穀，字樹滋，澤州陽城縣人。康熙五十一年進士，授翰林院編修，曾任山東道監察御史。著有《易說》十卷、《春秋説》十二卷。

澤州志乘最早者爲蒙古時期李俊民所撰《澤州圖記》，見李俊民《莊靖先生遺集》卷八，僅文一篇而已。明清間纂修者，《發凡》云："澤志自前明神廟中州守武進顯仁顧氏所纂，是時奉文輯志，李觀察維楨謂其能取徵文獻，義例筆削，居然良史……至康熙四十五年毗陵陶州守重修之，昭然於記載，間罔有闕失。中間孝感傅君淑訓、商邱鄭君際明相繼續修。澤之志有完書矣。今祗補輯舊有應增修者，敬撰集編纂之。"萬曆三十五年（1607）傅淑訓修、閻期壽纂《〔萬曆〕澤州志》十八卷（三十九年鄭際明續纂）、康熙四十五年陶自悅纂修《〔康熙〕澤州志》三十卷（五十八年佟國宏增補重印），今皆存世。

朱樟序云："樟於（雍正）十二年春以工部屯田司員外郎命來澤知府事，澤既改府，凡官秩、典制、禮度、執事，允宜維新，以昭法守。且省志已告成功，則郡志一書自應速行纂修，以仰副盛治。在前守劉觀察毓岊、許侍御日熾皆續而未竣，樟至蒞事，未敢稽延，謹考稽前聞，采述掌故，遵省志以爲成憲，合州志以爲舊章。奠邦分命，增式廓之規模；按籍陳圖，肅在輿之典守。不敢謂一方之僻，可以略而弗詳；不敢以衆說之多，可以擇而弗慎。敬謹詮次，勒雕成編。"又《發凡》末云："是書之成，始事於首春，斷手於秋末。"此爲澤州升府後惟一一部方志，之後未再續纂。

從"玄"之字、"弘"字避諱缺末筆。

《中國地方志聯合目錄》著錄。

中國國家圖書館、中國科學院文獻情報中心、北京大學圖書館、中國臺北"中央研究院"傅斯年圖書館、中國臺北故宮博物院等二十餘館，美國國會圖書館、美國哈佛大學哈佛燕京圖書館，日本東洋文庫、京都大學人文科學研究所等有收藏。

132

［乾隆］蒲州府志二十四卷圖一卷

T3149　423.83

《［乾隆］蒲州府志》二十四卷《圖》一卷，清周景柱纂修。清乾隆二十年（1755）蒲州府署刻後印本。四函十六册。版框高 19.4 厘米，寬 15.5 厘米。半葉九行二十字，小字雙行同，白口，左右雙邊，單魚尾。版心上鎸書名，中鎸卷次及小題。

首乾隆十九年恒文《蒲州府志序》、喬光烈《序》、周景柱《序》，次《蒲州府志發凡》十八則、《蒲州府志修輯姓氏》、《蒲州府志目録》，次《府志圖》（《府境全圖》等三十八幅）。

《凡例》稱分四部二十門。一曰地輿：卷一星野、地表、沿革、形勝、疆域，卷二山川，卷三古迹、風俗、物産；二曰官政：卷四城池、壇廟、官署，卷五學校、田賦、兵衛，卷六職官，卷七宦績，卷八至九選舉、封廕；三曰人物：卷十至十二人物，卷十三忠節、孝友、文苑、吏師，卷十四義行、隱逸、方技、仙釋、寓賢、續傳，卷十五列女；四曰藝文：卷十六至二十二藝文，卷二十三事紀，卷二十四餘録。

蒲州，秦河東郡地，漢、魏因之。晉永和十年（354）苻秦始置秦州，北周明帝二年（558）改置蒲州，隋大業三年（607）廢，唐武德元年（618）復置。開元至乾元間先後改爲河中府、河東郡、蒲州，乾元三年（760）復爲河中府。金天會六年（1128）改爲蒲州，天德元年（1149）又改爲河中府。元因之。明洪武二年（1369）復改爲蒲州，屬平陽府。清雍正二年（1724）升爲直隸州，六年升爲蒲州府。領縣六：永濟、臨晉、虞鄉、榮河、萬泉、猗氏。

周景柱，字西擎，浙江遂安人。雍正七年舉人，乾隆十一年任寧武府同知，十七年任蒲州知府。後歷任潮州知府、甘肅按察使、河南按察使等職。

蒲州舊志現存最早爲明邊象纂修《［嘉靖］蒲州志》三卷，嘉靖三十八年（1559）刻。其次爲清侯康民修、賈瀯纂《［康熙］蒲州志》十二卷，康熙五年（1666）成書，九年付梓。周景柱此志爲蒲州升府後惟一一部志書。《凡例》云："志爲郡史，不可或缺。蒲自爲府以來，垂三十載，既未有書，即州之舊志，修自康熙五年，至今將九十歲，記載久佚，文獻無徵。兹廣搜遐討，取舊州志與《平陽府志》參合考校，擇是去非，自前甲辰迄今乾隆甲戌，補殘續缺，以成此書。要歸謹嚴、精核，足使傳信而已。"

此本爲後印本，較初印有剜改。初印本"弘"避諱字缺末筆，此本皆剜改作"宏"；初印本"胤"字缺左"丿"，此本剜改作"允"；又如卷四第四葉，初印本"昔之昌饒殷樂其聖者若彼，今之疏蕪替瘁又如此，豈地脈會有衰盛而運數時亦乘之爲轉移哉"，此本剜改爲"今國家休養生息百有餘年於茲，年豐人和，昔之昌饒殷樂且復覩，安見地氣不爲之轉移哉"；卷五末"雍正初元丞多汰去"以下，初印本尚有一百四十餘字，此本改爲"雍正初元丞多汰去，乃悉領以知縣，而蒲州河東、樊橋二驛當通途要衝，道秦蜀者必出焉"；卷十五列女第十三葉末增"楊祉妻杜氏"；卷二十二第五十三葉《國朝朱彝尊題吳雯徵君詩卷》兩首因詩中提及屈大均被鏟去，次首《國朝郭九會遊仁壽寺二首》係重刻；卷二十三末述乾隆三年災荒民變事，末四行內容全部剜改。卷六職官"河東兵備道"末增刻"沈杖，江蘇常熟人，進士"，"蒲州府知府"後增刻"楊漢，雲南昆明人，廕生"，"同知"後增刻"孫鍔，山東嶧縣人，優貢"，考沈杖乾隆三十年任，楊漢乾隆三十四年任，此本之剜改、增刻當在楊漢任職期間。

"琰"字不諱。

書名葉右鐫"乾隆乙亥重鐫，中鐫"蒲州府誌"，左鐫"府署藏板"。

《中國地方志聯合目錄》著錄有光緒二十九年（1903）補板重印本，此本未見光緒年間修補痕迹。

中國國家圖書館、中國科學院文獻情報中心、故宮博物院、中國臺北故宮博物院等約四十館，美國國會圖書館、美國哈佛大學哈佛燕京圖書館，日本東洋文庫、京都大學人文科學研究所等有收藏。

133

［乾隆］解州平陸縣志十六卷首一卷

T3150　1471.83

《［乾隆］解州平陸縣志》十六卷首一卷，清言如泗修，清韓奭典等纂。清乾隆二十九年（1764）刻《解州全志》本。一函四册。版框高 18.2 厘米，寬 15.7 厘米。半葉十行二十一字，小字雙行同，白口，左右雙邊，單魚尾。版心上鐫"解州全志"，中鐫卷次及小題。

首乾隆二十八年言如泗、李友洙、王怡《平陸縣志序》三序，次《平陸縣圖》（《縣境全圖》等十六幅），次《平陸縣舊志歷修姓氏》《平陸縣刻志紳士姓名》《解州全志目錄（平陸縣）》。卷端題"解州全志卷之一"，下注"平陸縣"。

分二十二門：卷一沿革、疆域（形勝、鋪遞附），卷二山川（水利、渠堰附）、風俗、物產，卷三城池（村堡、坊里附）、壇廟、公署，卷四學校（書院、義學附）、田賦（丁徭、雜課、鹽引附）、户口、倉儲、兵防，卷五職官、宦績，卷六至七選舉（薦辟、貢生、例仕、例貢、武秩、封廕附），卷八至九人物，卷十列女，卷十一古迹（寺觀、林墓附）、祥異，卷十二至十五藝文，卷十六雜志。

平陸縣，秦河東郡地。漢置大陽縣，魏、晉、北魏因之。北周改名河北縣，屬河北郡。隋初屬河東郡。唐初屬蒲州，貞觀元年（627）改屬陜州。唐天寶三年（744）太守李齊物開三門以利漕運，得古刃有篆文曰平陸，因改今名。五代、宋因之。金、元、明、清皆屬解州。今屬山西省運城市。

言如泗（1716—1806），字素園，昭文（今江蘇常熟）人。貢生，歷任山西垣曲知縣、聞喜知縣、保德直隸州知州，乾隆二十六年任解州知州，後調湖北襄陽府知府。纂有《言子文學録》三卷。

韓夔典，字堯章，直隸故城（今屬河北）人。舉人。乾隆二十七年任平陸知縣，次年調任翼城知縣。

解州於明代屬平陽府，清雍正二年（1724）改爲直隸州，領安邑、夏縣、平陸、芮城四縣。言如泗任知州後，組織各縣纂修志書，合稱爲“解州全志”，共六部：《［乾隆］解州全志》十八卷圖一卷，專記州署史事；屬縣并專鎮（運城）各有專志，即《［乾隆］解州安邑縣志》《［乾隆］解州安邑縣運城志》《［乾隆］解州芮城縣志》《［乾隆］解州夏縣志》及《［乾隆］解州平陸縣志》，各十六卷。

李友洙序云：“癸未春，洙奉檄來攝平篆，得隸公（言如泗）屬，謁見日欣然顧洙而言曰：‘絳志之未成，不無遺憾。吾二人諒有同心也。今平志現議續纂，韓令夔典甫脱稿，旋即卸事。王令（王怡）不久又攝篆蒲。屬得子來，斯事集矣。子其勉之。’洙謹受教，歸而謀諸紳士，咸踴躍用命。稿草創於前署令韓夔典，偕邑紳杜若拙、荆邑宰如棠，而體例悉受裁於公。凡幾閲月而告成。”李友洙乾隆二十八年任平陸知縣。

平陸縣明初及嘉靖、隆慶間皆曾修志，今未見傳本。存世最早爲清康熙十八年（1679）柴應辰纂修、潘鉞增纂《［康熙］平陸縣志》八卷，康熙十八年刻，五十二年增刻。

書名葉右鎸“乾隆甲申年鎸”，中鎸“解州平陸縣志”，左鎸“官衙藏板”。

“崇禎”避諱作“崇正”，“鉉”字缺末筆。

此志清光緒六年（1880）曾經重印。

《中國地方志聯合目録》著録。

中國國家圖書館、首都圖書館、中國科學院文獻情報中心、中國臺北“中央研究院”傅斯年圖書館、中國臺北故宫博物院等二十餘館，美國國會圖書館、美國哈佛大學哈佛燕京圖書館，日本東洋文庫、京都大學人文科學研究所等有收藏。

134

［乾隆］汾州府志三十四卷首一卷

T3149　　3232.83

《［乾隆］汾州府志》三十四卷首一卷，清孫和相修，清戴震纂。清乾隆三十六年（1771）刻增補後印本。三函十六册。版框高 20 厘米，寬 14 厘米。半葉十行二十一字，小字雙行同，白口，左右雙邊，單魚尾。版心上鎸書名，中鎸卷次及小題。包背裝。

首乾隆三十六年鄂寶《汾州府志序》、吳巖序，乾隆三十五年朱珪《汾州府志序》，乾隆三十六年徐浩《汾州府志序》，乾隆三十五年曹學閔《新修汾州府志序》，乾隆辛卯（三十六年）孫和相《序》；次《汾州府志目録》《重脩府志銜名》；次《例言》十則、圖（《府治圖》等十二幅）、《漢以來沿革表》（以上卷首）、《續增志書目録》。卷末有《協辦志事》銜名，"梓人稷山葛吉、瑾璋"。

分三十門：卷一沿革，卷二星野、疆域，卷三至四山川，卷五城池、官署、倉廒、學校、壇壝，卷六關隘、營汛、驛鋪，卷七户口、田賦、鹽税，卷八至九職官，卷十至十一宦迹，卷十二食封、流寓，卷十三至十六人物，卷十七義行，卷十八至十九科目，卷二十仕實，卷二十一至二十二列女，卷二十三古迹、塚墓，卷二十四祠廟，卷二十五事考，卷二十六雜職，卷二十七至三十四藝文。

汾州，古并州地，春秋屬晉，戰國屬趙，秦漢爲太原郡地。三國魏黄初二年（221）置西河郡。北魏太和十二年（488）改吐京鎮置汾州，汾州之名自此始，因境内汾水而得名。北齊改爲南朔州，北周改爲介州。唐武德元年（618）改爲浩州，後復改汾州。宋曰汾州西河郡，隸河東路。金天會六年（1128）置汾陽軍節度使，屬河東北路。元屬冀寧路。明初曰汾州，直隸於山西布政使司。萬曆二十三年（1595）升爲汾州府，清因之。領州一、縣七：汾陽、孝義、平遥、介休、石樓、臨縣、永寧州、寧鄉。

孫和相，字調鼐，山東諸城人。乾隆三年舉人，歷任洧川、中牟知縣，遷鄭州、宜威州、雲龍州等知州，三十二年擢任汾州知府。

戴震（1724—1777），字東原，安徽休寧人。乾隆二十七年舉人，三十八年充《四庫全書》纂修官，四十年賜同進士出身，授翰林院庶吉士。學問廣博，著述宏富，有《戴東原集》《孟子字義疏證》等。

《例言》述修志始末云："汾州自前明萬曆二十三年改府，越十餘年，知府王道一始纂次府志，成於萬曆三十七年，距今百六十餘年，中間紀載闕如。府屬一州七縣，志雖各有增續，亦距今數十年，至有體應繫之府者，州縣志固不得而詳。況今志具存，纂次多非，其人往往因陋就簡，稽其山川形勢及民間利病，啓卷茫然。夫以百六十餘年之遠，八州縣之廣，官事民事治要所在，不可聽其散逸也。用是訪輯成書，蓋不敢云少待矣。"《［萬曆］汾州府志》十六卷今尚存世。又曹學閔序云："太守諸城孫公以山左名宿來莅吾郡，政通人和，百廢俱舉。暇日繙閱前志，惜其久而未修，爰集紳士咨訪舊聞，酌定體例，復延休寧戴孝廉東原（戴震）攷證古今，筆削成書，公於聽政之餘，仍親加潤色。閱一年而告成。體大思精，文約義贍。"是志因有戴震參與而知名於世。

雷汪度繼孫和相任知府後，增刻《萬壽宮記》等七篇文章（皆雷氏撰）重印行世。

"崇禎"避諱作"崇正"，"弘治"作"宏治"，"宏"字或缺末筆，"曆"作"歷"。

《中國地方志聯合目錄》著錄。

中國國家圖書館、首都圖書館、中國臺北"中央研究院"傅斯年圖書館、中國臺北故宮博物院等數十館，美國國會圖書館、美國哈佛大學哈佛燕京圖書館、日本東洋文庫、東京大學東洋文化研究所、京都大學人文科學研究所等有收藏。

鈐楷書長方印"南陵徐乃昌校勘經籍記""積學齋徐乃昌藏書"。

135

［乾隆］盛京通志四十八卷圖一卷

T3116　0.83

《［乾隆］盛京通志》四十八卷《圖》一卷，清昌耀曾等修，清魏樞等纂，清雷以諴補修。清乾隆元年（1736）刻清咸豐二年（1852）補修本。二函二十冊。版框高 19.4 厘米，寬 14.1 厘米。半葉十行二十一字，白口，四周雙邊，單魚尾。版心上鐫書名，中鐫卷次。

首乾隆元年王河《盛京通志序》，次《盛京通志凡例》三十五則（前十八則爲《前通志凡例》）、《前通志纂修姓氏》、《盛京通志纂修職名》，次咸豐二年雷以諴《跋》，次《盛京通志補修職名》、圖一卷（《盛京城圖》等十三幅）、《盛京通志目錄》。

分三十四門：卷一至四典謨志（詔、敕諭、序、記、碑文、頌、贊、文、詩），卷五京城志，卷六壇廟志，卷七山陵志，卷八宮殿志，卷九苑宥志（牧政附），卷十建置沿革志，卷十一星野志（祥異附），卷十二疆域志（形勝附），卷十三至十四山川志，卷十五城池志，卷十六關隘志（橋梁、船艦附），卷十七驛站志

（鋪遞附），卷十八公署志，卷十九至二十職官志，卷二十一學校志，卷二十二
選舉志，卷二十三戶口志，卷二十四田賦志（旗田、稅課附），卷二十五風俗志，
卷二十六祠祀志，卷二十七物產志，卷二十八古迹志（陵墓附），卷二十九帝
王志（后妃附），卷三十至三十一名宦志（忠節附），卷三十二至三十四人物志，
卷三十五至三十六孝義志，卷三十七列女志，卷三十八隱逸志，卷三十九流寓
志，卷四十方伎志，卷四十一仙釋志，卷四十二至四十七藝文志（歷代、詔敕、
文、詩辭、表疏、記、序、書、傳、文、銘、賦、歌辭、詩），卷四十八雜志。

　　盛京，古瀋州地，元改瀋州爲瀋陽路，歸遼陽行省管轄。明洪武十九年
（1386），改瀋陽路爲瀋陽中衛，修建瀋陽城。清天命十年（天啓五年，1625）
三月，後金（清朝前身）定都瀋陽。天聰八年（崇禎七年，1634），尊爲盛京。
順治元年（1644），清朝遷都北京，盛京爲留都，設有內大臣、副都統及八旗駐
防。順治十三年改名奉天。今屬遼寧省瀋陽市。

　　呂耀曾（1679—1743），字宗華，號樸岩，河南新安人。康熙四十五年（1706）
進士，雍正十一年（1733）任奉天府尹。

　　魏樞（？—1736），字又弼，一字慎齋，河北承德人。雍正八年進士，官永
平府教授。乾隆元年薦舉博學鴻詞，未及試而卒。著有《東易問》八卷。

　　雷以諴（1795—1884），字省之，號鶴皋，湖北咸寧人。道光三年（1823）
進士，授刑部主事，三十年遷奉天府府丞。官至刑部侍郎、太常侍讀學士。
著有《藿郊詩存》二卷、《雨香書屋詩鈔》二卷《續鈔》四卷。《清史稿》卷
四百二十二有傳。

　　《盛京通志》纂修於雍正末年，乾隆初年藏事。至道光間，年深日久，書版
字迹脫落。雷以諴到任後遂有修版重印之舉。雷氏跋云："余視學來瀋，與署承
德令蔚堂興、司馬署府學裕三綱司鐸合議此舉，均慨然有同志。奈此地藏書家
迄無善本，靡所遵循，幾至中止。裕三乃命其子於京師世家覓見昔年初印原本，
而其人珍如珠寶，不獲出假。因就近另購一舊本，與所藏初本對核照鈔，票籤
明晰，於咸豐元年冬由驛賫到。余竊喜裕三之力果而精也，即以現存新本與舊
本親加校核，計共籤出約七千數百餘字。又經蔚堂司馬取出原版，逐加洗刷，
偕各官合相重校，總計應行修補并全換頁者共三萬餘字，爰合力捐貲，鳩工付
剞，兩閱月而事竣。"內容較舊版無所增益。

　　《中國地方志聯合目錄》著錄。

　　中國國家圖書館、首都圖書館、上海圖書館、中國臺北"國家圖書館"等
數十館，美國普林斯頓大學東亞圖書館，日本東洋文庫、東京大學東洋文化研
究所等有收藏。

136

［乾隆］江南通志二百卷首四卷

T3203　　3142.83

《［乾隆］江南通志》二百卷首四卷，清尹繼善等修，清黃之雋等纂。清乾隆元年（1736）刻本。卷八第三十六、三十八葉爲抄配。十二函四十二册。版框高20.9厘米，寬14.8厘米。半葉十一行二十三字，小字雙行同，白口，左右雙邊，單魚尾。版心上鐫書名，中鐫卷次及小題，下鐫州府名。

首抄補《欽定四庫全書總目提要》一篇，次乾隆元年趙弘恩、補熙、鄭江、張廷璐、趙國麟、晏斯盛、劉柏、孔傳焕、王恕、王之錡、范燦、顧琮、張渠、姚孔鈵《江南通志序》十四篇，次《江南通志原序》六篇（康熙二十三年［1684］王新命序、于成龍序、靳輔序、余國柱序、徐國相序、薛柱斗序），次《江南通志原修姓氏》、趙弘恩進書表、《江南通志纂修職名》《江南通志目録》，次《江南通志凡例》十九則。卷首爲順治至乾隆間御製文及詔論。

分十門：卷一至四十八輿地志（圖説、建置沿革總表、建置沿革表、星野、疆域、山川、風俗、城池、公署、關津、古都邑、古迹、壇廟、寺觀），卷四十九至六十六河渠志（黄河、淮、江、海、運河、水利、水利治績），卷六十七至八十六食貨志（田賦、户口、徭役、漕運、關税、蘆課、鹽法、錢法、蠲賑、積貯、物産），卷八十七至九十一學校志（學宮、書院、試院），卷九十二至九十八武備志（兵制、江防、海防、驛傳），卷九十九至一百十八職官志（文職、武職、名宦），卷一百十九至一百三十七選舉志（進士、舉人、薦辟），卷一百三十八至一百八十九人物志（名賢、宦績、武功、忠節、孝義、儒林、文苑、隱逸、藝術、流寓、方外、賢淑、義烈、完節、貞孝），卷一百九十至一百九十四藝文志（經部、史部、子部、集部），卷一百九十五至二百雜類志（紀聞、機祥、摭史紀事、辯訛）。

江南，古揚州及徐、豫二州之域，戰國時爲楚地。秦置會稽、郡諸郡。漢初置吴、楚二諸侯國，後分屬揚、徐二州。三國時揚州屬吴，徐州屬魏。至隋開皇十九年（599）平陳，置揚州、徐州總管府，大業初改爲丹陽諸郡。唐置淮南道、江南東道。五代時爲南唐所據，都建康。宋開寶八年（975）平南唐，分江南、淮南二路。元分屬河南、江浙行中書省。明置南直隸。清順治二年（1645）改置江南省，治江寧府。康熙六年分爲江蘇、安徽二布政使司，仍合稱江南省。江蘇布政使司領江蘇八府（江寧、蘇州、松江、常州、鎮江、淮安、揚州、徐州）、直隸三州（太倉、海州、通州，又乾隆三十二年置海門直隸廳），安徽布政使司領安徽八府（安慶、徽州、寧國、池州、太平、廬州、鳳陽、潁州）、直隸五州

（滁州、和州、廣德、六安、泗州）。

尹繼善（1694—1771），字元長，號望山，章佳氏，滿洲鑲黃旗人。雍正元年（1723）進士，改庶吉士，授編修。雍正六年署江蘇巡撫。乾隆十九年升文華殿大學士兼軍機大臣，加太子太保。卒贈太保，謚“文端”。著有《尹文端公詩集》十卷。《清史稿》卷三百七有傳。

黃之雋（1668—1748），字石牧，號吾堂，華亭（今上海松江）人。康熙六十年進士，選庶吉士，散館授翰林院編修。雍正元年提督福建學政，五年被革職回鄉。《清史列傳》卷七十一有傳。

康熙二十二年，江南總督于成龍與江蘇巡撫余國柱、安徽巡撫徐國相等奉部檄創修通志，凡七十六卷，爲江南地區首部通志。此乾隆志爲第二次纂修。趙弘恩序云：“世宗憲皇帝御極之七年，敕下督撫諸臣各修省志，上之史館，以備採擇。江南總督臣繼善、巡撫臣國棟、臣元章欽遵，於九年冬十月徵集在籍儒臣之博洽工文、通達治體者，開局於江寧。蒐討排纂，草創未定，督臣廷珍、臣其倬、撫臣世臣、臣國璽、臣本繼之，臣弘恩與撫臣紘、臣琮、臣國麟復繼之，攷訂增損，惟慎惟詳，迄今始克成書。”雍正九年始修，凡歷前後五年，至乾隆元年書成，總督趙宏恩等具表上之。總其事者實爲黃之雋。《四庫全書總目》是書提要云：“發凡起例，較舊志頗有體裁，惟纂輯不出一手，微有牴牾。黃之雋《唐堂集》中，嘗稱是書刻本與原纂多有舛互，如灊山在六安州之霍山，而仍謂即元時所置之潛山縣；黃積、程元譚俱東晉時新安守，而誤入西晉。（引按：見《唐堂集》卷十九《答江南志議》，《唐堂集》卷七又有《江南通志小序十首》）其他遺漏重複者甚多。皆之雋離局以後，爲他人所竄改者。”

《四庫全書總目》史部二十四地理類、《中國地方志聯合目録》著録。

中國國家圖書館、首都圖書館、中國科學院文獻情報中心、中國臺北故宮博物院等五十餘館，美國國會圖書館、美國哈佛大學哈佛燕京圖書館，日本東洋文庫、東京大學東洋文化研究所等有收藏。

137

［乾隆］紹興府志八十卷首一卷

T3209　2678.83

《［乾隆］紹興府志》八十卷首一卷，清李亨特修，清平恕、徐嵩纂。清乾隆五十七年（1792）刻後印本。各卷中偶有抄配葉。八函四十六冊。版框高 19厘米，寬 13.6 厘米。半葉十行二十二字，小字雙行同，白口，四周雙邊，單魚尾。版心上鐫書名，中鐫卷次及小題。

首乾隆五十七年李亨特《重修紹興府志序》，次《重修紹興府志略例》十一則、《重修紹興府志總目》、《重修紹興府志姓氏》，再次卷首天章（康熙至乾隆間御製詩文、諭旨）。

分十七門：卷一至六地理志（分野、輿圖、沿革表、沿革考、形勢、四境至到、山［補遺附］、川［補遺附］），卷七至八建置志（城池、衢路、衙署、廢署、倉廒、養濟院等、坊里、都圖、市鎮、驛傳、鋪舍、關梁、津渡、步、塘［補遺附］），卷九至十三田賦志（則壤、成賦、起運、存留、鹽課、漕運、驛站、外賦、加運、鹽法、鹽官、引目、課額、場竈、戶口［土貢附］），卷十四至十六水利志（海塘附），卷十七至十八物産志，卷十九至二十學校志（祭儀、禮器、樂章、學宮、學官、學額、學田、書院、社學、鄉學、義學［補遺附］），卷二十一至二十四武備志（軍需、訓練、賞格、教場、戰船、險要、海防、歷代戰守、統轄、郡守、郡佐），卷二十五至二十九職官志（郡守、郡佐、縣令、縣佐、學官、武職［補遺附］），卷三十至三十五選舉志（薦辟、進士、舉人、貢生、武科），卷三十六至四十祠祀志（壇廟、祠、寺、庵、禪院、戒壇、塔、宮、殿、觀、道院［補遺附］），卷四十一至七十人物志（帝王、封爵、越諸臣考、名宦、鄉賢、宦迹［補遺附］、理學、儒林、文苑［補遺附］、忠節［補遺附］、孝行［補遺附］、義行［一行附、補遺附］、隱逸、寓賢、列女、節烈表、仙釋、方技［補遺附］），卷七十一至七十二古迹志（故城、臺、堂、宅、樓、閣、亭、園、莊、軒、齋、館、雜古迹［古器物附］），卷七十三至七十四陵墓志（義塚附、補遺附），卷七十五至七十六金石志（補遺附），卷七十七至七十八經籍志（經、史、子、集），卷七十九藝文志（補遺附），卷八十祥異志（序録附）。

紹興，春秋時屬越，戰國并於楚。秦置山陰縣，屬會稽郡。東漢永建四年（129）後，爲會稽郡治。南朝曾於此置東揚州，陳置會稽縣。隋平陳，改爲吳州。大業初改爲越州，三年（607）又爲會稽郡。唐武德四年（621）廢郡置越州。五代屬吳越。南宋紹興元年（1131）升越州置紹興府，爲浙東路治。元爲紹興路。明、清爲紹興府。領縣八：山陰、會稽、蕭山、諸暨、餘姚、上虞、嵊縣、新昌。

李亨特，字曉園，漢軍正藍旗人。監生，歷官永定河道、江蘇按察司。乾隆五十五年任紹興府知府。

平恕，字寬夫，紹興山陰人。乾隆三十七年進士，曾任日講起居注官、詹事府少詹事。

徐嵩，金匱（今江蘇無錫）人。舉人。

李亨特序云："（乾隆十六年）諭旨頒布，准令地方有司修輯志乘。按府志自康熙己亥以後闕焉失編，凡田土墾闢、版户蕃滋、人物節孝、文章甲科事迹

232

實繁有徒，不即不圖，奚以備攷鏡、尊文獻、維風化也。余守是邦之二年，……誦繹舊志，殘缺漫漶，慨然思以修之，乃延郡人平宮詹（平恕）、金匱徐孝廉（徐嵩）共襄斯役，旁搜圖籍，諮訪耆舊，水利、物產、人物、經籍，宮詹任之，地理、建置以下，則孝廉與金匱錢君（錢泳）、崑山朱君（朱叔鴻）等共成之，期而書成，都爲八十卷。事增文損，可以觀焉。"

《凡例》云："是編依據往籍，兼採時論，擇其尤雅引用，書名標列於上，均照原文，間有省節，必無改竄。其近年事迹則加採訪，新增以別之，疑者闕焉，毫不附會。"

紹興志書始於南宋嘉泰元年（1201）沈作賓修、施宿等纂《嘉泰會稽志》二十卷，寶慶元年（1225）張淏纂修《寶慶會稽續志》八卷，兩志今存明正德五年（1510）刻本、清嘉慶十三年（1808）刻本。明代有萬曆十五年（1587）蕭良幹修、張元忭等纂《［萬曆］紹興府志》五十卷。清康熙十二年（1673）張三異、二十二年王之賓、三十年李鐸、五十八年俞卿等凡四次纂修。此乾隆志即以康熙間舊志爲基礎續纂。

此本爲後印本，校正初印本誤處若干條，如《重修紹興府志姓氏》孫鳳鳴"江蘇太湖廳人"改爲"安徽鳳陽人"，俞姓"錢塘人"改爲"仁和人"，"府照磨廳杜鴻緯"，"廳"字改爲"官"；個別葉爲補版，如卷四十六第八葉；卷六十三增第十二葉（版心葉碼重複"十二"），增加王洽、劉恢、王濛、王坦之四人。

書名葉右鐫"乾隆五十七年新鐫"，中鐫"紹興府志"，左鐫"本衙藏板"。

"玄""曄"避諱缺末筆，"弘"作"宏"，"曆"作"歷"。

晚清時李慈銘閱讀是書，手加批校，民國十八年（1929）蔡冠洛輯其校語爲《乾隆紹興府志校記》一卷，鉛印行世。李氏批校本今藏浙江圖書館。

《中國地方志聯合目錄》著錄。

中國國家圖書館、中國科學院文獻情報中心、上海圖書館、中國臺北"中央研究院"傅斯年圖書館、中國臺北故宮博物院等五十餘館，美國國會圖書館、美國哈佛大學哈佛燕京圖書館，日本東洋文庫、東京大學東洋文化研究所、京都大學人文科學研究所等有收藏。

138
［乾隆］福建通志七十八卷首五卷

T3222　3614.82

《［乾隆］福建通志》七十八卷首五卷，清郝玉麟、盧焯修，清謝道承、劉敬與纂。清乾隆二年（1737）刻清嘉慶印本。卷二十七至三十、卷六十第一至十七葉爲抄配。十二函六十册。版框高23.2厘米，寬17.3厘米。半葉十行二十字，小字雙行同，白口，四周雙邊，單魚尾。版心上鐫書名，中鐫卷次及小題。

首有未署年郝玉麟《福建通志序》、王士任《敕脩福建通志序》、覺羅倫達理《敕脩福建通志序》，乾隆二年盧焯《重脩通志序》；次《福建通志凡例》二十則；次乾隆二年四月郝玉麟、盧焯等進書表文，《纂修福建通志官員》，《福建通志目録》。卷首爲福建名勝、城池、海島等圖一卷及順治元年至雍正十三年（1644—1735）諭旨四卷。

分三十門：卷一星野，卷二建置沿革（各郡有表），卷三至四山川，卷五疆域（形勝附），卷六至八城池（水利、橋梁附），卷九風俗，卷十至十一物産，卷十二田賦（鹽課附），卷十三户役（衄政附），卷十四典禮，卷十五祠祀，卷十六兵制（驛站附），卷十七封爵，卷十八學校（社學、書院附，正音書院附），卷十九公署，卷二十至二十八職官（首載官制一卷，歷代職官題名八卷），卷二十九至三十二名宦，卷三十三至四十二選舉（武科、武功，任子附），卷四十三至四十八人物，卷四十九至五十孝義，卷五十一文苑，卷五十二流寓，卷五十三隱逸，卷五十四至五十九列女（名媛、節孝、貞烈），卷六十方外，卷六十一技術，卷六十二至六十三古迹（宫室、寺觀、宅墓，石刻附），卷六十四外島，卷六十五至六十七雜紀（祥異一卷，叢談一卷），卷六十八至七十八藝文（著述一卷，表、疏、文、記、詩、賦十卷）。

福建，周爲七閩地，春秋屬越，戰國屬楚。秦置閩中郡。漢初爲閩越國，元封五年（前106）國除，爲冶縣，屬會稽郡，後改侯官縣。三國吳置建安郡，西晉設晉安郡，皆屬揚州。隋開皇九年（589）改爲泉州，大業三年（607）改州爲建安郡。唐設福、泉、建、漳、潮五州，以經略使統領之。五代時爲王氏所據，後屬吳越。宋置兩浙西南路。元置福建行中書省。明、清因之。領府十：福州、興化、泉州、漳州、延平、建寧、邵武、汀州、福寧、臺灣；直隸州二：永春、龍巖。

郝玉麟（？—1745），字敬亭，漢軍鑲白旗人。驍騎校出身，由千總歷官雲南提督、廣東提督，雍正十年（1732）總督福建，十二年改閩浙總督。乾隆四年擢升吏部尚書，同年十一月兼署兩廣總督，六年被劾受賄而革職。生平見《清史稿》卷一百九十七《疆臣年表》。

盧焯（？—1767），字光植，漢軍鑲黃旗人。監生，入貲授直隸武邑知縣，纍遷山東東昌知府、河南南汝道、布政使。雍正十三年任福建巡撫。後官至湖北巡撫。《清史稿》卷三百三十七有傳。

謝道承，字又紹，閩縣（今福建福州）人。康熙六十年（1721）進士，選庶吉士，授編修，官國子祭酒。

劉敬與，字鄰初，福建福清人。雍正元年進士，選庶吉士，改授行人司行人。

福建省志之纂修，《四庫全書總目》是書提要有云："福建自宋梁克家《三山志》以後，記輿地者不下數十家，惟明黃仲昭《八閩通志》頗稱善本，而亦不免闕略。又自明立福建布政司，分建屬郡，以福、興、泉、漳爲下四府，延、建、邵、汀爲上四府，國朝德威遠屆，鯨海波恬，臺灣既入版圖，而福州所屬之福寧亦升州爲府，泉州所屬之永春、漳州所屬之龍巖又各析置爲直隸州，建置沿革多與昔異。以舊志相較，每與今制不同。且福建三面環海，港汊內通，島嶼外峙，一切設險列戍之要，舊志亦多未詳。雍正七年承詔纂輯通志，因取舊志之煩蕪未當者，刪汰冗文，別增新事，其疆域制度悉以現行者爲斷，至乾隆二年書成，玉麟等具表上之。自星野至藝文，爲類三十，爲卷七十有八，視舊志增多十四卷。如沿海島澳諸圖舊志所不載者，皆爲詳繪補入，足資考鏡，於體例亦頗有當焉。"盧焯序云："世宗憲皇帝……特命纂修通志，各省增輯進呈。臣焯來撫是邦，詔下已七年。前人業未竣，督諸紳士總裁分校，各執其事，悉從舊制，附入新增，於乾隆首歲剞劂功成。"

卷六十四外島記琉球國、蘇綠國史事。

卷末增刻汪志伊撰《嘉慶三年敬進荔枝樹恭紀》一篇。汪志伊，字稼門，安徽桐城人。乾隆三十六年舉人，嘉慶二年任福建巡撫。

現存最早福建省志爲明陳道修、黃仲昭纂《［弘治］八閩通志》八十七卷，弘治四年（1491）刻；其次爲萬曆九年（1581）王應山纂《［萬曆］閩大記》五十五卷，僅存清抄本；萬曆間何喬遠纂《［萬曆］閩書》一百五十四卷，崇禎二年（1629）刻。入清後，金鉉修、鄭開極等纂《［康熙］福建通志》六十四卷，康熙二十三年（1684）刻。郝玉麟此志爲清代第二次纂修。

《四庫全書總目》史部二十四地理類、《中國地方志聯合目錄》著錄。

中國國家圖書館、中國科學院文獻情報中心、中國臺北故宮博物院等近四十館，美國國會圖書館、美國哈佛大學哈佛燕京圖書館，日本東洋文庫、東京大學東洋文化研究所、京都大學人文科學研究所等有收藏。

139

［乾隆］福建續志九十二卷首四卷

T3222　3614.83

《［乾隆］福建續志》九十二卷首四卷，清楊廷璋、定長等修，清沈廷芳、

吳嗣富纂。清乾隆三十四年（1769）刻本。八函四十册。版框高 21.9 厘米，寬
15.4 厘米。半葉十行二十字，小字雙行同，白口，四周雙邊，單魚尾。版心上
鐫書名，中鐫卷次及小題。

首乾隆己丑（三十四年）崔應階《福建續志序》，三十三年王杰《福建續志
序》，未署年定長、沈廷芳《福建續志序》二篇，乾隆戊子（三十三年）鄂寧《福
建續志序》、甲申（二十九年）吳嗣富《福建續志序》；次《纂脩福建續志官員》
《福建續志目録》；次《福建續志凡例》十二則、曹繩柱《請續脩福建省志詳文》。
卷首爲《福建續志補圖》六幅、典謨四卷（康熙至乾隆間御製文、諭旨）。

門類設置與《〔乾隆〕福建通志》略同，惟將户役改爲户口，兵制加附海防，
選舉增加召辟類，人物之前增加理學門，流寓改爲寓賢。

楊廷璋（1688—1771），字奉峨，漢軍鑲黄旗人。世襲佐領。雍正七年（1729）
自筆帖式授工部主事，纍遷浙江巡撫。乾隆二十四年任閩浙總督，二十八年晉
體仁閣大學士，仍留閩浙總督任。官至直隸總督，加太子少保。卒諡“勤愨”。《清
史稿》卷三百二十三有傳。

定長，滿洲正黄旗人。初授内閣中書，遷侍讀，擢江南徐州知府，四遷至
巡撫，歷安徽、廣西、山西、貴州諸省。乾隆二十七年任福建巡撫。《清史稿》
卷三百九有傳。

沈廷芳（1702—1772），字畹叔，號椒園，仁和（今浙江杭州）人。以國
子監生參與《大清一統志》校録，乾隆元年舉博學鴻詞科，授翰林院編修，遷
山東道監察御史。少從方苞習古文，詩學本查慎行。著有《十三經注疏正字》
八十一卷、《隱拙齋集》五十九卷等。《清史稿》卷四百八十五有傳。

吳嗣富，字鄭公，號崑田，錢塘（今浙江杭州）人。乾隆四年進士，改庶
吉士，授翰林院編修，曾任廣韶學政。

是書接續清乾隆三年郝玉麟等所修《〔乾隆〕福建通志》，增修三十年來史
事。定長序云：“閩之有志則惟《三山志》及《八閩通志》二書，號稱詳覈。逮
乎國朝，刊修者再。而近時閩學謝公（謝道承）所撰前志成於丙辰之歲，自今
上皇帝御宇以迄於今……顧前志有未及詳，宜續近事以傳來許。爰與前制府相
國楊公（楊廷璋）暨方伯群僚咨訪舊章，集諸名儁，甄搜事類，而延仁和沈荻
秋廉訪（沈廷芳）、錢塘吳崑田太史（吳嗣富）總其成。於是萃群賢之力，殫經
歲之勤，廣而不靡，博而能要。前志所偶闕者補之，前志所未載者增之。雖自
爲一編而大體不易。既成，釐爲九十二卷，以授之梓。”

從“真”“貞”字避諱缺末筆，“弘”作“宏”，“宏”字或缺末筆，“曆”
作“歷”。

《中國地方志聯合目錄》著録。

中國國家圖書館、中國科學院文獻情報中心、中國臺北故宮博物院等二十餘館，美國國會圖書館、美國哈佛大學哈佛燕京圖書館，日本東洋文庫、東京大學東洋文化研究所等有收藏。

140

［雍正］江西通志一百六十二卷首三卷

T3193　　3116.82

《［雍正］江西通志》一百六十二卷首三卷，清謝旻等修，清陶成、惲鶴生纂。清雍正十年（1732）刻清乾隆增刻本。各卷中偶有抄配葉。十六函八十冊。版框高 20.2 厘米，寬 14.6 厘米。半葉十二行二十三字，小字雙行同，白口，左右雙邊，單魚尾。版心上鎸書名，中鎸卷次。

首雍正十年謝旻《序》、魏錫祚《序》、王世繩《序》，次未署年劉均《序》、高鋭《序》，次雍正十年李蘭《序》，次《江西通志纂修職員》《江西通志目録》，次《凡例》十四則（目録、凡例卷端署“江西巡撫都察院右副都御史臣謝旻恭輯”），次尹繼善、謝旻進書表，次《繪圖》（收《江西十三府總輿圖》《會城圖》、各府治圖、書院圖、湖山寺閣圖等二十七幅）。卷首爲順治元年（1644）至雍正八年諭旨。

分三十二門：卷一星野，卷二至三沿革，卷四形勝，卷五至六城池（疆域附），卷七至十三山川，卷十四至十六水利，卷十七至十八學校（貢院附），卷十九至二十公署，卷二十一至二十二書院，卷二十三至二十五田賦（户口附），卷二十六風俗，卷二十七土産，卷二十八兵衛（漕運附），卷二十九至三十二武事，卷三十四關津（橋渡附），卷三十五至三十七驛鹽，卷二十八至四十二古迹，卷四十三至四十五封爵，卷四十六至四十八秩官，卷四十九至五十六選舉，卷五十七至六十五名宦，卷六十六至九十四人物，卷九十五至九十六寓賢，卷九十七至一百二列女，卷一百三至一百五仙釋，卷一百六方技，卷一百七祥異，卷一百八至一百九祠廟，卷一百十邱墓，卷一百十一至一百十三寺觀，卷一百十四至一百五十八藝文（詔、敕、表、牋、劄子、奏疏、狀、議、碑碣、墓表、記、序、書啓、論、辨、說、考、疏、引、傳、贊、頌、銘、題跋、志、書事、記略、文、青詞、教、策、講義、語録、文牒、牌檄、告約、辭、賦、詩、詩餘），卷一百五十九至一百六十二雜記。

江西，春秋吳、楚、越三國之界，戰國屬楚，秦屬九江郡。漢初置豫章郡，屬長沙國，元封中屬揚州部刺史。三國屬吳。隋置洪州總管府，後分爲豫章等七郡。唐貞觀初屬江南道，開元二十一年（733）分爲江南東道、江南西道。北宋爲江南西路。元設江西等處行中書省，治龍興路。明洪武九年（1376）置江西等處承宣布政使司，治南昌府。清因之。領府十三：南昌、饒州、廣信、南康、九江、建昌、撫州、臨江、瑞州、袁州、吉安、贛州、南安；直隸州一：寧都（乾隆十九年由縣升爲直隸州）。

謝旻，字侶桐，號肅齋，江蘇常州人。歷任陝西安塞知縣、貴州普安知州、湖南驛鹽糧儲副使，雍正七年以太常寺卿署江西巡撫，八年升大理寺卿，仍署江西巡撫，即以是年實授。卒年七十三。

陶成，字企大，號存軒、吾廬，江西南城人。康熙四十八年（1709）進士，授翰林院檢討，不久致仕，受聘主講豫章書院。著有《皇極數鈔》《吾廬遺書》等。

惲鶴生，字皋聞，江蘇武進人。康熙四十七年舉人，曾任江蘇金壇縣教諭。拜錢陸燦爲師，工詩、古文。著有《思誠堂說詩》十二卷。卒年七十九。

謝旻序云："雍正六年冬，命天下督撫諸臣修直省通志，送上一統志館……臣旻以七年秋奉簡命巡撫江西……謹以修志事咨商總督臣其倬、臣繼善、隨與布政使臣李蘭酌議輯修，并移會直隸各省，互送名宦人物草檢，以憑核據。始事於八年三月，至十年四月告成。……舊志無傳，遺文多軼，惟康熙五十九年所輯《西江志》其書具在，今之所修實因其本，而舊所應改、今所應增，亦詳爲考訂，廣爲搜羅。"

明清間江西凡七修志書。現存最早爲明林庭㭿修、周廣纂《［嘉靖］江西通志》三十七卷，嘉靖四年（1525）付梓。其次爲王宗沐纂修《［嘉靖］江西省大志》七卷，嘉靖三十九年刻。其三爲萬曆二十五年陸萬垓據王志增修《［萬曆］江西省大志》八卷，前七卷據王志略加增改，增纂卷八楮書，記江西造紙業。其四爲清于成龍等修、杜果等纂《［康熙］江西通志》五十四卷，康熙二十五年刻。其五爲白潢修、查慎行等纂《［康熙］西江志》二百六卷，康熙五十九年刻，即此謝旻志所本。謝志之後，至光緒間始有劉坤一等修，劉鐸、趙之謙等纂《［光緒］江西通志》一百八十卷，光緒七年（1881）刊行。

從"貞""真"之字或避諱作缺末筆，"弘"字或剜改作"宏"，"泓"字缺末筆，"曆"作"歷"（剜改未盡）。避清高宗諱，知此本刷印已在乾隆年間。卷一百四十四末錢陳群《祭陳明府文》落款爲乾隆十二年，卷一百四十六末《白鹿洞賦》有小注云"乾隆九年皇上賜洙泗心傳匾額"，卷一百五十五藝文增至乾隆十四年。卷首之三第八十三葉，卷三十八第二十七至二十九，卷四十第二十四至二十七葉，卷六十一第四十一葉，卷一百四十二第二十七至二十八、三十一、三十七至四十二葉，卷一百四十三第三十七至三十八葉，卷一百四十四第二十四葉，卷一百四十七第二十五至二十六葉，卷一百五十五第五十二葉，卷一百五十六第一葉，卷一百五十八第一至六、三十五至三十七葉，卷一百六十四第三十九至四十葉係補版。

寓賢、列女、祠廟等卷有朱筆批注。

《四庫全書總目》史部二十四地理類著録，提要稱此志"其規模一本之白志而間加折衷，文簡事核，鼇然有序"。《中國地方志聯合目録》著録。

中國國家圖書館、中國科學院文獻情報中心、中國臺北故宮博物院等四十七館，美國國會圖書館、美國哈佛大學哈佛燕京圖書館，日本東洋文庫、東京大學東洋文化研究所等有收藏。

141
［至元］齊乘六卷釋音一卷

T3138　0.6

《［至元］齊乘》六卷，元于欽纂修；《釋音》一卷，元于潛撰。清乾隆四十六年（1781）胡德琳刻本。一函三册。版框高 18.8 厘米，寬 13.7 厘米。半葉十一行二十一字，小字雙行同，白口，左右雙邊，單魚尾。版心上鎸書名，中鎸卷次。

首明嘉靖甲子（四十三年，1564）杜思《舊刻序》、元後至元五年（1339）蘇天爵《元序》、清乾隆四十六年胡德琳《重刊齊乘序》，次《齊乘目録》。末至正十一年（1351）于潛跋、乾隆辛丑（四十六年）周慶承《齊乘跋尾》。

各卷端署"益都于欽思容纂"，《釋音》卷端署"男潛述"。

于欽（1283—1333），字思容，山東益都人。初仕爲國子助教，歷任南臺御史、中書左司員外郎、兵部侍郎，官終益都田賦總管。生平見元柳貫《柳待制文集》卷十一《于思容墓誌銘》。

胡德琳，字碧腴。乾隆十七年進士，在山東轉任多地地方官，曾纂修、主修《［乾隆］東昌府志》《［乾隆］歷城縣志》《［乾隆］濟陽縣志》《［乾隆］濟寧直隸州志》等。著有《碧腴齋詩存》。生平散見各《志》。

是書專記三齊興地，分沿革、分野、山川（山、水）、郡邑、古迹（城郭、亭館、丘壠）、風土、人物七類，《四庫全書總目》是書提要云"凡分八類"，實誤以"亭館"爲一類，并評云："叙述簡核而淹貫，在元代地志之中，最有古法。其中間有舛誤者，如宋建隆三年改濰州置北海軍，以昌邑縣隸之，乾德三年復升濰州，又增昌樂隸之，均見《宋·地理志》，而是書獨遺；又壽光爲古紀國，亦不詳及；其他如以華不注爲靡笄山，以臺城爲在濟南東北十三里，顧炎武《山東考古録》皆嘗辨之。然欽本齊人，援據經史，考證見聞，較他地志之但據輿圖、憑空言以論斷者，所得究多，故向來推爲善本。"

　　胡德琳《序》述是書版本及刊刻始末甚詳，文云："余向權知青州，篋中先有是書，思付之梓，以廣其傳，匆匆未暇。頃蒙恩改守登州，道出益都，與明府周君兩塍（引按：名嘉猷）偶言及是，君與余有同志，遂慫恿以成之。原書中常有舛誤之處，君又爲考證若干條，附於各卷之後。乃剞劂方竣，忽赴修文。考證僅具草稿，余頗爲是書惜，而君有賢子字繼千（引按：即周慶承），力成先人之志，真所謂克紹其家學者。按是書初刻於于公子潛明，嘉靖甲子青州守四明杜公又爲重刻。然流傳者大都寫本，非好古家不能有。今得明府喬梓表章之功，庶幾流傳益廣矣。"可知各卷所附考證係周嘉猷、慶承父子相繼完成。胡刻本以嘉靖本爲底本重刻，校訛訂誤，向稱善本，爲世所通行。

　　此本爲後印本。初印本"丘"字，此本多剜改爲"邱"，然改之未盡；胡德琳序落款，初印本作"乾隆四十六年九月朝議大夫登州府知府前進士桂林胡德琳序"，此本改作"時（按：提行）乾隆四十六年歲次辛丑九月（按：提二格）賜進士出身朝議大夫登州府知府桂林胡德琳序"。美國哈佛大學哈佛燕京圖書館及其他多館有初印本。

　　明嘉靖四十三年刻本尚有十餘部存世，中國國家圖書館及其他多館有藏本。

　　《四庫全書總目》史部二十四地理類、《中國地方志聯合目録》著録。《中國古籍善本書目》未收此版本。

　　中國國家圖書館、首都圖書館、中國臺北"國家圖書館"、中國臺灣大學圖書館等三十餘館，美國哥倫比亞大學東亞圖書館，日本國立國會圖書館、東洋文庫等有收藏。

　　鈐朱文方印"孫印華卿"。

142

［乾隆］樂陵縣志八卷首一卷末一卷

T3140　2974.83

　　《［乾隆］樂陵縣志》八卷首一卷末一卷，清王謙益修，清莊肇奎等纂。清乾隆二十七年（1762）刻本。一函八册（以"金""石""絲""竹""匏""木""土""革"標記册序）。版框高 17.4 厘米，寬 14 厘米。半葉九行十九字，小字雙行同，白口，左右雙邊，單魚尾。版心上鎸書名，中鎸卷目及篇名。

　　首乾隆二十七年王謙益《樂陵縣志序》，次舊志序四篇（萬曆十九年［1591］王登庸、潘可久《樂陵縣初志序》，順治十七年［1660］袁一相、郝獻明《重修樂陵縣志序》），次《樂陵縣志纂修姓氏》、《樂陵縣志凡例》十一則（首葉爲抄

配)、《樂陵縣志目録》, 次《星野圖》等圖六幅。末乾隆二十七年趙元颺《後序》、劉彤《樂陵縣志後序》。

分六門：卷一至二輿地志（星野、沿革、疆域、川澤、形勝、城池、公署［附倉廒濟院］、鄉都［附市集］、鋪遞［附津梁］、壇廟、物產、封國、古迹、坊墓［目録爲"坊墓", 正文作"塚墓"］［附漏澤］)，卷二至三經制志（户口、田賦、課税、學校［附學田等］、祀典、兵制、禮儀、風俗、祥異），卷四秩官志（文職、武職、宦迹），卷五選舉志（薦辟、進士、舉人、貢生、武科、武秩、援例、貤封、恩蔭、掾辟［附壽官等］），卷六人物志（名賢、治行、忠節、孝友、儒林、文苑、武功、義行、隱逸、藝術、寓賢、耆壽、仙釋、列女），卷七至八藝文志（記、序、對、疏揭、論、傳贊、碑銘、考、辨、賦、詩、著作），卷末雜記（附八景、補遺）。

樂陵於西漢初置縣。東漢建安二十五年（220）爲樂陵郡治。晉初徙郡於厭次，以樂陵爲屬縣。南朝宋遣改爲樂陵郡治，後魏因之。隋開皇初廢郡，屬渤海郡。唐武德四年（621）屬棣州，六年屬滄州，宋、金、元皆因之。明洪武初改屬樂安州，後屬濟南府武定州，清初因之，雍正十二年（1734）改屬武定府。今屬山東省德州市。

王謙益，字受子，福建永春人。乾隆十三年進士，二十三年授樂陵知縣。

莊肇奎，秀水（今浙江嘉興）人。乾隆十八年舉人，四十三年任廣南知府，嘉慶二年（1797）任廣東布政使。

王謙益序述修志事云："舊志輯於順治間，迄今罔有續者，則有若造作之變仍、政教之得失、魁奇忠信材德之人與其人之文不可得傳，久之父老湮没，故乘殘闕，其咎安在。然竊有昌黎所云撰次不得其人之恐。庚辰秋，適同年友鄭君未軒（鄭成中）、黃君尚卿（黃士錦）來訪余，余既得邑張孝廉鏐手抄志稿，遂屬偕史孝廉尚碻大加蒐採，閱四月乃竣事。是時浙西孝廉莊君胥園修郡志甫就，計偕北行，乃復遥寄京師，參輯疑義，還付剞劂。"

"萬曆"避諱作"萬歷"，"崇禎"作"崇貞"。

《中國地方志聯合目録》著録。

中國國家圖書館、首都圖書館等四十餘館，美國哈佛大學哈佛燕京圖書館、哥倫比亞大學東亞圖書館，日本東洋文庫、京都大學人文科學研究所等有收藏。

143
［乾隆］濰縣志六卷首一卷末一卷

T3140　316.83

《［乾隆］濰縣志》六卷首一卷末一卷，清張耀璧修，清王誦芬纂。清乾隆二十五年（1760）刻本。一函六册。版框高 18.6 厘米，寬 14 厘米。半葉九行二十一字，小字雙行同，白口，左右雙邊。版心上鐫書名，中鐫卷次及小題。

首乾隆庚辰（二十五年）沈廷芳《濰縣志序》，未署年趙之壁《濰縣志序》、洪肇楸《序》，乾隆二十五年張耀璧《序》；次《修志徵記》；次舊序三篇、《原修姓氏》；次《凡例》十三則、《修志姓氏》；次未署年崔應階《重修濰縣縣志序》；次《星躔分野圖》等圖十六幅、《目錄》。卷末爲乾隆二十五年王誦芬、高廷樞二跋。

各卷端署"知縣濰縣蘭谿張耀璧荆巖氏鑒定"。

分八門五十三目：卷一輿地志（星野、沿革、疆域、山川、古迹、土産、風俗），卷二建置志（城池、壇廟、公廨、坊表、橋梁、社集）、典禮志（祀典、學校、封廕、鄉飲），卷三田賦志（户口、賦税、倉儲、恤養）、官師志（秩官、名宦）、選舉志（徵辟、科目），卷四人物志（宦迹、忠烈、孝義、文苑、武功、高士、善行、節烈），卷四至六藝文志（王言、表、疏、書、記、序、傳、贊、銘、論、跋、議、考、賦、詩、辨），卷六雜稽志（祥異、方技、仙釋、叢談）。

濰縣，西漢時爲北海郡附郭平壽、膠東國下密二縣地，東漢及晉、宋因之。北魏時爲北海郡治，北齊改曰高陽郡。隋開皇初郡廢，省平壽入下密縣，於膠東故城置濰水縣；十六年（596）於下密縣置濰州，大業初州廢，改下密曰北海，改濰水曰下密，俱屬北海郡。唐武德三年（620）復置濰州，以北海、下密屬之；八年州廢，省下密入北海縣，屬青州。宋建隆三年（962）於縣置北海軍，乾德三年（965）復升爲濰州，屬京東東路，金屬山東東路，元屬益都路。明洪武初以州治北海縣省入，九年（1376）降州爲縣，改屬平度州，隸萊州府。清因之。今屬山東省濰坊市。

張耀璧，字荆巖，浙江蘭谿人。拔貢生，歷任沐陽、開建、濰縣知縣，升肇慶知府。

王誦芬，字蘭舟，山東歷城人。乾隆二十四年舉人，曾任宜良、楚雄知縣。

濰縣邑志書始創於萬曆二年（1574），知縣劉廷錫纂《［萬曆］濰縣志》十卷；康熙十一年（1672）王珍、陳調元重纂爲《［康熙］濰縣志》九卷。二志今皆存世。張耀璧此志爲第三修。張氏序云："余於夏五月自高苑承乏斯邑，竭其駑鈍，塀擋塵案，如墾闢荒地、開濬大於等河、修葺學校及一切埤鋪祠宇、種植樹木，次第舉行，方將按圖攷索，稽古宜今，而志乘缺軼，誠今日之急務也。爰與學博高、張二君慎選紳士九人搜簡采輯，復聘己卯孝廉長洲王蘭舟先生討而綜之，余以案牘之暇發凡起例，相與商榷而裁定之。三閱月而書成，付之剞劂。"民國二十年（1931）曾重印。

"禎""弘"字避諱缺末筆，"曆"作"歷"。

《中國地方志聯合目録》著録。

中國國家圖書館、首都圖書館等數十餘館，美國哥倫比亞大學東亞圖書館，日本國立國會圖書館、東洋文庫、京都大學人文科學研究所、静嘉堂文庫等有收藏。

144
［乾隆］萊州府志十六卷首一卷

T3139　4932.83

《［乾隆］萊州府志》十六卷首一卷，清嚴有禧纂修。清乾隆五年（1740）刻本。二函八册。版框高 20.1 厘米，寬 14.3 厘米。半葉十行二十四字，白口，小字雙行同，四周雙邊，單魚尾。版心上鎸書名，中鎸卷次及篇名。

首有未署年嚴有禧《萊州府志序》、乾隆五年張桐《新修萊州府志序》，次《舊志序例》《前志考異》《前志序跋凡例》，次《星野圖》《萊州府總圖》等十六幅，次《凡例》十五則、《修志姓氏》、《訂誤》、《萊州府志目録》。

分三十四門：卷一星野、沿革、疆域、形勢、山川（海運、膠萊河附）、古迹，卷二城池、公廨、鄉社、風俗、物産、市集、橋梁、堤堰，卷三丁賦（鹽課、雜税附）、倉儲、卹養，卷四學校（學田、社學、書院附）、祀典，卷五兵防（武職附）、驛遞，卷六封建、職官，卷七選舉（武科、將才附），卷八封廱、坊表、陵墓、寺觀，卷九宦迹，卷十至十二人物，卷十三至十五藝文，卷十六大事記、祥異、雜記。

萊州，古萊夷地，戰國時齊邑，西漢置東萊郡，治掖縣。晉爲東萊國治。北魏分青州東置光州，轄東萊、長廣、平昌三郡，東萊郡治於掖。隋初罷郡，改光州爲萊州，大業間又廢州改東萊郡。唐復改東萊郡爲萊州，宋、元因之。明洪武元年（1368）升萊州爲府，治掖縣，屬山東布政使司，清因之。領掖縣、平度州（轄昌邑、濰縣）、膠州（轄高密、即墨），共二州五縣。

嚴有禧，字厚載，號韋川，江蘇常熟人。雍正二年（1724）進士，知濱州，十一年遷萊州知府，官至貴州按察使。著有《漱華隨筆》四卷，曾刻印其曾祖嚴熊《嚴白雲詩集》二十七卷。

萊州志書於明嘉靖間知府胡仲謨創修，明萬曆三十一年（1603）龍文明繼修《［萬曆］萊州府志》八卷，清康熙五十一年（1712）陳謙增輯《［康熙］萊州府志》十二卷。龍、陳二志今皆存世。嚴氏序云：“萊故有志，創修於明太守胡公，越七十年太守龍公繼脩之，又百餘年我朝海寧陳公爲守，復增輯之，時爲康熙壬辰，距今又三十年矣。其間因革損益、文物典章宜見於志者，莫可殫述。及今纂集，勢猶差易……與同里趙君徵文考獻，互相商榷。趙君聲武，余外弟,端雅君子也,用屬以編摩之任,而抉擇去取,則惟内斷一心。舊志之精當者仍之,龐雜者汰之,正其訛,補其闕,凡星野、災祥、祀典、兵防以及政教、人文之類,靡間鉅細,無不攷核增訂,讐校再三,而於忠孝節烈之事尤兢兢乎三致意焉……至己未(引按:即乾隆四年)仲春始克告成。"

避諱特嚴,從"玄"之字缺末筆,"弘治"作"宏治","萬曆"作"萬歷","崇禎"作"崇正","貞""真"或缺末筆。

《中國地方志聯合目録》著録。

中國國家圖書館、北京大學圖書館、清華大學圖書館等四十餘館,美國哈佛大學哈佛燕京圖書館、康奈爾大學東亞圖書館,日本東洋文庫、東京大學東洋文化研究所、静嘉堂文庫等有收藏。

145

［乾隆］沂州府志三十六卷首一卷

T3139　　3230.83

《［乾隆］沂州府志》三十六卷首一卷,清李希賢修,清潘遇莘、丁愷曾纂。清乾隆二十五年(1760)刻本。有抄配葉。二函十二册。版框高20.5厘米,寬16厘米。半葉十行二十四字,小字雙行同,白口,四周單邊,單魚尾。版心上鎸書名,中鎸卷次及小題。

首乾隆庚辰(二十五年)沈廷芳《沂州府志序》、乾隆二十三年許松佶《序》、乾隆庚辰龔學海《序》、乾隆二十五年李希賢《叙》、乾隆二十一年王塏《序》、乾隆二十五年沈玉琳《序》,次《凡例》十四則、沂州府修志姓氏、沂州府志目録(缺末葉)。卷首爲《建府原議》《巡幸紀》《蠲賜紀》及輿圖。

分十五門:卷一天象、沿革,卷二至七輿地(疆域、山川、水利、海、形勝、風俗、城池、衙署、倉儲、卹政附、鄉社、市集附、封建、古迹、邱墓),卷八至十二食貨(户口田賦、物產、鹽法),卷十三學校(試院、書院、社學附),卷十四秩祀(寺觀附),卷十五至十六紀事,卷十七至十九職官,卷二十宦迹,卷二十一兵防(營汛、武職、墩臺、驛遞、郵鋪附),卷二十二至二十四仕進(徵辟、進士、舉人、貢士、武科第、雜途、武弁、封廕),卷二十五至二十七人物(先賢、功業、忠節、孝友、耆德、義士、經學、文學、隱逸、方技、方外、流寓),卷二十八至二十九列女,卷三十至三十五藝文(著書目、文、古詩、近體詩、賦),卷三十六雜志。

沂州,古徐州地。漢初爲東海郡地,東漢建初五年(80)置琅邪國,魏晉因之。北周時改北徐州爲沂州,因沂河而得名。隋大業初,改州爲琅邪郡,唐復曰沂州，屬河南道。宋屬山東東路。元屬益都路。明洪武初屬濟寧府，九年（1376）改屬濟南府，十八年改屬兗州府。清雍正二年（1724）升爲直隸州，十二年升爲府。領州一：莒州；縣六：蘭山、郯城、費縣、沂水、蒙陰、日照。

李希賢（1690—1765），字復菴，四川長壽人。拔貢生，歷官山東臨淄、汶上、恩縣、館陶等縣知縣，升膠萊運判、曹州府同知，乾隆十八年任沂州府知府，二十八年以廉能薦升雲南迆西道，三十年告歸。

潘遇莘，字季耕，江蘇寶應人。乾隆元年舉人，三年舉博學鴻詞，官吳江縣教諭。

丁愷曾，字萼亭，一字鶴亭，山東日照人。雍正元年拔貢。中年絕意仕進，博覽群書，閉户著述。裔孫丁惟熙搜集其所著《望奎樓遺稿》刊印行世。

是志爲沂州升府後首部府志，創修於乾隆二十一年，三年後成稿，次年付梓。李希賢《叙》述編纂過程云：“博求郡邑之書，旁採薦紳之論。爰聘吳江學博潘小山商榷考訂，閱三年脱稿，統爲三十六卷，尚多未愜。繕呈臬憲，重加畫正，復延日照丁愷曾、無錫明經陳占五、薛鵬程先後釐定，酌繁簡，訂異同，於是發凡起例，分門以聚類，挈綱以統目，始得成書。”記事至乾隆二十八年（職官李希賢條）。

從“玄”之字、“燁”避諱缺末筆。

《中國地方志聯合目録》著録。

中國國家圖書館、北京大學圖書館、中國人民大學圖書館等三十餘館，美國哈佛大學哈佛燕京圖書館、哥倫比亞大學東亞圖書館，日本東洋文庫、東京大學東洋文化研究所、静嘉堂文庫等有收藏。

146

［乾隆］曲阜縣志一百卷

T3140　5624.83

《［乾隆］曲阜縣志》一百卷，清潘相纂修。清乾隆三十九年（1774）刻後印本。三函十二册。版框高 19.8 厘米，寬 14.9 厘米。半葉十一行二十三字，小字雙行同，白口，左右雙邊，單魚尾。版心中鐫書名及卷次。

首乾隆三十九年李中簡《曲阜縣志序》、潘相自序，次《曲阜縣志目録》。

卷三以下各卷端署“知縣楚安鄉潘相修，男承熾（或承煒、承焯、承炳、壻黄廩元）編”。

卷一至二奎文，録清聖祖、世宗、高宗御製文；卷三至十四圖考，周公廟、尼山書院、縣境縣城及鐘鼎彝器等；卷十五至三十五通編，爲周武王十三年至乾隆二十一年曲阜編年史；卷三十六至五十六類記，凡疆土、物産、風俗、職官賦役、學校貢舉、武備、秩祀、禮典、恩例、古迹、金石、著述十二類一百餘小類；卷五十七至五十八聖迹；卷五十九賢躅，記孔子、顏曾思孟及孔門弟子事迹；卷六十至六十一世家；卷六十二至九十八列傳，仿《史記》述孔氏宗子及東野氏等四氏爲二世家，展氏、臧孫氏以下爲列傳，列傳分爲孝義、忠義、隱逸、卓行、言語、節鎮監司治迹、守令治迹、經學、文苑、鼎甲、武功、邑令、學博、方伎、列女（賢淑、貞女、烈婦、節婦、壽婦）等類；卷九十九闕疑，卷一百補遺。

曲阜，古稱“少昊之墟”，周初封周公子伯禽於此，爲魯國。戰國末期，楚滅魯國，設魯縣。漢爲宗室魯王封地。晉爲魯郡治。隋爲曲阜縣。唐屬兗州，五代因之。宋大中祥符五年（1012）改名仙源縣，金復爲曲阜，元因之。明屬兗州府，清因之。今屬山東省曲阜市。

潘相，字潤章，號經峰，湖南安鄉人。乾隆二十八年（1763）進士，三十四年任曲阜知縣。三十七年升曹州府濮州知州。著有《潘子全集》。

潘相自序云：“曲阜舊志肇輯於明嘉靖中藩僚孔宏幹，厥後知縣孔宏復、孔宏毅相繼增修。國初知縣孔衍淳又即舊板附刻己事，其綱四，曰土地、人民、政事、文獻，其目九十有二，即今所存六卷三本者。乾隆己丑冬孟，相承乏是邦，吏以志進，見其篇簡皆斷爛脱落，文多漫漶不可識，而於本朝百有三十年之人之事未及登載，竊歎爲一邑廢舉。辛卯春三月，今相國金壇于公扈蹕來，檢古事，覽志憮然，顧謂：‘兹有司責也，胡弗修？’相惶恐謝不敢當……因不自揆，廣求經史子集，博覓各郡縣志，商於衍聖公諸先後進，遍告兩學儒生，各陳所見、所聞、所傳聞，增損義例，就正於學使蕪湖韋公，命兒子承熾、承燀、承炳、承焯及壻黄廕元分門排纂，其傳贊通編多命承焯屬草，而自程以每日晨起閲案牘、理民事之後，搦管輯修。”編纂近三年，四易稿而成書付梓。

此本係後印本，斷版、模糊處不少，内容較初印本亦小有改動，如潘相自序：“竊歎爲一邑廢舉”，初印本下有“祇以當務有最先者不暇爲”十一字；“兹有司責也胡弗修”，初印本作“君學道人，兹要務也，胡弗爲”；“志北學長從劉瑶林先生”，初印本作“爲北學先長從劉瑶林先生（之珩）”；“望魯城拜林廟”，初印本作“拜林廟望魯故城”；“晤各氏裔，出所著《周易尊翼》《春秋尊孟》《禮記釐編》《周禮撮要》《琉球入學録》諸書相質証”，初印本作“晤孔止堂昆季暨各氏裔，出所著《易尊》《禮記釐編》《周禮撮要》《琉球入學録》諸書相質正”，等等。卷三十七末此本多一葉述乾隆三十九年王倫聚衆爲寇事。卷三十九第五葉，此本"張萬貫調任"五字上爲空格，初印本原有"以泗水縣知縣嘉應舉人"十字。

書名葉中鐫書名，鈐朱文方印"曲阜縣印"，右鐫"乾隆甲午新修"，左鐫"聖化堂藏板"。

"玄""弘"字避諱缺末筆，"曆"諱作"歷"。

《中國地方志聯合目録》著録。

中國國家圖書館、故宫博物院等數十館，美國哈佛大學哈佛燕京圖書館、哥倫比亞大學東亞圖書館，日本國立國會圖書館、東洋文庫、東京大學東洋文化研究所等有收藏。

鈐楷書朱文長方印"積學齋徐乃昌藏書"。

147
［康熙］續修汶上縣志六卷

T3140　3421.81

《［康熙］續修汶上縣志》六卷，清聞元炅纂修。清康熙五十六年（1717）刻五十八年（1719）補刻本。一函二册。版框高21.2厘米，寬14.9厘米。半葉十行二十字，小字雙行同，白口，四周單邊，單魚尾。版心上鐫"汶上縣志"，中鐫卷次及小題。

首康熙五十六年金一鳳《續修汶上縣志序》、聞元炅序，次《續修汶上縣志目録》，次《續修汶上縣志凡例》十一則。

各卷端署"西泠聞元炅續編"。

分八門二十七目：卷一方域志（沿革、疆域、星野、山、川［泉湖閘壩口附］）、建置志（城池、公署、學校、壇祠、編里）；卷二職官志、官師表；卷三政紀志（户口、田賦、選舉［武科附、貤封附］）、風俗；卷四宦迹志（列傳）、人物志（列傳）；卷五雜志（災祥、物産、古迹、御幸、陵墓、寺觀、宫室）；卷六藝文志（詩、文、奏議）。

汶上，戰國時齊之平陸邑。漢宣帝甘露年間置東平陸縣，爲汶上建縣之始。唐天寶元年（742）改稱中都縣。金貞元元年（1153）更名汶陽縣。金泰和八年（1208）更名汶上縣，明清因之，屬兗州府。今屬山東省濟寧市。

聞元炅，錢塘（今浙江杭州）人。康熙間舉人，康熙四十二年任汶上知縣。

明萬曆三十六年（1608）栗可仕、王命新修纂《汶上縣志》八卷，聞元炅任知縣後，於康熙五十六年取舊版修補重刷，又搜輯百餘年來邑事，續修六卷，同年付梓，合印行世。凡舊志内容無須增輯者，則僅存其目，注"詳見舊志"，計有沿革、疆域、星野、山、編里、風俗、物産、古迹、寺觀、宮室十類。康熙五十八年重印時，於卷末增加聞元炅《重建餘韻樓記》一篇。

《中國地方志聯合目録》著録。

中國國家圖書館、首都圖書館等四十餘館，美國哈佛大學哈佛燕京圖書館，加拿大多倫多大學東亞圖書館，日本東洋文庫、東京大學東洋文化研究所等有收藏。

148

［乾隆］新鄭縣志三十一卷首一卷

《［乾隆］新鄭縣志》三十一卷首一卷，清黃本誠纂修。清乾隆四十一年（1776）刻本。三函十二册。版框高 20.1 厘米，寬 14.1 厘米。半葉十行二十六字，小字雙行同，黑口，四周單邊，單魚尾。版心中鐫卷次及小題。

首乾隆四十一年黃本誠《重修新鄭縣志序》，次《修新鄭縣志舊序》（順治十六年［1659］馮嗣京序、張光祖序、康熙三十三年［1694］朱廷獻序），次《新鄭縣志重修姓氏》、《新鄭縣志凡例》三十九則、《新鄭縣志總目》，次《聖製》（順治至乾隆間御製文）。

分十七門：卷一沿革考（附封建），卷二星野考（有圖，附祥異），卷三疆域志（有圖，附形勝），卷四風土志（附物産），卷五山川志（有圖，附古迹），卷六建置志（有圖，附橋梁），卷七職官表（附兵制），卷八循吏傳，卷九賦役志（附卹政），卷十學校志（有圖，附書院），卷十一祠祀志（附陵墓），卷十二選舉表，卷十三至二十人物志（本紀、世系圖、世家、年表、列傳、忠節、孝義、鄉耆、隱逸、流寓、仙釋、列女），卷二十一至二十八藝文志，卷二十九金石志，卷三十經籍志，卷三十一雜志。

新鄭，春秋時鄭武公將國都由咸林遷至此，後爲韓國都城。秦置新鄭縣，屬潁川郡。西晉廢。隋開皇十六年（596）復置，屬滎陽郡。唐、五代、宋屬鄭州，金、元屬鈞州，明隆慶五年（1571）屬開封府。清雍正二年（1724）改屬禹州，十二年屬許州府，乾隆六年仍屬開封府。今屬河南省新鄭市。

黃本誠，字體仁，號思堂，浙江嘉興人。乾隆二十五年舉人，四十年任新鄭縣知縣。

新鄭縣志之纂修，黃本誠《凡例》云：“邑舊志創自前明萬曆戊午（四十六年，1618）邑令陳公大忠，閱四十六年國朝順治己亥（十六年）邑令馮公嗣京修之，閱三十五年康熙甲戌（三十三年）邑令朱公廷獻續修之。陳志值明季之變，久已散佚，馮志僅有殘帙，惟朱志現存，皆因陋就簡，多有訛漏。迄今八十二年，無有起而是正之者。予涖任後，急思修輯，而匆匆未果。去秋始與諸紳士相商爲之，遂欣然共事然，幾費經營矣。"今萬曆志已佚，馮、朱二志皆存。《凡例》又云："志開局於乙未十一月，告成於丙申九月。增者十之七，更者十之三，刪者十之二。名雖仍舊而體則從新，袪浮覈實，訂訛補缺。余與邑中諸紳士幾及一載之勞，公聽并觀，其難其慎。後之讀此志者，其亦有以諒余之苦衷也夫。"黃氏序云："歲在柔兆涒灘（乾隆四十一年丙申）之陽月予輯新鄭邑志成……邑志自前明草創，山川、古迹、職官、人物、藝文多脫略，國朝雖兩踵修，而莫能是正。余於去冬開局，凡歷代掌故之書下逮稗官小説無不搜羅，金石之文無不抉剔，山川之脉絡、道里之綿亘無不綜覽而條析之，雖不敢謂毫髮無遺憾，而於前志庶幾多所考訂者。"

"崇禎"避諱作"崇正"，"弘"作"宏"，"曆"作"歷"。

《中國地方志聯合目録》著録。

中國國家圖書館、北京大學圖書館等三十餘館，美國哈佛大學哈佛燕京圖書館、哥倫比亞大學東亞圖書館，加拿大多倫多大學東亞圖書館，日本東洋文庫、京都大學人文科學研究所等有收藏。

149

［乾隆］登封縣志三十二卷

T3145　　1144.83

《［乾隆］登封縣志》三十二卷，清洪亮吉、陸繼萼纂修。清乾隆五十二年（1787）刻本。二函八册。版框高 17.5 厘米，寬 14.5 厘米。半葉十一行二十一字，黑口，左右雙邊，雙魚尾。版心中鐫書名、卷次及小題。

首有未署年畢沅《登封縣志序》、劉文徽《序》，次洪亮吉《登封縣志叙録》，次《登封縣志目録》。

目録及各卷端署"太常寺博士洪亮吉、登封縣知縣陸繼萼同纂"。

分二十八門：卷一皇德記，卷二輿圖記（收《疆輿全圖》等十六幅），卷三至五土地記，卷六至七山川記，卷八大事記，卷九道里記、風土記，卷十至十一壇廟記，卷十二伽藍記，卷十三冢墓記，卷十四職官表，卷十五選舉表，卷十六户口簿、會計簿，卷十七學校志，卷十八衙署志，卷十九名勝志，卷二十物産志，卷二十一循吏傳、先賢傳，卷二十二列士傳、列女傳，卷二十三逸人傳，卷二十四高僧傳，卷二十五至二十九麗藻録（輯録詔誥、疏、表、頌、贊、論、書、跋、序、記、傳、賦、歌辭、詩等若干篇），卷三十金石録，卷三十一雜録，卷三十二序録（收録舊志序）。

登封，地處嵩山南麓。周爲潁邑，秦爲陽城、潁陽二縣地。西漢置崇高縣，東漢廢。北魏天安二年（467）置潁陽縣，太和十三年（489）析置堙陽縣。隋開皇初改爲武林縣，又改曰輪氏，再改曰嵩陽。武周萬歲登封元年（696）改爲登封縣，屬洛州。宋屬河南府。金屬金昌府。元屬河南府路。明、清屬河南府。今屬河南省登封市。

洪亮吉（1746—1809），字君直，一字稚存，號北江，陽湖（今江蘇武進）人。乾隆五十五年進士。早年屢試不中，先後充安徽學政朱筠、陝西巡撫畢沅等幕府。後任貴州學政。嘉慶四年（1799）上書言事觸怒皇帝，流放伊犁，百日後釋還，從此居家著述。著有《春秋左傳詁》《卷施閣詩文集》《北江詩話》等。《清史稿》卷三百五十六有傳。

陸繼萼，陽湖（今江蘇武進）人。舉人，乾隆五十一年任登封知縣。見本志職官表。

登封縣於明成化、正德間均曾修志，今已不存，僅有序文載於後此諸志。現存最早志書爲侯泰、王玉鉉纂修《［嘉靖］登封新志》六卷，嘉靖八年（1529）刻；其後鄧南金修、李明通纂《［隆慶］登封縣志》十卷，隆慶三年（1569）刻；張朝瑞、焦復亨纂《［順治］登封縣志》七卷，清順治九年（1652）刻；張壎纂修《［康熙］登封縣志》十卷，康熙二十年（1681）刻；張聖誥修、焦欽寵纂《［康熙］登封縣志》十卷，康熙三十五年刻；施奕簪、焦如蘅纂修《［乾隆］登封縣志》十卷，乾隆九年刻。洪亮吉、陸繼萼此志爲第七次纂修。劉文徵序云："陽湖陸君以孝廉來宰是邑，甫下車，即以續修邑志爲務，屬其事於常博洪君稚存。"畢沅序："及門洪常博稚存，深於地理之學，向在關中，余曾屬助校《華嶽》及《關中勝迹圖》等志。今從余客大梁，適宰登封陸君爲稚存同里，因以志事屬焉。余又急慫恿之。凡四閱月而成，爲記十，爲表二、簿二，爲志四，爲傳六，爲録二，合三十卷。稚存病夫近時府州縣志皆俚而不典，信傳聞而忽書傳，故其命名皆取於秦漢以來至唐宋而止，又徵引歷史及記傳，皆不厭其詳，必無可徵，始采舊志及采訪事實以補之，可謂通於作史之義者矣。"是志以考訂精審見長。

"崇禎"避諱作"崇正"，"弘"作"宏"，"曆"作"歷"。

書名葉右鎸"乾隆丁未仲秋"，中鎸"登封縣志"，左鎸"本衙藏板"。

《中國地方志聯合目録》著録。

中國國家圖書館、首都圖書館、中國臺北"中央研究院"傅斯年圖書館、中國臺北故宮博物院等數十館，美國國會圖書館、美國哈佛大學哈佛燕京圖書館，法國國家圖書館，日本東洋文庫、東京大學東洋文化研究所等有收藏。

150

［乾隆］偃師縣志三十卷首一卷

《［乾隆］偃師縣志》三十卷首一卷，清湯毓倬修，清孫星衍纂。清乾隆五十四年（1789）刻本。二函十册。版框高 18.8 厘米，寬 14 厘米。半葉十行二十一字，白口，左右雙邊，單魚尾。版心上鐫書名，中鐫卷次及小題。

首有未署年劉文徽序、乾隆五十四年湯毓倬序，次《疆域道里表》《偃師縣志目錄》，次《圖繪》十幅。

卷二十七、八卷端題"偃師金石遺文記"，署"縣人武億虛谷纂著，男穆淳愚溪校，韓甲辰太初採輯"。其餘各卷端署"翰林院編修孫星衍、偃師縣知縣湯毓倬同纂"。

分二十六門：卷一至二地里志，卷三山川志，卷四陵廟記，卷五風土記，卷六學校志，卷七祀典志，卷八賦役志，卷九帝紀考，卷十職官表，卷十一名宦傳，卷十二選舉表，卷十三名臣傳，卷十四儒林傳，卷十五忠節傳，卷十六政績傳，卷十七文苑傳，卷十八孝義傳，卷十九隱逸傳、流寓傳，卷二十至二十一列女傳，卷二十二仙釋傳、方技傳，卷二十三至二十六藝文志，卷二十七至二十八金石錄，卷二十九祥異志，卷三十大事記、逸事記（附載《襄修志事姓氏》）。

偃師，地處河洛平原、黃河南岸。周武王伐紂回師，於此築城，取息偃戎師之意，名爲偃師。秦置緱氏縣，屬三川郡。西漢置偃師縣，屬河南郡。魏因之。晉并入洛陽縣，隋開皇十六年（596）復置。唐屬洛州，開元初屬河南府。宋省入緱氏縣，後復置，屬河南府。金屬金昌府，元屬河南路。明、清屬河南府。

湯毓倬，字煥亭，直隸南皮（今屬河北）人。乾隆二十七年舉人，五十年任偃師知縣，後調任南陽知縣。

孫星衍，見"050　彙戰國史綱衍義十二卷音釋十二卷"介紹。

偃師縣之志書明清以來迭經纂修，最早爲明弘治十七年（1504）魏津纂修《［弘治］偃師縣志》四卷，今存明抄本；清艾元復修、藺楠然纂《［順治］偃師縣志》四卷，順治十六年（1659）刻，康熙九年（1670）曾增補；王澤長修、姚之簋纂《［康熙］偃師縣志》四卷，康熙三十七年刻；朱續志修、吕鼎祚纂《［乾隆］偃師縣志》十四卷，乾隆十一年刻。湯毓倬、孫星衍此志爲第五次纂修。湯氏序云："偃師志明嘉靖間魏志以前無可攷。國朝順治戊戌艾君元復所修曰'艾志'，久佚；康熙戊寅邑令王君澤長所修曰'王志'，亦佚；乾隆乙丑邑令朱君續志所修曰'朱志'，二十六年洛水暴漲，衝城壞署，板片飄失無存。迄今四十餘年，每大官蒞任，例呈送，無以應。毓倬乙巳歲杪承乏斯土，惴惴然懼文獻之將湮也，請之郡伯都梁劉公（劉文徽）謀重修，公急爲懲恚……邑之薦紳咸踴躍襄事，秉筆者實爲毘陵孫淵如先生。會先生聯捷入翰林，自都中以地理、山川、陵廟稿見寄，廼延同年湘潭張君紫峴明府開局署前新廨……是役也，起丁未仲冬，斷乎戊申季夏。"知是志爲孫星衍創稿、張度西（紫峴）續成。

卷二十七至二十八《偃師金石遺文記》爲本縣武億所纂。武億（1745—1799），字虛谷，號半石山人，偃師人。乾隆四十五年進士。畢生致力於金石碑版之搜訪研究，著有《金石三跋》十卷，以考證精審聞名。留意偃師金石碑刻三十餘年，應孫星衍之請將考證文字編入縣志中。其後又增廣爲《偃師金石記》四卷、《偃師金石遺文補錄》十六卷刊刻行世。

民國二十八年（1939）時曾補刻重印。

《中國地方志聯合目錄》著錄。

中國國家圖書館、中國科學院文獻情報中心、中國臺北"中央研究院"傅斯年圖書館、中國臺北故宮博物院等數十館，美國國會圖書館、美國哈佛大學哈佛燕京圖書館，日本東洋文庫、京都大學人文科學研究所等有收藏。

鈐楷書朱文長方印"積學齋徐乃昌藏書"、朱文方印"南陵徐乃昌審定善本"。

151

［乾隆］嵩縣志三十卷首一卷

T3145　　2269.83

《［乾隆］嵩縣志》三十卷首一卷，清康基淵纂修。清乾隆三十二年（1767）刻本。卷十六第七至八葉、卷三十第七葉爲抄補。一函四册。版框高18.4厘米，寬14.1厘米。半葉九行二十二字，小字雙行同，白口，左右雙邊，單魚尾。版心上鐫書名，中鐫卷次及小題。

首乾隆三十一年阿思哈《序》、歐陽永祺《序》，三十二年康基淵《嵩縣志自序》；次《原序》四篇（萬曆十年［1582］王守誠序、康熙二年［1663］楊厥美序、三十一年盧志遜序、三十二年李滋序）；次《嵩縣志凡例》十則、《嵩縣志目錄》。卷首爲圖六幅（星野圖、山川圖、里保圖、村鎮圖、城關圖、河渠圖），各有圖說。

目錄署"知嵩縣事臨泉康基淵纂修"，正文各卷端署"邑令臨泉康基淵纂修"。

分四表、十八志、八傳：卷一沿革表，卷二職官表，卷三貢舉表，卷四兩程世表（程頤、程顥世系，附載行狀、年譜），卷五沿革，卷六星野（祥異附），卷七疆域（道里、橋津附），卷八山川，卷九風俗，卷十城垣（砦堡、街巷附），卷十一里保（役法附），卷十二市鎮，卷十三公署，卷十四河渠，卷十五食貨，卷十六學校（書院、社學、鄉飲酒），卷十七祀典，卷十八户口，卷十九田賦（雜税、鹽引附），卷二十倉儲（養濟院、普濟堂附），卷二十一兵防（關塞形勝、歷代兵事），卷二十二宅坊亭墓，卷二十三至三十列傳（宦迹、賢哲、忠烈、孝義、治行、藝林、游寓、列女）。不單列藝文，凡碑記、詩賦等附載各條之下。

嵩縣，春秋時陸渾戎地。西漢置陸渾縣，屬弘農郡。魏、晉屬河南郡。北魏改爲北陸渾縣，於伏流城置南陸渾縣。隋開皇初，省北陸渾入南陸渾，又改曰伏流縣，大業初改名陸渾，屬河南郡。唐先天元年（712）析置伊陽縣。五代時，并陸渾入伊陽。宋紹興初升爲順州。金天德三年（1151）順州更名嵩州。蒙古至元三年（1266）廢伊陽入嵩州。明洪武二年（1369）降嵩州爲嵩縣，屬河南府。清因之。今屬河南省洛陽市。

康基淵，字臨泉，號静溪，山西興縣人。乾隆十七年進士，二十八年任嵩縣知縣。後升甘肅蘭州知州、江西廣信知府。

明清兩代嵩縣屢次修志。《凡例》云：“嵩古志明初已佚。胡敏、陸宜春志亦不可得。王守誠志僅存上卷。全者楊、盧二志。今幾八十年，故家文獻，簡略未備掌故。”明李化龍、王守誠曾纂《嵩縣志》二卷，載於王守誠《周南太史王公遺集》中（《遺集》目録注“嵩志，書未能全刻”）。現存有清楊厥美修、屈翔纂《［康熙］嵩縣志》四卷，康熙二年（1663）刻，僅存卷一、二兩卷。盧志遜修、李滋纂《［康熙］嵩縣志》十卷，康熙三十二年刻。康基淵此志爲現存第四部，以楊、盧二志爲基礎增纂邑事、重厘卷次而成。康氏自序云：“予博稽天下郡邑志，惟國朝陸稼書先生所輯《靈壽縣志》最爲愜心，其於民生利病、物力盈虚、時勢之相爲倚伏，洞於心，施於事，發爲文章，肫肫乎其言之篤也，卹卹乎其憂之深也……予承乏嵩邑三年，自惟德薄能淺，中夜抱疚，而平時師友所講求，竊願一見諸行事，以庶幾先生之萬一。”知此志體例係仿陸隴其（1630—1692，字稼書）所修《［康熙］靈壽縣志》。

瞿宣穎《方志考稿甲集》批評：“明末李闖屢寇是邑，自是史迹之大者。乃摘録盧志一段以細字夾注於星野篇中，是無識之甚也。”李自成事詳載兵防篇，并非僅見於此，但星野篇中夾注一段，確於體例不合。

《中國地方志聯合目録》著録。

中國國家圖書館、中國科學院文獻情報中心等三十餘館，美國國會圖書館、美國哈佛大學哈佛燕京圖書館，法國法蘭西學院漢學研究所，日本東洋文庫等有收藏。

152

［乾隆］新修懷慶府志三十二卷首一卷圖經一卷

T3144　9304.83

《［乾隆］新修懷慶府志》三十二卷首一卷《圖經》一卷，清唐侍陞修，清布顏、杜琮纂。清乾隆五十四年（1789）刻本。三函十六册。版框高 18.5 厘米，寬 14.8 厘米。半葉十一行二十二字，白口，四周單邊，單魚尾。版心上鎸“懷慶府志”，中鎸卷次及小題。

首乾隆五十四年（1789）唐侍陞《重修懷慶府志序》，次《舊志原序》（順治十七年［1660］蕭家芝序，康熙三十四年［1695］劉維世序、蕭瑞苞序），次《凡例》十七則、《重修懷慶府志姓氏》《重修懷慶府志姓氏目錄》，次《圖經》（《室宿圖》等二十三幅）、卷首（順治至乾隆間御製詩文）。

分十四門：卷一沿革（表、考），卷二星野（星野考、儀像圖考［太陽節氣附］），卷三至四輿地（疆域、形勝、山川、風俗、古迹、陵墓），卷五建置（城池、里甲、公署、祠廟、倉儲、養濟［義塚附］、關梁），卷六至七河渠（河防、隄工［兵夫堡房附］、水利），卷八田賦（則壤、成賦、户口、漕運、鹽課、雜税［物産附］），卷九至十學校（廟制［學舍附］、祀典、鄉飲、學額、書籍、學田［書院社學義學附］），卷十一兵防（營制、官守、郵傳、鋪司），卷十二至十六職官（職官、名宦），卷十七至十九選舉（辟薦、進士、舉人、貢生、武進士、武舉人［封建郡人封爵附］、封贈、廕襲、賢裔、戚畹），卷二十至二十五人物（先賢、先儒、列傳、忠節、孝義、隱逸、流寓、藝術、列女），卷二十六至二十七金石（河内、濟源、修武、武陟、温縣、孟縣、原武、陽武），卷二十八至三十一藝文（賦、詩、制誥、疏表［揭帖附］、書啓、論議、考、辨、記序、傳、碑銘、墓表［祭文附］、雜著），卷三十二雜記（物異、軼事［考證附］）。

懷慶，春秋時晉南陽之地。西漢初置河内郡，治懷縣，東漢因之。北魏天安二年（467）置懷州。隋大業初廢州爲河内郡，唐初復置懷州。宋爲懷州河南郡，屬河北西路。蒙古憲宗時期改懷孟路總管府，元延祐六年（1319）改懷慶路。明洪武元年（1368）爲懷慶府，清因之。領縣八：河内、濟源、修武、武陟、孟縣、温縣、原武、陽武。

唐侍陞，字贊宸，江蘇江都人。乾隆中以廕生授南河山旴通判，歷任宿虹、銅沛等地同知，擢湖北鄖陽知府，乾隆五十一年任河北道，後補山東運河道，調充沂曹濟道，以失察左遷，遂乞病歸。卒年七十二歲。以善於治河著稱。《清史稿》卷三百三十五有傳。

布顏，蒙古鑲黄旗人（本志《姓氏目錄》作鑲藍旗，職官下作正藍旗）。監生，乾隆四十八年任懷慶知府，五十三年調任荊州知府，後升湖北荊宜施道。

杜琮，字方水，江西新建人。乾隆二十四年舉人，任福建光澤、漳浦知縣，擢廣西南寧知府，旋調桂林，官至廣西按察使。乾隆五十三年任懷慶知府。

懷慶府志現存最早爲明正德十三年（1518）何瑭纂十二卷本，次爲孟重修、劉淫纂嘉靖四十五年（1566）刻十三卷本。清代凡四修：順治十七年（1660）彭清典修、蕭家芝纂十四卷，康熙三十四年（1695）劉維世纂修十八卷，雍正九年（1731）楊方泰纂修《［雍正］覃懷志》（即懷慶志）十八卷，唐侍陛此志爲第四修。唐氏序云："戊申春，侍陛與武陟令，今秋曹盧君又紳遂經始置局，并延繆城王君瑜、西蠡洪君亮吉、海陵陳君燮、雉皋江君大鍵分輯之。將及成書，又獲前守沈君稿本，因於公餘之暇參互考訂。適前粵西廉使杜公來守是邦，細加商礮，削草於及己酉之夏。書凡三十有二卷，爲門十有四，曰沿革，曰星野，曰興地，曰建置，曰河渠，曰田賦，曰學校，曰兵防，曰職官，曰選舉，曰人物，曰金石，曰藝文，曰雜記，敬錄聖製冠於卷首。雖部居州次未敢謂豪髮無憾，亦庶幾一邦文獻不至久而就湮耳。"

"崇禎"避諱作"崇正"，"弘"作"宏"，"曆"作"歷"。

書名葉右鎸"乾隆己酉年重刊"，中鎸"懷慶府志"，左鎸"本衙藏板"。

《中國地方志聯合目錄》著錄。

中國國家圖書館、首都圖書館、中國臺北"國家圖書館"等數十館，美國哈佛大學哈佛燕京圖書館、柏克萊加州大學東亞圖書館，日本東洋文庫、京都大學人文科學研究所等有收藏。

153

［乾隆］濟源縣志十六卷首一卷末一卷

T3145　3239.83

《［乾隆］濟源縣志》十六卷首一卷末一卷，清蕭應植纂修。清乾隆二十六年（1761）刻本。一函八冊。版框高 19.4 厘米，寬 13 厘米。半葉十行二十二字，小字雙行同，白口，左右雙邊，單魚尾。版心上鎸書名，中鎸卷次及小題。

首乾隆二十六年蕭應植《序》，次《玉川志舊序》四篇（嘉靖四十一年［1562］李資元序、順治十七年［1660］劉漪序、康熙三十四年［1695］黃應中序、二十九年段維崧序），次《濟源縣志卷首目錄》《修志姓氏》，次《修志凡例》十九則、《圖經》（《濟源四境總圖》等圖七幅）。

分二十三門：卷一沿革、星野、疆域、風俗、土宜、祥異，卷二山川、古迹、陵墓、寺觀，卷三建置（城池、公署、學校、倉廒、坊表、市鎮、里甲、鋪遞、關梁、橋渡），卷四至五祀典（濟瀆、文廟、壇壝、祠廟），卷六水利（堤防附），卷七賦役（戶口、田賦、鹽引、稅銀、積貯、蠲賑、曠典），卷八職官、名宦，卷九選舉（薦辟、進士、舉人、貢士、例貢、武職、武科、椽吏、封贈、襲廕），卷十至十一人物（宦績、忠烈、孝義［一行附］、文學、寓賢、隱逸、仙釋、方技），卷十二列女，卷十三至十六藝文（歷代御製、表疏、古文、議、論、辨、傳、序、銘、墓志、墓表、碑記、詩、賦），卷末識餘（古事、雜志、辨訛）。

濟源，春秋時原邑，西漢置沁水、軹二縣，屬河內郡。東漢至晉因之，北齊省沁水縣。隋開皇十六年（596）始析軹縣北部置濟源縣，屬懷州，大業初屬河內郡。唐貞觀元年（627）并軹縣入濟源，屬洛州，會昌三年（843）改屬孟州。蒙古至元三年（1266）并王屋縣入濟源。明洪武十年（1377）改屬懷慶府。清因之。今爲河南省濟源市。

蕭應植，字智方，號立齋，江南懷寧（今屬安徽）人。乾隆十八年拔貢，二十一年任濟源知縣。後歷官廣東揭陽知縣、瓊州知州、湖北安襄鄖道。

濟源有志始於明天順七年（1463），再修於嘉靖四十一年（1562），三修於順治十七年（1660），皆已失傳。現存最早爲康熙三十三年尤應運、黃應中纂修《［康熙］濟源縣志》十八卷（《中國地方志聯合目錄》未著錄。《中國地方志總目提要》著錄，謂傳本極罕）。蕭應植此志以康熙志爲基礎纂修，序云："凡茲舊乘敷陳，罔不採經而據傳，況經前賢訂政，何妨挹彼以注茲。第纂編在仁廟之初年，風土人情，歷久已多變易。適檄飭上憲之公牘，紳衿士庶詢謀，遂爾僉同。植學媿雕蟲，才慚積玉，錢穀簿書之鹿鹿，未便操觚；風塵酬酢之紛紛，何從搦管。爰聘高賢於越右，東陽俊彥，經笥素號便便（謂沈樗莊）；更求碩德於鄰封，中立才華，錦字共欽灼灼（謂楊王政）。經赤奮攝提之寒暑，爲綱爲紀，牙籤早已犀分。迨執徐荒落之冬春，載校載讐，梨棗爰開剞劂。"嘉慶間何芬芳、劉大觀又據此志續修《［嘉慶］續濟源縣志》十二卷。

"茲"、從"玄""真"之字及"貞"字避諱缺末筆，"崇禎"作"崇正"，"弘"作"宏"，"曆"作"歷"。

《中國地方志聯合目錄》著錄。

中國國家圖書館、中國科學院文獻情報中心、中國臺北"國家圖書館"、中國臺北故宮博物院等四十餘館，美國國會圖書館、美國哈佛大學哈佛燕京圖書館，法國法蘭西學院漢學研究所，日本東洋文庫、京都大學人文科學研究所等有收藏。

154

［乾隆］温縣志十二卷首一卷

T3145　3169.83

《［乾隆］温縣志》十二卷首一卷，清王其華修，清苗于京纂。清乾隆二十四年（1759）刻本。一函四册（以"詩""書""禮""樂"標記册序）。版框高 19.5 厘米，寬 14.5 厘米。半葉十二行二十四字，小字雙行同，白口，左右雙邊，單魚尾。版心上鎸書名，中鎸卷次及小題。

首乾隆二十四年（1759）王其華序，次《舊志序》四篇（萬曆五年［1577］張第序、順治十六年［1659］李若廣序、康熙三十四年［1695］張明達序、乾隆十一年張承謨序），次《修志姓氏》，次《凡例》十七則、目錄。

分十二門：卷一圖説（室宿圖等十一圖），卷二沿革表（帝王、后妃、外戚、爵封、邑人爵封），卷三秩官表（武弁附），卷四選舉表（貤封秩壽附），卷五天文志（星野、災祥），卷六地理志（疆域、形勝、集鎮、山川、水利、津渡、風俗、古迹、物産、陵墓），卷七建置志（城池、公署、倉廒、橋梁、河防、鋪舍、碑坊、武備），卷八祠祀志（寺刹院附），卷九學校志（學宮、祭器、樂器、陳設、佾生、書籍、卜里書院、藏書樓書籍、義學、鄉飲附），卷十田賦志（里甲、户口、地畝、軍衛、賦税、積貯、鹽課、雜税、恩卹附），卷十一宦迹志，卷十二人物志（勳望、良牧、儒林、文苑、武略、方正、孝義、隱逸、僑寓、藝術、列女、方外）。

温縣，周畿内封邑，西漢置温縣，屬河内郡，東漢及魏晉因之。東魏天平初年改屬武德郡，北齊省，隋開皇十六年（596）復置。唐武德四年（621）改縣曰李城，并置平州，是年州廢，縣復故名，屬孟州，八年屬懷州，顯慶二年（657）屬洛州，會昌三年（843）屬孟州，五代宋金因之。元屬懷慶路。明清屬懷慶府。今屬河南省焦作市。

王其華，字文叔，號東溪，福建惠安人。乾隆七年進士，十八年任温縣知縣，後升主事。

苗于京，字配山，河南武陟人。雍正十年（1732）舉人。

温縣志創修於明萬曆五年知縣張第，有《［萬曆］温縣志》二卷；清順治十五年李若廣、吳國用續纂，剜改萬曆版，補刻重印；康熙三十四年，知縣張明達再修；乾隆十一年，張承謨纂《［乾隆］温縣志》十六卷。王其華序云："温志創於張令第，萬曆紀年之五也。歷國朝而李令若廣、張令明達、承謨奉憲檄將事，凡三加纂焉。其華受任兹土，甫莅任，批閱邑志，人文非不粲列，而甄酌失宜。郭熙，方伎也，而混於儒林；關關，職官也，而列於僑寓。登靳丞之獎亂，實五家之妄冒。煩冗猥雜，久欲大加裁定。簿書鞅掌，軍務倥傯，不遑也。客歲嘉平，歲晚務閒，乃延武陟孝廉苗與邑之紳士吳玉斗、田壽、鄭之琇輩，鍵户閉關，焚膏繼晷，删改不厭其煩，折衷要期於當，缺者補之，訛者正之，文之汗漫者節之，事之失實者汰之，間亦附以鄙見，商榷參定，三匝月而畢。爲圖十一、表三、志八，凡十二卷。"

《中國地方志聯合目録》著録。

中國國家圖書館、中國科學院文獻情報中心、中國臺北"中央研究院"傅斯年圖書館、中國臺北故宫博物院等三十餘館，美國國會圖書館、美國哈佛大學哈佛燕京圖書館，日本東洋文庫、京都大學人文科學研究所等有收藏。

155

［乾隆］衛輝府志五十三卷首一卷末一卷

T3144　2295.83

《［乾隆］衛輝府志》五十三卷首一卷末一卷，清德昌纂修。清乾隆五十三年（1788）刻本。六函四十八册。版框高 18.3 厘米，寬 14.3 厘米。半葉十行二十二字，小字雙行同，白口，左右雙邊，單魚尾。版心上鎸書名，中鎸卷次及小題。

首乾隆五十三年畢沅《重修衛輝府志序》、德昌《衛輝府志序》，次《重修衛輝府志姓氏》《衛輝府志目録》（《目録》缺第二葉，存世各本多缺此葉，蓋原版久佚）。卷首聖製，爲順治至乾隆間御製詩文。

分十八門：卷一輿圖，卷二至三沿革（表、考），卷四星土（形勢附、祥異附），卷五古迹，卷六至八地理（山川、堤堰、溝渠、河防、疆域、里社、鄉莊附、市集附），卷九封爵，卷十至十一建置（城池、公署、學宫、書院、學田附、倉廒、祠宇、津梁、坊表、戍堠、驛站、兵防），卷十二至十六職官，卷十七田賦（則壤、成賦、雜税、鹽引），卷十八户口，卷十九風俗、方言，卷二十食貨，卷二十一祠祀（壇廟、寺觀、陵墓），卷二十二學校，卷二十三至二十六選舉，卷二十七至三十七人物（聖迹、賢哲、儒林、道學、忠節、名宦、政績、名臣、文苑、武功、方伎、耆老、孝義、隱逸、流寓、列女），卷三十八至五十二藝文（詔、制、表、疏、贊、銘、箴、辯、賦、歌、詩、謡、辭、書啓、跋、説、引、考、序、碑、記、傳、神道碑、誄、祭文、墓表、墓誌銘），卷五十三至卷末序録（雜録、舊序、姓氏、舊跋、雜説）。

衛輝，古冀、兖二州之地，周爲衛國。西漢置汲縣。北周時設衛州。唐屬河北道。宋屬河北西路。元中統元年置衛輝路總管府，屬中書省。明、清爲衛輝府，屬河南布政使司。領縣十：汲縣、新鄉、獲嘉、淇縣、輝縣、延津、濬縣、滑縣、封丘、考城。

德昌，字懋亭，滿洲正白旗人。乾隆四十八年由内閣中書任衛輝府知府。五十八年任汝寧府知府，嘉慶元年（1796）曾主修《汝寧府志》。

明萬曆三十一年（1603）侯大節創修《衛輝府志》十六卷，清順治十六年（1659）程啓朱等增刻爲十九卷，康熙三十四年（1695）胡蔚先修、李芳辰纂《衛輝府志》十九卷。舊志所載僅領六縣，雍正中割開封之延津、直隸大名之濬縣、滑縣來隸，乾隆中割開封之封丘、歸德之考城來隸，幅員增倍，上距康熙舊志之修又已歷百餘年，德昌到任後遂主持重修，歷時九月而成書（畢沅序）。

“弘治”避諱作“宏治”，“宏”字或缺末筆，“曆”作“歷”或“歷”。

書名葉右鐫“乾隆戊申孟秋鐫”，中鐫“衛輝府志”，左鐫“本署藏板”。

《中國地方志聯合目録》著録。

中國國家圖書館、北京大學圖書館、中國臺北故宮博物院等四十餘館，美國哈佛大學哈佛燕京圖書館，日本東洋文庫、京都大學人文科學研究所等有收藏。

156
［乾隆］汲縣志十四卷首一卷末一卷

T3145　　3469.83

《［乾隆］汲縣志》十四卷首一卷末一卷，清徐汝瓚纂修。清乾隆二十年（1755）刻本。有缺葉及抄配十餘葉。一函六册。版框高 20.1 厘米，寬 13.8 厘米。半葉十行二十二字，小字雙行同，黑口，左右雙邊，單魚尾。版心中鐫書名、卷次及小題。

首聖製詩，次乾隆二十年徐汝瓚《序》，次修志姓氏、《凡例》二十八則、《汲縣志目録》、《圖説》（《城圖》《縣境圖》等十一幅，邑人王德祥繪）。卷末爲雜識、舊序及舊志姓名。

各卷端署“邑令錫山徐汝瓚纂修”。

分八門：卷一至二輿地（沿革、星野、祥異、疆域、形勝、山川、里社、街巷、市集、古迹），卷三至四建置（城郭、公署、學校、倉廠、兵防、驛傳、橋梁、堤堰、坊表、壇壝、祠廟、寺觀、塚墓），卷五賦役（户口、人丁、丁銀、地畝、地糧、起運、存留、耗羡、漕米、雜税、鹽引、倉儲），卷六風土（風俗、俗禮、歲時、種植、食貨、藝術、物產），卷七爵秩（封爵、秩官、令佐、教職、武職、遺愛），卷八選舉（進士、舉人、貢生、武舉、薦辟、委署、例貢、例監、吏掾、武弁、封贈、蔭叙、戚畹、鄉飲），卷九至十一人物（賢哲、宦望、文苑、忠烈、孝義、善迹、隱逸、游寓、列女、方技、仙釋），卷十二至十四藝文（歷代御製、疏、碑記、記、説引、題序、銘、詩、附録）。

汲縣，戰國魏汲邑，西漢置汲縣，屬河内郡。西晉廢。北魏太和十二年（488）復置。北齊并入伍城縣。隋開皇六年（586）改伍城縣爲汲縣，屬衛州。唐爲衛州治，五代及宋因之。元爲衛輝路治。明清爲衛輝府治。

徐汝瓚，字上尊，江蘇無錫人。乾隆二年進士，十七年任汲縣知縣。

汲縣向來爲府治，故無邑志。康熙間佟國瑞、吳干將創修《［康熙］汲縣志》十二卷，康熙三十四年（1695）付梓。徐汝瓚即以此志爲基礎續纂，自序云：“（汲縣）自元明以上素無尚志。至我朝康熙間，佟令國瑞、吳令干將相繼蒐輯，始克有成書，迄於今闕紀載者又幾六十年矣。今上龍飛之十有五年，歲在庚午，聖駕巡豫，駐蹕衛輝，御製詩二章，建碑比干廟擊磬亭，宸藻輝煌，照曜今古。壬申春，汝瓚承乏兹土，即思濡毫恭紀曠典……適郡憲王公檄飭修志，汝瓚廼承命謀於邑紳士，諏吉設館，博加採訪，分任排纂，公餘之暇，與共商榷。取前志舛訛者正之，遺缺者補之，逾期而脱稿。先輿地、建置，次賦役、風土，後及爵秩、選舉，而終之以人物、藝文。剖別門分，凡八綱八十二目，其十有四卷，首列圖説，末附雜識，庶幾視舊稍爲詳核，爰呈郡憲裁定而授之梓。”又《凡例》末則云：“舊志刻於康熙丁丑，迄今垂六十年。乾隆乙丑劉令尚文嘗事增修，間有存稿，未成而罷。兹與邑之紳士重加采輯釐訂，雖較前稍似詳核，然簿牒裝懷，趨承鞅掌，未能周稽博攷，從容商榷，恐掛漏舛訛仍復不免，惟不敢因陋就簡，汝瓚與諸紳士均有苦心焉。”

書中模糊葉不少，當係後印本。有數葉字體與其他葉不同，蓋後印時之補版。

書名葉右鐫“乾隆乙亥重脩”，中鐫“汲縣志”，左鐫“本衙藏板”。

《中國地方志聯合目録》著録。

中國國家圖書館、中國科學院文獻情報中心、中國臺北“中央研究院”傅斯年圖書館、中國臺北故宮博物院等五十餘館，美國國會圖書館、美國哈佛大學哈佛燕京圖書館，日本東洋文庫、京都大學人文科學研究所等有收藏。

157

［乾隆］新鄉縣志三十四卷首一卷

T3145　0222.83

《［乾隆］新鄉縣志》三十四卷首一卷，清趙開元纂修。清乾隆十二年（1747）刻本。二函六册。版框高 20.2 厘米，寬 14.8 厘米。半葉十二行二十五字，白口，四周單邊，單魚尾。版心中鐫書名、卷次及小題。

首乾隆丁卯（十二年，1747）趙開元序，次《舊志序跋》（萬曆七年 [1579]
余相序、萬曆二十二年郭庭梧序、梁問孟序、盧大謨序、崇禎十三年 [1640]
張縉彥序、順治十六年 [1659] 魏裔介序、順治十七年孫奇逢序、十六年許作
梅序，康熙二十九年 [1690] 周毓麟序、任璿序），次《修志姓氏》《舊修姓氏》，
次《凡例》十三則、《志目》。

卷一圖説（室宿、壁宿、縣境、縣城、縣署、學宮、廊南書院、山、水、
黃河故道、沁河故道），卷二至六表（沿革、封爵、秩官、選舉），卷七至
二十八志（星野、疆域、形勝、山川、城池 [城堡附]、關梁 [驛傳附]、學校
[書院、義學、社學附]、公署、河渠、賦役 [邮政附]、兵防、風俗、物産、名
迹、藝文、祠祀 [寺觀附]、邱墓、祥異、拾遺），卷二十九至三十四列傳（循吏、
人物、宦望、孝友、儒林、文苑、廉介、義行、方技、仙釋、僑寓、列女）。

新鄉，隋開皇初始置縣，屬河内郡。唐屬衛州，五代因之。宋熙寧六年
（1073）省入汲縣，元祐二年（1087）復置，屬衛州，金因之。元屬衛輝路。明、
清屬衛輝府。今屬河南省新鄉市。

趙開元，字希輅，號質齋，江西奉新人。乾隆二年進士，四年任湯陰縣知縣，
七年調新鄉，再調武陟，十二年擢刑部主事，升郎中，總司秋讞。選雲南楚雄
知府，以年老留部，尋告歸。

趙開元序述修志事云："歲在庚申，余自湯陰調任，繙閲縣志，即擬重脩，
而鞅掌簿書，未及也。如是者又數年，乃得博采群編，旁搜故簡，邑内之殘碑
斷碣亦罔不訪求摹揭，以資參證。其故家遺族、學有淵源、群稱碩彦者，判牘
餘閒，相與諮諏，商榷復進。諸生之賢而有文者，令其編纂綴屬，而余親加裁
定焉。補舊志之缺，删舊志之訛，稍仿史體，爲十一圖、四表、十九志、十二
列傳。夫志以彰往示來，亦非徒徵文考獻，蓋其事甚難，何可苟焉而已哉。卷
帙粗完，移官武陟，匆匆付梓。深愧踈蕪，嗣而脩之，是在作者。"前此之明儲
珊修、李錦纂《[正德]新鄉縣志》六卷、周毓麟纂修《[順治]新鄉縣續志》
十卷、金茂和纂修《[雍正]新鄉縣志》三十四卷今皆有傳本。趙開元此志爲
存世之第四種。民國十年（1921）曾修版重印。

此志藝文類并不輯録各體詩文，而是著録經史子集四類書各若干部（經類
七家八部，史類十一家二十三部，子類十二家十六部，集類二十九家六十一部），
各有詳細叙録，是其特色。

"崇禎"避諱作"崇正"，從"弘"字缺末筆，"曆"作"歷"。

《中國地方志聯合目録》著録。

中國國家圖書館、首都圖書館、中國臺北"國家圖書館"等數十館，美

國哈佛大學哈佛燕京圖書館，日本國立國會圖書館、京都大學人文科學研究所等有收藏。

158
［乾隆］原武縣志十卷

《［乾隆］原武縣志》十卷，清吳文炘纂修。清乾隆十三年（1748）刻本。一函五冊。版框高 19.2 厘米，寬 14.1 厘米。半葉九行二十一字，小字雙行同，白口，四周雙邊，單魚尾。版心上鐫書名，中鐫卷次及小題。

首乾隆十二年紫瑋《原武縣志序》、吳文炘《序》、萬侯《增脩原武縣志序》、胡振組《叙》，次《原武縣志凡例》八則、憲檄修志、修志姓氏、《舊飭修縣志檄文》，次《舊序》七篇（萬曆二十一年［1593］張祥序、張邦敬序、閻邦寧序、胡希舜序，順治十四年［1657］甯弘舒序，康熙二十九年［1690］詹槐芬序、戚一變序），次《原武縣志目録》。卷末爲乾隆十三年薛乘時跋。

分三十門：卷一圖考（縣境全圖、縣城圖、縣治圖、學宮圖、黄河圖、八景圖，共十三幅）、沿革、星野、疆域、山川（池、潭［渡口附］）、古迹，卷二城池（渠道［橋梁附］）、學校（學田、社學、義學）、公署（行署［演武場附］）、倉庫、祠祀（生祠附）、鄉鎮、塚墓、風俗、物産，卷三禮樂，卷四賦税（均田税、漕運、鹽政、雜税）、户口、卹政，卷五河防，卷六職官、選舉、恩榮，卷七名宦、人物（名臣、文苑、循良［雋才附］）、孝義、列女，卷八至十藝文，卷十祥異（寇盗附）、摭遺。

原武，戰國時魏卷城，西漢始置原武縣，屬河南郡。西晉廢。北魏孝昌中復置。東魏改爲廣武縣。北齊廢。隋開皇十六年（596）復置，改爲原陵，屬滎陽郡。唐初改名爲原武縣。北宋熙寧五年（1072）降爲鎮，并入陽武縣，元祐元年（1086）復置，屬鄭州。元屬汴梁路。明屬開封府。清雍正二年（1724）改屬懷慶府。今屬河南省新鄉市原陽縣。

吳文炘，字曉村，徽州婺源（今屬江西）人。貢生，雍正八年由歲貢教習考授原武知縣。

原武縣現存明清志書四部。其一爲明張祥修、閻邦寧纂《［萬曆］原武縣志》二卷，萬曆二十二年刻；其二爲清甯弘舒修，裴之亮、孟文升纂《［順治］原武縣志》二卷，順治十八年刻；其三爲詹槐芬修、戚一變纂《［康熙］原武縣志》六卷，康熙二十九年刻。其四即此乾隆志，係增補康熙舊志而成。吳文炘序云：“原武縣舊志創始於明季，增修於國初，至康熙年間，詔下直省纂脩通志，於是撫豫中丞閻公檄下郡縣，興修志乘，而原志亦因之稍稍補輯，然闕略猶多，舛譌不少。文炘承乏茲邑十有餘年，披覽遺編，每深嘆息，願嘗從事於斯，而力有未遑也。乾隆甲子藩憲趙公慮邑志之不修，其事與人日就湮沒，又念大法小廉之際，經費不支，不能特開志館，禮聘名賢，俾一邑之中擇其質而有文、通知典故者相與編集成書……文炘之任原武也久，一邑之士民既相與安之矣，撫字敢憚其勞，催科不愁其拙，乃得於簿書期會之餘，搜採遺聞，訪求故迹，殘碑斷簡，復藉爲考證，資知舊志之闕略謹爲補之，知舊志之舛譌謹爲正之，商確再三。"又萬侯序云："開館自乙丑（乾隆十年）仲冬，至丙寅初夏而稿成，將謀付之剞劂。"有乾隆十三年跋，可知是爲刻成之年。

卷七末有旌表貞女李洪氏詩一首，字體與前不同，版心下無葉碼，當係後增。

各冊書衣鈐"原武縣印"。

"崇禎"避諱作"崇正"，"弘"字缺末筆，"曆"作"歷"。

《中國地方志聯合目録》著録作乾隆十二年刻。

中國國家圖書館、首都圖書館、中國臺北"中央研究院"傅斯年圖書館、中國臺北故宮博物院等三十餘館，美國國會圖書館、美國哈佛大學哈佛燕京圖書館，日本東洋文庫、京都大學人文科學研究所等有收藏。

159

［順治］淇縣志十卷圖考一卷

T3145　3869.80

《［順治］淇縣志》十卷《圖考》一卷，清王謙吉、王南國修，清白龍躍等纂。清順治十七年（1660）刻後印本。一函二冊。版框高 22.1 厘米，寬 15 厘米。半葉八行二十字，小字雙行同，白口，四周單邊，單魚尾。版心上鎸書名，中鎸卷數。

首順治十六年王謙吉《淇縣志序》、十七年王南國《淇誌序》，次《脩志姓氏録》、順治十五年衛輝府纂修志書帖文、《纂修淇縣志條例》七則、《淇縣志目録》及《圖考》（疆域、城池、縣治、文廟等四圖；目録作"圖考"，正文作"圖説"）。末順治十七年王廷議《淇縣誌後序》、關輝祚《淇縣志跋》。

分九門：卷一地里志（星野、沿革、疆域、形勝、山川、古迹、風俗、土産、里社、市集），卷二建置志（城池、公署、學校、驛所、鋪舍、亭榭、坊牌、橋梁、津渡、儲峙），卷三貢賦志（田畝、户口、税糧、徭役、驛傳、協濟、戎備、馬政），卷四祠祀志（壇壝、廟祠、寺觀、墓），卷五官師志（宦業、設官、仕宦），卷六選舉志（科第、貢生、薦辟、武舉），卷七人物志（賢哲、孝義、烈士、端方、節婦、賢婦），卷八至九藝文志（古今文、古今詩），卷十災祥志（附奏議）。

淇縣，古朝歌地，商王帝乙、帝辛建都之所。周爲衛國。秦漢爲朝歌縣，屬河內郡。晉屬汲郡，南朝宋仍屬河內郡。隋大業三年（607）改爲衛縣。唐屬衛州。北宋屬濬州。蒙古憲宗五年（1255）於衛縣改置淇州。明洪武元年（1368）降淇州爲淇縣，屬衛輝府。清因之。今屬河南省鶴壁市。

王謙吉，字恂如，直隸灤州（今屬河北）人。貢生，順治十六年任淇縣知縣。

王南國，字道南，湖廣江陵（今屬湖北）人。舉人，順治十七年任淇縣知縣。

白龍躍，字潛九，河南淇縣人。明崇禎十五年（1642）舉人，清順治間曾任湖南嘉禾知縣。

淇縣邑志現存最早爲明方員、劉鉅纂修，劉伯璋增訂《［嘉靖］淇縣志》十卷，嘉靖十年（1531）刻二十四年增刻。其次即此順治志。王謙吉序云："自嘉靖乙巳歲蒲阪張公時中繼潛山方公重修邑志，迄今百餘載矣，未有續者……余奉上臺命，與司教王君、鄉紳白君謀之……歷三月日而告竣。"志書甫成而王謙吉去職，繼任知縣王道南主持刊成。

此本係後印本，避諱"弘"字剜去末筆，"曆"字剜去"日"旁，有剜改未盡者。重印當在乾隆年間。有斷版、模糊葉，整體版面尚屬清朗。

《中國地方志聯合目録》著録。

中國國家圖書館、中國科學院文獻情報中心、中國臺北"中央研究院"傅斯年圖書館、中國臺北故宮博物院等三十餘館，美國國會圖書館、美國哈佛大學哈佛燕京圖書館，日本東洋文庫、京都大學人文科學研究所、內閣文庫等有收藏。

160

［乾隆］重修彰德府志三十二卷首一卷

T3144　　0223.83

《［乾隆］重修彰德府志》三十二卷首一卷，清盧崧修，清江大鍵、程煥纂。清乾隆五十二年（1787）刻本。五函三十冊。版框高 20.5 厘米，寬 14.9 厘米。半葉十一行二十二字，白口，左右雙邊，單魚尾。版心上鐫"彰德府志"，中鐫卷次及類目。

首有未署年畢沅、乾隆五十二年盧崧《重修彰德府志序》，次江大鍵《分編小引》，次《彰德府志目録》。卷首包括順治至乾隆間上諭、御製詩文及舊序十二篇、《凡例》二十二則、《重修彰德府志銜名》。

分十八門：卷一天文、地理，卷二山川，卷三建置，卷四古迹，卷五學校（書院、義學附），卷六職官（考、表），卷七至八宦迹，卷九選舉（科第、薦辟、貢舉、武勳、封廕），卷十武備，卷十一田賦（地畝、科則、正賦、人丁、戶口、起運、存留、雜貢、漕糧、宗禄米、墾荒、耗羡、鹽引、驛站、雜税）、風土（風俗、物産），卷十三至十八人物（名宦、庶官、忠烈、孝友、儒林、文苑、行誼、義行、隱逸、技藝、流寓），卷十九至二十列女（賢母、賢婦、孝女、孝婦、烈女、烈婦、義女、義婦、完節、貞壽、貞女），卷二十一寺觀（仙釋附），卷二十二至三十藝文（制誥、奏疏、書啓、序、跋、碑記、論、贊、銘、議、考、説、傳、雜著、誌、詩、賦），卷三十一機祥，卷三十二雜記（雜行、拾遺、胜録）。

彰德，源於唐相州昭義軍，五代後晉天福二年（937）於相州置彰德軍節度使。宋曰相州鄴郡彰德軍，屬河北西路。金明昌四年（1193）升爲彰德府，仍屬河北西路。蒙古太宗四年（1232）立彰德總帥府，憲宗二年（1252）爲散府，屬真定路，至元二年（1265）爲彰德路，直隸中書省。明仍爲彰德府，屬河南布政使司，清因之。領州一：磁州；縣六：安陽、臨漳、湯陰、林縣、武安、涉縣。雍正二年（1724）以舊屬直隸大名府之内黄縣來隸，四年以磁州改屬直隸，故領縣七。

盧崧，字介軒，號存齋，奉天（今遼寧瀋陽）人，鑲黄旗漢軍。順天鄉試副榜貢生，乾隆二十年任新城知縣，歷官建昌、袁州、吉安知府，四十四年任彰德府知府。

江大鍵，字葯船，號鈎鈐子，江蘇如皋人。貢生。工詩、古文辭。

程焕，湖北漢川人，貢生。生平不詳。

彰德之府志創修於明正德末年，知府崔銑纂修《［嘉靖］彰德府志》八卷，嘉靖元年（1522）付刻。其後迭經續纂。萬曆九年（1581）常存仁修、郭樸纂《［萬曆］彰德府續志》三卷，清順治十六年（1659）宋可發修、吳之謨纂《［順治］彰德府志》八卷，康熙三十五年（1696）湯傳楷纂修《［康熙］彰德府志》十八卷，乾隆五年劉謙纂修《［乾隆］彰德府志》二十二卷，乾隆三十五年黄邦寧纂修《［乾隆］彰德府志》二十四卷。盧崧此志是在黄志基礎上重定門類、訂訛補遺而成，《凡例》云"是書始於丁未（乾隆五十二年）秋七月，即以是臘初旬脱稿"，同年付梓。記事至乾隆五十三年。

從"玄"之字避諱缺末筆，"崇禎"或作"崇貞"，"弘"作"宏"，"曆"作"歷"。

《中國地方志聯合目録》著録。

中國國家圖書館、首都圖書館等三十餘館，美國哈佛大學哈佛燕京圖書館、哥倫比亞大學東亞圖書館，日本東洋文庫、静嘉堂文庫等有收藏。

161

［乾隆］湯陰縣志十卷

T3145　　3273.83

《［乾隆］湯陰縣志》十卷，清楊世達纂修。清乾隆三年（1738）刻本。一函四册。版框高 19.7 厘米，寬 14.2 厘米。半葉八行十九字，小字雙行同，白口，左右雙邊，單魚尾。版心上鎸書名，中鎸卷次及小題。

首康熙三十年（1691）趙光貴《原序》、乾隆三年楊世達《重修湯陰縣志序》，次目録、縣境圖四幅。

分九門：卷一地理志（星野、山川、古迹、風俗、陵墓、渡口、橋梁、里社、村莊），卷二建置志（城池、公署、儒學、行署、市集、坊表），卷三祠祀志（附寺觀），卷四田賦志，卷五官師志，卷六至七人物志，卷八至九藝文志，卷十雜志。

湯陰，戰國時魏蕩陰邑。西漢置蕩陰縣，屬河内郡。北魏天平初年并入鄴縣。隋開皇六年（586）復置湯陰縣，屬汲郡。唐武德四年（621）改爲湯源縣，貞觀元年（627）復曰湯陰縣，屬相州。金屬彰德府。元屬彰德路。明、清屬彰德府。

楊世達，字輯五，號兼齋，廣東揭陽人。由附貢生任遂溪縣教諭，遷河南登封縣令。雍正七年（1729）由永城知縣調任湯陰知縣。

湯陰邑志之纂修，卷十雜志末有云：“湯志一修於成化五年己丑，邑令爲尚公璣，陝之同州人。天啓三年癸亥，邑令陽城楊公樸重修，高陽孫少師序之。崇禎十年丁丑，邑令威縣沙公蘊金復延邑人士之能文者修輯之，時與其事者□□□□□而之三槐蘇恪甫宏□□□□□□□人，孫少師復爲之序，少師名承宗，號愷□，□籍□□，其先世爲湯陰人。今康熙二十九年庚午邑令趙光貴奉巡撫都察院閣公檄，延鄉先達董重修。”成化、天啓志已佚，現存最早爲明沙蘊金修、蘇育纂《［崇禎］湯陰縣志》十九卷，崇禎十年（1637）付梓，僅中國國家圖書館有收藏，存卷一至十二、十七至十九。清晉淑召纂修《［順治］湯陰縣志》九卷，順治十三年（1656）刻，僅北京師範大學圖書館藏有卷八至九殘帙。康熙三十年（1691）知縣趙光貴曾重修邑志，今亦不傳。楊世達此志基於康熙志續纂，門目設置一仍其舊，續補康乾間史事而成。版心葉碼下常注“增一、增二（多者至增二十六）”等字樣，當係較舊志增補部分。記事簡略，職官多不載到任年月。是邑爲岳飛故里，記其軼事傳聞頗多。

《中國地方志聯合目録》著録。

中國國家圖書館、中國科學院文獻情報中心、中國臺北“國家圖書館”、中國臺北“中央研究院”傅斯年圖書館等四十餘館，美國國會圖書館、美國哈佛大學哈佛燕京圖書館，法國國家圖書館，日本東洋文庫、京都大學人文科學研究所等有收藏。

162
［乾隆］杞縣志二十四卷

T3145　4169.83

《［乾隆］杞縣志》二十四卷，清周璣纂修。清乾隆五十三年（1788）刻本。二函十二冊。版框高 17.6 厘米，寬 14.5 厘米。半葉十行二十一字，小字雙行，白口，左右雙邊，單魚尾。版心上鐫書名，中鐫卷次。

首乾隆五十三年周璣《重脩杞縣志序》，次《凡例》十八則、《杞縣修志姓氏》、《杞縣志目録》、《全圖考》（縣城圖、學宮圖、縣署圖、縣境圖、河渠圖）。

分十四門：卷一聖製，卷二天文志（星圖、分野、躔度、星氣、屬星、祥異），卷三至四地理志（沿革、封建、古迹、疆域、山川、水利），卷五建置志（城池、學宮、書院、衙署、倉庫、公署、壇廟、寺觀、坊表、橋梁），卷六禮樂志（秩祠、鄉飲），卷七田賦志（賦税、漕糧、户口、地畝、存留、支發、河夫、鹽課），卷八風土志（風俗、物產），卷九職官志（刺史、縣令、縣佐、治屬、教諭、訓導、名宦），卷十至十一選舉志（薦辟、賢良方正、進士、孝廉、舉人、秀才、恩拔、副歲、例貢、例監、武科、誥封、任子），卷十二武備志（兵防、千總、烽堠、驛遞、軍衛），卷十三至十八人物志（古聖、名儒、忠烈、直諫、事功、循績、孝友、篤行、文苑、武功、隱逸、善良、游俠、流寓、方伎、耆農），卷十九至二十列女志（后妃、名媛、義烈、烈女、烈婦、孝女、孝婦、賢婦、節婦），卷二十一至二十三藝文志（碑記、銘、讚、頌、疏、表、傳、序、文、辨、引、詩歌），卷二十四叙録志（舊志序、書籍目、舊修志姓氏）。

杞縣，西周爲杞國，春秋爲宋雍丘邑。秦置雍丘縣。至隋開皇十六年（596）於雍丘縣置杞州，大業三年（607）州廢。唐武德四年（621）復置杞州，貞觀元年（627）再廢。五代後晉改雍丘爲杞縣，後漢、後周仍曰雍丘。金正隆後復爲杞縣。元屬汴梁路。明清屬開封府。今屬河南省開封市。

周璣（1729—1819），字漢儀，號玉圃，湖南桂陽人。乾隆二十四年舉人，初爲尉氏知縣，治河有勞績，四十八年調任杞縣知縣。後歷任鄧州知州、南陽知府、江西督糧道。

明清間杞縣屢修志書，現存五部。最早爲明蔡時雍修、王顯志纂《［嘉靖］杞縣志》八卷，嘉靖二十五年（1546）刻，僅存殘本卷五至八，藏上海圖書館。其次爲馬應龍纂修《［萬曆］杞乘》四十八卷，萬曆二十七年（1599）刻，僅中國國家圖書館收藏一部，南京大學圖書館有舊抄本一部。第三爲清李繼烈、何彝光纂修《［康熙］杞縣志》二十卷，以順治間吳守審志（已佚）爲基礎續編而成，康熙三十二年（1693）刻，僅存殘本卷三至二十，藏南京大學圖書館。其四爲王之衛修、潘均纂《［乾隆］杞縣志》二十卷，乾隆十一年刻。周璣此志爲第五部，周氏序云："杞自去年來歲稔無事，余乘時勢大修學宫，移置書院，凡一切祠廟俱爲整飭矣。謀及志書，又不可不重爲增脩也。適遇江左朗齋徐君（徐嵩）、元圃朱君（朱瑢）過杞，遂設館授餐於侯氏之西園，相與上下古今朝夕商確。首自星野、災祥、豐歉，次及山川、水利、沿革、建置，以至賦稅之增減、職官之次第、人材之代興，莫不條分縷晰，列眉指掌。其有不安於舊志者，繁則删之，缺則補之，訛則正之，淆則釐之，至人物一門，尤加意搜羅，平心論定，無缺無濫。總十二門，分若干卷，閲數月其書復成。"

從"玄"之字避諱缺末筆，"崇禎"作"崇正"，"曆"作"歷"或"歷"，"弘治"作"宏治"，"宏"字缺末筆。

《中國地方志聯合目録》著録。

中國國家圖書館、中國科學院文獻情報中心、中國臺北"中央研究院"傅斯年圖書館、中國臺北故宫博物院等四十餘館，美國國會圖書館、美國哈佛大學哈佛燕京圖書館，日本東洋文庫、京都大學人文科學研究所等有收藏。

163
［乾隆］鄧州志二十四卷首一卷末一卷

T3145　1712.83

《［乾隆］鄧州志》二十四卷首一卷末一卷，清蔣光祖修，清姚之琅纂。清乾隆二十年（1755）刻本。三函十二册。版框高 19.5 厘米，寬 14.1 厘米。半葉十行二十二字，小字雙行同，白口，四周雙邊，單魚尾。版心上鎸書名，中鎸卷次及小題。

首乾隆二十年蔣光祖《序》，次《鄧州志凡例》十六則、《鄧州志姓氏》、《鄧州志目録》，次《鄧州輿圖》十二幅（以上卷首）。卷末附刻舊序六篇（嘉靖三十五年［1556］張僊序、嘉靖四十三年潘庭楠序、萬曆三十年［1602］趙沛序、順治十六年［1659］陳良玉序、趙德序、萬愫序）。

各卷端署"古延蔣光祖振裘氏纂修"。

分二十六門：卷一沿革（有表），卷二星野，卷三疆域（形勝附），卷四山川水利（津梁附），卷五建置（城池、公署、倉廒、坊巷、集鎮、鋪遞、邮政），卷六學校（義學［名宦諸祠附］），卷七祀典，卷八古迹（藩封、勝迹、塚墓、寺觀），卷九風俗（物産附），卷十賦役（里甲、户口、田賦、郵傳、鹽引），卷十一職官，卷十二名宦，卷十三武備（武胄［武功附］），卷十四選舉，卷十五人物，卷十六忠烈，卷十七孝弟、義行，卷十八隱逸、流寓，卷十九仙釋、方技，卷二十列女，卷二十一附傳，卷二十二至二十三藝文（詔誥、表奏、書、序、記、議辨説、傳、祭文、墓誌銘、碑表、賦、詩），卷二十四雜紀（祥異、兵變）。

鄧州，地處南陽盆地西南部。戰國時穰邑，秦置穰縣，屬南陽郡。漢因之。晉初屬義陽郡，後改屬新野郡。宋、齊因之。北魏太和中，荆州移治穰縣。隋開皇初，改曰鄧州；大業初，改南陽郡。唐武德二年（619）復改鄧州。宋屬京西南路。金屬南京路。元屬南陽府。明洪武二年（1369）廢穰縣入鄧州，仍屬南陽府，轄内鄉、新野、淅川三縣。清亦屬南陽府，而不再轄縣。今屬河南省鄧州市。

蔣光祖，見“130［乾隆］武安縣志二十卷圖一卷”介紹。

姚之琅，字樹西，號梧軒，湖北黄陂人。乾隆三年舉人。工詩、古文。卒年五十歲。

鄧州之州志創修於明嘉靖三十六年知州張僊，今已不傳。現存最早爲明潘庭楠纂修《［嘉靖］鄧州志》十六卷，嘉靖四十三年刻；其次清陳玉良修、彭而述纂《［順治］鄧州志》二十卷，順治十六年刻；趙德、萬愫修，彭始超纂《［康熙］鄧州志》八卷，康熙三十三年刻。蔣光祖此志爲現存第四部。蔣氏序云：“鄧志成於康熙甲戌，今六十年矣，其事皆闕焉無紀。又前書權輿，務在搜羅，未遑精核，後遂蹈襲前聞，莫爲辨正，郢書燕説，訛以傳訛。不佞自古虞量移穰牧，適奉憲檄重輯郡乘，爰與同志博稽史傳，訂訛補缺，又續記六十年事，書成凡二十四卷。”

此本爲後印本，版片殘損、模糊處不少。卷八第十五至十八葉、卷二十一第七至十三葉、卷二十三第三十一至三十四葉係補刻，另有缺葉十餘。

從“玄”之字避諱缺末筆，“曆”剜改作“歷”，“弘”字往往缺末筆，偶有剜改作“宏”者。

《中國地方志聯合目録》著録。

中國國家圖書館、中國科學院文獻情報中心、中國臺北“國家圖書館”、中國臺北故宮博物院等三十餘館，美國國會圖書館、美國哈佛大學哈佛燕京圖書館，日本東洋文庫、京都大學人文科學研究所等有收藏。

164

［乾隆］遂平縣志十六卷首一卷

T3145　　3314.83

《［乾隆］遂平縣志》十六卷首一卷，清金忠濟修，清祝暘等纂。清乾隆二十四年（1759）刻本。一函四册。版框高 20.1 厘米，寬 14.5 厘米。半葉九行二十一字，小字雙行同，白口，左右雙邊，單魚尾。版心上鎸書名，中鎸卷次及小題。

首乾隆二十四年兆城序、金忠濟《重修遂平縣志序》，次《舊序》二篇（萬曆十四年[1586]王致和序、順治十六年[1659]張鼎新序），次《遂平縣志凡例》八則、修志姓氏，次卷首圖六幅（星野圖、輿地圖、城池圖、縣署圖、學宮圖、書院圖）。

分十七門：卷一星野、輿地（沿革、疆域）、山川、古迹，卷二建置（城池、封建、官秩、公署、壇壝、街坊、巷社、保集、鋪遞、武備），卷三土産、風俗，卷四至五田賦（丁地、起運、存支、耗羨、倉穀、耤田、稅課、官莊、驛站），卷六水利（湖、河、溝、塘、堰、堤、橋），卷七至八學校（學宮、書院、典禮、鄉飲），卷九至十仕籍（知縣、縣丞、主簿、典史、教諭、訓導、把總），卷十一貢舉（保舉、進士、舉人、武科、貢生、職監），卷十二名宦、鄉賢，卷十三貞烈，卷十四外紀（仙釋、寺、廟、堂、機祥、雜著），卷十五至十六藝文（記、傳、文、詩）。

遂平，春秋時房國，楚并其地，吳王闔閭弟夫概奔楚，楚靈王封之於此，稱吳房。漢置吳房、灈陽二縣，屬汝南郡，魏晉因之。南朝宋廢吳房縣，北魏於吳房故地置遂寧縣。北齊并灈陽入遂寧。隋大業二年（606）仍改爲吳房縣，屬汝南郡。唐元和十二年（817）始改爲遂平縣，屬唐州，後屬蔡州。五代、北宋因之。宋高宗南渡後廢縣爲吳房鎮。金皇統元年（1141）復置遂平縣。元、明、清皆屬汝寧府。今屬河南省駐馬店市。

金忠濟，字見清，安徽休寧人。乾隆十九年進士，次年任遂平知縣，後曾任廣東增城知縣。

祝晹，金匱（今江蘇無錫）人。監生。

遂平有志，始於萬曆十四年邑令王致和，經明末兵燹，舊版已燼。現存最早爲清順治十六年張鼎新所修《[順治]遂平縣志》十五卷，記事簡略，粗具輪廓。金忠濟此志爲清代第二次纂修，金氏序云：“邑舊有志，明末燬於兵。本朝順治十六年縣令張君鼎新奉檄修輯，又忽忽百年於兹矣。濟不敏，承乏斯土，甫下車，觀風問俗，即取舊志遍覽，見其頗缺略，竊有重纂之志。時以水患築堰鑿渠，未暇也。今年春，公事少間，始克舉而從事焉……是役也，參稽舊聞，訪之故老，於前志之訛缺者訂之，而近事之信而有徵者詳爲續載，凡以觀民俗、出治理，用以自勉，且與後之豈弟君子共之也。”

此本係初印，後印本較此有剜改。如卷一第二葉“輿地”：“《孟子》曰‘經界不正則井地不均’，攸係匪淺矣，況《尚書》重畫郊圻，由來久歟。志輿地。”

後印本刪去"攸係"以下十九字。卷二末葉"國初裁減改隸知縣"，後印本無"隸知縣"三字。卷二建置標題下小類名後印本脫"封建、官秩、公署、巷社、保集、鋪遞"十二字。卷四田賦上標題下小類名後印本脫"存支"二字。卷十三第七葉"年十有八云"，後印本脫"八云"二字。卷十九第十五葉《石頭碑記》，後印本脫去著者"魏弘謨"。

"崇禎"避諱作"崇徵"，"弘"字缺末筆，"曆"作"歷"或"厤"。避諱不謹嚴，"玄""泓"字或不避。

《中國地方志聯合目録》著録。

中國國家圖書館、中國科學院文獻情報中心、中國臺北"中央研究院"傅斯年圖書館等三十餘館，美國國會圖書館、美國哈佛大學哈佛燕京圖書館，日本東洋文庫、京都大學人文科學研究所等有收藏。

165
[乾隆] 新蔡縣志十卷

T3145　0249.83

《[乾隆] 新蔡縣志》十卷，清莫璽章修，清王增纂。清乾隆六十年（1795）刻本。一函四册。版框高 17.1 厘米，寬 14 厘米。半葉十一行二十一字，小字雙行同，黑口，四周雙邊，雙魚尾。版心中鐫書名、卷次及小題。

首乾隆六十年莫璽章《重修新蔡縣志序》、王增《序》，次《新蔡縣圖》及圖說，次《新蔡縣志目録》《修志姓氏》《襄事姓氏》，次《志例》九則。

各卷端署"新蔡縣知縣莫璽章輯"。

分十一門：卷一地理（建置沿革、天文分野、疆域、山水、溝渠、冢墓、古迹），卷二經制（城池、縣治、行署、學校、壇壝、鋪舍、津渡、橋樑、街坊、鄉鎮、市集），卷二至三田賦（鹽法、稅課、倉穀、蠲免、優恤），卷四典制（祀典、寺觀、賓興、鄉儀、鄉俗），卷四至五官師、宦迹，卷六選舉，卷七人物，卷八列女，卷九藝文，卷十雜志。

新蔡，春秋時蔡平侯由蔡遷都於此，始稱新蔡。秦置新蔡縣，屬陳郡。兩漢屬汝南郡。兩晉置新蔡郡，治新蔡縣。東魏置蔡州，治新蔡縣。北齊廢蔡州，改新蔡郡爲廣寧郡。隋改置舒州，更名廣寧縣、汝北縣等，大業初州廢，縣復曰新蔡。唐武德初復置舒州，貞觀初廢，縣屬豫州，後改屬蔡州。宋屬淮康軍。金屬息州。元至元三年（1266）廢新蔡縣，省入息州。明洪武四年（1371）復置，屬汝寧府。清因之。今屬河南省駐馬店市。

莫璽章，字信甫，廣東安定人。乾隆二十五年舉人，五十四年任新蔡知縣。

王增，浙江紹興人。乾隆三十六進士，授翰林院編修。後主講汝陽南湖書院。

新蔡舊志，《志例》云："新蔡向無志乘。前明萬曆年間邑人劉氏大恩及其子若孫相繼編輯，勝國以來遺書僅存一二。國朝康熙三十年知縣吕氏民服復取劉氏原本重新纂輯，迄今百有三年，舊板模糊，卷頁殘缺。今仍其大略，增輯成書，以備文獻之徵。"明史燦修、劉大恩纂《［萬曆］新蔡縣志》八卷，萬曆七年（1579）刻；清譚弘憲原本、吕民服增修《［康熙］新蔡縣志》八卷，順治十六年（1659）刻康熙三十年（1691）增刻。兩志今皆存世。

莫璽章序云："乾隆己酉之歲，余以海南鯫生承乏兹邑，下車之日手披邑乘，考其風俗、人情，簡頁殘缺，竟至魯魚莫辨。蓋自康熙辛未前令吕公纂輯後，百餘年無繼修者。其丁男、田賦、風土、人物、文獻幾無可徵。覽斯志也，不猶有餘憾歟。爰請命於太守陸豐彭公（彭如幹），檄令重纂。方開局採訪，會彭公調任首郡，長白德公（德昌）來守是邦，復命余與諸紳士共襄其事，禮聘太史會稽王公總持修輯，將舊稿釐定。事增於前，文損於後，無美不彰，無微不顯，俾新邑掌故，今昔備載。則是志之成，豈非斯邑之幸乎。"

"曆"諱作"歷"。

《中國地方志聯合目録》著録。

中國國家圖書館、北京大學圖書館、上海圖書館、中國臺北"中央研究院"傅斯年圖書館、中國臺北故宫博物院等二十餘館，美國哈佛大學哈佛燕京圖書館，法國亞洲協會，日本東洋文庫、京都大學人文科學研究所等有收藏。

166

［乾隆］貴州通志四十六卷首一卷

T3243　5832.83

《［乾隆］貴州通志》四十六卷首一卷，清鄂爾泰、張廣泗修，清靖道謨、杜詮纂。清乾隆六年（1741）刻本。四函三十二册。版框高 20 厘米，寬 15 厘米。半葉十一行二十一字，小字雙行同，白口，四周雙邊，單魚尾。版心上鎸書名，中鎸卷次及小題。

首乾隆六年張廣泗《恭進貴州通志表》，次《貴州通志修輯官員》《貴州通志目録》，次《貴州通志凡例》二十五則。

分八門：卷一天文（星野、氣候、祥異），卷二至七地理（輿圖、建置、疆域、形勝、山川、關梁、郵傳、風俗、苗蠻、古迹、邱墓），卷八至十營建（城池、公署、學校、貢院、書院、義學、壇廟、寺觀），卷十一至十五食貨（户口、田賦、課程、經費、蠲恤、積貯、物産），卷十六至二十一秩官（官制、職官、名宦、土司），卷二十二至二十五武備（兵制、師旅考、苗疆師旅始末），卷二十六至三十二人物（選舉、鄉賢、忠烈、孝義、宦迹、文學、隱逸、列女、流寓、仙釋、方技），卷三十三至四十六藝文（敕、詔、諭、奏疏、狀、頌、贊、箴、銘、書、論、解、考、辯、傳、序、紀事、記、碑記、文、議、教、説、賦、詩、雜記）。

貴州，戰國時楚黔中地及且蘭、夜郎等地。秦屬黔中郡、夜郎、象郡等。漢屬荆、益二州。唐屬黔中道，部分屬劍南道。宋屬夔州路，元分屬雲南、四川、湖廣三行中書省。明永樂十一年（1413）置貴州布政使司，正式建置爲省。清沿明制，爲貴州省。至修志時，共領府十三，州十四，分防同知六，通判五。

鄂爾泰，見“098　八旗滿洲氏族通譜八十卷目録二卷”介紹。

張廣泗（？—1749），號敬齋，漢軍鑲紅旗人。以監生捐納候補知府。康熙六十一年選貴州思府府知府，歷官至貴州總督，兼管貴州巡撫事。參與平定大小金川之役，乾隆十四年以貽誤軍機斬立决。《清史稿》卷二百九十七有傳。

靖道謨（1676—1760），字誠合，號果園，湖北黄岡人。少以文學知名楚中。康熙六十年進士，選庶吉士，雍正元年（1723）任雲南姚州知州。應雲貴總督鄂爾泰之囑，編纂雲南、貴州兩省通志。歸籍後，先後主講鰲山、白鹿、江漢等書院。

杜詮，雲南馬龍州人。舉人。雍正十一年任仁懷知縣。

明清間貴州屢修通志，現存最早爲明弘治間沈庠修、趙瓚纂《［弘治］貴州圖經新志》十七卷，其次爲嘉靖三十四年（1555）謝東山修、張道等纂《［嘉靖］貴州通志》十二卷，三爲萬曆二十五年（1597）王耒賢、許一德纂修《［萬曆］貴州通志》二十四卷，四爲萬曆間郭子章纂《［萬曆］黔記》六十卷。清代則有《［康熙］貴州通志》三種，即康熙十二年曹申吉修、潘馴等纂三十三卷本，三十一年衛既齊纂修三十六卷本，三十六年衛既齊、閻興邦補修之三十七卷本。

此志繼康熙志續纂，《四庫全書總目》是書提要云：“國朝大學士鄂爾泰等監修。其書與《雲南通志》同時纂次，司其事者亦姚州知州靖道謨，繼之者則仁懷知縣杜詮也。其視各省通志成書最後，至乾隆六年刊刻始竣。總督管巡撫事張廣泗奉表上之。貴州僻在西南，苗蠻雜處，明代始建都指揮司，後改布政司，分立郡縣，與各行省并稱。而自唐宋以前，不過羈縻弗絶，尚未能盡闢狉榛，故古來紀載寥寥，最爲荒略。明趙瓚始創修新志，其後謝東山、郭子章及本朝衛既齊等遞事增修，漸有輪廓，終以文獻難徵，不免闕漏。惟田雯之《黔書》筆力頗稱奇偉，而意在修飾文采，於事實亦未臚具。此書綜諸家著述，彙成一編，雖未能淹貫古今，然在黔省輿記之中，則詳於舊本遠矣。”

嘉慶十年（1805）補刻本於卷四十六末增入福慶《黔中雷火記》一篇。此本無補刻内容。

"弘"字避諱缺末筆，"曆"作"曆"。

《四庫全書總目》史部二十四地理類、《中國地方志聯合目錄》著錄。

中國國家圖書館、首都圖書館、中國臺灣大學圖書館等數十館，美國哈佛大學哈佛燕京圖書館、康奈爾大學東亞圖書館、哥倫比亞大學東亞圖書館，日本東洋文庫、京都大學人文科學研究所等有收藏。

167

［乾隆］西安府志八十卷首一卷

T3154　　1634.83

《［乾隆］西安府志》八十卷首一卷，清舒其紳修，清嚴長明纂。清乾隆四十四年（1779）刻本。有若干缺葉及抄配葉。六函三十二册。版框高19厘米，寬14.4厘米。半葉十一行二十二字，小字雙行同，黑口，左右雙邊。版心中鎸書名及卷次。

首《西安府志略例》十三則，次乾隆己亥（四十四年）畢沅、尚安、劉墫、浦霖、翁燿、圖薩布、舒其紳諸家序，次《西安府志恭引御製書目》《西安府志銜名》《西安府志引用書目》《西安府志總目》，次卷首天章（順治至雍正間御製文及和詩）。

分十四門：卷一地理志（疆域圖［金陵張復純書］，分野附），卷二至四名山志（分縣記述），卷五至八大川志（亦分縣記述，水利附），卷九至十一建置志（城池、公署、鎮堡、關津、驛傳、營伍），卷十二至十八食貨志（蠲賑［歷代附］、户口［力役附］、田賦、積貯、屯運、經費、課程、鹽錢、茶馬、物產），卷十九至二十學校志（風俗附），卷二十一至二十六職官志（以自漢至清朝代爲序記載歷代官員名氏），卷二十七至四十人物志（先以自周至清朝代爲序，後分儒林、文苑、隱逸、流寓、方技、釋老、列女七目），卷四十一至四十五選舉志（徵薦、諸科、進士、舉人、武科、掾史、館學生），卷四十六至五十三大事志（以自夏至明朝代爲序，記歷代史事），卷五十四至六十五古迹志（宮闕、苑宥、第宅、林坰、祠宇、陵墓），卷六十六至七十一藝文志（賦、詩、詩餘、文），卷七十二至七十三金石志，卷七十四至八十拾遺志（按前十三志所分門目作補遺）。

西安，古雍州之地，周武王建都於此，名曰鎬京，其後漢、魏、隋、唐多個朝代均建都於此。魏晉置雍州，治京兆郡。唐開元元年（713）改名京兆府。五代、宋、金因之。元至元十六年（1279）改京兆府爲安西路總管府，皇慶元年（1312）又改爲奉元路。明洪武元年（1368）改爲西安府，爲陝西布政司治。清爲陝西省治，領一州、十五縣、一廳：耀州、長安、咸寧、咸陽、興平、臨潼、高陵、鄠縣、藍田、涇陽、三原、盩厔、渭南、富平、醴泉、同官、孝義廳（乾隆四十七年設），嘉慶五年增設寧陝廳。

舒其紳，字佩斯，直隸任丘（今屬河北）人。監生，乾隆三十七年任榆林知府，四十二年任西安府知府，四十六年任蘭州知府。卒年五十五歲。

嚴長明（1731—1787），字東友、道甫，江寧（今江蘇南京）人。乾隆二十七年賜舉人，授內閣中書，入直軍機處。官至內閣侍讀。歷充《通鑑輯覽》《大清一統志》《［乾隆］欽定熱河志》《平定準噶爾方略》等書纂修官。著有《毛詩地理疏證》《五經算術補正》等書。《清史稿》卷四百八十五有傳。

舒其紳序述纂修過程云：“乾隆癸巳，大中丞畢公（畢沅）奉命巡撫斯土，七稔以來，年穀順成，百廢具舉。前於丙申入覲，特奏重修關中府志，上俞所請。旌節旋轅，諭首郡田太守錫莘甄錄其事，而江寧嚴侍讀長明、武進莊州佐炘共編輯焉。侍讀以西安無舊志可因，而藏書之家復尠，因載歸末下，盡發所儲，後先一載，輯成長編。復至青門，田守已捐館舍，未遑卒業。余適承乏此邦，深維茲事體大，恐終不潰於成也，因是斟酌民言，參稽案牘，凡一郡之農田、水利、食貨、建置、官師、學校、選舉以及人物之忠孝節烈，官有條章，家相簿籍，恣情披閱，莫敢或遺，亦莫敢或濫。侍讀復爲甄綜史例，抑揚寸心，口沫手胝，又經兩載，汗青始竟。上之中丞畢公、督學童公暨方伯、廉鎮、觀察臺司長吏，咸以一得見許，爰編次卷帙，付鏤木家，於是西安一郡之文獻廼粲乎其大備矣。”可知此志爲時任陝西巡撫畢沅倡修。《凡例》云：“是書經始於乾隆丙申秋仲，告成於己亥冬初，後先四載。”此後西安未再續纂府志。

鈐白文方印“鳳清讀過”等印。

《中國地方志聯合目錄》著錄。

中國國家圖書館、中國科學院文獻情報中心、故宮博物院、中國臺北“中央研究院”傅斯年圖書館、中國臺北故宮博物院等近四十館，美國國會圖書館、美國哈佛大學哈佛燕京圖書館，日本東洋文庫、京都大學人文科學研究所等有收藏。

168

［乾隆］西安府志八十卷首一卷

《［乾隆］西安府志》八十卷首一卷，清舒其紳修，清嚴長明纂。清乾隆四十四年（1779）刻後印本。六函四十冊。

首畢沅、尚安、劉埻、浦霖、翁燿、圖薩布、舒其紳諸家序，次《西安府志略例》《西安府志銜名》《西安府志總目》《西安府志恭引御製書目》《西安府志引用書目》，次卷首天章。

此本與前部爲同一版本，但刷印較後，有補版葉若干，如：卷二第十七葉，卷三第七、八葉，卷四第三、四、七、八葉，卷五第五、六葉，卷六第十五至十八葉，卷七第十九葉，卷八第七、八、十五、十六葉，卷九第二、五、七至十葉，卷十第十五、十六、二十六至二十八葉，等等。

書名葉右鐫"乾隆己亥冬鐫"，中鐫"西安府志"，左鐫"府署藏板"。

169

［乾隆］郃陽縣全志四卷

T3155　8272

《［乾隆］郃陽縣全志》四卷，清席奉乾修，清孫景烈纂。清乾隆三十四年（1769）刻本。一函四册。版框高 17.5 厘米，寬 14.2 厘米。半葉十行二十二字，小字雙行同，白口，四周單邊，單魚尾。版心上鐫書名及卷次。

首乾隆三十四年屠用中《新修郃陽縣全志序》、林文德《新修郃陽縣志序》、席奉乾《新刻郃陽縣全志序》、王錫年《新修郃陽縣全志序》、張松《新修郃陽縣全志序》，次《郃陽縣境圖》（缺後三葉）。圖後當有目錄，此本佚失。

分七門：卷一地理、建置，卷二田賦、官師，卷三人物，卷四選舉、雜記。各門下不分細目。

郃陽，戰國魏合陽邑，秦置縣。西漢改爲郃陽縣，屬左馮翊。三國魏、西晉屬馮翊郡，北魏屬華山郡。唐屬同州。金貞祐三年（1215）改屬禎州。元初復屬同州。明統於西安府。清屬同州府。今屬陝西省渭南市。

席奉乾，字惕若，號見山，河南汲縣人。貢生，乾隆三十年任郃陽知縣。

孫景烈（1706—1782），字孟揚，號西峰，陝西武功人。曾任商州學正。乾隆四年進士，授檢討，以言事忤旨罷職。後主講關中、蘭山、明道等書院。著有《西麓山房存稿》等。《清史稿》卷四百八十有傳。

席奉乾序云："每退思時繙閱邑志，知爲前明萬曆間葉大司空夢熊丞縣時所撰述，至我朝順治十年經葉君子循重修。余又訪之故家，有康熙四十年長興錢君萬選與其友王或庵源所作《宰莘退食錄》，初名《郃陽新志》，其自序云志成而衆不以爲然，故未付鍥。迄今百有餘年矣，思急輯之，又不敢苟且從事。且奉有修志令紳士自行編纂之檄，是以有志未逮。戊子秋，適紳士語余……惟邑志久未續修，是爲缺典耳。兹我同人願解囊橐，各任厥事。至秉筆者，非武功孫太史西峰先生不可也……於是幣聘再三，幸從所請。今春正月命車以迎，仲春六日至邰纂修，閱三月而遂成。”

書名葉中鎸書名，右鎸“桂林陳榕門先生評點”。行間鎸圈點及小字批語，批語内容爲文法評點，有如時文、課藝選本，殊爲弇陋。“桂林陳榕門先生”即陳弘謀（1696—1771），字汝咨。雍正元年（1723）進士，授檢討，歷官至吏部尚書、東閣大學士。卒謚“文恭”。輯著有《五種遺規》。《清史稿》卷三百七有傳。

邰陽明清時屢次修志，現存最早爲明魏廷揆修《［嘉靖］邰陽縣志》二卷，嘉靖二十年（1541）刻；其二爲葉夢熊《重修邰陽縣志》七卷，萬曆二十年刻；入清後，莊曾明就葉志增補明末清初史事，順治六年（1649）重刻行世；葉子循纂《［順治］重修邰陽縣志》七卷，順治十年付梓（順治末有補刻）；康熙年間錢萬選纂《宰莘退食録》，未刻，有抄本。除葉夢熊志萬曆刻本外，其餘各志今皆存世。

《中國地方志聯合目録》著録。

中國國家圖書館、首都圖書館、中國科學院文獻情報中心、中國臺北“中央研究院”傅斯年圖書館、中國臺北故宮博物院等六十餘館，美國國會圖書館、美國哈佛大學哈佛燕京圖書館，日本東洋文庫、京都大學人文科學研究所等有收藏。

170

［乾隆］醴泉縣志十四卷

T3155　1123.83

《［乾隆］醴泉縣志》十四卷，清蔣騏昌、孫星衍纂修。清乾隆四十九年（1784）刻本。一函四册。以“元”“亨”“利”“貞”標册次。版框高19.3厘米，寬15厘米。半葉十二行二十四字，小字雙行同，黑口，四周單邊，雙魚尾。版心中鎸書名及卷次。

首《醴泉縣境圖》（目録末云“圖八章”，實僅五幅：《醴泉境之内圖》《唐昭陵圖》［上下二幅］、《唐肅宗建陵圖》、《洪堰總圖》），次乾隆癸卯（四十八年）《醴泉縣志序》、乾隆甲辰（四十九年）蔣騏昌《醴泉縣志後序》，次《醴泉縣志目録》。

各卷端署“醴泉縣知縣蔣騏昌、陽湖孫星衍同撰”。

分十八門：卷一縣屬、鄉屬，卷二山屬、水屬、水利，卷三陵墓，卷四廟屬，卷五官屬，卷六户口賦税，卷七學校、兵，卷八聞人，卷九列女，卷十科貢等表，卷十一金石，卷十二舊聞，卷十三藝文，卷十四序録。序録載舊志序四篇，即明崇禎間楊汝成序、周鳳翔序、康熙三十八年（1699）裴佩序、宫燿亮序。

醴泉，秦谷口邑，西漢置縣，屬左馮翊，東漢廢。曾爲池陽縣地。北魏置寧夷縣。隋開皇十八年（598）改名醴泉縣，得名於北周醴泉宫，屬京兆郡。唐歷屬鼎州、雍州、京兆府、乾州。北宋政和八年（1118）改屬醴州。金、元屬乾州。明萬曆三十六年（1608）改屬西安府。清因之。今屬陝西省咸陽市。

蔣騏昌，字雲翔，陽湖（今江蘇武進）人。貢生，乾隆四十四年任醴泉知縣。著有《五經文字偏旁考》二卷。

孫星衍，見“050 彙戰國史綱衍義十二卷音釋十二卷”介紹。

醴泉縣明清間曾五次修志，現存最早爲明夾璋纂修《［嘉靖］醴泉縣志》四卷，嘉靖十四年（1535）劉佐刊刻。其次爲明苟好善纂修《［崇禎］醴泉縣志》六卷，崇禎十一年（1638）刻，僅中國國家圖書館藏有殘本，存卷一至四。其三爲清裘陳佩纂修《［康熙］醴泉縣志》六卷，以崇禎志爲基礎增補明末清初五十餘年史事而成，康熙三十八年刻。其四爲宮燿亮修、陳我義纂《［乾隆］醴泉縣續志》三卷，乾隆十六年刻。蔣騏昌、孫星衍此志爲第五部。蔣序云：“醴泉縣新志，騏昌及同里孫明經星衍撰。騏昌官醴泉三年，值關中屢豐，民物咸若，縣之士大夫呈請修志，申上其事，得院司府嘉允。時孫明經寓在節署，博聞士也，騏昌因延請從事焉。按縣舊有苟志及范文光《昭陵志》，皆不傳，其存者裘陳佩所撰、宮燿亮所續，裘則略而不典，宮則博核而無體例。騏昌因與孫君考證史傳，及於方俗，作書十四卷，分部十八。”

《中國地方志聯合目錄》著錄。

中國國家圖書館、中國科學院文獻情報中心、中國國家博物館、中國臺北“中央研究院”傅斯年圖書館、中國臺北故宮博物院等五十館，美國國會圖書館、美國哈佛大學哈佛燕京圖書館，日本東洋文庫、京都大學人文科學研究所等有收藏。

171

［乾隆］重修鳳翔府志十二卷首一卷

《［乾隆］重修鳳翔府志》十二卷首一卷，清達靈阿修，清周方炯等纂。清乾隆三十一年（1766）刻三十五年增刻本。二函十二册。版框高 20.7 厘米，寬 13.8 厘米。半葉九行二十二字，小字雙行同，白口，四周雙邊，單魚尾。版心上鐫書名，中鐫卷次及小題。

首乾隆三十一年達靈阿《序》，次《舊叙》四篇（康熙四十九年［1710］朱琦序、正德十六年［1521］王江序、萬曆五年［1577］周易序、李轍序），次《凡例》十二則、《鳳翔府志目錄》、《鳳翔府志纂修姓氏》，次《鳳郡圖考》（鳳翔府全疆圖、府治圖、學宮圖、八州縣圖、八景圖）（以上卷首）。卷末乾隆三十一年羅鰲《後序》。

分十三門八十九目：卷一興地（星野、疆域、沿革、形勝、山川、古迹、陵墓、風俗），卷二建置（城池、廨署、關梁、鋪舍、市鎮、坊表、兵防、驛站），卷三祠祀（壇祠、宮廟、寺觀），卷四田賦（地畝、人丁、課程、起運、存留、屯更、鹽課、磨課、雜稅、倉儲、物産），卷五官師（封建、秩官、名宦），卷六學校（學宮、學額、學田、祭器、典籍、書院、義學），卷七人物（聖賢、名臣、忠烈、勇略、忠直、宦績、孝友、儒林、文苑、義行、隱逸、流寓、方外、雜技、雜傳），卷八選舉（徵薦、科目、進士、舉人、貢生、武科、武宦、恩命），卷九列女（后妃、名媛、節孝、貞烈），卷十藝文（御製詔誥、奏疏、文、行狀、議、賦、頌、贊、銘、碑、記、傳、書啓、論説、辨考、弔誄、祀文、樂府、古風、律詩、排律、絕句），卷十一紀事，卷十二祥異、雜記。

鳳翔，漢初屬雍國，後爲右扶風地。三國魏爲扶風郡。晉爲秦國地。隋大業中改爲扶風郡。唐武德元年（618）改爲岐州，至德元年（756）改曰鳳翔郡，二載升爲鳳翔府，號西京。北宋屬秦鳳路。元初立鳳翔路總管府，至元九年（1272）更爲散府，屬陝西行省。明清爲鳳翔府。領一州七縣：隴州、鳳翔縣、岐山、寶雞、扶風、郿縣、麟游、汧陽。

達靈阿，滿洲鑲黃旗人。蔭生。乾隆二十六年任鳳翔知府。

周方炯，字光宇，號介夫，江西南城人。乾隆二十四年舉人，分發湖南，署苗疆軍廳，復署通道縣，升任湖北黃州通判，以運銅滇南卒於道。

鳳翔府明清間曾多次修志，現存最早爲明正德十六年（1521）王江、王正纂修《［正德］鳳翔府志》八卷。其次爲周易纂修《［萬曆］重修鳳翔府志》五卷，萬曆五年（1577）付梓。其三爲清朱琦纂修《［康熙］重修鳳翔府志》五卷，以萬曆志爲基礎，增補明末清初史事，康熙四十九年（1710）刊刻。其四爲劉組曾纂修《［乾隆］鳳翔府志略》三卷，乾隆二十七年刻。達靈阿此志爲第五次纂修。羅鰲《後序》云：“鳳郡爲成周故地，秦漢名區，山川人物、風俗政化歷代紀載具詳。惜其屢遭兵燹，舊策淪亡。前明萬曆中海一王公博採散佚，始輯成志，暨監司梁公、桑公、國朝郡守朱公先後繼修，爲綱爲目，大旨燦如也。歷今又一甲子，往事多湮，來者懸待。且舊版字迹模糊，魚魯難辨，閱者不無掩卷之嘆。辛巳冬，我郡憲達公移守是邦……乃命鰲總其事，參軍余君剛董其役，八邑僚彥共相探討，缺者補，訛者正，冗者汰，略者詳，公復親爲釐定，删繁歸約，去華就實，以仰副聖天子慎重史乘之意。始於乙酉秋，成於丙戌夏。棗梨剞劂，費近千金，悉捐官俸。”

“胤”字避諱缺首筆，“禎”字多剜改作“正”，“貞”字或缺末筆，“弘”字缺末筆，“曆”作“歷”。

是書有後印本。乾隆三十五年德明繼達靈阿任鳳翔知府後，於卷五“官師·鳳翔知府”末增刻己名，另於卷十藝文末增刻自撰《喜雨池記》《城鴉晚噪》《猶照荒宮》三篇。

《中國地方志聯合目録》著録。

中國國家圖書館、中國科學院文獻情報中心、北京大學圖書館、中國臺北“中央研究院”傅斯年圖書館等近三十館，美國國會圖書館、美國哈佛大學哈佛燕京圖書館，日本東洋文庫、東京大學東洋文化研究所、京都大學人文科學研究所等有收藏。

172

［乾隆］鳳翔縣志八卷首一卷

T3155　7182.83

《［乾隆］鳳翔縣志》八卷首一卷，清羅鰲修，清周方炯等纂。清乾隆三十二年（1767）刻本。一函八册。版框高 20.5 厘米，寬 13.2 厘米。半葉九行二十二字，小字雙行同，白口，四周雙邊，單魚尾。版心上鎸“重修鳳翔縣志”，中鎸卷次及小題。

首乾隆三十二年達靈阿《序》、羅鰲《叙》、吳綬詔《志叙》、劉震《志跋》，次書院購書説明一篇，次舊志序三篇（雍正十一年［1733］韓鏞序、康熙三十三年［1694］武之亨序、王嘉孝序），次《凡例》十四則、《鳳翔縣志目録》、《鳳翔縣志纂修姓氏》，次《鳳邑圖考》（收《縣境圖》《縣城圖》《縣署圖》《學宮圖》及八景圖，八景圖每幅附圖説、圖詩各一則）。

各卷端署“知縣羅鰲重修”。

分八門：卷一輿地（星野、沿革、疆域、山川、形勝、古迹、陵墓、風俗），卷二建置（城池、廨署、學校、橋梁、鋪舍、市鎮、里甲、村堡、坊表、兵防、驛站、壇祠、宮廟、寺觀），卷三田賦（地丁、徭役、課程、起運、存留、屯糧、更名、退灘、鹽課、雜税、倉儲、學田、鹽法、物産），卷四官師（封建、秩官、名宦），卷五選舉（徵薦、科目、進士、舉人、貢生、例監、吏員、鄉飲、武科、武宦、封贈、廕襲），卷六人物（宦績、忠烈、孝友、儒行、文苑、義行、隱逸、流寓、方外、方技、雜傳、后妃、公主、節孝），卷七藝文（制、詔、文、狀、議、賦、頌、贊、碑記、傳、書、啓、論、説、跋、辨、祝文、墓誌、詩），卷八外紀（紀事、祥異、雜記）。

鳳翔縣，春秋時雍邑，爲秦德公至靈公國都，後置雍縣。西漢屬右扶風。

東漢、晉因之。隋爲扶風郡治。唐至德二年（757）改名鳳翔縣，并析置天興縣，寶應元年（762）鳳翔縣并入天興縣。金大定十九年（1179）改天興縣爲鳳翔縣，後世因之。自宋至清爲鳳翔府治。今屬陝西省寶雞市。

羅鰲，字立峰，江西南城人。乾隆十年進士，歷任山陽、興平、洵陽知縣，乾隆二十八年任鳳翔知縣。

周方炯，見“171 ［乾隆］重修鳳翔府志十二卷首一卷”介紹。

羅鰲《叙》述修志過程云：“歲乙酉，奉詔徵天下府州縣志送入史館，太守因郡舊志字迹模糊，爰糾八屬捐俸重刊，命予董役，是秋設局而越夏告成。予乘郡志既修之後，集邑中紳士而告之曰：‘邑志修於前令韓君，迄今又三十餘年矣，其間之因革不一，歲久事增，今不續修，後恐湮没，且乘府志採輯之後，事半而功倍焉。’諸紳士皆曰然，各願捐貲爲助。而又得寮佐蘇君直庵贊理之，乃請吾同鄉孝廉周君光宇持其總，寶雞孝廉高君捷南、本邑孝廉劉君驚百襄其事。參考舊典，博訪新聞，訛者正而缺者補，冗者汰而紊者釐。稿既成，抄録賷呈院司道府各上憲而教正之，乃付剞劂，至丁亥四月而版成。總綱八，細目九十有五，分文八卷。”

《凡例》云：“鳳志創修於前明萬曆中邑令李公棨，繼修於國朝康熙三十三年邑令王公嘉孝，至雍正十一年邑令韓公鏞又續修之。然而徵文考獻，不無遺漏，且距今又數十載，凡宜增入者益多，因而廣肆搜羅，重加訂正。”萬曆志已佚，康熙、雍正志今存。

有清道光元年（1821）補刻本。

《中國地方志聯合目録》著録。

中國國家圖書館、首都圖書館、中國科學院文獻情報中心、中國臺北“中央研究院”傅斯年圖書館、中國臺北故宮博物院等三十餘館，美國國會圖書館、美國哈佛大學哈佛燕京圖書館，日本東洋文庫、東京大學東洋文化研究所等有收藏。

173
［乾隆］隴州續志八卷首一卷末一卷

T3155　7132.83

《［乾隆］隴州續志》八卷首一卷末一卷，清吳炳纂輯。清乾隆三十一年（1766）刻本。一函四册。版框高 20.2 厘米，寬 14.7 厘米。半葉九行二十一字，小字雙行同，白口，四周單邊，單魚尾。版心上鐫書名，中鐫卷次及小題。

首舊志序跋四篇（李月桂序、范發愚序、黄雲蒸序、王汝珍跋），次《隴州續志目録》，次乾隆三十一年吳綏紹《隴州續志序》、吳炳《叙》，次《續修隴志凡例》十三則、《纂修姓氏》，次《全圖》七幅（《州境圖》《州治圖》《文廟圖》《州署圖》《吳嶽圖》《吳山廟圖》《蓮池圖》，第五、七葉爲抄補）。

各卷端署“隴州知州南豐吳炳纂輯”。

分八門四十五目：卷一方輿志（沿革、疆域［形勝附］、山川、里甲、村堡、古迹、風俗、災祥），卷二建置志（公署、城池、學宫、倉儲、關梁、驛鋪、河渠、市鎮、坊表），卷三田賦志（地糧、户役、屯更、雜課、物産），卷四祠祀志（壇廟、寺觀、塚墓），卷五官師志（封建、職官、名宦、兵防），卷六選舉志（科貢、封贈、仕宦、武職），卷七人物志（鄉賢、孝義、烈女、方伎、流寓），卷八藝文志（御製、制敕、疏表、詳禀、文、賦、詩）。末卷爲雜紀。

隴州，秦汧邑，漢置汧縣，屬右扶風。東漢及晉因之。北魏置隴東郡，正光三年（522）兼置東秦州，後廢郡。永熙元年（532）復置東秦州及汧陰縣，西魏廢帝三年（554）改東秦州曰隴州（得名於隴山），縣曰杜陽。隋開皇五年（585）改縣曰汧源，大業三年（607）州廢。唐武德元年（618）復置隴州。宋屬秦鳳路。元延祐四年（1317）并汧源縣入州。明、清屬鳳翔府。今屬寶雞市隴縣。

吳炳，字弢園，江西南豐人。乾隆二年進士，十三年任宜川知縣，二十八年任隴州知州，三十一年任應州知州，三十四年升至平定直隸州知州。另纂有《［乾隆］應州續志》十卷、《［乾隆］宜川縣志》八卷。

隴州明代舊志無考，清順治十八年（1661）知州黄雲蒸曾經纂輯七卷，今已不傳，今存世有康熙五十二年（1713）羅彰彝纂修《［康熙］隴州志》八卷（《續修隴志凡例》云：“其實羅志即黄志也，事迹固無加增，論斷亦少竄易，弁首又未叙明述而不作緣由，未審其故。”）。吳炳取康熙志舊版補刻重印，并纂此《續志》八卷。吳炳《叙》云：“乾隆乙酉歲，一統志館檄取州邑事迹，復值府局開設，重纂郡志，於是條列五十二年後建置、田賦、官師、選舉、人物應續入者，復蒐討全史并子集諸家，凡有關隴地典故，悉加絜記，參互考證，舊志誤者釐正之，缺者增補之，別爲一書，名曰《續志》，仍存舊志八卷，不敢没黄、羅二家創始之功也。”《續志》門目結構與康熙舊志大體一致，惟祠祀獨立成志，并以祥異并入方輿志。各條之後，以“炳按”引出考訂文字。

《中國地方志聯合目録》著録。

中國國家圖書館、中國科學院文獻情報中心、故宫博物院、中國臺北“中央研究院”傅斯年圖書館、中國臺北故宫博物院等三十餘館，美國國會圖書館、美國哈佛大學哈佛燕京圖書館，日本東洋文庫、京都大學人文科學研究所、内閣文庫等有收藏。

174

［乾隆］續商州志十卷

《［乾隆］續商州志》十卷，清羅文思纂修。清乾隆二十三年（1758）刻本。一函二册。版框高 20.6 厘米，寬 14.5 厘米。半葉十行二十字，小字雙行同，白口，四周雙邊，單魚尾。版心上鎸書名，中鎸卷次小題。

首乾隆二十三年羅文思《續商州志序》，次《續商州志凡例》五則、《續商州志目録》。

分十門六十四目：卷一疆域（山、水、河渠、名勝），卷二建置（城池、公署、學校、祠廟、寺觀、橋道、鎮寨、塘汛、驛遞），卷三田賦（開荒、軍需），卷四食貨（積貯、礦廠、物産），卷五職官（文職、武職），卷六選舉（進士、舉人、貢生、武進士、武舉人、武塗、封贈），卷七人物（高士、寓賢、節鎮、監司、忠節、孝義、理學、仙釋、貞節），卷八典禮（朝賀、接詔、迎春畊籍、祭祀、祈禱、禁宰、忌辰、停刑日期、停刑月分、鄉飲酒禮、祭文、附風俗），卷九藝文（文、記、序、論、書、賦、歌、五言古、七言古、五言律、七言律、五言排律、七言絶），卷十雜録（祥異、紀事、陵墓、拾遺）。

商州，春秋晉上洛邑，西漢置上洛縣，屬弘農郡，東漢改屬京兆尹。晉泰始二年（266）設上洛郡。北魏太延五年（439）兼置荊州，太和十一年（487）改名洛州。北周改名商州，得名於州境東部商山。唐屬山南西道，後隷京畿。宋屬永興軍路。金初屬京兆府路，元光二年（1223）改屬河南路。元屬奉元路。明洪武七年（1374）降州爲縣，成化七年（1471）復升爲州，屬西安府。清雍正三年（1725）升爲直隷州，領縣四：鎮安、雒南、山陽、商南。今屬陝西省商洛市。

羅文思，字曰睿，四川合江人。乾隆三年舉人，十八年任商州知州，二十八年升石阡知府。

商州明代多次修志，今皆不傳。存世最早爲清王廷伊修、李本定纂《［康熙］續修商志》十卷，康熙四年（1665）刻；其次爲王如玖纂修《［乾隆］直隷商州志》十四卷，乾隆九年刻。羅文思繼前志續作，門目設置與乾隆九年志略同，典禮一門係增設。書中稱乾隆九年志爲"甲志"，康熙四年志爲"乙志"。羅氏序云："文思刺商已五年，公務之暇，檢閱舊志，其前牧王廷伊之修於康熙四年者，承明季兵燹之後，收拾殘編，訪聞故老，僅存什一；迨乾隆九年前牧王如玖重脩，芟其荒蕪，參考而釐訂之，亦已事增文省矣。然議者以爲綜覈未備，謬誤相仍，多所不滿。嗟乎，志乘之作譚何容易哉。……自甲子（乾隆九年）成書而後歷今又十餘年，此十餘年中，國家政教日新，民俗風土遞變，其間天時、地利、人事、物産多有可書，散而無紀，後將誰咎。文思不揣固陋，乃集乾隆九年以後事，悉依前志編次，彙成一書，未免昌黎掛一之嫌，竊倣《通鑑續編》之例，名曰《續商州志》，與前志并存。其參考所及，間於前志之訛缺者，宜補補之，宜正正之，非敢云完書也，後有作者將於是乎採擇云爾。"

此志刻印後，曾與清乾隆九年刻二十三年重印本《〔乾隆〕直隷商州志》并行於世。

《中國地方志聯合目録》著録。

中國國家圖書館、首都圖書館、故宮博物院、中國臺北"中央研究院"傅斯年圖書館、中國臺北故宮博物院等三十餘館，美國國會圖書館、美國哈佛大學哈佛燕京圖書館、日本東洋文庫、京都大學人文科學研究所、内閣文庫等有收藏。

雜 志

175

帝京景物畧八卷

T3056　7222

《帝京景物畧》八卷，明劉侗、于奕正撰。清乾隆刻本。一函六册。版框高18.6厘米，寬13.4厘米。半葉八行十九字，小字雙行同，白口，左右雙邊，單魚尾。版心上鎸書名，中鎸卷次。

首明崇禎八年（1635）劉侗《原叙》、乾隆丙戌（三十一年，1766）紀昀序，次《總目》，次《畧例》二十四則（署"宛平于奕正述"）。卷八末乾隆三十一年紀昀跋。

各卷端署"明麻城劉侗、宛平于奕正修"。

劉侗（1593—1636），字同人，號格庵，湖北麻城人。崇禎七年進士，授江蘇吳縣（今屬蘇州）知縣，赴任途中病逝。《〔光緒〕麻城縣志》卷二十二有傳。

于奕正（1597—1636），原名繼魯，字司直，順天宛平（今北京）人。崇禎間諸生，與劉侗爲好友。《〔康熙〕畿輔通志》卷二十九有傳。

是書記述明代北京之山川風物、名勝古迹及民情風俗，分爲城北内外、城東内外、西城内外及西山、畿輔名迹，共列一百二十九目。劉侗《原叙》云："侗北學而燕游者五年，侗之友于奕正，燕人也，二十年燕山水間，各不敢私所見聞，彰厥高深，用告同軌。奕正職蒐討，侗職摘辭。事有不典不經，侗不敢筆；辭有不達，奕正未嘗輒許也；所未經過者，分往而必實之，出門各嚮，歸相報也。所采古今詩歌，以雅以南以頌，舍是無取焉，侗之友周損職之。三人揮汗屬草，研冰而成書。"知是書實爲劉、于、周三人合著。周損（1603—1670），字遠害，湖北麻城人。與劉侗爲同鄉好友，崇禎初同至京師，十六年中會試副榜，授饒州府推官，清兵破建昌城後被執而死。生平見《［乾隆］建昌府志》卷五十四。卷端不題周氏之名，故古籍書目一般祇著録劉、于二人。

崇禎八年劉侗、于奕正初刊於南京，其後明末及清順、康間屢有翻刻，翻刻本皆不免改竄舊本，文字詳略各有不同。此本爲乾隆間紀昀删訂本，崇禎本每篇之末原各繫以詩，皆被删去。紀昀序云："獨恨其每篇之後，必贅題詠數十章……所録諸作，古人不免疏舛，明代尤爲猥雜。非邑志而有邑志習，非詩社而有詩社習，自穢其書，閲之使人格格不快。長夏無事，悉割取摧燒之，獨留正文一百三十餘篇，用紙粘綴，葺爲二册。穢雜既除，神志開朗，逐處延賞，頗足流連，是亦芟夷翳塞之道矣。"又跋云："初削是書，僅削其詩。迨黏綴重編，《太學石鼓》篇中復削五百三十三字，《首善書院》篇中删一千二十八字，而《李卓吾墓》篇則全削。"自删訂本通行於世，崇禎原本遂少流傳。

《四庫全書存目叢書》據天津圖書館藏明崇禎刻本影印。

《四庫全書總目》入史部三十三地理類雜記之屬存目，《中國古籍善本書目》入史部地理類雜志之屬。

書名葉左下鐫"金陵崇德堂藏板"。

中國國家圖書館、北京大學圖書館、廈門大學圖書館，日本東洋文庫、東京大學東洋文化研究所等有收藏。

鈐朱文長方印"長白存氏華萼齋藏書印"。

176

欽定日下舊聞考一百六十卷譯語總目一卷

T3056　6147

《欽定日下舊聞考》一百六十卷《譯語總目》一卷，清朱彝尊原輯，清于敏中修，清竇光鼐等纂。清乾隆五十二年（1787）内府刻後印本。六函四十册。版框高 18.3 厘米，寬 14.4 厘米。半葉九行二十一字，小字雙行同，白口，四周雙邊，單魚尾。版心上鐫書名，中鐫卷次。各卷末葉版心下鐫校勘者姓名。

首《御製日下舊聞考題詞》二首（七言律詩），次纂修銜名、《凡例》十八則，次英廉等進書表文、《欽定日下舊聞考目録》。卷一百六十末附原序。

朱彝尊（1629—1709），字錫鬯，號竹垞，秀水（今浙江嘉興）人。康熙十八年（1679）試博學鴻詞，授翰林院檢討，與修《明史》。著有《曝書亭集》八十卷，纂《經義考》三百卷、《明詩綜》一百卷、《詞綜》三十八卷等。《清史稿》卷四百八十四有傳。

于敏中（1714—1779），字叔子，號耐圃，鎮江金壇（今屬江蘇常州）人。乾隆三年一甲一名進士，授翰林院修撰，官至軍機大臣、文華殿大學士兼户部尚書。卒諡"文襄"。《清史稿》卷三百十九有傳。

竇光鼐（1720—1795），字元調，號東皋，山東諸城人。乾隆七年進士，選庶吉士，散館授編修，歷官至禮部侍郎、左都御史。《清史稿》卷三百二十二有傳。

清康熙間，朱彝尊捃拾載籍及金石遺文，摘録有關北京地方歷史、地理、風俗、名勝等史料，考訂彙輯成《日下舊聞》四十二卷，分星土、世紀、形勝、宮室、城市、郊坰、京畿、僑治、邊障、户版、風俗、物産、雜綴十三門，其子昆田爲之作補遺，初刻於康熙二十七年。至乾隆間，清高宗敕儒臣就朱氏原書删繁補闕，援古證今，一一詳爲考覈，重訂爲此本。重訂本凡星土一卷，世紀三卷，形勝四卷，國朝宮室二十卷，宮室（遼、金、元、明）八卷，京城總紀二卷，皇城四卷，城市十九卷，官署十二卷，國朝苑囿十四卷，郊坰二十卷，京畿三十五卷附編二卷，户版一卷，風俗三卷，物産三卷，邊障三卷，存疑二卷，雜綴四卷，共十八門。卷末增譯語總目一卷，用資考證。朱昆田所作補遺原附卷末，今散在各條之後，并新增大量考證、按語。凡朱書原文則標注"原"字於上，補遺各條，則加一"補"字於上，館臣新添入者則加一"增"字於上，逐條標識，以期一目瞭然。原有按語以"朱彝尊原按""朱昆田原按"五字標首，新加考證按語則用"臣等謹按"四字別之（"臣"爲小字），皆低一格書。

乾隆三十八年六月諭旨云："本朝朱彝尊《日下舊聞》一書，博採史乘，旁及稗官雜説，薈萃而成，視《帝京景物略》《燕都遊覽志》諸編，較爲該備，數典者多資之。第其書詳於考古，而略於覈實，每有所稽，率難徵據，非所以示傳信也。朕久欲詳加考證，別爲定本，方今彙輯《四庫全書》，典籍大備，訂譌衷是之作，正當其時。京畿爲順天府所隸，而九門内外，并轄於步軍統領衙門。按籍訪諮，無難得實。著福隆安、英廉、蔣賜棨、劉純煒選派所屬人員將朱彝尊原書所載各條，逐一確覈。凡方隅不符、記載失實，及承襲訛舛、遺漏未登者，悉行分類臚載，編爲《日下舊聞考》，并著于敏中總其成。每輯一門，以次進呈，候朕親加鑒定，使天下萬世知皇都閎麗，信而有徵，用以廣見聞而供研鍊。書成後，并即録入《四庫全書》，以垂永久。"（《清實録·高宗純皇帝實録》卷九三七）其後數年間，高宗屢次指派臣下參與編纂：乾隆三十八年九月諭，"現在纂訂《日下舊聞考》，著竇光鼐隨同校辦"；三十九年二月諭，"《日下舊聞考》著添派梁國治辦理"；四十二年三月，"《日下舊聞考》著派英廉、劉墉"；四十二年六月諭，"《西域圖志》

《日下舊聞考》俱派于敏中同英廉、錢汝誠閱辦”；四十四年十二月諭，“《日下舊聞考》著派梁國治同辦”；四十九年七月諭，“前據各館總裁將纂辦各書奏明立限完竣，兹令軍機大臣詳加查覈，内如《日下舊聞考》……能依限完竣，尚爲勤勉”（《清實録・高宗純皇帝實録》卷九三七至九五三）。此本英廉等進書表文未具時間，《文淵閣四庫全書》本則署乾隆四十七年，又表文末尾多一句“乾隆四十八年二月初五日奉旨知道了”，書前提要則署“乾隆四十九年十月恭校上”。可知是書按時編纂完竣時并抄入《四庫全書》。

《四庫全書總目》著録爲一百二十卷，當係原計劃如此，定稿實爲一百六十卷。《清史稿・藝文志》及《〔光緒〕順天府志・藝文》皆襲《總目》之誤。

是書之刊刻無明文記載，《總目》僅注“乾隆三十九年奉敕撰”，《清史稿》同，皆不確；《順天府志》則注“乾隆□年刊本”。陶湘《清代殿板書目》著録爲“乾隆四十三年刻”，誤，四十三年時是書尚未編纂完成。《文淵閣四庫全書》抄本記事至乾隆四十七年，此内府刻本則續纂至乾隆五十二年（卷一百三十六有五十二年三月上諭一條），内容亦有增删修訂，其刻成當在是年（是書刊刻時間詳參修世平《〈日下舊聞考〉的幾個問題》，《山東師大學報》1988年第4期；吳元真《〈日下舊聞考〉一書的編刻時間及其歷史價值》，《文獻》1992年第3期）。

此本係後印本。初印本卷首乾隆題詞“名因日下荀文若”一句（《柏克萊加州大學東亞圖書館中文古籍善本書志》第95頁），此本剜改爲“名因日下荀鳴鶴”。有若干葉爲補版重刻。

《四庫全書總目》入史部二十四地理類一都會郡縣之屬，《中國古籍善本書目》入史部地理類雜志之屬。

中國國家圖書館、北京大學圖書館、北京師範大學圖書館、復旦大學圖書館、南京大學圖書館、中國臺灣大學圖書館、中國臺灣師範大學圖書館等館，美國普林斯頓大學東亞圖書館、柏克萊加州大學東亞圖書館，日本東洋文庫、東京大學東洋文化研究所等有收藏。

鈐白文方印“臣印寶儉”。

山水志

177

大明一統名勝志二百八卷

T3041　5672

《大明一統名勝志》二百八卷，明曹學佺撰。明崇禎三年（1630）刻本。

十二函六十册。版框高 20.1 厘米，寬 14.2 厘米。半葉十行十九字，小字雙行同，白口，四周單邊，單魚尾。版心上鎸"（某省）名勝志"，中鎸卷次，下鎸刻工。

首崇禎三年曹學佺《大明輿地名勝志自序》，次《大明一統名勝志目録》（詳列各省府州縣名稱，但不標卷第）。

各卷端署"閩中曹學佺能始著"。

曹學佺（1574—1646），字能始，號雁澤，又號石倉居士、西峰居士，侯官（今福建福州）人。萬曆二十三年（1595）進士，授戸部主事，官至廣西右參議。南明唐王時爲禮部右侍郎。南明隆武二年（清順治三年，1646）自縊殉國。藏書近萬卷。工詩詞、音律。著述宏富，有《周易可説》七卷、《易經通論》十二卷、《書傳會衷》十卷、《詩經剖疑》二十一卷等，詩文合編爲《曹能始先生石倉全集》一百卷。《明史》卷二百十八有傳。

是書記全國山川名勝。各省計卷自爲起迄，凡北直隸十二卷，南直隸二十卷，山西八卷，陝西十三卷，河南十二卷，山東九卷（遼東附此），江西十三卷，浙江十一卷，福建十卷，湖廣十七卷，四川三十五卷，廣東十卷，廣西十卷，雲南二十四卷，貴州四卷，通計爲二百八卷。各省冠以通叙，按所轄府州縣分別記述。自序述編撰始末甚詳，謂得樂史《太平寰宇記》、祝穆《方輿勝覽》、王象之《輿地記》諸書，又徵引諸郡縣志及郭子章《黔記》、謝肇淛《滇略》等，竭十年之力鈔纂而成此書。曹氏任四川按察使時曾纂《蜀中廣記》一百八卷，萬曆間福清林茂之單摘其中名勝一門於南京刻《蜀中名勝記》三十卷，《大明一統名勝志》之四川部分即以之爲基礎删潤而成；浙江部分亦刻有單行本《浙江名勝志》十一卷。今《蜀中廣記》《蜀中名勝記》《浙江名勝志》皆存世，可與是書互相參考。

《四庫全書總目》是書提要譏其"由雜採而成，頗無倫次，時亦舛譌，又多不著出典，未爲善本"，孫星衍《廉石居藏書記》卷上則云："今《太平寰宇記》已缺八卷，《輿地紀勝》則不録在《四庫》，近時始出，而卷數亦缺，學佺著書時得見其全，所載足補樂史、王象之之書所未備。明時古刻書多不存，書中多引地理古書，亦出於三書，尤可取也。體例仿《元和志》《寰宇記》，止載城邑、山川、宅墓、名迹，不記名宦、人物，最得古人地志之法，絕勝《明一統志》。明人著述善本，此爲弟一矣。"

各家書目著録是書題名、卷數不一，《千頃堂書目》卷六、《明史·藝文志》作《一統名勝志》一百九十八卷，《四庫全書總目》作《輿地名勝志》一百九十三卷，《四庫簡明目録》則作《天下名勝志》五十一册共一百九十八卷（《廉石居藏書記》題名同，云五十册無卷數）。按中國臺北"國家圖書館"有四部，其中嘉業堂舊藏本有書名葉，以大字分兩行書"大明一統名勝志"，"志"

字下有"本衙藏板如有翻刻千里必究"兩行小字,書名右方題"曹能始先生著",右下角有朱文長方印"東壁齋劉瑞宇發兌",然則本書正題名當依據書名葉及目錄作《大明一統名勝志》爲宜。凡不足二百八卷者,疑皆係不全之本,或計卷有誤。《四庫全書總目》著録江蘇進呈本,所據《進呈目録》實爲二百八卷足本,可見館臣誤計(參《四庫存目標注》史部 1948 號);傅增湘曾收藏一部(内抄配三十四卷),著録作二百七卷(《藏園群書題記》第 197 頁、《藏園訂補郘亭知見傳本書目》第 360 頁),不知其中四川實少一卷。

刻工:鄭西、余沖、付圣(聖)、鄭利、力成、葉士(葉仕、仕)、力辰、如、柯星(柯)、周廷(周、廷)、張冬、友、宗、誠、宇、魏憲、張祐、鄭明、劉、水、何、吳元(元)、達、京、張軒(軒)、范興、張亨、李、九、台、危三(危)、安、十、會、子、俊、伯、鄭六、文、陳美、申、月、江心、張孫(孫)、鄭杰(杰)、鄭七、奇、桂、全、劉二、近、章、云、黄九、洪、初、顯、楊五、周山、朱三(朱)、所、曾、青、傅春(傅、春)、木、目、張翼、古、懷、白、上、王、貞、桂、今、林、世、工、梁應陽、梁大成、朱道榮、黎弘士、華應祥、伍尚元、覃大、謝九、梁逢春、劉加貴。

《四庫全書總目》入史部二十八地理類存目,《中國古籍善本書目》著録。《四庫全書存目叢書》據中央民族大學圖書館藏本影印。

中國國家圖書館、中國社會科學院文學研究所、上海圖書館、華東師範大學圖書館、東北師範大學圖書館、南京圖書館、中國臺北"國家圖書館"、中國臺北"中央研究院"傅斯年圖書館等十餘館,日本國立公文書館、東京大學東洋文化研究所、京都大學人文科學研究所等有收藏。

178

恒山志五卷圖一卷

T3035.18　912.83

《恒山志》五卷《圖》一卷,清桂敬順纂。清乾隆二十八年(1763)渾源州署刻本。一函五册。版框高 18.6 厘米,寬 14.7 厘米。半葉九行二十字,白口,左右雙邊,單魚尾。版心上鎸書名,中鎸卷次及小題。

首乾隆癸未(二十八年)嘉祥《恒山志序》、桂敬順序,次《原序》五篇(張崇德、趙開祺、蔡永華、左圖、羅森),次《五嶽真形圖》,後《山志圖》二十六幅、《恒山志總目》。他館藏本或有乾隆二十九年和其衷序,此本佚。

本書以"乾""元""亨""利""貞"標集,每集各有細目。各集卷端署"渾源州知州泰興桂敬順纂修"。

恒山，在今山西省渾源縣南約十公里處，又名玄嶽、常山、北嶽，爲五嶽之一，道教聖地。漢至明代北嶽指河北曲陽大茂山，清順治十七年（1660）起改祀於渾源玄嶽山，遂稱玄嶽山爲恒山。主峰天峰嶺。

桂敬順，字翼昭，江蘇泰興人。附貢生，乾隆二十二年任山西渾源州知州。著有《介軒詩草》二卷，纂《［乾隆］渾源州志》十卷。生平見《［乾隆］渾源州志》。

明萬曆四十年（1612）及清順治十八年，渾源知州趙之韓、張崇德曾先後纂《恒嶽志》。桂氏自序謂舊志"荒穢無足觀覽"，乃徵考恒嶽文獻，捃摭舊聞，重纂此志，以"還山靈之面目，而并發其潛德所未彰者"，世稱完備。分十五門：乾集星志，元集形志、名志、祀志、廟志、封志、物志、事志、水志、説志、仙志、迹志，亨集經志，利集文志（疏、議、碑、序、記、文、雜著），貞集詩志（四言、五言、七言）。乾集冠以御製文，爲朱印。

此本爲清乾隆初刻本。嘉慶二十四年（1819）曾修補舊版重刷，清末賀澍恩撰《續志》一卷附後，又予以重印。光緒間有翻刻本。

書名葉中鐫書名，右鐫"乾隆癸未重鐫"，左鐫"州署藏板"。

中國國家圖書館、中國科學院文獻情報中心、山東省圖書館、南京圖書館、中國臺北"國家圖書館"等館，美國柏克萊加州大學東亞圖書館、美國哈佛大學哈佛燕京圖書館、哥倫比亞大學東亞圖書館，日本京都大學人文科學研究所等有收藏。

179

泰山小史不分卷

T3035.16　　532.82

《泰山小史》不分卷，明蕭協中纂。清乾隆五十四年（1789）宋思仁刻本。一函一册。版框高 16 厘米，寬 13 厘米。半葉十行二十字，白口，四周單邊，單魚尾。無界欄。版心上鐫書名。

首乾隆五十四年宋思仁序，次正文，無目録。

蕭協中（？—1644），字公輔，山東泰安人。刑部尚書蕭大亨次子，以父蔭授上林苑監丞，升順天治中，崇禎末致仕，甲申年遇流賊攻城，城將陷，投井而死。生平見《［乾隆］泰安府志》卷十八。

是書記泰山名勝、人物，計一百五十餘條，每條各附説明、題詠。宋思仁序謂蕭氏生平精文翰，尤尚氣節，所著《泰山小史》原有李維楨序，今僅存是帙，"先生之政事治績不多概見，而即是集以觀其議論風采，已可覘夫清幽孤介之操矣"，"梓是集行於世，庶幾慰先生忠魂於地下也"。

有道光十五年（1835）南通州徐宗幹翻刻本及民國二十一年（1932）泰山趙新儒校注鉛印本。

中國國家圖書館、上海圖書館、山東省圖書館、浙江圖書館、中國臺灣大學圖書館等館有收藏。

180

明州阿育王山志十卷續志六卷

T3035.29　720.83

《明州阿育王山志》十卷，明郭子章撰，明祁承㸁等校；《續志》六卷，清釋畹荃輯。明萬曆刻清乾隆續刻本。缺卷十下。一函六册。版框高 19.8 厘米，寬 14.5 厘米。半葉十行十九字，白口，四周單邊。版心上鎸"阿育王山志"，中鎸卷次。

首有未署年郭子章《明州阿育王山志序》、萬曆四十七年釋德清《題明州阿育王山舍利塔志》，次《阿育王山圖》、舍利塔圖（下鎸"李麟寫"）、《明州阿育王山志十門總目》。

卷四、八、九、十各分上下二子卷。各卷前有細目，卷九下有目無文。各卷端署"泰和郭子章相奎父撰，山陰祁承㸁夷度父校"（卷二以下校者分別爲：松溪魏濬禹欽父、上虞徐如翰檀燕父、安成曾鳳儀舜徵父、鄞邑王佐翼卿父、泰和楊嘉祚邦隆父、攸邑蔡承植槐亭父、鄞邑屠隆緯真父、天台釋傳燈無盡父、鄞邑林祖述槐亭父、嘉興楊鐸覺斯父、鄞邑聞龍隱鱗父）。"續集"與前連續編卷爲卷十一至十六，卷端題"明州阿育王山續志"，署"住山釋畹荃嵩來輯集"。

明州，漢會稽郡地，唐開元二十六年（738）置州，以境内有四明山得名，治鄞縣（五代吳越改名鄞縣），明清時爲寧波府。阿育王山在鄞縣境内，相傳西晉武帝太康間，有劉薩訶者於此得阿育王造舍利寶塔，遂建廣利寺供奉，梁武帝時改賜阿育王寺之名，其山被尊爲阿育王山。

郭子章（1543—1618），字相奎，號青螺、蠙衣生，江西泰和人。隆慶五年（1571）進士，歷官至右副都御史、貴州巡撫，進兵部尚書。著述宏富，涉獵廣泛，《明史·藝文志》著録《易解》十五卷等二十五種。生平見《静志居詩話》卷十五。

釋畹荃，字嵩來，鄞縣（今浙江寧波）人。通儒術、書畫，乾隆間主阿育王寺。著有《秋水閒房集》二卷。

分十門：卷一地輿融結，通論地輿、別論鄞山；卷二舍利緣起，記釋迦如來真身舍利寶塔及造塔供奉緣起；卷三塔廟規製，記阿育王塔之建造；卷四王臣崇事，記帝王名臣有關此寺之文字；卷五神明效靈，記神靈顯異；卷六瑞應難思，記軼聞諸事；卷七福田常住，記檀越布施造塔、建田碑記；卷八高僧傳法，記高僧傳法行誼；卷九提倡宗乘，記歷代住持禪師；卷十至几社詠，錄有關藝文。釋畹荃續增六卷，皆爲詩文，以時代先後排列，記事至乾隆十一年。

郭子章《序》述修志事云：“（住持理公）嘗有意於山志，乃持是編以示吾兒。吾兒歸，復持是編以進余。余念育王寺爲天下第一叢林，蓋借重於如來舍利光明，自晉太康歷六朝、唐、五代、宋、元，至我皇明萬曆壬子，千有三百四十九年，其間靈異事迹、國朝典故、士庶投誠、文人翰墨，使如國之有史，家之有乘，日錄而年編之，不啻汗牛充棟已也。乃今觀其所集，不過錄之碑碣，抄之藏典，僅得十餘萬言。至於名公倡和，又皆取實於小師，考信於野錄，不無亥豕魚魯之訛。余每閱斯文，未嘗不置卷太息。因仿侯開府、屠儀部《普陀山志》，條以義類，立以十門，門說四偈，各爲一卷，訛者正之，缺者補之。若高僧則尋傳燈錄補之以傳，刪取機緣爲宗門提唱，使後之作者隨類而編入，無續集之勞。”《四庫全書總目》是書提要謂“揆其大旨，主於闡釋氏之顯應，故標茲靈迹，以啓彼信心，原不以核訂地理、考證古今爲事也”。

正編刻於萬曆末年，有補版多處；續編刻於乾隆早期。前後版式一律。

“曆”字被鏟去。

天啓四年（1624）當塗陸基忠等曾集貲刻節本《阿育王山志略》二卷。

《四庫全書存目叢書》據中國人民大學圖書館藏本影印。《存目》本有萬曆四十四年鄒德溥序、四十五年鄒元標跋，爲此本所佚。《中國佛寺史志彙刊》亦曾影印。

《四庫全書總目》入史部三十二地理類存目，《中國古籍善本書目》著錄。

中國國家圖書館、上海圖書館、復旦大學圖書館、中國臺北“國家圖書館”等館，美國國會圖書館、美國哈佛大學哈佛燕京圖書館，日本國立國會圖書館、東洋文庫等有收藏。

鈐朱文方印“真州吳氏有福讀書堂藏書”、白文方印“易印漱平”、朱文長方印“風弚亭藏書記”。

181

天台山全志十八卷

T3035.29　132.81

《天台山全志》十八卷，清張聯元輯。清康熙五十六年（1717）台郡尊經閣刻康熙六十年後印本。卷七、十五缺末葉。一函四冊。版框高 18.3 厘米，寬 13.6 厘米。半葉十行二十一字，白口，左右雙邊，單魚尾。版心上鎸書名，中鎸卷次。

首康熙五十六年張聯元《天台山全志序》、江濰《天台山全志序》，未署年王之麟《天台山全志序》（缺末葉）、康熙六十年馬豫《天台山全志序》（缺末葉）、未署年顧起元《天台山方外志原序》；次《天台山全志目録》。

各卷端署 "楚郢張聯元覺菴輯"。

卷一凡例十五則、名勝考（明釋傳燈撰），卷二山，卷三峰、巖、嶺、溪、洞、石，卷四物產，卷五宮觀、祠廟，卷六寺院，卷七釋，卷八仙、道，卷九古迹，卷十存疑（雜志所載涉於渺幻者），卷十一序、碑記，卷十二至十三游記，卷十四賦，卷十五至十八詩。

天台山位於天台縣北，與寧波、紹興、金華、溫州等地交接，因山頂平坦似臺而得名。僧寺道院相接，風景秀美，爲浙江東部名勝。

張聯元，字捷三，號覺菴，湖北鍾祥人。康熙三十年進士，五十一年知台州。卒年七十三。生平見《［乾隆］鍾祥縣志》卷八李蓮《張覺菴傳》。

是書以天台一山跨新昌、嵊縣，其支脈并及臨海、寧海，乃不拘天台一縣，廣採邑乘，編纂 "全志"。張聯元《序》云："范侍郎《志要》謂天台山處五縣中央，即《赤城舊志》所指餘姚、勾章、臨海、天台、剡縣，則知所謂天台山者，逶迤延袤，幅員甚廣，亦無定在，故縣可界而山不可界。後人遂以縣界而分山，於是山之不屬於縣者即遊展所不到矣……索山志考之，而自唐以來，如《神邑圖經》等書，文獻之家鮮有存者，惟明萬曆間僧人傳燈著有《方外志》一冊，採輯頗詳，筆鋒俊爽，而惜其泥於方外，似志釋而非志山，又其所採僅在一縣之內，而山之入於旁縣者未有所録。因於公餘之暇，刪繁去蕪，并廣采新昌、寧海、嵊縣名勝之通於台山者，彙而輯之，與夫郡人之詩若文足以發揮山川之秘者，咸博訪而遍纂焉，凡皆以爲山而載名曰《天台山全志》。"

凡例末則言刻書事云："是書於丙申秋始行採輯，丁酉春開雕，夏季即告竣。爲期既促，而四方郵寄詩篇多有未至。或一題已完，復寄有佳製，則另爲續刊，其題前後未免重出。然將來作者，便刻隨時付梓。"有乾隆六十年序，知印成在丁酉（五十六年）之後。

《續修四庫全書》據杭州大學圖書館（今并入浙江大學圖書館）藏本影印。杭大本較此多未署年陳王謨序、康熙丁酉（五十六年）梁文煊序及張聯元《重輯天台山志啓》。此本刷印猶在杭大本之後，内容較之有不少修訂，卷十五至十八各詩著者名下之小傳部分（雙行小字）尤甚。如凡杭大本小傳爲 "■■人字■■"者，此本大多鏟去；卷十六第十五葉李天秩，注"雲南人，字止庵，崇禎間台州府推官"，此本無小注；第二十六葉《瓊臺》著者"許君徵"，此本削去；卷十七第三葉賀允中，注"字子枕，上蔡人"云云二十三字，此本削去；第八葉葉良佩小注亦削去；第十葉黄綰，注"字■■"，此本作"字宗賢"；第十二葉韓敬，此本小注中增"萬曆三十八年及第"八字；第十三葉張文郁，注"天啓■■進士"，此本作"天啓壬戌進士"；第十四葉潘璋，杭大本無小傳，此本注"天台人，字叔升，康熙癸丑進士"；第十五葉鮑復泰，注"■■人"，此本作"鐵嶺人"，等等。卷十七第十六葉末四行，杭大本爲《又絶句》"兒戲天工置石梁"一首，末行爲"任晟（字濟川，湖廣黄岡人）"，此本剜改爲《遊石梁》"平生跼踏壓塵網"一首，前著者空一格，"任晟"被削去；第三十四葉許君徵之《（太白夢遊天姥歌）其二》《登天姥山峰招太白》二首，此本改爲吕作心《遊天姥山》、錢之清《寄題天姥山》、閔振武《寄題天姥山》三首；卷十八第二十七葉末行"■■（■■人，字鴻陽■■）"，此本改爲"鮑開（長洲人，字孝儀，康熙壬辰進士，翰林院編修）"，次葉《遊萬年寺》及次首許君徵《萬年寺》，此本改爲《寄題萬年寺》及張本涵《萬年寺》兩首；二十八葉末至二十九葉許君徵《遊闡法寺》一首，此本改爲許運昌《寄題闡法寺》。

書名葉中鐫書名，右鐫"楚郢張聯元覺菴輯"，右鐫"台郡尊經閣藏板"。

《四庫全書總目》未收，《中國古籍善本書目》著録爲清康熙六十年尊經閣刻本。

中國科學院文獻情報中心、北京大學圖書館、北京師範大學圖書館、故宮博物院、上海圖書館、復旦大學圖書館、吉林大學圖書館、天津圖書館、南京大學圖書館等館，美國哈佛大學哈佛燕京圖書館，德國柏林國家圖書館，日本東洋文庫、静嘉堂文庫、京都大學人文科學研究所等有收藏。

鈐白文方印"磊闇所見"、朱文方印"生齋臺灣行篋記"、朱文長方印"風尉亭藏書記"。

182
廣雁蕩山誌二十八卷首一卷末一卷

T3035.29　714.83

《廣雁蕩山誌》二十八卷首一卷末一卷，清曾唯輯。清乾隆五十五年（1790）依緑園刻清同治十年（1871）補刻本。一函八册。版框高 13.3 厘米，寬 9.9 厘米。半葉九行二十一字，小字雙行同，白口，四周雙邊，單魚尾。版心上鐫書名，中鐫卷次及篇名。

首乾隆五十四年（1789）朱珪《廣雁蕩山志序》、曾唯《叙》，乾隆五十五年高樹勳《雁蕩山志序》，乾隆五十六年辛亥張慎和《雁蕩山誌序》，未署年范釴跋；次《凡例》十五則、《廣雁蕩山誌目錄》；次卷首《雁蕩山真迹》（雁蕩山方位圖等二十七幅）。末程浩《書雁蕩山志後》七律四首。

卷一名山、開山、山體、山界、山路、山嶺、山泉、谷總、峰總、勝景；卷二西外谷山水（峰、巖、石、洞、門、湖、瀑、泉、溪），西外谷寺宇（寺、亭）；卷三西內谷山水（峰、巖、石、障、洞、谷、門、橋）；卷四西內谷山水（湫、瀑、水、潭、溪）；卷五西內谷寺宇（寺、廟、亭）；卷六至八東內谷山水（峰、巖、石、障、洞、谷、門、湫、水、泉、潭、池、溪、橋）；卷九東內谷寺宇（寺、亭）；卷十東外谷山水（峰、巖、石、洞、潭、溪），東外谷寺宇（寺、廟、亭）；卷十一南閣山水（峰、巖、石、洞、湖、潭、溪），南閣寺宇（寺、廟、亭），北閣山水（峰、巖、石、洞、橋、溪），北閣寺宇（院、亭）；卷十二物產（茶、蔬、果、木、竹、草、花、藥、禽、獸、魚、介）；卷十三寓賢；卷十四方外（釋氏、羽客）；卷十五紀異；卷十六至二十八藝文（賦、詩、記、序），雜著（說、辨、議、銘、書、啓、跋、贊、疏、塔銘），志餘；卷末游法。

雁蕩山，位於浙江省溫州市，以山水奇秀知名。《凡例》第一則稱："雁蕩之名，實昉於唐……梁、隋時尚未有雁蕩之名也。至唐諾詎那飛錫龍湫，貫休有'雁蕩經行雲漠漠'之贊，一行有'南戒盡於雁蕩'之語，其名始著……迨宋南渡後，貴游輻輳，山徑改闢，梵刹增新，雁蕩之遊始盛。"

曾唯，字岸栖，號近堂，浙江永嘉人。生平不詳。

《凡例》第二則述修志始末云："雁山誌最晚出，苦無善本。《隋志》稱'芙蓉山'，其圖經失傳，僅見於薛季宣賦注中援引數語。嗣後圖志無聞。明初釋永昇始編《雁山集》一卷，嘉靖間朱諫輯《雁山志》四卷，章元梅、侯一元爲哀續集，至萬曆時邑侯胡汝寧合刻之，傳其略耳。國朝李象坤專采詩文，施元孚遍覈山景，各有成書，惜未付梓。近樂邑廣文范君藕萍復合施、朱二志彙爲一編，但搜羅補綴，仍多承譌附會之處，反復披閱，不無餘憾。因謬加參訂，兼采李志，分爲八門，釐爲三十卷，名曰《廣雁蕩山誌》，以成前人未逮之志，且擴其所未備也。"

乾隆五十五年曾氏依綠園初刻，嘉慶十三年（1808）曾重修。此本卷二十五郭鍾岳《雁山遊覽記》記同治十年事，知爲同治間增修本。

書名葉中鐫書名，右鐫"乾隆庚辰春鐫"，左鐫"東甌郭博古齋發兌"，"庚辰"爲乾隆二十五年，與本書刊刻時間不合，當作"庚戌"。

《中國古籍善本書目》未收。

中國國家圖書館、清華大學圖書館、復旦大學圖書館等館，美國哈佛大學哈佛燕京圖書館，日本京都大學人文科學研究所等有收藏。

鈐朱文橢圓印"敬慎堂藏書畫印"、朱文方印"得天然樂趣齋之印"。

183
武夷志畧四集

T3035.31　145.7

《武夷志畧》四集，明徐表然纂。明萬曆四十七年（1619）孫世昌刻明末補刻本。一函八册。版框高 20.9 厘米，寬 13.7 厘米。半葉九行二十字，白口，四周單邊。版心上鎸"武夷志"，中鎸篇名簡稱。

首有未署年陳鳴華《武夷志畧序》、柴世埏《武夷山志序》，次《武夷洞天志畧目錄》。

無卷數，分文、行、忠、信四集，各集卷端署"武夷山人徐表然德望甫纂輯，邑人孫世昌登雲甫剜梓"或"徐表然纂輯"。

文集爲武夷題詠紀、序紀、圖繪紀、山水總圖、南唐御帖、國朝祀典、公移、九曲櫂歌、五言絕句、七言絕句、五言律詩、七言律詩、五言古風、七言古風、長歌、武夷宮復田始末；行集爲武夷萬年宮左諸勝并題詠（一至四曲）；忠集爲五曲至九曲諸勝并題詠，附錄武夷雜詠；信集爲寓賢、仙真（各有圖釋）、羽流。

武夷山，位於福建、江西兩省交界處，崇安縣西南。以丹霞地貌著稱，風景名勝秀甲東南。

徐表然，字德望，崇安（今福建武夷山）人。隱居不仕，萬曆中嘗築別業漱藝山房於武夷第三曲。《千頃堂書目》卷八載其曾纂《天台山志》，今已佚。生平見《［乾隆］武夷山志》卷十七。

武夷之有記，始於唐之陸羽，宋張君房《雲笈七籤》卷九十六引陸鴻漸《武夷山記》，又《直齋書錄解題》卷八、《通志·藝文略》載杜光庭《武夷山記》一卷，邑人著作則自劉夔（字道元）始，《宋史·藝文志》載劉夔《武夷山記》一卷，皆已佚。明丘雲霄撰《武夷山志》六卷，今亦不存。世傳最早山志爲明勞堪《武夷山志》四卷，萬曆十年刻；其次江維楨《武夷山志》十卷《附錄》一卷，萬曆二十三年安如坤刻。後又有衷仲孺《武夷山志》十九卷，崇禎十六年刻。

陳鳴華《序》云："高弟德望徐生，結漱藝山房於三曲之巔，余素佳其志行端確，且擅詩、畫，聲聞三吴。嘗從遊，多攜酒挾客，遍窮水陸，因取本山志，按景披圖，類多錯謬，與客相對太息。徐生曰：曾邑侯顧父母謂山志之敝也，以更志屬不肖，表以謏陋辭。繼而史父母亦以武夷舊圖舛謬，命表更而張之。余曰：噫。二使君深知子矣。夫名山大川，弗志之，與溝壑等；志之弗當，與無志等。子亟圖而次之，此山靈幸也。徐生唯唯而退。迨余參荆楚還，徐生已攜酒候舟中，於是與客再訂前遊，因出所輯《志略》一帙，且啜且玩，則三十六峰之丹崖巉岏，九曲之碧流繚繞，至於一水一石，向背低昂，恍然在目……至於閱寓賢，而知仰止之有人焉；閱仙真，而知洞天之靈異焉；閱題詠，而知山靈之潤色焉；閱建創、公移，而知肇始之所自及歷代之褒典焉。"

《四庫全書總目》著錄作《武夷山志略》，提要云："（徐表然）嘉靖（引按：當作萬曆）中嘗結漱藝山房於武夷第三曲，因撰次是書。凡名勝古迹，皆分附於山川，較他地志尤便省覽，此變例之可取者。至於寓賢及仙真之類，人繪一圖，則不免近兒戲矣。"

《四庫全書存目叢書》據中國科學院文獻情報中心藏本影印。中科院本卷末有未署年潘維藩跋，爲此本所缺。此本較之增刻葉有聲《武夷雜詠》二十五首（共六葉，誤裝訂於《雜錄》中間）及鍾惺、蘇茂相各一首（共一葉，誤裝訂於《寓賢》目錄之後），《寓賢》目錄後增刻陳省至黃嘉賓共十二人名單（正文無圖釋）。知爲增補後印本。美國國會圖書館藏此書三部，王重民《中國善本書提要》云："（其一）《雜錄》以後，有又十三、十四兩葉，爲天啓間葛寅亮所撰文，書口與舊葉不一律，爲後來補刻者。""（其二）卷內補版大致與前本相同，惟有一二葉前本用原版，此本用補版，因知此本印於前本之後也。"補刻情況與本館藏本不同，知是書行世後屢經刷印增補。各館藏本或有書名葉鐫"載德堂藏板""小九曲山房藏板"，皆係同一版刻而不同時期之重印本。

美國哈佛大學哈佛燕京圖書館藏本與此完全相同。

刻工：言宁（宁、言）、元、台、張元宁（元宁）。

書末鐫荷蓋蓮花牌記"萬曆己未仲冬　崇安孫世昌梓行　晉江陳衙發刻"三行。孫世昌生平不詳。

《四庫全書總目》入史部三十二地理類存目，《中國古籍善本書目》著錄。

中國國家圖書館、北京大學圖書館、上海圖書館、中國臺北"國家圖書館"等二十餘館，美國普林斯頓大學葛思德東方圖書館，日本內閣文庫等有收藏。

184

羅浮山志會編二十二卷首一卷

T3035.32　613.81

《羅浮山志會編》二十二卷首一卷，清宋廣業纂輯。清康熙五十五年（1716）肇慶府宋志益刻本。四函二十冊。版框高 18.8 厘米，寬 13.7 厘米。半葉九行二十字，小字雙行同，白口，左右雙邊，單魚尾。版心上鐫書名，中鐫卷次及篇名。

首康熙五十六年陳元龍《序》，康熙五十五年趙弘燦《序》、楊琳《序》、王朝恩《序》、武延适《序》、宋廣業《叙》、鄭晃《序》、鄭際泰《序》；次《羅浮山志會編纂輯書目》《羅浮山志會編目録》；次卷首《羅浮山總圖》及《分圖》（前列圖説）；次《凡例》六則；末康熙五十五年屠孝義《後序》、謝有輝《跋》，康熙丁酉（五十六年）吳中和跋，未署年宋志益跋。

《目録》卷端署“分守山東濟東道僉事加八級長洲宋廣業纂輯，廣東肇慶府知府加五級男宋志益校鍥，翰林院檢討鳳城鄭際泰參訂”，卷首及正文各卷端署“長洲宋廣業澄溪纂輯”。

分六門：卷一天文志（星野）；卷一至三地理志（疆域、名勝）；卷四至六人物志（仙、釋、名賢［游覽、隱逸］）；卷七品物志（羽、毛、鱗、介、蟲、艸、木、穀、菜、瓜、果、花、竹）；卷八至九述考志（典故、紀聞、祥祲）；卷十至二十二藝文志（序、書、説、引、記、跋、疏、上梁文、賦、表、頌、贊、銘、騷、四言古詩、五言古詩、七言古詩、五言律詩、五言排律、七言律詩、五言絶句、七言絶句、詩餘及國朝各體詩）。

羅浮山爲羅、浮二山之合稱，位於廣東省博羅縣西北，橫跨博羅、龍門、增城三地，主峰飛雲頂。明屈大均《廣東新語》卷三《羅浮》條引《後漢書·郡國志》注云：“博羅有羅山，以浮山自會稽來傅之，故名羅浮。”山勢雄渾，風光秀麗。道教發達而又以理學知名，王朝恩序云：“天下四大名山，曰普陀、峨眉、五臺、九華，皆菩薩道場，而羅浮則神仙之洞府，自唐宋及明常遣使致祭，列於祀典，其間神仙接踵。而理學之傳，濂溪（周敦頤）、豫章（羅從彦）、延平（李侗）、白沙（陳獻章）、甘泉（湛若水）相繼講學於斯，蔚乎人文之大觀，則又不專以洞天福地爲勝矣。”

宋廣業，字性存，號澄溪，長洲（今江蘇蘇州）人。崇明籍拔貢，康熙四十三年至四十八年任山東濟東道道台。

羅浮至明代而有專志，今存有明黎民表《羅浮山志》十二卷（嘉靖三十六年［1557］刻）、王希文《羅浮山志》十四卷（嘉靖三十七年刻）、韓鳴鸞《羅浮志畧》二卷（萬曆間刻）。廣業辭官後，因其子志益爲瑞州知府，就養官署，以羅浮爲嶺南勝地，而舊志簡略，遂重爲考訂，網羅闕逸，博採群書，增廣爲《會編》一書。《四庫全書總目》是書提要謂“後來羅浮諸志，多以是爲藍本云”。清康熙五十二年志益任肇慶府知府，刻是書於官署（詳自叙及宋志益跋）。

此本爲初刻初印本，《四庫全書存目叢書》據中國科學院文獻情報中心藏本影印，與此本同。《續修四庫全書》曾據天津圖書館藏本影印，爲剜改後印本，其《纂輯書目》所列凡入清遭禁毀諸條目皆被鏟去，如屈大均《羅浮書》《道援堂集》《翁山詩外》《廣東新語》、鈕琇《仙山筆記》、陳恭尹《獨漉堂集》、釋德清《夢遊集》、函昰天然《瞎堂集》、今無阿字《光宣臺集》、今釋澹歸《遍行堂集》；正文中屈大均所作詩或被全文鏟去，或削去屈大均題名。

書名葉左下角鏟"版藏廣州海幢寺"。

《四庫全書總目》入史部三十二地理類存目，《中國古籍善本書目》未收。

中國國家圖書館、上海圖書館、南京圖書館、中國臺北"中央研究院"傅斯年圖書館等館，美國國會圖書館、美國哈佛大學哈佛燕京圖書館、哥倫比亞大學東亞圖書館，日本東洋文庫、京都大學人文科學研究所等有收藏。

鈐朱文方印"真州吳氏有福讀書堂藏書"。

185

水經注箋四十卷

T3037　7988.4

《水經注箋》四十卷，北魏酈道元注，明朱謀㙔箋。明萬曆四十三年（1615）李長庚南昌刻後印本。二函十二冊。版框高 21.7 厘米，寬 14.4 厘米。半葉十行二十字，小字雙行同，白口，左右雙邊，單魚尾。版心上鐫書名，中鐫卷次，下鐫寫、刻工。

首萬曆乙卯（四十三年）李長庚《水經注箋序》、嘉靖甲午（十三年，1534）黃省曾《水經序》、萬曆乙卯朱謀㙔《水經注箋序》，次《水經注所引書目》《水經注箋目錄》。

各卷端署"漢桑欽撰，後魏酈道元注，明李長庚訂，朱謀㙔箋，孫汝澄、李克家仝校"。

朱謀㙔（1552—1624），字明父，一字鬱儀，號海岳，江西南昌人。明宗室，寧獻王朱權八世孫，石城王朱奠堵六世孫，主持石城王府藩政三十年。長於著述，著有《易象通》八卷、《詩故》十卷等十二種。生平見《列朝詩集小傳》閏集、《明史》卷一百十七。

《水經》爲歷史地理專著，專門記載河道水系，唐以前未有指其撰人者，至《唐六典》李林甫等注始以爲漢桑欽所作，經清代以來學者考證，知著者大抵爲三國時人，并非桑欽。魏晉以後，注《水經》者二家：郭璞注三卷，酈道元注四十卷，酈注內容豐富，流播甚廣，郭注今不傳。酈注有宋刻殘本存世（中國國家圖書館藏，《中華再造善本》據以影印），明刻最早爲嘉靖十三年（1534）黃省曾刻本，其次爲萬曆十三年吳琯《合刻山海經水經》本。朱氏自序謂《水經注》"傳寫既久,錯簡譌字,交棘口胭,至不可讀",因而爲之作箋釋,以吳琯本爲底本,以謝兆申鈔宋殘本、黃省曾本參校,廣徵載籍、類書校注於下,箋校精詳,通行於後世。清代酈學興盛,學者多以朱箋爲研究底本。

李長庚《序》述刻書事云:"《水經》在楊用修時以爲久湮,搜刻方始而去其注。近方有吳、歙二刻(引按:即黃、吳二刻)并注,盛行於世。惜其中尚不無訛謬……是書校刻之難尤倍他書。南州王孫鬱儀氏(朱謀㙔)專攻此書有年,而架帙甚富,腹笥更廣,又與四方博雅之士所得於遐搜逖覽者互相參糾,蕲歸於是,遂成此書忠臣。李生克家佐有勞勩,一日持以相過。余往讀是書,每遇疑處不能自通,輒爲寘卷。今得聞所未聞,喜而刊之於署。"

是書有初印本、後印本之別,此本爲剜改後印本。初印本卷五第十二葉注"孫云,平源當作平原,襄楷當作裴楷",此本改爲"孫云,平源當作平原,襄楷詳《後漢書》"(據胡適《跋哥倫比亞大學所藏朱謀㙔〈水經注箋〉》,《胡適全集》第十五卷)。

寫工:豫章喻鎧、穆文、熊文、湯誥、李森、徐魁、朱照乘(寫工在各卷首葉版心下)。

刻工:郭景光、姜汝煥(姜煥、煥)、姜球、姜全(全)、姜良(良)、一德、邹邦比、化、萬国相(相)、汝龍(汝、龍)、陳鉞(鉞)、吳宗(宗)、元弼、刘机(机)、万奇、萬国臣(臣)、太、郭景輝(輝)、王光、吳達(達)、泰、耀、熊汝昇、万德、賢、位、岳、鄒邦畿(畿)、邹天明、孝、邹邦瑚(瑚)、陳錦(錦)、帛、熊元銓(銓)、邹天卿(卿)、湯朝(湯)、熊貴、志、王明、揭文華(文華、華)、陳文演(演、文演、陳文、陳演)、邹茂(茂)、萬文(文)、狄順正(順正)、熊汝龍、王國正(正、王国)、王荣、化、邹邦珍(珍)、洛、美、峀、振、元、巽、龔一華(龔一、一華)、陳文、曾圭(曾桂、桂、圭)、田、吳華、邹天朝(邹朝)、圓、泰、祥、念、吉、付仰、全一、古、王國勝(國勝)、朱昭、吉文、榜。

序前有清光緒四年(1878)徐嗣會墨筆抄録孫星衍《續古文苑》卷十一所載酈道元《水經注序》一篇。書中偶有墨筆批注,蓋亦徐氏所作。

《四庫未收書輯刊》據中國科學院文獻情報中心藏本影印(書眉過録王國維校語)。

《四庫全書總目》未收。《中國古籍善本書目》著録。

中國國家圖書館、北京大學圖書館、北京師範大學圖書館、上海圖書館、中國臺北"國家圖書館"、中國臺北"中央研究院"傅斯年圖書館等館,美國哥倫比亞大學東亞圖書館,德國巴伐利亞邦立圖書館有收藏。

186

水經注箋四十卷

T3037　7988.5

《水經注箋》四十卷，北魏酈道元注，明朱謀㙔箋。清乾隆十八年（1753）黃晟槐蔭草堂刻清同治二年（1863）余氏明辨齋重修本。一函八册。版框高18厘米，寬13.6厘米。半葉十一行二十一字，小字雙行同，細黑口，四周單邊，單魚尾。版心上鐫書名，中鐫卷次。

首有未署年元歐陽玄《補正水經序》，次《原序》三篇（萬曆乙酉［十三年，1585］王世懋序，乙卯［四十三年］朱謀㙔序、李長庚序），次《北史本傳》《水經目録》，末乾隆癸酉（十八年）黃晟跋。

各卷端首行題“水經卷某”，下鐫“天都黃晟鑑定”篆文長方墨印，卷四十末葉鐫“重校刊於槐蔭艸堂”篆文方墨印。各卷端署“漢桑欽撰，後魏酈道元注”。

黃晟，見“103　至聖編年世紀二十四卷”介紹。

明朱謀㙔《水經注箋》箋校精詳，通行於後世，翻刻者衆多。崇禎二年（1629），嚴忍公等刻譚元春批點本《水經注》，以朱箋爲底本而頗删節朱氏校語，清康熙五十三至五十四年（1714—1715），歙縣項絪群玉書堂復以譚批爲底本校勘重刻。項本刻成印行之後不久書版被焚毁，焚毁之前曾經剜改重印，如卷十第四葉“即庚眩墜處也”注，初印本作“庚眩未詳，或當是猿眩之訛，地志所謂猿眩之岸也”，重印本剜改爲“庚當作庚，《晉書》庾袞適林慮大頭山，將下，眩，墜崖卒”（據《項絪校刻〈水經注〉四十卷》，《胡適全集》第十七卷）。

乾隆十八年，天都黃氏合刊《山》《水》二經（《山海經》十八卷，《水經注》四十卷），其中《水經》係以項刻重印本爲底本翻刻，而書中不及項絪一字，迹近攘奪。黃晟刻書跋云：“自昔山川奠定，著述之家志輿圖者，代有其人，數傳而後卷帙散佚，已無足稽。惟漢桑欽氏撰輯《水經》，流傳最久，然大綱具舉，而節解猶疏。後魏酈子道元窮源竟委而詳注之，考訂不厭辭煩，引證必求實據，於是經以簡貴，注以詳明，彼此相成，厥功甚懋。嗣後朱謀㙔復增注箋，蔡正甫又作補正，是皆羽翼二氏，爲功川阜者也。夫古人著述原以昭示後人，而傳世行遠，尤藉後人保護而珍藏之。第萬物與時消息，維彼金石尚有磨磷，區區梨棗興毁，又奚足怪哉。此予所以覽舊刻而不禁慨然也。方今水利宏開，寰宇稱便，渠河溝洫，皆厪宸衷，則是《水經》一書，胡可淹替。爰取舊本，重爲校刊，俾作之於前者得以流傳於後，聊存好古之心，用普同人之願云爾。”

牌記鐫“槐蔭艸堂原板　同治癸亥長沙余氏補修於明辨齋”兩行。“長沙余氏”名余肇鈞，咸豐、同治間人，曾輯刻《古今史學萃珍》七種、《明辨齋叢書》

四集二十一種外集十一種。同治間，余氏得黃晟舊版，補版若干葉重印行世。

書名葉鐫“朱中尉水經注箋四十卷”。

《中國古籍善本書目》著録。《善目》中嚴忍公、項絪、黃晟三刻皆僅題“《水經注》四十卷，北魏酈道元撰”，次於吳琯刻本之後，不確。應著朱謀㙉之名，次於《水經注箋》之後。

中國國家圖書館、北京大學圖書館、河南大學圖書館等有收藏。

鈐朱文長方印“皖南張師亮筱漁氏校書於篤素堂”“篤素堂張曉漁校藏圖籍之章”，張師亮（1828—1887），字謹夫，號筱漁（一作曉漁），貴州人，原籍安徽桐城。咸豐六年（1856）進士，同治元年任江西豐城知縣。家富藏書，室名篤素堂、養雲石山房，所藏以明刻及清初刻本爲多。又有“李宗侗藏書”印。

187

水經注釋四十卷首一卷附録二卷水經注箋刊誤十二卷

T3037　7988.41

《水經注釋》四十卷首一卷《附録》二卷《水經注箋刊誤》十二卷，清趙一清撰。清乾隆五十一年（1786）趙氏小山堂刻初修本。三函二十册。《附録》分卷上、下。版框高 20.1 厘米，寬 14.8 厘米。半葉十行二十二字，小字雙行同，白口，左右雙邊，單魚尾。版心上鐫書名，中鐫卷次，下鐫“東潛趙氏定本”。

首乾隆丙午（五十一年）畢沅序、未署年全祖望序、乾隆十九年趙一清序，次《水經注原序》《水經注釋參校諸本》，次《北史》酈範、酈道元本傳，次《水經注釋目録》（末趙氏識語）。

各卷端署“仁和趙一清誠夫録”。

趙一清（1711—1764），字誠夫，號東潛，仁和（今浙江杭州）人。監生。師承全祖望，工詞章之學。著有《東潛文稿》二卷，曾參與修纂《直隸河渠志》。《清史稿》卷四百八十五有傳。

趙氏自序及目録後識語略云，《水經注》傳寫訛奪，其來已久，歐陽玄、王禕稱其經、注混淆，全祖望又謂酈道元注中有注，因從全氏之說，辨驗文義，離析其注中之注，使正文、注釋等語不相混雜，條理分明。又稱《唐六典》注云桑欽《水經》所引天下之水百三十七，江、河在焉，今本所列，少二十一水。考《崇文總目》載《水經注》三十六卷，蓋宋代已佚其五卷，今本乃後人離析篇帙，以合原數，所少二十一水蓋即在所佚卷中。於是證以本注，雜採他書，得滏、洺等十八水；於瀁水下分瀁餘水；又考驗本經，知清漳水、濁漳水、大遼水、小遼水皆原分爲二。共得二十一水，與《唐六典》注原數相符。凡經文頂格書，注文及注中注低一格書，釋文小字雙行夾寫。

畢沅序云："予久聞仁和趙誠夫先生有釋《水經注》一書，惜未之見。昨春移節大梁，適先生子載元官是方，以屬吏進謁，言次及之。載元知隄防宣泄之宜，能世其家學。予既以其治績奏於朝，擢守歸德，今年夏謀鋟先生是書，請序於予。"知是書雖於乾隆十九年已"勒成編"（自序），遲至三十餘年後始由趙氏之子載元刊刻，范希曾《書目答問補正》稱之爲"乾隆五十一年畢沅開封刻本"，不確。存世印本有乾隆五十一年初刻未修本、五十一年初刻初修本、五十九年重修本之不同。此爲初修本。卷三十八資水篇"縣，故昭陵也"下釋文，初刻未修本作："《漢表》作'洛陽'。今湖南寶慶府東北五里有洛陽山，蓋以侯封得名，即《前漢》之'昭陵'。"此本"漢表"剜改作"一本"。重修本則改爲："《漢表》作'路陵'。路、洛，古通借。《校獵賦》'虎路三嵏'，晉灼曰：'路音洛。'然疑《史》《漢》表誤。昭陵。"重修本於嘉慶間重印時又有剜改（卷三十六第六葉注"琰"字剜改爲"殷"），且撤去畢沅序，蓋因嘉慶四年畢沅死後被抄家（詳《跋國會圖書館藏的乾隆五十九年重刻本趙一清〈水經注釋〉》，《胡適全集》第十五卷。按胡適論《水經注》文章逾二百萬言，提及是書五十九年本，稱之爲"重刻本"或"修改重刻本""改刻本""重修改本"，種種不一，後說較準確，五十九年并未重新開版，僅修版重印而已）。光緒六年（1880）兩度翻刻，一爲寧波張壽榮、張鴻桷華雨樓刻本（部分依初刻本，大部分依重修本），一爲會稽章壽康刻本（依據重修本）。張鴻桷有長跋云："其書行於今者實有二本，其一首卷有'乾隆甲寅年'字樣，末卷有'男德元、履元、載元、保元仝校刊'列名，一本無之；一有酈氏原序之半，後附趙氏識語，一無此序及識語。至書中異者，亦各卷錯見，不一而足……《刊誤》中，一本有增校語。"可爲區分初刻、重修本之依據（詳參《試用張鴻桷舉出的趙一清"初刻未修本"諸例來校各本》，《胡適全集》第十四卷；《跋芝加哥大學藏的趙一清〈水經注釋〉》，《胡適全集》第十五卷。又參《柏克萊加州大學東亞圖書館中文善本書志》第101頁）。光緒二十七年又有新化三味書屋刻本。

《浙江採集遺書總錄》戊集著錄"寫本"，《四庫全書總目》史部二十五著錄爲"浙江巡撫採進本"，則《四庫全書》所據當爲寫本。胡適稱："《四庫》本最可代表趙書最初清抄時的狀態，有刻本皆誤，而《庫》本不誤的。"（《趙東潛書校刻者不免妄改妄增》，《胡適全集》第十四卷）

《中國古籍善本書目》著錄南京圖書館有稿本四十卷首一卷，原爲丁丙八千卷樓舊藏，其中包含十一卷趙一清最後稿本，其餘部分爲振綺堂抄并配以乾隆五十九年重修本（詳見丁丙《善本書室藏書志》卷十二；胡適《記"南京國學圖書館"藏的三部趙氏〈水經注〉》,《胡適全集》第十七卷)。

《四庫全書總目》是書提要稱其"旁引博徵,頗爲淹貫,訂疑辨訛,是正良多。自官校宋本以外,外間諸刻,固不能不以是爲首矣"。《水經注箋刊誤》糾正朱謀㙔之失,考據訂補,亦頗精核(寄存中國臺北故宮博物院之原國立北平圖書館甲庫善本書中有趙一清朱墨校本《水經注箋》,當係爲撰寫《刊誤》之準備)。所謂"官校宋本",謂戴震任四庫全書館纂修官時校訂本,收入《武英殿聚珍版書》,故稱爲"官本"。戴震校訂本行世,學者或謂其攘襲趙一清成果,或爲之辯護,二百年來,極爲聚訟。《中國版刻圖録·水經注釋》條云:"此書釐訂經注,校正訛文,有鑿空之功。戴氏東原(戴震)假托《永樂大典》,所校官本《水經注》多襲趙説。後人反謂趙自戴出,今據《永樂大典》復勘,戴、趙公案遂得大白。此本鐫刻工整。初印精美,爲乾隆後期浙本上乘。"可爲定論。

書名葉鐫"小山堂雕"。小山堂爲一清父趙昱室名,趙氏子孫承用之。趙昱(1689—1747),字功千,號谷林,藏書數萬卷,著有《愛日堂集》。

《中國古籍善本書目》著録各家校跋本八部。

中國國家圖書館、北京大學圖書館、復旦大學圖書館、天津圖書館、山東省圖書館、南京圖書館、浙江圖書館、湖北省圖書館、中國臺北"國家圖書館"等館,日本京都大學人文科學研究所等收藏有乾隆五十一年刻本,其中當有未修、初修之别,尚待區分。

188

直隸五道成規五卷

T3039.9　4143

《直隸五道成規》五卷,清高斌輯。清乾隆八年(1743)刻本。一函五册。版框高17.3厘米,寬14.7厘米。半葉十行二十字,白口,四周雙邊,單魚尾。版心上鐫"五道成規",中鐫卷次及小題。

首乾隆八年高斌序,次《直隸五道成規總目録》。

高斌(1683—1755),字右文,號東軒,高佳氏,滿洲鑲黄旗人。本爲内務府包衣,授内務府主事。雍正十一年(1733)出任江南河道總督,乾隆六年任直隸總督兼總河印務,纍遷議政大臣、文淵閣大學士。乾隆十三年,再管江南河道總督。卒於任,謚"文定"。《清史稿》卷三百十有傳。

據清劉墉等纂《清通典》卷三十三載,雍正八年,因直隸京畿地區河工緊要,設直隸河道總督(駐天津),專門管理永定河、大清河、子牙河、南北運河、海河、東西淀等河流與湖泊之修浚、防守事宜,下轄清河道、永定道、通永道、天津道、大名道五河道。乾隆十四年裁撤，由直隸總督兼任。

高斌任直隸河道總督時，於乾隆八年奉旨議定頒發河工定例，故編纂此書。卷一清河道屬：所屬各州縣河工應需物料、工匠做法并夫匠名數、價值；卷二永定道屬：南北岸、石景山、三角淀等廳下挑河、築堤、歲搶、歸廂并堵築河口工程及修建閘壩橋座、成造堡船需用各項夫料工價；卷三通永道屬：所屬北運河管轄香河、武清、寶坻、天津等各州縣一切草木、土石、磚料、灰觔、挑河、築堤等工程做法并需用物料、土方、工匠各價銀兩數目；卷四天津道屬：所屬南運減河應用物料、夫工價值數目；卷五大名兵備道屬：順、廣、大三河廳河道成規。高斌序云："臣等酌改條款開列清單，行文該督，轉飭各該道照改。清單造具清册二本，咨送工部核明。一本存部備查，一本頒發刊刻，以垂永遠可也。"

《中國古籍善本書目》著錄。

中國國家圖書館、北京大學圖書館、天津圖書館、南京圖書館、蘇州圖書館、中國臺北"國家圖書館"等館，日本國立國會圖書館、東洋文庫、東京大學東洋文化研究所等有收藏。

189

太湖備考十六卷首一卷附湖程紀略一卷（存十七卷）

T3040　4332.83

《太湖備考》十六卷首一卷附《湖程紀略》一卷，清金友理纂。清乾隆十五年（1750）藝蘭圃刻後印本。存十七卷（首一卷，《太湖備考》十六卷）。一函八册。版框高 18.6 厘米，寬 13.5 厘米。半葉十行二十一字，小字雙行三十一字，白口，左右雙邊，單魚尾。版心中鐫書名、卷次及篇目。

首乾隆庚午（十五年）吳曾《太湖備考序》、金友理序，次《師資姓氏》、《引用書籍》、《太湖備考凡例》十五則、《太湖備考目錄》。《師資姓氏》及《凡例》版心下鐫"藝蘭小圃"。

各卷端署"東山金友理纂述，弟友琯校"（校者各卷不同，卷六至九爲"弟友珆校"，卷十至十三爲"弟友瓚校"，卷十四爲"姪世元錄"，卷十五爲"于嶺卜世繩校"，卷十六爲"白沙吳云謙校"）。

卷首爲巡幸、圖說。分三十門：卷一太湖，卷二沿湖水口、濱湖山，卷三水治、水議，卷四兵防、湖防論說、記兵、職官（衙署、倉庾、教場），卷五湖中山、泉、港瀆（橋梁）、都圖（地名）、田賦，卷六坊表、祠廟、寺觀、古迹、第宅園亭、塚墓、風俗、物產，卷七選舉（進士、舉人、貢士、薦舉、議叙、武科、武職、例仕）、鄉飲，卷八人物，卷九列女，卷十至十一集詩，卷十二至十三集文，卷十四書目、災異，卷十五補遺，卷十六雜記。附湖程紀略一卷，吳曾撰。

太湖，位於江蘇省南部，鄰接浙江省，古名震澤、具區，又稱笠澤、五湖。

金友理，字玉相，吳縣（今江蘇蘇州）人。生平不詳。

是書詳載太湖地區之歷史沿革、自然地理、經濟文化及政治軍事。《凡例》云："太湖古無專書，有之，自蔡景東《太湖志》始，繼之以王守谿《震澤編》，又繼之以翁季霖《具區志》，太湖之名於是大備。第其所紀載皆詳於湖中而不及湖外之境地，無他，所重者名勝也。太湖有名勝，亦有經濟、水利、兵防，要當合湖內、湖外之形勢以善其施，詳於內而遺於外，失全局矣。是書如太湖之水源、水委、沿湖水口、濱湖諸山、沿湖汛地，詳考都在湖外，非欲與前人立異，補其所未備焉爾。"蔡昇（字景東）《太湖志》十卷，已佚。王鏊（字守谿）以蔡書爲基礎重修《震澤編》八卷，今存明弘治十八年（1505）林世遠刻本。清翁澍撰《具區志》十六卷，亦存世，有清康熙刻本。

金氏自序稱："束裝裹糧，遍歷湖山之間，而湖外之溪瀆漊港，雖遠必至，一一究其源委險夷，又復考古證今，務欲詳其事而得其寔，然後以次纂輯，共爲卷一十有七，爲類三十，名之曰《太湖備考》。"

此本係後印本，有若干補版重刻葉，如卷一第十葉，卷二第三至四、十三至十四、二十五至二十六、三十六至三十八葉，卷四第二十至二十八、三十一、三十五至三十六葉，卷五第三十七至三十八葉，卷六第三至四、二十八至二十九葉，卷八第三十一葉，卷九第二十一、三十五葉，卷十一第二十八葉，卷十三第三十、三十五至三十七葉，卷十四第十九葉，卷十五第十三葉，卷十六第一至三、五、十七至二十一葉。補刻年不詳。

清末鄭言紹撰《太湖備考續編》四卷，有光緒二十九年（1903）續刻本，曾與是書合印行世。

書名葉分三欄，右鐫"東山金玉相纂述"，中鐫書名，左鐫"藝蘭圃藏板"。目錄末鐫"吳門李又韓子永瑞店鐫"。

"玄""禎""弘"避諱缺末筆，"曆"作"歷"。

《四庫未收書輯刊》據中國人民大學圖書館藏本影印。

《四庫全書總目》入史部三十一地理類存目，《中國古籍善本書目》未收。

中國國家圖書館、北京大學圖書館、復旦大學圖書館、中國香港中文大學圖書館等館，美國國會圖書館、美國哈佛大學哈佛燕京圖書館、普林斯頓大學東亞圖書館，德國巴伐利亞邦立圖書館，日本東洋文庫、國立公文書館有收藏。

鈐朱文方印"吳興溫氏珍藏"。

190

西湖志纂十五卷首一卷末一卷

T3040　1632.83

《西湖志纂》十五卷首一卷末一卷，清沈德潛、傅王露輯，清梁詩正纂。清乾隆二十年（1755）賜經堂刻二十七年增刻本。一函八册。版框高 17.8 厘米，寬 12 厘米。半葉九行二十一字，小字雙行同，白口，四周雙邊，單白魚尾。版心上鎸書名，中鎸卷次。

首乾隆御製詩三絕句（代序）；次《西湖志纂總目》；末有沈德潛等按語，署“予告禮部尚書在籍食禄原任禮部右侍郎臣沈德潛、欽賜贊善職銜原任翰林院編修武英殿供奉臣傅王露恭輯，經筵講官太子少師協辦大學士吏部尚書臣梁詩正奉敕合纂”。

卷首爲名勝圖，各附御製詩、圖説，依次爲西湖全圖、聖因寺圖、聖因行宫圖、西湖十景圖、行宫八景圖、小有天園圖、留餘山居圖、漪園圖、龍井八詠圖、海塘圖、增修十八景圖。正文卷一御製詩，卷二西湖水利，卷三孤山勝迹，卷四至七南山勝迹，卷八至十北山勝迹，卷十一吳山勝迹，卷十二海塘勝迹，卷十三西溪勝迹，卷十四至十五藝文（文、詩、詞）。末爲傅王露恭和御製詩一首。

西湖，位於浙江杭州。因在杭城之西，故名西湖；杭州古名錢塘，故又稱錢塘湖。

沈德潛（1673—1769），字碻士，號歸愚，長洲（今江蘇蘇州）人。乾隆四年進士，選庶吉士，授翰林院編修，歷官至禮部侍郎。謚“文慤”。著有《沈歸愚全集》七十四卷，選編《古詩源》《唐詩別裁》《明詩別裁》《清詩別裁》等，流傳頗廣。《清史稿》卷三百五有傳。

傅王露，字晴溪，一字良木，號玉笥、閬林，會稽（今浙江紹興）人。康熙五十四年（1715）一甲第三名進士，授翰林院編修。退居鄉里近四十年，以卷軸自娱。曾任《［雍正］浙江通志》總裁。生平見《［乾隆］紹興府志》卷五十四。

梁詩正（1697—1763），字養仲，號薌林。錢塘（今浙江杭州）人。雍正八年（1730）一甲第三名進士，授翰林院編修，纍遷户部、兵部尚書，加太子少師，兼任刑部尚書、翰林院掌院學士、協辦大學士。卒謚“文莊”。工書法。著有《矢音集》。《清史稿》卷三百三有傳。

是書係以雍正間傅王露總纂之《西湖志》四十八卷芟輯而成。《西湖志纂總目》末按語云：“臣謹按：西湖古稱明聖湖，見酈道元《水經注》，而宋元以前未有專志。明嘉靖間，提學副使田汝成始創爲之，名《遊覽志》（引按：明田汝成撰《西湖遊覽志》二十四卷《志餘》二十六卷，今存明嘉靖刻本），蓋仿《水經注》之例，因水道所經，依路詮次，分西湖爲五路，曰孤山路，曰南山路，曰北山路，曰吴山路，曰西溪路，各叙勝迹，以便覽觀。國朝雍正九年，前任浙江總督臣李衛奉敕纂修《浙江通志》，爰及湖志，悉依《通志》體例分門記載，卷帙稍繁。乾隆辛未（十六年）、丁丑（二十二年）、壬午（二十七年）之春，恭逢皇上三舉省方之典，巡幸至浙，駐蹕西湖。睿藻留題，日華雲爛，符明聖之瑞應，成宇宙之大觀，自宜恭紀志乘，以昭示萬世。爰仿田志之例，重輯舊志之文，增入海塘一路，共十五卷，爲《西湖志纂》，恭呈御覽。"又《四庫全書總目》是書提要云："國朝大學士梁詩正、禮部尚書銜沈德潛等同撰。初，雍正中浙江總督李衛修《西湖志》，延原任編修傅王露總其事，而德潛以諸生爲分修，凡成書四十八卷。雖叙次詳明，而徵引浩繁，頗嫌冗蔓。至乾隆十六年，恭逢聖駕南巡，清蹕所臨，湖山生色。德潛因取舊志，復與王露重加纂録，芟繁就簡，別爲十卷，而梁詩正亦奏請重輯《西湖志》，會德潛書稿先成，繕録進御。蒙皇上優加錫賚，特製詩篇，以弁其首，并敕詩正即以德潛此稿合成之。詩正復偕王露參考釐訂爲十二卷，於乾隆十八年十二月奏進。"

《四庫全書》所收爲内府所藏乾隆二十年初刻十二卷本，其後是書不斷增輯。此本爲乾隆二十七年清高宗第三次南巡後之增輯本。

書名葉分三欄，右鎸"乾隆乙亥刊刻進"，中鎸"御覽西湖志纂"，左鎸"呈乾隆壬午增輯賜經堂藏板"。

《中國名山勝迹志叢刊》曾影印。

《四庫全書總目》史部二十六地理類著録，《中國古籍善本書目》未收。

中國國家圖書館、北京師範大學圖書館、中國人民大學圖書館、天津圖書館、中國臺北"國家圖書館"等館，美國國會圖書館、美國哈佛大學哈佛燕京圖書館，日本國立國會圖書館、京都大學人文科學研究所有收藏。

鈐朱文長方印"積學齋徐乃昌藏書"、朱文方印"樓觀滄海日門對浙江潮"。

191

靳文襄公治河方略十卷首一卷

T3039.2　4252

《靳文襄公治河方略》十卷首一卷，清靳輔撰，清崔應階編。清乾隆三十二年（1767）崔應階刻本。一函八冊。版框高 20.4 厘米，寬 15.1 厘米。半葉十行二十字，白口，左右雙邊，單魚尾。版心上鎸"治河方略"，中鎸卷次。

首乾隆三十二年崔應階《序》，次《凡例》七則，次《靳文襄公治河方略目錄》，末乾隆三十二年徐績、俞調元、盛百二、靳光宸諸家跋。

各卷端署"楚鄂崔應階吉升甫重編，海昌俞調元燹齋、桂林胡德琳書巢、秀水盛百二琴川訂梓，華亭張松孫鶴坪、高郵夏曉春南芷、長興錢大琴素芬較閱"。

靳輔（1633—1692），字紫垣，漢軍鑲黄旗（《四庫全書總目》卷五十五《靳文襄奏疏》條誤作鑲紅旗）人。順治九年（1652），由官學生考授國史院編修，歷官至安徽巡撫，加兵部尚書。康熙十六年（1677）遷河道總督，治河十餘年。著有《靳文襄奏疏》八卷。《清史稿》卷二百七十九有傳。

崔應階（？—1780），字吉升，江夏（今湖北武漢）人。康熙五十九年初授順天府通判，歷官至刑部尚書，調左都御史。《清史稿》卷三百九有傳。

是書記述黄、淮、運河干支水系概況及黄河演變、治理及歷代治河經驗。卷首爲聖諭四道（康熙四十六年，雍正五年、七年、八年）、靳輔進書疏一道、進書表一道、圖七幅（黄河圖、黄河舊險工圖、黄河新險工圖、衆水歸淮圖、運河圖、淮南諸湖圖、五水濟運圖），卷一至三治紀，卷四川瀆考、諸泉考、諸湖考、漕運考，卷五河決考、河道考，卷六至七奏疏，卷八名論，卷九河防述言，卷十河防摘要。《河防述言》《河防摘要》兩篇係靳輔幕客陳潢所撰（《河防述言》爲張靄生編，皆追述陳潢之論，故曰述言）。陳潢，字天一，號省齋，錢塘（今浙江杭州）人。靳輔治河，多得其經畫。《述言》分河性、審勢、估計、任人、源流、隄防、疏濬、工料、因革、善守、雜誌、辨惑凡十二篇；《摘要》爲實踐經驗總結。

據靳輔進書疏、表及靳光宸跋，是書編成於康熙二十八年，奉旨奏進，副本藏於家，當時未及刊刻。傅澤洪《行水金鑑》曾採録百餘條，此外則靠抄録以傳。乾隆三十二年，浙江處州鎮總兵崔應階根據靳氏家族所藏八卷本重編付梓。《凡例》云："《治河方略》原名《治河書》。據王漁洋所撰《墓誌》云十二卷，今得其家藏本止八卷，目凡十一，先圖，次川瀆，次諸泉，次諸湖，次漕運，次河決，次河道，次治紀，次章奏，次名論，次律例。然其精要盡在治紀。今以治紀爲第一，圖則列之卷首，删律例一門。依雍正五年上諭，更名《治河方略》。"崔氏《序》云："余久蒞東土，黄、運二河并在封内，又或承乏河務，於河渠一家言亦復時時究心。購得文襄原本反覆周諷，其詞則簡目直捷，其法則精密周匝，以視《河防一覽》，不覺後來居上矣。遂以暇日，博求副本，互相參伍，删其繁冗，揭其精要，或有今昔異勢、因時變遷者，間採圖志以附於篇。卷帙不多，流行亦易，付之剞劂，以廣其傳。後人能讀公之書，知公之意而不泥公之法，又何患治河無良策也。"《四庫全書》所收定名爲《治河奏績書》，共四卷附《河防述言》一卷，内容與《治河書》相同。

書名葉中鎸"治河方略"，右鎸"乾隆丁亥刊行"，左鎸"聽泉齋藏板"。

嘉慶四年（1799），靳輔五世孫文鈞曾經翻刻。

《中國古籍善本書目》未收。

中國國家圖書館、北京大學圖書館、清華大學圖書館、南京大學圖書館、中山大學圖書館、中國臺北"國家圖書館"等館，美國國會圖書館，日本國立國會圖書館、東京大學東洋文化研究所等有收藏。

192

山東運河備覽十二卷圖説一卷

T3039.4　7191

《山東運河備覽》十二卷《圖説》一卷，清陸燿等纂。清乾隆四十一年（1776）切問齋刻本。一函六册。版框高19.5厘米，寬14厘米。半葉十一行二十五字，白口，左右雙邊，單魚尾。版心中鎸書名及卷次。

首乾隆四十一年姚立德《運河備覽序》、乾隆四十年王猷序，次《凡例》八則、《修輯姓氏》、《引用書目》、《山東運河備覽目録》，次圖四幅（運河圖、五水濟運圖、泉河總圖、禹王臺圖，各有圖説）。

各卷端署"吳江陸燿朗甫纂"。

陸燿（1722—1785），字青來，吳江（今江蘇蘇州）人。乾隆十七年舉人，考授内閣中書，充軍機處章京。歷任雲南大理、山東濟南知府，官至湖南巡撫。著有《切問齋集》十二卷。《清史稿》卷三百二十四有傳。

是書記京杭運河山東段之河政。卷一沿革表，記元至元十六年（1279）至清乾隆四十年間運河工程沿革；卷二職官表，記歷代主管官員；卷三迦河廳河道，卷四至五運河廳河道，卷六捕河廳河道，卷七上下二河廳河道，從南向北依次記述各河段之水利工程與航運管理；卷八泉河諸泉、沂河壩工，卷九挑河事宜、錢糧款項，記規章制度；卷十治迹，載治河名臣事迹；卷十一至十二名論，記治河經驗。

山東運河自元至元年間初創，至清末淤廢，漕運停止，運行六百餘年。元明清三代皆設官管理運營。清順治元年（1644），沿明制設河道總督，綜理黄河、運河一切事務，稱總河。雍正間，河道總督分爲三：改總河爲總督江南河道，管黄、淮會合以下河道，駐清江浦，稱南河；副總河總督河南、山東河道，管山東境内運河，駐濟寧，稱東河；添設直隸河道水利總督，管漳、衛、永定河諸水系，駐天津，稱北河（乾隆十四年裁撤，由直隸總督兼理）。河道總督之下各省設有管河道。乾隆年間，山東運河分爲泇河廳、運河廳、捕河廳、上下二河廳各段。乾隆三十七年，陸燿授山東運河兵備道，管理山東通省運河事務，任職期間編著此書。

東河河道總督姚立德《序》云："自有漕河以來，任事者頗有著録，略舉一二：如黄承元之《河漕圖考》、王瓊之《漕河志》、王寵之《濟寧閘河志》、胡伯玉之《泉河史》、謝肇淛《北河紀》。其存於今而集其成者爲國朝崑山葉觀察之《運河備考》（葉方恒《山東全河備考》四卷），百餘年來沿革紛爭，將虞日久事湮。即儀封張公《居濟一得》（張伯行《居濟一得》八卷），以昔準今，亦事隨時變。吳江陸君朗夫，好古篤實之君子也，於職事勤而且敏，任河道三年，纂輯《運河備覽》若干卷，既爲之表，使歷朝官制及事之大綱如羅掌上，而繪圖則開方計里，閘座則以羅盤定其向背之陰陽，使一展卷而南北東西不必身履其地，如在目前。至於分段編次，於修築啓閉之機宜爲特詳，使有地職者讀其書而成規具在，不待他求而得之，信乎其爲後人圭臬，君之盡心乃職，於此益見，視崑山之書信有過之。"

書名葉中鎸書名，右鎸"仁和姚大司馬鑒定"，左鎸"切問齋藏版"。

《修輯姓氏》末鎸"吳門劉萬傳鎸"。

有同治十年（1871）山東運河道庫翻刻本。

《中國古籍善本書目》未收。

中國國家圖書館、北京大學圖書館、北京師範大學圖書館、復旦大學圖書館、南開大學圖書館等館，美國國會圖書館，日本東洋文庫、京都大學東洋文化研究所、東京大學人文科學研究所等有收藏。

專　志

193

宋東京考二十卷

T3058　7245

《宋東京考》二十卷，清周城撰。清乾隆三年（1738）六有堂刻本。一函四冊。版框高 20 厘米，寬 14.1 厘米。半葉十行二十一字，小字雙行同，下黑口，四周雙邊，單魚尾。版心上鎸書名，中鎸卷次。

首雍正辛亥（九年，1731）王珇序（爲抄補，"王"字誤作"三"）、乾隆戊午（三年）詹廣譽序，次《凡例》八則、《採摭書目》、《目録》。

各卷端署"嘉興石匏周城輯"。

周城，號石魭，浙江嘉興人。生平不詳。

是書輯宋京城汴都（今河南開封）一百七十年之遺迹。分四十二類：京城、四京、宮城、殿閣、諸司、三省、官治、壇、臺、池、園、苑、樓、閣、館、門、亭、堂、宅、宮、觀、寺、祠、廟、院、山嶽、河渠、溝洫、岡、堆、坡、陂、堤、閘、洞、潭、渡、泊、關、橋、梁、井、墓，凡五百餘個條目。每條先作概述，次援引古書記載，引書計三百五十二種。

王玶序述其著書事云："周子石魭客大梁三載，隨境討搜，凡書之所有必求信於目，目無可信則訪之耆舊以求信於耳，耳目無可信則仍參之稗官野史，覆證其見聞之所得，俾其城郭、宮室、園苑、渠洫、關梁、閭墓及他迹之非一而足，無不纖悉臚列，而東京一百七十年間遂炯然若目前事。雖間及於前，不過溯其沿革之原；或偶及於後，亦不過推其沿革之委。其意總求覈乎宋之東京而止，故曰《宋東京考》也。誠於此得其沿革之故，以想其時之盛衰，而政治風俗之大亦未嘗不略見於此矣。"實則此書乃據明李濂《汴京遺迹志》因襲、改竄、擴充而成（詳參崔文印《清周城〈宋東京考〉辨析》，見《籍海零拾》）。《四庫全書總目》是書提要評云："蓋仿朱彝尊《日下舊聞》之體，然多引類書，其博贍殊不及彝尊。又多載雜事，務盈卷帙……多彼此牴牾，無所考證，其精核亦不及彝尊也。"

"玄""弘""曆"等字避諱缺末筆。

各古籍書目或著錄爲清雍正九年刻本，當係因佚失詹廣譽序而誤。有清乾隆二十七年翻刻本。

《續修四庫全書》據天津圖書館藏本影印，《四庫全書存目叢書》據上海圖書館藏本影印。

《四庫全書總目》入史部三十三地理類存目，《中國古籍善本書目》未收。

中國國家圖書館、中國人民大學圖書館、北京師範大學圖書館等館，美國哈佛大學哈佛燕京圖書館、哥倫比亞大學東亞圖書館，日本東洋文庫、國立公文書館有收藏。

194

宋東京考二十卷

T3058　7245（2）

《宋東京考》二十卷，清周城撰。清乾隆三年（1738）六有堂刻本。一函十冊。書名葉左下鐫"六有堂藏板"。

鈐白文方印"九韶一字夒石"、朱文長方印"曾在渠夢翔處""瞻汸山房"。

195

闕里誌十二卷

T1786　1123

《闕里誌》十二卷，明孔貞叢纂修。明萬曆三十七年（1609）刻本。二函六册。版框高 23.3 厘米，寬 14.5 厘米。半葉九行二十一字，小字雙行同，白口，四周單邊，單白魚尾。版心上鐫書名，中鐫卷次，下鐫刻工。

首弘治乙丑（十八年，1505）李東陽《闕里誌序》、萬曆己酉（三十七年）黃克纘《重脩闕里志序》、孔貞叢《新誌紀因》，次《闕里誌目録》，末未署年孔貞白《跋重脩闕里志後》。

分十門一百一目：卷一圖像誌（至聖文宣王像、行教小像、魯司寇像、憑几像、乘輅像、四境像、孔廟圖、尼山圖、防山圖、孔林圖、聖賢位次圖、禮器圖、陳設圖、樂器圖、設樂圖、舞佾圖），卷二世家誌（毓聖事迹、姓譜、年表、宗子世紀、世職知縣、五經博士、四氏學録、孔庭族長附舉事、衢族），卷三弟子誌（弟子名數、四配列傳、先賢列傳、先儒列傳、本朝先儒列傳、啓聖配享從祀、改祀、罷祀），卷四禮樂志（祀典、謚號、章服、禮器説、樂器説、樂章、書籍），卷五恩典誌（恩例、恩官、給田、免役、學田、屬官、樂舞生、禮生、廟户、佃户），卷六林廟誌（先師廟、尼山聖廟、洙泗書院聖廟、先聖林、啓聖林、襲封府、四氏學），卷七山川誌（尼山、顏母山、昌平山、防山、洙河、泗河、沂河），卷八古迹誌（闕里、杏壇、兩觀、瞿相圃、五父瞿、端門、講堂、魯親里、安樂里、昌平亭、顏母井、孔瀆、魯壁、手植檜、夫子甕、春秋臺、石硯、夫子履、孔林石龕、孔林石楷、孔里、石壇、廬墓堂、白兔溝、駐蹕亭），卷九人物誌（賢達子孫列傳），卷十至十二藝文誌（制誥、碑記、祭文、奏疏、表章、頌贊、銘辯、辭賦、歌詩、雜體、墓表）。

闕里，相傳爲孔子幼時所居之地，在今山東曲阜孔廟東牆外。孔子時尚無闕里之名，其名首見於《漢書》卷六十七《梅福傳》："仲尼之廟，不出闕里。"顏師古注云："闕里，孔子舊里也。"《史記·孔子世家》載："孔子生魯昌平鄉陬邑。"《索隱》曰："孔子居魯之鄹邑昌平鄉之闕里也。"是古魯城内西南隅之小街巷，街北端爲孔子故宅。顧炎武《日知録》卷三十一引《水經注》（卷二十五）云："孔廟東南五百步有雙石闕，故名闕里……《史記·魯世家》煬公築茅闕門，蓋闕門之下，其里即名闕里。夫子之宅在焉。亦謂之闕黨，《魯論》有闕黨童子,《荀子》仲尼居於闕黨，是也。"（參清閻若璩《四書釋地》卷一《闕里》條）孔子曾在此講學。舊亦曾用作曲阜之別稱。

孔貞叢，字用茂，孔子六十三代孫。萬曆二十七年授曲阜知縣，興利除弊，民安農桑。考滿，加東昌府通判，後加都轉鹽運使，致仕卒於家。生平見《闕里文獻考》卷七十五。

孔氏家乘，秦漢時有《孔叢子》《史記・孔子世家》，南宋孔傳撰《東家雜記》二卷，金代有孔元措撰《孔氏祖庭廣記》十二卷。明弘治十七年（1504）重修闕里孔廟成，李東陽承命致祭，時陳鎬爲提學副使，東陽因屬之纂述歷代追崇聖賢之典及林廟古迹、舊事遺文，編次成《闕里志》十三卷，是爲闕里有專志之始。陳志初刻於正德元年（1506），稍後有增刻印本；嘉靖間孔弘幹續纂，有嘉靖三十一年（1552）孔承業刻十五卷本及嘉靖四十三年刻隆慶三年（1569）增修八卷首一卷本。

孔貞叢《新誌紀因》云："闕里昔未有志也，有之，自李文正公始……第事屬草創，蕪者未全芟，佚者未全收也……叢自爲諸生，業懷耿耿，迨服官以來，復牽於簿書。歲在午未，家居讀禮，得以其暇竊取前志謬自點竄。無關聖道者，雖文弗録；有係聖澤者，雖複必詳。分爲十，彙計若干卷。又不敢執己見以隣於隘也，爰開局於祖廟之側，廣集衆識，裁定則致仕廣文族兄貞棟，校閱則西陵王君成位、清源劉君爾碩，而茂才尚燁、貞對、毛鳳翔實共成之。期年而功始告竣。""李文正公"即李東陽，知是書係以李東陽囑陳鎬所纂《闕里志》爲基礎修成。

刻工：鄭文、羅全、戴文、戴玉、楊仕、楊任、羅奇、高仕、羅先、王文、正文。

是書存世有藍印本。崇禎、順治間皆曾增補重印。又有萬曆間翻刻本，日本寬文十二年（1672）京都小松太郎兵衞亦曾翻刻。

《中國古籍善本書目》著録。《中國善本書提要》入傳記類。

中國國家圖書館、清華大學圖書館、北京師範大學圖書館、故宮博物院、上海圖書館、遼寧省圖書館、中國香港大學馮平山圖書館、中國臺北"中央研究院"傅斯年圖書館等館，美國國會圖書館、加州大學洛杉磯分校圖書館，日本國立公文書館等有收藏。

196

闕里誌十八卷

T1786　7982

《闕里誌》十八卷，明陳鎬撰，清孔胤植重修。明崇禎刻清康熙重修本。二函十六冊。版框高 19.7 厘米，寬 14.4 厘米。半葉十行十九字，白口，四周單邊。版心上鎸書名，中鎸卷次。

首弘治乙丑（十八年，1505）李東陽《闕里誌序》、未署年楊士聰《重脩闕里誌序》，次目錄，末未署年孔胤植《闕里誌後序》（缺末二葉）。

卷一圖像誌（崇祀像、行教像、司寇像、憑几像、乘輅像、魯國圖、聖廟圖、闕里新城圖、尼山圖、防山圖、孔林圖）；卷二禮樂誌（位次圖、禮器圖、禮器說、陳設圖、樂器圖、樂器說、樂舞圖、奏樂位次圖、歌章）；卷三世家誌（世表、姓譜、本姓）；卷四事迹誌（尼山毓聖、年譜）；卷五《史記·世家》；卷六祀典誌（祀典、謚號、章服）；卷七至八宗子世紀（五經博士、授官恩澤、世職知縣、四氏學學錄、尼山書院學錄、洙泗書院學錄、孔庭族長、林廟舉事）；卷九至十人物誌（文達子孫、甲科、鄉科、監生、歲貢）；卷十一林廟誌（至聖先師廟、舊廟宅、尼山聖廟、洙泗書院、先聖林、先聖墓、啓聖林、襲封府、四氏學），山川志（尼山、顏母山、昌平山、防山、洙河、泗河、沂河），古迹誌（闕里、杏壇、兩觀臺、瞿相圃、五父衢、端門、講堂、魯親里、安樂里、昌平鄉、顏母井、孔瀆、昌平亭、魯壁、手植檜、夫子甕、春秋臺、石硯、夫子履、孔林石龕、孔里、孔林石楷、石壇、盧墓堂、白兔溝、冢壁、駐蹕亭）；卷十二恩典誌（恩例、給田〔學田附〕、免役、屬官、樂舞生、禮生、廟户、佃户）；卷十三弟子誌（弟子名數、四配列傳、先賢列傳〔十哲〕、先賢列傳〔兩廡〕、先儒列傳、本朝先儒列傳、啓聖祠〔配享先賢四、從祀先儒四〕、改祀、罷祀）；卷十四歷代誥敕；卷十五明朝誥敕；卷十六御製祭文（論祭聖裔文）；卷十七御製贊（附《太史公世家贊》）；卷十八撰述。

陳鎬（？—1511），字宗之，會稽（今浙江紹興）人。成化二十三年（1487）進士，授禮部主事，纍官至都察院右副都御史，巡撫湖廣等地。《國朝獻徵錄》卷七十五有傳。

孔胤植（1592—1647），字懋甲，號對寰，山東曲阜人。孔子第六十五代孫。萬曆四十七年（1619）襲封五經博士，天啓二年（1622）襲封衍聖公，七年加太子太保，崇禎三年晉太子少傅。生平見本書卷七。

明弘治間陳鎬纂《闕里誌》十三卷，爲其後續纂者所本。孔胤植後序云"余因繙闕里舊誌，附以新典補其未備"，所謂"舊誌"，即指陳《誌》而言。楊士聰序署"賜進士第"，考士聰爲崇禎四年進士，知重修在崇禎間。書中記事至康熙七年，知此係康熙間增刻刷印者。《四庫全書存目叢書》據北京師範大學圖書館藏清雍正間增修本影印，内容增廣至二十四卷：增卷十九明朝碑記，卷二十至二十四藝文志（歌詩、辭賦、銘辯、頌雜體、奏疏、表章、墓誌、墓表、神道碑），末有雍正二年（1724）胡煦祭孔文。

《四庫全書總目》著錄二十四卷本，入史部十五傳記類存目。《中國古籍善本書目》未收。

中國國家圖書館、中國科學院文獻情報中心、上海圖書館、山東省圖書館、中國臺北"國家圖書館"等館，美國國會圖書館、美國哈佛大學哈佛燕京圖書館等館，日本東京大學東洋文化研究所所藏皆爲雍正間增刻二十四卷本。

鈐朱文方印"掃心齋珍□"、朱白合璧印"鵝湖牧人鴻卿寶藏"、朱文長方印"李宗侗藏書"。

197
闕里文獻考一百卷首一卷末一卷

T1786　1128

《闕里文獻考》一百卷首一卷末一卷，清孔繼汾撰。清乾隆二十七年（1762）孔昭焕刻本。二函八册。版框高 19.3 厘米，寬 14.6 厘米。半葉十三行二十六字，黑口，左右雙邊，雙魚尾。版心中鎸書名、卷次及篇名。

首乾隆二十七年衍聖公孔昭焕《闕里文獻考序》，次《進書摺子》、目録。

目録署"敕授承德郎原任户部廣西清吏司主事孔子六十九代孫繼汾敬述"，正文各卷端無題署。

孔繼汾（1721—1786），字體儀，號止堂，山東曲阜人。官至户部廣西司主事。擅書法，與江南梁同書齊名。著有《孔氏家儀》十四卷《答問》四卷、《闕里祭儀録》六卷、《行餘詩草》二卷。生平參陳熹《孔繼汾、孔廣森父子行年考》（《淄博師專學報》2011 年第 4 期）。

是書輯録孔門故實。明弘治間陳鎬撰《闕里志》（舊志），清康熙三十六年孔聘之又纂新志，孔繼汾謂兩志皆考據不精，在新舊二志基礎上，採掇各家著述，編爲此本。凡世系考十卷，林廟考三卷，祀典考四卷，世爵職官考一卷，禮考四卷，樂考三卷，户田考一卷，學校考二卷，城邑山川考一卷，宗譜考一卷，孔氏著述考一卷，藝文考十卷，聖門弟子考一卷，從祀賢儒考三十卷，子孫著聞者考二十七卷，叙考一卷（述編撰始末）。卷末附識，爲辨僞一卷，專糾新舊志之失。採摭頗爲豐富。

乾隆二十六年成書，次年付梓。有光緒十七年（1891）湘陰李氏重刻本。

"弘"字避諱缺末筆，"曆"作"歷"。

《續修四庫全書》據北京大學圖書館藏本影印。

《清史稿》卷一百四十六《藝文二》入史部傳記類，《中國古籍善本書目》未收。

中國國家圖書館、北京大學圖書館、中國人民大學圖書館、山東大學圖書館、蘇州大學圖書館、中國香港中文大學圖書館、中國臺北"國家圖書館"等館，美國耶魯大學圖書館，日本國立國會圖書館、國立公文書館、東京大學東方文化研究所等有收藏。

198

三遷志十二卷

T1789.3　3643

《三遷志》十二卷，清孟衍泰等撰。清康熙六十一年（1722）刻清乾隆增修本。二函八冊。版框高 19.8 厘米，寬 15.2 厘米。半葉十行十九字，白口，左右雙邊，單魚尾。版心上鐫書名，中鐫卷次及篇名。

首舊序十二篇（明嘉靖三十一年［1552］史鶚序，明萬曆三十九年［1611］黃克纘、胡繼光序、潘榛序、周希孔序，未署年賀萬祚序，明天啓六年［1626］呂潛序，天啓七年李日華序，明崇禎元年［1628］孔胤植序、吳麟瑞序、虞廷陛序、施鳳來序），次康熙六十一年于斐《三遷志序》，次《三遷志目錄》，末萬曆辛亥（三十九年）孟承光《孟志跋語》、康熙壬寅（六十一年）孟衍泰《三遷志後跋》。

各卷端署"古滕王特選增纂，闕里孔傳商較訂，古卞仲蘊錦刪閱，裔孫孟尚桂鑒定，衍泰重較，興銑補輯，衍岳、衍嶧編次，尚巍參考"。

分二十一門：卷一靈毓、像圖，卷二祖德、母教、師授，卷三年表，卷四佚文、讚註、崇習，卷五爵亭、弟子、禮儀、恩賚（敕命附），卷六宗系，卷七聞達（列女附），卷八廟記（奏疏附），卷九墓記，卷十祭謁（誌銘傳題附），卷十一題詠，卷十二古迹、雜志。

孟母三遷故事典出漢劉向《列女傳》卷一《母儀‧鄒孟軻母》篇，漢趙岐《孟子題辭》亦云："孟子生有淑質，夙喪其父，幼被慈母三遷之教。"後世記載孟母、孟子事迹及孟氏譜系之書遂多以"三遷"爲名。

孟衍泰，字懋東，孟子六十五代孫。康熙五十九年三月承襲翰林院五經博士，主奉祀事，次年加一級。見本書卷六。

《三遷志》始修於明嘉靖間，史鶚撰《三遷志》六卷，嘉靖三十二年刻；其後萬曆間胡繼光、潘榛等輯《孟志》五卷，萬曆三十九年刻；呂兆祥、呂逢時撰《三遷志》五卷，天啓七年刻（有崇禎及清初重修印本）。康熙間，孟衍泰以舊志歲久漫漶，因而增補重纂，《跋》云："吾家《三遷志》，自觀察史公創其規模，肖山胡侯補其缺略，海鹽呂子捐資剞劂，三君子慘澹經營，以共成不朽之大業、經世之鉅典。吾家真幸矣哉。但歷世既久，殘缺飄零，豕亥貽譏，魚魯莫辨，且我朝之尊崇加隆，恩賚優渥，卿士之入廟式廬、詩文題贈，以及子孫之世系、林廟之增修，概未增入，尤爲缺典。衍泰叨承大宗，用是滋懼，因與王、仲諸君廣搜旁輯，以正前志之訛謬，以廣新志之見聞。凡兩閱歲、三易稿而書成。"

此本卷一第十三葉《御製孟廟碑記》末增刻清雍正三年御賜匾額"守先待後""七篇貽矩"；卷五恩賚門末增刻雍正二年、三年事，版心葉碼作"又廿八"；卷六宗系門末增刻雍正十三年及乾隆三年、十三年事；卷七聞達門末"孟尚序""孟尚巘""孟衍岱""孟衍淑"各條增刻雍正二年事，末葉葉碼作"又廿一"。《四庫全書存目叢書》據山西省祁縣圖書館藏本影印，僅增刻至雍正二年，且卷六宗系門末係增刻雍正二年事，與此本不同。祁縣本于斐序爲大字書，半葉五行十字，此本改爲小字，半葉十行十九字；各卷端補輯者，祁縣本爲"興銑、興錞"二人并列，此本"興錞"二字皆被鏟去。

《四庫全書總目》入史部十五傳記類存目。《中國古籍善本書目》史部地理類著録。

中國國家圖書館、上海圖書館、遼寧省圖書館、天津圖書館、太原市圖書館、南京圖書館、浙江圖書館等館，日本國立國會圖書館等有收藏。

鈐朱文方印"鏡宇"、白文方印"臣印海寰"。呂海寰（1842—1927），字鏡宇（一作鏡如、敬輿），掖縣（今山東萊州）人。曾任清朝出使德國兼荷蘭欽差大臣，回國後任工部、兵部、外務部尚書等職。中國國家圖書館有抄本《呂鏡宇自叙年譜》。

199

梅里志四卷首一卷（存三卷）

T3206　　4561.83

《梅里志》四卷首一卷，清吳存禮編。清雍正二年（1724）刻本。存三卷（卷首，卷一至二）。一函二册。版框高 19 厘米，寬 14.2 厘米。半葉九行十九字，小字雙行同，白口，四周雙邊，單魚尾。版心上鐫書名，中鐫卷次。

首清康熙六十一年（1722）吳存禮《序》、雍正二年蔡永清《序》、康熙壬寅（六十一年）杜詔《序》，次《梅里志目次》。卷首爲《梅里圖》《泰伯廟圖》《泰伯墓圖》。

各卷端署"江南巡撫泰伯後裔存禮編，吳郡守蔡永清校，里人杜詔訂"。

梅里在江蘇常州府無錫縣治東南三十里，今爲無錫市梅里古鎮。據《史記・吳世家》張守節正義、《後漢書・郡國志》劉昭注，相傳商朝末年泰伯奔荆蠻，居梅里平墟，於其地築城，號句吳，死後葬於十里外東皇山（漢梁鴻隱於此，改名鴻山），後人遂以梅里爲泰伯故都，又名吳城、太伯城，千載崇祀。吳存禮自稱泰伯後裔，乃編次泰伯事迹、遺聞爲此書，以稱述其祖德。

吴存禮，字謙之，號立庵，奉天錦州（今屬遼寧）人，隸漢軍正黄旗。監生，先後任山東南河、直隸廣宗、清苑縣知縣，康熙三十五年擢知通州，歷官至江蘇巡撫。生平見《［光緒］順天府志》卷七十四。

卷一録《史記·吴太（泰）伯世家》原文，并摘録經傳中散見吴泰伯事迹、《史記》吴泰伯世系及《吴地記》泰伯世次，卷二述梅里建置、城郭、山川（附人物遺迹）、祠墓及歷朝崇祀褒典，卷三、四爲詩文（古歌五篇，樂章六篇，古今詩一百八十九首，文三十一篇）。

各卷末有“里人蔡名烜校刊”條記一行。蔡永清《序》云：“（吴公）采摭舊聞，輯成斯志，足以補《江南通志》之缺，其有關於三吴者甚大，非獨一家一邑之書而已。余因屬名烜重加校勘，登諸梨棗，亦以成公志也。烜字暘谷，英年讀書嗜古……家居梅里，高曾以來，修葺泰伯祠墓，歷有可考，其得附名斯志之末也宜矣。”

《四庫全書存目叢書》據中國國家圖書館藏本影印。

《四庫全書總目》入史部十六傳記類存目，《清史稿》卷一百四十六《藝文二》入史部地理類古迹之屬，《中國古籍善本書目》未收。

清道光四年（1824）泰伯廟西院住持華乾、清同治八年（1869）泰伯廟西院、清光緒二十三年（1897）泰伯廟住持上清宫提舉皆曾重刊。

“貞”“禎”字避諱缺末筆。

北京大學圖書館、中國人民大學圖書館、上海圖書館、復旦大學圖書館、遼寧大學圖書館、甘肅省圖書館、中山大學圖書館等館，日本京都大學人文科學研究所等有收藏。

鈐朱文方印“檻泉”、白文方印“易印漱平”。

200
鼎湖山慶雲寺志八卷首一卷

T3035.32　223.81

《鼎湖山慶雲寺志》八卷首一卷，清丁易修，清釋成鷲纂。清康熙刻清乾隆印本。一函六册。版框高 19.1 厘米，寬 13.4 厘米。半葉九行十九字，白口，左右雙邊，單白魚尾。版心上鐫“鼎湖山志”，中鐫卷次。

首有未署年趙弘燦《序》、康熙五十六年（1717）陳元龍《序》，未署年吴柯《序》，康熙五十六年宋志益《序》，未署年王經方《序》、賈棠《序》，康熙庚寅（四十九年）樊澤達《序》，未署年王炳《鼎湖山志序》，康熙庚寅孫毓

珌《序》、鄭際泰《序》、丁易《序》；次卷首：《鼎湖山慶雲寺名勝圖》十一幅
（總圖及鼎湖十景）、凡例十二則；次《鼎湖山慶雲寺志目録》；末未署年釋成鷲
《跋》，僧史《志後緒言》。

目録、卷一卷端題"鼎湖山慶雲寺志"，卷二至七題"鼎湖山志"，卷八題"鼎
湖山雜志"。卷一卷端署"肇高廉羅道加三級天中丁易學田甫總修，鼎湖慶雲寺
住持釋成鷲迹删甫纂述"。

分十二門：星野疆域、山川形勝、殿閣堂寮、創造緣起、新舊沿革、開山
主法、繼席宏化、清規軌範、耆碩人物、檀信外護、登臨題詠、藝文碑碣，卷
一冠總論一篇，卷八末附山事雜志。

鼎湖山，位於廣東肇慶市東北。山頂有湖，四時不竭。明崇禎六年（1633），
山主梁少川在蓮花峰建蓮花庵，次年迎高僧棲壑和尚入山，奉爲住持，重建山
門，改蓮花庵爲慶雲寺。至清代，慶雲寺規模擴大，成爲嶺南名刹。

丁易，字學田，安徽宿州人，占河南籍。康熙十八年進士，由中書舍人外
補江寧府江防同知，官至廣東觀察使。《［乾隆］宿州府志》卷十五有傳。

釋成鷲，字迹删，明舉人方國驊子。年十三補諸生，中年學佛於鼎湖，削
髮爲僧，主慶雲寺法席，爲第七代住持。以工詩文顯名。年八十餘卒。《［同治］
番禺縣志》卷四十九有傳。

《凡例》云："兹志所載，從智常禪師開闢至今，所有山川形勝、緇素名賢，
務令考覈真確，採訪詳明，慎重收入，寧缺其文，毋失其實，不敢牽引枝蔓，
附會濫觴，致貽有識之誚。""慶雲寺居鼎湖之一隅，今修山志，不可自分畛域，
志中備載鼎湖所屬名山勝景，靡不兼收，貯作遊覽之文獻。"

成鷲跋云："鼎湖之在空劫，猶芥子也……予主鼎湖之明年，客有來自管城
者，自稱毛公脫穎而出，揖予，言曰：'時節至矣，請收芥子，以待將來。'予
可其請命，作僧史。既脫稿，出遇護法大人，見作隨喜，就此成書總裁鑒定，
付梓人焉。""護法大人"即丁易，時任廣東分巡肇高廉羅道按察使司僉事。丁
易序云："適予於役五羊，因郊送督學使崑來樊姻翁先生復命還京，偕過禪室，
坐談移時，公乃出其所著《鼎湖山志》屬予總修，予弗獲辭，袖其艸而趨，將
成厥美……乃鳩工焉。"趙弘燦序云："丁僉事總其成而授之梓。"書中"弘"字
或避諱缺末筆，或易爲"宏"，或不避，當爲乾隆間剞劂版印本。

陳先行《柏克萊加州大學東亞圖書館中文善本書志》第103頁《鼎湖山慶
雲寺志》條云："按此本舊時著録爲康熙刻本，今審'弘'字缺筆，或易作'宏'，
則已避乾隆之諱。檢上海圖書館藏本，皆與此同，則作康熙本者皆誤。《中國古
籍善本書目》著録他館所藏之本，未知果爲康熙刻本否。"今按各序跋，明言丁

易授梓，恐仍當以康熙刻爲是。志此備考。

《四庫全書總目》未收，《中國古籍善本書目》著録。

中國國家圖書館、中國科學院文獻情報中心、上海圖書館、南京圖書館等館、中國香港大學馮平山圖書館，美國華盛頓大學東亞圖書館、哥倫比亞大學東亞圖書館、柏克萊加州大學東亞圖書館、美國哈佛大學哈佛燕京圖書館，日本京都大學人文科學研究所等有收藏。

201
靈源紀四卷

T3042　　1139

《靈源紀》四卷，明釋實訒輯。明萬曆刻本。一函二册。版框高 20.1 厘米，寬 14.3 厘米。半葉九行十八字，小字雙行同，白口，左右雙邊，單魚尾。版心上鐫書名，中鐫卷次。

首萬曆四十六年（1618）傅如《序洞庭東山靈源寺紀》，次《靈源紀目次》。

卷一卷端署“僧實訒可南輯，葛一龍震父校，周惟正端卿閲”（校、閲者卷二爲“茅暎遠士校，吳鼎芳凝父閲”，卷三“朱復元還初校，張正誼伯醇閲”，卷四“朱汝麟雲瑞校，葉青青之閲”）。

卷一緣起、山水、古迹、雜記、行僧，卷二至三詩，卷四記、序、引、疏、說、贊、偈、題跋。以詩文爲主，多録實訒與時人酬答往還之作。

靈源寺在蘇州東洞庭碧螺峰下，寺有靈泉，故名。梁天監元年（502）建，元末毁於兵燹，明清間歷次重修。

釋實訒，字可南，吳縣（今江蘇蘇州）人。生平不詳。工詩，沈德潛《清詩別裁集》謂其詩“氣清語削，滌盡塵俗見”（卷三十二），《明詩綜》《晚晴簃詩匯》亦皆選録數首。《［民國］吳縣志》著録其《可南詩鈔》，未見傳本。

傅如《序》云：“可南訒公出於其寺，以禪寂閒身攄慧業餘思，紀其境也星列，華其辭也玉燦，幸山靈得主，流有源委。而外護日臻，若山之吳、葛諸居士又爲賓中之主，牛刀是執，擊夫小鮮，以居夫塊然三山者，不啻砥砆與觀日爭輝也。紀成，不慧敢濡點墨，以藉餘輝，衍諸大方云。”末僅署“戊午嘉平月”，以校、閲諸人生平及是書版刻風格推斷，戊午當爲萬曆四十七年（1619）。

是書傳世極稀，僅見清乾隆間汪沆《小眠齋讀書日札》有著録。

未見他館有收藏。

鈐朱文方印“文邁氏”“景臺之印”，白文方印“易印漱平”等。

202

湯陰精忠廟志十卷

T1796　7211

湯陰精忠廟志十卷，明張應登、鄭懋洄輯，清楊世達續輯。清雍正十三年（1735）刻本。一函六册。版框高23.4厘米，寬15.9厘米。半葉十二行二十八字，白口，左右雙邊，單魚尾。版心上鐫書名，中鐫卷次。

首有未署年郭朴《湯陰精忠廟志序》、雍正十三年楊士達《重刻湯陰縣精忠廟志序》，次彰德府推官張應登修志呈文，次《裁評姓氏》《紀聞姓氏》《編著姓氏》，次《湯陰精忠廟志目録》，次《湯陰精忠廟志凡例》四則，末未署年張應登《刻湯陰精忠廟志跋》、萬曆乙酉（十三年，1585）鄭懋洄《湯陰精忠廟志跋》、督刊人銜名、萬曆十三年郭棐《湯陰精忠廟志後序》，次《捐助姓氏》《續捐姓氏》。

張應登，字玉車，號夢夔，四川内江人。曾任彰德府推官。

鄭懋洄，字忱睿，號愚齋，閩縣（今福建福州）人。曾任南和縣知縣。

楊世達，見“161〔乾隆〕湯陰縣志十卷”介紹。

河南彰德府湯陰縣爲宋中興名將岳飛故里，明景泰元年（1450），翰林院侍講徐珵奏請於此建廟祭祀之，以褒崇忠義，激勸民風。廟建成後，賜額“精忠之廟”，自後歷代修繕，春秋祭祀，成爲定例。萬曆間，張應登與鄭懋洄援引《宋史》《續通鑑綱目》《金佗粹編》及《續編》、朱仙鎮廟集《精忠録》《褒忠録》、天地正氣廟中碑匾等，纂輯岳廟故實，編爲《湯陰精忠廟志》十二卷。修志呈文中有張應登所撰本志叙録云：“廟係請額，春秋有祀，載在令甲，繪之卷端，昭盛典也，作廟圖志第一；周流之社，先塋在焉，表豎修葺，觀瞻巋然，過而式者，儼而欽焉，作先塋志第二；由源及流，世代章著，作世系志第三；千載而下，想見其人，英風正氣，凛矣猶生，作遺像志第四；生崇寧癸未，迄紹興辛酉，年僅三十有玖，將卒斬獲戰功百貳拾餘次，作年表志第五；傳以紀實，詳盡爲長，作本傳志第六；若子厥孫，罔弗爾似，即子女者，亦有烈丈夫氣，一時諸將，響應景從，材智雖殊，立功則同，作附傳志第七；特受御札八十六通，中興委卿，有功靡終，作宸翰志第八；制詔省劄，何啻數百，子孫世守，興念拮据，作絲綸志第九；料敵制變，出奇無窮，訏謨讜論，神益則弦，游情風雅，筆掃長虹，作家集志第十；自孝宗建廟，追封錫謚，祀事孔虔，天壤俱麗，作褒典志第十一；碑記詩文，奚翅充棟，闡幽吊古，風教所重，作藝文志第十二。每類冠以發例，繫以論贊，雖多蕪穢，期成一家。”

清雍正間，楊世達到任後，以舊志爲基礎重修，分門與舊志同：卷一廟圖志、先塋志、世系志、遺像志、年表志，卷二本傳志，卷三附傳志（子孫、部將），卷四宸翰志（八十六首），卷五絲綸志（告、制、詔、省劄），卷六家集志（表、跋、奏議、公牘、檄、題記、律詩、詞），卷七褒典志（追復官告、謚議、古今各處廟祭），卷八至十藝文志（記、序、跋、考、論斷、嘆、書、賦、頌、歌、詞、四言古、五言古、七言古、五言律、五言排律、七言律、七言排律、五言絕句、七言絕句）。

楊世達《序》云：“張司理諸公纂訂《精忠廟志録》等遺書，讚仰之下，深惜其舊板放失無存，無以公諸同好，廣王之徽……前令楊君樸業已捐置祀田二十畝，余更爲申明守塚，約束樵牧，及前代志録之放失者，皆爲搜攷遺帙，稍加訂正，倡捐廉資重梓。而近時名公士大夫弔古追思之作，爲前志所未及載者，亦皆抄纂附後，以成全書。”

乾隆十五年（1750），清高宗巡視嵩山返京途中路經湯陰，拜謁岳廟，撰御製詩。是書乾隆間增修本遂補入御製祭文等內容。或據以著録爲乾隆刻本者，誤。民國十年（1921）亦曾重印。

《四庫全書總目》《中國古籍善本書目》皆未收。

“弘”“曆”二字不避諱。

中國國家圖書館、中國人民大學圖書館、天津圖書館、山東省圖書館等館，美國華盛頓大學東亞圖書館、美國哥倫比亞大學東亞圖書館、日本靜嘉堂文庫等有收藏。張應登舊志亦有存世，浙江圖書館、中國臺北“國家圖書館”，美國國會圖書館等有收藏。

鈐朱文長方印“李富昌之印”“李鏜”、朱文方印“冰壺秋月”。

203
勅賜紫雲書院志不分卷

T4995　2157

《勅賜紫雲書院志》不分卷，清李來章、李琇纂。清康熙賜書堂刻《禮山園全集》本。一函三冊。版框高 17.8 厘米，寬 14.2 厘米。半葉九行十八字，黑口，左右雙邊，單魚尾。版心中鐫書名。

首康熙三十年（1691）張潤民、朱璘《勅賜紫雲書院志序》二篇，次《紫雲形勝圖》。無目録。

卷端署“五世孫來章禮山甫、琇璞園甫同纂，六世孫夢麟滄雷、夢燕書巢、夢呂雪濤、夢墨石存、夢嵩松亭、夢岳留僊同校”。

紫雲書院在河南襄城縣西南紫雲山麓，明成化十五年（1479）兵部右侍郎邑人李敏奏請創建。《明史》卷一百八十五《李敏傳》載："敏生平篤行誼，所得祿賜悉以分昆弟故人。里居時築室紫雲山麓，聚書數千卷，與學者講習。及巡撫大同，疏籍之於官，詔賜名紫雲書院。"

李來章（1654—1721），字禮山，河南襄城人。李敏後人。康熙十四年舉人。曾問學於魏象樞、孫奇逢、李顒，工詩古文辭。講學於嵩陽、南陽書院。歸里後重葺紫雲書院，讀書其中，從學者多自遠而至。著述彙爲《禮山園全集》二十二種。《清史稿》卷四百八十有傳。

李琇，來章之子。生平不詳。

是書内容包括：紫雲書院學規十條，成化七年開封府許州襄城縣承奉河南等處提刑按察司帖文，李敏《紫雲書院記》等文章、碑傳、語略二十篇，前人詩若干首及李來章《紫雲書院三十六詠》。

收入清康熙賜書堂刻清乾隆彙印本《禮山園全集》。

《四庫全書總目》《中國古籍善本書目》未收。

鈐朱文方印"鯉洋文庫"。

204

籌海圖編十三卷

T3034　　4233

《籌海圖編》十三卷，明鄭若曾撰。明天啓四年（1624）胡維極刻本。四函十六册。版框高 20.3 厘米，寬 15.1 厘米。半葉十二行二十二字，小字雙行同，白口，四周單邊，單白魚尾。版心中鐫書名及卷次。

首天啓甲子（四年）胡思伸《籌海圖編叙》，次《凡例》十六則、参過圖籍，次嘉靖壬戌（四十一年，1562）茅坤《刻籌海圖編序》，次《籌海圖編目録》。

目録及各卷端署"明少保新安胡宗憲輯議，曾孫庠生胡維極重校，孫舉人胡燈、舉人胡鳴岡、階慶全刪"。

鄭若曾（1503—1570），字伯魯，號開陽，江蘇崑山人。嘉靖間諸生，入北京國子監，舉業不順，遂絶意仕進。善言兵事，入胡宗憲幕府，籌謀海防，抵禦倭寇，編寫禦倭著作多種。因平倭有功，授錦衣，不受，薦修國史，亦不就。回鄉研摩學問，與歸有光、唐順之、茅坤等爲友。著述彙爲《鄭開陽雜著》。生平見《［乾隆］江南通志》卷一百五十一。

明嘉靖間，倭寇肆虐，東南沿海屢遭劫掠，深被其害，鄭氏乃搜羅圖籍，考核地形要害，編爲此書，詳述海防事宜。記明代抵禦倭寇事，以嘉靖朝爲主，并上溯前代中日交通及日本國情。卷一載輿地全圖及廣東、福建、浙江、直隸、山東、遼陽沿海沙山圖共七十四幅；卷二述王官使倭事略、倭國入貢事略、倭國事略，有日本國圖及入寇圖；卷三至七載廣東、福建、浙江、直隸、登萊五省沿海郡縣圖、倭變紀、兵防官考及事宜；卷八列嘉靖以來倭患總編年表、寇踪分合圖譜；卷九大捷考，録重大戰役；卷十遇難殉節考；卷十一至十三經略，凡禦倭方略、貢道、互市及一切海船、兵器無不周密。

是書完成於胡宗憲幕府中，嘉靖四十一年胡氏爲之主持刊刻。嘉靖本署"崑山鄭若曾輯，男應龍、一鸞校"，有鄭氏《刻籌海圖編引》云："是編也，肇意於荆川（唐順之），玉成於郡守，而少保公（胡宗憲）實主持之。其翼而輔之者則栢泉胡公松……俞君獻可，考閱史志以備採擇則吾兒應龍、一鸞，傾發宛委，商訂義例則丹陽邵君芳之力居多。"隆慶六年（1572）浙江巡撫鄔璉重刻。萬曆間，宗憲孫胡燈以嘉靖舊版重印，將卷端題署剜改爲"明少保新安胡宗憲輯議，孫舉人胡燈重校，崑山鄭若曾編次"。此天啓本爲宗憲曾孫所刻，删除原序文多篇及第十七條凡例，削去鄭若曾名，篡改題署及正文涉及鄭氏之處，以歸美於宗憲。此本行世最廣，《千頃堂書目》《明史·藝文志》《四庫全書總目》皆因襲其繆，著録爲"胡宗憲撰"。清康熙三十二年鄭氏後人起泓重刊，又恢復若曾之名。

書名葉額鐫"新安少保胡宗憲編輯"，下分三欄，中鐫書名，右鐫"茅鹿門先生鑒定"，左鐫"本衙藏板"。

《四庫全書總目》入史部二十五地理類二邊防之屬，《中國善本書提要》入政書類軍政之屬，《中國古籍善本書目》入史部地理類雜志之屬。

中國國家圖書館、北京大學圖書館、中國臺北"國家圖書館"等數十館，美國哈佛大學哈佛燕京圖書館、柏克萊加州大學東亞圖書館，日本國立國會圖書館、東洋文庫等有收藏。

政書類

通　制

205

杜氏通典二百卷

T9290　3301C

《杜氏通典》二百卷，唐杜佑撰。明嘉靖李元陽福建刻本。二十函一百册。版框高 18.7 厘米，寬 13.6 厘米。半葉十行十八字，小字雙行同，白口，四周單邊。版心上鎸小題，中鎸書名、卷次，下鎸刻工。

首有未署年李翰《杜氏通典序》，次《杜氏通典目録》，次圖十八幅（天文之圖、地理之圖、歷代傳繼圖以及五帝、夏、商、周、秦、西漢、東漢、三國、兩晉、南朝、北朝、隋、唐、五代、大宋年紀之圖），次《（新）唐書》杜佑本傳、《增入宋儒議論姓氏》、《校刻官生姓名》。卷一先載杜佑自序，次正文。

各卷端首行標題卷數下注“增入宋儒議論”，次行題“唐京兆杜佑君卿纂，明御史後學李元陽仁甫校刊”。

杜佑（735—812），字君卿，京兆萬年（今陝西西安）人。年十八以父蔭入仕，補濟南參軍，歷官至檢校司徒同中書門下平章事，加太保致仕。卒謚“安簡”。《舊唐書》卷一百四十七、《新唐書》卷一百六十六有傳。

李元陽，見“004 史記題評一百三十卷”介紹。

是書爲典章制度通史，上起唐虞三代，下至唐天寶之末，必要時亦上溯軒轅，下探唐肅宗時代，各代兼顧而側重於唐代。凡分食貨、選舉、職官、禮、樂、兵刑、州郡、邊防八門，每門分若干子目，每目之下按朝代先後記述。援引前人議論闡明制度沿革，“凡義有經典文字其理深奧者，則於其後説之以發明，皆云‘説曰’；凡義有先儒各執其理，并有通據而未明者，則議之，皆云‘議曰’；凡先儒各執其義，所引據理有優劣者，則評之，皆云‘評曰’”（卷四十二郊天上自注）。

杜佑自序云：“夫理道之先在乎行教化，教化之本在乎足衣食。《易》稱聚人曰財。《洪範》八政，一曰食，二曰貨。《管子》曰：‘倉廩實知禮節，衣食足知榮辱。’夫子曰：‘既富而教。’斯之謂矣。夫行教化在乎設職官，設職官在乎審官才，審官才在乎精選舉，制禮以端其俗，立樂以和其心，此先哲王致治之

326

大方也。故職官設然後興禮樂焉，教化隳然後用刑罰焉，列州郡俾分領焉，置邊防遏戎狄焉。是以‘食貨’爲之首（十二卷），‘選舉’次之（六卷），‘職官’又次之（二十二卷），‘禮’又次之（百卷），‘樂’又次之（七卷），‘刑’又次之（大刑用甲兵，十五卷；其次五刑，八卷），‘州郡’又次之（十四卷），‘邊防’末之（十六卷）。或覽之者庶知篇第之旨也。”

《舊唐書》本傳稱：“（杜佑）性嗜學，該涉古今，以富國安人之術爲己任。初開元末，劉秩採經史百家之言，取《周禮》六官所職，撰分門書三十五卷，號曰《政典》，大爲時賢稱賞，房琯以爲才過劉更生。佑得其書，尋味厥旨，以爲條目未盡，因而廣之，加以開元禮、樂，書成二百卷，號曰《通典》。貞元十七年，自淮南使人詣闕獻之……優詔嘉之，命藏書府。其書大傳於時，禮樂刑政之源，千載如指諸掌，大爲士君子所稱。”

《四庫全書總目》是書提要謂其雖未免間有挂漏、不當之處，“然其博取五經群史及漢魏六朝人文集、奏疏之有裨得失者，每事以類相從，凡歷代沿革，悉爲記載，詳而不煩，簡而有要，元元本本。皆爲有用之實學，非徒資記問者可比。考唐以前之掌故者，茲編其淵海矣”。

是書歷代刊刻不斷，今存各本以日本宮內廳書陵部所藏北宋本最善，日本古典研究會曾據以影印。宋刻宋元遞修本有數種殘本存世，分別收藏於中國國家圖書館、上海圖書館、北京大學圖書館等館。明嘉靖間則有王德溢、吳鵬刻本、無刊記本及此李元陽本。李元陽自署“御史”，可知是其巡按福建時（嘉靖十五至十八年〔1536—1539〕）所刊，《校刻官生姓名》所列皆福建各府縣官員、生員。據元大德間臨川刻本翻刻，卷一百末有元本李仁伯跋云：“《通典》一書，禮樂刑政備焉，學士大夫所宜家置一通，以便考索，而板廢已久，諸路欲刊弗克。總管錦山楊公牧臨川，兼董學事，既新美庠序，百廢煟興，迺命諸學院協力刊成。第舊本訛甚，且多漫滅，殊不可讀。湖堂所刊，自廿六至百共七十五卷，區區點勘再四，凡正一千七百六十八字，删三百二十三字，增三百八十八字，皆攷據所引經史、傳記、《儀禮》諸書，以本文參訂改定。其疑未能明者，姑缺之，非敢臆決如金根也。尚恨膚學謏聞，研覈不精，掃塵復生，亦未敢保其盡善以否。後有邢子才，正不免一笺云。大德丁未歲抄（引按：即“杪”）後學湘中李仁伯字恕甫謹識。”元本今尚存世，藏日本靜嘉堂文庫，各卷末有“撫州臨汝書院刊湘中李仁伯校正”等刊記（詳參《靜嘉堂宋元版圖錄·解題篇》第103頁）。

書前較宋本新增地理、世次等圖，各卷後增入宋儒議論制度之文（自歐陽脩至葉適共二十一家），係仿《新入諸儒議論杜氏通典詳節》及《文獻通考》體例，但正文并無删改。王國維云：“蓋所謂‘增入議論’，南宋止呂祖謙、陳傅良、葉適三人，餘皆北宋人，則其增入，當在南渡中葉……所引文字頗有世所不經見者，如杜鎬、孫洙、鄭少梅、馬子才等集今已亡佚。又如蔡淳《祖宗官制舊典》三卷、黃琮《國朝官制沿革》一卷，見於《宋史·藝文志》及晁、陳二目者，自元以來久無傳本，今此書卷二十一、二十三諸卷多引蔡書，卷十九末載黃氏書至八葉有半，雖非全者，殆可十得六七，不得以科舉書少之也。"（見《傳書堂藏書志》卷二史部《杜氏通典》條）

刻工：余員、龔三、袁二、余元朱、余二、張十、江二、陳珪、王仕堅（王堅、王仕）、袁璉、李烏郎、王仲郎、吳二、楊閏、王閏、詹乃佑（詹乃右、詹乃祐、詹妳祐）、艾毛、熊文林、楊才、熊希、葉員、余富、葉得、熊釗、張七郎、周進、余唐、余清、李福保、陳才、陸文進、魏禎、陸榮、許達、陸基郎、陸旺、陸仲興、黃永進、余八十、黃三、王榮、陸馬、吳永成、葉妥、黃興、鄒三、再興、江三郎、江祥、朱仕啓、葉雄、石伯堯、王仕良（王士良、王良）、陳林、張元隆、羅仲仁（羅仲）、王元明（王元名）、余景旺、王仕榮、劉大、張景郎、魏堅、魏友、余仕清（余士清、余士青、余仕青）、范三、葉旋、王貴、周仕榮、黃文、余均、劉立、曾椿（曾春）、周富壽、程亨、江永厚、姚記郎、蔡順、陳著、余浩、張錢、王廷生、余本立（余立）、余道林、吳闊、葉伯啓（葉啓）、鄭記保、羅十、詹蓬、虞仸清（仸清）、范朴、陸四、黃元礼、張春、陸富郎（陸富）、余廷章、陳壽、張尾、蔡福應、張毛一（張毛、毛一）、余天礼、吳金郎、劉俊、福祖、官一、石五、蔡洪清、李仕琚、謝元慶、陸祖、張天、劉友乃（劉友）、余伯環、范元升、江毛、楊添友、官成、余海、陳勝、葉蔡、劉旦、鄭孫郎、余烏郎、熊佛照、施肥、曾華、曾景富、黃永堅、周榮、堯一、余還五（余環五）、魏應玄（魏玄）、詹彥貴、詹乃員、詹璿、葉伯應（伯應）、余福旺、石伯起（石伯啓、石啓）、余遲、余廷深、張仸榮、黃文岳（文岳）、占永信、陸貴清、大目、張田、周亨、劉仸保、堯福、虞七、劉景遠（劉景）、葉奴、張佛榮、虞福、曾郎、蔡傑、王得、伯印、黃道祥（黃祥、黃道）、陳佛榮、余述五、黃昭郎（黃昭）、葉伯逃、謝天林、葉增、羅仲孚、劉佛保、陳林、范元、羅乃興（乃興）、余八、占貴、官宗明、范元福、華福、官福、張龍、葉重興、鄒文元、黃道、吳周、葉來、周甫、占璿（占旋）、堯富、劉友得、熊文森、陸文清、蔡永清、劉六、楊德、范貴、黃海淵（海淵）、王才、余深、張元興、謝元林、張一、詹永信、張景、熊山。皆福建建陽地區刻工。

《舊唐書·經籍志》未著録，《新唐書·藝文志三》及晁公武《郡齋讀書志》卷十四皆入子部類書類，《直齋書録解題》卷五入典故類，《宋史·藝文志六》入史部類事類，《文獻通考·經籍考》入史部故事類。《四庫全書總目》史部三十七及《中國古籍善本書目》皆入史部政書類。收入第二至三批《國家珍貴古籍名録》(第二批 04242—04246 號，第三批 08094、08095 號)。

中國國家圖書館、北京大學圖書館、南京圖書館、中國臺北"國家圖書館"等十餘館，日本東京大學綜合圖書館等有收藏。

鈐朱文方印"詹印養沈""真州吳氏有福讀書堂藏書""生齋臺灣行篋記"、白文方印"生齋藏書"、白文長方印"高陽李宗侗印"。

206

通典二百卷

T9290　3301B

《通典》二百卷，唐杜佑撰。明嘉靖刻本。八函四十冊。版框高 21.3 厘米，寬 15 厘米。半葉十行二十三字，白口，四周雙邊，雙魚尾。版心中鐫書名及卷次，下鐫刻工。

首有未署年李翰《通典序》，次《通典目録》。

卷一卷端署"唐京兆杜佑君卿"。

刻工：劉卜、禾五(禾、五)、彭隆(隆)、劉正、易贊(易、贊)、貴春(春)、劉云(云)、奇、王兵(兵)、吳山(山)、胡文(文)、劉霞、吳福(福)、亮、漢、王益(益)、段蓁、吳玠(吳介、介)、易諫、劉琦、劉元、劉鎮、劉正、晏怡、計五、吳鑾、吳誠、吳萬誠、國二、張宗宝、和一、劉祥(祥)、周六、禾二、劉木、劉丙、周能、王愷(愷)、吳昇(吳升)、吳昂、余甫、吳成、劉山、劉朋、劉他、劉順、王禾、劉拱、吳憲、付權、黃先、坤三、文四、張宗、王本、付元(元)、劉震、宣二(宣)、晉、郭華、段争、高一、房三、王朋、段光(光)、朱欽(欽)、林山(林)、全、臣、旭、九、國秀、高、柯、見、王文、王四、体、全、珊、沛、劉偉(偉)。(劉字多簡寫作刘)刻工名與嘉靖八年至九年(1529—1530)南京國子監刻《前漢書》多重合，是書亦當爲嘉靖間所刊。

此本與中國國家圖書館所藏傅增湘據宋本校勘之明刻本(索書號：00096)爲同一版刻，傅增湘跋云："明本無序跋，未審爲何人所刻，余意其爲嘉靖戊戌方獻夫本。《邵亭書目》言：'明本有十行二十三字，較李元陽本少誤字。'此本行款正合，當即邵亭所稱之本。然以宋刻勘之，脱誤乃不可勝計。每卷或改數字，多者至二三百字。如一百二十八、二十九、三十各卷視它卷尤甚。此三卷中增訂竟有六百六十餘字。尤異者，第九十四卷中前二十行宋本行間有小注凡十五處，通三百一十一字，而明本皆失去，未審其傳刻源出何本也。"(《藏園群書題記》)所謂"嘉靖戊戌(十七年，1538)方獻夫本"即王德溢、吳鵬刻本，嘉靖十八年刻成。取王、吳本與此本比對，字體不同，知非同一版刻（明嘉靖十八年王德溢、吳鵬刻本書影見第一至三批《國家珍貴古籍名錄圖錄》（第一批01605號，第二批04238—04241號，第三批08092、08093號））。

《中國古籍善本書目》著錄。收入《第三批國家珍貴古籍名錄》（08096—08098號）。

中國國家圖書館、吉林省圖書館、山東省圖書館、雲南省圖書館等有收藏。

鈐有朱文方印"莫印友芝"、朱文長方印"莫友芝圖書印"、白文方印"莫氏秘笈之印""邵亭眲叟""莫印繩孫"等印，知爲莫友芝舊藏（莫友芝見"019　季漢書六十卷正論一卷答問一卷"介紹），《邵亭知見傳本書目》所載"明本有十行、行二十三字者，較李本（李元陽刻本）少錯字"，當即此本。

207

文獻通考三百四十八卷首一卷

T9290　　3307B

《文獻通考》三百四十八卷首一卷，元馬端臨撰。明嘉靖馮天馭刻本。序及目錄第一至二葉爲抄配。十四函八十冊。版框高19.6厘米，寬14.4厘米。半葉十三行二十四字，小字雙行同，白口，左右雙邊，單魚尾。版心上鐫小題，中鐫書名、卷次，下鐫寫、刻工。

首元至大戊申（元年，1308）李謹思《文獻通考序》，次《文獻通考目錄》；次《文獻通考發端》（即馬氏自序），卷端署"宋鄱陽馬端臨貴與著"，末鐫"吳應龍寫"。《目錄》後當有元至治二年（1322）六月下樂平州判訪求并刻印是書之公文《抄白》、延祐六年（1319）四月王壽衍《進文獻通考表》，此本佚。

正文各卷端署"宋鄱陽馬端臨貴與著，明蘄陽馮天馭應房校刊"。

馬端臨（1254—1323），字貴與，饒州樂平（今屬江西）人，右丞相兼樞密使馬廷鸞之子。以蔭補承事郎，咸淳九年（1273）漕試第一，後隨父歸里。元初曾任慈湖書院、柯山書院山長，終於台州儒學教授。生平見《宋元學案》卷八十九。

馮天馭（1503—1564），字應房，號午山，蘄州（今湖北蘄春）人。嘉靖十四年（1535）進士，授大理評事，改御史，巡視太倉，官至刑部尚書。《國朝獻徵錄》卷四十五有胡直《刑部尚書馮公天馭傳》。

是書稽考歷代典章制度，上起三代，下迄宋寧宗嘉定末年，分二十四門，凡田賦考七卷、錢幣考二卷、戶口考二卷、職役考二卷、征榷考六卷、市糴考二卷、土貢考一卷、國用考五卷、選舉考十二卷、學校考七卷、職官考二十一卷、郊祀考二十三卷、宗廟考十五卷、王禮考二十二卷、樂考十五卷、兵考十三卷、刑考十二卷、經籍考七十六卷、帝系考十卷、封建考十八卷、象緯考十七卷、物異考二十卷、輿地考九卷、四裔考二十五卷。田賦等十九門，皆以唐杜佑《通典》爲藍本而加以增廣，《文獻通考發端》謂"自天寶以前則增益其事迹之所未備，離析其門類之所未詳；自天寶以後至宋嘉定之末，則續而成之"；經籍、帝系、封建、象緯、物異五門，"則《通典》元未有論述，而採摭諸書以成之者也"，又云："凡叙事則本之經史，而參之以歷代會要以及百家傳記之書，信而有證者從之，乖異傳疑者不錄，所謂'文'也。凡論事則先取當時臣僚之奏疏，次及近代諸儒之評論，以至名流之燕談、稗官之紀錄，凡一話一言可以訂典故之得失、證史傳之是非者，則採而錄之，所謂'獻'也。其載諸史傳之紀錄而可疑、稽論先儒之論辨而未當者，研精覃思，悠然有得，則竊以己意附其後焉。命其書曰《文獻通考》……每門著述之成規，考訂之新意，則各以小序詳之。"自宋咸淳間開始準備，元至元二十七年（1290）開始纂寫，歷二十餘年告竣。

是書考覈精審，持論平正，貫穿上下數千年，於制度沿革、是非得失燦然具備，故問世後刊刻不斷。元泰定元年（1324）江浙行省首次付梓，版存杭州西湖書院。後至元五年（1339），江浙等處儒學提舉余謙因泰定舊版錯訛太多，派人校補重印。入明後，版送南京國子監，監中亦曾遞修印行，據《南雍志·經籍考》載，"舊板多損壞模糊"。明代除此馮刻本外，尚有正德十一年至十四年（1516—1519）劉洪慎獨齋刻本（正德十六年曾重修）、嘉靖三年司禮監刻本及明末刻本（梅墅石渠閣印本、映旭齋印本等）。入清後則以乾隆十二年（1747）武英殿校刊《三通》本流通最廣，此外有咸豐九年（1859）崇仁謝氏刻本、光緒間浙江書局刻《九通》本等。

此馮刻本字小行密，世稱"小字本"。書版流傳後世，迭經萬曆、崇禎遞修重印，部分版心鐫"萬曆三年重刊""崇禎三年重刊""崇禎四年重刊"等字樣。此本爲馮刻初印本，無一補版。

寫工（在各卷端版心首葉下及個別卷末）：吳應龍（吳）、陸華（華）、計文卿、計文欽（文欽）、劉佑、于良臣（良臣）、葉相、胡實、沈榮（榮）、陸廷相、許文會、周慈、郁度、郁廣、江濟、龔霆（無錫龔霆）、張時、姚恩、陳鑾、陸程、盧江、梁元壽、劉時望。

刻工：劉霞、劉震（震）、付權（傅權、權）、朱欽（朱）、張宗（宗）、劉丙（丙）、周錫（周）、劉山、段爭（爭）、劉云、陳鑑（監、鑑）、易贊（贊）、劉拱（拱）、劉奇（奇）、易鑑、段葊、王賓、劉珊（珊）、付朝元（傅朝元、付元、元）、黃銑（銑、先、黃先）、黃定、陳漢（漢）、陳奎（奎）、王楠、陳瑞、王達、王乳、劉木、胡滔、彭資、周能（能）、王兵（兵）、見、文六、吳萬成（成、萬成、吳成）、實、呂永（永）、彭隆、劉甫、胡江、王和（和）、彭積、吳春、楊亮（亮）、守、周昉（昉）、王木、文四、吳沛、段光、吳鑾、陸先（六先、先）、吳升（升）、旭、劉順、禾、周相、王春、傅天錫（付天）、呂奎、李燿（李耀、燿）、黃瓊、歙邑黃珀、坤、何恩、范楷、黃琥（琥）、何江、貢、何鳳、方瑞、何文、何忠、人、吳介（介）、黃琰（琰）、劉卜、彭秀（秀）、葛計、龍淮、晏怡（晏）、劉元、高良仁（高良、良仁、高、高仁）、奐、川、劉興（興）、林山、劉貳、郭華（郭）、吳福、尚顯（顯、尚）、劉儀（儀）、吳珮、顧昂（雇昂）、顧曬（嚴、曬、雇曬）、法、余甫、大、黃節（節）、黃瑛（英）、禾七、禾五、户、亦、之、顧廷圭（廷圭、廷）、仕、蘆、蔡五、日、楊士、桂方（圭、桂）、劉其、劉仁、劉中、劉七、劉正、劉二、彭柯、吳壽、暄、溫德（溫、德）、呂春、李鳳、夏淮（夏）、唐其、張憲、王金、唐天德（唐天惠）、徽州黃鑾（黃鑾）、呂元偉、王金、徽州黃愛（愛、黃愛、歙邑黃瑷）、吳孝（孝）、劉朱、朋、朱金（金）、王本、顧俊（雇俊）、伍雲（伍、伍云、五雲、五云）、六三、小六、陸敖、劉采、袁電、呂承業（承業、呂承）、張萱（萱）、何受、何免、陸儒、陳朴（朴）、票、王欽、范臣、張敖、何球瑞（何球、何瑞）、范相、范模、黃鑪（鑪）、陸孜、葉梯（葉悌、葉弟）、楊惠（陽惠、揚惠、惠）、潘其、唐瓊、錢約、顧定珮（雇定珮、雇定、定佩、雇定凩）、南、楊士、良成、國二、衆、湘、沈云（云）、劉鏜。

《四庫全書總目》史部三十七政書類、《中國古籍善本書目》著録。收入第一至三批《國家珍貴古籍名録》（第一批 01609 號、第二批 04277—04280 號、第三批 08111—08113 號）。

中國國家圖書館、首都圖書館、北京大學圖書館、中國臺北"國家圖書館"等二十餘館，美國哈佛大學哈佛燕京圖書館，日本國立公文書館等有收藏。

208

大明會典二百二十八卷

T4686　5062

《大明會典》二百二十八卷，明申時行、趙用賢等纂修。明萬曆十五年（1587）內府刻本。十二函六十四册。版框高 24.7 厘米，寬 17.6 厘米。半葉十行二十字，小字雙行同，黑口，四周雙邊，雙魚尾。版心中鐫"會典"及卷次。

首弘治十五年（1502）《御製大明會典序》、正德四年（1509）《御製大明會典序》、萬曆十五年《御製重修大明會典序》，次弘治、正德、嘉靖、萬曆四朝歷次修纂會典敕諭，次《纂輯諸書》，次《開報文册衙門》（末葉爲抄配），次《弘治間凡例》二十四則、《嘉靖間續纂凡例》八則、萬曆四年張居正等《重修題本》，次《重修凡例》十六則、萬曆十五年申時行等《進重修大明會典表》，次《奉敕重修大明會典官員職名》《大明會典目錄》。

申時行（1535—1614），字汝默，號瑶泉，長洲（今江蘇蘇州）人。嘉靖四十一年（1562）一甲第一名進士，授翰林院修撰，歷任禮部左侍郎兼東閣大學士、禮部尚書、吏部尚書，萬曆十三年任首輔。卒贈太師，謚"文定"。《明史》卷二百十八有傳。

趙用賢，見"022 南齊書五十九卷"介紹。

是書記載明代官署職掌制度。以吏、户、禮、兵、刑、工六部爲綱，分述各行政機構之職掌及事例。卷一至二百二十六文職衙門：卷一宗人府；卷二至十三吏部（文選清吏司、驗封清吏司、稽勳清吏司、考功清吏司）；卷十四至四十二户部（十三司職掌、州縣、田土、給賜、農桑、災傷、屯田、户口、倉庾、會計、徵收、庫藏、課程、權量、時估、廩禄、經費）；卷四十三至一百十七禮部（儀制清吏司、祠祭清吏司、主客清吏司、精膳清吏司）；卷一百十八至一百五十八兵部（武選清吏司、職方清吏司、車駕清吏司、武庫清吏司）；卷一百五十九至一百八十刑部（十三司職掌、律例、罪名、編發囚軍、五刑贖罪、拘役囚人、問擬刑名、詳擬罪名、朝審、熱審、決囚、卹刑、伸冤、檢屍、打斷、相視、提牢、獄具、勘事、抄劄、獻俘、歲報罪囚、計贓時估、類進贓物、類填勘合、收買紙劄、申明誠諭、官吏過名、朝覲糾劾、漕運理刑）；卷一百八十一至二百八工部（營繕清吏司、虞衡清吏司、都水清吏司、屯田清吏司）；卷二百九至二百十一都察院；卷二百十二通政使司、中書舍人；卷二百十三六科（吏科、户科、禮科、兵科、刑科、工科）；卷二百十四大理寺；卷二百十五太常寺；卷二百十六詹事府、左右春坊、司經局、順天府、應天府；卷二百十七光禄寺；卷二百十八太僕寺；卷二百十九鴻臚寺；卷二百二十國子監；卷二百二十一翰林院；卷二百二十二尚寶司；卷二百二十三欽天監；卷二百二十四太醫院；卷二百二十五上林苑監、五城兵馬指揮司；卷二百二十六僧錄司、道錄司、神樂觀；卷二百二十七至二百二十八武職衙門：五軍都督府（中軍、左軍、右軍、前軍、後軍）、上二十二衛（錦衣衛、旗手衛、金吾前衛、金吾後衛、羽林左衛、羽林右衛、府軍衛、府軍左衛、府軍右衛、府軍前衛、府軍後衛、虎賁左衛、金吾左衛、金吾右衛、羽林前衛、燕山左衛、燕山右衛、燕山前衛、大興左衛、濟陽衛、濟州衛、通州衛）。南京存留諸司附於北京諸司之後。

　　洪武二十六年（1393），明太祖敕儒臣仿《唐六典》修《諸司職掌》，記載明開國至洪武二十六年間各主要官職制度。明孝宗嗣位後，因洪武後纍朝典制"散見於簡册卷牘之間，凡百有司，艱於考據，下至閭里，或未悉知"（敕諭），遂於弘治十年三月敕命内閣纂修，"以祖宗舊制爲主，而凡損益同異，據事繫年，彙列於後，粹而爲書，以成一代之典，俾天下臣民咸得披誦"（敕諭），弘治十五年大學士徐溥、劉健等纂修成書，賜名《大明會典》，但未及刊行。正德四年明武宗命大學士李東陽重加參校，六年完工，由司禮監刻印頒行，是爲正德《會典》。至嘉靖間，明世宗取閱《會典》，"每見其間紀載失真、文辭牴牾者，比比有之"，遂於嘉靖八年命儒臣開館，校訂差訛，補輯缺漏，并續纂弘治十五年以後至嘉靖七年間新定典章事例，至嘉靖二十九年徐階等進呈（記事至二十八年），但未能刊刻頒行。萬曆四年六月，明神宗命張居正爲總裁，校訂弘治、嘉靖舊本，補輯嘉靖二十八年以後六部等衙門見行事例，至萬曆十三年稿成，凡二百二十八卷。《重修凡例》云："重修《會典》稿成於萬曆乙酉（十三年），以後復有建設者，俱不載。"十五年二月大學士申時行奏進，由内府刊行，是爲萬曆《會典》。明代翻刻非一，有閩中坊刻小字本、天啓元年（1621）張京元江西刻本等。

　　《明史·藝文志》故事類、《中國古籍善本書目》政書類著録，收入第一至二批《國家珍貴古籍名録》（第一批01611號、第二批04286—04290號）。《四庫全書總目》史部三十七僅著録明正德本，謂"其後嘉靖八年復命閣臣續修《會典》五十三卷，萬曆四年又續修《會典》二百二十八卷，今皆未見，其本莫知存佚。殆以嘉靖時祀典太濫，萬曆時秕政孔多，不足爲訓，故世不甚傳歟"，實則清内府即有是書，《天禄琳琅書目》卷八有著録。

　　中國國家圖書館、首都圖書館、中國人民大學圖書館、中國臺北"國家圖書館"等近二十館，美國國會圖書館、美國哈佛大學哈佛燕京圖書館、柏克萊加州大學東亞圖書館，日本東洋文庫等有收藏。

　　鈐朱文異形印"枕碧樓藏書記"、白文方印"老見異書猶眼明"、朱文長方印"島田氏雙桂樓收藏"、白文長方印"島田翰讀書記"。枕碧樓爲沈家本藏書處，沈家本（1840—1913），字子惇，號寄簃，歸安（今浙江湖州）人。光緒九年（1883）進士，官至法部左侍郎。精研法學。著述彙爲《沈寄簃先生遺書》。《遺書》乙編《枕碧樓偶存稿》卷六有《萬曆大明會典跋》。是書卷一百六十一刑部·律例二有朱墨筆眉批、夾批，當即出自沈氏手筆。島田翰（1879—1915），字彦楨，日本書志學家，著有《古文舊書考》四卷。

209

皇明世法録九十二卷

T4686　7928B

《皇明世法録》九十二卷，明陳仁錫纂。明崇禎刻本。十九函九十九册。版框高 21.1 厘米，寬 14.5 厘米。半葉十行二十字，白口，四周單邊。版心上鐫書名，中鐫卷次及篇名，眉鐫評語。

首有未署年陳仁錫《皇明世法録叙》、李模《皇明世法録序》，次《皇明世法録總目》、各卷詳細目次。

各卷端署"史臣（或史官）陳仁錫謹閲"（或謹輯、評纂、重訂、輯次、編輯、論次）。

陳仁錫，見"009　藏書六十八卷續藏書二十七卷"介紹。

是書記明代典章制度，起自明太祖洪武，迄於神宗萬曆間，欲以爲萬世法，故名"世法録"。分十類五十目：卷一至十六曰維皇建極（高皇帝寶訓、文皇帝寶訓、高皇帝聖製、高皇帝聖武、文皇帝聖武），卷十七至二十六曰懸象設教（敬天、馭法、禮制、樂律、祀典），卷二十七至三十三曰法祖垂憲（訓宗、鹽法、屯政、馭政、錢鈔），卷三十四至四十一曰裕國恤民（理財、廒庫、黃册賦役田土、農桑、水利），卷四十二至四十八曰制兵敕法（大閲、京營、將材、江防、平刑），卷四十九至五十五曰濬漕利運（南河、北河、黃河、新河、漕政），卷五十六至七十四曰衝邊嚴備（昌薊、遼陽、宣大、山西、陝西），卷七十五至七十七曰沿海置防（粵東、閩浙、南直、遼海、倭坊），卷七十八至八十三曰獎順伐畔（西南夷［附日本］、套虜琉球、東夷西戎、南蠻北狄、苗寇流寇山寇），卷八十四至九十二曰崇文拔武（開國元勳、内閣輔臣、經濟名臣、郡縣名臣、表忠）。

陳仁錫《録叙》云："仁錫既心契《衍義》二書（引按：謂真德秀《大學衍義》、丘濬《大學衍義補》），乃加讎訂而合刻之，猶恨昭代之典故未詳，使人證於古而略於今，覩嘉言善行之無遺，而忽聖祖神宗之猷烈，曉然於纍千萬世得失理亂之迹，而貿於三百年來朝廷官府之務。雖云博洽，終慚實踐。是以輒不自揣，略仿二氏之意，考明舊章而推廣之，著爲《皇明世法録》。首輯二祖之謨烈，以爲萬世法，而又明禮樂以和神人，辨曆象以示修省，恤民以固邦本，積儲以裕國用，明罰敕法以厚俗，稽漕河、記防海以通水利，紀元輔、録名臣以彰景範，詰戎兵以嚴武備，考四夷以示懷柔。俱原始要終，或耳目之所親歷，或輶軒之所覯記，稍爲網羅，以備丘氏之未備。"《東林列傳》卷二十二《陳仁錫傳》謂："所著最大者《世法録》一書，凡本朝之大經大法、祖訓之敬天勤民以迄禮樂、兵刑、象緯、曆律、邊鎮、方輿、濬河、利漕，莫不畢具。疾作，遺命上《世法録》

於天子，曰：'臣之報主盡在是已。'"

清乾隆間，因語多違礙遭禁毀，《違礙書目》等著録。《四庫全書總目》未收，《中國古籍善本書目》著録。《中國善本書提要》編年類與政書類重出。《四庫禁燬書叢刊》據《中國史學叢書》影印本影印。收入《第二批國家珍貴古籍名録》（04292 號）。

書名葉分三欄，右鐫"陳太史明卿纂"，中鐫書名，左鐫十類名稱，下鈐朱文方印"□友堂藏版"。

中國國家圖書館、北京大學圖書館、上海圖書館、中國臺北"國家圖書館"等二十餘館，美國國會圖書館、美國哈佛大學哈佛燕京圖書館、普林斯頓大學葛思德東方圖書館，日本静嘉堂文庫、内閣文庫、京都大學人文科學研究所等有收藏。

鈐白文長方印"大興朱氏竹君藏書畫印"。朱竹君即朱筠（1729—1781），字美叔，號竹君、笥河，順天大興（今北京）人。乾隆十九年（1754）進士，官至翰林學士。好金石之學。著有《笥河集》四卷。

典　禮

210

廟制考義二卷

T1784　2453

《廟制考義》二卷，明季本撰。明嘉靖二十五年（1546）刻嘉靖間增刻本。一函二册。版框高 19.3 厘米，寬 13.3 厘米。半葉十行二十字，白口，左右雙邊。版心中鐫書名、卷次，下鐫刻工。

首嘉靖丙午（二十五年）王畿《廟制考義序》，次《廟制考義目録》。各卷端署"會稽彭山季本撰"。

季本（1485—1563），字明德，號彭山，會稽（今浙江紹興）人。正德十二年（1517）進士，授建寧府推官，官至長沙知府。曾從王守仁問學。著有《易學四同》《詩説解頤》等。生平見《明儒學案》卷十三《浙中王門學案三》。

是書考論古者宗廟禮制。分總論、附圖兩部分。總論分爲七義：親親、尊尊、賢賢、男女之閑、昭穆之序、廟寢之制、祭享之時；附録七十八圖：廟在寢東圖、朱子古廟制圖、今擬古廟制圖、古室制圖、室事圖、堂事圖、孫毓都宫制圖、賈公彦廟制圖、今擬古親廟以西爲上圖、韋玄成王者五廟圖、劉歆宗無數圖、陸佃親盡迭毀圖、五帝及夏初宗支圖、五帝及夏初爲君世次圖、擬堯四親廟圖、擬舜四親廟圖、擬禹四親廟圖、擬夏祖禹圖、殷爲諸侯時宗支圖、殷爲天子時宗支圖、殷爲君世次圖、據劉歆説擬殷廟圖、擬宋祖微子圖、宋湯廟圖、周宗文圖、周爲君世次圖、韋元成等周廟圖、王肅周九廟圖、朱子周世數圖、朱子周七廟圖、朱子周九廟圖、魯宗支圖、魯爲君世次圖、擬魯世室圖、擬魯祖周公及宗伯禽圖、魯旁親別立廟圖、擬魯不遷廟圖、漢宗文圖、漢爲君世次圖、韋玄成等議立漢廟圖、晉宗文圖、晉爲君世次圖、晉虛位以待宣皇圖、唐宗支圖、唐爲君世次圖、唐虛位以待太祖圖、唐中宗不混睿宗世次圖、唐八世九室圖、宋祖四親圖、宋太祖宗支圖、宋太宗宗支圖、宋爲君世次圖、宋考妣升附祝文稱謂圖、朱子奏議宋祧廟圖、爲人後者爲之子圖、時祭總圖、間祀總圖、余正父時祫圖、朱子時祫圖、擬古祔祫圖、擬周武王爲天子時大祫圖、唐韓愈議祫圖、朱子列宋見行祫享位圖、朱子列禮官議祫享位圖、朱子擬定祫享位次圖、擬夏禘圖、擬殷禘圖、擬周禘圖、鄭玄以禘爲祭天圖、王肅等以禘爲殷祭圖、漢光武時禘圖、朱子周大禘圖、擬洛邑文武廟圖、擬魯禘圖；續增二條：廟祀考成、廟樂考成。

《四庫全書總目》入經部二十五禮類總義存目，題名誤作"廟制考議"，提要詳辨其謬説若干條。《總目》著録之本無卷數，附録七十七圖。寄存中國臺北故宮博物院之原國立北平圖書館甲庫善本中之明嘉靖刻本與《總目》著録之本相同，《四庫全書存目叢書》據以影印。

此本與《存目》本爲同一版刻而有剜改、增訂：目録、卷首末、版心作剜改，釐定爲二卷；卷中增"宋祖四親圖"一幅；卷末增"廟祀考成""廟樂考成"兩篇。按季本《詩説解頤·總論》卷一云："笙管相將亦意湊之説也，詳見《廟制考義》'廟樂考成'條下。"《詩説解頤·字義》卷一云："鍾，大鐘，鼓，晉鼓，皆以起堂下之樂者也，詳見《廟制考義》卷二'廟樂考成'。"《字義》卷六"若《祭義》君牽牲入廟問而殺於神前之説，則非所以體先祖不忍聞聲見死之心，既辯於'廟祀考成'矣，今其説附於《廟制考義》末。"《字義》卷七："賁鼓鏞鐘并詳見《廟制考義》二卷末'廟樂考成'。"可知增刻内容乃季本生前所爲。

《千頃堂書目》卷二禮樂書類著録，爲二卷本。考《四庫全書總目》史部政書類二典禮之屬有萬斯同《廟制圖考》一卷，是書提要云："上溯秦漢，下迄元明，凡廟制沿革，悉爲之圖，以附於經圖之後，而綴以説，其用功頗勤，其義例亦頗明晰。視明季本之書，較爲賅備。其中所論，則得失互陳。"所謂"明季本之書"即《廟制考義》。兩書主題及著述方式完全相同，故提要引以對比，而一則入經，一則入史，不免齟齬，故《中國古籍善本書目》皆入之史部政書類，於義爲協。《善目》著録寧波市天一閣博物院藏明嘉靖二十五年刻本，亦不分卷，與《存目》本同。

刻工：王、宝、良、濟、成、章。

存世頗稀見。

211
闕里祭儀録六卷文廟樂舞全譜二卷附録一卷

T4679　1123

《闕里祭儀録》六卷《文廟樂舞全譜》二卷《附録》一卷，清孔繼汾輯録。清乾隆三十四年（1769）刻本。一函四冊。書名據總目題。版框高 17 厘米，寬 13.4 厘米。半葉十行二十字，小字雙行同，黑口，左右雙邊，單魚尾。版心中鎸書名、卷次及篇名。

《闕里祭儀録》含《劻儀糾謬集》《闕里儀注》兩部分，各分上中下三卷，每卷皆有目録，目録卷端署“孔子六十九代孫承德郎原任户部廣西清吏司主事繼汾敬述（或録）”。首乾隆己丑（三十四年）孔昭焕《總序》，次乾隆三十三年孔繼汾《劻儀糾謬集序》，次《闕里祭儀録總目》（總目先列《儀注》，次《劻儀糾謬集》）；《闕里儀注》有乾隆三十四年孔繼汾序；《文廟樂舞全譜》首爲乾隆十一年允禄等進《律吕正義》之奏議，末有乾隆三十年孔繼汾跋。

孔繼汾，見“197　闕里文獻考一百卷首一卷末一卷”介紹。

是書考論闕里孔廟祭祀禮儀制度。《劻儀糾謬集》卷上論祭儀，卷中論祭品，卷下論祭器，隨事論列，共七十二條并附論八條；《闕里儀注》卷上、中祭儀（釋奠、釋菜、時享、常薦、誕辰、墓祭、行香告祭及各書院總載，共十五篇），卷下祭品祭器。

孔昭焕《總序》云：“廟庭爲禮儀淵府，但歲月寖久，有司不免失傳，叔祖止堂先生（孔繼汾）屢以爲言。爰即請旁搜禮典，隨事討論，久之哀然成集，曰《劻儀糾謬》，自禮節以及品物器數凡商榷者幾得百事……既而先生更校定《儀注》三卷刻之，爲禮生程式，贊相則有資矣。因請先生并以《劻儀糾謬集》付諸剞劂。”可知是書爲乾隆三十四年所刻。

《文廟樂舞全譜》是依《御製律吕正義》所校録之祭孔樂譜、舞譜，以備樂生誦習。孔繼汾跋云：“爰依《律吕正義》內圖譜敬繪合刊成《樂譜》一卷、《舞譜》一卷。緣樂章中字曲阜人多訛讀，謹逐加音釋，與樂縣舞佾圖、旋宮聲字圖及闕里舊有之鼓譜、導引樂譜別爲一卷，附録於後。”當刻於乾隆三十年。

《販書偶記》著録於經部禮類三禮總義之屬，《清史稿藝文志拾遺》改入史部政書類儀制之屬。《中國古籍善本書目》未收。

《四庫未收書輯刊》據中國科學院文獻情報中心藏本影印《勘儀糾謬集》三卷。

中國國家圖書館、復旦大學圖書館、南開大學圖書館有收藏。

212
太常紀要十五卷

T4679　3149

《太常紀要》十五卷，清江蘩撰。清康熙刻本。一函四册。版框高20厘米，寬14厘米。半葉十行二十二字，小字雙行同，白口，四周雙邊，單魚尾。版心上鎸書名，中鎸卷次及小題。

首康熙四十一年（1702）江蘩《太常紀要序》。

各卷端署"光禄大夫太常寺卿加五級臣江蘩編輯"。

江蘩，字采白（一作采伯），號西崖，湖北漢陽人。康熙十一年拔貢，選靈寶知縣，擢監察御史，巡理長蘆鹺政，卓有政聲。提調四譯館，任太常寺卿，纍官至都察院左副都御史。卒年六十三。曾撰《四譯館考》十五卷。生平見《〔乾隆〕漢陽縣志》卷二十一。

清承明制，順治元年（1644）設太常寺，隸禮部，掌管典守壇壝廟社，按歲時祭祀事宜。江蘩任太常寺卿時，以"舊有《太常寺考》及《續考》（按當指明汪宗元《南京太常寺志》十三卷及明李日宣《太常寺續紀》二十二卷）諸本備載有明之制"，因考核近制，纂述本朝祀典，"以當今事宜爲斷，而捃拾載籍，旁搜舊聞，以前代或舉或廢可備參考者系本文之後"（自序），勒爲此書。分祀訓、祀議、祀例、祀禮、祀官、祀賦六門。

《四庫全書總目》入史部三十九政書類存目。《中國古籍善本書目》著録。

《四庫全書存目叢書》據南京圖書館藏本影印。

中國國家圖書館、北京大學圖書館、清華大學圖書館、吉林大學圖書館等館，日本國立公文書館、東洋文庫等有收藏。

鈐朱文長方印"珊瑚閣珍藏印"。知曾爲百齡收藏。百齡（1748—1816），字子頤，號菊溪，遼東（今屬遼寧）人，隸漢軍正黄旗。

213
國學禮樂録二十卷

T1786　4470

《國學禮樂録》二十卷，清李周望、謝履忠輯。清康熙五十八年（1719）

北京國子監刻後印本。一函六冊。版框高 18.7 厘米，寬 13.5 厘米。半葉十行二十二字，白口，四周雙邊，單魚尾。版心上鐫書名，中鐫卷次及篇名。

首康熙五十八年李周望《序》、未署年謝履忠《序》，次《凡例》七則、《國學禮樂録目録》。

《目録》卷端署"國子監祭酒蔚州李周望渭湄、司業昆明謝履忠方山氏編輯"，卷一卷端署"蔚州李周望渭湄、昆明謝履忠方山氏編輯"。

李周望（1668—1730），字渭湄，號南屏，河北蔚州人。康熙三十六年進士，改庶吉士，先後任會試同考官、國子監司業、翰林院侍講、湖廣學政，五十七年遷國子監祭酒，後升至禮部尚書。生平見清張廷玉《光禄大夫經筵講官禮部尚書李公墓誌銘》（《澄懷園文存》卷十一）。

謝履忠，字卣臣，號昆皋，又號方山，雲南昆明人。康熙四十二年進士，散館授翰林院檢討，五十七年任國子監司業。生平見《詞林輯略》卷二。

國學即國子監，又稱太學，爲國家最高學府及教育行政管理機構。是書輯國子監禮儀典祀制度，卷一世系圖、御製贊，卷二孔子世家、宗子世表，卷三至九四配、十哲、諸賢、諸儒、啟聖祠賢儒列傳，卷十至十二列朝祀典、明祀典、國朝祀典，卷十三至十七禮經、樂經、樂志、樂器名義及禮樂圖譜，卷十八文廟現行儀注則例，卷十九石鼓文音訓，卷二十昭代祭酒司業題名碑記。

李周望《序》云："大司成李南屏先生嘗爲國子司業，又典三楚學政，日以訓士爲孜孜。今之復領成均也，穆然深念曰：時教必有正業，孰有大於禮樂者乎？於是殫心研慮，纂爲《國學禮樂録》一書。明先師之統系，揚御製之褒崇，綱領昭然矣；序世家、列傳，所以濬禮樂之源；詳祀典，述經志，繪圖譜，陳儀注，所以備禮樂之事；附以石鼓音訓，見三代之軌物，而岐陽之狩亦禮也；綴以題名碑記，則皆奉行禮樂之人也。"《凡例》云："兹録務取簡括，便於覽觀，僅即《禮樂統》《太學志》《禮樂志》諸書抄撮大概，間附舊聞數條，以備參考。"

《四庫全書總目》入史部三十九政書類存目，誤爲二十四卷，提要譏其頗多疏漏。《四庫全書存目叢書》據清華大學圖書館藏本影印，與此爲相同版本。

美國哈佛大學哈佛燕京圖書館藏本爲初印本，無謝履忠序；《目録》、卷一卷端僅題一行"國子監祭酒蔚州李周望渭湄氏編輯"；《凡例》實爲七則，而哈佛本"凡例"二字下有小字"六則"，此本剜去"六則"二字。正文内容無不同。

《中國古籍善本書目》著録。

中國國家圖書館、復旦大學圖書館、遼寧省圖書館、保定市圖書館、中山大學圖書館等館，美國國會圖書館、哥倫比亞大學東亞圖書館，日本静嘉堂文庫等有收藏。

214

幸魯盛典四十卷

T2789　1184

《幸魯盛典》四十卷，清孔毓圻等纂修。清康熙五十年（1711）曲阜刻本。二函十二冊。版框高 19.8 厘米，寬 14.1 厘米。半葉十行二十一字，白口，四周雙邊，單魚尾。版心上鐫書名，中鐫卷次。

首康熙二十八年《御製幸魯盛典序》，次凡例六則、纂修職名、康熙五十年孔毓圻上表。

孔毓圻（1657—1723），字鐘在，號蘭堂，山東曲阜人。孔子第六十七代孫。康熙六年襲封衍聖公，九年授光禄大夫，十五年晉太子少師。卒諡"恭愨"。

是書紀康熙二十三年清聖祖東巡幸魯事。《凡例》云："節目繁多，年月相間，是書仿紀事本末之體，事爲起迄，各自編年，庶可一覽瞭然。仍以大書爲綱，而章奏檔案細書爲目焉。"又云："是書惟志幸魯，而事有原始，義有連及，例當備書……首紀巡幸，次及臨幸廟林典禮，次及加恩聖裔、推恩五氏子孫，次及遣祭元聖、推恩後裔，次及開擴林地、議通璧水，次及賜碑，次及修廟，次及皇子告祭，次及再賜廟碑，次及推恩先賢、先儒子孫，而終之以纂修事宜。至於臣僚頌言，皆以送到職銜爲序。其地方職官及臣等詩文，附於末卷。"

康熙二十三年，清聖祖臨幸闕里，親祀孔廟。二十四年，孔毓圻疏請纂修此書，并舉進士金居敬等八人司其事，得旨俞允。毓圻遂於孔廟開局纂修，至二十七年，成書十八卷奏進，皇帝提出修改意見，諭毓圻等覆加校定。四十年，修成草稿四十卷進呈。嗣後，朝廷對孔廟續有頒賜，書中內容亦時有增加。至康熙五十年，孔毓圻將全書刊刻表進。是書卷二十述纂修過程極詳。

此本初印精湛，版面清朗，無一處模糊、斷裂。美國哈佛大學哈佛燕京圖書館藏本有書名葉，鐫"康熙己巳年梓，紅蕚軒藏版"，康熙己巳爲二十八年，中國臺北《"國立臺灣大學"普通本綫裝書目》、《湖南省古籍善本書目》、《北京大學圖書館藏古籍善本書目》等取以爲刻書年（《北京大學圖書館藏古籍善本書目》著録爲康熙二十八年，"學苑汲古——高校古文獻資源庫"中已據孔毓圻上表改爲康熙五十年刻本），《美國哈佛大學哈佛燕京圖書館藏中文善本書志》定爲康熙刻本，無具體刊刻年。檢各館所藏，皆四十卷本，而據是書卷二十所述，康熙二十八年時僅成草稿十八卷，進呈并乞御製序，并未刊刻。日本國立公文書館藏本（番號：295—0027）無進表，據御製序著録爲康熙二十八年序刊本，可知孔毓圻刊印是書有普通本及進呈本（添刻進表）兩種，則所謂"康熙己巳年梓"六字恐係後印者據普通本重印而未細讀正文，僅據御製序而誤加書名葉。

陶湘《清代殿板書目》著録爲"康熙二十三年敕纂，四十年衍聖公孔毓圻刊進"，亦不確，應删去"刊"字。

哈佛本與此本相比，版面模糊、斷裂處多，若干葉版框大小、字體與此本不同，亦顯與他葉不同，係後印補版（如進表第三葉、卷一第十八葉、卷二第十一葉、卷四第九葉、卷六第十六葉、卷七第十二、十六葉、卷八第十九葉、卷十一第十一葉、卷十三第二十五葉、卷十四第二十九葉，等等）。卷一第一葉亦係重刻，第九行"伏羲"上多一"是"字。考孔府有紅蕚軒，孔毓圻之子傳鐸（1673—1732，雍正元年襲封衍聖公）號紅蕚主人，著有《紅蕚詞》二卷、《紅蕚軒詞牌》一卷，疑補版後印係傳鐸所爲。

《四庫全書總目》史部三十八政書類著録，《四庫全書》據後印本抄録。《清代内府刻書目録解題》著録，《中國古籍善本書目》未收。

有《武英殿聚珍版書》活字印本。

中國國家圖書館、北京大學圖書館、北京師範大學圖書館、故宫博物院、山東省圖書館、中國臺北"國家圖書館"等館，日本東洋文庫、國立公文書館、静嘉堂文庫等有收藏。

此爲勞費爾購書。

215
南巡盛典一百二十卷

T2828　0216

《南巡盛典》一百二十卷，清高晉等纂。清乾隆三十六年（1771）内府刻本。八函四十八册。版框高21.8厘米，寬16.7厘米。半葉九行十九字，白口，四周雙邊，單魚尾。版心上鎸書名，中鎸卷次及小題。

首乾隆辛卯（三十六年）御製《南巡盛典序》（朱印），次高晉請纂修《南巡盛典》奏表、乾隆三十三年高晉進書表，次傅恒奏表、熊學鵬奏表，次乾隆三十五年高晉進書表，次《凡例》八則、《南巡盛典目録》、纂輯銜名。

高晉（1707—1779），字昭德，高佳氏，滿洲鑲黄旗人。初授山東泗水縣知縣，纍遷安徽布政使，兼江寧織造，擢安徽巡撫，遷江南河道總督。乾隆三十年任兩江總督，仍統理南河事務。三十六年兼署漕運總督，授文華殿大學士，兼禮部尚書，仍任總督如故。卒謚"文端"。《清史稿》卷三百十有傳。

乾隆十六年、二十二年、二十七年、三十年，清高宗經直隸、山東，四次南巡兩江、兩浙，三十一年七月，高晉奏請纂修此書記南巡事宜。三十三年二月，成初稿七十卷，奏進。高宗命大學士傅恒校閲，傅恒回奏稱高晉所纂祇載江南一省，應將兩浙及直隸、山東巡幸事宜一體載入，方爲賅備。高宗遂命將直隸、山東、浙江所輯材料統交高晉，高晉乃會同浙江巡撫熊學鵬將各省資料彙爲一編（參御製序及各表文）。全書分爲恩綸、天章、蠲除、河防、海塘、祀典、褒賞、籲俊、閱武、程塗、名勝凡十二門。

是書有多個稿抄本存世。不分卷稿本，存十冊，藏中山大學圖書館；七十卷稿本，存四卷，藏中國臺北“國家圖書館”；乾隆三十一年內府抄七十卷本，爲初次進呈本，藏南京博物院（見《第一批國家珍貴古籍名録圖録》01616 號）；《欽定南巡盛典》一百卷首一卷，乾隆五十六年內府抄本，藏故宮博物院。

此一百二十卷本爲最後定本，《四庫全書總目》史部三十八政書類、《清代內府刻書目録解題》著録。光緒八年（1882）上海點石齋曾影印。

乾隆四十五年、四十九年清高宗又南巡兩次，大學士阿桂及時任江南河道總督薩載等續輯後兩次南巡事宜，與高晉書合編爲一百卷。《文淵閣四庫全書》即據薩載續纂本抄録，與《四庫全書總目》著録本不同。中國香港大學馮平山圖書館編《香港大學馮平山圖書館藏善本書録》載該館有《欽定南巡盛典》一百二十卷，存七卷，編者疑爲文瀾閣散出之物。今按其標題卷數恐誤，當作一百卷。

中國國家圖書館、故宮博物院、上海圖書館、遼寧省圖書館、中國臺灣大學圖書館等館，美國國會圖書館、美國哈佛大學哈佛燕京圖書館、普林斯頓大學東亞圖書館，日本東洋文庫、國立公文書館等有收藏。

216

八旬萬壽盛典一百二十卷首一卷（存六卷）

T2829　8024

《八旬萬壽盛典》一百二十卷首一卷，清阿桂、劉鳳誥等纂。清乾隆五十七年（1792）武英殿聚珍版印本。存六卷（卷七十八至八十三）。一函一冊。正文版框高 22.3 厘米，寬 16.8 厘米；圖繪版刻高 26.2 厘米，寬 16.8 厘米。半葉十一行二十五字，白口，四周雙邊，單魚尾。版心上鎸書名，中鎸卷次及小題。

阿桂，見“058　皇清開國方略三十二卷首一卷”介紹。

劉鳳誥（1760—1830），字丞牧，號金門，江西萍鄉人。乾隆五十四年一甲第三名進士，授翰林院編修，升侍讀學士。與纂《高宗實録》。歷任廣西、山東、浙江等省學政，以罪遣戍黑龍江。嘉慶十八年（1813）釋回，給編修。著有《存悔齋集》二十八卷。《清史列傳》卷二十八有傳。

乾隆五十五年爲清高宗八旬壽辰，五十四年正月，大學士阿桂等奏請輯此書以紀慶典盛況。慶典過後開始編纂，五十七年告成。仿清聖祖《萬壽盛典初集》

體例，分爲宸章、聖德、聖功、盛事、典禮、恩賚、圖繪、歌頌凡八門，所紀皆高宗七旬壽辰以後之事。

此本僅存卷七十八圖繪一百十五幅，卷七十九、八十圖説兩卷及卷八十一至八十三歌頌一至三。文字部分用木活字聚珍版排印，圖繪爲木刻版畫。

《四庫全書總目》史部三十八政書類、《中國古籍善本書目》《清代内府刻書目錄解題》著録。收入《第二批國家珍貴古籍名錄》（04307 號）。

中國國家圖書館、故宮博物院、上海圖書館、遼寧省圖書館、南京博物院、中國臺北故宮博物院等館，美國哈佛大學哈佛燕京圖書館等有收藏。

217

皇朝禮器圖式十八卷

T4679　2133

《皇朝禮器圖式》十八卷，清允禄等纂，清福隆安等補纂。清乾隆三十一年（1766）武英殿刻本。三函十六册。版框高 20.5 厘米，寬 16.5 厘米。半葉十一行二十字，白口，四周雙邊，單魚尾。版心上鎸書名，中鎸卷次及小題。

首乾隆己卯（二十四年）御製序，次未署年和碩莊親王允禄等進表、職名，次乾隆三十一年福隆安、于敏中、王際華等進表，次補纂職名、《皇朝禮器圖式總目》、《皇朝禮器圖式目錄》。

允禄（1695—1767），清聖祖第十六子，雍正元年（1723）封莊親王。乾隆七年，命管理樂部。卒諡“恪”。《清史稿》卷二百十九有傳。

福隆安（1746—1784），富察氏，滿洲鑲黄旗人，大學士傅恒子。官至兵部尚書兼軍機大臣，加太子太保。卒諡“勤恪”。《清史稿》卷三百一有傳。

是書輯録清代各種典禮儀式所用禮器，繪爲圖譜。分六類：卷一至二祭器，所祭者天壇、祈穀壇、社稷壇等十一壇，太廟、文廟等九廟及奉先殿、傳心殿，所用祭器有璧、爵、登、簠、簋、籩、豆、筐、俎、尊、琖、鉶等；卷三儀器，記天體儀、黄道經緯儀、攝光千里鏡等五十器；卷四至七冠服，記載不同身份等級人員（皇帝至從耕農官及皇太后、皇后至七品命婦）之冠服制度；卷八至九樂器，記不同禮儀場合所用鐘、磬、琴、瑟等樂器八十餘種；卷十至十二鹵簿，記輦、輅、輿、車等儀仗器物；卷十三至十八武備，記甲冑、行營冠服、囊鞬等行軍器物。《四庫全書總目》是書提要云：“每器皆列圖於右，系説於左，詳其廣狹長短圍徑之度、金玉瓈貝錦段之質、刻鏤繪畫組繡之制以及品數之多寡、章采之等差，無不縷析條分，一一臚載。”

據卷首兩進表，知允禄等奉敕初纂，乾隆二十四年完成；福隆安等奉敕重加校補，乾隆三十一年完成，勒爲今本。清高宗序云："爰諏禮官，自郊壇祭器及鹵簿、儀仗、輦輅，以次釐正，至冠服以彰物采，樂器以備聲容，宜準儀章，允符定則。而觀象臺儀器自皇祖親定，閱數紀於今，度次不免歲差，又武備器什有舊《會典》未經臚載者，皆是範是程，進御審定，於以崇飭祀饗、朝會、軍旅諸大政。顧勿薈萃成帙，慮無以垂光策府，於是按器譜圖，系説左方，區爲六部，用付剞劂，俾永其傳。"

《四庫全書總目》史部三十八政書類、陶湘《清代殿板書目》及《清代內府刻書目録解題》著録。《中國古籍善本書目》未收。

中國國家圖書館、北京師範大學圖書館、故宮博物院等館，美國國會圖書館、哥倫比亞大學東亞圖書館、美國哈佛大學哈佛燕京圖書館，日本東京大學東洋文化研究所等有收藏。

鈐朱文方印"娵嬛妙境"，知爲麟慶舊藏。麟慶（1791—1846），字伯餘，一字振祥，完顏氏，滿洲鑲黃旗人。嘉慶十四年（1809）進士，官至四品京卿。著有《鴻雪因緣圖記》。娵嬛妙境爲其藏書處，自稱"萬卷藏書宜子弟，一家終日在樓臺"。

218
國朝詞垣考鏡五卷

T4668　2321

《國朝詞垣考鏡》五卷，清吳鼎雯撰。清乾隆五十八年（1793）刻清嘉慶元年（1796）增刻本。一函四册。版框高 18.7 厘米，寬 14.5 厘米。半葉九行二十一字，小字雙行同，白口，四周雙邊，單魚尾。版心上鎸書名，中鎸卷次。

首乾隆五十八年吳鼎雯《叙》。

各卷端署"國史館總纂官翰林院編修吳鼎雯著"（或輯）。

吳鼎雯，字秀亭，號樸園，河南光州籍，固始人。乾隆四十三年進士，散館授編修，官至福建糧道。《詞林輯略》卷四有小傳。

"詞垣"爲翰林院之別稱，又稱"詞林""詞苑""文苑"，因翰林院人員常參與修史、考訂實録，又稱爲太史院，其人員別稱詞臣、太史。翰林院始創於唐初。開元二十六年（738），唐玄宗在原翰林院之南建翰林學士院，遴選擅長文詞之朝臣入居其中供職，起草詔制，稱爲翰林學士（簡稱學士）。宋沿唐制，設翰林學士院，仍爲草擬制誥詔令之所，結構得到規整。遼、西夏、金、元時期，皆仿效唐宋建立翰林院。明代製訂誥敕由內閣掌管，翰林院不再參與機密。清因明制，設翰林院，置侍讀學士、侍讀、侍講、修撰、編修、檢討、庶吉士各若干人。《清史稿・職官志》載："掌院掌國史筆翰，備左右顧問。侍讀學士以下掌撰著記載：祭告郊廟神祇，撰擬祝文，恭上徽號、冊立、冊封，撰擬冊文、寶文，及賜內外文武官祭文、碑文，南書房侍直、尚書房教習，咸與其選。修實錄、史、志，充提調、總纂、纂修、協修等官。庶吉士入館，分習清、漢書。"翰林院歷來被視爲儲才之所，重臣宰輔多從此出，士人以得充翰林爲榮。

是書輯錄清前期翰林院故實，分《國朝翰詹源流編年》二卷、《國朝館選爵里諡法考》二卷、《國朝館職補選爵里諡法考》一卷共三部分，連續編爲五卷。吳雯《叙》述編輯始末云："院署舊存沈椒園臬使《館選錄》，歷科增續，僅記姓名、鄉貫，間亦多所缺略。雯入詞館逾年，即纂修國史，因得恭閱五朝典冊，遇有關詞臣掌故暨散館升階、列爵易名，見之實錄、紅本中者，俱手爲采錄，復參以各省志乘、史館列傳，詳其字號、世系，日久成帙，帙經數繕，十有五年於茲矣。同館思其久而佚也，趣付剞劂。昔宋楊徽之好言唐士族，閱諱行錄，余今按年編其建官源流，考其爵里諡法，皆以紀我朝人材之盛、恩遇之隆，題曰《國朝詞垣考鏡》，使知翰林爲古今榮選，至國朝又榮之至矣。"書名應據自序題，古籍書目有將所分之三部分分別著錄爲書名者，不確。

《國朝翰詹源流編年》所輯自清太宗天聰三年（1629，即崇禎二年）至乾隆五十六年。《國朝館選爵里諡法考》所輯自清順治三年（1646）至嘉慶元年，第六十四葉朱桓以下"乾隆六十年乙卯"之後內容爲嘉慶間續增。美國哈佛大學哈佛燕京圖書館藏本即至朱桓爲止。第六十四葉與哈佛本字體不同，係重刻。《國朝館選爵里諡法考》哈佛本至鐵保爲止，此本增刻程嘉謨一人。

清道光間，勞崇光又有增輯續刊。

《中國古籍善本書目》未收。

中國國家圖書館、北京大學圖書館、中國人民大學圖書館等館，美國國會圖書館，日本東洋文庫（補刊至嘉慶三年）、東京大學東方文化研究所等有收藏。

邦　計

219

敕修兩淮鹽法志十六卷

《敕修兩淮鹽法志》十六卷，清噶爾泰撰。清雍正刻本。二函八冊。版框高19.6厘米，寬14.1厘米。半葉十行二十二字，白口，左右雙邊，單魚尾。版心上鎸"鹽法志"，中鎸卷次及篇名。

首有未署年陳時夏《敕修兩淮鹽法志序》，次《凡例》七則、《敕修兩淮鹽法志目録》、纂修銜名，次《敕修兩淮鹽法志圖》（院署、司廳、鹽場等共四十一圖）。

噶爾泰，滿洲正藍旗人。曾任安徽布政使、刑部右侍郎。雍正二年至六年任兩淮巡鹽御史。

《清史稿》卷一百二十三《食貨四·鹽法》云：“清之鹽法，大率因明制而損益之。蒙古、新疆多産鹽地，而内地十一區，尤有裨國計。十一區者：曰長蘆，曰奉天，曰山東，曰兩淮，曰浙江，曰福建，曰廣東，曰四川，曰雲南，曰河東，曰陝甘……兩淮舊有三十場，後裁爲二十三，行銷江蘇、安徽、江西、湖北、湖南、河南六省。”兩淮鹽業稅收爲政府財政支柱之一，舉足輕重。清前期，設巡鹽御史，巡視鹽政，長蘆、河東、兩淮、兩浙各一人；設都轉鹽運使、鹽道等掌管食鹽之生産、運銷、征課、緝私、考核等具體事務。巡鹽御史任期爲一年，噶爾泰纍次連任，雍正六年奉旨依照各省修省志通例纂輯鹽政志書。

分十六門：恩綸、職官、廨宇（倉垣附）、場竈、煎造（器用附）、疆界、水道（口岸附）、引目、額徵、律令、奏議、名宦、選舉、人物、祠祀（書院附）、藝文。

《凡例》云：“兩淮鹽法甲於天下，以儲國計，以裕民食，事綦重矣……鹽策之書，專言兩淮者，明有史載德《弘治運司志》、朱廷立《鹽政志》、史起蟄《嘉靖鹽法志》、徐光國《中十場總志》、袁世振《疏理成編》，皆采録以志因革所由。皇朝則有胡文學《淮鹺本論》《鹽政通考》、崔崋《鹽法志》、汪兆璋《十場新志》，均屬經世之書，而條例之詳悉，一以部剳及奏銷底册爲據。”

乾隆、嘉慶、光緒間皆曾重修《兩淮鹽法志》。

《四庫全書總目》未收，《中國古籍善本書目》著録。

中國國家圖書館、華東師範大學圖書館、中國臺北“國家圖書館”有收藏。

此爲勞費爾購書。

220

畿輔義倉圖不分卷

T4397　0241

《畿輔義倉圖》不分卷，清方觀承編。清乾隆十八年（1753）刻本。昌平州圖係補繪。一函六册。版框高 23.6 厘米，寬 15.9 厘米。半葉十行二十二字，白口，四周單邊。

首乾隆十八年方觀承《義倉奏議》，次《奏爲詳酌義倉規條》，次《義倉圖凡例》十七則、《義倉規條》五事十七條增附二條、附勸捐二則，次《奏爲義倉穀數請免具題以符本制事》）。

方觀承（1696—1768），字遐穀，號問亭，安徽桐城人。早年屢試不第，雍正時爲平郡王記室，乾隆間官至直隸總督、太子太保。卒謚“恪敏”。精於治水。著有《方恪敏公奏議》八卷、《述本堂詩集》十三卷等。《清史稿》卷三百二十四有傳。

方觀承任直隸總督時，奉旨籌辦義倉以備賑濟，各州縣義倉告成，即繪刻其圖，彙爲此書。方氏《奏議》云：“就其幅員之廣狹、度其道里之均齊，於四鄉酌設倉座，自三四區以至十八區。其地必擇煙户稠密、形勢高阜之處，使四面村莊相爲附麗，近在十五里内者三十三縣，在二十里内者七十三縣，在二十里及二十餘里者三十三州、縣、衛，在三十里内者三州、縣，四十里内者三縣，期於往返各便，調拨易通……圖與倉先後告成，州、縣、衛各具一圖，大小村莊并各村到倉里數悉載。統計爲圖一百四十有四，合一百四十四州縣衛共村莊三萬九千六百八十七，爲倉一千有五。”各圖計里畫方，每格以五里爲準，附説明文字，詳載各縣四至八道、大小村莊數量及到倉里數，圖下角鎸各知縣姓名。

據《奏議》，是書刊刻後，分貯於各布政司及本州、縣、衛，使其能按圖瞭然，知各村之遠近、倉儲之存紬，以使賑濟時措置得宜。奏呈皇帝時，“將義倉全圖按府州所屬繪寫十四册……又所刻各州縣衛倉圖，謹彙次裝成六軸，一并恭進”。2019 年 6 月北京中國書店春季書刊資料文物拍賣會上拍乾隆十四年至十八年設色繪寫本《直隸省義倉圖》順天府次册，即方氏進呈本中之一册。

《中國古籍善本書目》未收。

中國國家圖書館、中國科學院文獻情報中心、北京師範大學圖書館、上海圖書館等館，美國哈佛大學哈佛燕京圖書館、普林斯頓大學東亞圖書館，日本東洋文庫、静嘉堂文庫等有收藏。

鈐朱文長方印“星伯藏書印記”，知曾爲徐松舊藏。徐松（1781—1848），字星伯，寄籍順天大興（今北京）。嘉慶十年（1805）二甲第一名進士，選庶吉士，授翰林院編修，歷任内閣中書、禮部主事、榆林府知府等職。曾任《全唐文》提調兼總纂官，從《永樂大典》中輯出《宋會要輯稿》五百卷。謫戍伊犁時著《西域水道記》十二卷、《漢書西域傳補注》《新疆賦》。

221

成案續編十二卷（存四卷）

T4885　7223

《成案續編》十二卷，清同德編。清乾隆二十年（1755）杭州同德同心堂刻本。存四卷（卷一至四）。一函四冊。版框高 22.7 厘米，寬 13.9 厘米。半葉十行二十七字，白口，四周雙邊，單魚尾。版心上鎸書名，中鎸卷次及小題。

首乾隆乙亥（二十年）周人驥《序》、乾隆十九年同德序，次《同校友人姓氏》，次《成案續編凡例》六則，次《成案續編總目》《成案續編目録》。

同德，號容齋。生平不詳。

清代法律規範分爲律例、成案等不同形式，律例是自上而下制定頒布，成案則由各部或各省將典型案件之生效判決先例彙輯而成，所謂"例無專條，援引比附、加減定擬之案"（《刑案彙覽·凡例》）。刑部解釋判案方式云："總之本部辦理刑名，均依律例而定罪，用新頒律例，則仍以最後之例爲準。至律例所未備，則詳查近年成案，仿照辦理。若無成案，始比律定擬。"（《刑案彙覽》卷二十三）成案是律例之重要補充，在司法實踐中頗具效力。

是書輯録乾隆十一年至十八年兩浙地區成案，案件以邸報、邸鈔、准咨爲主，分爲七類五十九目：卷一名例（赦原、自首、留養、收贖、發遣）；卷二吏律（限期、廕襲、捐納、事故、迴避、封典、計典），戶律（侵那、徵解、糧儲、承追、災祲、捐輸、田宅、婚姻、私鹽、採礦）；卷三禮律（學政、科場、旌表、邪教、祭祀、儀制），兵律（軍政、海防、驛站）；卷四至十二刑律（逆匪［附聚衆抗官］、強盜、搶奪、竊賊、誣良、發塚、誘拐、謀故殺、鬥毆殺、親屬殺［附奴僕、催工、師弟］、姦殺、戲殺、誤殺、威逼殺、過失殺、瘋病殺、鬥殺、訴訟、賭博、私鑄、犯姦、犯贓、假官、假印［附盜用印信］、審斷［附用刑］、秋審、監獄），工律（營造）。

乾隆十一年，雅爾哈善等輯《成案彙編》二十六卷目録二卷，同德此書接續雅氏之書編纂，故名曰《續編》。《凡例》云："律法有定而情僞無窮，全在博搜成案以資引證，庶用法平允，可免畸重畸輕之弊。雅大中丞於觀察十閩時纂集《成案彙編》一書，已極美備，第編至乾隆十一年六月而止，繼此八九年來一切庶獄堪爲成憲者更復不少，且寬嚴之用貴乎因時，爰取近時成案續編之，以爲治獄準繩。"同德序署"兩浙觀察白山同德書於杭城公署之同心堂"，存世相同版本或有書名葉鎸"乾隆乙亥仲春鎸、同心堂藏板"。此後同德又輯乾隆十九年、二十年、二十一年成案，每年爲一帙，陸續出版。乾隆間李治運曾續輯《成案續編二刻》八卷補二卷，與是書合刊行世。

《四庫全書總目》《中國古籍善本書目》未收。

中國科學院文獻情報中心、北京大學圖書館、浙江圖書館，美國哥倫比亞大學東亞圖書館，日本東京大學東亞文化研究所等有收藏。

考 工

222

清代匠作則例不分卷

T4707　9631

《清代匠作則例》不分卷，清營造司編。清抄本。一函五册。

是書書名爲擬題，書内含清代匠作則例數種，第一册包括工部大木作則例、倉工糙作、裝修作用工、裝修用料、菱花作、雕作、鏇作、錠鐵作，第二册爲工部刊板松木價值例，第三至四册爲營造司木作定例，第五册爲内廷宮殿木作例。開列工部、内廷等處使用木料之規格尺寸、款項花費、工匠人數等，使工程做法有章可循。多葉鈐滿漢文合璧方印“營造司印”，知爲營造司所編。

營造司爲清廷總管内務府衙門所屬七司之一。初名惜薪司，清順治十八年（1661）改爲内工部，清康熙十六年（1677）始稱營造司。清昆岡等修、吳樹梅等纂《欽定大清會典》卷九十四載，營造司掌“宮禁之繕修，率六庫三作以供令；凡駕出入，前期咨詢各衙門以清蹕；皇后、妃嬪出入，陳步障；祭祀，供楊葦”，凡宮殿、苑囿、陵寢及房舍等工程，大者會同工部辦理，尋常歲修自行承辦。營造司由管理大臣值年管理。下設木、鐵、房、器、薪、炭六庫、圓明園薪炭庫及鐵、漆、炮三作，分别以庫掌、副庫掌、庫守、司匠、委署司匠等人員管理，炮作并以總管大臣一人值年管理。

是書所收各則例詳細規定木材、木料、木工之使用，與營造司木庫之職掌有關。

此本第一、二册内容，《清代匠作則例》第四卷據清華大學圖書館藏抄本影印，第三至五册二種則未見他書收録，《清代匠作則例聯合目録》（［德］莫克莉、宋建㫤編，附見於王世襄主編《清代匠作則例》第四卷）亦未著録。

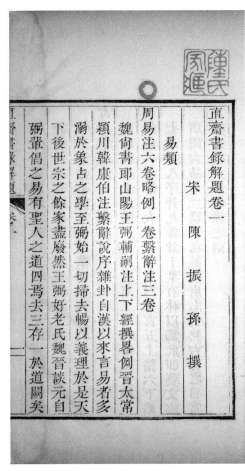

225　直齋書錄解題二十二卷

清乾隆蘇州刻本

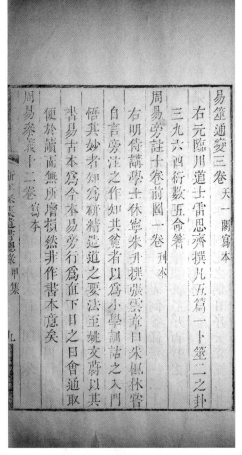

227　浙江採集遺書總錄十集十一卷

清乾隆三十九年（1774）

浙江布政使司刻本

易筮通變三卷　天一閣寫本

右元臨川道士雷思齊撰凡五篇一下筮二之卦

三九六四衍數五命箸

周易旁註十卷前圖一卷　刊本

右明侍講學士休寧朱升撰張雲章曰朱楓林嘗

自言旁注之作知其麗者以爲小學訓詁之入門

悟其妙者知爲研精造道之要法至姚文蔚以其

書易古本爲今本易旁行爲直下目之日會通取

便於讀可無所增損然非作書本意矣

周易奈義十二卷　寫本

228　浙江採集遺書總録十集十一卷
閏集一卷（存十集十一卷）
清乾隆三十九年（1774）
浙江布政使司刻四十年補刻本

之然國語之外尚多亡逸安得言其括囊靡遺者哉　釋六此

句只就寶語一較以下申窮之O歟向使丘明世爲史官

左單歐編年文咨偏訶意竟至勘也非一作皆傲左傳文咨

而非皆傲左傳也至於前漢之嚴君平鄭子眞後漢之郭

林宗黃叔度身隱位　　鼂古作錯董生之對策劉向谷永之

上書文煩事斯並德冠人倫名馳海內識洞幽顯言窮軍者

國或以身隱位卑不預朝政嚴鄭或以文煩事難爲次

序鼂董皆略而不書斯則可也此必情有所愜不加刊

削則漢氏之志傳百卷併列於十二紀中一事非將恐碎璞

多蕪開單失力者　釋　編年則如上所云不載既不安內

240　史通通釋二十卷
清乾隆十七年（1752）浦起龍
求放心齋刻後印本

352

241　史概十卷
明萬曆十六年（1588）刻本

史概卷一

吳山俞思學文在甫選輯

李事道行可甫　校

五帝本紀　贊

太史公曰學者多稱五帝尚矣然尚書獨載堯以來
而百家言黃帝其文不雅馴薦紳先生難言之孔子
所傳宰予問五帝德及帝繫姓儒者或不傳時儒者
以為非聖人之言故多不傳學也　余嘗西至空峒北過涿鹿東漸於
海南浮江淮矣至長老皆各往往稱黃帝堯舜之處

243　十七史商榷一百卷
清乾隆五十二年（1787）洞涇艸堂刻本

事乎又索隱亦從世本以定當爲貞字之誤而曰豈
周家有兩定王代數又非遠乎皇甫謐見此疑而不
決遂通於史記世本之錯謬因謂貞定王未爲得
其實纂國語景王崩王室大亂及定王室遂卑又
敬王十年劉文公薨宏欲城成周衛彪傒曰萇劉其
不沒乎二十八年殺萇宏及定王劉氏亡是國語與
史記合周有兩處並誤耶若所謂貞定王者據索隱
所紀何容兩紀亦作貞定詎有汲冢之文而預同於
諡之說者乎蓋紀年一書出于束晢輩偽撰與諡等

目録類

223

直齋書録解題二十二卷

T9625　4102C

《直齋書録解題》二十二卷，宋陳振孫撰。清乾隆蘇州刻本。一函十二册。版框高 13.7 厘米，寬 10.5 厘米。半葉九行二十一字，白口，四周雙邊，單魚尾。版心上鎸書名，中鎸卷次。

首乾隆甲午（三十九年，1774）《御製題武英殿聚珍版十韻（并序）》，次《直齋書録解題目録》。《目録》首行下鎸“武英殿聚珍版原本”，末附提要。

正文各卷端署“宋陳振孫撰”。

陳振孫（1179—約 1262），初名瑗，字伯玉，更名振孫，號直齋，浙江安吉人，一説爲永嘉人。官至户部侍郎，卒贈光禄大夫。《宋史》無傳，生平參陳樂素《〈直齋書録解題〉作者陳振孫》（上海《大公報·文史周刊》1947 年 11 月 20 日第六期）一文及喬衍琯《陳振孫學記》、何廣棪《陳振孫之生平及其著述研究》等。

宋周密《齊東野語》卷十二《書籍之厄》條云：“近年惟直齋陳氏書最多，蓋嘗仕於莆，傳録夾漈鄭氏、方氏、林氏、吳氏舊書至五萬一千一百八十餘卷，且仿《讀書志》作解題，極其精詳。”是書爲陳氏私家藏書解題目録，將歷代典籍分爲五十三類，各詳其卷帙多少、撰人名氏，品題其得失，故曰“解題”。書中不標經史子集之目，而實按四部順序排列，凡經之類十、史之類十六、子之類二十、集之類七。《四庫全書總目》是書提要評云：“古書之不傳於今者，得藉是以求其崖略；其傳於今者，得藉是以辨其真僞，核其異同。亦考證之所必資，不可廢也。”與晁公武《郡齋讀書志》齊名。

是書在宋代已爲世所重，原本五十六卷，明清之際散佚，僅存兩種舊抄殘卷（兩種舊抄殘卷：一爲元抄本，存卷四十七至五十楚辭類一卷、別集類三卷，藏中國國家圖書館；一爲據宋筠藏本過録之本，原係李盛鐸木犀軒舊藏，藏北京大學圖書館。清莫友芝《邵亭知見傳本書目》卷六著録有明萬曆武林陳氏刻本，恐不可信）。清乾隆三十八年朝廷開館修《四庫全書》，館臣從《永樂大典》卷一九七一八至一九七二七“録”字韻中輯出（《大典》此數卷今佚），詳加校訂，重新編排爲二十二卷，以活字擺印，收入《武英殿聚珍版書》中，世稱《永樂大典》本或聚珍版本（內聚珍本）、四庫輯本、館本、武英殿本。盧文弨曾以武英殿本爲基礎，取兩種舊抄殘卷重校輯爲五十六卷，惜未付刻（有稿本存世，缺卷八至十六，藏上海圖書館）。乾隆四十二年，大學士董誥奏請將聚珍版書頒發江南、江西、浙江、廣東、福建五省，允許刊印，於是各地陸續據館本翻刻，遂廣爲流傳。蘇州、杭州兩地所刻皆開本較小，俗稱蘇杭縮本或袖珍本、小字本。蘇州翻刻本亦稱江南省外聚珍本，刊刻於乾隆四十五年四月至四十九年十一月之間，所刻在二十八種以上，是書爲其中之一（詳參馬月華《略論蘇州本和杭州本"外聚珍"》，《版本目録學研究》第一輯）。鮑氏知不足齋所刻亦爲巾箱小本，傅增湘引法式善《陶廬雜録》謂鮑廷博曾翻刻聚珍本五十種，其中亦有《直齋書録解題》，鮑翻本"九行二十一字，白口，左右雙闌，版式字體與《知不足齋叢書》相似，卷首目録下題'武英殿聚珍版原本'，而近人多誤以爲浙江官局刊本"（《藏園訂補邵亭知見傳本書目》卷六）。

書中附刻館臣校正案語，武英殿本作"案"，此本作"按"；武英殿本每葉版心下或卷末有校對者姓名，此本無。

"玄"字避諱作"元"。

《四庫全書總目》史部四十一目録類著録。

中國國家圖書館、北京大學圖書館、中國人民大學圖書館、北京師範大學圖書館、河南大學圖書館、南京大學圖書館等有收藏。

此爲勞費爾購書。

224

直齋書録解題二十二卷

T9625　4102D

《直齋書録解題》二十二卷，宋陳振孫撰。清乾隆蘇州刻本。一函十六冊。

書末有兩江總督陳輝祖等刻書《恭紀》一篇，有助於鑑別版本，茲録於此，文云：

> 臣等謹按：韻排《大典》，披沙尚有遺金；敕選殘編，入圍無非積玉。彙萬種而先雕梨棗，允羅散帙之精；建一議而特異泥鉛，爰錫聚珍之號。天下文章在此，古今秘奧如斯。沾膏馥於藝林，幸獲書探四庫；廣風聲於寰宇，還期家擁百城。惟皇帝化倬雲章，恩頒瓊籍。牙籤錯落，東南五省之榮；緗軸流傳，文獻三吳之幸。用敬鐫於匠氏，乍發新硎；旋恭誦於儒流，儼陳古鼎。昔分今合，還廬山面目之真；後得先迷，想赤水離朱之幻。聖

學恢如滄海，獨匯源流；文光暎遍南天，群羅星斗。從此靈威舊洞，無須求蝌蚪奇書；并教文選名樓，不得擅琳瑯古藻。臣等校讎竊預，涯涘未窺，簡末署名，曷勝榮幸。署兩江總督臣陳輝祖、江蘇巡撫臣閔鶚、元安徽巡撫臣農起、江蘇學政臣彭元瑞、安徽學政臣徐立綱、江寧布政使臣劉墫、蘇州布政使臣瑺齡、安徽布政使臣福川、江蘇按察使臣塔琦、安徽按察使臣袁鑒同拜手稽首恭紀。

> 督刊蘇州府知府臣胡觀瀾
>
> 試用知縣臣汪廷昉
>
> 校字吳縣教諭臣陸鴻繡
>
> 承刊元和縣學生員臣張溶
>
> 　上海縣學生員臣黃炳章
>
> 　青浦縣學廩膳生員臣陸企會
>
> 　寶山縣學生員臣陸惟軾

225

直齋書録解題二十二卷

T9625　4102D（2）

《直齋書録解題》二十二卷，宋陳振孫撰。清乾隆蘇州刻本。一函十二冊。

鈐朱文長方印"瞻汸山房"、朱文方印"陳氏家藏"二印。書眉有墨筆批注數條。

226

經義考三百卷總目二卷經義考補正十二卷

T120　2928

《經義考》三百卷，清朱彝尊編，清康熙秀水朱氏曝書亭刻清乾隆二十年（1755）盧見曾續刻本；《總目》二卷，清盧見曾編，清乾隆二十年盧見曾刻本；《經義考補正》十二卷，清翁方綱撰，清乾隆五十七年（1792）刻《蘇齋叢書》本。卷二百八十六、二百九十九、三百原缺。九函三十八冊。版框高20厘米，寬14.7厘米。半葉十二行二十三字，白口，四周單邊，單魚尾。版心上鎸書名，中鎸卷次。《經義考補正》版框高21.8厘米，寬15.4厘米。半葉十行二十字，白口，左右雙邊，單魚尾。版心中鎸書名及卷次。

首乾隆甲戌（十九年）盧見曾序、康熙己卯（三十八年）陳廷敬序、康熙四十年毛奇齡序，次《經義考總目》。《總目》末有乾隆乙亥（二十年）盧見曾題識，卷二百九十八末有乾隆二十年朱稻孫後序。《補正》首乾隆五十七年翁方綱《經義考補正序目》。

《經義考總目》各卷端署"德州後學盧見曾編"，正文卷一卷端署"日講官起居注翰林院檢討臣朱彝尊恭録，廣西等處承宣布政使司布政使臣李濤恭挍"，卷二以下各卷端署"秀水朱彝尊編，男昆田挍"，各卷末有弟子、曾孫等覆挍姓名。《補正》各卷端署"文淵閣直閣事内閣學士兼禮部侍郎加一級大興翁方綱"。

朱彝尊，見"176　欽定日下舊聞考一百六十卷"介紹。

翁方綱（1733—1818），字正三，號覃溪，晚號蘇齋，順天大興（今北京）人。乾隆十七年進士，選庶吉士，授編修。擢國子監司業，官至内閣學士。先後典江西、湖北、順天鄉試，督廣東、江西、山東學政。精通金石、譜録、書畫、詞章之學，擅書法。著有《兩漢金石記》二十二卷、《粤東金石略》九卷、《蘇齋筆記》十六卷、《復初齋詩文集》等。《清史稿》卷四百八十五有傳。

是編統考歷朝經籍存佚，凡御注敕撰一卷，易七十卷，書二十六卷，詩二十二卷，周禮十卷，儀禮八卷，禮記二十五卷，通禮四卷，樂一卷，春秋四十三卷，論語十一卷，孝經九卷，孟子六卷，爾雅二卷，群經十三卷，四書八卷，逸經三卷，毖緯五卷，擬經十三卷，承師五卷，宣講、立學合一卷，刊石五卷，書壁、鏤版、著録各一卷，通説四卷，家學、自叙各一卷，共三十門。其中宣講、立學、家學、自叙四門因撰輯未竟而有録無書。毛奇齡序述各門大旨云："御注敕撰一卷，尊王也；十四經爲經義者共二百五十八卷，廣經學也；逸經三卷，惟恐經之稍有遺而一字一句必收之也；毖緯五卷，緯雖毖説經者也，夫緯尚不廢，而何況於經；擬經十三卷，此則不惟自爲義并自爲經者，然而似可瞿也，其與經合邪則象人而用之也，否則罔也；又有承師五卷，則録其經義之各有自者而廣譽附焉；宣講、立學合一卷，刊石五卷，書壁、鏤版、著録各一卷，通説四卷，此皆與經學有繫者，然而非博極群籍不能有此。"朱氏仿元馬端臨《文獻通考·經籍考》之例而推廣之，每一書前列撰人姓氏、書名、卷數，其卷數有異同者，則注某書作幾卷，其下各注"存""佚""闕""未見"，次輯史傳地理志并列原書序跋、諸儒論説及其人之爵里。凡朱氏有所考正者，即附列案語於末。序跋與本書無所發明者連篇備録，不免稍冗；專説一篇者不與説全經者通叙先後，而是附録全經之末，使時代參錯；所注"佚""闕""未見"者，往往其書具存，故不盡可據。雖體例、編次未能盡善，然殫見洽聞，使上下二千年間傳經原委一一可稽，堪稱經部書目之總匯。

是書初名《經義存亡考》，唯列"存""亡"二例，後廣爲"存""佚""闕""未見"四例，改爲今名。今中國臺北故宮博物院尚存有《經義存亡考》殘稿本十册

（原國立北平圖書館甲庫善本）。草稿初定，即以次付梓，至康熙四十八年朱彝尊卒，僅刻成前一百六十七卷，至春秋類爲止。《增訂四庫全書簡明目錄標注》著錄："朱竹垞自刊五經，有單行本。"知前一百六十七卷曾單行。其後人無力續刻，直至乾隆十九年，朱彝尊次孫稻孫獲兩淮鹽運使盧見曾資助，由叢書樓主人馬曰琯主持，補刻後一百三十卷并增纂目錄二卷，次年刻成，始合爲完書。乾隆二十一年盧見曾進呈兩部，前冠見曾所撰進書表。其後續補是書者，有翁方綱《經義考補正》、謝啓昆《小學考》、錢東垣《補經義考》及民國間羅振玉《經義考目錄·校記》等。翁書收入《蘇齋叢書》，所補正凡一千八十八條，最爲知名。

乾隆三十七年詔徵天下書籍，以豐富皇家收藏，次年成立"辦理四庫全書處"，開始編纂《四庫全書》，浙江省進呈《經義考》一部，可知《四庫全書》所據以抄寫者當即盧見曾續刻本，此外又抄入《欽定四庫全書薈要》。四庫本及《欽定四庫全書薈要》本改動原書文字之處頗多。乾隆四十二年，錢塘汪汝瑮從朱彝尊後裔買得書版，校補重印，并進呈朝廷，書前冠以朱印清高宗《御題朱彝尊經義考序》。不久汪氏又將書版轉售給華鄂堂藏書主人胡爾榮，胡氏刊正重印，并撰《經義考校勘記》二卷。光緒二十三年（1897），浙江書局據盧見曾續刻本之後印本翻刻，爲是書之通行本。

翁方綱《補正》有道光間南海伍氏《粵雅堂叢書》翻刻本。

書名葉右鐫"朱竹垞太史編"，中鐫"經義考"，左鐫"曝書亭藏板"。

《四庫全書總目》史部四十一目錄類著錄，《中國古籍善本書目》未收。

中國國家圖書館、上海圖書館、山東省圖書館、浙江圖書館、中國臺灣大學圖書館等館，日本國立公文書館、京都大學人文科學研究所、静嘉堂文庫等有收藏。

227

浙江採集遺書總録十集十一卷

T9561　1100

《浙江採集遺書總録》十集十一卷，清沈初等編。清乾隆三十九年（1774）浙江布政使司刻本。二函十册。版框高18厘米，寬13.1厘米。半葉十行二十字，黑口，四周單邊，單魚尾。版心中鐫書名及卷次。

首《上諭》七篇（乾隆三十七年正月四日、三十八年閏三月初一日、初七日、五月十三日、二十五日、六月初五日、三十九年五月十四日），次《纂録職名》，次乾隆三十九年三寶序、王亶望序、徐恕序，次《凡例》八則、《浙江採集遺書總録目》。以天干標卷，癸集分爲上、下；另有閏集，《目録》注"嗣刻"。

沈初（？—1799），字景初，浙江平湖人。乾隆二十七年高宗南巡，召試，賜舉人，授內閣中書。次年，中一甲第三名進士，授編修，纍擢禮部侍郎，督福建、順天、江西學政。歷充四庫全書館、三通館副總裁，續編《石渠寶笈》《秘殿珠林》，校勘太學石經。嘉慶元年（1796）授軍機大臣，遷兵部尚書，歷吏、戶二部。卒諡"文恪"。《清史稿》卷三百五十一有傳。

乾隆三十七年，清高宗諭令各直省督撫、學政購訪遺書，擴充內府之收藏，以期"副在石渠，用儲乙覽，從此四庫七略，益昭美備"（上諭）。同年十一月安徽學政朱筠奏請從《永樂大典》中輯錄古書，次年三月二十八日上諭明確提出："以翰林院舊藏《永樂大典》，詳加別擇校勘，其世不經見之書，多至三四百種，將擇其醇備者付梓流傳，餘亦錄存彙輯，與各省所採及武英殿所有官刻諸書，統按經史子集編定目錄，命爲《四庫全書》。"（《纂修四庫全書檔案》第 67 頁）各省督撫遂加緊辦理訪書事宜。浙江布政司王亶望於杭州省城專門設立書局，時翰林侍講沈初丁憂在籍，受聘總理其事。王亶望序云："乾隆壬辰之歲，天子緝熙典學，發明詔下各直省，徵訪遺書。於是浙前撫臣富勒渾、署撫臣熊學鵬、今撫臣三寶會同學臣王杰暨臣王亶望奉命愨恭設法開局，移諸監司郡守，各諭所部，徵書上送。延致在籍侍講沈初總其事，遴取教官之有學識黃璋、張羲年、朱休度、范鐸等日夕分校其中，隨所得敘目以進……自壬辰秋迄甲午之夏，作十二次綜錄奏進。統計之，凡爲書四千五百二十三種，爲卷凡五萬六千九百五十五，不分卷者二千九十二冊。"

是書係以浙省十二次"綜錄奏進"之書目爲基礎重新厘定編校而成。按經、史、子、集四部，參用歷代正史藝文志、《文獻通考》及晁公武《郡齋讀書志》、陳振孫《直齋書錄解題》分類編目，以十天干序次，分爲十集，凡經部三集、史部二集、子部二集、集部三集。每書詳著卷帙、爵里，并摘敘著述大旨。凡遇稀見之本，則別載某氏所藏刊本、抄本或宋刊本、元刊本、影宋抄本等，以見流傳有自。書成即付剞劂。

《凡例》云："自一次至十次分甲至癸爲十集，十一次十二次所得較後，亦補編之爲閏集焉。"此本閏集爲嗣刻。《中國古籍善本書目》著錄南京圖書館藏清盧文弨校跋并羅以智跋本（國家圖書館出版社據以影印，收入《〈四庫全書〉提要稿輯存》），定爲乾隆四十年刻本。彼本有閏集，書末有乾隆乙未（四十年）黃璋跋，述編刻書始末，稱"自壬辰冬至乙未夏作十四次奏進""自十次以下則分爲閏集"，知前十集爲乾隆三十九年付梓，閏集則爲次年刻成。

是書有剜改後印本，"亦無閏集，惟纂錄職名因有所變更而重刻，凡三葉，版式改爲四周雙邊。其職名之變更，乃撤除'總裁'名目，原'大總裁'改爲'總閱'；原'提調'王亶望、郝碩、徐恕、孔毓文等皆列爲'總閱'，原提調楊潀、王勳除名，原總裁沈初則列於總閲之末。何以有此變更，尚待深考"（《柏克萊加州大學東亞圖書館中文古籍善本書志》第113—114頁）。

中國國家圖書館、北京大學圖書館、復旦大學圖書館、浙江圖書館、中國香港大學馮平山圖書館、中國臺灣大學圖書館等館，美國國會圖書館、柏克萊加州大學東亞圖書館，日本東洋文庫、東京大學東洋文化研究所等有收藏。

鈐朱文小圓印"紹武"。

228

浙江採集遺書總録十集十一卷閏集一卷（存十集十一卷）

T9561　1100（2）

《浙江採集遺書總録》十集十一卷《閏集》一卷，清沈初等編。清乾隆三十九年（1774）浙江布政使司刻四十年補刻本。存十集十一卷（《浙江採集遺書總録》十集十一卷）。一函十一册。

首乾隆三十七年□月□□日上諭（准大學士劉字寄内開乾隆三十七年十月十七日奉上諭），次上諭半葉（"一彙收備"云云，前文殘缺），次乾隆三十九年三寶序、《纂録職名》、《浙江採集遺書總録目》。

此本爲進呈本。《浙江採集遺書總目録》中《閏集》"嗣刻"二字被剜去，知係四十年印本。書中有數葉爲補版重刻，如甲集第九、十、三十五、三十六、五十一、五十二葉，己集第十七、十八葉，庚集第十五、十六、七十八、七十九葉，辛集第三十一、三十二葉，壬集第四十一、四十二葉，癸集上第四十九、五十葉。

第九葉次面末行"禮部"二字被改爲墨釘。

書名葉額鎸龍紋，中爲"呈"字；下分三欄，中鎸"採集遺書總目録"，右下鎸"浙江巡撫臣三寶進"。

上海圖書館及其他多館有收藏。

鈐朱文長方印"静妙齋藏書"、朱文方印"一六淵海"。

此爲勞費爾購書。

229

應禁書籍目録不分卷

T9564　3109

《應禁書籍目録》不分卷。清乾隆福建布政使司福州刻本。一函一册。版框高19.7厘米，寬13.1厘米。半葉八行二十六字，白口，四周單邊，單魚尾。書名據版心題。

　　清乾隆間開館纂修《四庫全書》事，詳見上《浙江採集遺書總録》（T9561　1100）條所述。纂修工作開始之後，清高宗屢次降旨指示何者當收、何者不收或禁毀，如乾隆四十一年十一月十七日上諭云：“前因彙輯《四庫全書》，諭各省督撫遍爲採訪，嗣據陸續送到各種遺書，令總裁等悉心校勘，分別應刊、應抄及存目三項，以廣流傳。第其中有明季諸人書集，詞意抵觸本朝者，自當在銷燬之列……如錢謙益……自應逐細查明，概行燬棄，以勵臣節而正人心。”又四十四年二月二十六日上諭云：“四庫全書館節次彙進各省送到違礙應燬書籍，朕親加抽閲”等等，指示極爲具體。辦理四庫全書處於是奉旨將各省採進之書分爲應抄、應刊、存目三種，其中有辭意違礙各書，由館臣詳細校閲，分次開單，交由軍機處分批彙奏銷燬。地方則在各省、府、州、縣衙門設有收書局，負責查辦本地區之書籍。凡經查出有違礙者，由收書局送交布政使司轉呈本省督撫詳細酌定，列爲應禁毀書之後，即由督撫詳晰開單彙摺進呈，交軍機處轉辦理四庫全書處覆查。辦理四庫全書處覆核之後，將各書内違礙之處，逐條寫成黄簽，貼在書眉，再詳晰開單并彙摺進呈，請旨銷毀。經高宗審批之後，即轉知原辦督撫令其將奏准之書目單咨文各省，通行查辦。各省刊刻應禁、應毀書目單，發交各府、州、縣書局及儒學委員、地保等人，使其遍佈通行，一體查辦。查辦工作竣事之後，各省督撫便將禁毀書目收回銷毀，故此目流傳甚罕。

　　是書開列應禁書籍目録三種：廷寄應繳違礙書目、四庫館頒發違礙應毀書目、各省應毀違礙書目。

　　前有札文云：

　　　　福建等處承宣布政使司布政使加五級紀録十次德爲遵札發刊事，奉巡撫部院富憲札應禁各書節，經承准廷寄并四庫全書館及各省咨查，内有一書而先後重複者，亦有應繳而未刊入者，彙齊釐正，發司刊頒等，因合行頒發各州縣，剴切曉諭，凡有書目内應禁之書，務須徹底清查，即行呈繳轉送，詳請咨銷，慎毋隱匿片紙隻字，致於嚴譴，各宜凜遵毋忽。

　　札文中“德”爲德文，乾隆四十三至四十五年任福建布政使，“富”爲富綱，乾隆四十四至四十七年任福建巡撫，則是書之刊刻當在乾隆四十四至四十五年之間。

　　此書未見他館有收藏。

230

奏准銷燬各書不分卷續查應燬各書不分卷

T9564　5338

《奏准銷燬各書》不分卷《續查應燬各書》不分卷。清乾隆四十二年（1777）

陝西布政使司西安刻本。一函二冊。版框高 19.7 厘米，寬 14.3 厘米。半葉十行二十字，白口，四周雙邊，單魚尾。版心上鐫“書目”。

是書爲陝西布政使富綱所奏准應銷毀書目。富綱（1737—1800），伊爾根覺羅氏，滿洲正藍旗人。禮部筆帖式出身，乾隆三十八年擢陝西布政使，歷官至雲貴總督。嘉慶五年（1800）因貪贓被處斬。

前有富綱咨文述查禁書籍過程云：

> 陝西西安布政使司富□爲知照事，乾隆四十二年十一月初七日蒙巡撫陝西部院畢案驗，乾隆四十二年十月三十日准辦理《四庫全書》處咨，照得本館遵旨查辦違礙書籍奏請銷燬一案，已經本處將各省進到之書查辦過四次，共計查出應燬違礙書籍《明通紀》等書二百四十三種，節次進呈，并經奏明，將各次奏准原單彙齊行知各改省督撫等，令其敬謹遵照存案，此後如有續行查出應燬之本，俟奏過後均行照此辦理等。因於八月初四日具奏在案，合將節次奏燬各書原單彙開清冊，知照各該督撫於文到日遵照存案，即行出示曉諭，并將此項應燬各書内續行查出之本一并迅速解送軍機處銷燬，無使再有存留。其有原冊内開明缺卷者，如尚查有全本，亦即一體送銷。至現在續查應燬之書，應俟奏明後再行開單知照可也。

乾隆四十二年十月二十五日《陝西巡撫畢沅奏遵旨飭派在籍候選教職貢生訪查書籍摺》及乾隆四十三年十一月初九日《陝甘總督勒爾謹等奏查繳應禁違礙書籍摺》（《纂修四庫全書檔案》四四五、五六一）可與此對照參考。

此書未見他館有收藏。

231

讀書引十二卷

T9569　1103

《讀書引》十二卷，清王謨輯。清乾隆四十八年（1783）刻本。一函四冊。版框高 17.2 厘米，寬 12.5 厘米。半葉九行二十字，白口，左右雙邊，單魚尾。版心中鐫書名，中鐫卷次。

首乾隆四十八年曹孚先《序》、王謨《自序》，次《讀書引凡例》十六則、《讀書引目錄》。

各卷端署“新建曹孚先集少參，金谿王謨仁圃輯，同懷弟諮文囿校”（各卷校者不同，卷二同懷弟恂春林，卷三男詒安泰常，卷四、九男詒寧靜常，卷五、十男詒定淡常，卷六、十一男詒實篤常，卷七、十二男詒守典常，卷八男詒安泰常）。

王謨（1731—1817），字仁圃，號汝廩，晚號汝上，江西金溪人。乾隆四十三年進士，授建昌府學教授。好博覽考證，著有《汝麋玉屑》二十卷《詩鈔》八卷《文鈔》十二卷、《韓詩拾遺》十六卷、《夏小正傳箋》四卷、《孟子古事案》四卷等，輯刻《漢魏叢書》八十六種、《漢魏遺書鈔》一百四種、《漢唐地理書鈔》七十九種。《清史列傳》卷六十八有傳。

　　是書彙輯歷代經史、諸子及百家著述之序文爲一編，用作學子讀書門徑。《自序》云："目錄以詮次篇章，凡例以標舉體要，而序則以發明述作本旨，三者皆全書要領，誦讀者之先資也，而序尤切要……學者誠能遍取諸序參考而切究之，則於其所已讀之書固可由是博觀約守，融會貫通，而取之逢其源；即其所未讀之書，亦將以告往知來，望表知裏，而得其趨向之正。"所選序文約二百篇，大致按經史子集編次：首爲《十三經注疏》原序，採自錫山秦氏刻《九經》本；其次爲宋儒性理諸書序；其次廿一史序，馬、班、范、沈四家有自序，其次採用曾鞏、范祖禹等校書序；其次《文獻通考》二十四門小序；其次子書序，子書無原序則以晁公武、高似孫解題補之；其次古小說序；其次《離騷》及唐宋八大家等詩文別集序。各序後節錄《文獻通考》略具各書始末及作者出處。全書皆抄撮原文，不參己見。

　　書名葉中鐫書名，右鐫"乾隆癸卯夏鐫"，左鐫"本衙藏板"。

　　中國國家圖書館、北京大學圖書館、清華大學圖書館、吉林大學圖書館、遼寧大學圖書館、南京大學圖書館、浙江圖書館、武漢大學圖書館、四川大學圖書館、中國臺灣大學圖書館等館，美國康奈爾大學東亞圖書館有收藏。

金石類

232

金石録三十卷

T2080　4860B

《金石録》三十卷，宋趙明誠撰。清乾隆二十七年（1762）盧見曾雅雨堂刻本。一函六冊。版框高 17.7 厘米，寬 14.3 厘米。半葉十行二十一字，小字雙行同，白口，左右雙邊，單魚尾。版心上鐫書名，中鐫卷次，下鐫"雅雨堂"。

首乾隆壬午（二十七年）《重刊金石録序》，次未署年趙明誠《金石録序》，次《凡例》十則，末宋紹興二年（1132）李清照後序、開禧元年（1205）趙不謐後序、政和七年（1117）劉岐《金石録後序》、明成化九年（1473）葉仲跋及清康熙間何焯跋三篇。

卷一、卷十一卷端署"宋東武趙明誠編著"。

趙明誠（1081—1129），字德夫（一作德父、德甫），山東諸城人。宰相趙挺之第三子，妻李清照。太學生，曾官江寧知府，建炎三年（1129）移知湖州軍州事，未赴，病卒於建康。生平見李清照《金石録後序》。

盧見曾（1690—1768），字抱孫，號澹園、雅雨山人，山東德州人。康熙六十年（1721）進士，授四川洪雅縣知縣，官至兩淮鹽運使，乾隆三十三年被舉劾鹽政虧空下獄，卒於蘇州獄中。著有《雅雨堂詩文遺集》六卷。精於校讎，輯刊《雅雨堂藏書》，世稱善本。生平見盧文弨《故兩淮都轉鹽運使雅雨盧公墓志銘》（《碑傳集補》卷十七）。

是書著録趙氏夫婦所藏商周鐘鼎彝器及漢唐以至五代石刻文字，仿歐陽脩《集古録》體例，編排成帙。前十卷爲目録，以時代爲次，自第一至二千凡兩千種，每題下注年月撰書人名；卷十一至二十爲跋尾，凡五百二篇，考訂精核，評論亦具卓識。《四庫全書總目》是書提要引宋張端義《貴耳集》"謂清照亦筆削其間，理或然也。邢義、李證、義興茶舍、般舟和尚四碑，目録中不列其名，或編次偶有疏舛，或所續得之本，未及補入卷中歟"。初稿成於宋徽宗政和年間，因金人南侵、趙明誠逝世，李清照顛沛流離，未能付之剞劂，至宋高宗紹興年間，局勢暫時穩定，始得以將全書整理删定，表上於朝廷。

南宋淳熙間龍舒（今安徽舒城）郡齋初刻，其後有開禧元年浚儀趙不謐刻本，二本皆傳世稀罕。元明兩代未見重刊。明代有抄本流傳，轉相抄録，知名者有崑山葉盛家抄本、蘇州吳寬叢書堂抄本、蘇州錢穀抄本、崇禎五年（1632）謝恒抄本等（詳參冀淑英《影印宋本〈金石録〉説明》，見《冀淑英文集》）。盧見曾刻書序云："趙德夫《金石録》三十卷，匪獨考訂之精覈也，其議論卓越，時有足發人意思者。顧世鮮善本，濟南謝世箕嘗梓以行，今其本亦不可得見。獨見有從謝氏本影鈔者，并何義門手校吳郡葉文莊公本，此二本庶幾稱善。其他鈔本猥多，目録率被删削，字句訛脱，不足觀，學者未得見謝、葉二家本，得世俗所傳，猶不惜捐多金購求繕寫，珍弄爲枕中秘，蓋其書之可貴若此。余患其久而失真也，因刊此以正之。"盧氏據何焯校葉氏抄本付刊，實則何氏所見爲傳抄本，不免訛舛（參顧廣圻《思適齋書跋》卷二、瞿鏞《鐵琴銅劍樓藏書目録》卷十二）。然盧氏能採録諸家之長，又增附考訂案語，較爲完善，遂通行於世。《四庫全書總目》是書提要所謂"揚州刻本"實即此本，因盧氏獲罪，故隱其名。

書名葉中鐫書名，右鐫"乾隆壬午年刊"，左鐫"雅雨堂藏板"。

此本有若干模糊葉，刷印較晚。

宋龍舒郡齋刻本尚存世，一爲三十卷初印足本，藏中國國家圖書館，《中華再造善本》據以影印；一爲修版後印本（存卷十一至二十），藏上海圖書館（詳參《宋安徽刻本〈金石録〉》，見陳先行《古籍善本》[修訂版]第174—180頁）。

《四庫全書總目》史部四十二目録類、《中國古籍善本書目》史部金石類著録。

中國國家圖書館、上海圖書館、南京圖書館等館，美國國會圖書館，日本國立國會圖書館、國立公文書館等有收藏。

此爲勞費爾購書。

233

金石文字記六卷（存三卷）

T2080　3891

《金石文字記》六卷，清顧炎武撰。清康熙潘耒遂初堂刻《亭林遺書》本。存三卷（卷一至三）。一函二册。版框高19厘米，寬14.5厘米。半葉十一行二十字，白口，左右雙邊，單魚尾。版心中鐫書名及卷次。

首有未署年顧炎武《金石文字記序》。

顧炎武（1613—1682），原名絳，字忠清，明亡後，改名炎武，字寧人，曾化名蔣山傭，學者尊稱亭林先生，江蘇崑山人。留心於經世致用之學，著有《日知録》三十二卷、《音學五書》三十八卷、《天下郡國利病書》一百卷。《清史稿》卷四百八十一有傳。清張穆有《亭林先生年譜》。

是書爲顧炎武周游天下二十餘年訪古尋碑所作考證文字。顧氏《序》云："余自少時即好訪求古人金石之文，而猶不甚解。及讀歐陽公《集古録》，乃知其事多與史書相證明，可以闡幽表微，補闕正誤，不但詞翰之工而已。比二十年間，周遊天下，所至名山巨鎮、祠廟伽藍之迹，無不尋求。登危峰，探窈壑，捫落石，履荒榛，伐頹垣，畚朽壤，其可讀者，必手自鈔録。得一文爲前人所未見者，輒喜而不寐。一二先達之士，知余好古，出其所蓄，以至蘭臺之墜文、天禄之逸字，旁搜博討，夜以繼日，遂乃抉剔史傳，發揮經典，頗有歐陽、趙氏二《録》之所未具者。積爲一帙，序之以貽後人。"清翁方綱云："亭林至華陰在康熙十六年丁巳，時年六十五矣，此書當是其晚年所作。"（清丁丙《善本書室藏書志》卷十四引）書中除卷一商代《比干銅盤銘》等數條外，均爲漢以來碑刻，所録凡三百餘種，以時代先後編次，每條下各綴以跋，無跋者亦具其立石年月撰書人姓名。每碑之後，摘録今古異文、某字爲某之遺意。考古證今，辨正訛誤，頗爲精核。

康熙間，顧氏弟子吳江潘耒輯刻《亭林先生遺書》十種，爲是書之初刻本。潘耒曾撰《金石文字記補遺》二十餘條。自清康熙至民國間，翻刻不斷，嘉慶間虞山張海鵬《借月山房彙鈔》本、道光間金山錢氏守山閣刻《指海》本等流通較廣。

《四庫全書總目》史部四十二目録類著録，提要謂"在近世著録金石家，其本末源流，燦然明白，終未能或之先也"。《中國古籍善本書目》史部金石類著録。

中國國家圖書館、南京圖書館、上海圖書館、中國科學院文獻情報中心，美國哈佛大學哈佛燕京圖書館，日本東京大學總合圖書館等有收藏。

此爲勞費爾購書。

234

三古圖三種

T2083　1462

《亦政堂重修宣和博古圖録》三十卷　宋王黼等撰

《亦政堂重修考古圖》十卷　宋吕大臨撰　元羅更翁考訂

《亦政堂重考古玉圖》二卷　宋朱德潤撰

《三古圖》三種。明萬曆二十八年至三十年（1600—1602）吳萬化寶古堂刻清乾隆十七年（1752）天都黃氏亦政堂重印本。六函四十册。《亦政堂重修宣和博古圖録》版框高 23.9 厘米，寬 15.5 厘米。半葉八行十七字，白口，四周單邊，單白魚尾。版心上分別鎸"博古圖録""考古圖""古玉圖"，中鎸卷次。

《亦政堂重修宣和博古圖録》首萬曆癸卯（三十一年）洪世俊《重刻博古圖序》、嘉靖七年（1528）蔣暘《重刊博古圖序》，次《考古圖所藏姓氏》，次萬曆庚子（二十八年）吳萬化《博古圖跋》。

卷一卷端題"東書堂重修宣和博古圖録"，卷三首末及卷四卷端題"寶古堂重修宣和博古圖録"，其餘各卷首末題"亦政堂重修宣和博古圖録"。個別卷書名或缺"亦"字（如卷五、十卷端，卷十四、二十末），或"堂"字上刓去二字（如卷二、八、十、十三、十八、二十五末，卷十一、十五、十九、二十一、二十三、二十九卷端），或并"堂"字亦缺（如卷九卷端、卷十六末）。《考古圖所藏姓氏》裝訂失誤，當次《考古圖》中，其末鎸"考訂默齋羅更翁"。《博古圖録》洪世俊序後隔一行、《考古圖所藏姓氏》"羅更翁"後隔二行下，原皆鎸"黃德時刻"四字，此本皆鏟去。

《考古圖》首萬曆癸卯歐陽序篆書焦竑《刻考古圖序》，次宋元祐七年（1092）呂大臨《考古圖記》、萬曆辛丑（二十九年）吳萬化《攷古圖跋》。卷三末及卷六、卷九卷端書名"堂"字上刓去二字，卷八、卷十末"亦政堂"缺"亦"字。

《古玉圖》首萬曆壬寅（三十年）吳萬化《集古攷玉圖跋》。分上下卷。卷上卷端書名"堂"字上刓去二字，卷下卷端"亦政堂"缺"亦"字。

王黼（1079—1126），原名王甫，字將明，祥符（今河南開封）人。宋徽宗崇寧間進士，後由通議大夫超八階拜相，官至特進、少宰。《宋史》卷四百七十有傳。《博古圖録》爲宋徽宗大觀初編撰。書中未題撰者姓名，《四庫全書總目》是書提要據錢曾《讀書敏求記》定爲王黼撰，又引宋蔡絛《鐵圍山叢談》謂此書係踵李公麟《考古圖》而作，非如錢曾所説"謂之重修者，蓋以採取黃長睿（伯思）《博古圖説》在前也"；又謂"其時未有宣和年號，而曰'宣和博古圖'者，蓋徽宗禁中有宣和殿以藏古器書畫，是書實以殿名，不以年號名"。書中著録宋宣和殿中所藏商至唐青銅器 839 件，分爲鼎鬲、尊罍、彝舟、卣、瓶壺、爵、斝觚斗卮角、敦、簠簋豆鋪、甌錠、鬲鍑、盉、盦鐎斗瓿甒冰鑑冰斗、匜匦盤洗盆鍋杆、鐘、磬、錞、鐸鉦鐃戚、弩機鐓盦錢硯滴托轄承轅輿輅師表座刀筆杖頭、鑑，凡二十類，每類皆有總説，器物按時代編排，每件器物都有摹繪圖、銘文拓本及釋文，并記器物尺寸、重量及容量等詳細説明。

呂大臨（1040—1092），字與叔，京兆藍田（今屬陝西）人。宋哲宗元祐中爲太學博士，遷秘書省正字。學於程頤，通六經，尤邃於禮。著述僅《考古圖》

存世。《宋史》卷三百四十有傳。《考古圖》著録吕氏所見秘閣、内府及士大夫之家所藏古銅器、玉器。卷一鼎屬，卷二鬲甗鬶鬲，卷三簋屬，卷四彝卣尊壺罍，卷五爵屬豆屬雜食器，卷六盤匜盂等，卷七鐘磬錞，卷八玉器，卷九、十秦漢器（鐙壺鼎鬲等），共二百餘器。每件器物皆摹繪器形、款識，備載大小、容量、重量及出土之地、收藏之人等詳細信息。《四庫全書總目》是書提要贊其"在《宣和博古圖》之前，而體例謹嚴，有疑則闕，不似《博古圖》之附會古人，動成舛謬"。實則此書所定器名亦多疏誤（參容庚《宋代吉金書籍述評》,《學術研究》1963 年第 6 期）。

朱德潤（1294—1365），字澤民，睢陽（今河南商丘）人，寓居崑山。元延祐末，以薦授翰林應奉文字，兼國史院編修官，尋遷鎮東行省儒學提舉。工詩文、書法，擅畫山水。著有《存復齋集》十卷，末附其子伯琦撰《有元儒學提舉朱府君墓志銘》。《古玉圖》載其在王公、士大夫家中所見古玉，上卷收指南車飾、拱璧、珮玉蚩尤環等十七器，下卷收水蒼珮、珈、瑱等二十二器，摹繪器形并各記尺寸、形狀、玉色、藏家等信息，内容較簡略。

此三種無總書名葉，合稱"三古圖"蓋相沿俗稱。明萬曆間吳萬化寶古堂刻，卷帙闊大，鐫字疏朗，百餘幅金石插圖繪刻精細，器型穩重。由歙縣名刻工黄德時鐫刻。黄德時字汝中，堂號爲集雅齋書林（《全明分省分縣刻書考》安徽十二），曾與刻《淮南鴻烈解》《孔子家語》《漢魏叢書》《書言故事大全》《女貞觀重會玉篸記》《玉簪記》等。吳萬化生平不詳，惟據《博古圖跋》落款"萬曆庚子至日古鄣公弘吳萬化識於石林尊生齋"，《考古圖跋》落款"萬曆辛丑九日古鄣公弘吳萬化識於石林之天籟閣"，《集古攷玉圖跋》落款"萬曆壬寅夏五古鄣公弘吳萬化識於石林之竹里館"，跋後皆刻"寶古堂印"，可知其字公弘，古鄣（今浙江安吉）人。吳氏三跋皆言刻書事，又《集古攷玉圖跋》云："既梓《考古》《博古》二圖成，始刻《古玉圖》。"可據以定刻書年，且知萬曆癸卯（三十一年）洪世俊、焦竑二序爲三種刻成後加入者。

《博古圖》初刻於宋，今存世有元至大間所刻《至大重修宣和博古圖録》，明嘉靖七年（1528）蔣暘又屬鹽官黄景星翻刻至大本。吳氏《跋》云："翻刻者不下數十家，往往驚於淫巧以衒世好，殊失古質佳靈之氣。予摹古攷中，用布佳棗。"《考古圖》現存以明初刻本爲最早，圖、識皆劣。吳氏跋云："吕大臨《考古圖》、歐陽永叔《集古録》、薛尚功《鐘鼎款識》班班可攷也，嗣後翻本迭出，愈摹愈譌，予竊慨焉，乃諦加參考，壹以吕氏、歐氏、薛氏爲標準，期還舊觀已耳。"未言所據底本。《博古圖》《考古圖》於明萬曆間先後有吳養春泊如齋、吳萬化寶古堂兩刻本，同被推爲佳刻，二本皆出黄德時之手（泊如齋本《博古圖》

程士莊序後鎸 "黃德時刻"，《考古圖》"姓氏" 末鎸 "黃德時、德懋刻"），故字體面貌極相近，而銘文行款、解說文字頗有異同，容庚謂寶古堂此二本皆翻刻自泊如齋本（參容庚《宋代吉金書籍述評》，又郭立暄《中國古籍原刻翻刻與初印後印研究》第 45 頁，鄭振鐸《劫中得書記》則謂 "‘泊如齋’三字亦是後來剜改者，最初之印本乃是寶古堂所鎸"，恐非）。《古玉圖》除吳刻本外，亦收入《說郛》卷九十九，有清順治三年（1646）刻本。《說郛》本各器排序與此本頗不同，文字亦有異。如 "指南車飾"，《說郛》本注 "依元樣製" 四字，此本無；"三螭珥琫"，《說郛》"夏紫芝得於西京"，此本作 "原得於西京"；"玉辟邪（一）"，《說郛》"太康墓中物陝右耕夫鋤得之"，"物陝" 二字此本爲墨釘；"卧蠶璏"，《說郛》"後歸武林王氏，易李龍眠《定林蕭散圖》、周文矩《寫真圖》"，此本無 "王氏" 下十五字；"珂玉商頭鉤"，此本 "商" 作 "雙"；"帶鉤"，《說郛》"觿" 字下有注音 "日列反"，此本無；"杯"，《說郛》二圖注 "正" "側"，有說明 "《韓非子》謂紂作象箸而箕子怖，其必爲玉杯"，此本作 "玉杯"，無 "正、側" 二字及說明文字；"琫"，《說郛》有說明文字 "刀削具裝之首尾飾"，此本無；"瑞玉璖"，《說郛》本有注音 "音衛"，此本無。可見此本不如《說郛》之善。

吳萬化刻《三古圖》書版流傳至清乾隆間，爲黃晟亦政堂所得，黃氏將各卷首末 "寶古" 二字剜改爲 "亦政"（卷一改爲 "東書"，其餘未盡改），鏟去刻工名，據爲己刻，乾隆十七年（1752）重印行世。黃晟，見 "103　至聖編年世紀二十四卷" 介紹。

黃氏印本一般有書名葉，額鎸 "乾隆壬申年秋月"，下鎸 "天都黃曉峰鑒定"、書名及 "亦政堂藏板"，又有重刊序，易使人誤認爲黃氏所刻。此本無書名葉及序，或係爲書估撤去，冒充明刻原版以售欺。

《四庫全書總目》未收《古玉圖》，《宣和博古圖》《考古圖》二種分別著錄，皆入子部二十五譜錄類。《中國古籍善本書目》皆入史部金石類。

寶古堂原刊原印本少見，黃氏剜改重印本存世尚多，中國國家圖書館、上海圖書館、復旦大學圖書館、吉林大學圖書館等十餘館，美國國會圖書館、柏克萊加州大學東亞圖書館，日本京都大學人文科學研究所等有藏本。其零種存世更多，不具錄。

鈐朱文方印 "畢際有載積氏藏書"、白文方印 "畢盛鉅耳豫藏書"、楷書朱文方印 "趙文華章"。畢際有（1623—1693），字載積，號存吾，山東淄川人。順治十三年（1656）任山西稷山知縣，後升江南通州知府，因解運漕糧，積年掛欠賠補不及而於康熙二年（1663）被免官。畢盛鉅爲其子，字耳豫。蒲松齡曾於畢家坐館數十年。趙文華，不詳何人。

235

亦政堂重修考古圖十卷

T2083　6647

《亦政堂重修考古圖》十卷，宋呂大臨撰，元羅更翁考訂。明萬曆二十九年（1601）吳萬化寶古堂刻清乾隆十八年（1753）天都黃氏亦政堂重印《三古圖》本。一函五冊。版框高 24.5 厘米，寬 15.6 厘米。半葉八行十七字，白口，四周單邊，單魚尾。版心上鐫"考古圖"，中鐫卷次。

首乾隆十八年（1753）黃晟《重刊考古圖序》，署"挍刊於槐蔭草堂"，末鐫二墨印"黃晟東曙氏一字曉峰""重校刊於槐蔭艸堂"；次宋元祐七年（1092）呂大臨《考古圖記》、元大德己亥（三年，1299）陳翼子序、《考古圖所藏姓氏》。末萬曆辛丑（二十九年）吳萬化《攷古圖跋》。

是書爲黃氏剜改重印吳萬化寶古堂刻《三古圖》之一，黃氏《序》云："顧自原本刊行百餘年，茶陵陳氏更梓之。茶陵距今又四百餘年，竊恐是書之泯沒無聞也。爰撿家藏古本，倩工繕寫，參互考証，重付剞劂，以廣流傳。"隻字不提寶古堂，且撤去焦竑序、泯沒"黃德時刻"等痕迹以欺世。

書名葉額鐫"乾隆壬申年秋月"，下分三欄，右鐫"天都黃曉峰鑒定"，中鐫"考古圖"，左鐫"亦政堂藏板"。

中國國家圖書館、故宮博物院，美國哈佛大學哈佛燕京圖書館，日本東京大學東洋文化研究所等有收藏。

鈐有白文方印"某華庵頭陀"、白文長方印"大興王氏長卿藏書畫印"、朱文長方印"長卿藏書""澹汸山房"、朱白長方印"雲章之印"。

236

重修宣和博古圖録三十卷

T2105.7　1132A

《重修宣和博古圖録》三十卷，宋王黼等撰。明萬曆二十七年（1599）于承祖刻本。四函十六冊。版框高 21.2 厘米，寬 13.9 厘米。半葉八行十七字，白口，四周單邊。版心上鐫"博古圖"。

首萬曆己亥（二十七年）陳震陽《重鐫博古圖序》、嘉靖七年（1528）蔣暘《重刊博古圖序》、未署年于承祖《重刊博古圖小序》；次"校正博古圖姓氏"，署"明廣陵于承祖孟武父，弟于繼祖仲武父，友人樊思孔聖如父，魏文炳仲虎父，許賓觀父父"，末鐫"南昌萬師蕃刻"。

于承祖（1571—1634），字孟武，號泗溟，江蘇揚州人。由太學歷任徵侍郎中書舍人、大理寺評事。生平見于樹滋《于氏十一修家譜》（民國十年［1921］刻本）。

是書傳世最早刻本元至大間所刻《至大重修宣和博古圖錄》，頗爲難得。明嘉靖七年蔣暘"屬掌鹽司者黃君景星再博佳木而翻刊之"，翻刊所據即元至大本。于承祖序云："得昭武黃伯思《博古圖》，復得宣和王楚善本，詳審精密，大徹心膽，復無容豪。但板册廣厚，難於鼓匣，僭摹小簡，擬諸巾箱。"所謂善本當即蔣暘刻本。元本版框高 30 厘米，寬 24 厘米，蔣本版框高 29.9 厘米，寬 23.5 厘米（中國臺北《"國家圖書館"善本書志初稿・史部》第 362—363 頁。該館有兩部蔣刻本，版框不同，尚未確定孰爲原刊，孰爲覆本。另一部版框高 28.1 厘米，寬 23.7 厘米），于氏所刻較之略有縮小。元本、蔣本每圖注"依元樣製""減小樣製"字樣，此本盡皆削去。

與泊如齋、寶古堂二本比對，器形鐫刻之精細不相上下，唯説明文字彼二本爲手寫體，此本爲匠體。銘文字數少時，泊如、寶古二本多將銘文與器形圖鐫於一頁之中（或僅占一行），此本則皆各爲一頁，殊爲醒豁。文字亦略有不同，如商亞虎父丁鼎，泊如、寶古本"闊一寸二分"，此本作"二寸二分"；商持刀父已鼎，泊如、寶古本"闊一寸四分"，此本作"三寸四分"；商若癸鼎，此本誤刻爲商素腹寶鼎銘（容庚謂蔣暘本翻至大本有此錯誤，見《宋代吉金書籍述評》。實則至大本即已如此），銘文樣式亦不同，且泊如、寶古本多"丁、甲、丁"三字；商立戈父甲鼎，泊如、寶古本"高六寸六分"，此本作"高五寸六分"；此本各處異文悉與元本同。

刻書者萬師蓄待考。

明崇禎九年（1636），于承祖之子道南曾重修印行。

《中國古籍善本書目》著録清華大學圖書館、中央民族大學圖書館、中國科學院文獻情報中心、中國臺灣東海大學圖書館、中國臺北故宫博物院等館有收藏。美國柏克萊加州大學東亞圖書館、加利福尼亞大學伯克利分校圖書館藏有于道南重修本。

237

金石圖不分卷

T2083　3642

《金石圖》不分卷，清褚峻摹圖，清牛運震集説。清乾隆八年至十年（1743—1745）刻暨拓本。一函四册。版框高 23 厘米，寬 15.7 厘米。半葉十行二十字，白口，四周單邊。

首乾隆六年何堂序，乾隆八年牛運震序、褚峻序。書名葉次面署"郃陽褚峻千峰摹，滋陽牛運震階平説”。

褚峻，字千峰，陝西郃陽人。工於鐫字，以拓售碑帖爲業。常年入深山荒墟搜尋碑版石刻，“凡有周、秦、漢、魏、晉、唐諸家之遺文單畫、殘碑斷碣，風霜於墟莽榛林之中而兵燹厭没於砠礎墻几之際者，手翻目追，摹榻殆遍”（自序），訪求三十年，得碑碣千餘種。

牛運震（1706—1758），字階平，號真谷，滋陽（山東兗州）人。雍正十一年（1733）進士，曾官平番（今甘肅永登縣）知縣。歸里後閉門治經，博涉群書，於金石考據用力最深。著有《空山堂全集》九種。《清史稿》卷四百七十七有傳。

是書輯録歷代金石碑刻，第一二册斷自周秦迄漢，第三四册始自三國，下迄隋唐。每種先爲圖版，後爲考證説明。圖皆爲縮小摹拓粘貼而成，“繪其碑碣面、背圭趺位置，復摹其波畫形似，并其剥蝕殘缺不全之處”（褚峻序），第一二册説明文字爲精寫刻印，第三四册則繪製碑形，將説明文字依真迹字樣鉤摹於其上。

《四庫全書總目》史部四十二目録類著録褚峻《金石經眼録》一書，提要云：“自太學石鼓以下，迄於曲阜顏氏所藏漢無名碑陰，爲數四十有七。運震各系以説，詳其高卑廣狹及所在之處，其假借通用之字亦略訓釋。雖所收頗狹，而較向來金石之書，或僅見拓本，或僅據傳聞者，特爲精核。書成於乾隆元年，峻自爲序。後運震又即峻此書，增以巴里坤新出《裴岑紀功碑》，改名《金石圖》。”又史部四十三目録類存目著録《金石圖》云：“初，峻先刻此書上卷，名《金石經眼録》，尚未載後漢永和二年《燉煌太守裴岑紀功碑》。後與運震重編是圖，運震始以副使郭朝祚所貽摹本補入……其下卷則自吳《天發神讖碑》、魏《受禪碑》以下，迄於唐顏真卿《家廟碑》，凡六十圖。每碑繪其形製，而具説於其上。其文則但於一碑之中，鉤摹數十字或數字，以存其筆法，不似漢以前碑之全載。蓋欲省縮本之工，遂致變其體例。其字又隨意摘録，詞不相屬，於義殊無所取。且拓本多行於世，亦不藉此數十字以傳，徒涉買菜求益之誚。故今仍以《經眼録》著録，而此刻附存其目焉。”

《金石經眼録》傳世有乾隆六年刻暨拓本及《四庫全書》本，前有乾隆元年褚峻序。《金石圖》褚序係據《經眼録序》改寫而成。第二册《受禪碑》前有乾隆十年褚峻另一序云：“金石文字，上自周秦，下迄唐宋，前人所輯録者既多，其議論考究皆甚核且詳已。甲寅歲，余手摹《金石圖》，真谷牛子（引按：即牛運震）考説，付之棗梨，其本已流播人間，然觀者猶歉其資聞見之不廣也，於是又從三國以洎隨唐，擇其碑碣之精且好者，亦繪圭趺、記廣狹，更摘真蹟字樣，鉤摹於其右，令未見是碑者因此數字而想見其遺筆結體之遺意。雖去元碑已遠，而規模斯在，既以廣《金石圖》，而亦博雅好古之士韵目怡懷之一助也。"甲寅歲"爲雍正十二年（1734），《金石圖》之刊刻不應早於《金石經眼録》，疑"甲寅"係"甲子（乾隆九年）"之誤（《四庫存目標注》第 1347 頁）。

《四庫全書存目叢書》據私人藏本影印。

《中國古籍善本書目》未收。

中國國家圖書館、上海圖書館、天津圖書館、南京圖書館、中國臺北"中央研究院"傅斯年圖書館，美國哈佛大學哈佛燕京圖書館，日本國立國會圖書館、東洋文庫等有收藏。

鈐白文方印"李卓然印"。

238

欽定錢録十六卷

T2107.5　2162

《欽定錢録》十六卷，清梁詩正等纂。清乾隆刻本。一函二册。版框高 19.5 厘米，寬 14.5 厘米。半葉九行二十三字，黑口，四周單邊。版心中鎸"錢録"及卷次。

首梁詩正等序，次乾隆五十二年（1787）紀昀等《欽定錢録提要》。

梁詩正，見"190　西湖志纂十五卷首一卷末一卷"介紹。

是書乾隆十五年敕撰。卷一至十三詳列歷代泉布，自伏羲氏迄明崇禎，以編年爲次；第十四卷列外域諸品；第十五、十六卷列吉語異錢、厭勝諸品。共收錢幣五百六十七枚，一一摹繪形狀，并予以説明。《四庫全書總目》是書提要云："是編所録，皆以内府儲藏得於目睹者爲據。故不特字迹花紋一一酷肖，即圍徑之分寸毫釐、色澤之丹黄青緑亦窮形盡相，摹繪逼真，而考證異同，辨訂真偽，又皆根據典籍，無一語鑿空。蓋一物之微，亦見責實之道與稽古之義焉。"梁詩正序云："是書也，始事於乾隆庚午（十五年）之冬月。凡疑義斷文，臣等遲迴而不能論定者，悉仰禀睿裁，重爲釐正。越辛未夏仲，始克告竣。爲書十六卷，爲錢五百六十七枚。輪郭、肉好、廣狹、長短之制，形諸繪畫，并如其真；篆、籀、分、楷、行、草，一肖本文摹之。付之剞劂，用廣流傳。"原刻爲《西清古鑑》之附録，有乾隆十六年武英殿銅版印本，後又有單行本。

此本係據殿本翻雕者，與嘉慶間海虞張氏刻《墨海金壺》本、光緒五年（1879）茹古室刻本版式相同，而字體有異。

《四庫全書總目》入子部二十五譜録類。《中國古籍善本書目》史部金石類著録清乾隆十五年内府抄本，又附見《西清古鑑》後。

史評類

239

史通訓故補二十卷

T2460　4821

　　《史通訓故補》二十卷，清黄叔琳撰。清乾隆十二年（1747）黄叔琳養素堂刻後印本。二函八册。版框高 15.4 厘米，寬 11.1 厘米。半葉九行十九字，小字雙行同，白口，左右雙邊，單魚尾。版心上鎸書名，中鎸卷次。眉鎸評語。

　　首有未署年王惟儉《史通訓故原序》，次《唐書劉子玄傳》及《例言》六則、劉知幾《史通序録》，次《史通訓故補目録》。當有乾隆十二年黄叔琳序，此本佚。

　　各卷端署"北平黄叔琳崑圃補註，海虞顧鎮備九参訂，吳門張鳳孫少儀同訂"（同訂人各卷不同，卷二以下分别爲：江陰蔡寅斗芳三，元和方懋禄定之，新建李泓澂思，海澄葉廷推蔚文，豐潤董榕念青，休寧汪良受修潔，德水羅以書素文，德水羅以深逢源，長洲陳棟元一同，瑯琊王模範木，吳門盛錦庭堅，新建洪世楷周木，莱陽張泂文溪，常山邵志謙圯雲，文安紀增蔭苻同，濟南朱琦景韓，蘭山王銑潤成，大興李宗沆正菴，常山聶際茂松岩）。末鎸"孫瑞綏佩章、景緯揆基挍"。

　　黄叔琳（1672—1756），字崑圃，順天大興（今北京）人。康熙三十年（1691）一甲第三名進士，授翰林院編修，纍遷侍講、刑部侍郎、山東按察使。藏書豐富，深諳經史。著有《文心雕龍輯注》十卷、《硯北雜録》十六卷、《養素堂詩文集》等。《清史稿》卷五百三有傳。

　　唐劉知幾官秘書監時撰著《史通》，成書於唐中宗景龍四年（710），凡内篇十卷三十九篇（體統、紕繆、弛張三篇有録無書），外篇十卷十三篇。内篇論史家體例，辨别是非，外篇述史籍源流并雜評古人得失。裁量古今，條分縷析，爲史學評論名著。至明代，注釋者有數家：郭孔延《史通評釋》二十卷、陸深《史通會要》三卷、陳繼儒《史通注》二十卷、王惟儉《史通訓故》二十卷。黄叔琳於乾隆三年輯注完成《文心雕龍》之後，取王惟儉《史通訓故》删繁補遺，增其未備，参酌郭、陸、陳各家舊注，撰爲《補》二十卷。其所增補注文，概標以"補"字，以别於原注。《四庫全書總目》是書提要評云："是書與浦起龍《史通通釋》同時而成，而此本之出略前，故起龍亦間摭用，所稱'北平本'者，

374

即此書也。浦本注釋較精核，而失之於好改原文，又評注夾雜，儼如坊刻古文之例，是其所短。此本注釋不及起龍，而不甚改竄，猶屬謹嚴。其圈點批語，不出時文之式，則與起龍略同。惟起龍於知幾原書多所迴護，即疑古惑經之類，亦不以爲非，此書頗有糾正，差爲勝之耳。"

傳世相同版本書名葉或鎸"乾隆丁卯年鎸""養素堂藏板"，養素堂爲黃氏齋號，知是書爲其自刻本。此本後印，較初印本剜改若干誤字，如初印本"丘"字，此本皆剜改作諱字"丠"；卷一第十葉注"史爲晉文帝諱"，初印本"文"字誤作"武"；卷二第十葉注"歷文成繆三王始至於嚴"，初印本"文"字誤作"定"；卷四第十五葉"何太師之甍"，初印本"師"誤作"史"，"豈非流宕忘歸"，初印本"宕"誤作"岩"；卷四第二十二葉注"赧王名延"，初印本"延"誤作"誕"；卷五第十三葉注"趙壹字元叔"，初印本"壹"誤作"益"；卷五第二十四葉注"西秦乞伏國"，初印本"乞伏"二字誤乙；等等。

"玄""弘""泓"字避諱缺末筆。

《四庫全書總目》入史部四十五史評類存目。《四庫全書存目叢書》據湖北省圖書館藏本影印，有紀昀批校題跋。《中國古籍善本書目》著録浦起龍、盧文弨、沈彤、洪業諸家批校本。

中國國家圖書館、北京大學圖書館、南京圖書館、湖北省安陸縣圖書館、中國臺北"中央研究院"傅斯年圖書館等館，美國國會圖書館、美國哈佛大學哈佛燕京圖書館，日本東京大學東洋文化研究所等有收藏。

鈐朱文長方印"北平謝氏藏書印"。

240

史通通釋二十卷

T2460　7282D

《史通通釋》二十卷，清浦起龍撰。清乾隆十七年（1752）浦起龍求放心齋刻後印本。二函十册。版框高 19 厘米，寬 13.4 厘米。半葉九行二十二字，白口，左右雙邊。版心中鎸書名、卷次及小題。

首乾隆十七年浦起龍《叙》，次《別本序三首》（郭延年、王惟儉、黃叔琳），次《史通原序》《史通目録》《附録新唐書劉知幾本傳（增注）》并《書本傳後》，次《史通通釋舉例》（分爲二科十別，題"門人古梅里聚蔡焯敦復氏學"）附《編次總目》，次《史通通釋舉要》。

各卷端署"南杼秋浦起龍二田釋，長洲方懋福駿公、同里蔡焯敦復、蔡龍孫初筵參釋"（各卷參釋人不同：卷二同里蔡煌體乾、王廷範五福、男敬敷官虞，卷三同邑許卓然修來、朱庭筠葆林、吳縣張玉穀蔭嘉，卷四孫淮音德星、同邑許卓然修來、姪孫驥房表，卷五吳門方懋福駿公、同邑朱庭筠葆林、倪龍鏡時行，卷六同邑朱庭楷晉裴、許卓然修來、孫元撰庚三，卷七同邑許卓然修來、吳縣張玉穀蔭嘉、姪燽暉啓東，卷八長洲秦肇錫鼎來、沙縣劉元典體正、外孫王宓魯琴，卷九姪錦雲章緻、男敬輿子洪、敬思瞻季，卷十吳縣張玉穀蔭嘉、沙縣劉元典體正、同里華南枝居敬，卷十一同邑鄧凱濟美、施鼎龍文、王廷範五福，卷十二孫正恒天照、淮音德星、利萬我備，卷十三内姪黃巖大山、姪孫斑玉階、珠龍曜，卷十四同邑朱庭筠葆林、許卓然修來、姪思學洲士，卷十五同邑許卓然修來、朱庭筠葆林、姪廷炫錦文，卷十六族甥周復源禹曾、姪燽暉啓東、志學遜躬，卷十七蘇州汪道謙自牧、同里蔡焯敦復、朱庭楷晉裴，卷十八同邑華南枝居敬、許卓然修來、蔡龍孫初篁，卷十九常熟席紹虞文明、紹堯文安、紹軾景瞻，卷二十蘇州方懋福駿公、同里華南枝居敬、蔡麟孫新篁）。各卷末鎸“某某挍字”，分別爲孫利和侯復、孫元調變公、孫正恒天照等。

浦起龍（1679—1762），字二田，號孩禪，晚號三山傁父，金匱（今江蘇無錫）人。雍正八年（1730）進士，授揚州府學教授。曾任雲南五華書院、蘇州紫陽書院山長。著有《讀杜心解》六卷。生平見《國朝耆獻類編》卷二百五十三。

唐劉知幾《史通》有明郭孔延、王惟儉等及清乾隆初黃叔琳各家注本，浦起龍以各家遞相增損，互有短長，乃旁搜博採，别撰《通釋》。《史通通釋舉例》謂“趣乖者法宜訓正，疵積者道在刊訛”，以兼舉其義與辭而謂之“訓正”，其别有六：一曰釋，二曰按，三曰證釋，四曰證按，五曰夾釋，六曰雜按；以是正訛脱衍竄爲“刊訛”，其别有四：一曰字之失，二曰句之違，三曰節之滑，四曰簡之錯。雖輕於改竄古書原文之處不少，但引據詳明，足稱該洽。《史通》已無宋元刻本傳世，清盧文弨稱曾得華亭朱氏影抄宋本（《群書拾補初編・史通》條），明刻以嘉靖十四年（1535）陸深刻本、萬曆五年（1577）張之象刻本、萬曆三十年張鼎思刻本流傳較廣。浦起龍《通釋》所據底本不詳。陸心源《儀顧堂題跋》卷五《影宋抄史通跋》云：“以明陸文裕（陸深）本、國朝浦起龍《通釋》本互校，浦本多與影宋本合。陸本校正固多，而妄删誤改者亦不少。盧抱經所稱影宋本，與此本同出一源，其善處盧氏已盡錄於《群書拾補》中。是書明刊以陸本爲最先，張之象又翻陸本。西江郭延之據張本重刊而加評，王惟儉又據郭本而加注，國朝黃叔琳又據王本删訂重刊。浦起龍《通釋》本雖不言所自，而與此本皆合，則當見影宋本矣。”

是書歷時八年，迭經修改始成。《叙》後識語述刊刻過程云：“序例具之，再及期，知友督梓踵至。又再踰期，不自意刻竟成。自戊辰（乾隆十三年）盡壬申，爲歲五通。乙丑事始，凡歷幹枝之次者八，而稿兩脱，後易者又三。既入木，復條刊者卅有奇。昔李江都注《選》，至五乃定，今益過是焉。"寫刻工緻。流傳極廣，有向山閣、翰墨園、志古堂等翻刻本。

刷印既多，版片有損失。此本有若干葉爲補版，如卷二第三至四葉、卷三第二十一至二十二葉、卷五第二十四葉、卷六第五至六葉。

叙前有道光十年庚寅（1830）錢綺墨筆題識兩通，文云：

> 劉氏《史通》流傳千載，後世史官奉爲定律，然書中辨論亦瑕瑜互見。"惑經""疑古"諸篇固不必論，至其歷詆漢以後諸史，情實罪當者不下什分之四，而不必詆而與不當詆而詆者，亦各居其三，有意譏訶，遂至多所失當。且其書好爲駢儷，詞句複沓，若率此以操史筆，恐非特不能追蹤班、馬，抑難以比肩范、陳也。浦起龍作《通釋》以闡發此書，頗亦有所糾正，而於悖理尤甚者反曲爲回護，是不可解。庚寅中秋夜錢綺誌。

> 凡著書、讀書，不可有成見，有成見則理不足、筆不直。《史通》非不有益史學，而失在深求。《通釋》非不有功劉氏，而失在曲護。皆以有成見故耳。惟是書論辨暢達，注亦援證賅博，足以益學人之識見，正可與彦和《雕龍》同觀。若用爲作史料程，則猶須善擇也。琢生又誌。

錢綺（1798—1858），字映江，號竺生（一作琢生），元和（今江蘇蘇州）人。諸生，好《左傳》，宗賈、服注，著有《左傳札記》七卷；熟於明季遺事，著《南明書》三十六卷。生平見《碑傳集》卷七十九。

書名葉鐫"梁溪浦氏求放心齋定本"。

"玄""弘"字避諱缺末筆。

《四庫全書總目》史部四十四史評類著録。《中國古籍善本書目》收名家批校本八種。

中國國家圖書館、北京大學圖書館、上海圖書館、中國臺灣大學圖書館等館，美國國會圖書館、美國哈佛大學哈佛燕京圖書館、日本國立國會圖書館、靜嘉堂文庫等有收藏。

241

史概十卷

T2511　8267

《史概》十卷，明俞思學輯。明萬曆十六年（1588）刻本。一函十册。版框高 22.5 厘米，寬 12.6 厘米。半葉九行二十字，小字雙行同，白口，四周單邊，單白魚尾。版心中鐫卷次，眉欄、行間鐫評語。

首萬曆十六年（1588）屠隆《叙史概文》（虎林胡學書）、未署年馮庭槐《史概後序》，次《史概總評》，次《史概凡例》三則、《史概目》。

各卷端署"吴山俞思學文在甫選輯，李事道行可甫校"（校者各卷不同：卷二、九馮廷槐德符甫，卷三、七傅存禮素先甫，卷四費大煒文孺甫，卷五俞思禹德先甫，卷六同卷一，卷八胡學易甫，卷十朱有功可大甫）。

俞思學，生平不詳。

是書選輯《史記》文章，凡紀六篇、表四篇、書四篇、世家十五篇、列傳三十八篇并《太史公自序》，附《報任少卿書》，或録全文，或節録，加以批點，後附評語，以供科舉之助。《凡例》云："紀、傳、書、表、世家大都取太史公所最當意、諸名公所最契心，或有裨於舉業。""評註蒐羅歷代諸史、文集，刪其繁蕪，掇其玄精，間以狹衷解驚之。""評註出自諸名公者則載姓氏，出自狹衷者則云按，或出自諸名公而訂自狹衷者則不載姓氏，亦不云按。"

《中國古籍善本書目》著録萬曆十五年俞氏自刻本及萬曆十六年刻本兩種，版刻年皆據屠隆《叙史概文》。兩本正文内容全同，而版刻字體小異，後者係翻刻前者。十五年本屠叙落款爲"萬曆十五年歲丁亥仲冬至日後三日東海屠隆撰"，此本則改爲"萬曆十六年歲戊子仲夏至日後三日東海屠隆撰"，而叙文内容未變，不知爲何修改其時間；十五年本屠叙首葉版心下鑴"上元陶英刻"，此本爲"王汝正重刊"；十五年本版心下偶鑴其他刻工名陶英（陶、英）、黄、王、孫茂玉（武村孫茂玉刊、孫）、酷七、酷八、仕等（見中國臺北《"國家圖書館"善本書志初稿·史部》第17頁），此本無；此本每葉版心下鑴字數，十五年本無。

《四庫全書總目》未收，《中國古籍善本書目》史部史評類著録。中國臺北《"國家圖書館"善本書志初稿·史部》歸入史部紀傳類，次於《史記》諸書之列。

中國國家圖書館、北京大學圖書館、故宫博物院、吉林大學圖書館、陝西師範大學圖書館、山東師範大學圖書館、南京圖書館等有收藏。

此爲勞費爾購書。

242
評鑑闡要十二卷

T2512　1279.9

《評鑑闡要》十二卷，清劉統勳等輯。清乾隆三十六年（1771）武英殿刻本。一函六册。版框高 19.2 厘米，寬 13.9 厘米。半葉九行十七字，白口，四周雙邊，單魚尾。版心上鑴書名，中鑴卷次及朝代名。

首乾隆丁亥（三十二年）御製《通鑑輯覽序》，次乾隆三十六年劉統勳等進書奏摺、《評鑑闡要目録》。

劉統勳（1698—1773），字延清，山東諸城人。雍正二年（1724）進士，官至刑部、工部、吏部尚書、内閣大學士、軍機大臣。卒謚“文正”。《清史稿》卷三百二有傳。

乾隆三十二年敕撰《御批通鑑輯覽》一百十六卷成書，清高宗又命儒臣將書中批語録出，纂爲此編。自上古太昊伏羲氏起，下至明末福王止，按時間順序編排。《四庫全書總目》是書提要云：“始館臣恭纂《輯覽》時，分卷屬稿，排日進呈。皇上乙夜親披，丹毫評騭，隨條發論，燦若日星。其有敕館臣撰擬，黏簽同進者，亦皆蒙睿裁改定，塗乙增損，十存二三。全書既成，其間體例事實奉有宸翰者幾及數千餘條，既已刊刻簡端，……因復詳加甄輯、勒爲此書，凡分卷十二，計恭録御批七百九十八則，大抵御撰者十之三，改簽者十之七。”書成後，即由武英殿刊刻。

《四庫全書總目》史部四十四史評類、《中國古籍善本書目》著録。

中國國家圖書館、故宮博物院、遼寧省圖書館、天津師範大學圖書館、廣東省立中山圖書館等館，美國普林斯頓大學東亞圖書館，日本静嘉堂文庫、東洋文庫等有收藏。

鈐白文方印“載齡鑑賞”、朱文方印“餘慶堂家藏印”。載齡（1812—1883），字鶴峰，滿洲鑲藍旗人，誠郡王第六代孫，襲爵不入八分輔國公。道光二十一年（1841）進士，官至兵部尚書、體仁閣大學士。卒謚“文恪”。《清史稿》卷四百四十有傳。

243

十七史商榷一百卷

T2515　1165

《十七史商榷》一百卷，清王鳴盛撰。清乾隆五十二年（1787）洞涇艸堂刻本。三函二十册。版框高 18.2 厘米，寬 13.8 厘米。半葉十行二十字，白口，四周雙邊。版心上鐫書名，中鐫卷次。

首有未署年王鳴盛《十七史商榷序》，次《十七史商榷目》。

各卷端署“東吳王鳴盛述”。

王鳴盛（1722—1797），字鳳喈，號禮堂、西莊，晚號西沚居士，江蘇嘉定（今屬上海）人。乾隆十九年一甲第二名進士，授翰林院編修，擢侍讀學士，官至光禄寺卿，乾隆二十八年丁憂回籍後不再出仕，潛心學術，精研經史，著有《尚書後案》三十卷《後辨》一卷、《蛾術編》八十二卷、《西莊居士集》二十四卷。《清史稿》卷四百八十一有傳。

　　是書爲正史考訂名著。王氏自序云："十七史者，上起《史記》，下迄《五代史》，宋時嘗彙而刻之者也。'商榷'者，商度而揚榷之也。海虞毛晉汲古閣所刻行世已久，而從未有全校之一周者，予爲改譌文、補脱文、去衍文，又舉其中典制事迹，詮解蒙滯、審覈蹐駁，以成是書，故名曰'商榷'也。《舊唐書》《舊五代史》毛刻所無，而云統言者，仍故名也。若遼、宋等《史》則予未暇及焉。"凡《史記》六卷，《漢書》二十二卷，《後漢書》十卷，《三國志》四卷，《晉書》十卷，《南史》合宋、齊、梁、陳《書》十二卷，《北史》合魏、齊、周、隋《書》四卷，新、舊《唐書》二十四卷，新、舊《五代史》六卷，別論史家義例崖略爲《綴言》二卷，總一百卷。讀本爲汲古閣所刊《十七史》、明聞人詮刊本《舊唐書》及《永樂大典》輯本《舊五代史》，并搜羅諸子百家、文集碑幢等互相檢覆，以成是編。全書按諸史先後順序排列，分條考述，凡一千八百餘條，内容大致爲史籍文字校勘、典制輿地考證及史事、人物、史書評論三類，考覈精審，議論淹通，創獲極多。

　　清李廣芸《稻香吟館集》卷五《至吳門王公孫（汝平）以洞涇草堂圖卷屬題》詩有句云："西莊先生今岱斗，歸田卜宅金閶右。洞涇橋畔草堂成，經史丹黄不離手。"知洞涇艸（草）堂係王鳴盛讀書處。此本爲王氏自刻初印本。後印本有剷改。如此本序末署"王鳴盛字鳳喈號禮堂又號西莊撰"，後印本改作"王鳴盛字鳳喈號西沚撰"。卷三"周敬王以下世次"條末："據《索隱》係謐妄造，今《紀年》亦作貞定，詎有汲冢之文而預同於謐之説者乎？蓋《紀年》一書出於束皙輩僞撰，與謐等相爲表裏，皆不可信。"後印本剷改爲："據《索隱》係謐妄造，今《紀年》亦作貞定，而海寧周廣業云班氏《古今人表》亦作貞定，則非謐妄造。年代悠遠，紀載錯互，但當闕疑，不可强説。"《續修四庫全書》據復旦大學圖書館藏本影印，實爲後印本。中國臺北"國家圖書館"有清乾隆五十二年紫陽書舍刊本，蓋另一後印本。此外又有乾隆五十四年增補本（北京大學圖書館及其他多館有收藏，見《北京大學圖書館藏古籍善本書目》第 218 頁）。

　　有清光緒六年（1880）太原王氏、光緒間廣雅書局等翻刻本。

　　書名葉分三欄，額鎸"乾隆丁未新鎸"，中鎸書名，右鎸"東吳王氏述"，左鎸"洞涇艸堂藏版"。

　　《中國古籍善本書目》著録清李慈銘校跋本、清朱鑑成批校本。

　　中國國家圖書館、北京大學圖書館、清華大學圖書館、四川省富順縣圖書館、中國香港中文大學圖書館、中國臺北"國家圖書館"、中國臺灣大學圖書館等館，日本東洋文庫、静嘉堂文庫、京都大學人文科學研究所、東京大學東洋文化研究所有收藏。

鈐朱文長方印“馬笏齋藏書記”。馬笏齋，名玉堂，號秋藥、扶風書隱生，浙江海鹽人。道光二十五年（1845）進士。以藏書知名，多宋元秘册。與蔣光煦合撰《論書目唱和集》一卷。

244
十七史商榷一百卷

T2515　1165（2）

《十七史商榷》一百卷，清王鳴盛撰。清乾隆五十二年（1787）洞涇艸堂刻後印本。三函二十册。

此係後印本，序末題署及卷三“周敬王以下世次”條等處較初印本有剜改。

鈐朱文長方印“瞻汸山房”、朱文方印“柯睿格藏本”。知曾爲美國芝加哥大學東亞系柯睿格教授（Prof. Edward Kracke，1908—1976）舊藏。

附録一　書名筆畫索引

附録二　書名拼音索引

Huang ming xun guo chen zhuan wu juan shou yi juan

皇明遜國臣傳五卷首一卷 096

Huang qing kai guo fang lüe san shi er juan shou yi juan

皇清開國方畧三十二卷首一卷 058

hui

Hui ji yu tu bei kao quan shu shi ba juan(cun shi si juan)

彙輯輿圖備攷全書十八卷（存十四卷） 121

Hui zhan guo shi gang yan yi shi er juan yin shi shi er juan

彙戰國史綱衍義十二卷音釋十二卷 050

J

ji

Ji fu yi cang tu bu fen juan

畿輔義倉圖不分卷 220

Ji han shu liu shi juan zheng lun yi juan da wen yi juan

季漢書六十卷正論一卷答問一卷 019

[Qian long]Ji xian zhi shi si juan shou yi juan mo yi juan

［乾隆］汲縣志十四卷首一卷末一卷 156

[Qian long]Ji yuan xian zhi shi liu juan shou yi juan mo yi juan

［乾隆］濟源縣志十六卷首一卷末一卷 153

jia

Jia zi hui ji wu juan

甲子會紀五卷 049

jiang

[Qian long]Jiang nan tong zhi er bai juan shou si juan

［乾隆］江南通志二百卷首四卷 136

[Yong zheng]Jiang xi tong zhi yi bai liu shi er juan shou san juan

［雍正］江西通志一百六十二卷首三卷 140

jin

Jin dai ming chen yan xing lu shi juan

近代名臣言行錄十卷 094

Jin ji liu shi ba juan shou yi juan

晉記六十八卷首一卷 020

Jin shi lu san shi juan

金石錄三十卷 232

Jin shi tu bu fen juan

金石圖不分卷 237

[Kang xi]Xu xiu wen shang xian zhi liu juan
［康熙］續修汶上縣志六卷　147

xuan

[Qian long]Xuan hua fu zhi si shi er juan shou yi juan
［乾隆］宣化府志四十二卷首一卷　123

Y

yan

Yan shan tang bie ji yi bai juan
弇山堂別集一百卷　076

[Qian long]Yan shi xian zhi san shi juan shou yi juan
［乾隆］偃師縣志三十卷首一卷　150

Yan zhou shi liao qian ji san shi juan hou ji qi shi juan
弇州史料前集三十卷後集七十卷　077

yi

Yi shi yi bai liu shi juan(cun yi bai san shi liu juan)
繹史一百六十卷（存一百三十六卷）　059

Yi zheng tang chong xiu kao gu tu shi juan
亦政堂重修考古圖十卷　235

[Qian long]Yi zhou fu zhi san shi liu juan shou yi juan
［乾隆］沂州府志三十六卷首一卷　145

ying

Ying jin shu ji mu lu bu fen juan
應禁書籍目録不分卷　229

yu

Yu pi zi zhi tong jian gang mu quan shu yi bai jiu juan
御批資治通鑑綱目全書一百九卷　042

Yu shan zou du qi juan shi ci he xuan yi juan(cun qi juan)
于山奏牘七卷詩詞合選一卷（存七卷）　082

Yu zhuan zi zhi tong jian gang mu san bian er shi juan
御撰資治通鑑綱目三編二十卷　056

yuan

Yuan shi er bai shi juan mu lu er juan
元史二百十卷目録二卷　036、037

Yuan shi ji shi ben mo si juan
元史紀事本末四卷　061

zong

Zong shi wang gong gong ji biao zhuan wu juan shi biao yi juan

zou

Zou zhun xiao hui ge shu bu fen juan xu cha ying hui ge shu bu fen juan

附録三　著者筆畫索引

附錄四　著者拼音索引

附録五　版本索引

附録六　館藏索書號索引

參考文獻

典籍

（宋）晁公武撰，孫猛校證，《郡齋讀書志校證》，上海：上海古籍出版社，1990 年

（宋）陳振孫撰，徐小蠻、顧美華點校，《直齋書錄解題》，上海：上海古籍出版社，2015 年

（明）黃佐著，《南雍志·經籍考》，《觀古堂書目叢刻》本

（清）黃虞稷撰，瞿鳳起、潘景鄭整理，《千頃堂書目》，上海：上海古籍出版社，2001 年

（清）永瑢等撰，《四庫全書總目》，北京：中華書局，2003 年

《清實錄》，北京：中華書局，1985 年

王鍾翰點校，《清史列傳》，北京：中華書局，1987 年

四庫全書存目叢書編纂委員會，《四庫全書存目叢書》，濟南：齊魯書社，1994—1997 年

四庫全書存目叢書補編編纂委員會，《四庫全書存目叢書補編》，濟南：齊魯書社，2002 年

四庫全書禁燬書叢刊編纂委員會，《四庫全書禁燬書叢刊》，北京：北京出版社，1997 年

四庫未收書輯刊編纂委員會，《四庫未收書輯刊》，北京：北京出版社，2005 年

續修四庫全書編纂委員會，《續修四庫全書》，上海：上海古籍出版社，1993—2002 年

張書才編，《纂修四庫全書檔案》，上海：上海古籍出版社，1997 年

故宮博物院明清檔案部編，《李煦奏摺》，北京：中華書局，1976 年

專著

（清）姚覲元編，孫殿起輯，《清代禁燬書目》附《補遺》《清代禁書知見錄》，

434

上海：商務印書館，1957 年

瞿宣穎著，《方志考稿·甲集》，民國十九年（1930）北平天春書社鉛印本

賀次君著，《史記書錄》，上海：商務印書館，1958 年

上海圖書館編，《中國叢書綜錄》，北京：中華書局，1959 年

孫殿起錄，《販書偶記》，北京：中華書局，1959 年

吳哲夫著，《清代禁燬書目研究》，臺北：嘉新水泥公司文化基金會，1969 年

邵懿辰撰，《增訂四庫簡明目錄標注》，上海：上海古籍出版社，1979 年

謝國楨撰，《增訂晚明史籍考》，上海：上海古籍出版社，1981 年

傅增湘撰，《藏園群書經眼錄》，北京：中華書局，1983 年

王重民撰，《中國善本書提要》，上海：上海古籍出版社，1983 年

中國科學院北京天文臺主編，《中國地方志聯合目錄》，北京：中華書局，1985 年

北京圖書館編，《北京圖書館古籍善本書目》，北京：書目文獻出版社，1987 年

中國古籍善本書目編輯委員會編，《中國古籍善本書目》，上海：上海古籍出版社，1989—1998 年

傅增湘撰，《藏園群書題記》，上海：上海古籍出版社，1989 年

傅增湘撰，《藏園訂補邵亭知見傳本書目》，北京：中華書局，1989 年

雷夢辰著，《清代各省禁書彙考》，北京：書目文獻出版社，1989 年

［日］静嘉堂文庫編纂，《静嘉堂文庫宋元版圖錄》，日本：汲古書院，1992 年

中國科學院圖書館編，《中國科學院圖書館藏中文古籍善本書目》，北京：科學出版社，1994 年

故宮博物院圖書館、遼寧省圖書館編，《清代內府刻書目錄解題》，北京：紫禁城出版社，1995 年

《續修四庫全書總目提要稿本》，濟南：齊魯書社，1996 年

《"國家圖書館"善本書志初稿·史部》，中國臺北"國家圖書館"編印，1997 年

北京大學圖書館編，《北京大學圖書館藏古籍善本書目》，北京：北京大學出版社，1999 年

香港中文大學圖書館系統編，《香港中文大學圖書館古籍善本書錄》（增訂版），香港：香港中文大學出版社，2001 年

胡適著，《胡適全集》，合肥：安徽教育出版社，2003 年

張元濟撰，張人鳳編，《張元濟古籍書目序跋彙編》，北京：商務印書館，2003 年

香港大學馮平山圖書館編，《香港大學馮平山圖書館藏善本書録》，香港：香港大學出版社，2003 年

冀淑英著，《冀淑英文集》，北京：北京圖書館出版社、上海：上海科學技術文獻出版社，2004 年

陳先行著，《柏克萊加州大學東亞圖書館中文古籍善本書志》，上海：上海古籍出版社，2005 年

杜澤遜著，《四庫存目標注》，上海：上海古籍出版社，2007 年

余嘉錫撰，《四庫提要辨證》，北京：中華書局，2008 年

中國國家圖書館、中國國家古籍保護中心編，第一至四批《國家珍貴古籍名録圖録》，北京：國家圖書館出版社，2008—2014 年

瞿冕良著，《中國古籍版刻辭典》（增訂本），蘇州：蘇州大學出版社，2009 年

中國古籍總目編委會編，《中國古籍總目・史部》，北京：中華書局、上海：上海古籍出版社，2009 年

上海圖書館編，王鶴鳴主編，《中國家譜總目》，上海：上海古籍出版社，2009 年

杜信孚著，《全明分省分縣刻書考》，北京：綫裝書局，2009 年

王世襄主編，《清代匠作則例》，鄭州：大象出版社，2009 年

崔文印著，《籍海零拾》，北京：中華書局，2010 年

周一良主編，《自莊嚴堪善本書影》，北京：國家圖書館出版社，2011 年

沈津著，《美國哈佛大學哈佛燕京圖書館藏中文善本書志》（史部），桂林：廣西師範大學出版社，2011 年。

范邦瑾著，《美國國會圖書館藏中文善本書續録》，上海：上海古籍出版社，2011 年。

楊麗瑩著，《掃葉山房史研究》，上海：復旦大學出版社，2013 年

徐乃昌著，《積學齋藏書記》，上海：上海古籍出版社，2014 年

郭立暄著，《中國古籍原刻翻刻與初印後印研究》，上海：中西書局，2015 年

［日］尾崎康著，喬秀岩、王鏗編譯，《正史宋元版之研究》，北京：中華書局，2018 年

陳先行著，《古籍善本》（修訂版），上海：上海人民出版社，2020 年

向輝著，《采采榮木——中國古典書目與現代版本之學》，上海：上海古籍

出版社，2020 年

論文

《故宮圖書季刊》第一卷第二期，中國臺北故宮博物院，1970 年

修世平著，《〈日下舊聞考〉的幾個問題》，《山東師大學報》1988 年第 4 期

吳元真著，《〈日下舊聞考〉一書的編刻時間及其歷史價值》，《文獻》1992 年第 3 期

于軍著，《關於〈東林列傳〉及其影印本有關問題》，《東南文化》1999 年第 3 期

馬月華著，《略論蘇州本和杭州本"外聚珍"》，《版本目錄學研究》第一輯，國家圖書館出版社，2009 年

王樹薪著，《馮天馭年表》，《蘄春文化研究》2010 年 2 月（總第 10 期）

朱仙林著，《羅泌家世及其〈路史〉考》，《古代文明》2011 年第 4 期

陳熹著，《孔繼汾、孔廣森父子行年考》，《淄博師專學報》2011 年第 4 期

方亮著，《巡臺御史夏之芳考論——關於家世、生平及其宦臺詩》，《揚州師範學院學報》2013 年 6 月第 2 期

張學謙著，《武英殿本〈二十四史〉校刊始末考》，《文史》2014 年第 1 期

徐建霞著，《國家博物館藏〈國語〉三種明刻本考釋》，《收藏家》2016 年第 2 期

郭萬青著，《張一鯤刻本〈國語〉及其系統考述》，《海岱學刊》2016 年第 2 期

呂浩著，《〈弇山堂別集〉成書與版本考》，《文獻》2016 年第 5 期

金問濤著，《北京早期郵人縱橫談——裕憬霆生平與集藏事略考》（上下），《上海集郵》2017 年第 4、5 期

數據庫

中華古籍資源庫，http://read.nlc.cn/thematDataSearch/toGujiIndex

全國古籍普查登記基本數據庫，http://192.168.42.12/xlsworkbench/publish

學苑汲古（高校古文獻資源庫），http://rbsc.calis.edu.cn:8086/aopac/jsp/indexXyjg.jsp

（中國臺北"國家圖書館"）古籍與特藏文獻資源庫，http://rbook.ncl.edu.tw/NCLSearch

日本所藏中文古籍數據庫，http://kanji.zinbun.kyoto-u.ac.jp/kanseki

日本國立公文書館デジタルアーカイブ，https://www.digital.archives.go.jp/

美國哈佛大學善本特藏數據庫，https://hollis.harvard.edu/primo-explore/search
?vid=HVD2&sortby=rank&lang=en_US

OCLC（Online Computer Library Centre）聯合編目數據庫

後　記

　　北美所藏中文古籍的整理研究工作始於二十世紀，王重民、袁同禮二先生《美國國會圖書館藏中文古籍善本書録》及屈萬里先生《普林斯頓大學葛思德東方圖書館中文善本書志》可謂先驅。近三十年來，一方面中文善本國際聯合目録以北美收藏機構爲主進行了中文古籍目録的整合，一方面美國國會圖書館、哈佛大學、伯克萊加州大學、俄亥俄州立大學、斯坦福大學，以及加拿大多倫多大學等收藏機構陸續進行書志、書録的撰寫，經過幾十年的積纍，海外中文古籍的信息愈加詳盡準確。我國則於 2007 年啓動 "中華古籍保護計劃"，在全國範圍内進行古籍普查、珍貴古籍名録申報評審等工作。2011 年，文化部（今文化和旅游部）下發進一步加强古籍保護的通知，其中提到 "加快海外古籍調查，加强國際交流與合作"。隨後兩年，海外中華古籍的調查工作不斷取得新的進展。中國國家圖書館與美國芝加哥大學東亞圖書館合作的善本書志項目，就是海外中華古籍調查工作的成果之一。

　　幾年前，張寶三教授即專門赴芝大從事館藏經部善本的研究，爲該館撰寫了《美國芝加哥大學圖書館藏中文古籍善本書志·經部》；後來，在芝加哥大學東亞圖書館周原館長和中國國家圖書館張志清副館長的支持下，2014—2015 年間，李文潔老師赴芝大訪學，撰成《美國芝加哥大學圖書館藏中文古籍善本書志·集部》及《叢部》，上述三種書志均已出版；2017—2018 年間，國家古籍保護中心辦公室的洪琰老師應邀赴芝大，爲該館編寫了館藏古籍總目。2018—2019 年，我有幸奉派到芝大交流，接續文潔，撰寫史部善本書志。

　　書志的撰寫體例是周館長、張寶三教授、李文潔老師反復討論以後確定的。每一條書志分爲著録、考訂、存藏三部分，重在反映原書面貌及特徵、説明版本依據及修訂增補始末。除了參考前輩、時賢已有的各項成果外，仰賴芝大豐富的館藏和開放便捷的閲覽制度，古籍整理常用的工具書、各種影印古籍叢書和影像數據庫均能便捷使用，爲書志的撰寫提供了方便條件。文潔曾將集部書志的未刊稿供我參考，前車後轍，我的工作相對容易得多。周原館長不僅商請夏含夷（Edward L. Shaughnessy）和夏德安（Donald Harper）教授通過顧立雅中國古文字學中心（Creel Center for Chinese Paleography）提供資助玉成此事，還每日親自提歸善本書籍、詢問每書版本特點、辨析疑點，極其負責地統籌了整個項目。

　　整整一年時間，專心致志地撰寫書志，對我而言是一次難得的經歷和鍛煉，實打實地提高了專業素養。書志的撰寫工作得到了周原館長、錢孝文老師、Karen 很多指教，在芝大期間的生活也蒙他們諸多照顧。書志撰寫遇到問題，曾與文潔、洪琰二位同事往復討論，辨析疑難。感謝中國國家圖書館張志清副館長規劃古籍保護事業、牽綫搭橋促成合作事宜，感謝古籍館陳紅彥副館長的推薦和支持。交稿之後，國家圖書館出版社的張愛芳主任和代坤、張慧霞、王若舟幾位編輯老師先後爲文稿校正付出很多心血，謹向各位老師表示感謝。

　　希望此書能爲古籍整理研究提供有用的信息，錯漏之處，懇請方家指正。芝加哥大學東亞圖書館善本書志尚缺子部没有撰寫，期待能早日圓滿完成。希望海外中華古籍的保護與研究不斷取得更多更好的成果。

樊長遠

二〇二一年七月